Заключительный отчет Тридцать четвертого Консультативного совещания по Договору об Антарктике

КОНСУЛЬТАТИВНОЕ СОВЕЩАНИЕ
ПО ДОГОВОРУ ОБ АНТАРКТИКЕ

Заключительный отчет Тридцать четвертого Консультативного совещания по Договору об Антарктике

Буэнос-Айрес, Аргентина
20 июня – 1 июля 2011 г.

_____

Секретариат Договора об Антарктике
Буэнос-Айрес
2011

Консультативное совещание по Договору об Антарктике (34-е : 2011 г. : Буэнос-Айрес)
Заключительный отчет Тридцать четвертого Консультативного совещания по Договору об Антарктике, Аргентина, 20 июня – 1 июля 2011 г. Буэнос-Айрес : Секретариат Договора об Антарктике, 2011 г. 394 с.

ISBN 978-987-1515-27-1

1. Международное право – Природоохранные вопросы. 2. Система Договора об Антарктике. 3. Экологическое право – Антарктика. 4. Охрана окружающей среды – Антарктика.

DDC 341.762 5

ISBN 978-987-1515-27-1

СОДЕРЖАНИЕ

ТОМ 1 (в печатном виде и на компакт-диске)

ТОМ 2 (на компакт-диске и экземпляры, приобретенные через Интернет)

ЧАСТЬ II. МЕРЫ, РЕШЕНИЯ И РЕЗОЛЮЦИИ (продолжение)

ЧАСТЬ III. ВЫСТУПЛЕНИЯ НА ОТКРЫТИИ И ЗАКРЫТИИ, ОТЧЕТЫ И ДОКЛАДЫ

Выступление посла Швеции, Ее Превосходительства Шарлотты Врангберг
Выступление посла Украины Александра Тараненко

2. Заключительное слово председателя XXXIV КСДА

Заключительное слово посла Ариеля Манси, председателя XXXIV КСДА

3. Доклады Депозитариев и Наблюдателей

Доклад США как Правительства-депозитария Договора об Антарктике
Доклад Великобритании как Правительства-депозитария КОАТ
Доклад Австралии как Правительства-депозитария Конвенции о сохранении морских живых ресурсов Антарктики
Доклад Австралии как Правительства-депозитария АКАП
Доклад Наблюдателя от АНТКОМ
Доклад СКАР
Доклад КОМНАП

4. Доклады экспертов

Доклад АСОК
Доклад МААТО
Доклад МГО

ЧАСТЬ IV. ДОПОЛНИТЕЛЬНЫЕ ДОКУМЕНТЫ XXXIV КСДА

1. Дополнительные документы

Резюме лекции СКАР

2. Перечень документов

Рабочие документы
Информационные документы
Документы Секретариата

3. Список участников

Консультативные стороны
Неконсультативные стороны
Наблюдатели, эксперты и гости
Секретариат принимающей страны
Секретариат Договора об Антарктике

АКРОНИМЫ И СОКРАЩЕНИЯ

АКАП	Соглашение о сохранении альбатросов и буревестников
АНТКОМ	Конвенция о сохранении морских живых ресурсов Антарктики и (или) Комиссия по сохранению морских живых ресурсов Антарктики
АСОК	Коалиция по Антарктике и Южному океану
ВМО	Всемирная метеорологическая организация
ВООС	Всесторонняя оценка окружающей среды
ВТО	Всемирная туристическая организация
ГКА	Гидрографический комитет по Антарктике
ИМО	Международная морская организация
ИМП	Историческое место и памятник
КОАТ	Конвенция о сохранении тюленей Антарктики
КОМНАП	Совет управляющих национальных антарктических программ
КООС	Комитет по охране окружающей среды
КСДА	Консультативное совещание по Договору об Антарктике
КСДА	Консультативная сторона Договора об Антарктике
МААТО	Международная ассоциация антарктических туристических операторов
МГО	Международная гидрографическая организация
МГП-МПГ	Международная группа по программе МПГ
МГЭИК	Межправительственную группу экспертов по изменению климата
МКГ	Межсессионная контактная группа
МОК	Межправительственная океанографическая комиссия
МПГ	Международный полярный год
МСНС	Международный совет по науке
МСОП	Международный союз охраны природы и природных ресурсов
НК-АНТКОМ	Научный комитет АНТКОМ
ОВОС	Оценка воздействий на окружающую среду
ООР	Особо охраняемый район
ООРА	Особо охраняемый район Антарктики
ОУРА	Особо управляемый район Антарктики
ПООС	Первоначальная оценка окружающей среды
РГ	Рабочая группа
РКИК ООН	Рамочная конвенция ООН об изменении климата
РОУП	Региональная организация по управлению промыслом
СДА	Система Договора об Антарктике или Секретариат Договора об Антарктике
СКАЛОП	Постоянный комитет по технической поддержке и деятельности в Антарктике
СКАР	Научный комитет по антарктическим исследованиям
СКСДА	Специальное консультативное совещание по Договору об Антарктике
ЮНЕП	Программа ООН по окружающей среде
CAML	Перепись морских обитателей Антарктики
IP	Информационный документ
SP	Документ Секретариата
WP	Рабочий документ

ЧАСТЬ I
ЗАКЛЮЧИТЕЛЬНЫЙ ОТЧЕТ

1. Заключительный отчет

Заключительный отчет Тридцать четвертого Консультативного совещания по Договору об Антарктике,

Буэнос-Айрес, 20 июня – 1 июля 2011 года

(1)   В соответствии со Статьей IX Договора об Антарктике представители Консультативных сторон (Аргентина, Австралия, Бельгия, Бразилия, Болгария, Чили, Китай, Эквадор, Финляндия, Франция, Германия, Индия, Италия, Япония, Республика Корея, Нидерланды, Новая Зеландия, Норвегия, Перу, Польша, Российская Федерация, Южно-Африканская Республика, Испания, Швеция, Украина, Соединенное Королевство Великобритании и Северной Ирландии, Соединенные Штаты Америки и Уругвай) встретились в Буэнос-Айресе в период с 20 июня по 1 июля 2011 г. с целью обмена информацией, проведения консультаций, рассмотрения и рекомендации своим правительствам мер по дальнейшему претворению в жизнь принципов и целей Договора.

(2)   На Совещании также присутствовали делегации следующих Договаривающихся Сторон Договора об Антарктике, не являющихся Консультативными сторонами: Колумбии, Кубы, Чешской Республики, Греции, Монако, Румынии, Швейцарии и Венесуэлы. По приглашению XXXIII КСДА на Совещании в качестве Наблюдателя присутствовала делегация Малайзии.

(3)   В соответствии с Правилами 2 и 31 Правил процедуры, на Совещании присутствовали Наблюдатели из Комиссии по сохранению морских живых ресурсов Антарктики (АНТКОМ), Научного комитета по антарктическим исследованиям (СКАР) и Совета управляющих национальных антарктических программ (КОМНАП).

(4)   В соответствии с Правилом 39 Правил процедуры, на Совещании присутствовали Эксперты из перечисленных ниже международных

и неправительственных организаций: Коалиция по Антарктике и Южному океану (АСОК), Международная ассоциация антарктических туристических операторов (МААТО), Международная гидрографическая организация (МГО) и Программа ООН по окружающей среде (ЮНЕП).

(5) Аргентина в качестве страны-организатора выполнила свои информационные обязательства перед договаривающимися сторонами, Наблюдателями и Экспертами посредством циркуляров Секретариата, писем и веб-страницы с общим разделом и разделом для зарегистрированных пользователей.

Пункт 1. Открытие Совещания

(6) Официальное открытие Совещания состоялось 20 июня 2011 года. От имени правительства принимающей страны и в соответствии с Правилами 5 и 6 Правил процедуры Исполнительный секретарь правительственного Секретариата принимающей страны г-н Хорхе Робалло открыл собрание и предложил кандидатуру уважаемого юриста и полпреда Ариэля Манси в качестве председателя XXXIV КСДА. Предложение было принято.

(7) Председатель тепло поприветствовал все Стороны, Наблюдателей и Экспертов, собравшихся в Буэнос-Айресе. Он напомнил делегатам, что в 2011 году исполняется 50-я годовщина вступления в силу Договора об Антарктике, 20-я годовщина подписания Протокола по Охране окружающей среды, а в более долгосрочной ретроспективе – столетие с того времени, когда норвежская экспедиция под руководством Роальда Амундсена первой достигла Южного полюса. Эти знаменательные даты являют собой важную историческую веху, дающую повод Антарктическому содружеству поразмыслить над будущим.

(8) Делегатов Совещания, посвященного 50-летию вступления в силу Договора об Антарктике, официально приветствовал д-р Лино Бараньо, аргентинский Министр науки, технологий и промышленных инноваций. Он перечислил связанные с Антарктикой долговременные научные проблемы и указал на то, что принцип консенсуса, которым руководствуются на своих совещаниях страны-участницы Договора, породил атмосферу сотрудничества между теми, кто осуществляет в этом регионе свою деятельность. С тех пор как в 1904 году была открыта первая постоянная аргентинская научно-исследовательская станция в Антарктике «Оркадас», Аргентина неизменно проявляла интерес к научным исследованиям в Антарктике, а как раз 60 лет тому назад

учредила Аргентинский институт Антарктики, признанный недавно Министерством науки, технологий и промышленных инноваций одной из наиболее важных научно-технических организаций страны.

(9) Председатель поблагодарил Министра за признание важности Антарктики для науки. Он отметил, что повестка дня текущего Совещания охватывает широкий спектр тем, включающий в себя управление Антарктикой, контроль ее природной среды, научные исследования и последствия климатических изменений, а также оперативные вопросы и биологическую разведку.

(10) Представитель Аргентины отметил, что недавняя смерть Постоянного представителя Чили Хорхе Бергуньо и д-ра Теодора Негоицы из Румынии лишила Антарктическое содружество тех недюжинных талантов и большого опыта, которыми обладали эти люди. Напомнив, что полпред Бергуньо принимал участие в работе девятнадцати Консультативных совещаний и представлял Чили на многих других международных конференциях, представитель Аргентины отдал дань уважения его крупному и важному вкладу в совершенствование и развитие Договора об Антарктике в течение нескольких десятилетий. Многочисленным друзьям и коллегам Хорхе Бергуньо во многих странах мира будет очень не хватать его мудрости и обширных познаний в области управления Антарктикой и антарктического права. Представитель Чили поблагодарил Аргентину за эти теплые слова и отметил, что найти замену Хорхе Бергуньо, с его безупречным знанием права и огромным личным опытом, будет невозможно. Представитель Румынии рассказал о вкладе д-ра Негоицы в антарктическую науку. Отмечая большой вклад, внесенный этими людьми, участники Совещания стоя почтили их память минутой молчания.

Пункт 2. Выборы должностных лиц и формирование Рабочих групп

(11) Заместителем Председателя был избран г-н Ричард Роу, Представитель Австралии, страны, принимающей XXXV КСДА. В соответствии с Правилом 7 Правил процедуры функции Секретаря Совещания были возложены на Исполнительного секретаря Секретариата Договора об Антарктике д-ра Манфреда Райнке. Обязанности Помощника секретаря были возложены на г-на Хорхе Робалло, руководителя секретариата принимающей страны. Ранее на Заседании КООС XIII Председателем

Комитета по охране окружающей среды был избран д-р Ив Френо из Франции.

(12)   Были сформированы три Рабочие группы:

Рабочая группа по правовым и институциональным вопросам;

Рабочая группа по вопросам туризма и неправительственной деятельности;

Рабочая группа по операционным вопросам.

(13)   Председателями Рабочих групп были избраны:

Рабочая группа по правовым и институциональным вопросам – г-н Ричард Роу (Австралия);

Рабочая группа по вопросам туризма и неправительственной деятельности – постоянный представитель Дональд Маккей (Новая Зеландия);

Рабочая группа по операционным вопросам – д-р Хосе Ретамалес (Чили)

Пункт 3. Принятие повестки дня и распределение пунктов повестки дня

(14)   Была принята следующая повестка дня:

1. Открытие Совещания.
2. Выборы должностных лиц и формирование Рабочих групп.
3. Принятие повестки дня и распределение пунктов повестки дня.
4. Работа Системы Договора об Антарктике: отчеты и доклады Сторон, Наблюдателей и Экспертов.
5. Работа Системы Договора об Антарктике: общие вопросы.
6. Работа Системы Договора об Антарктике: анализ положения Секретариата.
7. Отчет Комитета по охране окружающей среды.
8. Материальная ответственность: соблюдение Решения 1 (2005 г.).
9. Безопасность деятельности в Антарктике.
10. Туризм и неправительственная деятельность в регионе Договора об Антарктике.

11. Инспекции в рамках Договора об Антарктике и Протокола.

12. Вопросы науки, научного сотрудничества и содействия, включая Наследие Международного полярного года 2007-2008 гг.

13. Потенциальное влияние климатических изменений на управление регионом Договора об Антарктике.

14. Операционные вопросы.

15. Вопросы просвещения.

16. Обмен информацией.

17. Биологическая разведка в Антарктике.

18. Разработка многолетнего стратегического плана работы.

19. Празднование 50-летия вступления в силу Договора об Антарктике.

20. Подготовка к 35-му Консультативному совещанию.

21. Прочие вопросы.

22. Принятие заключительного отчета.

(15) Помощник секретаря г-н Хорхе Робалло охарактеризовал деятельность, предусмотренную пунктом повестки дня 19, который включал в себя посещение исторического корвета «Уругвай», собрание в присутствии высокопоставленных должностных лиц, а также праздничный прием, организованный Министерством иностранных дел Аргентины. Из высказываний некоторых Сторон стало ясно, что, учитывая ограниченное количество располагаемого времени, для обеспечения выступлений всех желающих понадобится тщательное планирование.

(16) Совещание одобрило следующее распределение пунктов повестки дня:

Пленарное заседание: пункты 1, 2, 3, 4, 7, 18, 19, 20, 21, 22;

Рабочая группа по правовым и институциональным вопросам: пункты 5, 6, 8, 17, 18 и рассмотрение проектов мер, сформулированных в Отчете КООС (пункт 7);

Рабочая группа по туризму: пункты 9, 10;

Рабочая группа по операционным вопросам: пункты 9, 11, 12, 13, 14, 15, 16;

Некоторые документы, поданные согласно пунктам 9 и 10, должны обсуждаться на совместном заседании Рабочей группы по туризму и Рабочей группы по операционным вопросам.

(17) Совещание решило направлять проекты правовых актов, которые разрабатываются в рамках Комитета по охране окружающей среды и в Рабочих группах по операционным вопросам и туризму, в Рабочую группу по правовым и институциональным вопросам, чтобы она рассматривала правовые и институциональные аспекты этих документов.

Пункт 4. Работа Системы Договора об Антарктике: доклады Сторон, Наблюдателей и Экспертов

(18) Господин Мишель Рокар (бывший премьер-министр Франции), совместно с господином Робертом Хоуком (бывшим премьер-министром Австралии) и господином Фелипе Гонсалесом (бывшим главой правительства Испании), принимали непосредственное и активное участие в недопущении ратификации Конвенции по регулированию освоения минеральных ресурсов Антарктики (CRAMRA), а также в инициировании и разработке Протокола по охране окружающей среды к Договору об Антарктике (Протокол). В этом году исполнилась 20-я годовщина принятия Протокола по охране окружающей среды к Договору об Антарктике. Вспоминая ход переговоров по подготовке Протокола после того, как была сорвана ратификация Конвенции по регулированию освоения минеральных ресурсов Антарктики, г-н Рокар обратил особое внимание на необходимость расширения сферы охраны природной среды Антарктики посредством увеличения числа стран-участниц Протокола. Учитывая тот факт, что 14 Неконсультативных сторон еще не присоединились к Протоколу, Франция, совместно с Австралией и Испанией, пришли к выводу о важности убеждения как можно большего количества этих сторон присоединиться к Протоколу и выступили с предложением к Совещанию принять резолюцию, призывающую соответствующие страны присоединиться к Протоколу. Эту инициативу по усилению эффективности правового режима решительно поддержали Италия и Чили.

(19) Представитель Австралии выразил благодарность г-ну Рокару, напомнив о той важной роли, которую господа Рокар, Хоук и Гонсалес сыграли в разработке Протокола. Представитель Австралии выразил также сожаление по поводу того, что г-н Хоук из-за болезни не смог принять участие в КСДА. От Австралии было передано личное послание господина Хоука, в котором подчеркивалась важность

Протокола, ставящего охрану окружающей среды в центр внимания. Господин Хоук отметил прогресс, достигнутый за последние 20 лет в деле охраны и управления замечательными природными ценностями Антарктики; он подчеркнул также насущную необходимость того, чтобы Неконсультативные стороны, которые еще не присоединились к Протоколу, сделали это в ближайшем будущем. Австралия подтвердила свою твердую приверженность Протоколу, отметив при этом, что она, совместно с Францией и Испанией, выдвинула резолюцию, призывающую Неконсультативные стороны, которые еще не присоединились к Протоколу, присоединиться к нему. Австралия представила Консультативному совещанию проект этой резолюции.

(20) В соответствии с Рекомендацией XIII-2 Совещанию были представлены следующие доклады: доклад Правительства Соединенных Штатов Америки как Правительства-депозитария Договора об Антарктике и Протокола; доклад Правительства Великобритании как Правительства-депозитария Конвенции о сохранении тюленей Антарктики (КОАТ); доклад Правительства Австралии как Правительства-депозитария Конвенции о сохранении морских живых ресурсов Антарктики (АНТКОМ) и как Правительства-депозитария Соглашения о сохранении альбатросов и буревестников (АКАП); доклад Комиссии по сохранению морских живых ресурсов Антарктики (АНТКОМ); доклад Научного комитета по антарктическим исследованиям (СКАР); доклад Совета управляющих национальных антарктических программ (КОМНАП).

(21) США как Правительство-депозитарий доложили о текущем состоянии Договора об Антарктике и Протокола по охране окружающей среды к Договору об Антарктике (IP 22).

(22) В течение года к Договору и Протоколу не присоединилось ни одно новое государство, поэтому в настоящее время насчитывается 48 стран-участниц Договора об Антарктике и 34 страны-участницы Протокола (см. Том 2).

(23) Великобритания как Правительство-депозитарий Конвенции о сохранении тюленей Антарктики сообщила о том, что с момента закрытия XXXIII КСДА ни одно новое государство не присоединилось к Конвенции. Ни один тюлень не был убит в период с марта 2009 г. по февраль 2010 года (IP 3). Великобритания выразила благодарность Сторонам Конвенции за соблюдение срока представления ежегодной информации, указанной в пункте 6 Приложения к Конвенции, которую

следует направлять СКАР и Договаривающимся сторонам не позднее 30 июня (см. 3 раздел Части III второго тома).

(24) Австралия как Правительство-депозитарий Конвенции о сохранении морских живых ресурсов Антарктики сообщила о том, что с момента закрытия XXXIII КСДА ни одно новое государство не присоединилось к Конвенции, и что в настоящее время насчитывается 34 страны-участницы этой Конвенции (IP 67).

(25) Австралия как Правительство-депозитарий Соглашения о сохранении альбатросов и буревестников сообщила о том, что с момента закрытия XXXIII КСДА ни одно новое государство не присоединилось к Соглашению, и что в настоящее время насчитывается 13 стран-участниц этого Соглашения (IP 66).

(26) Наблюдатель от АНТКОМ представил Информационный документ IP 80 «Доклад Наблюдателя от АНТКОМ на Тридцать четвертом Консультативном совещании по Договору об Антарктике», в котором сообщалось об итогах XXIX Совещания АНТКОМ, состоявшегося в октябре-ноябре 2010 г. в г. Хобарте (Австралия). В своем докладе наблюдатель сообщил, что в 2009-2010 гг. шесть стран-членов АНТКОМ выловили 211 974 тонны криля, при этом наблюдатель отметил, что Подрайон 48.1 был закрыт, когда улов достиг 99% уровня, намеченного для этого подрайона. В 2009-2010 гг. уловы антарктического клыкача составили 14 518 тонн, а официально подтвержденный улов ледяной рыбы составил 363 тонны. Наблюдатель кратко сформулировал приоритеты Научного Комитета АНТКОМ на последующие два-три года, среди которых – сквозной контроль над промыслом криля, определение объемов промысла клыкача, а также оценка климатических изменений и состояния морских охраняемых районов. Он сообщил также о планах проведения в рамках АНТКОМ семинара по морским охраняемым районам в августе 2011 года в Бресте (Франция) и проинформировал Консультативное совещание о том, что Комиссия уже работает над учреждением Научной стипендии АНТКОМ. В заключение наблюдатель высказал предложение избрать Норвегию Председателем Комиссии по сохранению морских живых ресурсов Антарктики и особо указал на то, что 7 апреля 2012 года исполнится 30-я годовщина вступления в силу Конвенции о сохранении морских живых ресурсов Антарктики.

(27) Глава Научного комитета по антарктическим исследованиям представил отчет СКАР (IP 81), охватывающий основные виды деятельности СКАР

с 2010 года, более подробно охарактеризованные в других пунктах повестки дня. Остановившись на некоторых ключевых вопросах, он указал, что в 2009 году СКАР прошел внешнюю проверку и недавно опубликовал новый стратегический шестилетний план, а в настоящее время занимается обновлением своей большой научной программы. Следующий Симпозиум по геологии Антарктики состоится в 2011 году в Эдинбурге. Последняя Открытая научная конференция АНТКОМ состоялась в Буэнос-Айресе в 2010 году, а следующая будет проводиться в 2012 году в Портленде, штат Орегон, США. Научный Комитет по антарктическим исследованиям с большим удовольствием объявил второго лауреата Премии им. Марты Мьюз «За антарктическую науку и политику» – профессора Хелен Фрикер из Соединенных Штатов Америки. Новым членом СКАР стало Монако, доведя, таким образом, общее количество членов этого комитета до 36 стран. В сотрудничестве с различными партнерами СКАР разработал план Системы наблюдения за Южным океаном, одновременно опубликовав совместно с Международным научным комитетом по Арктике (IASC) новый научный план касательно баланса массы ледяного покрова на обоих полюсах. Недавно СКАР провел начальный семинар по разработке новых инициатив относительно сохранения Антарктики в 21-м веке.

(28) Исполнительный секретарь Совета управляющих национальных антарктических программ представила доклад КОМНАП (IP 10). Она подробно остановилась на некоторых его аспектах, включая Исследовательскую Стипендию КОМНАП, исключительно успешное проведение симпозиума под названием «Ответ на вызов – новые подходы к решению проблем», а также семинары по обмену передовым опытом в области энергетического менеджмента и по выводам, полученным вследствие изучения результатов проекта «Международный полярный год» относительно интродуцированных видов в Антарктике.

(29) В связи со Статьей III-2 Договора об Антарктике на Совещании были представлены доклады Международной гидрографической организации (МГО), Коалиции по Антарктике и Южному океану (АСОК), Международной ассоциации антарктических туристических операторов (МААТО) и Программы ООН по окружающей среде (ЮНЕП). Тексты этих докладов приведены в Томе 2.

(30) Представитель Международной гидрографической организации представил Информационный документ IP 114 «Доклад Международной

гидрографической организации (МГО) «Сотрудничество в области гидрографического исследования и картографирования вод Антарктики»». В этом докладе особое внимание было уделено регулярному проведению семинаров для широкой публики с целью привлечения внимания к тем путям и способам, посредством которых все желающие смогут внести вклад в нашу работу. Хотя представитель МГО и выразил обеспокоенность медленными темпами сбора информации, он в то же время указал на необходимость принимать во внимание исключительную дороговизну проведения исследовательских и изыскательских работ в Антарктике. Он высоко оценил поддержку со стороны судов МААТО и заявил, что сбор дополнительных сведений с помощью попутных судов будет всячески приветствоваться. Был также отмечен прогресс в деле создания Радиоэлектронных навигационных карт Южного океана.

(31) Представитель Коалиции по Антарктике и Южному океану представил доклад АСОК (IP 129). АСОК сообщила о том, что в этом году уже представила целый ряд документов, касающихся основных тем, включая документы по подкислению океана и климатическим изменениям, обзор первых двадцати лет действия Протокола по охране окружающей среды и анализ состояния Морских охраняемых районов, моря Роса, а также анализ развития событий в области туризма.

(32) Представитель Международной ассоциации антарктических туристических операторов представил ежегодный доклад МААТО, IP 108. МААТО выразила свое удовлетворение сотрудничеством со странами-участницами Договора в области разработки прагматической и разумной политики туристического менеджмента с целью решения важных проблем безопасности и охраны окружающей среды. В сезоне 2010-11 гг. общий объем туристической деятельности, осуществляемой операторами-членами МААТО, продолжал снижаться из-за мирового экономического кризиса. Представитель МААТО подтвердил приверженность этой организации политике прозрачности и открытости ее деятельности с целью обеспечения эффективного менеджмента, а также отметил, что из чрезвычайных происшествий будут сделаны надлежащие выводы. МААТО упомянула также о материально-технической поддержке, которую она оказывает научному сообществу, а также о финансовой поддержке организаций, занимающихся в Антарктике природоохранной деятельностью. Представитель МААТО пригласил участников КСДА на следующую ежегодную Конференцию МААТО в г. Провиденсе, штат Род-Айленд, США, которая состоится 1-4 мая 2012 года.

(33) Представитель ЮНЕП обратил внимание присутствующих на документ, разработанный совместно с АСОК (IP 113), в котором подвергается анализу эффективность ежегодного представлениями странами-участницами отчетов касательно мер по воплощению положений Протокола в жизнь.

Пункт 5. Работа Системы Договора об Антарктике: общие вопросы

(34) Аргентина представила Рабочий документ WP 24 «Отчет о работе Межсессионной контактной группы по пересмотру Рекомендаций КСДА». МКГ была учреждена на XXXIII КСДА с целью изучения и пересмотра статуса рекомендаций КСДА по охраняемым районам и достопримечательностям; операционным вопросам и проблемам охраны окружающей среды, не связанным с охраной районов и управлением ими. Рабочий документ WP 24 представляет собой первоначальный отчет, в котором перечисляются те рекомендации, которые уже можно считать утратившими актуальность. Результаты пересмотра суммируются в Приложении 1 к Рабочему документу WP 24 (Список рекомендаций, которые предлагается считать утратившими актуальность) и Приложении 2 к Рабочему документу WP 24 (Список рекомендаций, требующих дальнейшего обсуждения).

(35) Отмечалось, что к Рабочему документу WP 24 проявил внимание и КООС. Было принято решение направить Приложение 2 в КООС и СКАР для пересмотра и выработки рекомендаций.

(36) После обсуждения вопроса о том, как относиться к рекомендациям, утратившим актуальность, Совещание сошлось во мнении, что их следует направить в архив Секретариата и четко обозначить как утратившие актуальность.

(37) Возникла определенная дискуссия об отношении к рекомендациям по антарктическим тюленям, принятым еще до подписания Конвенции о сохранении тюленей Антарктики (КОАТ), в особенности касательно стран, не являющихся участниками КОАТ. После консультаций с другими делегациями Аргентина предложила, во избежание путаницы, считать актуальными четыре рекомендации, содержащиеся в Пункте 3 Приложения 2.

(38) Представитель Швеции потребовал разъяснения относительно Приложения 1, пункт 8, касательно мер, предшествовавших Протоколу по охране окружающей среды к Договору об Антарктике (Протокол). Представитель Аргентины отметил, что этот пункт не рассматривался на заседании МКГ, и высказался о возможной необходимости обсуждения этого пункта. Представитель Великобритании разъяснил, что все Консультативные стороны являются участниками Протокола, и в свете Статьи 22 этого Протокола так и должно быть.

(39) Вследствие этого и после подтверждения того факта, что ни одна из Неконсультативных сторон ранее не одобрила эти четыре рекомендации из Приложения 1, пункт 8, на Совещании было отмечено, что эти рекомендации можно объявить утратившими актуальность.

(40) Представитель Аргентины доложил о неофициальных консультациях по поводу предложений Межсессионной контактной группы по пересмотру рекомендаций КСДА, отметив при этом, что КООС, после обсуждения этих рекомендаций, выступил с предложением считать рекомендации III-8, III-10, IV-22, X-4, X-7, XII-3 и XIII-4 утратившими актуальность.

(41) Представитель Швеции напомнил об обсуждении на Консультативном совещании статуса Рекомендации IV-22 о промысле тюленей, которая предшествовала принятию Конвенции о сохранении тюленей Антарктики. Совещание пришло к мнению о необходимости оставить Рекомендацию IV-22 в силе во избежание путаницы относительно обязательств Консультативных сторон касательно промысла тюленей в Антарктике.

(42) Совещание пришло к соглашению принять Решение 1 (2011 г.), четко указав, какие меры считаются утратившими актуальность.

(43) Представитель Аргентины отметил, что Межсессионной контактной группе (МКГ) по рассмотрению рекомендаций для КСДА еще предстоит завершить работу по изучению документов, упомянутых в Документе Секретариата SP 6 (2010 г.), в особенности касательно рекомендаций по операционным вопросам. Участники Совещания поблагодарили Аргентину за деятельность в качестве страны-организатора. Считая завершение вышеуказанной работы очень важным делом, участники Совещания после дальнейшего обсуждения одобрили предложение Исполнительного секретаря Секретариата Договора об Антарктике приступить к выполнению этой межсессионной работы

над рекомендациями относительно операционных вопросов. Для выполнения вышеуказанного пересмотра Секретариат созовет МКГ, которая представит отчет о своей деятельности на XXXV КСДА.

(44) Нидерланды и Германия представили Рабочий документ WP 22 «Дополнительная процедура Межсессионных консультаций между Консультативными сторонами Договора об Антарктике». Представители этих стран обратили внимание участников на запросы, поступающие от несвязанных с Договором организаций, особо упомянув запросы от некоторых отделов Секретариата ООН относительно предоставления соответствующей информации Секретариатом Договора об Антарктике и указав при этом, что Секретариат не обладает ни полномочиями на ответ, ни каким-либо межсессионным механизмом для организации процедуры консультаций. Представитель Нидерландов обратил особое внимание на важность Договора об Антарктике для субъектов международных отношений и необходимость своевременного обеспечения международного сообщества новейшими данными по существу дела. По мнению представителя Нидерландов, Правило 46 является в этом отношении явно недостаточным, и поэтому к его использованию прибегали нечасто. Он также отметил, что после консультаций со странами-членами Договора координатор страны-организатора будущего Консультативного совещания будет иметь значительно лучшую возможность предоставлять сведения по существу дела.

(45) Поддержав общую направленность Рабочего документа WP 22 на повышение эффективности межсессионной деятельности КСДА, несколько стран-участниц Договора привлекли внимание участников совещания к необходимости придерживаться принципа консенсуса в процессе выработки и принятия решений, а также учитывать необходимость предоставления странам-участницам времени, достаточного для рассмотрения вопросов и создания проектов ответа. Представитель Норвегии указал на отсутствие ясности касательно отношений между ООН и КСДА в запросе от ООН, указанном в рабочем документе WP 22, отметив при этом, что в результате этого могут возникнуть вопросы относительно Статьи IV Договора об Антарктике. Представитель Китая подчеркнул необходимость позаботиться о том, чтобы страна-участница имела возможность заблаговременно ознакомиться с информацией, и выступил с предложением обязать Секретариат хранить копию расписки в получении конкретного проекта ответа от конкретной страны-участницы.

(46) После дальнейших дискуссий представитель Нидерландов указал на существование четырех основных проблемных аспектов: важности соблюдения принципа консенсуса; необходимости обеспечения делегации временем, достаточным для обдумывания проекта ответа; ясности относительно характера и важности информационных запросов, поступающих от соответствующих международных организаций; и роли страны-организатора по отношению к роли Исполнительного секретаря. После неофициальных консультаций, проведенных Германией и Нидерландами, Совещание согласилось внести поправки в Правила Процедуры.

(47) Участники совещания пришли к единому мнению о необходимости одновременного рассмотрения двух рабочих документов – WP 25 «О своевременной подаче документов до начала КСДА» и WP 36 «Предлагаемый новый способ обработки информационных документов» – с учетом в этих двух рабочих документах интересов Комитета по охране окружающей среды.

(48) Представляя Рабочий документ WP 25 «О своевременной подаче документов до начала КСДА», Германия и Соединенные Штаты указали на необходимость учреждения мер, поощряющих своевременную подачу документов к установленной дате. Эти страны предложили решить данный вопрос в три шага: принятие поправок к правилам процедуры КСДА; принятие поправок к правилам процедуры КООС; и замена существующих инструкций по подаче документов новым комплексом процедур, включая новые правовые механизмы.

(49) От имени Австралии и Новой Зеландии Франция представила рабочий документ WP 36 «Предлагаемый новый способ обработки информационных документов», отметив в своем комментарии, что объединение идей, содержащихся в этих двух документах, позволит повысить эффективность подготовки подаваемых документов. Непрерывное увеличение количества Информационных документов порождает трудности и ведет к увеличению расходов. Классификация ИД по трем типам – Информационные документы, Экспертные документы и Вспомогательные документы – даст возможность Рабочим группам легче определяться относительно использования этих документов. Представитель Австралии обратил внимание участников совещания на настоятельную необходимость унификации обработки Информационных документов с целью повышения эффективности

работы совещаний, отметив при этом, что изменений в Рабочих документах или Документах Секретариата быть не должно.

(50) Несколько стран-участниц сошлись во мнении о необходимости ограничения количества представляемых Информационных документов, указав при этом также на необходимость установления четких конечных сроков подачи документов. Представители Норвегии и Японии выразили озабоченность по поводу совместного рассмотрения этих документов, так как считали, что они направлены на достижение различных целей. Представители этих стран подчеркнули необходимость обратить особое внимание на обеспечение простоты документации. Представитель Китая указал на необходимость выработать четкое определение Информационного документа. Представитель Швеции поддержал общую направленность соответствующих документов, высказав, однако, свое беспокойство по поводу второго параграфа Рабочего документа WP 25, касающегося перевода документов, поданных с опозданием.

(51) Германия выступила инициатором дискуссии относительно того, кто должен решать, был ли документ подан с опозданием: Совещание или Председатель Совещания, указав при этом, что следует тщательно разработать исключения, допускающие несвоевременную подачу документов. После длительных и безрезультатных дискуссий в контактной группе представитель Германии сообщил, что хотя между участниками и было достигнуто согласие по поводу изменений в отношении Рабочего документа WP 25, консенсуса относительно четкой формулировки достигнуто пока не было.

(52) После собрания контактной группы с участием как КСДА, так и КООС, представитель Новой Зеландии отметил, что проект предложения по Рабочему документу WP 36 касательно обозначения и обработки подготавливаемых для КСДА документов существенно отличается от нынешних принципов. В дополнение к первоначальному определению, включающему в себя Документы Секретариата, Рабочие документы и Информационные документы, контактная группа поддержала применение такого определения как «Вспомогательные документы» (ВД). Назначением ВД будет обеспечение официального канала информации к другим участникам Совещания. Предполагается, однако, что ВД будут включаться в список документов КСДА, перечисленных в Заключительном отчете, и архивироваться на веб-странице Секретариата. Новая Зеландия выступила с предложением,

29

чтобы контактная группа предварительно консультировалась с КООС в тех случаях, когда, предположительно, Вспомогательные документы принесут наибольшую пользу.

(53) В результате дальнейшего обсуждения Совещание согласилось с предложенными принципами подхода, изложенными в пересмотренном варианте Рабочего документа WP 36, и пришло к единому мнению, что Рабочий документ WP 25 следует объединить с WP 36 как уместный и подходящий. Инициаторы этих двух документов согласились поработать над подготовкой единого проекта Решения, пересматривающего Правила процедуры КСДА и КООС, а также Руководство по представлению, переводу и распространению документов КСДА и КООС. При этом представитель Нидерландов отметил, что такой пересмотр должен также включать в себя поправки, которые потребуются в результате поддержки Совещанием Рабочего документа WP 22. Консультативное совещание приняло Решение 2 (2011 г.), содержащее «Пересмотренные Правила Процедуры КСДА (2011 г.)» и «Пересмотренные Правила Процедуры КООС (2011 г.)».

(54) Представляя Рабочий документ WP 40 «Усиление поддержки Мадридского протокола», Франция отметила важность чествования двадцатой годовщины принятия Протокола. Представитель Франции указал на личный характер выступления господина Рокара и подчеркнул, что целью предложения, содержащегося в Рабочем документе WP 40, является уведомление участников Совещания о намерении Франции, Австралии и Испании начать скоординированные дипломатические действия, поощряющие стать участниками Протокола те четырнадцать Неконсультативных сторон, которые этого еще не сделали. В качестве соавторов этого предложения Австралия и Испания отметили важность чествования 20-й годовщины Протокола и укрепления его фундаментальных принципов, подчеркнув при этом значимость, которую они придают своему призыву ко всем Неконсультативным сторонам стать участниками Протокола, как предлагается в проекте резолюции, представленном в Рабочем документе WP 40.

(55) Соединенные Штаты акцентировали внимание на крупном вкладе многих Консультативных сторон в развитие Протокола, указав при этом, что они поддерживают инициативу Консультативных сторон убедить оставшиеся Неконсультативные стороны присоединиться к Протоколу. Соединенные Штаты отметили, что это послание

ко всем Неконсультативным сторонам должно исходить от всех Консультативных сторон и быть для всех них приемлемым.

(56) Норвегия поблагодарила инициаторов Рабочего документа WP 40 и повторила высказанную ранее Соединенными Штатами обеспокоенность по поводу согласованности вышеупомянутого послания. В качестве возможного варианта решения этого вопроса Норвегия выступила с предложением, чтобы Председатель Совещания обратился с письмом к тем сторонам, которые еще не присоединились к Протоколу.

(57) Учитывая энергичную и широкую поддержку целей Рабочего документа WP 40 и разнообразие возможных механизмов поощрения присоединения к Протоколу (включая контакты с отдельными странами-участницами Договора, письменное обращение Председателя КСДА, письменное обращение Исполнительного секретаря от имени стран-участниц Договора об Антарктике, изменения в тексте проекта резолюции, предложенного в Рабочем документе WP 40, предложение добавить согласованный на текущем КСДА параграф к Декларации об Антарктическом сотрудничестве по поводу 50-й годовщины вступления в силу Договора об Антарктике, также упомянув 20-ю годовщину Мадридского протокола и поощряя при этом присоединение к Протоколу новых стран), была создана не ограниченная временем контактная группа для нахождения наилучшего способа решения этого вопроса.

(58) Франция, Австралия и Испания выступили с предложением возглавить организацию представительства Консультативными сторонами тех 14 Неконсультативных сторон, которые не являются участниками Протокола. Эти страны заявили, что планируют организовать демарши в столицах Неконсультативных сторон, принять участие в которых будут приглашены все Консультативные стороны. На каждом из таких демаршей представители принимающих в них участие Консультативных сторон будут подавать копию Резолюции касательно этой инициативы, Декларацию, принятую на текущем КСДА, а также меморандум с изложением оснований для присоединения к Протоколу. Представители трех вышеупомянутых стран заявили, что составят такой меморандум, а перед проведением демаршей согласуют его содержание с Консультативными сторонами. Этот меморандум будет подаваться заблаговременно перед демаршами, чтобы посольства участвующих в них Консультативных сторон имели достаточно времени для

подготовки. Норвегия выступила с предложением, чтобы содержание этого меморандума соответствовало содержанию Резолюции.

(59) Совещание одобрило предложение Франции, Австралии и Испании и сошлось во мнении о необходимости следовать процедурам, предложенным этими тремя странами-участницами. После этого Совещание приняло Резолюцию 1 (2011 г.).

(60) По принятии этой Резолюции, представитель Великобритании особо указал на то, что процедуру, принятую относительно этой инициативы, а именно практику поименного перечисления Консультативных сторон в постановляющих параграфах Резолюции, не следует считать прецедентом.

(61) Российская Федерация представила Рабочий документ WP 55 «О стратегии развития деятельности Российской Федерации в Антарктике на период до 2020 года и в долгосрочной перспективе». Представитель Российской Федерации отметил, что, среди прочих целей, деятельность его страны направлена на укрепление экономической мощи Российской Федерации путем интенсификации использования морских биологических ресурсов Южного океана и комплексных исследований минеральных, углеродных и других природных ресурсов Антарктики. Он разъяснил, что эти исследования будут носить чисто научный характер, согласуясь с заявлением Российской Федерации на XXV КСДА в Варшаве относительно научно-исследовательской деятельности, и не будут противоречить Статье 7 Протокола по охране окружающей среды.

(62) Представитель Российской Федерации отметил, что деятельность его страны будет также включать в себя научные исследования по оценке роли и места Антарктики в глобальных климатических изменениях; деятельность, связанную со спутниковой навигационной системой «Глонасс»; строительство и модернизацию российских антарктических станций; строительство двух крупнотоннажных исследовательских судов ледового класса для осуществления рыболовства в комплексе с океанографическими исследованиями, а также строительство нового судна для геолого-геофизических исследований Южного океана.

(63) Совещание приняло во внимание предложение Российской Федерации. Великобритания поблагодарила Российскую Федерацию за разъяснение о том, что упоминания, содержащиеся в Рабочем документе WP 55 относительно минералов и углеводородов, находятся в соответствии

с Информационным документом IP 14 (Россия) XXV КСДА и в соответствии с параграфом 125 Заключительного отчета XXV КСДА.

(64) АСОК представила Информационный документ IP 89 rev.1 «Протокол по охране окружающей среды Антарктики, 1991-2011 гг.», отметив при этом достижения стран-участниц со времени вступления Протокола в силу. Среди этих достижений – масштаб и глубина следования Протоколу некоторыми его Сторонами; превращение КООС в эффективный орган; одобрение пересмотренного Приложения II; и дополнительное Соглашение по ответственности за ущерб.

(65) АСОК высказала также озабоченность по поводу нескольких вопросов, включая необходимость идентифицировать и сохранять ценности дикой природы Антарктики; увеличение количества национальных антарктических станций; неравномерное осуществление Оценок воздействия на окружающую среду; нерегулярное использование системы обмена электронной информацией; кумулятивное воздействие человеческой деятельности в Антарктике и необходимость создания действенной классификационной системы охраняемых районов. Представитель коалиции отметил необходимость усиления взаимодействия между КСДА-КООС и АНТКОМ для учреждения необходимых Морских охраняемых районов и Антарктических особо охраняемых районов в Южном океане. АСОК предложила использовать Информационный документ IP 89 rev.1 в качестве основы для анализа реализации Протокола к двадцать пятой годовщине его подписания, которая будет отмечаться через пять лет, в 2016 году.

(66) Нидерланды представили Информационный документ IP 95 «Плата за экосистемные услуги (PES) Антарктики?», указав при этом, что экосистемные услуги можно считать видом дивиденда, получаемого обществом с природного капитала. Пока человеческая деятельность в Антарктике ограничена, Нидерланды видят этот регион экосистемой с большим потенциалом будущего использования. Рассматривая варианты реализации PES-схем в Антарктике, уместно задаться вопросом: а кто будет продавцом экосистемных услуг Антарктики? Каковым должно быть четкое определение подобной услуги? Кто будет иметь право выступать в качестве покупателя услуг? Каковыми будут операционные издержки реализации схем оплаты?

(67) Нидерланды высказали надежду, что этот документ, явившись первым документом, в котором эта тема была поднята на КСДА, послужит толчком к дискуссиям и обмену мнениями, которые за последующие

годы станут более зрелыми и взвешенными. Совещание отметило полезность данного документа для будущего рассмотрения этой тематической области.

Пункт 6. Работа Системы Договора об Антарктике: анализ положения Секретариата

(68) Председатель огласил пункт 6 повестки дня, передав на рассмотрение Рабочей группы Документы Секретариата SP 2 rev.2 «Отчет Секретариата за 2010-2011 гг.»; SP 3 «Программа Секретариата на 2011-2012 гг.»; и SP 4 «Взносы, полученные секретариатом Договора об Антарктике в 2008-2012 гг.».

(69) Исполнительный секретарь поблагодарил Стороны за их поддержку и выразил благодарность правительству Аргентины за его неустанную и безупречную деятельность по подготовке XXXIV КСДА и поддержку деятельности Секретариата.

(70) Исполнительный секретарь обратил внимание присутствующих на усовершенствование веб-сайта Секретариата Договора об Антарктике, а именно – добавление в него мер и процедур, принятых на XXXIII КСДА и КООС XIII, повышение четкости отображения главной страницы сайта и облегчение доступа к другим разделам сайта с главной страницы, а также его реконфигурация, позволившая пользователям загружать все документы совещаний одним действием.

(71) Исполнительный секретарь сообщил, что Секретариат сэкономил значительные денежные средства на редактировании, распечатке и распространении документов. Заключительный отчет КСДА был распространен через представителей Сторон в Буэнос-Айресе. Дополнительные пригодные для печати копии можно получить на сайте Amazon (http://www.amazon.com). Был обновлен Справочник КООС и было выпущено «Собрание основных документов Системы Договора об Антарктике» в двух томах. Исполнительный секретарь отметил, что поскольку для включения в единый том документов, относящихся к Договору об Антарктике, Протоколу по охране окружающей среды, АНТКОМ, КОАТ и Секретариату, понадобилось бы большое количество страниц, издание книги карманного формата оказалось невозможным. Правила Процедуры и Административные нормативные акты были выпущены более тонкой книгой в виде Тома 2, что позволит

Секретариату работать с небольшой книгой, внося в нее изменения и поправки и не подвергая пересмотру Том 1. Дополнительные копии обоих томов можно получить на сайте Amazon.

(72) Исполнительный секретарь сообщил, что Секретариат уже подписал двухлетний контракт с компанией "ONCALL Conference Interpreters and Translators" для осуществления устных и письменных переводов на XXXIV и XXXV КСДА, что позволило сэкономить приблизительно 168-303 тысячи долларов США по сравнению с расценками фирмы, которая до этого предоставляла свои услуги на XXXII и XXXIII КСДА. Начиная с 2002 года, компания "ONCALL" организовывала переводческое обслуживание АНТКОМ в Хобарте и имеет сертификат соответствия стандартам качества ISO.

(73) Исполнительный секретарь проинформировал Совещание о переезде Секретариата в его новое помещение, предоставленное Аргентиной по адресу: Maip 757, Буэнос-Айрес. Он подчеркнул, что новое помещение является более просторным, и благодаря этому обстоятельству рабочие условия Секретариата существенно улучшились. Он также отметил, что Аргентина оказала Секретариату значительную поддержку в деле нахождения нового помещения, и высоко оценил тесное сотрудничество принимающей страны с Секретариатом по этому вопросу и ее своевременное вмешательство для его решения. Аргентина рекомендовала Совещанию завершить выработку схемы покрытия всех расходов, связанных с переездом Секретариата. Совещание выразило Аргентине благодарность за отзывчивость и поддержку.

(74) Исполнительный секретарь отчитался по нескольким вопросам, связанным с персоналом, включая повышение в должности Начальника финансовой службы до ранга G-2 в соответствии с решением, принятым на XXXIII КСДА, продление контракта с Заместителем Исполнительного секретаря до 2014 года, а также проблему травм, получаемых сотрудниками в рабочее время. Относительно последнего Исполнительный секретарь высказал предложение, чтобы Положения о персонале Секретариата не касались несчастных случаев на работе. Ранее Секретариат получил от своих юристов соответствующие рекомендации и в настоящее время проводит консультации с аргентинскими властями по этому вопросу.

(75) Исполнительный секретарь отметил, что согласно аудиторскому отчету за период до 31 марта 2010 года - если выражаться простым языком -

представленная Секретариатом финансовая отчетность была честной и объективной во всех отношениях.

(76) Исполнительный секретарь сообщил, что бывший Исполнительный секретарь, господин Ян Хубер, в письме, датированном 25 января 2011 года, разъяснил, что поскольку он будет получать пенсионное пособие от внешнеполитического ведомства Нидерландов, то в соответствии с нормативом 10.4 «Положения о персонале» ему нет необходимости требовать прекращения трудового договора и выплаты Секретариатом пенсионного пособия.

(77) Представляя Документ Секретариата SP 3 «Программа Секретариата на 2011-2012 гг.», Исполнительный секретарь обратил внимание на одно из требований к командировкам на совещания КОМНАП и АНТКОМ и сообщил о планах опубликования решений и Заключительного отчета XXXIV КСДА, планах поддержки межсессионных контактных групп, организуемых КСДА и КООС, а также о предполагаемом дальнейшем расширении использования современных средств связи. Секретариат потребовал, чтобы Стороны подали в архив КСДА предыдущие Отчеты и другие документы, особенно те, которые составлены не на английском языке.

(78) Исполнительный секретарь подчеркнул, что его целью является обеспечение нулевого реального роста бюджета на 2012-13 гг. При этом он заявил, что бюджет должен оставаться стабильным с 2013 по 2015 год включительно, а потом спрогнозировал, что с того времени рост бюджета составит приблизительно 2%.

(79) Япония потребовала разъяснить, каким образом была вычислена цифра, представленная в Приложении 1 к SP 3 как «Фонд, ассигнованный на внутреннее обслуживание». Исполнительный секретарь ответил, что в соответствии с Финансовыми нормативными актами Фонд, ассигнованный на внутреннее обслуживание, представляет собой шестую часть взносов Сторон Договора.

(80) Япония одобрила также перспективный бюджет на 2012-2013 гг., поскольку в нем предусмотрен нулевой номинальный рост расходов, и отметила, что, согласно Документу Секретариата SP 3, перспективные бюджеты после 2013 года не возлагают на Стороны никаких обязательств.

(81) Германия выразила благодарность Секретариату за его деятельность в общем и за проект бюджета на следующий год в частности, отметив

при этом, что всякое увеличение окладов будет осуществляться по той же методологии, что и в предыдущие два года.

(82) Совещание выразило благодарность Исполнительному секретарю за его безупречную работу во многих аспектах, включая бюджет, а особенно – за снижение расходов на устный и письменный переводы, и пожелало, чтобы нулевой номинальный рост бюджета сохранялся и впредь.

(83) Исполнительный секретарь представил Документ Секретариата SP 4 «Взносы, полученные Секретариатом Договора об Антарктике в 2008-2012 гг.», указав при этом, что Секретариат уже получил большую часть взносов за 2010 и 2011 годы и подтвердив отсутствие задолженностей по взносам за предыдущие годы. Он призвал Стороны, имеющие задолженности по взносам за текущий год, погасить их как можно скорее.

(84) Представитель Перу сообщил Совещанию, что недавно правительство его страны дало разрешение на выплату взноса, которая будет осуществлена в течение ближайших недель.

(85) Совещание поблагодарило Исполнительного секретаря за его четкую и всестороннюю презентацию Документов Секретариата SP 2 rev.2, SP 3 и SP 4, а также его неустанные усилия по снижению расходов и творческий подход к решению этой проблемы. Совещание одобрило Проверенный финансовый отчет за 2009-2010 гг. (представленный в SP 2 rev.2). Оно согласилось принять к сведению пятилетний перспективный профиль бюджета на 2011-2016 гг. и одобрило все другие компоненты Программы Секретариата (SP 4), включая бюджет на 2011-2012 гг. и Перспективный бюджет на 2012-2013 гг. Совещание приняло Решение 3 (2011 г.).

(86) Отметив, что Система электронного обмена информацией (СЭОИ) принесла немалую пользу в контексте поисково-спасательных операций в Антарктике, Исполнительный секретарь рекомендовал всем Сторонам активнее пользоваться этой системой. Он отметил, что за последний год лишь 17 стран пополнили СЭОИ своей информацией. Он отметил также, что КООС выразил некоторую озабоченность по поводу недостаточности удобства использования этой системы. Возможно СЭОИ придется усовершенствовать; необходимо также и далее поощрять Стороны пополнять информацию, содержащуюся в этой системе.

(87) В ответ на запрос, поступивший от Великобритании, Секретариат распространил список Сторон, пользовавшихся СЭОИ в течение последних трех лет, с целью облегчения обсуждения проблем, которые препятствовали более широкому ее использованию. Несколько Сторон отметили, что в своем нынешнем виде эта система и так является достаточно удобной в пользовании, и предложили интенсифицировать ее использование всеми Сторонами в режиме реального времени.

(88) Новая Зеландия заявила, что если бы норвежское судно «Берсерк» получило разрешение, и информацию об этом можно было получить с помощью СЭОИ, то это смогло бы облегчить поисково-спасательные работы. Новая Зеландия призвала все Стороны делиться имеющейся у них информацией.

(89) Франция представила вниманию участников Рабочий Документ WP 11 «Новая информация о несанкционированном присутствии французских яхт в зоне действия Договора и ущербе, причиненном хижине, известной под названием Дом Уорди – соображения о последствиях этого инцидента», указав при этом, что лишь немногие Стороны пользуются системой СЭОИ.

(90) Соединенные Штаты рекомендовали использование СЭОИ всем странам, которые должны отчитываться об экспедиционной или туристической деятельности; однако Соединенные Штаты заявили также, что разделяют беспокойство КООС по поводу недостаточного удобства пользования этой системой, в особенности Сторонами, организующими многочисленные экспедиции, сопровождающиеся частыми высадками на берег. Швеция выступила с предложением, согласно которому Стороны, не занимающиеся в Антарктике неправительственной или туристической деятельностью в каком-либо конкретном году, не должны предоставлять отчет об использовании системы СЭОИ в том году.

Пункт 7. Отчет Комитета по охране окружающей среды

(91) Доктор Ив Френо, Председатель Комитета по охране окружающей среды, представил Отчет о работе Четырнадцатого заседания КООС. Комитет рассмотрел 46 Рабочих документов, 68 Информационных документов и 4 Документа Секретариата (полный перечень документов представлен в Приложении I к Отчету КООС XIV).

Стратегическое обсуждение дальнейшей работы КООС (пункт 3 повестки дня КООС)

(92) Комитет пересмотрел и обновил свой Пятилетний рабочий план. Он подробно обсудил проблему уборки и утилизации отходов в местах, где ранее осуществлялась человеческая деятельность, и принял решение повысить приоритетность подобных вопросов в будущем. Кроме того, для обеспечения ответа на запрос КСДА, содержащийся в Решении 4 (2010 г.), Комитет внес в свой рабочий план специальное задание со статусом наивысшей приоритетности, касающееся восстановления природной среды и устранения причиненного ей ущерба.

Работа КООС (пункт 4 повестки дня КООС)

(93) Комитет отметил, что степень соблюдения требований при подаче ежегодных отчетов о выполнении Протокола остается низкой даже через двенадцать лет после его ратификации. Некоторые участники указали на то, что увеличение удобства пользования Системой электронного обмена информацией (СЭОИ) могло бы повысить степень соблюдения этих требований.

(94) Секретариат дал согласие созвать неофициальную контактную группу на Дискуссионном форуме КООС с целью координации технических предложений по данному вопросу, поступающих от членов Комитета.

Влияние климатических изменений на окружающую среду (пункт 5 повестки дня КООС)

(95) Комитет рассмотрел предложение Великобритании и Норвегии отслеживать действия по воплощению рекомендаций, принятых на состоявшемся в 2010 году Совещании экспертов Договора об Антарктике (СЭДА) по климатическим изменениям (СЭДА по климатическим изменениям). Комитет поддержал предложение, обязывающее Секретариат и в дальнейшем регистрировать деятельность, связанную с воплощением каждой из 30 рекомендаций СЭДА, как со стороны КООС, так и со стороны КСДА.

(96) Комитет изучил предложенную Великобританией и Норвегией методологию оценки возможного воздействия климатических изменений на Особо охраняемые районы Антарктики (ООРА). Отметив широкий интерес к такому подходу, Комитет призвал заинтересованных участников внести свой вклад в работу по

дальнейшему совершенствованию и конкретизации вышеуказанной методологии.

Оценка воздействия на окружающую среду (ОВОС) (пункт 6 повестки дня КООС)

Предварительные всесторонние экологические экспертизы

(97) Перед Четырнадцатым заседанием КООС были разосланы два проекта Всесторонней оценки окружающей среды (ВООС), которые были изучены Комитетом.

1) Проект Всесторонней оценки окружающей среды предполагаемого исследования подледникового озера Эллсуорт в Антарктике (Великобритания)

(98) Комитет подробно обсудил эту предварительную ВООС, подготовленную Великобританией, а также отчет Норвегии о межсессионной контактной группе (МКГ), созданной для изучения проекта ВООС в соответствии с «Процедурой межсессионного рассмотрения в КООС проектов ВООС», а также для изучения дополнительных сведений, предоставленных Великобританией в ответ на вопросы, поднятые на заседании МКГ. Комитет уведомил Совещание о том, что:

(99) Проект ВООС и применяемая Великобританией технология в общем соответствуют требованиям Статьи 3 Приложения 1 к Протоколу по охране окружающей среды к Договору об Антарктике.

(100) Информация, содержащаяся в проекте ВООС, подтверждает выводы этой оценки о том, что, принимая во внимание жесткие профилактические и смягчающие меры, намеченные и подготавливаемые инициатором, предполагаемая деятельность окажет лишь незначительное и временное влияние на окружающую среду Антарктики. Более того, предполагаемая деятельность оправдывается еще и тем, что результаты исследования озера Эллсуорт будут иметь большую ценность и всемирное научное значение.

(101) При подготовке требуемой Заключительной ВООС инициатор должен принять во внимание все замечания, высказанные членами Комитета, и счесть их целесообразными. В частности, внимание КСДА привлекли предложения о том, что Заключительная ВООС должна содержать дополнительные подробности относительно оценки деятельности вспомогательного подрядчика; дополнительную

документацию/соображения по вопросу потенциального загрязнения при проходе сквозь ледовый слой; дополнительные соображения по поводу минимизации возмущения водной толщи из-за присутствия научно-исследовательского оборудования; оценку риска утраты оборудования в озере; соображения по поводу численности ледовой группы в свете безопасности данного проекта и соображения по поводу международного сотрудничества.

(102) Проект ВООС отличается четкостью и хорошей структурированностью, написан хорошим языком, имеет качественные диаграммы и точные цифровые данные.

(103) КООС рекомендовал КСДА поддержать эти выводы, и Совещание согласилось с рекомендацией КООС.

2) Проект Всесторонней оценки окружающей среды для строительства и эксплуатации Антарктической научно-исследовательской станции «Джанг Бого» (Республика Корея) в бухте Терра Нова, Антарктика

(104) Комитет подробно обсудил этот проект ВООС, а также рассмотрел отчет Австралии о деятельности МКГ, созданной для рассмотрения проекта ВООС в соответствии с «Процедурами рассмотрения проектов ВООС на межсессионных заседаниях КООС»; комитет также изучил информацию, предоставленную Республикой Корея в ответ на вопросы, поднятые во время заседания МКГ. Комитет сообщил заседанию, что:

(105) Проект ВООС в общем соответствует требованиям Статьи Приложения 1 Протокола по охране окружающей среды к Договору об Антарктике.

(106) Информация, содержащаяся в этом проекте ВООС, подтверждает выводы инициатора о том, что строительство и эксплуатация станции «Джанг Бого» окажет лишь незначительное и временное влияние на окружающую среду. Предоставленная информация подтверждает также вывод инициатора о том, что предполагаемое негативное влияние будет компенсировано знаниями и сведениями, полученными благодаря научным исследованиям, которые будут проводиться с помощью этой станции.

(107) При подготовке требуемой Заключительной ВООС инициатор должен принять во внимание все замечания, высказанные членами Комитета, и счесть их целесообразными. В частности, внимание КСДА привлекли предложения о том, что Заключительная ВООС должна содержать дополнительные подробности относительно следующих аспектов: потенциального кумулятивного влияния

деятельности многочисленных операторов в районе бухты Терра Нова; вспомогательной инфраструктуры станции; системы очистки сточных вод; утилизации канализационных и пищевых отходов; предотвращения выброса нефтепродуктов; мер по предотвращению воздействия на колонию поморников; мер по предотвращению интродукции неместных видов; планов вывода станции из эксплуатации.

(108) Проект ВООС составлен четко, хорошо структурирован и представлен.

(109) КООС рекомендовал КСДА поддержать эти выводы, и Совещание согласилось с рекомендацией КООС.

Прочие вопросы, относящиеся к ОВОС

(110) Комитет рассмотрел информацию о текущей деятельности в рамках исследования КООС по туризму, которое осуществляется Новой Зеландией, напомнив при этом об интересе, проявленном со стороны КСДА к предложению КООС изучить экологические аспекты, а также влияние туризма и неправительственной деятельности в Антарктике. Эта работа, которую КООС определил как приоритетную, будет завершена в следующем году, а отчет о ней будет представлен на Пятнадцатом заседании КООС.

(111) Кроме того, Комитету была представлена информация о рассылке двух заключительных ВООС:

- *Заключительная Всесторонняя оценка окружающей среды (ВООС) для новой Индийской научно-исследовательской станции в холмах Ларсеманн (Индия).*
- *Заключительная Всесторонняя оценка окружающей среды для «Отбора проб воды из подледникового озера Восток (Российская Федерация».*

(112) Российская Федерация предоставила также информацию о технологии исследования воды подледникового озера Восток.

Охрана районов и планы управления (пункт 7 повестки дня КООС)

Планы управления охраняемыми и управляемыми районами

(113) Комитету были представлены 12 пересмотренных планов управления для 11 ООРА и одного ОУРА. Один из них рассматривался Вспомогательной

группой по планам управления (ВГПУ), а 11 пересмотренных планов управления были сразу представлены на рассмотрение КООС XIV.

(114) Приняв рекомендации КООС, Совещание одобрило следующие Меры, касающиеся Особо охраняемых и Особо управляемых районов:

- Мера 1 (2011): Пересмотренный план управления Особо охраняемым районом Антарктики № 116 (Долина Нью-Колледж, пляж Коли, мыс Бэрд, остров Росс).
- Мера 2 (2011): Пересмотренный план управления Особо охраняемым районом Антарктики № 120 (Архипелаг Мыс Геологии, Земля Адели).
- Мера 3 (2011): Пересмотренный план управления Особо охраняемым районом Антарктики № 122 (Высоты Эррайвл, полуостров Хат-Пойнт, остров Росс).
- Мера 4 (2011): Пересмотренный план управления Особо охраняемым районом Антарктики № 126 (Полуостров Байерс, остров Ливингстон, Южные Шетландские острова).
- Мера 5 (2011): Пересмотренный план управления Особо охраняемым районом Антарктики № 127 (остров Хасуэлл).
- Мера 6 (2011): Пересмотренный план управления Особо охраняемым районом Антарктики № 131 (Ледник Канада, озеро Фрикселл, долина Тейлор, земля Виктории).
- Мера 7 (2011): Пересмотренный план управления Особо охраняемым районом Антарктики № 149 (Мыс Ширефф и остров Сан-Телмо, остров Ливингстон, Южные Шетландские острова).
- Мера 8 (2011): Пересмотренный план управления Особо охраняемым районом Антарктики № 165 (Мыс Эдмонсон, залив Вуд, море Росса).
- Мера 9 (2011): Пересмотренный план управления Особо охраняемым районом Антарктики № 167 (Остров Хоукер, холмы Вестфолд, берег Ингрид Кристенсен, Земля принцессы Елизаветы, Восточная Антарктида).
- Мера 10 (2011): Пересмотренный план управления Особо управляемым районом Антарктики № 2 (Сухие долины Мак-Мердо, Южная часть Земли Виктории).

(115) Принимая во внимание значительные изменения, предложенные для внесения в План управления ООРА № 140 (Части острова Десепшн, Южные Шетландские острова), Комитет решил направить этот План управления в ВГПУ для рассмотрения в межсессионный период.

Вспомогательная группа КООС по планам управления

(116) Комитет рассмотрел отчет своей Вспомогательной группы по планам управления (ВГПУ), созывавшейся в Австралии. За межсессионный период ВГПУ проанализировала и пересмотрела «Руководство по подготовке планов управления Особо охраняемыми районами Антарктики» (принятое согласно Резолюции 2 (1988 г.)), включив в него стандартную формулировку и стандартный образец плана управления ООРА.

(117) Комитет пришел к единому мнению о следующем:

- поддержать пересмотренное «Руководство по подготовке планов управления Особо охраняемыми районами Антарктики» и включенные в него стандартную формулировку и образец планов управления ООРА;

- призвать стороны-инициаторы планов управления, опаздывающие с предоставлением информации по статусу планов управления ООРА для анализа, предоставить такую информацию.

(118) Комитет принял также рабочий план деятельности ВГПУ на межсессионный период 2011-2012 гг.

(119) Совещание приняло Резолюцию 2: Пересмотренное Руководство по подготовке планов управления Особо охраняемыми районами Антарктики.

(120) В соответствии с этим пунктом было обсуждено несколько других вопросов, включая предлагаемую мониторинговую деятельность в пределах ООРА № 107 (Остров Императора, острова Дион, залив Маргерит, Антарктический полуостров). Секретариат согласился выпустить памятную записку сторонам, ответственным за план управления ООРА/ОУРА, уведомляющую о том, что этот план должен быть представлен на рассмотрение в течение следующего года.

Исторические места и памятники

(121) Комитет рассмотрел информацию о результатах организованных Аргентиной неофициальных межсессионных дискуссий, посвященных Историческим местам и памятникам (ИМП). Центральной темой этих дискуссий были: а) различные способы, с помощью которых Стороны смогут определять и применять концепцию «исторического наследия», а также уже существующие согласованные определения в контексте

Антарктики, и б) достаточность механизмов защиты, предусмотренных Системой Договора об Антарктике для охраны исторических мест. Учитывая широкое разнообразие концепций и взглядов на эти проблемы, Комитет согласился с тем, что неофициальные дискуссии, посвященные Историческим местам и памятникам, были полезными, и что их следует продолжить.

(122) Комитету представили предложение, касающееся нового ИМП, а также предложение пересмотреть характеристику ИМП 82. Следуя рекомендации КООС, Совещание приняло следующие Меры по Историческим местам и памятникам:

- Мера 11 (2011 г.): Исторические места и памятники Антарктики: Монумент в честь Договора об Антарктике и мемориальная доска
- Мера 12 (2011 г.): Исторические места и памятники Антарктики: Здание №1 на станции «Великая стена»

(123) Хотя и согласившись с Мерой 11 (2011 г.), Великобритания еще раз высказала свое выраженное ранее беспокойство по поводу двойных названий в перечне исторических мест.

(124) Комитет отметил, что последний перечень ИМП очень устарел, и предложил, чтобы КСДА обязало Секретариат обновлять этот перечень ежегодно.

(125) Совещание рассмотрело это предложение КООС и дало согласие обязать Секретариат регулярно обновлять перечень Исторических мест и памятников, содержащийся на веб-сайте Секретариата.

Правила поведения для посетителей

(126) Комитет обсудил отчет созванной в Австралии бессрочной Межсессионной контактной группы по пересмотру экологических аспектов Рекомендации XVIII-1. Эта МКГ разработала обновленные правила поведения посетителей на основе Рекомендации XVIII-1 (1994 г.), но в таком формате, который был бы удобен для использования в качестве обобщающей «обертки», дополняющей конкретные правила поведения посетителей для конкретного участка.

(127) Совещание рассмотрело и одобрило Общие правила поведения посетителей Антарктики, а также приняло Резолюцию 3 (2011 г.).

(128) Комитет обсудил предложение пересмотреть два правила поведения посетителей и предложение принять три новых правила. Комитет поддержал пересмотренные варианты правил поведения для залива Уэйлерс-Бей, полуострова Ардли и Хижины Моусона.

(129) Совещание рассмотрело и одобрило пересмотр двух правил поведения посетителей и введение трех новых правил поведения посетителей, сделав это посредством Резолюции 4 (2011 г.).

Зона влияния человека и ценности дикой природы

(130) Комитет обсудил концепции зоны влияния и дикой природы в связи с охраной окружающей среды Антарктики и подтвердил интерес к развитию соответствующей терминологии. Он также поддержал концепцию нетронутых зон, могущих служить в качестве эталонных участков.

Охрана морского пространства и управление

(131) Комитет поблагодарил Секретариат за выпуск прекрасного обзора деятельности КООС в морских охраняемых районах. Он поддержал просьбу к Секретариату обеспечить регулярное обновление отчета в Интернете на веб-сайте Системы Договора об Антарктике.

(132) Комитету сообщили о семинаре АНТКОМ по морским охраняемым районам, который состоится в Бресте (Франция) с 29 августа по 2 сентября 2011 года. Комитет напомнил о своем предварительном согласии на конструктивное сотрудничество с АНТКОМ по этим вопросам, отметив при этом свое стремление делать отчеты о предстоящем во французском городе Бресте семинаре АНТКОМ по морским охраняемым районам. Комитет поблагодарил АНТКОМ за приглашение посетить этот семинар. Было решено, что представителем КООС на этом семинаре будет Полли Пенхейл из Соединенных Штатов.

Прочие вопросы согласно Приложению V

(133) Комитет рассмотрел предложение Австралии об увеличении базы данных по охраняемым районам Антарктики. Он выразил согласие с тем, что:

- базу данных по охраняемым районам Антарктики следует расширить с целью включения в нее полей, представляющих: 1) главную причину создания такого района; 2) основную

Территорию охраны окружающей среды, представленную соответствующим образом;

- необходимо призвать инициаторов представить границы ООРА и ОУРА в цифровом формате, максимально пригодном для использования в Географической информационной системе GIS, а также предоставить эту информацию Секретариату для централизованного использования и доступа к ней через Базу данных по охраняемым районам Антарктики;

- следует обратиться с просьбой к Секретариату, чтобы он модифицировал Базу данных по охраняемым районам Антарктики в соответствии с необходимостью внести в нее эти изменения;

- следует рекомендовать КСДА внести изменения в титульный лист Рабочих документов, представляющих данные об ООРА и ОУРА, содержащиеся в приложении к Резолюции 1 (2008 г.) с тем, чтобы дать Секретариату возможность извлекать соответствующую информацию для внесения ее в базу данных.

(134) Совещание приняло Резолюцию 5 (2011 г.): Пересмотренное руководство по представлению Рабочих документов, содержащих предложения относительно Особо охраняемых районов Антарктики, Особо управляемых районов Антарктики или Исторических мест и памятников.

(135) КООС обсудил также отчет семинара КООС по Морским и Сухопутным особо управляемым районам Антарктики, состоявшегося в Уругвае 16-17 июня 2011 года. Комитет высказал свою благодарность членам оргкомитета этого семинара – Австралии и Уругваю, и также поблагодарил Уругвай за предоставление места для его проведения.

(136) Комитет поддержал принятые на этом семинаре рекомендации и пришел к мнению о необходимости:

1) Обратиться с просьбой к Секретариату об установлении каналов передачи данных с веб-сайта Системы Договора об Антарктике к веб-сайтам ОУРА там, где это представляется возможным.

2) Оказывать содействие дальнейшему обмену информацией о передовом опыте по управлению ОУРА. В частности, можно призвать Группы управления ОУРА делиться информацией касательно инициатив, которые могут вызвать широкий интерес относительно их применения в других ОУРА.

3) Стремиться изыскивать возможности более активно пользоваться опытом и полномочиями КОМНАП с целью облегчения и координации сотрудничества в деле становления и развития ОУРА и управления ими. Кроме того, КООС стремится привлечь к работе СКАР в плане научных исследований, МААТО в плане туристической деятельности, а также Научного комитета АНТКОМ в плане передового опыта в идентификации, управлении и мониторинге морских районов.

4) Призвать заинтересованных Членов к пересмотру пунктов существующих планов управления ОУРА с целью подготовки перспективного плана работы и вспомогательных материалов в помощь деятельности ВГПУ по разработке инструкций по созданию ОУРА, а также подготовке и пересмотру планов управления ОУРА.

Сохранение антарктической флоры и фауны (пункт 8 повестки дня КООС)

Карантин и неместные виды

(137) Проблема неместных видов в Антарктике остается вопросом № 1 пятилетнего рабочего плана КООС. Комитет рассмотрел работу МКГ, созданной на Двенадцатом совещании КООС, и собиравшейся на свое заседание в Новой Зеландии. Среди основных результатов второго года работы этой МКГ – завершение основной целевой деятельности и выработка основных принципов, которыми должны руководствоваться Стороны в своей деятельности по снижению угрозы, исходящей от неместных видов, а также завершение составления «Руководства по неместным видам».

(138) Комитет поддержал рекомендации МКГ, направленные на:

1) Содействие достижению общей цели и реализации основных принципов, которыми должны руководствоваться Стороны в своей деятельности по снижению угрозы, исходящей от неместных видов;

2) Содействие распространению и использованию «Руководства по неместным видам»;

3) Продолжение усовершенствования «Руководства по неместным видам» с добавлением в него инструкций от СКАР и КОМНАП по научным и практическим вопросам соответственно, а также

4) Обязать Секретариат разместить это Руководство на веб-сайте Системы Договора об Антарктике на всех языках стран-участниц Договора.

(139) Совещание приняло Резолюцию 6 (2011 г.): «Неместные виды».

(140) Комитет обсудил контрольные списки, составленные КОМНАП и СКАР для менеджеров-поставщиков с целью снижения риска привнесения в регион неместных видов. КООС одобрил рекомендации, среди которых – включение этих контрольных списков в «Руководство по неместным видам».

(141) Комитет обсудил также предложенные СКАР меры по снижению риска привнесения в Арктический регион неместных видов в качестве живой пищи. Комитет принял предложение от научного комитета СКАР, который вызвался выступить модератором неофициальной дискуссии по этой проблеме в межсессионный период и высказал намерение представить соответствующий пересмотренный документ на Пятнадцатом заседании КООС.

Прочие вопросы согласно Приложению II

(142) Комитет был проинформирован о желании Германии предоставить место для проведения второго семинара «Дискуссионный форум компетентных властей», посвященного воздействию антропогенного подводного звука на окружающую среду Антарктики. Комитет подчеркнул свою заинтересованность в дальнейшем ознакомлении с этой темой и приветствовал предложения от СКАР и АСОК представить Пятнадцатому заседанию КООС резюме новых данных по этой теме с целью содействия дальнейшему обсуждению.

(143) Комитет указал на то, что СКАР выпустил два новых Кодекса поведения:

• Составленный научным комитетом СКАР «Кодекс поведения при научно-исследовательской деятельности в Подледниковой водной среде».

• Составленный научным комитетом СКАР «Кодекс поведения при использовании животных для научных целей в Антарктике».

Мониторинг и представление данных об окружающей среде (пункт 9 повестки дня КООС)

(144) Комитет обсудил потенциальное использование методов дистанционного зондирования с целью усовершенствования мониторинга окружающей среды и климатических изменений в Антарктике. Дискуссия основывалась на представленном Великобританией Рабочем документе WP 15 rev.1, в котором КООС рекомендовано:

1. Выявлять и фиксировать потенциал для дистанционного зондирования с целью внесения существенного вклада в будущие программы мониторинга окружающей среды с учетом контекста управления охраняемыми районами и мониторинга воздействия климатических изменений;

2. Изучать новые потенциальные способы использования данных дистанционного зондирования для содействия деятельности КООС и КСДА;

3. Продолжать изучать возможности использования и исследования новых объектов мониторинга.

(145) Комитет согласился поддержать эти рекомендации и выступил за интенсификацию информационного обмена во благо всех Сторон, работающих в Антарктическом регионе, и во избежание дублирования действий.

Отчеты об инспекциях (пункт 10 повестки дня)

(146) Комитет рассмотрел Отчет об инспекциях, представленный Японией (Рабочий документ WP 1 и Информационный документ IP 4). Япония особо отметила результаты обработки и утилизации отходов, проблему очистки канализационных сточных вод и бытовых жидких отходов на нескольких станциях, а также высказала рекомендации, в том числе и относительно улучшения очистки сточных вод и резервуаров для нефтепродуктов на некоторых станциях.

(147) Комитет рассмотрел также Отчет об инспекциях, представленный Австралией (Рабочий документ WP 51, Информационные документы IP 39 и IP 40). Австралия отметила, что в результате ее инспекций были выявлены некоторые области экологического риска, ознакомив при этом участников совещания со своими рекомендациями Сторонам, которым следует:

- стремиться к тому, чтобы эксплуатировать ныне работающее оборудование в соответствии с Протоколом;

- поддерживать в рабочем состоянии и регулярно проверять временно неиспользуемые помещения и временно неработающее оборудование с целью предотвращения возможного ущерба окружающей среде;

- надлежащим образом осуществлять демонтаж строений и оборудования, не предназначенных для дальнейшего использования; надлежащим образом осуществлять утилизацию накопленных отходов;

- предпринимать меры с целью донесения до Стороны, осуществляющей эксплуатацию объекта, информации о незанятых и неиспользуемых сооружениях и оборудовании;

- делиться знаниями и опытом в деле решения проблем, связанных с преодолением негативных последствий прошлой деятельности.

(148) С учетом замечаний о необходимости принятия более энергичных мер по очистке сточных вод, особенно на сухопутных станциях, Комитет призвал КОМНАП предоставить Пятнадцатому заседанию КООС информацию о передовом опыте очистки сточных вод. Комитет поблагодарил Россию за информацию, предоставленную в ответ на замечания со стороны австралийской инспекционной группы в 2010 году, и приветствовал ее намерение отчитаться перед следующим Совещанием о дополнительных мерах, предпринятых с целью устранения выявленных проблем.

Сотрудничество с другими организациями (пункт 11 повестки дня КООС)

(149) Комитет получил ежегодные отчеты от КОМНАП, СКАР и АНТКОМ, а также отчет Наблюдателя от КООС за работой РГ НК-АНТКОМ по экосистемному мониторингу и управлению.

Общие вопросы (пункт 12 повестки дня КООС)

Практические вопросы устранения и возмещения ущерба, нанесенного окружающей среде

(150) Комитет рассмотрел запрос XXXIII КСДА о предоставлении рекомендаций по экологическим проблемам, относящимся к практическим вопросам

устранения и возмещения ущерба, нанесенного окружающей среде. Австралия представила Рабочий документ (WP 28) с целью инициирования дискуссии и с тем, чтобы посодействовать КООС в своевременном предоставлении полезной информации по Решению 4 (2010 г.), а также определила те восемь пунктов, из которых, по мнению Австралии, КООС должен исходить при подготовке и подаче такой информации.

(151) Комитет призвал Членов предоставить на Пятнадцатое заседание КООС свои документы и предложения по этому вопросу с целью создания на этом заседании МКГ по устранению и возмещению ущерба, нанесенного окружающей среде.

Обзор рекомендаций КСДА

(152) КООС отметил, что на КСДА ранее был рассмотрен рабочий документ WP 24 «Отчет о работе, проделанной Межсессионной контактной группой по рассмотрению рекомендаций КСДА» (Аргентина), и запросил информацию об основных утративших силу пунктах нескольких Рекомендаций, касающихся экологических вопросов, не связанных с охраной и управлением районов:

(153) Комитет сообщил Совещанию, что следующие Рекомендации, которые КСДА запрашивало для рассмотрения, могут считаться недействительными:

- Рекомендация III-8
- Рекомендация III-10
- Рекомендация IV-22
- Рекомендация XII-3
- Рекомендация XIII-4
- Рекомендация X-7

(154) Кроме того, Комитет сообщил Совещанию, что некоторые пункты «Инструкций по научно-исследовательскому бурению в Регионе Договора об Антарктике», представленные в Рекомендации XIV-3, не были заменены или отменены, и что эти инструкции полезно будет сохранить и в будущем.

(155) Совещание одобрило эту информацию от КООС.

Выборы должностных лиц (пункт 13 повестки дня КООС)

(156) Совещание переизбрало Веронику Вальехос из Чили на должность Первого заместителя председателя на второй двухлетний срок.

Подготовка XV заседания КООС (пункт 14 повестки дня КООС)

(157) Комитет принял предварительную повестку дня Пятнадцатого заседания КООС, содержащуюся в Дополнении к отчету КООС. Он также поддержал предложение, сформулированное Австралией в Рабочем документе WP 8, провести Пятнадцатое заседание КООС в пятидневный срок в 2011 году.

(158) Для отображения того, что Комитету необходимо отреагировать на запрос КСДА по практическим вопросам устранения и возмещения ущерба, причиненного окружающей среде, в повестку дня был внесен дополнительный пункт – Решение 4 (2011).

(159) Совещание выразило благодарность д-ру Френо за его искусное председательствование и поблагодарило Комитет за представление высококачественного отчета.

(160) Касаясь вопроса о СЭОИ, некоторые Стороны признали то обстоятельство, что действующую ныне систему можно сделать более удобной в пользовании, и поблагодарили Секретариат за его усилия по обеспечению ее технического усовершенствования. Однако эти же Стороны напомнили Совещанию, что, тем не менее, обмен информацией является требованием, обусловленным Протоколом.

(161) Некоторые Стороны еще раз выразили свою поддержку рекомендации КООС одобрить проекты ВООС, представленные Великобританией и Кореей, отметив при этом, что они с нетерпением ждут получения заключительных ВООС.

(162) Новая Зеландия привлекла внимание участников Совещания к важности того, чтобы КООС и далее сохранял стратегический подход к своей работе, и призвала КСДА ориентироваться именно на такой подход во время рассмотрения своего пятилетнего плана работы. Новая Зеландия приветствовала тот факт, что КООС завершил работу над общими экологическими инструкциями для посетителей и разработал «Руководство по неместным видам». Новая Зеландия подчеркнула важность продолжения взаимодействия между КООС и КСДА.

(163) Одобрительно оценив отчет КООС, Великобритания заострила внимание на целом ряде вопросов, включая то обстоятельство, что, в соответствии с Протоколом, информационный обмен является официальным требованием, и что информация, собранная с помощью системы СЭОИ, вносит существенный вклад в работу других элементов КСДА,

включая Рабочую группу по туризму. Великобритания также отметила, что пересмотренная инструкция для посетителей, основывающаяся на Рекомендации XVIII-1, была предназначена для укрепления и дополнения последней, а не для ее замены. Совещание призвало единственную оставшуюся Сторону присоединиться к Рекомендации XVIII-1 как можно скорее, чтобы она могла вступить в силу.

(164) США отметили активную позицию Секретариата в его желании возглавить работу неофициальной дискуссионной группы для решения технических проблем, связанных с Системой электронного обмена информацией. Эти усилия должны поспособствовать облегчению использования СЭОИ. Упомянув ВООС, представленные Великобританией и Кореей, США отметили высокое качество технологии ОВОС, применявшейся обеими Сторонами и похвалили быстроту, с которой они отреагировали на вопросы и рекомендации, представленные Комитетом по охране окружающей среды. Инструкции для посетителей Антарктики были сочтены весьма важным вкладом в уменьшение негативного воздействия на окружающую среду. Кроме того, выполненная КООС работа была сочтена важной для содействия деятельности Рабочей группы по туризму. США выступают за продолжение сотрудничества между КООС и НК-АНТКОМ в сфере управления морским пространством и с интересом ожидают результатов семинара АНТКОМ по охраняемым районам Антарктики.

Пункт 8. Материальная ответственность: соблюдение Решения 1 (2005)

(165) На Совещании было отмечено, что пять Сторон (Финляндия, Перу, Польша, Испания, Швеция) уже одобрили Меру 1 (2005 г.). В соответствии с Решением 4 (2010 г.), которое заменило Решение 1 (2005 г.), другие Стороны предоставили новейшие сведения о своем прогрессе после XXXIII КСДА в деле одобрения Приложения VI к Протоколу по охране окружающей среды, где речь идет о материальной ответственности, возникающей вследствие чрезвычайных экологических ситуаций.

(166) Отмечая важность ратификации Приложения VI, большинство представителей Сторон сообщили, что правительства их стран еще находятся на различных стадиях подготовки мер по внедрению, необходимых для одобрения.

(167) Австралия, Нидерланды, Великобритания и Новая Зеландия проинформировали Рабочую группу о своем большом прогрессе на пути к ратификации Приложения VI. Великобритания и Новая Зеландия сообщили, что соответствующие законопроекты уже размещены в Интернете. Соединенные Штаты проинформировали Совещание о том, что президент страны уже подал Приложение VI в Сенат США для выработки рекомендаций и достижения согласия относительно его ратификации; кроме того, приближается к завершению работа над соответствующим законодательством, которое будет представлено на рассмотрение Конгресса.

(168) Поблагодарив Стороны за предоставленную ими новейшую информацию и за выполненную работу, АСОК высказала мнение, что пакеты национальных законов, разработанные Сторонами, достигшими наибольшего прогресса на пути ратификации Приложения VI, могут сыграть важную роль, оказав ценную рекомендационную помощь другим Странам и облегчить их продвижение к ратификации. Представитель Нидерландов, выразив обеспокоенность недостаточным прогрессом относительно Приложения VI, поддержал это предложение АСОК.

(169) Совещание обсудило целесообразность вынесения законов или законопроектов Сторон на дискуссионный форум в качестве одного из способов инициирования дискуссии по этому вопросу. Секретариат выразил готовность содействовать этому.

(170) Финляндия представила Информационный документ IP 34 «Внедрение Приложений II и VI Протокола об охране окружающей среды к Договору об Антарктике и Меры 4 (2004 г.)» Совещание поблагодарило Финляндию за представленную информацию.

Пункт 9. Безопасность деятельности в Антарктике

(171) Аргентина представила Рабочий документ WP 2 rev. 1 «Антарктическая система раннего предупреждения о появлении волн, вызванных землетрясениями», указав при этом, что недавние сейсмические явления большой магнитуды, включая землетрясения в Чили и Японии, стали причиной цунами, которые прошли океанами тысячи километров и достигли берегов далеких континентов. Хотя Антарктида и не считается континентом высокой сейсмичности, в Антарктическом регионе были зарегистрированы землетрясения большой магнитуды с гипоцентрами,

находящимися ниже океанского дна (в 2007 году на Южно-Оркнейских островах) или же вблизи его (на Южных Сандвичевых островах), чей потенциал был достаточен для того, чтобы вызвать цунами.

(172) Учитывая тот факт, что большинство станций в Антарктике расположены на побережье, и что значительная часть научной, инженерно-технической и туристической деятельности осуществляется в прибрежной зоне, Аргентина указала на жизненную важность предоставления информации о времени подхода цунами к побережью Антарктики.

(173) Аргентина отметила, что существует система буев, служащая в качестве системы раннего предупреждения (СРП). Научные учреждения, такие как Национальная администрация США по океану и атмосфере (НАОА), разрабатывает и публикует цифровые модели для расчетов предполагаемой высоты волн цунами и расчетного времени их прибытия. Однако эти модели обычно не включают в себя побережье Антарктики.

(174) Поэтому Аргентина предложила Секретариату Договора об Антарктике обратиться к учреждениям, разрабатывающим цифровые модели расчетного времени прибытия волн цунами и их предполагаемой высоты, с просьбой расширить свои прогнозы, включив в них побережье Антарктики. Она также предложила обратиться с просьбой к СКАР представить отчет об опасностях, связанных с землетрясениями и цунами вдоль антарктического побережья, а также обратиться к КОМНАП, чтобы последний проанализировал потенциальную опасность для антарктических станций и различных видов деятельности и рассмотрел возможность установки вдоль побережья Антарктики системы раннего предупреждения (СРП) о приближении цунами.

(175) Совещание выразило свою благодарность и энергичную поддержку Аргентине за представленный ею Рабочий документ и содержащиеся в нем предложения. Несколько Сторон и организаций заявили о своей готовности внести вклад в усовершенствование СРП, чтобы расширить на Антарктику диапазон ее использования. Совещание подчеркнуло существенную важность усовершенствования глубоководного картографирования с целью обеспечения данных, которые будут использоваться в образцах СРП для точного расчета времени прибытия и предполагаемой высоты волн цунами, достигающих побережья Антарктики.

(176) США одобрили этот Рабочий документ и выразили готовность предостерегать о подходе цунами, отметив при этом, что подготовка и запуск этого процесса могут занять определенное время. Соединенные Штаты призвали другие страны присоединиться к ТСПО (Тихоокеанская система предупреждения о цунами) и КАРИБ-СРП (Межправительственная координационная группа по системе раннего предупреждения о цунами и других опасных явлениях в прибрежных районах Карибского моря и прилегающих регионах).

(177) Германия сообщила, что после цунами в Индонезии она разработала СРП для этого региона. К этому Индия добавила, что тоже установила систему предупреждения о цунами для стран Индийского океана, и что эта система функционирует хорошо. Кроме того, Индия через свои наблюдательные пункты во Всемирной метеорологической организации делится сейсмической и GPS-информацией. Россия добавила к сказанному, что рассматривает возможность установления собственной СРП на российском Дальнем Востоке.

(178) Германия подчеркнула важность усовершенствования глубоководного картографирования, особенно в районах «белых пятен» на морских картах, для расчетов предполагаемой высоты волн. Она сочла важной работу СКАР и КОМНАП по СРП и выразила желание присоединиться к этой работе.

(179) Новая Зеландия сообщила, что длительное время использовала приливомеры на мысе Робертс в море Росса и потому располагает большим массивом данных о высоте волн. Например, приливомеры в пределах одних суток зарегистрировали особенности волны, обрушившейся на Японию после апрельского землетрясения.

(180) КОМНАП сообщил, что уже приступил к работе над проектом относительно опасности, представляемой цунами для инфраструктуры и персонала в Антарктике, и что представит отчет об этом проекте на всеобщем ежегодном августовском заседании КОМНАП. Если Консультативное совещание сочтет необходимым, то КОМНАП сможет представить этот отчет на XXXV КСДА. Совещание сошлось во мнении о полезности такого отчета и обратилось к КОМНАП с просьбой представить его с помощью СКАР на XXXV КСДА с целью содействия дальнейшему обсуждению этого вопроса.

(181) Великобритания заявила, что было бы полезным, если бы США включили представителя НАОА в свою делегацию на XXXV КСДА

для представления информации о ее всемирной системе раннего предупреждения об опасности цунами. Великобритания отметила, что эта система оказалась исключительно полезной для Антарктического управления Великобритании и что она действительно обеспечивает некоторые прогнозы для Антарктики. Благодаря прогнозам, полученным с помощью этой системы, Великобритания организовала эвакуацию персонала со станции «Ротера» во время чилийского землетрясения.

(182) Великобритания сообщила, что СКАР и КОМНАП располагают научной и операционной информацией, которая может принести пользу, подчеркнув при этом важность обращения к Гидрографической комиссии по Антарктике (являющейся частью Международной Гидрографической организации) по вопросу улучшения глубоководного картографирования. Председатель выразил согласие письменно обратиться к МГО с объяснением проблемы и пригласить представителя этой организации на XXXV КСДА, чтобы он поделился информацией о глубоководном картографировании и его использовании для прогнозирования цунами.

(183) СКАР тоже высказался за необходимость улучшения глубоководного картографирования, отметив при этом, что располагает инициативной группой, работающей над «Международной глубоководной картой Южного океана».

(184) Чили с готовностью поддержала эту инициативу и поделилась своим обширным опытом с другими участниками, а также с рабочими группами, которые потенциально могут работать над этими проблемами, указав при этом, что этим вопросам необходимо уделить первоочередное внимание.

(185) Франция сообщила, что сооружает на Галапагосских островах центр предупреждения об опасности цунами, который сможет предоставлять данные по запросу. В дополнение к этому Эквадор заявил, что считает важным создание глобальной коммуникационной системы для предупреждения об опасности цунами в Антарктике.

(186) Франция сообщила о влиянии цунами 2004 года на Суматре, выразившемся в репродуктивной недостаточности и снижении брачной активности в колониях пингвинов на принадлежащих ей субантарктических островах. Франция выразила готовность интегрировать данные со своих наблюдательных пунктов в Индийском океане в более широкую систему раннего предупреждения.

(187) Аргентина поблагодарила Совещание за его поддержку и упомянула, что с опытом эксплуатации пяти станций, принадлежащих Антарктической аргентинско-итальянской сейсмической сети (ASAIN), можно ознакомиться в Интернете. Она также указала, что Аргентинская гидрографическая служба в настоящее время занимается глубоководным картографированием, используя при этом исследовательское судно «Пуэрто-Деседо». Далее Аргентина заявила, что было бы полезным установить каналы связи со всеми веб-страницами системы предупреждения.

(188) Российская Федерация представила Рабочий документ WP 56 «Система обеспечения безопасности судоходства в антарктических водах, принятая в Российской Федерации», подчеркнув при этом усиливающуюся обеспокоенность антарктического сообщества возрастающей частотой несчастных случаев, связанных с морскими судами в Южном океане, иногда приводящих к возникновению чрезвычайных экологических ситуаций.

(189) Начиная с китобойного сезона 1946-47 гг., присутствие Российской Федерации в Южном океане было весьма активным. С тех пор в антарктических водах осуществляло свою деятельность большое количество российских судов, в результате чего был накоплен большой опыт мореплавания в условиях Антарктики.

(190) Российские суда часто фрахтуют, а услугами российских капитанов и экипажей пользуются другие страны для содействия реализации своих национальных исследовательских программ. Российские суда и российский опыт судоходства во льдах использовались для содействия работающим в Антарктике китайским и корейским судам. За это содействие Корея выразила свою признательность и благодарность. Аргентина также отметила профессионализм экипажей российских судов, которые она фрахтовала.

(191) Российская Федерация, будучи страной, регулярно осуществляющей судоходство в этих водах, готова поделиться своим опытом и рекомендациями по безопасности судоходства. Россия внедрила систему подготовки, обеспечивающую выпуск большого количества высококвалифицированных полярных капитанов, руководящего судового персонала и ледовых лоцманов. Подробности этой подготовки и выдачи удостоверений описаны в Рабочем документе WP 56.

(192) Российская Федерация привлекла внимание Совещания к одной малоизвестной, но весьма важной публикации Всемирной метеорологической организации (ВМО), касающейся ледового судоходства – 35-му Отчету ВМО из серии «Морская метеорология и сопутствующая океанографическая деятельность» (WMO/TD no.783, 1996).

(193) Совещание выразило благодарность Российской Федерации за представленный документ и за то, что она заострила внимание на важности специфики профессиональной подготовки к условиям плавания, с которыми сталкиваются в Антарктике суда, их капитаны и экипажи. Германия отметила, что к выполнению национальных программ следует, по возможности, привлекать экипажи с опытом работы в условиях Антарктики. Аргентина подчеркнула важность подготовки экипажей всех судов, особенно небольших судов, не входящих в систему МААТО, и представила отчет о работе Курсов навигации, которые она проводит ежегодно.

(194) Новая Зеландия отметила большую важность созданной КОМНАП системы судовых сообщений, которая обеспечивает безопасность судов, работающих в рамках национальных программ.

(195) Чили проинформировала Совещание о том, что, в соответствии с национальным морским правом, капитаны чилийских судов, работающих в антарктическом регионе, должны проходить обязательный курс «Навигация и осуществление деятельности в антарктических водах», разработанный Морским центром подготовки и обучения CIMAR. Все желающие получить дополнительную информацию об этих курсах смогут найти ее на *www.cimar.cl*.

(196) Чили представила Информационный документ IP 134 «Ситуация в области поисково-спасательных работ за последние пять лет в подведомственном Чили регионе Антарктики». Хотя приведенная в этом документе статистика, возможно, является неполной, она, тем не менее, отражает количество судов, заходящих в крупные порты и стоянки, предназначенные для сбора судовой информации. Этот отчет содержит также сведения о медицинских эвакуациях с туристических судов. Чили предприняла меры для обеспечения, по необходимости, присутствия судов Объединенной чилийско-аргентинской патрульной морской службы в том регионе Антарктики, где Чили несет ответственность за поисково-спасательные работы. Чили отметила, что информация о положении судов в этом регионе часто бывает недостаточной, чтобы прийти им на помощь. Для обеспечения поиска и спасания, а

также защиты окружающей среды необходима точная информация. Резолюция 6 (2010 г.) обязывает суда Сторон Договора сообщать о своем местонахождении и передвижении. Чили предоставляла и предоставляет такую информацию и призывает другие Стороны следовать ее примеру.

(197) В комментариях к своему Информационному документу IP 6 «Отчет об эвакуации страдавшего высотной болезнью участника экспедиции на станции «Куньлунь» в районе ледяного купола А», Китай поблагодарил коллег за помощь в осуществлении эвакуации и почтил память погибшего Вильяма Колстона.

(198) Норвегия сообщила об удачной эвакуации 22 июня со станции «Тролль» с помощью Gulfstream G 550 (на арктическом шасси и без дозаправки) – небольшого самолета, вылетевшего из Кейптауна на станцию и вернувшегося в Кейптаун за 12 часов.

(199) Норвегия представила Информационный документ IP 59 «Посадка на мель судна «Полярная звезда»», сообщив при этом, что эта посадка на мель (из-за удара о скалу) оказалась лишь незначительным инцидентом, прошедшим без ущерба для пассажиров и окружающей среды. Несмотря на незначительность происшедшего, Норвегия подчеркнула необходимость сообщения обо всех инцидентах с тем, чтобы иметь возможность располагать полной информацией при учете будущих опасностей и разработке возможных инструкций.

(200) Норвегия представила Информационный документ IP 60 «Рабочая группа ИМО по разработке обязательного кодекса для судов, осуществляющих деятельность в полярных водах». Выполнением этого задания занимается подкомитет ИМО по дизайну и оборудованию. Учитывая настоятельную необходимость обязательных к исполнению инструкций, Полярный кодекс первоначально будет применен к пассажирским и грузовым судам, входящим в систему СОЛАС (Международная конвенция по охране человеческой жизни на море). Отчет о заседании этого подкомитета в марте 2011 года включен в Приложение к IP 60 и содержит информацию о статусе текущих дискуссий в ИМО и вспомогательные материалы для обсуждения возможных будущих инструкций для рыболовецких судов и яхт.

(201) АСОК поблагодарила Чили за Информационный документ IP 134, а Норвегию – за IP 59 и призвала все Стороны Договора об Антарктике,

которые сдают во фрахт, фрахтуют или владеют судами, с которыми случались подобные инциденты, докладывать об этом КСДА.

(202) АСОК представила Информационный документ IP 85 «Разработка Обязательного полярного кодекса – достигнутый прогресс и препятствия на его пути». АСОК призвала КСДА принять Резолюцию о совместных действиях по гарантированию того, чтобы Обязательный полярный кодекс обеспечивал надлежащие стандарты безопасности и защиты окружающей среды для судоходной деятельности в антарктических водах.

(203) АСОК представила Информационный документ IP 91 «Безопасность и определение маршрута судов – практические варианты снижения риска и обеспечение улучшенной защиты окружающей среды». АСОК рекомендует КСДА принять Резолюцию о необходимости пересмотра мер по предотвращению столкновений судов, посадки на мель и по защите уязвимых районов.

(204) Многие Стороны выразили благодарность Норвегии за ее председательствование на Рабочей группе ИМО, занимающейся разработкой Обязательного полярного кодекса.

(205) Совещание поддержало Новую Зеландию, которая призвала Стороны следить за рабочей программой ИМО по созданию Обязательного полярного кодекса и принимать в его разработке активное участие, а поскольку разработка этого кодекса осуществляется по просьбе КСДА, то антарктическое сообщество должно быть представлено в этом процессе надлежащим образом. Было отмечено, что такие шаги будут соответствовать Резолюции 5 (2010 г.) по координации действий Сторон Договора об Антарктике относительно предложений, находящихся на рассмотрении в ИМО.

(206) Великобритания подчеркнула важность того, чтобы Стороны, посылающие делегатов на заседания Рабочей группы ИМО, обеспечивали их надлежащий инструктаж по судоходной деятельности в Антарктике. Великобритания уведомила КСДА, что она откомандировала своего делегата на ИМО в Антарктику на военном судне «Скотт» с целью непосредственного ознакомления с уникальными ледовыми условиями этого региона.

(207) Аргентина призвала стороны к тесному сотрудничеству с КОМНАП по вопросам судоходства и поисково-спасательных работ в рамках разработки Обязательного полярного кодекса.

(208) КОМНАП уведомил КСДА о своем пристальном внимании к разработке этого кодекса и пригласил представителей Национальных антарктических программ (НАП) принять участие в работе его Экспертной группы по судоходству.

(209) Норвегия выразила благодарность за одобрение ее деятельности по разработке Обязательного полярного кодекса, подчеркнув при этом, что ИМО – это место, где принимаются решения, касающиеся требований к антарктическому судоходству.

(210) Чили представила Информационный документ IP 135 «Аргентинско-чилийская сухопутная патрульная служба спасения PARACACH» (антарктические станции «Эсперанца» и «О'Хиггинс»).

(211) На текущей сессии были также представлены следующие документы: IP 44 «Исследовательская, а также учебная поисково-спасательная деятельность, осуществляемая для содействия выполнению научно-технических и материально-технических оперативных задач» (Уругвай).

Пункт 10. Туризм и неправительственная деятельность

Обзор туристической деятельности в Антарктике в сезоне 2010/2011 гг.

(212) МААТО представила Информационный документ IP 106 rev.1 «Обзор туристической деятельности в Антарктике», в котором сообщалось, что общее количество туристов, перевезенных операторами МААТО в течение сезона 2010/2011 гг., составило 33 824 человека, что на 8% меньше, чем в сезоне 2009/2010 гг. На сезон 2011-12 гг. МААТО прогнозирует дальнейшее снижение количества туристов на 25% – до 25 319, в основном, вследствие ухода с рынка нескольких членов МААТО из-за отрицательного влияния на них новых норм ИМО, касающихся горючего. Несмотря на прогнозируемое снижение, МААТО выявила тенденцию к определенному улучшению в некоторых более мелких сегментах рынка: авиакруизы, сухопутные программы и экспедиции на яхтах. Она выразила беспокойство по поводу судоходной деятельности некоторых яхт, не входящих в систему МААТО, указав при этом на большое значение того, чтобы компетентные власти преследовали в судебном порядке тех, кто нарушает требования, установленные для Сторон Договора.

(213) Аргентина представила Информационный документ IP 20 «Отчет о туристических потоках и круизных судах, осуществлявших деятельность в районе Ушуаи в сезоне южного лета 2010-12-гг.». При этом она сообщила, что общее количество посетителей, отправившихся в Антарктику через Ушуаю, составило 33 656 человек. Аргентина отметила важность этого документа как источника информации, полученной вне туристической отрасли.

(214) Совещание выразило благодарность Аргентине и МААТО за представление вышеуказанных документов, отметив при этом, что для эффективного управления туристической деятельностью требуется наличие всесторонних сведений об этой деятельности.

Нормы и правила туристической деятельности

(215) Соединенные Штаты представили Рабочий документ WP 26 «Обзор норм и правил туристической деятельности, осуществленный КСДА», поданный совместно с Францией, Германией, Нидерландами и Новой Зеландией. Эти стороны заявили, что КСДА следует провести пересмотр достаточности ныне действующих международных правил, касающихся туризма в Антарктике, для выявления лазеек в нормативах, отметив при этом, что предыдущее КСДА признало необходимость рассмотрения этого вопроса. Соединенные Штаты подчеркнули, что эта мера поможет Совещанию определить – какие проблемы туризма являются наиважнейшими и, следовательно, должны стать объектом первоочередного внимания в ближайшие годы.

(216) Совещание поблагодарило Соединенные Штаты и соавторов этого документа, заявив при этом, что, в принципе, оно поддерживает разработку стратегического подхода к управлению туристической деятельностью в Антарктике.

(217) Индия, поддержанная несколькими другими Сторонами, отметила важность того, чтобы КСДА сосредоточило свое внимание не только на достаточности нынешних мер, но и на достаточности их внедрения национальными органами власти.

(218) Норвегия отметила важное значение вопроса, затронутого в Рабочем документе WP 26, а именно вопроса о том, что некоторые важные темы текущей дискуссии следует направить на рассмотрение других международных организаций, таких как ИМО и МГО. Норвегия также подчеркнула важность рассмотрения потенциальных последствий

для туристической деятельности принятия обязательного Кодекса полярного судоходства после его одобрения в ИМО.

(219) АСОК поблагодарила Соединенные Штаты и других соавторов Рабочего документа WP 26. Она отметила, что проблему туризма следует рассматривать в стратегической перспективе, а это означает способность правильно прогнозировать будущие события. Современный туризм – хотя в нем принимает участие и меньшее число людей, чем во время недавнего бума – за последние годы изменился; это проявилось, например, в смещении туристической деятельности во внутренние районы Антарктиды, а также в количестве полустационарных туристических лагерей. АСОК поддерживает содержание документа WP 26, особенно относительно необходимости руководствоваться подходом, основывающимся на повышенной предусмотрительности.

(220) Нидерланды представили Рабочий документ WP 21 «Антарктический туризм: выработка стратегического и активного подхода посредством составления перечня первоочередных задач», поданного совместно с Великобританией. Предложенный Нидерландами подход заключается в определении наиважнейших проблем, требующих внимания КСДА, рассмотрении наиболее подходящих форм реагирования на эти проблемы, и определении наиболее приоритетных из выделенных проблем с целью их обсуждения на следующем КСДА.

(221) Будучи соавтором этого документа, Великобритания напомнила Совещанию, что в 2008 году она уже вносила на XXXI КСДА предложение рассмотреть стратегическую перспективу развития антарктического туризма на предстоящее десятилетие. Великобритания отметила, что, несмотря на меры, принятые благодаря этому предшествующему документу, остались некоторые проблемы, к решению которых должно приступить КСДА. Те шестнадцать вопросов, которые были подняты в документе WP 21, представляют собой инструмент для придания дискуссии нужного направления и способны облегчить определение приоритетов.

(222) Многие Стороны сошлись во мнении, что Рабочие документы WP 21 и WP 26 лучше рассматривать совместно.

(223) Высказавшись в поддержку документа WP 21, Аргентина и Швеция заявили, что он только выиграет от разъяснения предполагаемых результатов его применения. Швеция отметила, что таким полезным результатом мог бы стать перечень или обзор, касающийся внедрения

существующих норм и правил туристической деятельности национальными органами власти.

(224) Отметив, что в документе WP 21 был поднят целый ряд важных вопросов, Франция заострила внимание на необходимости рассмотрения Рабочей группой норм и правил туристической деятельности именно в долгосрочной перспективе. При этом Франция отметила, что особенно важным является вопрос безопасности.

(225) Бельгия заострила внимание на том, что не менее важным является вопрос внедрения мер, которые уже были приняты на предыдущих совещаниях, а также продолжения разработки норм и правил. Несколько Сторон потребовали подтвердить, что перечень упомянутых вопросов будет включен в повестку дня будущего обсуждения этой темы, и заявили, что проблема антарктического туризма обретет еще большую важность, если ее вынести на более широкие международные форумы. Несколько Сторон заострили также внимание на важности рассмотрения влияния климатических изменений на будущий механизм регулирования туристической деятельности.

(226) Китай поддержал идею продолжить дискуссию на следующем КСДА и определить приоритетные вопросы касательно туризма, принимая во внимание вопросы, перечисленные в документе WP 21, а также другие проблемы, которые могут быть подняты Консультативными Сторонами.

(227) Бразилия сообщила, что недавно приняла национальное законодательство по вопросам регулирования туристической деятельности в Антарктике.

(228) Соединенные Штаты отметили важность рассмотрения вопросов, связанных с морской безопасностью, поднятых в Резолюции 7 (2009 г.).

(229) Австралия отметила, что проводимое КООС исследование туристической деятельности непременно будет завершено в следующем году, и что в будущем его результаты поспособствуют осведомленной дискуссии на эту тему.

(230) МААТО приветствовала обсуждение, инициированное Рабочими документами WP 21 и WP 26, указав на то, что при будущем рассмотрении достаточности нынешних мер по управлению туристической деятельностью следует принять во внимание тот факт,

что хотя число туристов за последнее время и снизилось, природа туристической деятельности уже начала изменяться и развиваться.

(231) АСОК поблагодарила авторов документа WP 21 за предложенные в нем дальнейшие практические шаги по составлению конкретного перечня вопросов, который поможет прояснить проблему туризма. В частности, АСОК поддержала рассмотрение вопросов, касающихся принципа II Резолюции 7 (2009 г.), которая устанавливает, что в долгосрочной перспективе туризм не должен усугублять постепенную деградацию антарктической природной среды и других ценностей Антарктики.

(232) Совещание пришло к единому мнению о настоятельной необходимости проявить стратегический подход при рассмотрении на КСДА политики относительно туристической деятельности, определить недостатки и установить приоритеты для будущих дискуссий с учетом существующих регуляторных инструментов и практики их внедрения. Совещание сошлось во мнении, что на XXXV КСДА будет обсуждена дальнейшая деятельность, связанная с туризмом, и что целью этого обсуждения будет согласование ключевых приоритетов, в том числе путем рассмотрения:

- Отчета Межсессионной контактной группы, упомянутой в параграфе 261;
- Вопросов, для которых может быть целесообразной разработка новых международных регуляторных инструментов или инструкций, таких, как Меры или Резолюции;
- Результатов проведенного Комитетом по охране окружающей среды исследования влияния туризма на окружающую среду региона Договора об Антарктике (если таковые будут в наличии), и значения этого исследования для дальнейшей работы над политикой в области туристической деятельности.

(233) Совещание обратилось к Секретариату с просьбой напомнить Консультативным сторонам об этом решении за три месяца до XXXV КСДА посредством циркуляра.

(234) Совещание пришло к мнению созвать не ограниченную временными рамками Межсессионную контактную группу (МКГ), которая будет работать вплоть до XXXV КСДА с целью подготовки к рассмотрению на КСДА политики в области туризма с нижеследующими исходными требованиями. МКГ будет определять:

- вопросы политики, относящиеся к управлению туризмом и его регулированию, включая вопросы, определенные на XXXIV КСДА (Рабочий документ WP 21);

- вопросы, для которых может оказаться целесообразным разработка новых регуляторных инструментов или инструкций, таких, как Меры или Резолюции;

- перечень приоритетных вопросов, которые могут быть рассмотрены на КСДА, включая безопасность и защиту окружающей среды, но не ограничиваясь лишь этими темами.

(235) Далее было решено, что:

- Наблюдатели и эксперты, принимающие участие в работе XXXIV КСДА, будут приглашены принять участие в МКГ;

- Секретариат разработает интерактивный электронный дискуссионный форум, обеспечит содействие МКГ;

- Нидерланды будут отвечать за созыв и предоставят XXXV КСДА отчет о проделанной в рамках МКГ работе.

(236) Франция представила Рабочий документ WP 46 «Ограничение туристической и неправительственной деятельности лишь теми объектами, на которые распространяется действие Правил поведения для посетителей», в котором туроператорам рекомендуется ограничивать свои посещения только теми местами, где действуют согласованные Правила. Цель предлагаемого решения – оптимизация анализа последствий высадки посетителей на берег, повышение безопасности туристов и снижение опасности несчастных случаев.

(237) Некоторые Стороны выразили поддержку общей направленности высказанного Францией предложения, однако рекомендовали внести изменения в его формулировку. Франция позже разъяснила, что возникла проблема перевода на английский язык, и что проект резолюции не предусматривал ее обязательности к исполнению. Франция указала на то, что слово "invites" (*англ.* – приглашает) лучше передает дух высказанного ею предложения, чем слово "urges" (*англ.* – побуждает).

(238) Поблагодарив Францию за представленный документ и за привлечение внимания к необходимости разработки «Правил поведения для посетителей», некоторые стороны высказали целый ряд опасений.

(239) Аргентина отметила, что ограничение посещений только объектами, на которые распространяются специальные инструкции, может вызвать увеличение нагрузки на эти объекты, и в конечном счете приведет к обратным результатам, особенно с учетом того, что участки, для которых существуют разработанные Правила, обычно являются наиболее уязвимыми, или же на них бывает наибольшее количество посетителей. Аргентина также призвала Стороны подготовить в будущем больше подобных правил поведения для посетителей участков.

(240) После незапланированного выступления представителя Аргентины некоторые Стороны выразили беспокойство относительно потенциального негативного влияния на окружающую среду, которое может вызвать ограничение туристической деятельности конкретными объектами.

(241) Уругвай предложил КООС призвать своих членов к разработке правил для тех объектов, которые таких правил не имеют, чтобы таким образом сделать их доступными для туроператоров.

(242) Высказываясь по поводу Рабочего документа WP 46, Украина напомнила Сторонам о предыдущих рекомендациях (Заключительный отчет XXXIII КСДА, параграфы 242-248), побуждающих стороны подготовить четко изложенные нормативы относительно прибытия посетителей на их исследовательские станции. В связи с этим нормативы, разработанные Украиной в формате Правил поведения для посетителей участков, регулирующих посещение туристами станции им. Вернадского, можно считать важным вкладом в данную дискуссию.

(243) Нидерланды отметили, что из-за климатических изменений теперь появляется все больше мест, удобных для посещения, и что если соответствующие правила станут жестче, то это побудит туроператоров осуществлять высадки на участках, не подпадающих под действие таких правил.

(244) Некоторые Стороны привлекли внимание к Мадридскому Протоколу и другим Мерам и Резолюциям по туризму, предназначенным для регулирования туристической деятельности, особо указав на то, что когда посетители высаживаются на участках, не подпадающих под действие правил, то это не означает, что они прибывают в район, свободный от всякого регулирования. Великобритания отметила при этом, что правила поведения касаются всех посетителей.

(245) В этом смысле МААТО отметила важность рассмотрения управления антарктическим регионом в контексте всех видов человеческой деятельности в целом, не ограничивая посетителей лишь участками, находящимися под действием соответствующих правил.

(246) Австралия отметила, что комплекс управляемых правилами участков не был определен в качестве единственных мест, где может осуществляться туристическая деятельность, поэтому идея сосредоточения в этих местах всей туристической деятельности представляется проблематичной.

(247) Соединенные Штаты одобрили общую направленность Рабочего документа WP 46 и разделили беспокойство, высказанное по поводу потенциальных непреднамеренных последствий сосредоточения туристической деятельности в местах, управляемых правилами поведения для посетителей. Более того, в этом предложении явно не был учтен тот факт, что для сухопутного туризма подобных правил не существует.

(248) Внимание совещания было привлечено к Информационному документу IP 30 «Районы потенциальной туристической деятельности в регионе Антарктического полуострова и Южно-Оркнейских островов в течение южного лета в сезоне 2010-11 гг.», представленному Аргентиной, а также к Информационному документу IP 105 «Отчет об использовании операторами МААТО мест высадки на Антарктическом полуострове, и Инструкции КСДА для посетителей на сезоны 2009-10 и 2010-11 гг.», представленному МААТО. Эти документы были сочтены важными в свете обсуждавшихся вопросов.

(249) АСОК поблагодарила Францию за Рабочий документ WP 46 и подчеркнула насущность некоторых содержащихся в этом документе полезных идей, имеющих большое значение для управления туристической деятельностью. Коалиция отметила, что идея поощрения посещений одних участков вместо других уже нашла воплощение в некоторых планах управления, например, в плане для ОУРА «Остров Десепшн и ОУРА «Сухие Долины». Она отметила также, что вопросы рассредоточения или сосредоточения туристической деятельности следует рассматривать во всеобъемлющей глобальной перспективе, включая группы тех участков, на которых осуществляются высадки, причем, возможно, во всех регионах Антарктики, а не на отдельно взятых участках.

(250) Большинство Сторон сошлись во мнении, что поданное Францией предложение подняло некоторые важные вопросы, заслуживающие дальнейшего рассмотрения в будущем.

(251) Норвегия представила Информационный документ IP 75 «Правовые аспекты экспедиции судна «Берсерк», указав при этом, что хотя данная экспедиция и проводилась без необходимой санкции норвежских властей, она, тем не менее, была объектом внимания правительства Норвегии, поскольку дело касалось зарегистрированного в Норвегии парусника и четырех граждан Норвегии.

(252) Участники Совещания с признательностью отметили то старание и открытость, с которым Норвегия решала эту проблему, а также быструю реакцию Новой Зеландии, проведшей поисково-спасательную операцию.

(253) Многие Стороны заострили внимание на необходимости надлежащего, достаточного и своевременного обмена информацией.

(254) По этому поводу, а также из-за того, что один из участников вышеуказанной экспедиции имел двойное норвежско-британское подданство, Великобритания напомнила о Резолюции 3 (2004 г.), рекомендующей тем Сторонам, которым станет известно об экспедициях с участием судов или подданных другой страны-участницы Договора, без промедления консультироваться с соответствующими Сторонами.

(255) Новая Зеландия заявила, что в этом контексте следовало бы также рассмотреть вопрос о контроле судов государством порта.

(256) МААТО отметила полезность контактов между Норвегией и другими Сторонами, включая МААТО, которые состоялись до начала экспедиции судна «Берсерк», и с признательностью отметила действия Норвегии по началу судебного преследования в ответ на инцидент с судном «Берсерк», отметив при этом, что успешное завершение судебного дела может оказаться эффективной мерой предотвращения подобных инцидентов в будущем.

(257) АСОК представила Информационный документ IP 84 «Антарктический туризм – Что дальше? Основные проблемы, решение которых требует введения правил, обязательных к исполнению», отметив, что, по ее мнению, нынешние тенденции свидетельствуют, что без регуляторных ограничений туристическая деятельность и далее будет шириться и разнообразиться, беря на вооружение новые методы и приемы и

проникая дальше вглубь Антарктического ледника и его побережий. Результатом этого могут стать, помимо прочего, негативные последствия для окружающей среды, осуществления научной деятельности, безопасности туристов и других ценностей Антарктического региона, определенных Договором об Антарктике и Протоколом к нему. Поэтому представляется важным, чтобы страны-участники Договора об Антарктике приняли активные меры по ограничению туристической деятельности экологически обоснованными рамками, приемлемыми для Антарктики. Первым рациональным шагом для достижения этой цели могло бы стать использование уже имеющихся механизмов.

(258) АСОК сослалась на свой Информационный документ IP 87 «Сухопутный туризм в Антарктике, в котором рассматривался вопрос зон соприкосновения и взаимодействия между коммерческим сухопутным туризмом и использованием инфраструктуры национальных программ, а также последние события в области сухопутного туризма. Эти виды деятельности прямо или опосредованно зависят от той или иной формы государственной поддержки, включая использование лицензий, взлетно-посадочных полос, а также помещений, оборудования и территорий, прилегающих к научно-исследовательским станциям. Широкий диапазон видов сухопутной деятельности, имеющийся ныне в распоряжении туристов, демонстрирует, что сухопутный туризм растет. АСОК считает, что если сейчас не принять срочных мер, то сухопутный туризм с большой вероятностью может стать крупным объединенным предприятием туроператоров.

(259) Соединенные Штаты подчеркнули свое несогласие с выводом АСОК о том, что использование лагеря материально технического обеспечения экспедиций на леднике Юнион имело больше, чем незначительное и временное влияние. Они также указали, что проводившаяся там деятельность по своему объему и виду сходна с деятельностью в других летних лагерях, используемых в рамках Антарктической программы США, которая также имеет лишь незначительное и временное влияние. Соединенные Штаты сообщили, что в Управлении по охране окружающей среды США имеются в наличии первоначальные оценки окружающей среды (ПООС), осуществленные неправительственными операторами США.

(260) Отвечая на замечания, высказанные со стороны Соединенных Штатов, представитель АСОК отметил, что во время составления документа IP 87 на веб-сайте Секретариата еще отсутствовали данные ВООС

касательно лагеря на леднике Юнион, и что замечания коалиции по поводу воздействия этой базы основывались на данных о большом регионе, охватываемом деятельностью этого лагеря, и простирающемся до гор Эллсуорт, холмов Патриот и Южного полюса; эти замечания основывались также на том предположении, что деятельность, продолжающаяся более двадцати лет, не может не оказывать влияние большее, чем временное.

Управление туристической деятельностью и надзор над ней

(261) Аргентина представила Рабочий документ IP 48 «Отчет Межсессионной контактной группы о надзоре над антарктическим туризмом», в котором резюмируются основные моменты, обсуждавшиеся на МКГ, и заостряется внимание на том, что в этом документе отражены взгляды всех сторон-участниц. Аргентина отметила, что дискуссии, в которых принимали активное участие шесть Сторон, а также МААТО и АСОК, сосредоточились на разнообразии механизмов, существующих в рамках Системы Договора об Антарктике, и на их внедрении Сторонами с целью обеспечения более жесткого надзора над туристической деятельностью, осуществляемой в Антарктике с помощью больших круизных судов, мелких судов и яхт.

(262) Совещание поблагодарило Аргентину за созыв МКГ, с признательностью отметив важность работы, выполненной этой межсессионной контактной группой.

(263) Тогда как многие Стороны заявили, что считают использование уже существующих перечней объектов инспекционных проверок весьма полезным, некоторые Стороны отметили, что диапазон охвата этих перечней можно расширить еще больше, чтобы применить их к тем типам туристической деятельности, которые пока не охватываются уже существующими перечнями объектов инспекционных проверок.

(264) Многие Стороны заострили внимание на важности инспекционных проверок с целью регулирования деятельности в Антарктике. Бразилия выразила мнение о том, что свой вклад в результаты таких инспекционных проверок могли бы внести и туроператоры. Уругвай и Эквадор отметили, что научно-исследовательские станции, расположенные вблизи посещаемых туристами объектов, также играют важную роль в инспекционных проверках туристической деятельности.

(265) Нидерланды, отметив необходимость усиления инспекционных проверок туристической деятельности, призвали Стороны сделать проверку туристической деятельности составной частью своих национальных инспекционных проверок.

(266) В ответ на это замечание Германия заявила, что хотя Национальные антарктические программы и могут оказать содействие выполнению инспекционных процедур, в конечном итоге ответственными за руководство инспекционными проверками являются компетентные органы власти, несущие ответственность за выдачу лицензий.

(267) АСОК поблагодарила Аргентину за Рабочий документ WP 48 и заявила, что инспекционные проверки представляют собой полезный механизм контроля над тем, что происходит на местах, но, по ее мнению, касательно туризма этот механизм является несколько недоработанным и недостаточно используемым. Целесообразными следует считать проверки всех видов деятельности и их влияния, но, по мнению АСОК, особое внимание при этом должно уделяться туристической деятельности. АСОК подчеркнула важность четкого определения сферы и степени влияния коммерческого туризма, отметив при этом, что одним из путей достижения этой цели являются инспекционные проверки.

(268) Совещание сошлось во мнении о важности инспекций и программ контроля, осуществляемого наблюдателями, а также о необходимости дальнейшего совершенствования механизмов инспекционных проверок. Аргентина высказала согласие и далее созывать Межсессионную контактную группу по надзору над антарктическим туризмом в течение следующего межсессионного периода.

(269) Для МКГ были согласованы следующие исходные требования:

- Продолжать работу над усовершенствованием перечня дозволенных видов деятельности посетителей в местах высадки на берег, взяв за основу проект перечня, составленный МКГ в межсессионный период 2010-11 гг., с целью содействия инспекционным проверкам в соответствии со Статьей VII Договора об Антарктике и Статьей 14 Мадридского Протокола.

- Рассмотреть возможность создания новых перечней, охватывающих другие виды туристической деятельности в Антарктике.

- Представить соответствующий отчет на XXXV КСДА, которое должно состояться в 2012 году в г. Хобарте.

(270) Кроме того, было выработано единое мнение относительно следующего:

- Наблюдатели и эксперты, принимающие участие в XXXIV КСДА, будут приглашены участвовать в МКГ;
- Секретариат создаст интерактивный электронный дискуссионный форум и обеспечит содействие вышеупомянутой МКГ; а также
- Аргентина выступит в роли страны-организатора и представит на XXXV КСДА отчет о результатах деятельности МКГ.

(271) МААТО привлекла внимание участников Совещания к своей деятельности по усовершенствованию подготовки операторов от входящих в нее организаций, охарактеризованной в общих чертах в Информационном документе IP 107 «На пути к Усовершенствованной системе подготовки операторов МААТО», отметив, что эта инициатива является одной из составляющих комплекса мер, направленных на укрепление доверия МААТО к собственным организационным структурам. Усовершенствование подготовки – процесс, состоящий из трех частей, включающий два занятия в аудитории (внутренний и внешний контроль) и наблюдения на местности. В предстоящем сезоне этот проект будет проходить фазу экспериментальной проверки. МААТО представила КСДА контрольные перечни, касающиеся вышеупомянутого проекта с целью уведомления и в качестве своего вклада в дискуссию.

(272) Представляя Информационный документ IP 105 «Отчет об использовании операторами МААТО мест высадки на Антарктическом полуострове и Правила поведения для посетителей участков, разработанные КСДА на сезоны 2009-10 и 2010-11 гг.», МААТО отметила, что намеревается и далее предоставлять информацию о деятельности входящих в нее членов по каждому сезону. В этом документе предлагается рассмотреть вопрос о выработке правил поведения для посетителей еще двух участков и отмечается, что в каждом сезоне операторам МААТО приходится сталкиваться на этих участках с посетителями от организаций, не являющихся членами МААТО.

(273) Стороны поблагодарили МААТО за работу по подготовке документа IP 107, а Австралия и Аргентина особо указали на реалистические принципы и надежные механизмы, используемые МААТО для оценки деятельности ее членов.

(274) Эквадор представил Информационный документ IP 126 «Управление туризмом на острове Барриентос» и выразил признательность МААТО за поддержку в контроле над туристической деятельностью на острове Барриентос.

(275) Аргентина и Уругвай выразили свою поддержку действиям Эквадора.

(276) Другие документы, представленные согласно этому пункту повестки дня:

- IP 9 «Список участков Антарктики: 1994-2011 гг. (Соединенные Штаты)
- IP 23 «Краткий справочник по Антарктическому полуострову, 3-е издание (Соединенные Штаты и Великобритания)

(277) Новая Зеландия и МААТО поблагодарили Соединенные Штаты и Великобританию за представленные ими Информационные документы, указав при этом на важность исследовательской и мониторинговой деятельности для информированной работы КСДА.

Деятельность яхт в Антарктике

(278) Председатель Совещания отметил, что Рабочие документы WP 37 «Инструкции для яхт в дополнение к стандартам безопасности судоходства в Антарктике» и WP 20 «Сбор и передача сведений о деятельности яхт в Антарктике в 2010-11гг.» являются в некоторой степени взаимодополняющими, и предложил рассматривать их одновременно.

(279) В качестве первого шага Китай предложил отрегулировать деятельность яхт в антарктических водах в пределах компетенции КСДА, а потом, по возможности, предложить соответствующие правила и нормы на рассмотрение МКГ при разработке Полярного кодекса.

(280) Представляя Рабочий документ WP 37, Германия отметила, что вопрос о яхтах не включен в первую стадию переговоров по Полярному кодексу ИМО, который по своему завершению будет касаться некоторых видов морской деятельности в регионе Договора об Антарктике. В документе

WP 37 предлагается составить перечень желающих заниматься яхтенной деятельностью в Антарктике.

(281) Великобритания представила Рабочий Документ WP 20 «Сбор и передача сведений о деятельности яхт в Антарктике в 2010-11 гг.» с целью предоставления информации Сторонам относительно количества яхт, плававших вокруг Антарктического полуострова в сезоне 2010-11 гг. МААТО отметила, что ее члены с удовольствием приняли участие в составлении этого перечня, потому что в нем фиксируется присутствие яхт, не являющихся членами МААТО, многие из которых, как выяснилось, находились в этом регионе без надлежащего допуска. Внимание участников Совещания было привлечено к важности непрерывного обмена информацией по этому вопросу.

(282) Многие Стороны поблагодарили авторов обоих Рабочих документов за содержащуюся в них информацию и с признательностью отметили, что как включенный в WP 37 перечень, так и сведения, приведенные в WP 20, являются важными и обеспечивают хорошую основу для дальнейших дискуссий на эту тему. Однако Стороны отметили, что приведенный перечень не является исчерпывающим, и что его текст в некоторых местах следует улучшить.

(283) Некоторые стороны указали также, что КСДА следует рекомендовать МКГ рассмотреть яхтенную деятельность во второй части Кодекса полярного судоходства, который в настоящее время обсуждается в ИМО.

(284) МААТО отметила, что операторы яхт, являющиеся членами МААТО, составляли меньшинство среди яхт, зафиксированных в этом регионе, и заострила внимание, с учетом тяжелых условий судоходства в Антарктике, на важности наличия опыта и надлежащей выучки, необходимых для минимизации риска.

(285) Австралия поддержала предложения, изложенные в обоих Рабочих документах, отметив при этом касательно WP 20, что одна яхта, зафиксированная как не входящая в МААТО, является австралийской и ранее получила надлежащий допуск от австралийских властей.

(286) Франция добавила к этому, что относительно WP 37 существует необходимость разъяснения некоторых терминов. Касательно WP 20 она отметила, что приведенная в нем таблица содержит лишь названия судов без указания места регистрации.

(287) В ответ на запрос Франции Великобритания заметила, что сведения о конкретном флаге регистрации не были включены в WP 20 вследствие того факта, что относительно такой регистрации не было 100 % уверенности. Сходным образом, в WP 20 не было указано, имели ли эти суда соответствующий допуск, так как каждая страна имеет собственное законодательство и регистрационные стандарты. В этом отношении Великобритания заострила внимание на необходимости выведения сотрудничества между Сторонами на более высокий уровень.

(288) Коснувшись Рабочего документа WP 37, Чили отметила, что каждая страна имеет собственную правовую систему обеспечения обязательного соответствия судов нормам и правилам безопасности, и подчеркнула важность информационного обмена между Сторонами в этом вопросе.

(289) Касаясь Рабочего документа WP 37, Аргентина выразила поддержку межсессионным инициативам, направленным на обсуждение инструкций для яхт. Она отметила также, что в формулировке предлагаемого перечня использованы глаголы, предполагающие разную степень соблюдения установленных требований, и некоторые из них представляются для данного перечня неуместными.

(290) Совещание пришло к мнению о необходимости создания Межсессионной контактной группы с целью подготовки инструкций для яхт и обмена информацией с нижеследующими исходными требованиями.

(291) Для распространения передового опыта, защиты окружающей среды и улучшения стандартов безопасности яхт, посещающих Антарктику, а также с учетом предстоящего внедрения надлежащих мер, разработанных ИМО, в межсессионный период необходимо обсудить следующие вопросы:

- Провести экспертизу ныне действующих инструкций КСДА, соответствующих национальных и международных правил и нормативов с целью определения необходимости усовершенствования предписаний для безопасных яхтенных экспедиций в Антарктику;
- Продолжить разработку предложенного перечня яхт, представленного в документе WP 37, и обсудить практические варианты расширения его применения;
- Разработать специальные инструкции для яхт на основе вышеуказанного перечня и уже действующих инструкций,

а также рассмотреть наилучшие способы их внедрения и распространения в среде яхтсменов путем консультаций;

- Предложить механизм обмена сведениями о случаях обнаружения и идентификации яхт;
- Представить отчет о результатах деятельности МКГ на XXXV КСДА.

(292) Далее было принято согласованное решение о том, что:

- Наблюдатели и эксперты, принимающие участие в XXXIV КСДА, будут приглашены к работе в МКГ;
- Секретариат создаст интерактивный электронный дискуссионный форум и обеспечит содействие МКГ;
- Германия выступит в роли страны-организатора и представит на XXXV КСДА отчет о работе, проделанной в рамках МКГ.

(293) Аргентина представила Информационный документ IP 21 rev. 1 «Некоммерческие прогулочные и/или спортивные суда, отправившиеся в Антарктику через Ушуаю в течение сезона 2010-2011 гг.»

(294) Великобритания сочла, что Стороны уже ознакомились с Информационным документом IP 15 «Курс обучения и подготовки для экипажей яхт, намеревающихся посетить Антарктику», однако заострила внимание на том, что эти подготовительные курсы, проводимые в Великобритании, оказались весьма полезными, и Великобритания с радостью будет сотрудничать с любой другой Стороной, выразившей желание проводить подобные курсы.

(295) МААТО представила Информационный документ IP 14 «Кампания разъяснительной работы МААТО с яхтсменами». Комментируя документ IP 15, МААТО подтвердила, что принимала участие в подготовительных курсах, и что последние оказались весьма эффективными в плане увеличения информированности сообщества яхтсменов. Касаясь документа IP 15, МААТО привлекла внимание участников Совещания к кампании разъяснительной работы, предназначенной для повышения информированности среди операторов, не являющихся членами МААТО.

(296) Внимание Сторон привлек представленный Германией Информационный документ IP 28 «Технические стандарты безопасности и международное право, касающиеся яхт, отправляющихся в Антарктику» в плане его

важности для осуществляемой МКГ деятельности по разработке инструкций для яхт.

(297) Норвегия представила Информационный документ IP 94 «Использование собак в контексте мемориальной экспедиции в честь столетней годовщины», а Аргентина представила Информационный документ IP 122 «Восприятие Антарктики с точки зрения современных путешественников».

Прочее

(298) Аргентина сделала следующее заявление: «Что касается некорректных ссылок на территориальный статус Мальвинских островов, Южной Георгии и Южных Сандвичевых островов, сделанных в имеющихся документах и презентациях, представленных во время данного Консультативного совещания по Договору об Антарктике, Аргентина отвергает всякие ссылки на эти острова как на отдельное от ее национальной территории целое, таким образом придающие им международный статус, которого они не имеют. Более того, она отвергает судоходный реестр, используемый его предположительно английскими распорядителями и всякий иной односторонний акт, предпринятый означенной колониальной администрацией, которую Аргентина не признает. Мальвины, Южная Георгия и Южные Сандвичевы острова с прилегающими морскими районами являются объектом спора о принадлежности между Аргентинской Республикой и Соединенным Королевством Великобритании и Северной Ирландии».

(299) В ответ Великобритания заявила, что не имеет сомнений по поводу своего суверенитета над Фолклендскими островами, Южной Георгией и Южными Сандвичевыми островами, а также прилегающими к ним морскими районами, о чем хорошо знают все делегаты. В этом отношении Великобритания не сомневается относительно права правительства Фолклендских островов распоряжаться судоходным реестром для судов под флагом Великобритании и Фолклендов.

(300) Аргентина отвергла это заявление Великобритании и снова подтвердила свою правовую позицию.

(301) После завершения работы над всеми вопросами этого пункта повестки дня Председатель предложил Сторонам выступить с общими комментариями по вопросам, возникшим перед Рабочей группой.

(302) Открывая дискуссию, Франция выразила глубокую обеспокоенность тем, что в настоящее время Рабочая группа не проводит принципиальных дебатов по ключевым проблемам, касающимся развития туристической деятельности, и отметила важность новых типов антарктического туризма, особенно туризма приключенческого. Было также привлечено внимание к охране окружающей среды, безопасности и защите. Решение среднесрочных и долгосрочных проблем не должно исключать принятия мер в краткосрочной перспективе.

(303) Несколько Сторон согласились с поднятыми Францией основными пунктами, в которых подчеркивалась необходимость пересмотреть приоритетность вопросов, предлагалось увеличить количество рабочих документов по принципиальным вопросам, а также указывалось на то, что Рабочие документы WP 21 и WP 26 могут послужить основой для дискуссий на следующем КСДА. Стороны отметили значительные выгоды совместной работы над этими вопросами с Рабочими группами по операционным и правовым вопросам.

(304) Стороны подчеркивали, что более тесное сотрудничество между Консультативными сторонами должно обеспечить основу для прогресса в этих вопросах, подчеркивая важность как информационного обмена, так и продолжения диалога и его развития. Основой для такого прогресса станут Рабочие документы с усиленным фактическим и контекстуальным содержанием, а также улучшенный анализ тематических проблем. Сторонам необходимо прибывать на КСДА хорошо подготовленными по принципиальным вопросам, касающимся туризма, и менее сосредоточенными на самом процессе совещания.

(305) Австралия отметила, что в качестве страны, принимающей XXXV КСДА, она хочет видеть на следующем совещании в Хобарте конкретные дискуссии по вопросам туризма, и что она поддерживает стратегический подход к проблемам управления туризмом, а также к работе, запланированной на межсессионный период. Австралия солидаризируется с замечаниями других Сторон по поводу необходимости того, чтобы в документах приводилась четкая, основанная на установленных фактах аргументация, определяющая ту или иную проблему.

(306) Соединенные Штаты подчеркнули необходимость улучшения подхода КСДА к решению проблем туризма, а также указали на то, что ключевым моментом является более тесная вовлеченность в работу – как на Совещаниях, так и в межсессионные периоды. Соединенные

Штаты отметили также исключительную важность определения будущих приоритетов.

(307) Некоторые Стороны отметили важность МКГ как форумов для дискуссий, содействующих достижению более надежных и конкретных результатов до начала работы КСДА, и призвали Стороны более активно принимать участие в работе этих групп. Некоторые Стороны подчеркнули также первоочередную важность заседаний Рабочей группы по туризму в качестве главной платформы для дискуссий.

(308) Индия, поддержанная некоторыми Сторонами, указала на важность рассмотрения проблем Антарктики в более широком всемирном контексте и подчеркнула насущность развития тесных связей с другими соответствующими международными инструментами и организациями. Бразилия отметила, что такой подход можно реализовать через семинар по развитию стратегической схемы, касающейся более широких общих вопросов туризма до начала следующего КСДА.

(309) Бельгия выразила пожелание, чтобы работа КСДА над проблемами туризма осуществлялась аналогично КООС, например, по скользящей рабочей программе, и чтобы перед началом рассмотрения туризма на заседаниях проводилась дискуссия о стратегии.

(310) МААТО указала на проблемы, возникающие из-за непоследовательного применения Протокола и методов противодействия несанкционированной деятельности. Эту тему подняла также и Германия, которая отметила, что содержащиеся в Протоколе нормы и правила затрудняют запрещение некоторых видов деятельности.

(311) По мнению Нидерландов, некоторые виды экстремального туризма в Антарктике следует предотвращать. Представитель Нидерландов высказал опасение, что из-за слишком медленной разработки своей политики касательно туристической деятельности, КСДА может столкнуться с необходимостью исходить из уже изменившихся основоположных принципов для принятия соответствующих решений. По мнению Нидерландов, Стороны имеют право отказывать в выдаче разрешений на деятельность, которую они считают несовместимой с внутренними ценностями Антарктики или ее дикой природой, даже если такая деятельность не наносит прямого ущерба окружающей среде; кроме того, по мнению Нидерландов, КСДА должно совместно или самостоятельно предотвратить превращение Антарктики в игровую площадку для любителей тех экстремальных видов деятельности,

которые Стороны запрещают в своих собственных национальных заповедниках.

(312) Новая Зеландия отметила, что ее подход к туризму и неправительственной деятельности частично определяется информацией, поступающей из обширного региона, где она несет ответственность за поисково-спасательные операции. В последнем сезоне во время яхтенной экспедиции, а также деятельности рыболовецкого судна погибли люди. Новая Зеландия призвала Стороны Договора активно выступать за то, чтобы Антарктика была особо учтена в Обязательном кодексе полярного судоходства, ныне разрабатываемом в ИМО.

(313) АСОК отметила недостаток информации о сухопутном туризме вследствие явной недостаточности внимания, уделяемого принципиальным вопросам во время дискуссий по туризму, и указала на необходимость поддерживать политические решения в духе Резолюции 7 (2009 г.). АСОК подчеркнула, что и документ WP 21, и документ WP 26 обеспечивают хорошую рамочную основу для стратегической дискуссии по туристической деятельности.

Совместная операционно-туристическая рабочая группа

(314) Франция представила Рабочий документ WP 11 «Новая информация о несанкционированном присутствии французских яхт в регионе Договора и ущерб, причиненный хижине, известной как Дом Уорди – замечания по поводу последствий этого инцидента», в котором шла речь о мерах, принятых Францией относительно этого инцидента, направленных также на способствование более широкому обсуждению Сторонами этого вопроса.

(315) Франция проинформировала Совещание, что поскольку ни одна из яхт, участвовавших в инциденте, не получила допуска от французских властей, французское законодательство предоставляет возможность французским властям начать судебное преследование двух вовлеченных в инцидент капитанов. Франция подтвердила, что префект уже возбудил дело в Парижском суде, чтобы тот вынес решение по этому вопросу.

(316) В свете этого инцидента Франция подчеркнула важность усиления прозрачности относительно подачи документации по безопасности, запрашиваемой от яхт портовыми администрациями Сторон. Она также подчеркнула, что такая документация не является разрешением на осуществление деятельности в антарктических водах.

(317) Франция поинтересовалась возможностью поиска сведений о судне через СЭОИ по его названию, и попросила Секретариат получить необходимую информацию.

(318) Франция подняла ряд вопросов о способности национальных законодательств решать проблемы, вызванные в будущем потенциальными подобными инцидентами. Предположительно понадобится дальнейшая работа по этому вопросу в плане возможностей, предоставляемых Сторонам Статьей 9 Договора об Антарктике. Франция предложила составить Рабочий документ по этой теме во время следующего КСДА.

(319) Франция призвала к Сотрудничеству между Сторонами и Секретариатом в решении этих проблем, а также призвала Стороны с пользой применять веб-сайт Системы Договора об Антарктике.

(320) Информационно-технический эксперт Секретариата подтвердил, что в СЭОИ можно встроить программу фильтрации «по имени судна», однако отметил, что Стороны сами должны принимать решение о целесообразности или нецелесообразности предоставления информации, касающейся отказа на заявку о получении разрешения. Он приветствовал предложения некоторых Сторон о способах дальнейшего развития секции сводных отчетов СЭОИ с целью обеспечения новых полезных возможностей.

(321) Чили отметила, что документация, выдаваемая ее компетентными морскими властями, касается безопасности экипажа и судна с целью обеспечения поисково-спасательных работ и не является разрешением на плавание в антарктических водах. К этому Чили добавила, что для запрещения отбытия судна необходимо постановление суда или документ от компетентных властей.

(322) Великобритания поддержала предложение Франции получать информацию через СЭОИ по названию судна. Она отметила также, что после подобных происшествий с яхтами, не имевшими допуска, Чили в настоящее время составляет перечень всех британских яхт, имеющих разрешение на вход в антарктические воды. По мнению Великобритании, этот инцидент высветил важность дальнейшего диалога между компетентными властями с целью изучения имеющихся решений и нарушений. Великобритания поблагодарила Францию за ее активные усилия по расследованию вышеуказанного инцидента и открытию судебного преследования тех, кто в нем участвовал.

(323) Российская Федерация отметила, что лишь немногие Стороны выдают разрешения на вход в антарктические воды, и что в большинстве случаев процедуры получения разрешения как таковой просто не существует. Россия подчеркнула необходимость того, чтобы такие национальные процедуры применялись Консультативными сторонами в соответствии со Статьей 1 Приложения 1, и указала на трудности, связанные с применением Приложения VI.

(324) Россия предложила повысить материальную ответственность государства порта, который был последним на пути яхт, отправляющихся в Антарктику, и призвала к укреплению сотрудничества и обмена информацией между компетентными национальными властями, облеченными полномочиями на выдачу разрешений, Секретариатом и государством порта последнего посещения.

(325) Корея выразила опасения по поводу разглашения личной информации в связи с Рекомендацией 2 по отказу в выдаче разрешения касательно правомерности разглашения такой информации.

(326) Касаясь отказа в выдаче разрешения, Норвегия отметила, что если судно не фигурирует в перечне судов, имеющих разрешение, то Сторонам следует понимать этот факт как то, что оно такового разрешения не имеет. Норвегия также указала, что именно государство флага отвечает за обеспечение того, чтобы суда, плавающие под его флагом, действовали в соответствии с международным правом, и что именно государство флага должно предпринимать все необходимые меры. Норвегия отметила также, что поступающие сведения о подобных инцидентах свидетельствуют о той коллективной опасности, которую они представляют, и что эту проблему необходимо рассмотреть в более широкой перспективе.

(327) Япония выразила беспокойство по поводу включения в СЭОИ информации об отказах в регистрации, отметив при этом, что она с осторожностью относится к включению в СЭОИ новых пунктов, по поводу включения которых от Сторон не поступало четких требований.

(328) Соединенные Штаты предложили предоставить информацию о своем опыте борьбы с нарушениями и подтвердили существование в США законодательства, направленного на решение этих вопросов.

(329) МААТО сообщила, что пользовалась СЭОИ как первоначальным источником информации о выдаче разрешений, и что проблемы возникали тогда, когда такая информация бывала неполной. МААТО указала также

на важность судебного преследования участников подобных инцидентов, чтобы не подрывались усилия по охране природы и обеспечению безопасности, прилагаемые уполномоченными группами.

(330) Чили и Аргентина представили обобщенную информацию об уже введенных ими процедурах выдачи лицензий и разрешений для частных или государственных видов деятельности.

(331) Председатель указал на то, что всем Сторонам необходимо предоставлять информацию в СЭОИ в соответствии с предыдущими решениями КСДА. Франция сообщила, что представит более детализированное предложение касательно юрисдикции и вопросов доказательной базы, а также проблем, связанных с процедурами потенциального судебного преследования.

(332) Чили охарактеризовала нынешние категории содержащихся в СЭОИ сведений как «досезонную информацию» и «послесезонные отчеты» и призвала превратить СЭОИ в систему, способную содержать новейшую информацию, подаваемую в режиме реального времени.

(333) Норвегия отметила, что Резолюция 3 от 2004 года не была полностью воплощена в жизнь, и что согласно Рекомендации 1 всем Сторонам необходимо назначить единое контактное лицо для информации по туризму. Совещание подчеркнуло выгоды от назначения единого контактного лица по вопросам туризма.

(334) Некоторые Стороны поддержали необходимость осторожного подхода к внесению каких-либо существенных изменений в ныне существующую систему электронного обмена информацией и отметили, что эта проблема требует дальнейшего обсуждения в будущем.

(335) Секретариат выразил уверенность в том, что проблему отказов в выдаче разрешений можно решать параллельно с проблемой СЭОИ.

(336) Великобритания представила Рабочий документ WP 19 «Анализ сухопутной деятельности в Антарктике», в котором предложила перечень мер, способствующих анализу такой деятельности в соответствии с положениями Протокола и других инструментов Договора, относящихся к данному вопросу. Этот документ был разработан в соответствии с действующими в Великобритании конкретными процедурами выдачи разрешений на сухопутную деятельность. Великобритания призвала другие Стороны к сотрудничеству в деле усовершенствования представленного ею перечня и внесения в него поправок.

(337) Многие Стороны поблагодарили Великобританию за представление Рабочего документа WP 19 и выразили свою поддержку содержащемуся в нем перечню.

(338) В ответ на запрос Китая Великобритания ответила, что указанный перечень конкретно касается негосударственной деятельности, а не государственной научной деятельности.

(339) Германия проинформировала Совещание о разработанной ею опросной анкете для сухопутной деятельности, имеющей большое сходство с предложенным перечнем и призвала Великобританию к консультациям по данной теме. Германия подняла также несколько вопросов, касающихся разработки предложенного Великобританией перечня, включая способы доступа к внутриматериковым районам и пути выхода из них, посещение ОУРА и ООРА, представление материалов и необходимость четкого определения термина «транспортное средство».

(340) Япония отметила, что в предложенном документе для определения указанной деятельности используются два сходных выражения, и предложила использовать лишь термин «неправительственная сухопутная деятельность».

(341) Франция и Аргентина предложили включить в вышеупомянутый перечень вопрос неместных видов.

(342) Аргентина указала на существование других вопросов, которые необходимо включить в упомянутый список, а также на необходимость дальнейших дискуссий по данному вопросу.

(343) Россия отметила, что тоже столкнулась с некоторыми трудностями при выдаче разрешений на сухопутную деятельность и поддержала озабоченность Германии по поводу мест доступа к районам сухопутной деятельности. Россия также подняла этот вопрос и заявила, что если такая деятельность проводится в районах расположения оборудования и помещений, используемых в рамках национальной Антарктической программы, то ее следует предварительно согласовать с представителями тех национальных антарктических программ, которых это касается.

(344) Соединенные Штаты сообщили, что имеют в этом деле опыт, и что предложенный перечень в широком смысле слова соответствует их практической деятельности, поэтому они с готовностью будут сотрудничать с Великобританией в межсессионный период, чтобы внести свой вклад в решение этого вопроса.

(345) Нидерланды выразили беспокойство по поводу официального оформления этих инструкций, потому что последние содержат ссылки на использование транспортных средств и тракторов, и призвали к осторожности в этом деле. Нидерланды обеспокоены тем, что включение таких ссылок в инструкции может косвенным способом санкционировать и поощрить подобную деятельность, уменьшив возможность той или иной страны контролировать ее.

(346) Многие Стороны выразили поддержку предложенному перечню, в то же время отметив необходимость внесения в него некоторых изменений. Несколько Сторон и МААТО выразили желание посодействовать Великобритании в этой работе в межсессионный период и предложили использовать для этих целей форум Системы Договора об Антарктике.

(347) Признав потенциальную важность и полезность предложенного перечня, Нидерланды, тем не менее, выразили мнение о необходимости стратегических дискуссий с целью определения – какие виды туристической деятельности являются приемлемыми для КСДА.

(348) АСОК поблагодарила Великобританию за предложенный перечень и отметила, что отсутствие ясности относительно сухопутного туризма в определенной степени является результатом недостаточного обмена информацией и недостаточного обсуждения. Например, ни во время КСДА, ни на заседаниях КООС не обсуждались ОВОС касательно обеспечения оборудования и инфраструктуры, необходимых для сухопутного туризма, а вместо этого обсуждалось открытие новых научно-исследовательских станций.

(349) Новая Зеландия представила Информационный документ IP 18 «Инцидент с судном «Берсерк», произошедший в море Росса в феврале 2011 года», поданный совместно с Норвегией и Соединенными Штатами, в котором шла речь о поисково-спасательной операции и о том вкладе, который выдача разрешения на основе ОВОС способна внести не только в дело охраны окружающей среды, но и в безопасность на море, а также в эффективность поисково-спасательных работ. Новая Зеландия выразила беспокойство по поводу того, что организатор экспедиции на судне «Берсерк» может устроить еще одну несанкционированную экспедицию в регион Договора об Антарктике, и указала на характерные трудности, связанные с предотвращением подобных несанкционированных экспедиций.

(350) Соавторы выразили свою благодарность Новой Зеландии за представление этого документа, подчеркнув при этом важность обмена такого рода информацией с целью извлечения надлежащих выводов и усовершенствования соответствующей политики.

(351) Чили высказала соображение о том, что на будущих совещаниях было бы более эффективно иметь аннотированную повестку дня, структурированную по конкретным пунктам и подготовленную заблаговременно до начала деятельности Рабочей группы по туризму и совместного заседания Рабочей группы по туризму и Операционной рабочей группы. Чили рекомендовала Секретариату рассмотреть этот вопрос во время планирования следующего совещания.

(352) Еще один документ, представленный в рамках данного пункта повестки дня:

- IP 28 «Стандарты технической безопасности и международное право касательно яхт, отправляющихся в Антарктику». (Германия)

Пункт 11. Инспекции в рамках Договора об Антарктике и Протокола по охране окружающей среды

(353) Япония представила Рабочий документ WP 1 «Инспекция, предпринятая Японией в соответствии со Статьей VII Договора об Антарктике и Статьей XIV Протокола по охране окружающей среды и представила рекомендации по следующим вопросам: i) решение проблем, связанных с неправительственной деятельностью, ii) материально-техническое обеспечение ДРОМЛАН, iii) обработка и утилизация отходов, iv) обработка канализационных вод и жидких бытовых отходов, v) возобновляемая энергия, vi) сотрудничество в области эффективного использования оборудования и помещений, vii) международное научное сотрудничество.

(354) КСДА поблагодарило Японию за тщательность и профессионализм, которые она проявила при осуществлении инспекции станций, а также за ее ценный вклад в инспекционный механизм Договора об Антарктике.

(355) Российская Федерация заявила, что на следующем КСДА представит отчет относительно замечаний, полученных ею после инспекций ее станций, проведенных Японией и Австралией. Она также представит отчет о системе ДРОМЛАН заседанию КОМНАП, которое состоится в августе в Австралии.

(356) Новая Зеландия выразила признательность Японии за ее инспекцию неместных видов, которая явилась отражением приоритетов КООС. При этом Новая Зеландия отметила, что идею инспекций можно распространить и на потенциальное влияние на экологию морского региона.

(357) Великобритания поблагодарила Японию за предпринятую в рамках Договора об Антарктике инспекцию, которая стала для этой страны первой антарктической инспекцией. Великобритания поддержала рекомендации, содержащиеся в отчете об этой инспекции.

(358) Республика Корея поддержала рекомендации Японии по утилизации отходов и источникам снабжения альтернативной энергией.

(359) ЮАР поблагодарила Японию за подробный и благожелательный отчет об инспекции станции SANAE IV.

(360) Индия, поблагодарив Японию за подробный отчет об инспекции станции «Маитри», отметила, что использует биодеструктивную установку для обработки сточной воды перед тем, как ее выливать.

(361) Бельгия поблагодарила Японию за инспекцию своей станции и высказанные в ее результате рекомендации. Бельгия выразила также желание поделиться своим опытом и информацией касательно источников альтернативной энергии со всеми заинтересованными Сторонами.

(362) Некоторые Стороны отметили, что, принимая во внимание уровень нынешней техники, станции не имеют возможности обходиться в зимний период исключительно возобновляемой энергией. Они подчеркнули, что этот тип энергии может использоваться как дополнительный к уже существующим типам. Некоторые Стороны сообщили, что сталкиваются с техническими проблемами при использовании ветряных турбин из-за экстремальных метеорологических условий.

(363) Германия отметила, что, несмотря на потребность в альтернативных источниках энергии, основным приоритетом должна быть безопасность станции и ее жителей. Германия вновь высказала свою убежденность в том, что в настоящее время небезопасно полагаться исключительно на возобновляемую энергию. В отчеты следует включать информацию об устойчивых источниках энергии, чтобы дать возможность другим оценить их надежность перед монтажом.

(364) Эквадор подтвердил, что возобновляемая энергия будет приоритетом для его станции, и отметил, что, по его мнению, использование возобновляемой энергии должно стать приоритетом для всех стран.

(365) Норвегия высказала замечание, что возобновляемая энергия не внедрялась настолько широко, насколько это представлялось возможным, и что она завершила работу над проектом, описанным в Информационном документе IP 74 «Оценка потенциала ветровой энергии на норвежской научно-исследовательской станции «Тролль»» (пункт повестки дня 13), который позволит осуществить оценку означенного потенциала.

(366) Норвегия отметила, что деятельность по получению спутниковых данных на станции «Тролль» осуществляется во благо всего содружества государств, в особенности касательно прогнозов погоды, а также исследований загрязненности окружающей среды и климатических изменений. Некоторые Стороны выразили свое одобрение идеи обмена информацией и сотрудничества в области вывоза отходов или остатков старых станций.

(367) Япония отметила, что первая инспекция, которую она провела, стала ценным опытом, выразив желание и в дальнейшем активно сотрудничать с КСДА.

(368) Австралия представила Рабочий документ WP 51 «Австралийские инспекции в рамках Договора об Антарктике и Протокола по охране окружающей среды: январь 2010 г. и январь 2011 г.». Для каждой наземной инспекции функционирующей станции в инспекционную группу включалось лицо, свободно владеющее используемым на станции языком. Австралия отметила, что основные замечания и рекомендации касались экологических вопросов. Эти вопросы были подробно рассмотрены Комитетом по охране окружающей среды. Инспекторы были впечатлены той приверженностью научным исследованиям, которую продемонстрировал персонал проинспектированных станций, и в результате осмотра пришли к выводу, что бурильные работы на озере Восток осуществляются, по всей видимости, в соответствии с заключительной ВООС, распространенной Российской Федерацией. Инспекторы не выявили каких-либо случаев нарушения положений Договора об Антарктике.

(369) Великобритания поблагодарила Австралию за представленные этой страной два отчета об инспекциях, осуществленных в рамках Договора об Антарктике. Великобритания отметила, что инспекционная группа посетила каждое удаленное труднодоступное поселение в Восточной Антарктике. Великобритания отметила также, что инспекционная группа посетила станцию «Восток» (Российская Федерация) и

установила, что буровой проект с целью достичь подледникового озера Восток в основном продвигается в соответствии с заключительной ВООС. Великобритания поддержала рекомендации, содержащиеся в инспекционных отчетах.

(370) Германия выразила сожаление по поводу неготовности ее станции («Гондвана») к внутренним инспекциям из-за непредвиденных обстоятельств и заострила внимание на том, что сотрудничество в области уборки давно функционирующих станций может стать одним из ценных методов экономии средств.

(371) Япония положительно оценила отчет о результатах инспекции станции «Сёва». Благодаря ему Япония получила возможность по-новому взглянуть на свою станцию с точки зрения различных Сторон; этот отчет будет способствовать усовершенствованию управления этой станцией.

Пункт 12. Вопросы науки, научного сотрудничества и содействия, включая Наследие международного полярного года 2007-2008

(372) Аргентина представила Информационный документ IP 5 «60-я годовщина Аргентинского института Антарктики» и Информационный документ IP 17 «Биовосстановление антарктических почв, загрязненных углеводородами. Рациональная схема стратегии биовосстановления». Относительно документа IP 17 было указано, что с целью снижения уровня углеводородов в антарктических почвах изучались различные стратегии биовосстановления. Весьма эффективной для ускорения распада вышеуказанных соединений, представляющих угрозу окружающей среде, оказалась стратегия биостимуляции.

(373) Япония представила Информационный документ IP 41 «Ключевые аспекты научно-исследовательской деятельности Японии в Антарктике в 2010-2011 гг., включая аспекты, связанные с климатическими изменениями». Основной темой этого документа стал монтаж крупной атмосферной радарной системы (PANSY) и первые наблюдения, осуществленные с ее помощью.

(374) СКАР представил Информационный документ IP 51 «Система наблюдения за Южным океаном (SOOS): новейшие сведения», а также IP 55 «Сводный отчет о МПГ 2007-2008, поданный Объединенным комитетом Международного совета научных обществ (МСНО) и Всемирной метеорологической организацией (ВМО)».

(375) Норвегия и Россия высказались по вопросам наследия Международного полярного года в Информационном документе IP 58 «Семинар по наследию МПГ», а также в IP 101, rev.1 «Предложения России по Международному полярному десятилетию».

(376) Норвегия представила отчет о Семинаре по наследию, проведенному совместно с Научной конференцией МПГ в Норвегии в июне 2010 года. Идея проведение такого семинара обсуждалась и была одобрена на XXXII КСДА. В нем приняли участие шестьдесят представителей от большого количества стран и организаций. Вышеупомянутый отчет содержится в приложении к IP 58. Недавно рекомендации относительно семинара по поводу международного полярного десятилетия (МПД) были озвучены и одобрены на совместном семинаре ВМО и Росгидромета, посвященном инициативе проведения МПД, который был организован в Санкт-Петербурге в апреле 2011 года, а также на Конгрессе ВМО в мае 2011 года.

(377) Россия отметила, что семинар в Санкт-Петербурге представлял собой неофициальный обмен научной информацией. Однако резолюции, принятые в мае 2011 года на Шестнадцатом гидрологическом конгрессе, а также Седьмом совещании Арктического совета на уровне министров, поддержали концепцию МПД. К СКАР и КОМНАП будет обращена просьба рассмотреть возможность содействия МПД, начало которого запланировано на 2014 год.

(378) Корея представила Информационный документ IP 77 «Научное и околонаучное сотрудничество с другими Сторонами в течение 2010-2011 гг.». Это сотрудничество включало в себя следующее: Совместную научно-исследовательскую экспедицию Корейского института полярных исследований (KOPRI) и Соединенных Штатов с применением исследовательского ледокольного судна «Араон» в море Амундсена. Совместная экспедиция для поиска антарктических метеоритов, организованная KOPRI и итальянским PNRA, обнаружила 113 метеоритов, и ее работа будет продолжена. KOPRI и Соединенные Штаты сотрудничали в рамках проекта геолого-физических исследований моря и четвертичного периода относительно резких изменений природной среды в системе шельфового ледника Ларсена. В начале 2011 года KOPRI осуществил краткое исследование Антарктического хребта в сотрудничестве с учеными из Соединенных Штатов. Корея одобрительно высказалась по поводу исследования магнитного поля на острове Короля Георга, проведенного Японией при

международной поддержке. Кроме того, KOPRI и Италия осуществили совместное первоначальное исследование антарктических газовых гидратов. Корея выразила надежду на расширение сотрудничества путем привлечения в будущем других Сторон.

(379) Новая Зеландия выразила признательность Корее за ее работу, особенно за крайне интересную деятельность по исследованию газовых гидратов. Она также поздравила Корею с началом использования собственного ледокола, который существенно облегчит ее работу в Антарктике.

(380) Российская Федерация сообщила о работе, описанной в Информационном документе IP 97 «Текущее состояние российского бурового проекта на станции «Восток»». Российская Федерация планировала пробурить лед насквозь к озеру Восток, однако из-за технических проблем с буровой головкой и ввиду присутствия кристаллов льда на дне скважины бурение было прекращено на глубине 3720 метров. Дальнейшее бурение оставшихся 20-30 метров льда продолжится в декабре 2011 года, когда можно будет точно установить фактическую толщину ледника над озером.

(381) Российская Федерация подчеркнула, что осуществляет бурение в соответствии с разрешением, выданным правительством России, и в полном соответствии с заключительной оценкой воздействия на окружающую среду (ОВОС), проведенной КООС. Вышеуказанная ОВОС требует принятия всех необходимых мер по контролю за проникновением в озеро и немедленного прекращения бурения после выхода к поверхности озера. Всякую жидкость, попавшую в полость скважины, необходимо извлечь. По завершению бурения Россия должна представить документы с описанием произведенной ею работы.

(382) Германия поблагодарила Российскую Федерацию за откровенную дискуссию и за представленный документ, а также выразила надежду, что в будущем этот проект будет рассматриваться всеми как пример информирования сообщества о выполнении проекта, включая все связанные с ним трудности. Германия отметила также, что буровые работы проводились в крайне тяжелых условиях, и указала на то, что обнаруженные монокристаллы могут поспособствовать расширению знаний о ледяном покрове земли.

(383) Чили отметила, что ее научная деятельность в 2010-2011 гг., представлена в Информационном документе IP 118 «Вклад Чили в научные знания об Антарктике: Экспедиция 2010-11 гг.»

(384) Эквадор представил Информационный документ IP 125 «Сотрудничество между Эквадором и Венесуэлой в области научных исследований». Эквадор сообщил о трех двусторонних проектах, осуществленных совместно с Венесуэлой в 2011 году. Среди них – уточнение морских навигационных карт района Южно-Шетландских островов, которое будет продолжено гидрографами на 2-м этапе в 2012 году. Второй и третий проекты являли собой палеонтологическое исследование на острове Ди и исследование, посвященное биоразведке антарктических организмов. Эквадор выразил благодарность Бразилии, Аргентине и Чили за материально-техническую и иную поддержку этих проектов.

(385) Комментируя свой Информационный документ IP 119 «Чилийская программа научных знаний об Антарктиде PROCIEN: Программа, открытая для всего мира», Чили подчеркнула важность обеспечения открытости антарктической науки для всего мира и улучшения научных знаний посредством их международного анализа и изучения. Чили призвала к интенсификации научного сотрудничества как средства вовлечения в работу новых ученых и снижения расходов.

(386) На данной сессии были также представлены следующие документы:

- IP 7 «Краткое официальное представление Четвертой китайской национальной арктической экспедиции» (Китай)

- IP 36 «Проект FP7 Ледокол ERICON-AB. Новая эра в области полярных исследований» (Румыния)

- IP 37 «База «Лоу-Раковита». Пример сотрудничества в Антарктике» (Румыния)

- IP 42 «Наследие МПГ 2007-2008 для Японии» (Япония)

- IP 61 «Программа СКАР по мониторингу эволюции антарктического климата» (СКАР)

- IP 70 «Голландское научное оборудование на британской научно-исследовательской станции «Ротера» (Нидерланды и Великобритания)

- IP 96 «Научный семинар по антарктическому крилю в Нидерландах» (Нидерланды)

- IP100 «Предварительные результаты российских научных исследований в Антарктике в 2010 году» (Российская Федерация)

- IP 112 «Украинские научные исследования в Антарктике в 2010-2012 гг.» (Украина)

- IP 132 «Отчет о научно-исследовательской деятельности: Чешская научно-исследовательская станция имени Й. Г. Менделя на острове Джеймса Росса, Антарктический полуостров, сезон 2010/11 гг.» (Чешская Республика)
- IP 133 «Отчет о влиянии вездеходных транспортных средств на освободившиеся от ледникового покрова районы острова Джеймса Росса, Антарктика (Чешская Республика)

Пункт 13. Потенциальное влияние климатических изменений на управление Регионом Договора об Антарктике

(387) Великобритания представила Рабочий документ WP 44 «Доклад о ходе работы СЭДА над проблемой климатических изменений». Великобритания сообщила, что Норвегия и Великобритания разработали документ WP 44 для содействия продолжающемуся на КСДА рассмотрению выводов и рекомендаций, вытекающих из состоявшегося в 2010 году Совещания экспертов Договора об Антарктике по климатическим изменениям (СЭДА). В сводной таблице Приложения А приведены меры, предпринятые на текущий момент КООС и КСДА по выполнению каждой из тридцати рекомендаций СЭДА.

(388) Великобритания и Норвегия предложили КСДА обязать Секретариат вести и регулярно обновлять вышеуказанную таблицу с целью предоставления участникам будущих дискуссий информации о рекомендациях СЭДА вплоть до их полного завершения. Совещание согласилось с тем, что Секретариат будет вести указанную таблицу и регулярно обеспечивать новейшей информацией предстоящие заседания СЭДА и КСДА.

(389) Новая Зеландия и Австралия высоко оценили работу СЭДА и поддержали его рекомендации. Новая Зеландия выразила признательность СКАР за содержательную работу. Австралия отметила, что в данном отчете о проделанной работе, возможно, придется отразить дискуссии и соглашения, имевшие место на нынешних КСДА и КООС.

(390) Аргентина сообщила, что не имеет возражений относительно содержащегося в WP 44 предложения, хотя при этом отметила, что такое предложение не подразумевает принятия КСДА рекомендаций, перечисленных в WP 44.

(391) Норвегия отметила, что некоторые рекомендации СЭДА касаются работы СКАР по климатическим изменениям, особенно издания «Климатические изменения в Антарктике и окружающая среда (АССЕ)». Норвегия привлекла внимание Совещания к Информационному документу IP 83 «План АСОК по обмену информацией об изменениях климата в Антарктике», направленный на обеспечение выполнения Рекомендации 2 от СЭДА касательно климатических изменений. Норвегия заявила, что Великобритания, Норвегия и АСОК будут обеспечивать финансовую поддержку с целью содействия распространению будущих новейших сведений и публикаций, касающихся отчета «Климатические изменения в Антарктике и окружающая среда (АССЕ)». Норвегия отметила, что подобные новейшие сведения будут включать в себя такие темы как «Изменения в Южном океане», «Антарктика 2100», «Ледниковый покров и поднятие уровня моря», а также «Устранение озоновой дыры».

(392) СКАР поблагодарил Великобританию, Норвегию и АСОК за содействие и после этого представил Информационный документ IP 52 «Климатические изменения в Антарктике и окружающая среда – новейшие сведения за 2011 год» - вторую обновленную сводку данных после того, как был завершен АССЕ. Группа комитета СКАР, работающая над АССЕ, включает теперь также Россию и Китай; СКАР надеется привлечь в будущем новых членов из других стран.

(393) Великобритания поблагодарила СКАР за представление обновленной сводки данных по отчету «Климатические изменения в Антарктике и окружающая среда (АССЕ)». Великобритания отметила важность предоставления регулярно обновляемых данных, поскольку наука быстро развивается. Например, ученые из Соединенных Штатов и Великобритании только что опубликовали данные полевых исследований, свидетельствующие о том, что ледник на острове Пайн-Айленд в настоящее время тает на 50 % быстрее, чем 15 лет назад. Великобритания снова подчеркнула необходимость ознакомления политиков и широкой общественности с отчетом АССЕ и выразила удовлетворение возможностью оказать – совместно с Норвегией и АСОК – финансовую поддержку СКАР с целью распространения информации о климатических изменениях в Антарктике.

(394) Болгария представила Информационный документ IP 11 «Вечная мерзлота и климатические изменения в Антарктике: 5-летнее исследование вечной мерзлоты на станции «Святой Климент Охридский, остров Ливингстона», охарактеризовав в нем свою

совместную с Испанией и Португалией деятельность, в которую входил и мониторинг.

(395) КОМНАП представил Информационный документ IP 8 «Семинар по управлению энергопотреблением под эгидой КОМНАП». Этот семинар является одним из примеров деятельности КОМНАП по обмену опытом в области эффективного использования энергии и практических способов использования альтернативных источников энергии. Эта деятельность, вместе с другими видами деятельности КОМНАП, включая, например, Симпозиум 2010 года, также направлена на воплощение Рекомендации 4 от СЭДА, содержащейся в пункте 2 маркированного списка.

(396) Норвегия представила Информационный документ IP 74 «Оценка потенциала ветровой энергии на норвежской научно-исследовательской станции "Тролль"». Обратившись к двум частным фирмам, Норвегия собрала данные за 2008, 2009 и 2010 гг. по эксплуатации ветроэнергетического комплекса. Ветры на станции «Тролль» колеблются от коротких периодов сильного ветра до более длительных периодов очень слабого ветра. Ветровые генераторы потенциально способны покрыть 10-15 % энергетических потребностей Норвегии на станции «Тролль», однако их использование, хотя и будучи многообещающим, имеет и свои ограничения. На второй стадии рассмотрения вопроса об альтернативной энергии Норвегия изучит проблему использования альтернативных источников, включая и солнечную энергию.

(397) Австралия приветствовала представленный Норвегией документ, который непосредственно содействует воплощению Рекомендации 6 СЭДА 2010 по климатическим изменениям. Она также упомянула Информационный документ XXX КСДА – IP 48 – содержавший отчет об опыте Австралии по эксплуатации комплекса ветроэнергетических установок на станции «Моусон». Будучи особенно важным в свете Рекомендации 6, этот документ предоставил подробную информацию об инженерно-конструкторских аспектах ветроэнергетического комплекса, а также информацию о важных соображениях касательно применения ветровой энергии в удаленных поселениях вроде антарктических станций.

(398) Российская Федерация представила Информационный документ IP 98 «Новый подход к изучению климатических изменений на основе мониторинга альбедо планеты». Россия отметила, что мониторинг альбедо планеты придает важный параметр мониторингу атмосферы

и подчеркнула, что мониторинг альбедо планеты применяют и в Национальной администрации США по океану и атмосфере. Россия призвала к использованию данного типа мониторинга в Антарктике в качестве полезного дополнения к уже применяемым методам.

(399) СКАР отметил, что метод измерения альбедо планеты, описанный в представленном Россией документе, представляет собой интересную технологию, заслуживающую, без сомнения, дальнейшего изучения.

(400) АСОК поблагодарила КОМНАП за документ IP 8 и Норвегию за документ IP 74, отметив их активные усилия по внедрению рекомендаций СЭДА по климатическим изменениям. АСОК представила также Информационный документ IP 92 «Море Росса: Полезный контрольный регион для оценки влияния климатических изменений», в котором объясняется, каким образом прогнозы Межправительственной комиссии по климатическим изменениям (IPCC) свидетельствуют о том, что море Росса останется последним участком Южного океана с круглогодичным ледяным покровом. Поэтому охрана моря Росса обеспечит сбережение контрольного региона, где ученые будут иметь возможность оценивать масштабы изменений, происходящих в других районах Южного океана.

(401) Дополнительные документы, представленные на данной сессии:

- IP 88 «Подкисление океанской воды и Южный океан» (АСОК).
- IP 103 «Рабочая группа МААТО по климатическим изменениям: отчет о проделанной работе» (МААТО).
- IP 111 «Монтаж нового метеорологического оборудования на станции им. Вернадского» (Украина).

Пункт 14. Операционные вопросы

(402) Республика Корея представила Информационный документ IP 19 «Проект Всесторонней оценки окружающей среды для строительства и эксплуатации антарктической научно-исследовательской станции «Джанг Бого» в заливе Терра Нова, Антарктика», который ранее обсуждался на КООС.

(403) Некоторые Стороны поздравили Корею с ее вкладом в научные исследования в Западной Антарктике, повторив комментарии, уже

прозвучавшие по этому поводу на КООС. Франция попросила поделиться информацией по утилизации сточных вод и системе регенерации воды, поскольку такая информация может оказаться полезной и для других станций. Корея заявила, что с удовольствием сделает это.

(404) Австралия представила Информационный документ IP 49 «Возобновляемая энергия и новшества по эффективному использованию энергии, применяемые на австралийских антарктических станциях». В ответ на Рекомендацию 4 СЭДА 2010 по климатическим изменениям в этом документе представлен анализ отдельно взятых примеров австралийского опыта по управлению энергопотреблением в Антарктике. Австралия отметила, что с удовольствием предоставит дальнейшую информацию всем заинтересованным сторонам.

(405) Республика Корея представила Информационный документ IP 78 «Первая антарктическая экспедиция ледокола «Араон» (2010-2011 гг.)».

(406) Индия поинтересовалась максимальной толщиной льда, встретившегося на пути этого судна и максимальной толщиной льда, которую он рассчитан преодолевать. Корея ответила, что ледокол рассчитан на преодоление морского льда толщиной 1,5 м со скоростью 3 узла. Испытания проводились именно на этой толщине, однако представляется возможным, что на меньшей скорости судно сможет взламывать и более толстый лед.

(407) АСОК представила Информационный документ IP 82 «Информационная система мониторинга движения судов в Антарктике». АСОК призвала КСДА принять резолюцию или Решение по разработке Информационной системы мониторинга движения судов в Антарктике (VTMIS).

(408) МААТО отметила, что все ее члены, использующие пассажирские суда, охваченные действием конвенции СОЛАС, должны присоединиться к системе МААТО по мониторингу судов.

(409) Соединенные Штаты отметили, что создание любой обязательной системы контроля (мониторинга) судоходного движения подпадает под юрисдикцию Международной морской организации (ИМО) как компетентной международной организации, а не под юрисдикцию КСДА. Тем не менее, КСДА или правительство договаривающейся стороны может обратиться в ИМО с предложением. Соединенные Штаты снова выразили свою поддержку максимальному расширению числа участников добровольных систем, уже работающих под эгидой КОМНАП или МААТО.

(410) Аргентина представила Информационный документ IP 121 «Случаи медицинской эвакуации, отмеченные в отчетах Объединенной антарктической патрульной службы». Швеция поблагодарила Чили и Аргентину за своевременную помощь, которую они оказали шведским подданным в критической ситуации.

(411) Бразилия поблагодарила экипаж чилийского судна «Лаутаро» за оказанную в декабре 2010 года помощь по транспортировке оборудования и исследователей с чилийской станции «Президент Фрей» на бразильскую станцию «Команданте Феррас».

(412) Болгария поблагодарила Бразилию за помощь и предоставление судна для открытия болгарской станции «Святой Климент Охридский».

(413) На данной сессии был представлен еще один документ:

- IP 63 «Реконструкция резервуарного топливного парка антарктической научно-исследовательской базы «Артигас»» (Уругвай).

Пункт 15. Вопросы просвещения

(414) IP 124 (Эквадор) «Межшкольный конкурс по вопросам Антарктики (CITA, 2010)». Эквадор отметил, что это мероприятие стало полезным инструментом для привлечения интереса молодежи к Антарктике. Эквадор поблагодарил Чилийский институт Антарктики за содействие.

(415) Болгария представила Информационный документ IP 128 «Захватывающее приключение «Антарктида»: расстояние – ничто» и представила видеоматериал, посвященный предстоящей выставке.

(416) В рамках этого пункта повестки дня были представлены также следующие документы:

- IP 45 «Публикация книги «Остров Элефант. Приключения уругвайских первооткрывателей в Антарктике» (Уругвай).

- IP 46 «Публикация книги «Стихи об Антарктике» по случаю 25-й годовщины обретения Уругваем статуса Консультативного члена Договора об Антарктике» (Уругвай).

- IP 47 «Выпуск юбилейной почтовой марки «Уругвай – 25-летие консультативного членства в Договоре об Антарктике» (Уругвай).

Пункт 16. Обмен информацией

(417) АСОК представила Информационный документ IP 113 «Обзор внедрения Мадридского протокола: ежегодный отчет сторон (Статья 17)» (уже представлен на КООС).

Пункт 17. Биологическая разведка

(418) Аргентина и Нидерланды представили документы по биологической разведке в Антарктике: соответственно IP 16 «Отчет о недавней биоразведочной деятельности, осуществлявшейся Аргентиной в период 2010-2011 гг.», и IP 62 «Аргументация в пользу биологической разведки». Оба этих документа были отмечены Рабочей группой.

(419) Нидерланды представили устный отчет о международных событиях в области биоразведки со времени завершения XXXIII КСДА. Первым таким событием стало завершение работы над Нагойским протоколом к Конвенции о биологическом разнообразии (CBD) 30 октября 2010 года.

(420) На Совещании была выражена широкая поддержка точки зрения о том, что Нагойский протокол не касается биоразведки в Антарктике. Некоторые другие Стороны согласились с необходимостью устранения двусмысленности по этому вопросу и отметили, что Система Договора об Антарктике является подходящим форумом для рассмотрения проблем, связанных с биоразведкой в Антарктике.

(421) Вторым событием стало завершение и результаты работы Специальной неофициальной рабочей группы Генеральной Ассамблеи ООН (UNGA) по сохранению и устойчивому использованию морского биологического разнообразия в регионах, находящихся вне пределов национальной юрисдикции. На том заседании Специальная рабочая группа представила Генеральной ассамблее ООН рекомендации по решению этой проблемы, включая проблемы, касающиеся морских генетических ресурсов.

(422) Нидерланды призвали Совещание приступить к рассмотрению вопроса потенциальных правовых и политических последствий Нагойского протокола и деятельности Специальной рабочей группы Генассамблеи ООН.

(423) Япония заявила, что следует также принять во внимание предстоящие межправительственные переговоры по Нагойскому протоколу, на которых будет обсуждаться вопрос необходимости и принципа действия глобального многостороннего механизма совместного использования выгод.

(424) Некоторые Стороны отметили предложения, высказанные на XXXIII КСДА, включая предложения Нидерландов и Чили уделить особое внимание биоразведке в Антарктике, отметив при этом, что в результате последних событий, связанных с Нагойским протоколом к Конвенции по биологическому разнообразию и деятельностью Специальной рабочей группы Генассамблеи ООН, возникла уверенность в том, что решение данной проблемы не терпит промедления. Швеция предложила создать межсессионную контактную группу.

(425) К Нидерландам обратились с просьбой о неофициальной консультации об исходных требованиях межсессионной контактной группы, которая, возможно, будет создана. Хотя некоторые Стороны и поддержали такой подход, во время консультаций выяснилось, что ввиду отсутствия Рабочего документа по этому вопросу необходимо выработать более конкретное понимание принципов решения этой проблемы и процедуры рассмотрения ее на Совещании. После консультаций Нидерланды сообщили, что согласия о создании межсессионной контактной группы по биоразведке достичь не удалось. Некоторые Стороны призвали к продолжению неофициальных контактов между различными заинтересованными Сторонами.

(426) Российская Федерация представила Информационный документ IP 99 «Микробиологический мониторинг прибрежных антарктических станций и баз как фактор исследования антропогенного влияния на антарктическую природную среду и организм человека». Российская Федерация сообщила, что обнаружила патогенные грибки в снегу, льду, в открытых и замкнутых пространствах, а также в почве. Эти грибки представляют потенциальную угрозу для человека, и были собраны в районах, не посещавшихся людьми уже в течение нескольких лет. Российская Федерация призвала к сотрудничеству в этой области и отметила, что полученные результаты потенциально смогут облегчить борьбу с распространением болезней.

Пункт 18. Разработка Многолетнего стратегического плана работ

(427) Открывая дискуссию, Новая Зеландия отметила, что многолетний стратегический план работ уже сослужил КООС хорошую службу. Несмотря на предстоящие трудности, Новая Зеландия считает полезным разработку многолетнего стратегического плана работ для КСДА. Такой рабочий план обеспечивал бы ежегодную возможность сделать паузу

и поразмыслить над нашим коллективным видением Антарктики и помогал бы год от года направлять нашу работу. Такой план должен обладать достаточной гибкостью для включения в него возникающих проблем, а также текущих вопросов повестки дня КСДА. Дискуссия по разработке многолетнего стратегического плана работ должна стать частью продолжающейся дискуссии о том, как Совещание должно организовывать свою работу.

(428) Австралия заявила, что считает очень важной работу по обеспечению согласия касательно важнейших вопросов, неизменно привлекающих всеобщее внимание Сторон, и по разработке структурированного подхода к их решению. Она особо подчеркнула, что дальнейшее обсуждение разработки многолетнего стратегического плана работ должно проходить в обстановке хорошей информированности и сопровождаться четкими и продуманными предложениями. Австралия отметила также, что основной выгодой, полученной в результате принятия стратегического плана работ, будет предварительное планирование конкретных и заинтересованных обсуждений тех или иных вопросов, что позволит Сторонам тщательно подготовиться к обстоятельным и конструктивным дискуссиям. Далее Австралия подчеркнула, что было бы полезно определить принципы или критерии проведения коллективных обсуждений приоритетов заинтересованными Сторонами и выработки согласованного подхода к ним. Важно также, чтобы предполагаемый стратегический план работ был достаточно гибким и динамичным для включения в него возникающих вопросов.

(429) Бельгия отметила, что сегодняшним слабым звеном, проблему которого можно решить с помощью стратегического плана, является отсутствие организационной преемственности и неразрывности дискуссий, и также согласилась с тем, что при разработке стратегического плана работ главным является четкость поставленной цели. По мнению Бельгии, приоритетами являются климатические изменения, возобновляемая энергия, биоразведка и морские охраняемые районы. Бельгия высказала предложение, чтобы Совещание более тесно сотрудничало с другими организациями и национальными правительствами, и отметила, что КООС является хорошим примером выработки стратегии, которая должна быть и гибкой, и исчерпывающей.

(430) Великобритания поддержала идею разработки стратегического плана работ, однако при этом отметила, что важно помнить цели Договора об Антарктике согласно Статье IX. Великобритания предложила

привлечь экспертов к решению конкретных вопросов, и подчеркнула, что политика разработки вышеупомянутого плана должна основываться на информации и научных данных; например, по каждому важному вопросу повестки дня следует запросить рекомендацию КООС, а не просто заслушивать сразу весь отчет этого комитета.

(431) Аргентина отметила, что такой план работ принес бы пользу, потому что дал бы возможность КСДА определять четкое направление, устанавливать приоритеты и, таким образом, делать совещания более эффективными. Аргентина также подчеркнула важность МКГ и призвала Стороны к более активному участию в деятельности этих групп.

(432) По мнению Германии, Статья IX Договора об Антарктике является подходящим фундаментом для разработки плана, а выработку Сторонами коллективной концепции эта страна считает важной задачей. Германия подчеркнула необходимость частых пересмотров повестки дня КСДА для обеспечения возможности реагирования на новые возникающие проблемы. Она высказала пожелание, чтобы страна-организатор имела возможность предложить один или два приоритетных вопроса для детального рассмотрения Сторонами, экспертами и наблюдателями на каждом Совещании, на основании которых можно было бы разработать согласованный документ с выводами как руководством к действию для КСДА, а также с целью обеспечения более тесных связей с широким международным сообществом. Германия подняла вопросы о том, как основные результаты продолжающихся научных исследований превратить в конкретные действия, и каким образом сделать эти результаты, а также результаты КСДА достоянием широкой публики.

(433) Нидерланды согласились с идеей стратегической перспективы и с предложением выделять один день Совещания для рассмотрения одного конкретного вопроса. Они подчеркнули непреходящую важность Протокола и привлекли внимание к проблемам человеческого влияния на природную среду, включительно с возможным заселением антарктического континента людьми и потенциальным расширением количества станций; при этом Нидерланды подчеркнули, что станция «Ню-Олесунн» может стать хорошим образцом для смягчения негативного влияния в будущем и усиления научного сотрудничества в Антарктике. Нидерланды отметили, что инцидент с Домом Уорди подчеркнул необходимость разработки совместного механизма мониторинга и обеспечения выполнения соглашений.

(434) Япония указала на необходимость увеличения эффективности Совещаний, отметив при этом, что Рабочие документы должны конкретизировать и стимулировать дискуссии между Сторонами, а не просто выполнять функцию информирования. Она сделала конкретное предложение, чтобы Рабочие документы содержали проекты решений или резолюций, за исключением безотлагательных случаев.

(435) Эквадор выразил мнение, что межсессионную работу следует активизировать, эффективнее использовать СЭОИ и придать большую значимость дискуссиям на Совещаниях за счет привлечения к участию в них профессионалов из разных отраслей знаний.

(436) Соединенные Штаты отметили важность как определения приоритетности тематик, так и определения конкретных вопросов для рассмотрения в рамках этих тематик. Они поддержали идею посвящения части КСДА какой-либо конкретной теме, однако подчеркнули необходимость достижения консенсуса по выбору вопросов для обсуждения.

(437) Швеция отметила, что кроме текущих вопросов в стратегическом плане работ следует учитывать и возникающие проблемы. Она выразила согласие с другими Сторонами относительно полезности межсессионной работы, осуществляемой с помощью электронных инструментов, имеющихся в распоряжении на веб-сайте Секретариата, и указала на необходимость обсуждения сферы взаимодействия между КСДА и АНТКОМ касательно морских охраняемых районов. Швеция отметила также, что КСДА будет выгодно более широкое применение компетенций СКАР и КОМНАП, а участие этих органов в коллективной деятельности и информационно-разъяснительной работе принесет большую пользу.

(438) Бразилия поддержала ранее высказанные соображения, особенно предложения со стороны Нидерландов, а также поднятый Бельгией вопрос о приоритетах. Она подчеркнула необходимость избегать дублирования на КСДА той работы, которая выполняется на других форумах. Бразилия поддержала идею согласования тем, предлагаемых для обсуждения на КСДА и согласилась с предложением сократить время проведения Совещания, подчеркнув при этом важность своевременной подготовки Сторонами своих документов.

(439) Уругвай отметил, что для разработки многолетнего стратегического плана работ требуется четкий базис, и подчеркнул, что сокращение времени проведения Совещания до восьми дней не должно компенсироваться увеличением количества делегатов или рабочих групп и соответственным

неизбежным возрастанием расходов. В заключение Уругвай высказал предложение, чтобы межсессионные совещания и заседания экспертов осуществлялись в электронном виде, и чтобы основная тема для каждого совещания определялась консенсусом.

(440) Индия высказала мнение, что многолетний стратегический план придаст четкое направление деятельности КСДА и в то же самое время поможет определять приоритетные вопросы. Индия также подчеркнула необходимость представить на будущем КСДА Рабочий документ по этому вопросу.

(441) Китай высказал предложение, чтобы вышеуказанный план непременно содержал концепцию развития, определенную принципами Договора об Антарктике, которые должны отражать приоритетность научных исследований. Китай обозначил непростую ситуацию, порожденную расширением человеческой деятельности в Антарктике, как основную проблемную область. Он отметил также первоочередную важность научно-исследовательской деятельности и высказался за более интенсивное обсуждение последней с тем, чтобы принципы политики и деятельность основывались на надежной базе научных свидетельств.

(442) АСОК отметила, что целевые и экологические принципы Протокола обеспечивают концепцию на будущее. АСОК выразила обеспокоенность по поводу возникновения на всех уровнях проблем, которые угрожают статусу Антарктики как природного заповедника. Поддержав мнение о том, что перспективное планирование работы КСДА обеспечит четкость и определенность результатов предстоящих дискуссий, АСОК также призвала Стороны представлять существенные доказательства того, что естественное состояние Антарктики находится под охраной, что экологические проблемы контролируются и сводятся к минимуму, и что предпринимаемые действия основываются на научных свидетельствах и/или на подходе, основанном на принципе предусмотрительности.

Пункт 19. Празднование 50-й годовщины вступления в силу Договора об Антарктике

(443) Председатель сообщил, что текст Декларации по Антарктическому сотрудничеству в честь 50-летия вступления в силу Договора об Антарктике был предварительно изучен Сторонами и подвергнут длительному обсуждению. Все предложенные Сторонами изменения к

тексту были включены в него, и по поводу английского текста Декларации был достигнут консенсус. Текст на других официальных языках будет отражать принятые консенсусом формулировки. Вышеуказанная Декларация добавляется к документам в виде Приложения XX.

(444) Председатель подал Декларацию на утверждение, отметил консенсус Совещания и сообщил об утверждении Декларации.

(445) Председатель с удовлетворением отметил присутствие министра Гектора Тимермана – министра иностранных дел, международной торговли и культа Аргентины, министра Альфредо Морено Чарме – министра иностранных дел Чили, и министра Луиса Альмагро Лемеса – министра иностранных дел Уругвая, а также полпреда Луиса Альберто Фигуэйредо Мачадо – заместителя министра экологии, энергетики, науки и техники при министерстве иностранных дел в качестве специального представителя Бразилии, а также господина Мишеля Рокара в качестве специального представителя Франции, которые прибыли на Совещание, чтобы сделать заявления от имени своих правительств в честь исторической даты – юбилейной годовщины вступления в силу Договора об Антарктике. Их заявления включены в полном виде вместе с заявлениями представителей Консультативных сторон (см. 1 раздел Части III второго тома).

Пункт 20. Подготовка к 35-му Консультативному совещанию

а. Дата и место

(446) Совещание согласилось с любезным предложением правительства Австралии выступить в качестве организатора XXXV КСДА в Хобарте с 4 по 13 июня 2012 года.

(447) С целью будущего планирования Совещание приняло к сведению следующий предполагаемый график предстоящих КСДА:

- 2013 год – Бельгия
- 2014 год – Бразилия

(448) Совещание приветствовало намерение правительства Королевства Бельгия выступить организатором XXXVI КСДА в Брюсселе.

(449) Австралия представила Рабочий документ WP 8 «Предлагаемый график проведения 35-го Консультативного совещания по Договору об Антарктике в Хобарте в 2012 г.», отметив при этом важность

обеспечения того, чтобы сокращение продолжительности Совещания с десяти до восьми дней гарантировало достаточно времени для КООС, КСДА и созданных Рабочих групп для выполнения необходимых работ. Австралия указала на то, что в ее предложении содержится возможность создания новых рабочих групп, и подчеркнула важность и далее держать в центре внимания вопрос охраны окружающей среды. В этом отношении Комитет по охране окружающей среды также обсудил предлагаемый график работы совещания в Хобарте.

(450) Норвегия представила Рабочий документ WP 60 «Предложение о сокращении времени проведения Консультативных совещаний Договора об Антарктике». Норвегия отметила, что ее предложение сократить продолжительность Совещания до шести с половиной рабочих дней направлено на повышение эффективности методов работы Совещания с помощью различных способов – совмещения пунктов повестки дня, интенсификации использования межсессионных заседаний экспертов, сокращения времени заседаний и пересмотра структуры рабочих групп. Норвегия подчеркнула также, что КСДА может принять решение последовать ее предложению в будущем – после Консультативного совещания 2012 года в Хобарте.

(451) Совещание одобрило график проведения XXXV КСДА, предложенный в Рабочем документе WP 8.

(452) Совещание отметило, что в обоих документах содержатся вопросы, представляющие общий интерес. Некоторые Стороны привлекли внимание к необходимости изменить приоритеты плана работ в свете запланированного ограничения временных рамок XXXV КСДА, а также к необходимости реструктуризации рабочих групп. Великобритания отметила важность того, чтобы делегации имели возможность привлекать к своей работе экспертов из всех областей знаний во избежание принятия решений без получения необходимой информации. Великобритания предложила создать более представительную Рабочую группу по антропогенному воздействию на окружающую среду. Совещание пришло к мнению, что ему необходимо сохранить Рабочие группы в их нынешнем виде к следующему совещанию.

(453) Некоторые Стороны выразили беспокойство по поводу того, что шести с половиной дней может оказаться слишком мало, и что дальнейшее сокращение количества рабочих дней Совещания может отрицательно сказаться на его эффективности. Они предложили пересмотреть вопрос продолжительности совещаний после XXXV КСДА. Было

также отмечено, что средства, сэкономленные благодаря сокращению продолжительности совещаний до менее чем восьми дней, могут быть утрачены из-за необходимости проведения дополнительных межсессионных заседаний экспертов. Некоторые Стороны сочли достойным внимания рассмотреть идею проведения заседаний экспертов совместно с КСДА во избежание дополнительных командировочных расходов и дополнительного времени, и с тем, чтобы все Стороны смогли принимать участие в таких заседаниях. Чили и Германия указали на потенциальные выгоды от вынесения темы «Развитие событий в Арктике и Антарктике» в качестве отдельного пункта повестки дня. Однако Япония поставила под сомнение необходимость выделения этого пункта. Соединенные Штаты отметили, что необходимость проведения заседаний экспертов не зависит от продолжительности КСДА.

(454) Поддержав предлагаемый график работы XXXV КСДА, Аргентина все же отметила, что сокращение продолжительности КСДА не должно приводить к дополнительным заседаниям экспертов в силу ограниченности бюджета и командировочных средств, а также из-за ограниченного участия и недостаточности объема письменного и устного переводов на этих заседаниях.

(455) Некоторые Стороны подняли вопрос о том, необходимо ли КООС заседать целых пять дней работы Совещания, другие же подчеркивали важность того, чтобы КООС имел достаточно времени для решения поставленных перед ним вопросов. Некоторые Стороны предложили рассмотреть возможность проведения неофициальных заседаний контактной группы в субботу промежуточного уикенда. Несколько Сторон отметили важность обеспечения того, чтобы вечера и уикенды оставались свободными от рабочих обязанностей с целью гарантирования достаточных периодов отдыха для всех участников Совещания.

(456) Некоторые предложения касались рассмотрения возможности проводить совещания КСДА каждые два года, как это делалось ранее. Другие же Стороны настаивали на своем предпочтении проводить Совещания ежегодно. Прозвучало также предложение о том, чтобы заседание глав делегаций происходило в понедельник накануне первого пленарного заседания.

(457) Совещание отметило, что было бы полезно оценить эффективность восьмидневного срока работы совещания после завершения XXXV КСДА. Австралия, как страна-организатор XXXV КСДА, заверила, что побеспокоится об этом. Бельгия отметила, что в плане подготовки к

XXXVI КСДА, которое она будет организовывать и проводить в 2013 году, она проанализирует предложения, содержащиеся в обоих Рабочих документах.

b. Приглашение международных и неправительственных организаций

(458) В соответствии с установившейся практикой, Совещание согласилось с тем, что на XXXV КСДА следует пригласить экспертов от следующих организаций, имеющих научный и технический интерес к Антарктике: Секретариат АКАП, АСОК, МААТО, МГО, ИМО, МОК, Межправительственная комиссия по климатическим изменениям (IPCC), МСОП, ЮНЕП, ВМО и ВТО.

c. Приглашение Малайзии

(459) Председатель сообщил о неофициальном контакте с делегацией Малайзии. Помня, что Малайзия уже приглашалась несколько раз в качестве наблюдателя на КСДА, страна-организатор XXXV КСДА воспользуется той же процедурой приглашения к участию, что и в предыдущие годы, если Малайзия к тому времени не присоединится к Договору и обратится с соответствующей просьбой.

d. Подготовка повестки дня XXXV КСДА

(460) Совещание одобрило предварительную повестку дня XXXV КСДА

e. Организация XXXV КСДА

(461) В соответствии с Правилом 11, Совещание решило, в качестве предварительного шага, предложить для XXXV КСДА те же самые Рабочие группы, что и на текущем Совещании.

f. Лекция СКАР

(462) Приняв во внимание серию полезных лекций, прочитанных СКАР на ряде предыдущих КСДА, Совещание решило пригласить СКАР прочитать еще одну лекцию по научным вопросам, имеющим большое значение для XXXV КСДА.

Пункт 21. Прочие вопросы

(463) Прочих вопросов не было.

Пункт 22. Принятие Заключительного отчета

(464) Совещание приняло Заключительный отчет 34-го Консультативного совещания по Договору об Антарктике.

(465) Председатель Совещания, представитель Ариэль Манси, произнес заключительное слово.

(466) Совещание было закрыто в пятницу, 1 июля в 13:40.

2. Отчет КООС XIV

Отчет Комитета по охране окружающей среды (КООС XIV)

Буэнос-Айрес, 20-24 июня 2011 г.

Пункт 1. Открытие заседания

(1) Председатель КООС д-р Ив Френо (Yves Frenot) открыл заседание в понедельник 20 июня 2011 года и поблагодарил Аргентину за организацию и прием заседания в Буэнос-Айресе.

(2) Председатель напомнил о различных значимых годовщинах, которые отмечались на XXXIV КСДА, в том числе о 20-й годовщине открытия для подписания Мадридского протокола в 1991 году. Он также выразил свои соболезнования в связи с утратой посла Хорхе Бергуньо (Чили) и д-ра Теодора Негойты (Румыния), которые были уважаемыми членами Антарктического сообщества.

(3) Председатель подвел итоги работы, проведенной в межсессионный период. Она включала четыре межсессионные контактные группы (две из которых – для оценки проектов ВООС, представленных на рассмотрение в этот период), один семинар и другие мероприятия, способствующие подготовке документов для КООС XIV. Большинство запланированных по итогам КООС XIII задач были выполнены.

Пункт 2. Принятие повестки дня

(4) Комитет принял приведенную далее повестку дня и подтвердил распределение 46 Рабочих документов, 68 Информационных документов и 4 Документа Секретариата по пунктам повестки дня:

1. Открытие заседания
2. Принятие повестки дня
3. Стратегическое обсуждение дальнейшей работы КООС
4. Работа КООС

5. Последствия изменений климата для окружающей среды: Стратегический подход

6. Оценка воздействия на окружающую среду (ОВОС)

    a. Проекты Всесторонней оценки окружающей среды

    b. Прочие вопросы ОВОС

7. Охрана районов и планы управления

    a. Планы управления

    b. Исторические места и памятники

    c. Правила поведения для посетителей участков

    d. Следы человеческой деятельности и ценности первозданной природы

    e. Пространственная охрана морской среды и меры пространственного управления

    f. Прочие вопросы, связанные с Приложением V

8. Сохранение антарктической флоры и фауны

    a. Карантин и неместные виды

    b. Особо охраняемые виды

    c. Прочие вопросы, связанные с Приложением II

9. Мониторинг и представление данных об окружающей среде

10. Отчеты об инспекциях

11. Сотрудничество с другими организациями

12. Общие вопросы

13. Выборы должностных лиц

14. Подготовка следующего заседания

15. Принятие Отчета

16. Закрытие заседания

(5) Председатель обратил внимание на постоянный рост масштабов и объема Заключительных Отчетов КООС с каждым заседанием. Он предложил сократить размер данного отчета путем сосредоточения внимания на

ключевых обсуждаемых вопросах, принятых решениях и рекомендациях Комитета, передаваемых на КСДА, а также будущих целях работы.

Пункт 3. Стратегическое обсуждение дальнейшей работы КООС

(6)   АСОК представила Информационный документ IP89 rev1 *Протокол по охране окружающей среды Антарктики, 1991-2011 гг.* Отмечая многочисленные достижения Протокола, АСОК выразила обеспокоенность тем, что он непоследовательно применяется всеми Сторонами, и что некоторые из его наиболее инновационных и прогрессивных аспектов экологического управления, таких как международное сотрудничество, ОВОС для всех видов деятельности, а также зависимых и связанных экосистем намного менее адекватно восприняты, чем можно было ожидать. АСОК рекомендовала более тщательное и последовательное исполнение буквы и духа Протокола, в том числе демонстрацию большей прозрачности его реализации на национальном уровне, а также большую приверженность к международному регулированию Антарктического региона.

(7)   Комитет отметил значение независимых обзоров и поблагодарил АСОК за представленный ею документ, который был полезным материалом для новых размышлений о дальнейшей работе КООС, в том числе благодаря своему пятилетнему плану работы. Некоторые участники отметили, что Информационный документ IP89 Rev 1 может послужить основой для обзора реализации Протокола в 2016 году на 25-й годовщине принятия Протокола. Было также высказано мнение о том, что упомянутый документ будет полезен для оказания помощи Сторонам в проведении внутренней оценки своей работы по достижению целей Протокола.

(8)   В ходе этого обсуждения Российская Федерация напомнила Комитету о важности последовательного применения ОВОС, и предложила работать с заинтересованными Сторонами.

(9)   Комитет пересмотрел и обновил 5-летний план работы (Приложение 3)

Пункт 4. Работа КООС

(10) Председатель отметил, что два Рабочих документа, которые должны быть представлены в рамках этого пункта повестки дня, также

были представлены на обсуждение в Рабочей группе по правовым и институциональным вопросам.

(11) США представили Рабочий документ WP25 *Заблаговременное предоставление документов на КСДА*, разработанный совместно с Германией и направленный на повышение эффективности и результативности работы КСДА и КООС за счет включения в Правила и процедуры четких положений, связанных с представлением документов до проведения КСДА.

(12) Австралия представила Рабочий документ WP36, в соавторстве с Францией и Новой Зеландией, под названием *Предлагаемый новый подход к обработке Информационных документов*. Он направлен на повышение эффективности совещаний путем изменения процедуры рассмотрения информационных документов, а также предусматривает, что документы, не подлежащие обсуждению в рамках повестки дня КСДА / КООС, должны быть доступны только через веб-сайт АТС, и не должны распространяться или вноситься на обсуждение во время совещания.

(13) Эти документы не были подробно обсуждены Комитетом, а были рассмотрены Рабочей группой по правовым и институциональным вопросам.

(14) Программа ООН по окружающей среде (ЮНЕП) представила Информационный документ IP113 *Обзор хода реализации Мадридского протокола: Годовой отчет Сторон (Статья 17),* который был подан совместно с АСОК. ЮНЕП подчеркнула, что согласно ежегодным докладам уровень соответствия реализации Протокола остается низким даже через двенадцать лет после его ратификации.

(15) Многие страны-участницы согласились, что уровень соответствия требует значительного улучшения, и подтвердили, что все Стороны должны представлять свои годовые отчеты. Некоторые страны-участницы отметили, что платформа для выполнения этой задачи, Система электронного обмена информацией (СЭОИ), может быть более удобной для пользователя.

(16) Секретариат пришел к соглашению созвать неофициальную контактную группу на Дискуссионный форум КООС для координации технических предложений по этому вопросу от стран-участниц.

(17) Другие документы, поданные в рамках данного пункта повестки дня:

- IP71 (Италия): *Годовой отчет в соответствии со статьей 17 Протокола по охране окружающей среды к Договору об Антарктике. 2009-2010 гг.*

- IP93 (Украина): *Годовой отчет в соответствии со статьей 17 Протокола по охране окружающей среды к Договору об Антарктике*

Пункт 5. Последствия изменений климата для окружающей среды: Стратегический подход

(18) Великобритания совместно с Норвегией представили Рабочий документ WP44 *Доклад о ходе переговоров на СЭДА по изменению климата,* в котором отслеживаются действия на основе выводов и рекомендаций *Совещания экспертов Договора об Антарктике 2010 г., посвященного последствиям изменения климата (СЭДА по последствиям изменения климата).*

(19) СКАР сообщил Комитету, что в своих исследовательских программах на СЭДА им уже учтена Рекомендация 17 по определению ключевых регионов, мест обитания и видов, подвергающихся наибольшему риску от последствий изменения климата.

(20) Южная Африка отметила, что влияние климатических изменений на биоразнообразие является одним из ее ключевых текущих исследований по проблемам Антарктики.

(21) Австралия отметила, что рекомендации СЭДА могут быть наиболее эффективно реализованы посредством включения их в соответствующие аспекты деятельности Комитета, в том числе в пятилетний план работы. Она также отметила, что объединение или группировка рекомендаций по темам (например, неместные виды, охрана района) могут быть полезными при таком подходе.

(22) Некоторые Страны-участницы выразили мнение о том, что структура, предложенная в Рабочем документе WP44, будет полезным инструментом для информирования КООС о мероприятиях по управлению в период выполнения 5-летнего плана работы.

(23) МААТО сослалась на Информационный документ IP103 *Рабочая группа МААТО по изменению климата: Отчет о ходе работы* и заявила, что она и далее будет предоставлять информацию КООС по данной работе и тем самым повышать осведомленность других заинтересованных стран-участниц об изменении климата в Антарктике, а также отметила успешное сотрудничество со СКАР в начале этого года.

(24) АНТКОМ также добавил, что его Научный комитет рассмотрел Рекомендации СЭДА 19, 26, 28 и 1, 2, 4, 5, 6, и согласился с тем, что будущие рабочие группы должны и далее фокусироваться на вопросе управления экосистемами. АНТКОМ также отметил свое постоянное участие в работе Комитета посредством подачи Информационного документа IP31 *Доклад наблюдателя НК-АНТКОМ на Четырнадцатом совещании Комитета по охране окружающей среды.*

(25) КОМНАП отметил, что Рекомендации 4 и 5 СЭДА, которые относятся непосредственно к КОМНАП, были рассмотрены в Информационном документе IP8 *Семинар АНТКОМ по проблемам регулирования энергопользования,* который будет обсуждаться в рамках Пункта 13. На КСДА КОМНАП может предоставить обновленные версии Рекомендаций 4 и 5 СЭДА для включения в этот отчет о ходе работы.

(26) Комитет принял решение поручить Секретариату регулярно обновлять сводную таблицу в Приложении А Рабочего документа WP 44, ведя учет действий в отношении каждой из 30 рекомендаций СЭДА, как от КООС так и от КСДА.

(27) Великобритания представила свои первые шаги в направлении разработки простой и быстрой оценки чувствительности 12 ООРА к изменению климата (Представленный Великобританией и Норвегией Рабочий документ WP 43 *Разработка простой методики классификации Особо охраняемых районов Антарктики, в зависимости от их чувствительности к изменению климата).* Великобритания пояснила, что в этом документе представлена оценка возможных последствий в виде двух компонентов: уязвимость их ключевых ценностей и подверженность регионов изменению климата. Великобритания обратила внимание на два наиболее уязвимых из этих 12 ООРА, выделенных на основе анализа, а именно – ООРА 107 Острова Дион и ООРА 151 Лайонз-Рамп.

(28) Индия поздравила Великобританию с таким превосходным документом, но выразила озабоченность в связи с существованием уклона в сторону оценки только воздействия на биологические виды и растительность ООРА, вместо применения более общего подхода в отношении биоразнообразия. Она выразила мнение, что в оценке не хватает информации о минеральных видах или отступлении ледников, и о том, сколько угроз может быть выявлено в этих случаях.

(29) США отметили, что методология выиграет от реализации экосистемного подхода, а не более простого принципа, при котором внимание сосредоточено на отдельном виде или одной характеристике ООРА при размещении ООРА в матрице. Это положение может быть включено в 5-летний план работы КООС.

(30) Аргентина согласилась с мнением США и отметила, что предварительные переменные, представленные в Рабочем документе WP 43, слишком отличны друг от друга с точки зрения пространственного масштаба (регион в сравнении с областью ООРА) и значимости. Поэтому, по мнению Аргентины, эта матрица нуждается в более тщательной проработке.

(31) Австралия отметила, что в методологию, предложенную Великобританией и Норвегией, можно добавить идею понимания последствий местных мероприятий, чтобы лучше осознать риски для охраняемых территорий и ценности, которые они должны защищать. Она также отметила, что такая методология может быть полезной для выявления и защиты районов, представляющих научную ценность как эталонные объекты или участки для наблюдения и отслеживания изменений климата.

(32) Аргентина, Чили, Германия, Южная Африка, Франция и АСОК поддержали дальнейшую работу, с тем чтобы развивать диапазон и сопоставимость переменных в подобном проекте.

(33) Новая Зеландия, поблагодарив Великобританию и Норвегию за очень полезные документы, отметила важную роль, которую охраняемые районы будут играть в обеспечении устойчивости к изменению климата. Было также отмечено, что подход, основанный на оценке риска, является очень полезным, и что целый ряд параметров (переменных) может быть использован для более полной оценки уязвимости и риска.

(34) Председатель отметил широкий интерес к данному подходу и высказал мнение о том, что в то время как уже сейчас он может рассматриваться как подходящий инструмент для планов управления охраняемыми районами, с увеличением числа параметров он станет еще более полезным. Председатель призвал Великобританию, Норвегию и заинтересованных участников продолжать работу в этом направлении.

(35) СКАР кратко представил Информационный документ IP52 *Изменение климата и окружающая среда Антарктики – Обновленная версия 2011 г.* СКАР отметил, что членство в новой Экспертной группе СКАР по проблемам изменения климата и окружающей среде Антарктики было расширено за счет более объемного круга вопросов и включения в ее состав экспертов из России, Китая и других стран. СКАР выразил намерение и впредь привлекать новых членов для обеспечения максимально широкого участия в этой работе. В краткосрочной и среднесрочной перспективе СКАР также планирует соединить серию целевых публикаций и представить Отчет Экспертной группы.

(36) АСОК представила Информационные документы IP83 *План коммуникаций по изменению климата Антарктики* и IP88 *Окисление океана и Южный океан.*

(37) Великобритания поблагодарила АСОК за оба информационных документа и отметила, что независимо от того, была ли данная информация распространена КООС или на КСДА в целом, либо отдельными Сторонами, - важно было предоставить информацию по данным вопросам. Комитет принял решение рекомендовать Сторонам развивать исследования в этой области.

(38) СКАР сообщил Комитету, что Инициативная группа по вопросам окисления океана через два года подготовит еще один обширный доклад, который будет фокусироваться на реакции как экосистемы, так и видов, на окисление океана.

(39) Другие документы, представленные в рамках этого пункта повестки дня:

- Информационный документ АНТКОМ IP 8 *Семинар по вопросам регулирования энергопользования (АНТКОМ)*

- Информационный документ IP 56 *Пространственная охрана морской среды и меры пространственного управления в рамках*

Системы Договора об Антарктике: новые возможности по осуществлению и координации (МСОП)

- Информационный документ IP 65 *Отчет Семинара Перспективы понимания изменений климата и полярные экосистемы (США)*

Пункт 6. Оценка воздействия на окружающую среду (ОВОС)

6а) Проект Всесторонней оценки окружающей среды

(40) Великобритания представила Рабочий документ WP16 *Проект всесторонней оценки окружающей среды (ВООС) в отношении предлагаемого исследования подледного озера Эллсуорт, Антарктика*, от имени Консорциума озера Эллсуорт. Великобритания выразила признательность Норвегии за проведение заседания МКГ и всем участникам МКГ за их конструктивные замечания по проекту ВООС, отметив, что предварительный ответ на замечания изложен в Информационном документе IP13 *Проект Всесторонней оценки окружающей среды (ВООС) для предлагаемого исследования подледного озера Эллсуорт, Антарктика*.

(41) Норвегия представила Рабочий документ WP14 Отчет Межсессионной контактной группы открытого состава для рассмотрения проекта ВООС в отношении «Предлагаемого исследования подледного озера Эллсуорт, Антарктика».

(42) Норвегия отметила, что, рассмотрев проект ВООС Великобритании «Предлагаемого исследования подледного озера Эллсуорт, Антарктика», в соответствии с Порядком рассмотрения межсессионным КООС проектов ВООС, МКГ предоставила КООС следующие заключения:

1) Проект ВООС и процедура, примененная Великобританией, в целом соответствуют требованиям Статьи 3 Приложения I к Протоколу по охране окружающей среды к Договору об Антарктике.

2) Было выражено общее согласие с выводом автора документа том, что он повлечет за собой незначительное или кратковременное воздействие, с учетом предлагаемых и принятых в документе строгих профилактических мероприятий и мер по смягчению последствий. Они существенно смягчили риски, что подтвердило обоснованность подготовки ВООС. Кроме того, было выражено общее мнение, что

предлагаемая деятельность является необходимой, исходя из своей глобальной научной важности и ценности, которую будут иметь результаты исследования озера Эллсуорт.

3) Проект ВООС имеет четкую и хорошо проработанную структуру

4) При подготовке необходимой окончательной ВООС инициатор должен внимательно рассмотреть и отработать, по мере необходимости, замечания, высказанные участниками в Приложении A к Рабочему документу WP 14.

5) Окончательная ВООС может быть улучшена также за счет рассмотрения редакционных предложений участников (определенных в Приложении B к Рабочему документу WP 14)

(43) Некоторые участники подчеркнули важность ВООС и поблагодарили Норвегию за руководство МКГ. Франция отметила, что во время этой межсессионной работы некоторые участники выразили мнение, что в ВООС не хватает информации по логистике.

(44) Германия поблагодарила Великобританию за Информационный документ IP 13. Германия также хотела подчеркнуть цель применения методов бурения, которые снижают уровень воздействия на окружающую среду, и ожидает окончательную ВООС.

(45) Нидерланды подняли вопрос о разъяснении в отношении следующего шага после проведения консультаций по проекту ВООС. Нидерланды обратились к Великобритании с вопросом о том, необходимо ли ей было учитывать темы, поднятые МКГ и Комитетом, прежде чем представить на утверждение КСДА окончательную ВООС.

(46) Председатель пояснил, что Приложение I к Протоколу требует от инициатора проработать замечания по проекту ВООС, полученные от других Сторон. Соответственно, КООС предложит техническое заключение на КСДА о соответствии этой ВООС требованиям Протокола по охране окружающей среды.

(47) Российская Федерация согласилась с комментариями Председателя и высказала мнение о том, что Великобритания должна прислушаться к рекомендации КООС по проекту ВООС в соответствии с установленными национальными процедурами. Россия утверждает,

что Великобритании необходимо минимизировать все возможные проблемы и предоставить объяснения, почему была выбрана именно та методология, которая будет использоваться.

(48) АСОК упомянула о своих замечаниях, представленных в ходе работы МКГ по этому проекту ВООС, и добавила, что проблемы воздействия на окружающую среду могут быть лучше проработаны, а соблюдение Протокола по охране окружающей среды реализовано на более высоком уровне, если Великобритания рассмотрит вопрос о проведении независимого аудита проекта по бурению, как это сделала Новая Зеландия относительно ВООС ANDrill. Она высказала мнение о том, что после вторжения на нетронутую территорию можно считать, что зона подледного озера необратимо изменена, и больше не является нетронутой.

(49) Великобритания выразила благодарность за замечания от многих участников, и отметила, что будут приложены все усилия для того, чтобы эти замечания были учтены при подготовке окончательной ВООС в следующем году. Великобритания также поблагодарила Норвегию как руководителя МКГ.

Рекомендации КООС для КСДА:

(50) Комитет подробно обсудил проект Всесторонней оценки окружающей среды (ВООС), подготовленный Великобританией для «Предлагаемого исследования подледного озера Эллсуорт, Антарктика» (Рабочий документ WP 16 и Информационный документ IP 13). Он также обсудил доклад Норвегии по работе МКГ, созданной для рассмотрения проекта ВООС, в соответствии с Порядком рассмотрения межсессионным КООС проектов ВООС (Рабочий документ WP 14), и дополнительную информацию, представленную Великобританией в ответ на вопросы, поднятые во время работы МКГ (Информационный документ IP 13). Эти обсуждения кратко изложены в пунктах 40-50 выше.

(51) В полной мере рассмотрев проект ВООС, Комитет сообщает XXXIV КСДА о том, что:

1) Проект ВООС и подход, примененный Великобританией, в целом соответствуют требованиям Статьи 3 Приложения I к Протоколу по охране окружающей среды к Договору об Антарктике.

2) Информация, содержащаяся в проекте ВООС, поддерживает его выводы относительно того, что предлагаемая деятельность будет иметь не более чем незначительное или кратковременное воздействие на окружающую среду Антарктики, с учетом строгих профилактических мероприятий и мер по смягчению последствий, подготовленных и принятых организацией. Кроме того, предлагаемая деятельность является необходимой, исходя из глобальной научной важности и ценности, которую будут иметь результаты исследования озера Эллсуорт.

При подготовке необходимой окончательной ВООС, инициатор должен рассмотреть и проработать по мере необходимости, все замечания, высказанные участниками. В частности, внимание КСДА обращается на предложения о том, что окончательная ВООС должна содержать более подробную информацию: об оценке деятельности второго подрядчика; дополнительную документацию / соображения по вопросу о потенциальных смешениях при вторжении; дальнейшее обсуждение о том, как свести к минимуму воздействие, оказываемое в толще воды, в результате присутствия научного оборудования; оценка риска потери оборудования в озере, учет величины надледной команды в свете безопасности проекта, и соображения, связанные с международным сотрудничеством.

3) Проект ВООС является четким и хорошо структурированным, хорошо прописан и содержит высококачественные графики и расчеты

(52)   КООС рекомендует КСДА одобрить эти соображения.

(53)   Республика Корея представила Рабочий документ WP 42 *Проект Всесторонней оценки окружающей среды для строительства и работы Антарктической исследовательской станции Джанг Бого, залив Терра Нова, Антарктика,* и Информационный документ IP 1, содержащий полную версию проекта ВООС. Остановившись на основных научных задачах проекта, которые включают в себя изучение вопросов изменения климата и долгосрочные исследования океана и различных экосистем, Корея отметила, что проект ВООС должен был четко показать, как воздействия на окружающую среду Антарктики будут сведены к минимуму, а также разделить преимущества строительства и проведения исследования с международным сообществом, содействуя международному глобальному научному сотрудничеству.

(54)   Республика Корея выразила благодарность за ценную работу МКГ в ходе рассмотрения проекта ВООС. Республика Корея поблагодарила Норвегию за ее предложение о переходе к альтернативному решению по сжиганию отходов, что по прогнозам позволит сэкономить 50 тонн топлива в год.

(55)   Австралия представила Рабочий документ WP7 *Отчет межсессионной контактной группы открытого состава о рассмотрении проекта ВООС для плана «Строительство и эксплуатация станции "Джанг Бого" в заливе Терра Нова, Антарктика».* Она отметила, что МКГ выразила решительную поддержку планам автора документа по минимизации и смягчению воздействия проекта на окружающую среду, и признала, что экологические соображения, очевидно, были ключевым фактором в планировании проекта. Австралия кратко представила результаты работы МКГ, подчеркивая возможности, которые участники определили для усовершенствования окончательной ВООС, согласно целям процесса ВООС, учрежденного в соответствии с Приложением I Протокола.

(56)   Многие участники поддержали планы Республики Кореи, отметив важность будущего международного сотрудничества, которому положит начало этот проект в Восточной Антарктике. Некоторые участники также с удовлетворением отметили использование альтернативных источников энергии для работы станции.

(57)   Китай поддержал и одобрил план Республики Кореи по строительству новой научно-исследовательской станции в Антарктике и выразил уверенность, что она будет служить во благо Договора об Антарктике. Китай согласился с заключением МКГ касательно проекта ВООС для станции Джанг Бого и выразил надежду, что окончательная ВООС вызовет хорошие отклики других Сторон.

(58)   Предполагаемая станция будет находиться всего в 10 км от итальянской станции Марио Зучелли и будет располагаться вблизи немецкой станции Гондвана. Франция и Германия сообщили, что Корея посетила их центры антарктических исследований после завершения подготовки проекта ВООС, чтобы обсудить многие технические замечания. Италия высказала предложение о потенциальном сотрудничестве с Кореей по созданию морских охраняемых районов в заливе Терра Нова. Соединенные Штаты высоко оценили усилия Кореи по

проработке вопросов и проблем, поднятых в Рабочем документе WP7, за счет своевременной подачи Информационного документа IP-76 и посредством дополнительной информации, содержащейся в его презентации на КООС. США предложили поделиться с Кореей опытом строительства пирса на станции Макмердо.

(59) Бельгия указала на необходимость сотрудничества между новой корейской станцией и существующими станциями в окрестностях, с тем чтобы уменьшить совокупное воздействие на окружающую среду. Она выразила заинтересованность в сотрудничестве с Кореей по установлению долгосрочного мониторинга наземных и морских экосистем в регионе, в том числе в море Амундсена, где до сих пор проводились лишь небольшие исследования; она также отметила, что тот факт, что станция будет построена на границе моря Росса, создаст особую ответственность для Кореи, в случае если море Росса или его часть получит статус охраняемого района.

(60) АСОК отметила, что, поскольку станция будет работать круглый год, ее воздействие на окружающую среду будет существенным. Тем не менее, АСОК выразила признательность за принятое Кореей после распространения первого проекта решение минимизировать воздействие на окружающую среду, например, путем устранения мусоросжигательной установки и путем использования фундаментов из сборного железобетона. АСОК выразила надежду, что теперь, когда Корея будет проводить активные мероприятия в этой части Антарктики, она будет сотрудничать с Италией в деле осуществления охраны морских районов в море Росса.

(61) Корея выразила признательность за поддержку ее проекта ВООС со стороны Комитета.

Рекомендации КООС для КСДА

(62) Комитет подробно обсудил проект Всесторонней оценки окружающей среды (ВООС), подготовленный Республикой Корея для «Строительства и работы антарктической исследовательской станции Джанг Бого, залив Терра Нова, Антарктика» (Рабочий документ WP 42 и Информационный документ IP 19). Он также обсудил отчет Австралии о работе МКГ, созданной для рассмотрения проекта ВООС, в соответствии с *Правилами межсессионного рассмотрения КООС Проектов ВООС (Рабочий*

2. Отчет КООС XIV

документ WP 7), и дополнительную информацию, представленную Республикой Корея в ответ на вопросы, поднятые во время работы МКГ (Информационный документ IP 76). Эти обсуждения кратко изложены в пунктах 56 и 57 выше.

(63) В полной мере рассмотрев проект ВООС, Комитет сообщает XXXIV КСДА, что:

1) Проект ВООС в целом соответствует требованиям Статьи 3 Приложения I к Протоколу по охране окружающей среды к Договору об Антарктике.

2) Информация, содержащаяся в проекте ВООС, поддерживает вывод автора документа о том, что строительство и эксплуатация станции Джанг Бого, вероятно, будет оказывать более чем незначительное или кратковременное воздействие на окружающую среду. Представленная информация также поддерживает мнение автора, что значение знаний и информации, полученных посредством научно-исследовательской деятельности с помощью станции, перевесит эти негативные последствия.

3) При подготовке требуемой окончательной ВООС, инициатор должен рассмотреть и проработать, в случае необходимости, замечания, высказанные участниками. В частности, КСДА предлагается обратить внимание на мнения о том, что окончательная ВООС должна содержать более подробную информацию о: возможных кумулятивных последствиях деятельности нескольких операторов в регионе залива Терра Нова; вспомогательной инфраструктуре станции, системе очистки сточных вод; обращении со сточными водами и пищевыми отходами, предотвращении разливов нефти; мерах по предотвращению воздействия на колонии поморников; мерах по предотвращению интродукции неместных видов, а также планах по выводу станции из эксплуатации.

4) Проект ВООС является ясным по смыслу, имеет четкую структуру и хорошо представлен.

(64) КООС рекомендует КСДА одобрить эти соображения

6b) *Прочие вопросы ОВОС*

(65) Российская Федерация представила Рабочий документ WP54 *Технология изучения водной толщи подледникового озера Восток.*

(66) Китай поблагодарил Россию и призвал к продолжению обмена информацией об использовании технологии в Антарктике. США поблагодарили Россию за уведомления КООС о ходе реализации и изменениях по проекту.

(67) Бельгия задала вопрос о существующих мерах предосторожности в случае каких-либо технологических сбоев, например, если буровая установка остановится или произойдет загрязнение озера. Россия ответила, что все вопросы о рисках будут рассмотрены в Оценке воздействия на окружающую среду по данному исследованию.

(68) Новая Зеландия предоставила Комитету обновленную информацию о ходе исследований КООС в области туризма, напомнив о заинтересованности КСДА в предложении КООС относительно изучения экологических аспектов и воздействия туризма, а также деятельности неправительственных организаций в Антарктике. В исследовании был достигнут существенный прогресс, но оно не могло быть завершено до проведения заседания. Новая Зеландия сообщила Комитету, что проект доклада был загружен на форум КООС, и что она намерена завершить работу в следующем году при поддержке Группы управления.

(69) Комитет поблагодарил Новую Зеландию за новую информацию и призвал ее продолжать эту работу, которая была определена КООС в качестве приоритетной, а также призвал страны-участницы принять участие в Группе управления.

(70) АСОК представила Информационный документ IP 84 *Антарктический туризм - что дальше? Основные вопросы, требующие решения и введения обязательных правил;* и Информационный документ IP 87 *Наземный туризм в Антарктике.*

(71) Чили указала на поправку к Информационному документу IP 87, сообщив Комитету, что Чили не способствовала ни развитию коммерческого туризма в районе Антарктического полуострова, ни работе гостиничного комплекса в регионе. Чили, тем не менее,

предлагает убежище для людей из других национальных программ, которые следуют транзитом в другие районы Антарктического полуострова. Чили добавила, что при необходимости она будет рада ответить на вопросы анкеты АСОК и предоставить информацию о своей наземной инфраструктуре в Антарктике.

(72) Со ссылкой на лагерь ALE на леднике Юнион, Соединенные Штаты высказали возражения против предположения АСОК о том, что любой полевой лагерь будет оказывать более чем незначительное или кратковременное воздействие на окружающую среду. Соединенные Штаты Америки предложили АСОК воздержаться от подобных обобщенных выводов, поскольку для понимания всего масштаба воздействия потребуется экологическая экспертиза, которая включает подробную информацию о планируемой деятельности, а также реализуемых мерах по смягчению последствий.

(73) Уругвай сообщил Комитету, что с 2008 года он не участвовал в наземных туристических мероприятиях и также хотел бы заполнить анкету АСОК.

(74) Великобритания сообщила Комитету, что две британские компании, упомянутые в документе, проходят очень строгий процесс получения разрешений, чтобы убедиться, что они в полной мере будут соответствовать Протоколу по охране окружающей среды.

(75) АСОК ответила Чили, что ссылка на предполагаемую поддержку коммерческого туризма со стороны Чили в Информационном документе IP 87 была сделана на основе информации, предоставленной другой Стороной при ответе на вопросы анкеты АСОК, и она не базируется на собственной оценке АСОК.

(76) АСОК ответила США, что выводы в докладе были основаны на сколь возможно точных данных, но добавила, что само содержание ПООС отсутствует в базе данных ОВОС АТС.

(77) Индия представила Информационный документ IP 64 *Итоговая Всесторонняя оценка окружающей среды (ВООС) новой индийской научно-исследовательской станции в районе Холмов Ларсеманн, Антарктика, и обновленная информация о строительной деятельности.*

(78) Российская Федерация выразила поддержку этому проекту.

(79) Бельгия предложила сотрудничать в деле проведения оценки воздействия станции на территорию озер, поскольку она имеет опыт изучения биоразнообразия этих озер вблизи новой станции.

(80) Другие документы, представленные в рамках этого пункта повестки дня:

- Документ Секретариата 5 rev 1 *Ежегодный перечень Первоначальных оценок окружающей среды (ПООС) и Всесторонних оценок окружающей среды (ВООС), подготовленных в период с 1 апреля 2010 г. по 31 марта 2011г.* также был представлен в рамках данного пункта повестки дня.

- Информационный документ IP 72 *(США) Методология чистого доступа в подледниковую среду ледника Вилланса*

- Информационный документ IP 123 (Эквадор) *Estudio de Impacto Ambiental Ex-post de la Estación Científica Ecuatoriana "Pedro Vicente Maldonado". Isla Greenwich-Shetland del Sur-Antártida, 2010-2011.*

Пункт 7. Охрана районов и планы управления

7а) Планы управления

i. *Проекты планов управления, рассмотренные Вспомогательной группой по планам управления*

(81) Будучи ответственной за созыв Вспомогательной группы по планам управления (ВГПУ), Австралия представила рабочий документ WP 47 «Вспомогательная группа по планам управления. Доклад о выполнении пунктов 1–3 технического задания Анализ проектов Планов управления». ВГПУ рассмотрела план для ООРА 126 и рекомендовала инициаторам сделать несколько структурных изменений в планах управления и уточнений к картам, а также попросила дать пояснения по ряду других вопросов. ВГПУ приняла во внимание, что в пересмотренном плане были адекватно учтены эти комментарии, и рекомендовала КООС утвердить пересмотренный план управления ООРА 126, подготовленный Великобританией, Чили и Испанией.

(82) Комитет поддержал рекомендацию ВГПУ и согласился направить пересмотренный План управления ООРА 126 для принятия на КСДА.

ii) Проекты переработанных Планов управления, не рассмотренные Вспомогательной группой по планам управления

(83) Комитет рассмотрел пересмотренные планы управления для перечисленных далее Особо охраняемых районов Антарктики (ООРА) и Особо управляемых районов Антарктики (ОУРА), которые относятся к вышеуказанной категории:

- *Рабочий документ WP 3 «Пересмотр Плана управления ООРА № 120 "Архипелаг Мыс Геологии", Земля Адели» (Франция);*

- *Рабочий документ WP 4 «План управления ООРА № 166 "Порт-Мартин", Земля Адели». Предложение продлить существующий План управления (Франция);*

- *Рабочий документ WP 6 «Пересмотренный План управления Особо охраняемым районом Антарктики № 149 "Мыс Ширефф и остров Сан-Телмо, остров Ливингстон", Южные Шетландские острова» (США и Чили);*

- *Рабочий документ WP 9 «Пересмотренный План управления Особо охраняемым районом Антарктики № 122 "Высоты Эррайвл", полуостров Хат-Пойнт, остров Росса» (США);*

- *Рабочий документ WP 23 «Пересмотр Плана управления Особо охраняемым районом Антарктики (ООРА) № 140 "Части острова Десепшн", Южные Шетландские острова» (Великобритания);*

- *Рабочий документ WP 29 «Пересмотренный План управления Особо охраняемым районом Антарктики № 167 "Остров Хоукер", Земля принцессы Елизаветы» (Австралия);*

- *Рабочий документ WP 31 «Пересмотр Плана управления Особо охраняемым районом Антарктики № 116 "Долина Нью-Колледж", пляж Коли, мыс Бэрд, остров Росса» (Новая Зеландия);*

- *Рабочий документ WP 33 «Пересмотр Плана управления Особо охраняемым районом Антарктики № 131 "Ледник Канада", озеро Фрикселл, долина Тейлор, Земля Виктории» (Новая Зеландия);*

- *Рабочий документ WP 39 «Пересмотренный План управления Особо управляемым районом Антарктики № 2 "Сухие долины МакМёрдо", южная часть Земли Виктории» (США и Новая Зеландия);*

- *Рабочий документ WP 50 «Пересмотренный План управления Особо охраняемым районом Антарктики № 165 "Мыс Эдмонсон", море Росса» (Италия);*

- *Рабочий документ WP 58 «Пересмотренный План управления Особо охраняемым районом Антарктики № 127 "ОСТРОВ ХАСУЭЛЛ" (остров Хасуэлл и прилегающий участок припайного льда – место гнездования императорских пингвинов), пересмотренный план управления» (Россия).*

(84) Что касается Рабочих документов WP 3 и WP 4, Франция сообщила Комитету о том, что она провела пятилетний пересмотр планов управления OOPA 120 и OOPA 166. С учетом этих пересмотров Франция предложила одобрить пересмотренный План управления OOPA 120 лишь с незначительными изменениями и одобрить План управления OOPA 166 без изменений на пятилетний период. Комитет принял во внимание рекомендацию Франции касательно того, что План управления OOPA 166 был пересмотрен и не нуждается в изменениях.

(85) Что касается Рабочего документа WP 6, США сообщили Комитету о том, что в План управления OOPA 149 были внесены лишь незначительные изменения.

(86) Отвечая на запрос АСОК, США и Чили предоставили дополнительную информацию об образовательных и исторических ценностях OOPA 149, включая археологические артефакты, присутствующие на территории района.

(87) Что касается Рабочего документа WP 9, США пояснили, что в План управления OOPA 122 были внесены некоторые существенные изменения, включая несколько изменений в отношении границ, новые ценности, поправки к нескольким картам и указание доступа к району. США отметили, что хотя текст плана управления был существенно изменен, изменения, касающиеся охраняемых ценностей и выполнения плана, были незначительными.

(88) Что касается Рабочего документа WP 23, Великобритания предложила внести существенные изменения в План управления OOPA 140 и попросила Комитет направить этот план управления на межсессионное рассмотрение ВГПУ. Комитет поддержал это предложение и согласился

направить проект пересмотренного плана управления на межсессионное рассмотрение ВГПУ.

(89) Что касается Рабочего документа WP 29, Австралия сообщила Комитету о том, что в План управления ООРА 167 потребовалось внести лишь незначительные изменения. Были изменены условия доступа в Район, чтобы обеспечить возможность более часто проводить учет численности колонии южных гигантских буревестников, выполняемый надлежащим образом, например, с использованием автоматических цифровых фотокамер. Это расширит возможности формирования более глубокого понимания состояния популяции и существующих в ней тенденций, в соответствии с Резолюцией 5 (2009 г.).

(90) Что касается Рабочих документов WP 31 и WP 33, Новая Зеландия сообщила Комитету, что пересмотренные планы управления ООРА 116 и ООРА 131 содержат лишь незначительные обновления и редакторские правки, а также более подробную информацию о биоразнообразии.

(91) Что касается Рабочего документа WP 39, США сообщили Комитету о нескольких важных изменениях, внесенных в пересмотренный План управления ОУРА 2 по результатам трехлетнего пересмотра. Были сделаны изменения в отношении границ Района, определены новые ценности, подлежащие охране, выпущены обновленные карты и фотографии, а также были реорганизованы и обновлены приложения. Кроме того, также были введены Научные зоны и Зоны ограниченного доступа вместо прежней категории «Особые характеристики», и прежняя категория «Зона туризма» была переклассифицирована как «Зона посещений», так как последняя считается более всесторонне охватывающей.

(92) МААТО приветствовала намерение инициаторов рассмотреть дополнительные зоны посещений. Не ставя под сомнение важность района для научных исследований, МААТО считает существующее зонирование излишне ограничительным, учитывая, что площадь ОУРА составляет 17500 км^2 и что зона посещений ограничена площадью лишь 0,1 км^2, и отметила ценности антарктических научных исследований и сохранения безопасной и ответственной с точки зрения экологии практики посещений, соответствующей высоким стандартам.

(93) Италия представила Рабочий документ WP 50 *«Пересмотренный План управления Особо охраняемым районом Антарктики (ООРА) № 165*

"Мыс Эдмонсон", море Росса». Никаких существенных изменений в существующий план управления внесено не было.

(94) Российская Федерация представила Рабочий документ WP 58 *«Пересмотренный План управления Особо охраняемым районом Антарктики № 127 "Остров Хасуэлл" (остров Хасуэлл и прилегающий участок припайного льда – место гнездования императорских пингвинов)».* В существующий план были внесены незначительные изменения, включая новую информацию в подразделе 6(i), полученную в ходе исследований, проведенных за последние пять лет, а также обновленный список использованной литературы в разделе 8.

(95) Комитет одобрил все пересмотренные планы управления кроме Плана управления ООРА 140, направленного в ВГПУ для рассмотрения в межсессионный период.

Рекомендации КСДА

(96) После рассмотрения рекомендаций ВГПУ и оценки Комитетом последний согласился направить следующие планы управления для принятия на КСДА:

№	Название
ОУРА № 2	*Особо управляемый район Антарктики № 2 «Сухие долины МакМёрдо», южная часть Земли Виктории*
ООРА № 116	*Долина Нью-Колледж, пляж Коли, мыс Бэрд, остров Росса*
ООРА № 120	*Архипелаг Мыс Геологии, Земля Адели*
ООРА № 126	*Полуостров Байерс, остров Ливингстон, Южные Шетландские острова*
ООРА № 122	*Высоты Эррайвл, полуостров Хат-Пойнт, остров Росса*
ООРА № 127	*«ОСТРОВ ХАСУЭЛЛ» (остров Хасуэлл и прилегающий участок припайного льда – место гнездования императорских пингвинов), пересмотренный План управления*
ООРА № 131	*Ледник Канада, озеро Фрикселл, долина Тейлор, Земля Виктории*
ООРА № 149	*Мыс Ширефф и остров Сан-Телмо, остров Ливингстон, Южные Шетландские острова*
ООРА № 165	*Мыс Эдмонсон, море Росса*
ООРА № 167	*Остров Хоукер, Земля принцессы Елизаветы*

(97) Соединенные Штаты Америки представили Рабочий документ WP 10 *«Разработка плана особой охраны в районе ледника Тейлор и Кровавого водопада, долина Тейлор, Сухие долины МакМёрдо, Земля Виктории»*. США предложили создать неформальную международную рабочую группу для обсуждения охраны района у ледника Тейлор и Кровавого водопада и разработать проект плана управления ООРА для представления его КООС в 2012 году. Соединенные Штаты Америки предложили координировать работу этой группы, Норвегия и СКАР отметили свою заинтересованность в том, чтобы принять участие в дискуссиях. Норвегия также отметила, что такой открытый процесс создания новых ООРА является полезным.

(98) Австралия представила Рабочий документ WP 13 *«Вспомогательная группа по планам управления. Доклад о выполнении пунктов № 4 и № 5 технического задания "Совершенствование планов управления и процедуры их межсессионного рассмотрения" от имени ВГПУ»*. ВГПУ предложила КООС рассмотреть результаты межсессионной работы, которая была проведена ею в соответствии с рабочим планом, принятым на Тринадцатом заседании КООС.

(99) В межсессионный период ВГПУ изучила и пересмотрела *Руководство по подготовке планов управления Особо охраняемыми районами Антарктики* (принятое в соответствии с Резолюцией 2 (1988 г.)), включая введение стандартной формулировки и шаблона для планов управления ООРА. Внесенные изменения, среди прочего, касались ряда вопросов, направленных Тринадцатым заседанием КООС на рассмотрение в ВГПУ. ВГПУ также провела консультации с соответствующими Участниками с целью проверки состояния планов управления, по которым истек срок пятилетнего пересмотра.

(100) Соединенные Штаты подчеркнули, что ВГПУ должна рассматриваться в качестве важного ресурса для тех Сторон, которым нужна помощь в написании или пересмотре планов управления. Австралия призвала других членов участвовать в работе ВГПУ с целью повышения ее компетентности и ценности.

(101) Аргентина и Чили отметили, что этот шаблон плана управления не должен иметь предписывающий характер и должен давать возможность участникам использовать инновационный подход при подготовке планов управления ООРА.

(102) Австралия еще раз подчеркнула, что предложенные стандартные формулировки и шаблон планов управления ООРА, а также пересмотренное Руководство, подготовленное ВГПУ, были призваны служить инструментом, помогающим обеспечить согласованность планов управления. Они не должны иметь предписывающего характера и не должны мешать инициаторам разрабатывать и применять индивидуальные или творческие и инновационные подходы к охране и управлению районами.

(103) Комитет поблагодарил ВГПУ за проделанную работу и согласился:

- поддержать пересмотренное Руководство по подготовке планов управления Особо охраняемыми районами Антарктики и внедрить шаблон и стандартные формулировки планов управления ООРА, представленные в Приложении А к Рабочему документу WP 13, а также

- призвать Стороны, являющиеся инициаторами планов управления, которые еще не предоставили информацию о состоянии планов управления ООРА, не пересмотренных в срок, предоставить такую информацию.

(104) Совещание также утвердило план работы ВГПУ в межсессионный период в 2011/12 гг., определенный в Приложении С Рабочего документа WP 13 (см. Приложение 1).

Рекомендации КООС для КСДА

(105) Комитет рекомендует КСДА принять Резолюцию, утверждающую новое Руководство по подготовке планов управления Особо охраняемыми районами Антарктики.

(106) Великобритания представила Рабочий документ WP 18 «*Предлагаемые меры мониторинга на территории Особо охраняемого района Антарктики (ООРА) № 107 "Остров Эмперор", Дионовы острова, залив Маргерита, Антарктический полуостров*». Великобритания отметила, что длительное существование колонии императорских пингвинов на территории этого ООРА вызывает сомнения и что необходимы дальнейшие исследования для оценки ее состояния. Само наличие этой колонии представляет собой ценность, достойную охраны в этом ООРА, что и привело к его выделению.

(107) Соединенные Штаты Америки и Австралия высказали замечание о том, что дальнейший мониторинг ООРА «Дионовы острова» представляется разумным путем для продвижения вперед. Австралия отметила, что, как правило, четко оформленные документально районы, такие как ООРА, являющиеся очень чувствительными к изменению климата, могут иметь научную ценность с точки зрения наблюдения и отслеживания влияния климатических изменений, и что возможное существование таких новых или появляющихся ценностей следует тщательно рассматривать при определении пользы придания району статуса охраняемого на длительное время.

(108) Комитет поддержал подход, намеченный Великобританией, и выразил желание получить более подробную информацию о состоянии ценностей ООРА 107.

(109) Секретариат представил документ SP 7 *«Состояние планов управления Особо охраняемыми и Особо управляемыми районами Антарктики».* КООС был задан вопрос, является ли этот реестр по-прежнему необходимым, поскольку эта информация сейчас доступна в интерактивной базе данных ООРА/ОУРА на веб-сайте Секретариата.

(110) Чили и Германия выступили за сохранение и совершенствование этого реестра. Германия задала вопрос о том, что произойдет, если сроки пересмотра планов управления не будут выдержаны.

(111) Председатель поблагодарил Германию и отметил, что этот вопрос был поднят МКГ. Председатель подчеркнул, что Секретариат должен напоминать участникам о состоянии планов управления ООРА/ОУРА и их обязанностях инициировать последующие пересмотры.

(112) Норвегия отметила, что процедура пересмотра не обязательно должна заканчиваться представлением пересмотренной версии планов управления ООРА/ОУРА. Германия задала вопрос о том, может ли графа «Следующий пересмотр» использоваться более эффективно.

(113) Австралия предложила Секретариату рассылать напоминания тем Сторонам, которые отвечают за план управления ООРА/ОУРА, срок пересмотра которого наступит в следующем году, и таким образом привлекать внимание к пересмотренному Руководству по подготовке

планов управления Особо охраняемыми районами Антарктики (Рабочий документ WP 13), содействуя выполнению пересмотра.

(114) Великобритания высказала замечание о том, что она начала или уже завершила работу на местах по пересмотру шести ООРА, что даст Великобритании хорошую возможность полностью подготовиться к предстоящему пересмотру соответствующих планов управления.

(115) Чили отметила, что пересмотры трех ее планов управления ООРА, подлежащих пересмотру, будут готовы к представлению в следующем году.

(116) В рамках данного пункта повестки дня был также представлен Информационный документ IP 79 (Австралия, Китай, Индия, Румыния, Российская Федерация) *«Отчет Группы управления Особо управляемым районом Антарктики (ОУРА) "Холмы Ларсеманн"»*

(117) Соединенные Штаты Америки представили Информационный документ IP 73 *«Южнополярная станция "Амундсен-Скотт", Южный полюс, Особо управляемый район Антарктики (ОУРА № 5). Отчет об управлении за 2011 год»*, отметив, что в связи с ежегодно растущим числом посетителей возникает сложная задача по увязке туристической деятельности с проведением исследований. Информационный документ IP 73 не был представлен в качестве рабочего документа, потому что США было необходимо определить, будут ли эффективны изменения, сделанные на данный момент (например, перемещение места туристического лагеря на большее расстояние от основной исследовательской станции). Соединенные Штаты Америки отметили, что у них прекрасно складывается сотрудничество с МААТО.

(118) Великобритания высказала предположение, что процесс разработки указаний относительно ООРА мог бы начаться раньше и что отсутствие формальной процедуры или порядка внесения изменений в план управления может создать проблемы с информированием посетителей о новых правилах и рекомендациях. США отметили, что они планируют пересмотр рекомендаций в будущем году и будут благодарны за помощь заинтересованных сторон. Они намереваются представить пакет рекомендаций в более официальной форме в следующем году.

(119) Индия представила Информационный документ IP 79 *«Отчет Группы управления Особо управляемым районом Антарктики (ОУРА) "Холмы Ларсеманн"»* от имени Группы управления ОУРА 6 (Австралия, Китай, Индия, Румыния, Российская Федерация), подчеркнув необходимость создания ООРА в этом регионе. Бельгия и Румыния поддержали предложение и выразили готовность к сотрудничеству.

(120) Что касается Информационного документа IP 131 *«Отчет Группы управления Особо управляемым районом Антарктики (ОУРА) "Остров Десепшн"»* (Аргентина, Чили, Норвегия, Испания, Великобритания, Соединенные Штаты Америки), Испания сообщила Совещанию, что она представит новый пересмотренный План управления ОУРА № 4 в следующем году.

(121) Корея представила Информационный документ IP 115 *«Обзор ООРА 171 "Мыс Наребски", ООРА 150 "Остров Ардли" и ООРА 132 "Полуостров Поттер" в 2010-2011 гг.»,* а также Информационный документ IP 109 *«Меры по сотрудничеству в управлении в ООРА на острове 25 Мая (Кинг-Джордж), Южные Шетландские острова»,* поданный совместно с Аргентиной. Оба документа связаны с исследовательскими работами Кореи, направленными на улучшение плана экологического управления ООРА 171.

7b) Исторические места и памятники

(122) Аргентина отметила, что на Тринадцатом совещании КООС она предложила координировать неформальное обсуждение темы Исторических мест и памятников в межсессионный период. Аргентина поблагодарила нескольких участников за их значительный вклад в обсуждение, результаты которого подытожены в Рабочем документе WP 27 *«Отчет о неформальных дискуссиях об Исторических местах и памятниках».*

(123) Во время этого обсуждения работа сосредоточилась на двух основных аспектах: a) различные способы определения и применения понятия «историческое наследие», используемые Сторонами, и существующие согласованные определения в контексте Антарктики, а также b) адекватность существующих в Системе Договора об Антарктике механизмов для защиты исторических мест. Что касается первого пункта, неформальная рабочая группа пришла к заключению, что существует целый ряд определений того, что можно считать ИМП;

в отношении второго пункта некоторые участники считают, что существующие критерии достаточно широки и позволяют охватить различные взгляды на наследие, тогда как другие видят в такой гибкости недостаток для определения исторического характера места.

(124) Учитывая широкое разнообразие понятий и мнений по этим вопросам, группа пришла к выводу, что целесообразно будет продолжить обсуждение этих вопросов на форуме КООС.

(125) Поблагодарив Аргентину за проделанную работу, Китай отметил, что необходимо проявлять осторожность, так как при разнообразии культур, представленных в Антарктическом сообществе, любое жесткое определение может не быть полезным. Китай объявил, что он хотел бы принять участие в дальнейшем обсуждении.

(126) Несколько участников выразили признательность Аргентине за проделанную работу и приветствовали дальнейшие дебаты по данной теме. Норвегия отметила, что существует целый ряд соответствующих вопросов, по которым надо продолжить обсуждение, чтобы достичь единого понимания того, как классифицировать исторические места и памятники. Соединенные Штаты Америки высказались о необходимости сделать перечни более прозрачными и доступными для широкой аудитории. Великобритания указала, что жесткое определение «исторических памятников» вряд ли возможно и, вероятно, не нужно ввиду разнообразия Антарктического сообщества.

(127) Комитет согласился, что неформальные дискуссии об Исторических местах и памятниках были полезны и их следует продолжить.

(128) Аргентина подвела итог, указав, что главная цель этих обсуждений заключается не в достижении соглашения по конкретным определениям, но в обмене различными точками зрения по вопросу, который является сложным, особенно в связи с тем, что он касается различных общественных наук, в которых культурные различия могут привести к различным интерпретациям исторического наследия. Аргентина выразила благодарность Комитету за доверие к работе этой группы.

(129) Китай представил Рабочий документ WP 5 *«Предложение о включении Здания № 1 в Перечень Исторических мест и памятников в память о Китайской антарктической экспедиции на станции «Великая стена»,*

подчеркнув ценность Здания № 1 и высказав предположение о том, что его включение в перечень явилось бы положительным фактором.

(130) Япония обратила внимание на размер Здания № 1 и выразила озабоченность его возможным влиянием на окружающую среду, но выразила желание поддержать включение этого важного здания.

(131) Великобритания обратила внимание на комментарии, содержащиеся в ее Отчете о проведении инспекции за 2005 г., в которых подчеркивалась необходимость проведения ремонтных работ для предотвращения дальнейшего ухудшения состояния здания, и задала вопрос о том, были ли они выполнены. Высказываясь в поддержку предложения, некоторые участники попросили предоставить дополнительную информацию о техническом обслуживании и сохранении здания.

(132) Китай поблагодарил участников за их поддержку и заверил Комитет в том, что план технического обслуживания и сохранения находится в процессе разработки и что в дальнейшем будет предоставлена более подробная информация по этому вопросу.

(133) Комитет одобрил предложения, представленные в Рабочем документе WP 5, и принял их для рассмотрения на КСДА.

(134) Чили представила Рабочий документ WP 59 *«Предложение об изменении Исторического памятника № 82. Установка мемориальных досок на монументе в честь Договора об Антарктике»*. Чили сообщила Комитету, что в соответствии с Мерой 3 (2007) в честь Международного полярного года были установлены четыре мемориальные доски на каждом из официальных языков Системы Договора об Антарктике на монументе в честь Договора об Антарктике недалеко от станций «Фрей», «Беллинсгаузен» и «Эскудеро» на острове Кинг-Джордж. Предложенные изменения касаются незначительного изменения в формулировке ИМП № 82.

(135) Комитет одобрил предложение Чили и его передачу для рассмотрения на КСДА.

Рекомендации для КСДА

(136) Комитет рекомендует КСДА одобрить добавление следующего нового места в перечень Исторических мест и памятников в Мере 3 (2003 г.):

Здание № 1 в память о Китайской антарктической экспедиции на станции «Великая стена».

(137) Комитет также рекомендует КСДА одобрить предложенное изменение ИМП № 82 «Монумент в честь Договора об Антарктике».

(138) Секретариат отметил, что последний перечень Исторических мест и памятников существенно устарел, и предложил КСДА поручить Секретариату ежегодно обновлять перечень. Великобритания и Франция выразили поддержку в отношении предложения Секретариата, и Комитет согласился обратиться к КСДА с просьбой принять решение о том, следует ли поручить Секретариату обновление перечня Исторических мест и памятников.

Рекомендации для КСДА

(139) Комитет рекомендует КСДА просить Секретариат обновлять официальные перечни ООРА, ОУРА и ИМП в соответствии с Мерами, принятыми на КСДА.

(140) Аргентина упомянула Информационный документ IP 130 *«Уточненная информация о действиях по улучшению состояния ИМП 38 "Сноу Хилл"»*, отметив, что данный документ обеспечивает непрерывность серии документов, предоставляемых Аргентиной КООС в течение ряда лет, относительно осуществляемой деятельности по управлению и сохранению ИМП 38.

(141) В рамках этих пунктов повестки дня был также представлен следующий документ:

- Информационный документ IP 117 (Чили) *«Торжественная церемония установки мемориальных досок на Монументе в честь Договора об Антарктике».*

7с) *Правила поведения для посетителей участков*

(142) Будучи ответственной за созыв МКГ, Австралия представила Рабочий документ *WP 45 «Отчет об открытой межсессионной контактной группе по пересмотру экологических элементов Рекомендации XVIII-1»*. Австралия сообщила Комитету, что МКГ разработала обновленные правила поведения для посетителей участков на основе Рекомендации XVIII-1 (1994 г.), но они представлены в формате для использования в качестве обобщенной информационной сопроводительной записки к правилам, относящимся к конкретному участку.

(143) Австралия сообщила, что в ходе обсуждений в МКГ остались не решенными несколько вопросов, например указание конкретных минимальных расстояний для приближения к диким животным.

(144) МКГ рекомендовала КООС:

1) Поддержать прилагаемые правила, направить их на КСДА для принятия посредством Резолюции.

2) Согласиться созвать МКГ для рассмотрения новых правил поведения для посетителей участков, требующих детального обсуждения.

3) Принять решение о том, что в целом правила поведения для посетителей участков должны периодически обновляться, по крайней мере каждые пять лет.

4) Просить Секретариат разработать график пересмотра правил поведения для посетителей участков на основе пятилетнего периода пересмотра для его рассмотрения на Пятнадцатом заседании КООС.

5) Рекомендовать участникам, представляющим новые правила поведения для посетителей участков, учитывать правила общего характера и сосредоточить внимание на вопросах, касающихся конкретных обстоятельств каждого участка.

(145) Новая Зеландия и Чили выразили поддержку правил поведения для посетителей участков и рекомендаций МКГ. Эквадор выразил заинтересованность в участии в будущей работе МКГ, учитывая его опыт управления посещениями Галапагосских островов.

(146) Некоторые участники выразили принципиальную поддержку рекомендаций МКГ, выразив при этом озабоченность по некоторым конкретным вопросам. США отметили отсутствие ясности в вопросе об отношениях между обновленными правилами и Рекомендацией XVIII-1 (1994 г.) и посчитали, что дальнейшее обсуждение этой темы следует направить в Рабочую группу по правовым и институциональным вопросам. Германия выразила мнение о том, что в правилах должны быть определены конкретные минимальные расстояния приближения к диким животным, отстаивая таким образом предупредительный подход.

(147) Отвечая Германии, Председатель отметил рекомендации СКАР, представленные в 2008 г. на XXXI КСДА в Рабочем документе WP 12 *«Нарушение человеком жизни диких животных в антарктическом регионе: анализ полученных результатов»*. Учитывая диапазон переменных, которые могут оказывать влияние на восприимчивость к нарушению, СКАР сообщил о том, что было затруднительно определить конкретные расстояния приближения к диким животным.

(148) Великобритания указала, что в целом она поддерживает работу по обновлению общих правил поведения для посетителей участков, но в то же время выразила озабоченность тем, что правила подведения для посетителей участков в предложенной формулировке не готовы для рассмотрения на КСДА. Великобритания подчеркнула, что положения Рекомендации XVIII-1 (1994 г.), которые еще не вступили в силу, должны быть обязательными, в то время как правила, разработанные МКГ, должны оставаться добровольными. Великобритания настоятельно рекомендовала ратифицировать Рекомендацию XVIII-1 (1994 г.) всеми Сторонами для вступления ее в силу. Великобритания не согласилась с предложением официального обязательного и автоматического пересмотра конкретных правил поведения для посетителей участков их первоначальными инициаторами. Вместо этого правила поведения для посетителей участков должны пересматриваться и изменяться по мере необходимости и любой Стороной.

(149) Напомнив Комитету о том, что Рекомендация XVIII-1 (1994 г.) была разделена на две части, МААТО предложила использовать правила, разработанные МКГ, взамен второй части Рекомендации XVIII-1 (1994 г.). МААТО также призвала ратифицировать Рекомендацию XVIII-1 (1994 г.) в кратчайшие сроки.

(150) КООС рассмотрел Рабочий документ WP 45 и согласился с тем, что положения общих экологических рекомендаций для посетителей, основывающиеся на существующем понимании КООС, дополнят правила, применяющиеся к конкретным участкам. КООС снова отметил желательность вступления в силу Рекомендации XVIII-1 (1994 г.).

(151) После того как некоторые участники высказали свои комментарии, Австралия организовала работу контактной группы, после чего КООС окончательно принял Руководство для посетителей Антарктики.

(152) Рассмотрев другие рекомендации МКГ, КООС решил, что существующая в КООС практика рассмотрения новых правил и пересмотра существующих правил по мере их выдвижения является достаточной.

Рекомендации КООС для КСДА

(153) КООС окончательно оформил экологические рекомендации посетителям в форме Руководства для посетителей Антарктики, которое может быть использовано в качестве обобщенной информационной сопроводительной записки к правилам, относящимся к конкретным участкам. КООС рекомендовал КСДА принять их посредством Резолюции и рекомендовал Секретариату довести их до общего сведения наряду с правилами, относящимися к конкретным участкам.

(154) КООС также призвал участников, выдвигая новые правила поведения для посетителей участков, учитывать правила общего характера и сосредоточить внимание на вопросах, касающихся конкретных особенностей каждого участка.

(155) Великобритания представила Рабочий документ *WP 17 «Пересмотр правил поведения для посетителей залива Уэйлерс, остров Десепшн, Южные Шетландские острова»* от имени Группы управления ОУРА «Остров Десепшн». В документе были предложены незначительные изменения к существующим правилам поведения для посетителей, включая исправление мелких типографских ошибок, пояснение относительно места высадки на берег и пересмотр карт.

(156) Новая Зеландия представила Рабочий документ *WP 30 «Правила поведения для посетителей Зоны посещений долины Тейлор, южная часть Земли Виктории»*, подготовленный совместно с США.

(157) В рамках пересмотра ОУРА «Сухие долины МакМёрдо» Группа управления согласилась переформатировать существующие в этом плане положения о туризме в соответствии с форматом правил поведения. Правила отражают существующие Положения по управлению. Новая Зеландия отметила, что были незначительно изменены границы зоны вследствие проявления учеными озабоченности в связи с чувствительностью этого участка.

(158) Великобритания поблагодарила Новую Зеландию и США за их работу и задала вопрос о мониторинге участка, а также о размере территории в отношении к степени посещаемости и о размере Района.

(159) Новая Зеландия отметила, что на участке ведется длительный мониторинг влияния посещений с помощью программы мониторинга VISTA, а также в ходе других научных исследований на этой территории и доступ к участку возможен только вертолетом, что ограничивает число посетителей, одновременно находящихся на участке.

(160) МААТО выразила озабоченность в связи с пересмотром границ и приветствовала возможность обсудить другие возможные зоны посещений в ОУРА «Сухие долины» в будущем.

(161) АСОК отметила необходимость провести оценку воздействия на окружающую среду для создания каких-либо предлагаемых новых зон посещений.

(162) Чили представила Рабочий документ WP 49 *«Правила посещения северо-восточного пляжа полуострова Ардли (остров Ардли), остров Кинг-Джордж (остров 25 Мая), Южные Шетландские острова»*, разработанный совместно с Аргентиной.

(163) Несколько Участников выразили поддержку предложения, в то время как некоторые Участники запросили дополнительные разъяснения относительно правил. Китай предложил включить в правила точное определение термина «Посетитель». В ответ на запрос Китая Чили пояснила, что под «Посетителем» понимается любой человек, который высаживается на пляж и не обязан проводить там какую-либо научную работу.

(164) Австралия представила Рабочий документ *WP 52 Rev 1 «Руководство для посетителей хижин Моусона и мыса Денисон, Восточная*

Антарктика». Австралия отметила, что мыс Денисон является одним из шести мест, оставшихся от «героической эры» исследования Антарктики, и выделен как Историческое место и памятник № 77 и ОУРА 3. На территории ОУРА четыре деревянные хижины Австралийской антарктической экспедиции и непосредственно прилегающая к ним территория определены в качестве ООРА 162. Ценности участка имеют большое значение, а сам участок чувствителен к потенциальным воздействиям, связанным с посещениями. Поэтому Австралия рассматривает руководство для посетителей участка в качестве полезного дополнения к существующим мерам управления. Предлагаемое руководство для посетителей участка не заменяет собой и не расширяет положения планов управления ООРА и ОУРА.

(165) МААТО приветствовала предложенные новые правила поведения для посетителей участка.

(166) МААТО представила Информационный документ IP 104 *«Предлагаемая поправка к Правилам поведения для посетителей мыса Ханна в рамках Договора об Антарктике»,* сообщив Совещанию о том, что после инцидента, во время которого морской слон, возможно, потревоженный посетителями, упал с обрыва, МААТО в целях предосторожности внутри организации приняла решение о расширении закрытой зоны В, включенной в Правила поведения для посетителей мыса Ханна, на случай если морские слоны будут находиться в этой зоне во время посещения. МААТО сообщила, что сразу же после инцидента она разослала сообщение всем судам МААТО, остающимся работать в этом районе, для того чтобы предупредить их об инциденте и попросить их не приближаться к краю обрыва, если там находятся морские слоны. Инцидент обсуждался на Совещании МААТО 2011 года, участники которого согласились ввести дополнительные меры предосторожности в Правила поведения для посетителей мыса Ханна. МААТО предложила Комитету рассмотреть и принять эту поправку. После обширных дискуссий Комитет согласился внести поправку в Правила поведения для посетителей мыса Ханна согласно предложению МААТО.

(167) Комитет одобрил пересмотренные редакции правил поведения для посетителей залива Уэйлерс и мыса Ханна, а также новые правила посещения долины Тейлор, полуострова Ардли и хижины Моусона.

Рекомендации для КСДА

(168) Комитет одобрил пересмотренные правила посещения залива Уэйлерс и мыса Ханна, а также новые правила посещения долины Тейлор, полуострова Ардли и хижины Моусона и согласился направить их на КСДА для принятия посредством Резолюции.

(169) Украина кратко представила Информационный документ IP 110 *«Политика Украины в отношении посещений туристами станции Вернадского»* и пригласила заинтересованные Стороны предоставлять комментарии в ходе работы.

(170) США представили Информационный документ IP 23 *«Сборник посещаемых территорий Антарктического полуострова, 3-е издание»* (США и Великобритания) и объявили о готовности третьего издания Сборника посещаемых территорий Антарктического полуострова, который содержит данные и описания, полученные из 142 мест, посещенных в ходе инвентаризации территорий Антарктики и описанных в условиях 17 полевых сезонов с ноября 1994 г. по февраль 2011 г. Сборник можно найти на диске или на веб-сайте Oceanites (*http:// www.oceanites.org*).

(171) Болгария кратко представила Информационный документ IP 12 *«Правила экологического поведения для участников экспедиций и посетителей болгарской базы в Антарктике»* и выразила надежду, что эти правила окажутся полезными для других станций в Антарктике.

(172) Другие документы, представленные в рамках данного пункта повестки дня, включают:

- Информационный документ IP 9 (США) *«Инвентаризация территорий Антарктики: 1994-2011 гг.»;*

- Информационный документ IP 105 (МААТО) *«Отчет об использовании операторами МААТО мест высадки на берег на Антарктическом полуострове и правила поведения для посетителей участков КСДА на сезоны 2009-2010 и 2010-2011 гг.»;*

- Информационный документ IP 126 (Эквадор) *«Manejo turístico para la isla Barrientos».*

7d) *Следы человеческой деятельности и ценности первозданной природы*

(173) Новая Зеландия представила Рабочий документ WP 35 *«Понимание понятий "следы человеческой деятельности" и "первозданная природа" в связи с охраной окружающей среды Антарктики»*. Новая Зеландия рекомендовала Четырнадцатому заседанию КООС поставить цель достичь соглашения между участниками по практическим определениям понятий «следы человеческой деятельности» и «первозданная природа» в контексте Антарктики. Она предложила КООС рассмотреть среднесрочные цели по улучшению планирования и оценки воздействия на окружающую среду с целью минимизировать следы человеческой деятельности и обеспечить большую охрану нетронутых территорий и ценностей первозданной природы посредством мер, изложенных в Приложении V.

(174) Австралия подчеркнула, что любое определение понятий «следы человеческой деятельности» и «первозданная природа» должно быть применимо на практике. Например, она напомнила, что большинство упоминаний о следах человеческой деятельности в прошлых обсуждениях КООС касались пространственного размера физических нарушений, что было бы полезно в плане экологии, включая определение приоритетов деятельности для минимизации воздействий на редкие и экологически чувствительные территории, свободные ото льда. Австралия выразила готовность продолжить неформальные дискуссии с Новой Зеландией в межсессионный период.

(175) Великобритания в принципе согласилась с предложенным определением, но отметила, что первозданная природа автоматически не исключает науку. Она отметила, что концепция планирования для районов, которые никогда не посещались и являются нетронутыми эталонными районами первозданной природы, была востребована в течение 40 лет и ее следует развивать.

(176) США и Бельгия также поддержали эту работу, согласившись, что выделение нетронутых эталонных районов может быть важным.

(177) Аргентина отметила, что она предпочитает общий подход, а не конкретное определение следов человеческой деятельности и первозданной природы, так как они часто используются в зависимости от конкретного случая. Аргентина отметила, что международное сотрудничество содействует сохранению ценностей

первозданной природы в Антарктике, позволяя избежать дублирования исследовательских работ, что ведет к большему сокращению следов такой деятельности.

(178) Председатель отметил заинтересованность Комитета в разработке терминологии и поддержке концепции нетронутых районов.

(179) АСОК представила Информационный документ IP 86 *«Эволюция следов человеческой деятельности. Пространственное и временное измерения деятельности человека».* АСОК призвала КООС достичь консенсуса по определениям понятий «следы человеческой деятельности» и «первозданная природа» и одобрить эти определения.

(180) Другие документы, представленные в рамках данного пункта повестки дня, включают:

- Информационный документ IP 1 (Соединенные Штаты Америки) *«Временная и пространственная структура антропогенных нарушений на станции "МакМёрдо", Антарктика»;*

- Информационный документ IP 2 (Соединенные Штаты Америки) *«Историческое развитие станции "МакМёрдо", Антарктика. Экологическая перспектива»;*

- Информационный документ IP 43 (Уругвай) *«Обнаружение следов человеческой деятельности до 1958 г. на северном побережье острова Кинг-Джордж (острова 25 Мая)»;*

- Информационный документ IP 133 (Чешская Республика) *«Отчет о воздействии вездеходных машин на свободную от ледяного покрова территорию острова Джеймса Росса, Антарктика».*

7е) Пространственная охрана морской среды и меры пространственного управления

(181) Секретариат представил документ SP 6 *«Краткий обзор работы КООС по вопросу морских охраняемых районов».*

(182) Несколько Членов Комитета одобрительно отозвались о высоком качестве отчета и отметили его потенциальную полезность, если бы отчет был доступен во время проведения совместного семинара КООС/ АНТКОМ в 2009 г.

(183) Ряд Членов Комитета упомянули о решении КООС, принятом на совещании КСДА/КООС в Балтиморе (2009 г.), согласно которому КООС принял на себя обязательства содействовать внедрению согласованного подхода в вопросах охраны морской среды Антарктики путем создания к 2012 году МОР в пределах 11 районов, имеющих приоритетное значение, но не ограничиваясь ими.

(184) Комитет обратился с просьбой к Секретариату по вопросу регулярного оперативного обновления данных доклада на сайте СДА, чтобы держать Стороны в курсе дел по данному вопросу.

(185) Секретариат подтвердил возможность удовлетворения этой просьбы.

(186) Комитет отметил, что ряд ученых, представляющих Членов Комитета, примут участие в семинаре АНТКОМ по вопросу МОР, который состоится в период с 29 августа по 2 сентября в г. Брест, Франция.

(187) Бельгия полностью поддержала создание репрезентативной сети МОР. Бельгия отметила, что она является распорядителем и координатором базы данных СКАР-МарБИН, используемой странами антарктического сообщества.

(188) Комитет напомнил о ранее достигнутой договоренности о привлечении к конструктивной работе АНТКОМ в этих вопросах и отметил, что ожидает представления отчета на предстоящем семинаре АНТКОМ по вопросу МОР в г. Брест, Франция. Комитет поблагодарил АНТКОМ за приглашение принять участие в работе семинара. КООС будет представлять Полли Пенхейл (США).

(189) АСОК (от имени МСОП) представила Информационный документ IP 56 *«Пространственная охрана морской среды и меры пространственного управления в рамках системы Договора об Антарктике: новые возможности в вопросах реализации и координации действий».*

(190) АСОК представила Информационный документ IP 90 *«К вопросу о создании МОР в Южном океане – соответствие духа, буквы и практической деятельности»;* и Информационный документ IP 92: *«Море Росса: чрезвычайно важный контрольный район для оценки воздействий, связанных с изменением климата».*

(191) Поблагодарив Секретариат за представление документа по МОР, АСОК отметила, что на совместном семинаре КООС/НК-АНТКОМ, состоявшемся в 2009 г., обе стороны договорились о сотрудничестве в области создания репрезентативной сети МОР в Южном океане. АНТКОМ одобрила план работы по созданию репрезентативной сети МОР к установленному сроку 2012 г. Этот план включен в пятилетний план работы КООС. Первый этап предложенного плана работы предусматривает сбор Сторонами из различных источников существующей информации по 11 приоритетным районам и другим районам, в зависимости от ситуации, и описание каждого района с точки зрения структур биологического разнообразия, экосистемных процессов и физических особенностей окружающей среды. Однако, на данный момент, похоже, наблюдается незначительный прогресс в выполнении этого этапа. Второй этап предусматривает проведение специального семинара по МОР в августе этого года в г. Брест, Франция, и АСОК настоятельно попросила Стороны КСДА и Членов АНТКОМ максимально эффективно использовать данное мероприятие в контексте выполнения первого этапа и представления четких предложений по МОР.

(192) В отношении документа IP 92 АСОК отметила, что она предложила целый ряд документов о необходимости полномасштабной охраны в научных целях обращенного к морю склона и шельфового ледника Росса в качестве важного элемента репрезентативной сети МОР в Южном океане. В представленном же документе основное внимание сконцентрировано на потенциальных возможностях использования моря Росса в качестве контрольной климатической зоны. Исходя из того, что море Росса, согласно прогнозам Межправительственной группы экспертов по изменению климата, я является участком Южного океана с круглогодичным ледяным покровом, оно может служить заповедником для изучения нормальных ледовых процессов и сопутствующей биоты и использоваться в качестве важного контрольного района, способствующего пониманию масштаба и значимости экологических и экономических изменений, происходящих в других местах Южного океана.

7f) Прочие вопросы, связанные с Приложением V

(193) Австралия представила Рабочий документ WP 32 *«Совершенствование базы данных об охраняемых районах Антарктики»* в целях содействия оценке и дальнейшему развитию системы охраняемых районов. Австралия предложила КООС поддержать идею расширения Базы данных

об охраняемых районах Антарктики с включением в нее дополнительной релевантной информации (представляемой инициаторами при внесении на рассмотрение планов управления), содействовать представлению инициаторами границ района, по возможности, в цифровом формате, пригодном для использования в географической информационной системе (ГИС), и ходатайствовать перед Секретариатом о принятии мер по внесению данных изменений.

(194) Комитет поддержал рекомендации, представленные в Рабочем документе WP 32 и пришел к согласию о нижеследующем: - необходимости расширения Базы данных об охраняемых районах Антарктики с включением следующих аспектов: (1) главной причины определения и (2) основного представленного экологического домена; - рекомендовать КСДА внесение изменений в титульный лист Рабочих документов с предложениями об определении ООРА и ОУРА, приложенный к Резолюции 1 (2008), для обеспечения возможности получения необходимых данных Секретариатом для включения их в Базу данных; - рекомендовать инициаторам предоставлять данные о границах ООРА и ОУРА, по возможности, в цифровом формате, пригодном для использования в географической информационной системе (ГИС) и предоставлять данную информацию Секретариату для централизованного управления и обеспечения доступа через Базу данных об охраняемых районах Антарктики; и - ходатайствовать перед Секретариатом о внесении, по необходимости, соответствующих изменений в Базу данных об охраняемых районах Антарктики.

(195) Ряд Членов Комитета отметили, что на данный момент не все Члены Комитета имеют возможность выполнения всех этих рекомендаций ввиду технических и ресурсных ограничений.

(196) В ответ на эту озабоченность Австралия подчеркнула добровольный характер следования рекомендациям, содержащимся в ее предложении. Она рекомендовала выполнять все рекомендации Членам Комитета, способным это сделать, и предложила помощь и поддержку Членам КООС, у которых нет такой возможности. Австралия также заверила Комитет о том, что вопросы совместимости данных и обмена информацией можно урегулировать и что она проведет консультации с Секретариатом по конструктивному решению этих задач.

(197) Норвегия также отметила, что могут возникнуть вопросы по стандартам коммуникативных форматов, а также другие вопросы, которые следует обсудить в дальнейшем.

(198) Австралия объявила о проведении консультаций с частной компанией, которая подготовила исчерпывающий массив данных о пространственных параметрах границ всех существующих ООРА и ОУРА. Австралия планирует приобрести этот массив данных и передать его Секретариату в целях обеспечения широкой доступности этих данных. Австралия проведет работу с Секретариатом по этому вопросу в межсессионный период.

(199) Для обеспечения получения необходимых данных Секретариатом и внесения их в базу данных Комитет разработал проект изменений титульного листа Рабочих документов с предложениями об определении ООРА и ОУРА, приложенному к Резолюции 1 (2008), в виде Резолюции.

Информация КООС для КСДА

(200) Комитет рекомендует принятие Пересмотренного Руководства по представлению Рабочих документов с предложениями об определении ООРА/ОУРА/ИМП в виде Резолюции.

(201) Германия представила Рабочий документ WP 41 «*Четвертый доклад Международной рабочей группы о ходе обсуждения возможностей управления окружающей средой в регионе полуострова Филдс и острова Ардли*».

(202) Соавторы документа предложили провести заседание МРГ во время проведения XIV КООС в Буэнос-Айресе по дальнейшему обсуждению вопроса и призвали заинтересованные Стороны к продолжению работы и внесению изменений в документ, представлению информации и отзывов о продолжающейся работе МРГ.

(203) Уругвай рекомендовал Сторонам, осуществляющим деятельность на полуострове Филдс, принять участие в обсуждении вопроса о продолжении работы МРГ в области охраны данного региона.

(204) Китай выразил согласие продолжить свое участие в работе и проинформировал Комитет о направлении МРГ своих комментариев. Китай согласился с текущей редакцией Приложения 3 к Рабочему документу WP 41.

(205) Председатель отметил, что КООС продолжит обсуждение работы МРГ на следующем заседании КООС, которое состоится в г. Хобарт.

(206) Российская Федерация представила Рабочий документ WP 57 «*О необходимости постоянного контроля за состоянием ценностей Особо охраняемых районов Антарктики и Особо управляемых районов Антарктики*».

(207) Ряд Членов Комитета поддержали данный Рабочий документ, однако некоторые Стороны отметили, что к вопросу обязательности контроля следует подходить с осторожностью, так как посещение участка в целях контроля может нанести дополнительный ущерб ценностям, для охраны которых были созданы ООРА/ОУРА.

(208) Российская Федерация ответила, что предлагаемый контроль предполагает обязательность, но при этом не обязательно требуется посещение участка, так как даже дистанционное обследование является очень важным при пересмотре Планов управления ООРА/ОУРА.

(209) Франция отметила, что в большинстве планов управления, представленных в текущем году, ценности по каждому району были пересмотрены.

(210) Комитет согласился вернуться к обсуждению данного вопроса на следующем заседании КООС.

(211) Австралия представила Рабочий документ WP 61, ред.1, «*Отчет о семинаре КООС по морским и наземным Особо охраняемым районам Антарктики*», состоявшемся 16-17 июня 2011 г. в Монтевидео, Уругвай. Австралия отметила, что на XIII КООС было принято предложение ВГПУ о проведении семинара по ОУРА для обмена положительным опытом и обсуждения вопросов, касающихся разработки Руководства по подготовке планов управления ОУРА.

(212) Соруководители семинара Хуан Абдала (Уругвай) и Эван Макайвор (Австралия) поблагодарили всех участников за проявленный интерес и выразили сожаление по поводу отсутствия некоторых коллег, которые не смогли принять участие из-за отмены рейсов. В Рабочем документе WP 61 rev. 1 и в Информационном документе IP1 36 были представлены рекомендации и ключевые положения, вытекающие из четырех пунктов технического задания семинара, а именно:

1) Обмен положительным опытом путем рассмотрения вопросов, представляющих всеобщий интерес, и извлечения уроков из опыта применения различных подходов к управлению районами в Антарктике, а также использования соответствующих подходов к управлению многоцелевыми районами, принятых в других местах.

2) Разработка Руководства по подготовке планов управления ОУРА.

3) Определение характеристик потенциальных новых ОУРА.

4) Подготовка отчета для XIV КООС.

(213) Комитет поздравил организаторов семинара и поблагодарил Уругвай за предоставление места для проведения семинара и подчеркнул чрезвычайную важность продолжения этой работы.

(214) Уругвай проинформировал Комитет о том, что главная цель данного семинара состояла в утверждении единой системы по созданию планов управления морскими и наземными ОУРА. Уругвай высказал предостережение в части необходимости максимально возможного упрощения обмена информацией между операторами и чиновниками, в противном случае существует опасность неосуществимости ожидаемых результатов от введения природоохранных мер в регионе.

(215) Комитет поддержал четыре рекомендации, являющиеся результатом семинара, и согласился:

1) Ходатайствовать перед Секретариатом о предоставлении на сайте СДА ссылки на существующие сайты ОУРА.

2) Поощрять дальнейший обмен положительным опытом по управлению ОУРА. В частности, Группам по управлению ОУРА рекомендуется обмениваться информацией, касающейся инициативных предложений, которые могут представлять более широкий интерес для внедрения в других ОУРА.

3) Стремиться выявлять возможности использования большего опыта и ответственности КОМНАП для содействия развитию сотрудничества и координации действий в вопросах разработки, реализации и управления ОУРА. Кроме того, КООС согласился стремиться использовать опыт СКАР в вопросах научной деятельности, МААТО в вопросах

туристической деятельности и НК-АНТКОМ в вопросах определения, управления и осуществления контроля за морскими районами.

4) Рекомендовать заинтересованным Членам Комитета выполнить пересмотр положений существующих планов управления ОУРА с целью подготовки предлагаемого плана работы и сопутствующих материалов в помощь работе ВГПУ по разработке Руководства по созданию ОУРА и подготовке и пересмотру планов управления ОУРА.

(216) КОМНАП также поздравил организаторов и выразил удовлетворение по поводу своего участия в семинаре. Он также выразил удовлетворение по поводу включения Рекомендации 3 Рабочего документа WP 61.

(217) АСОК поблагодарила Австралию и Уругвай за организацию и координацию работы семинара по ОУРА. АСОК отметила, что, по ее мнению, разнообразие существующих ОУРА свидетельствует о гибкости ОУРА как инструмента по охране районов, а также о потенциале расширения текущих функциональных возможностей этого инструмента при создании новых морских и наземных ОУРА.

(218) По данному пункту повестки дня были также представлены следующие Информационные документы:

- IP 24 (Германия) «*Отчет о ходе выполнения работ по научно-исследовательскому проекту «Текущая экологическая обстановка и предложения по управлению регионом полуострова Филдс (Антарктика)»*.

- IP 69 (Австралия) «*Краткий обзор основных особенностей Особо управляемых районов Антарктики»*.

- IP 102 (Российская Федерация) «*Исследование современного состояния животного мира в районе станции Мирный, ООРА № 127, остров Хасуэлл»*.

(219) Председатель отметил, что Информационный документ IP 109 *(Республика Корея и Аргентина) «Совместная деятельность по управлению ООРА на острове Кинг-Джордж (острове 25 мая), Южные Шетландские острова»*, был представлен ранее на неделе по пункту повестки дня 7(а).

Пункт 8. Сохранение антарктической флоры и фауны

8а) Карантин и неместные виды

(220) В качестве руководителя Новая Зеландия представила Рабочий документ *WP 34 «Отчет о работе Межсессионной контактной группы по вопросу неместных видов за период 2010-2011 гг.».* Новая Зеландия подвела итог основных результатов второго года работы МКГ, включая определение основной цели и выработку основных руководящих принципов деятельности Сторон по снижению рисков внедрения неместных видов и подготовку Руководства по неместным видам.

(221) Комитет поздравил Новую Зеландию и участников МКГ с проделанной работой, отметив сложность рассмотрения вопросов, касающихся неместных видов. Многие Члены Комитета выразили благодарность МКГ за столь обстоятельные и полезные результаты работы.

(222) Ряд Членов Комитета пришли к согласию о необходимости размещения Руководства на сайте СДА, а также с тем, что оно должно оставаться действующим документом, подлежащим периодическому уточнению по мере необходимости.

(223) Чили и Уругвай подчеркнули необходимость наличия Руководства и сопутствующих документов на всех четырех языках Договора об Антарктике в целях облегчения пользования Руководством.

(224) В свете обсуждения Рабочего документа WP 34 Германия обратила внимание Комитета на Информационный документ IP 26 «Отчет о ходе выполнения работ по научно-исследовательскому проекту «Роль человеческой деятельности во внедрении неместных видов в среду Антарктики и распространении организмов на территории Антарктики». Германия проинформировала Комитет о намерении представить результаты этого научно-исследовательского проекта на рассмотрение следующего заседания КООС.

(225) В ответ на предложение Индии КОМНАП согласился оказать содействие в распространении Руководства среди управляющих национальных антарктических программ.

(226) МААТО проинформировала Комитет о намерении включить ссылку на Руководство в Руководство по осуществлению деятельности МААТО в Антарктике.

(227) Нидерланды рекомендовали разместить на сайте СДА, наряду с Руководством, примеры и рассмотрение конкретных случаев.

(228) По результатам обсуждения Рабочего документа WP 34 Комитет согласился поддержать следующие рекомендации МКГ:

1) Одобрить основную цель и основные руководящие принципы деятельности Сторон по снижению рисков внедрения неместных видов;

2) Рекомендовать распространение и использование Руководства;

3) Продолжить разработку Руководства по неместным видам с привлечением СКАР и КОМНАП по научным и практическим вопросам соответственно; и

4) Поставить задачу перед Секретариатом о размещении Руководства на сайте СДА на всех четырех языках Договора об Антарктике.

(229) Комитет рассмотрел и одобрил Резолюцию, подготовленную участниками МКГ, в которой рекомендуется использование и дальнейшая разработка Руководства.

Информация КООС для КСДА

(230) Комитет рекомендует КСДА принять Руководство по неместным видам в Антарктике в виде Резолюции.

(231) КОМНАП представил Рабочий документ WP 12 *«Освещение вопроса внедрения неместных видов: результаты семинара и вопросники для менеджеров по поставкам»,* подготовленный совместно со СКАР. В Рабочем документе содержатся две рекомендации для КООС, включая рекомендацию по рассмотрению вопроса о включении вопросника по снижению риска внедрения неместных видов в предложенное Руководство по неместным видам.

(232) Большинство Членов Комитета отметили полезность представленной упорядоченности действий и стиль изложения вопросника.

(233) Китай выразил озабоченность по поводу применимости некоторых пунктов вопросника. В частности, Китай отметил, что к некоторым позициям вопросника предъявляются слишком строгие требования, чтобы их можно было выполнить, и что, возможно, следует их пересмотреть с точки зрения практической осуществимости, что принесет только пользу.

(234) КОМНАП поблагодарил Китай и отметил, что, несмотря на то, что соблюдение ряда предложенных в вопроснике нормативных требований представляет определенные трудности, выполнение этих норм носит добровольный характер.

(235) Аргентина отметила, что эти вопросники были разработаны после проведения широких консультаций с членами КОМНАП.

(236) МААТО и ряд членов КОМНАП намереваются использовать эти вопросники в следующем летнем сезоне.

(237) Участники совещания поздравили КОМНАП и СКАР с выполнением столь обстоятельной работы, представленной в Рабочем документе WP 12. Председатель напомнил участникам совещания, что целью вопросника является выдача рекомендаций и оказание помощи операторам в их работе, и что он не является обязательным к исполнению.

(238) КООС одобрил рекомендации, в том числе и включение вопросников в Руководство по неместным видам, и рекомендовал добавить комментарии, представленные Китаем.

(239) СКАР представил Рабочий документ *WP 53 «Меры по снижению риска внедрения неместных видов в антарктическом регионе при поставке свежих продуктов питания»*. СКАР рекомендовал КООС обсудить и принять данные меры.

(240) Китай выразил озабоченность по поводу Раздела 3b), рекомендующего осуществление поставок свежих продуктов питания в Антарктику на судах или летательных аппаратах в сопровождении средств для уничтожения насекомых в аэрозольной упаковке. Китай отметил, что перевозка средств от насекомых в аэрозольной упаковке на летательных аппаратах запрещена ввиду их огнеопасности и, следовательно, данная рекомендация противоречит требованиям безопасности полетов. Чили

отметила, что горючим средствам от насекомых в аэрозольной упаковке, вероятно, есть замена, что сведет к минимуму опасения в отношении безопасности полетов.

(241) Великобритания поддержала принятие трех основных рекомендаций и Приложения А к докладу, заметив при этом, что меры не предлагаются в качестве обязательных.

(242) Аргентина выразила озабоченность по поводу использования слов «запрещается» и «воспрещается» в тексте доклада по поводу транспортировки свежих фруктов или продуктов в антарктический регион. Аргентина отметила необходимость разъяснений в отношении раздела 2c), так как термин «сезонные продукты» способен ввести в заблуждение ввиду получения Сторонами продуктов питания из обоих полушарий. Аргентина также отметила, что ультрафиолетовое облучение сокращает срок годности продуктов, а также решительно выступила против облучения продуктов питания гамма-лучами. Она предложила провести консультации по этому вопросу с медицинской группой СКАР/КОМНАП.

(243) США предположили, что принятие этих мер потребует слишком большого обсуждения и разъяснений в процессе настоящего Совещания с тем, чтобы все Стороны высказали свое мнение. США отметили, что межсессионное рассмотрение этих мер было бы хорошим вариантом для продолжения работы МКГ по неместным видам и предложили привлечь КОМНАП к изучению практических аспектов вопросов, таких как безопасность пищевых продуктов, безопасность транспортных средств и питание людей.

(244) ЮАР подчеркнула свою озабоченность по поводу биологической безопасности, высказав мысль о том, что практичные и экономичные меры имеют наибольший шанс на успех.

(245) Новая Зеландия поблагодарила СКАР за выполненную работу и отметила, что рекомендации можно было бы включить в приложение к Руководству в качестве вспомогательного материала, который бы применялся в зависимости от ситуации и оказывал бы помощь Сторонам в выполнении требований, предусмотренных Приложением II.

(246) КОМНАП принял приглашение принять участие в обсуждении и попросил больше времени на рассмотрение практических последствий принятия таких мер.

(247) СКАР поблагодарил всех Членов Комитета за высказанные замечания и дал несколько пояснений. Данные меры находятся на стадии проекта и требуют проведения консультаций по содержанию и формулировкам до их принятия. Запрет на ввоз свежих продуктов питания не является составной частью подхода к решению задачи, так как эти рекомендации направлены исключительно на снижение уровня внедрения неместных видов.

(248) Комитет принял предложение СКАР председательствовать во время неформального обсуждения Рабочего документа WP 53 в межсессионный период с целью представления откорректированного документа на XV КООС.

(249) Австралия представила Информационный документ IP 68 *«База данных чужеродных видов»*, подготовленного совместно со СКАР, и напомнила Комитету о ранее достигнутой договоренности рекомендовать использование Базы данных чужеродных видов, которая ведется Австралийским центром антарктических данных (AADC), являющегося центральным архивом данных о чужеродных видах Антарктики, и заслушивать отчеты о работе AADC по усовершенствованию базы данных, которая предусматривает создание стандартного бланка для ввода информации в режиме онлайн и возможность загрузки изображений в главную систему. Австралия отметила, что Руководство по неместным видам является еще одним подтверждением важности ранее достигнутых договоренностей с Комитетом, и рекомендовала Членам Комитета представлять информацию по неместным видам в базу данных.

(250) В ответ на вопрос Чили Австралия заверила Комитет в возможности модификации базы данных в целях непрерывной регистрации всех событий, связанных с неместными видами.

(251) Великобритания предложила внести в базу данных информацию, содержащуюся в Информационном документе IP 50 *«Колонизационный статус известных неместных видов в наземной среде Антарктики (обновленные данные по состоянию на 2011 г.)»*.

(252) По данному пункту повестки дня были также представлены следующие документы:

- IP 32 *«Отчет о научной конференции по неместным видам в Осло в рамках МПГ»* *(Франция)*.

- IP 26 *«Отчет о ходе выполнения работ по научно-исследовательскому проекту "Роль человеческой деятельности во внедрении неместных видов в среду Антарктики и распространении организмов на территории Антарктики"»* *(Германия)*.

8b) Особо охраняемые виды

(253) По этому пункту не было представлено ни одного документа.

8с) Прочие вопросы, связанные с Приложением II

(254) Германия представила Рабочий документ WP38 *«Антарктический дискуссионный форум компетентных органов* (ДФКО). *Влияние подводных звуков на воды Антарктики»*. Германия предложила осенью 2011 года организовать 2-й семинар ДФКО по влиянию антропогенных подводных звуков на окружающую среду Антарктики. Он логически вытекает из 1-го семинара, проведенного в 2006 году, отчет о котором представлен в Информационном документе IP 43 на XXIX КСДА.

(255) Комитет поблагодарил Германию за доклад и отметил интерес в развитии понимания этой проблемы.

(256) Некоторые Члены выразили интерес к участию в предложенном семинаре. Другие Члены высказались о том, что, если исходить из высокотехнологичной природы подводной акустики, ДФКО не является наиболее подходящим форумом, на котором на данном этапе КООС должен изучать эту проблему.

(257) Великобритания провела четкое различие между научными доказательствами, которые являлись основой для работы Комитета, и деятельностью компетентных органов, которая не обязательно имела отношение к делу. Тем не менее, Великобритания отметила значение проведения такого семинара для охвата ряда тем, которые в том числе будут обсуждаться в других рабочих группах. Россия отметила, что эта

проблема была полностью изучена на предыдущих совещаниях. США отметили, что компетентные органы не находятся под юрисдикцией КООС и, следовательно, КООС не должен рассматривать этот вопрос. Вместо этого США предложили обратиться за советом к СКАР и отметили важность понимания профиля подводного шума, чему мониторинг будет только способствовать. АСОК напомнила Комитету, что на предыдущих совещаниях она представила четыре информационных документа по этому вопросу и будет рада сообщить Комитету новейшую информацию.

(258) Комитет приветствовал предложения СКАР и АСОК представить на КООС XV краткий анализ новой информации по этой проблеме для дальнейшего тематического обсуждения.

(259) СКАР представил Информационный документ IP 33 *«Кодекс поведения СКАР при исследовании и изучении подледниковой водной среды»* и Информационный документ IP 53 *«Кодекс поведения СКАР при использовании животных в научных целях в Антарктике»*.

(260) Великобритания отметила, что Информационный документ IP 33 был полезен при подготовке проекта Всесторонних оценок окружающей среды (ВООС) по исследованию подледникового озера Эллсворт.

(261) Что касается Информационного документа IP53, то, по мнению Великобритании, исследователи не должны ждать окончания эксперимента, чтобы безболезненно убивать используемых в научных целях животных, которые в противном случае будут испытывать постоянную необлегчимую боль, страдания, дискомфорт и беспомощность.

(262) В рамках этого пункта были также представлены следующие документы:

- Информационный документ IP 27 *«Доклад о ходе выполнения научно-исследовательской программы "Мониторинг китов в Антарктике"»* (Германия);

- Информационный документ IP 29 *«Потенциальные возможности технических мер по уменьшению акустического воздействия пневмопушек»* (Германия);

- Информационный документ IP 94 *«Использование собак в контексте столетней годовщины экспедиции»* (Норвегия).

Пункт 9. Представление данных об окружающей среде

(263) Великобритания представила Рабочий документ WP 15 rev. 1 *«Методы дистанционного зондирования для улучшенного мониторинга изменения окружающей среды и климата в Антарктике».*

(264) Великобритания рекомендовала КООС:

1) Отметить и поддержать потенциальные возможности дистанционного зондирования с целью достижения значительных успехов в будущих программах контроля состояния окружающей среды, в том числе в контексте управления охраняемыми районами и мониторинга воздействия изменений климата.

2) Рассмотреть дополнительные возможности использования данных дистанционного зондирования для помощи в работе КООС и КСДА.

3) Продолжить исследование возможностей использования и изучения новых областей применения при мониторинге окружающей среды.

(265) Многие участники выразили признание Великобритании за подготовку Рабочего документа WP 15 rev. 1 и высказались в поддержку перечисленных рекомендаций.

(266) Некоторые участники также подчеркнули, что в Рабочем документе WP 15 не рассматриваются несколько альтернативных примеров дистанционного обследования или других методов, которые можно было бы использовать для дистанционного сбора данных или мониторинга помимо выводимых со спутника данных. Норвегия предложила провести работу по изучению массива данных и предметов мониторинга других текущих международных инициатив по дистанционному зондированию и представить эту информацию в КООС для сравнения, а также отметила, что будет рада работать с другими участниками в этом направлении.

(267) Некоторые участники также прокомментировали трудности использования дистанционного зондирования при мониторинге окружающей среды. Российская Федерация объявила, что она представила Информационный документ IP 98 (пункт 13 повестки дня КСДА) об использовании различных методов мониторинга, в котором будет дано сравнение преимуществ и недостатков нескольких различных методов.

(268) Германия обратила внимание на то, насколько полезным может быть космический мониторинг при определении тенденций изменения климата.

(269) Австралия рекомендовала всем участникам, работающим в антарктическом регионе, обмениваться информацией о текущей и планируемой деятельности по дистанционному зондированию, опытом и результатами работы и избегать дублирования проводимых исследований. Чили и Эквадор выразили согласие с этой рекомендацией. Эквадор отметил, что будет признателен за любое сотрудничество в обмене базами данных, особенно долгосрочных данных, которые в настоящее время недоступны для всех участников.

(270) Несколько участников проинформировали Комитет об использовании в каждом сезоне с целью мониторинга окружающей среды своих методов дистанционного зондирования, часть из которых не всегда базируется на спутниковых данных из-за высокой стоимости их получения. Аргентина проинформировала Комитет о недавнем запуске нового спутника, который позволит более эффективно осуществлять мониторинг антарктического и субантарктического регионов. Индия также проинформировала Комитет о запуске спутников на полярную орбиту.

(271) Комитет согласился поддержать рекомендации, представленные в Рабочем документе WP 15 rev. 1, с добавлением еще одной предложенной Австралией рекомендации по обмену информацией для пользы всех работающих в антарктическом регионе Сторон и во избежание дублирования исследовательской деятельности. Председатель подчеркнул, что другие методы дистанционного сбора данных или мониторинга, отличные от спутникового дистанционного зондирования, также важны, и их следует учитывать при планировании мониторинга.

(272) Румыния представила Информационный документ IP 35 *«Мониторинг окружающей среды и экологические исследования в Антарктике в 2010-2012 гг.»*.

(273) СКАР совместно с Австралией представил Информационный документ IP 51 *«Система наблюдений Южного океана (СООС): последние данные»*. Австралия отметила, что, несмотря на свою важность, Южный океан является одним из наименее исследованных морских районов в мире. Признавая, что несколько Сторон уже вплотную

привлечены к этой программе, Австралия призвала все Стороны поддержать и внести вклад в эту программу СООС. Австралия объявила о принятии Секретариата на своей территории для этой программы. США отметили свою поддержку программы СООС и сообщили о том, что будут сотрудничать в этом направлении.

Пункт 10. Отчеты об инспекциях

(274) Япония представила Рабочий документ WP 1 *«Инспекция, проведенная Японией в соответствии со Статьей VII Договора об Антарктике и Статьей XIV Протокола по охране окружающей среды»* и Информационный документ IP 4 с полным отчетом об инспекции. Во время инспекции в январе и феврале 2010 года Япония посетила шесть станций: станцию «Маитри» (Индия), станцию «Принцесса Елизавета» (Бельгия), станцию «Ноймайер III» (Германия), базу «САНАП IV» (Южная Африка), станцию «Тролль» (Норвегия) и станцию «Новолазаревская» (Российская Федерация).

(275) Япония представила результат инспекции, в том числе ликвидации и удаления отходов, очистки канализационных и бытовых сточных отходов. После представления результатов Япония рекомендовала на некоторых станциях улучшить очистку сточных вод, состояние нефтепродуктовых резервуаров и т. д.

(276) Австралия представила Рабочий документ WP 51 *«Инспекции, проведенные Австралией в январе 2010 года и январе 2011 года в соответствии с Договором об Антарктике и Протоколом по охране окружающей среды»* и Информационные документы IP 39 и IP 40 с полными отчетами об инспекции. В январе 2010 года австралийские наблюдатели провели инспекции станции «Сёва» (Япония), станций «Дружная IV» и «Союз» (Российская Федерация) и особо охраняемого района Антарктики (ООРА) 168 «Гора Хардинг», а также авиационные наблюдения станции «Молодежная» (Российская Федерация). В январе 2011 года австралийские наблюдатели провели наземные инспекции станции «Гондвана» (Германия) и станции «Восток» (Российская Федерация), а также авиационное наблюдение станции «Ленинградская» (Российская Федерация).

(277) Австралия сообщила, что на ряде проинспектированных станций на инспекционные группы произвело впечатление ответственное

отношение к науке, а также деятельность по удалению накопленных отходов. Австралия сообщила, что во время инспекций были выявлены некоторые районы напряжённого состояния окружающей среды, и обратила внимание Совещания на рекомендации о том, что Стороны должны: следить за тем, чтобы объекты эксплуатировались в соответствии с положениями Протокола; содержать в исправности и регулярно оценивать состояние временно незанятых объектов для предотвращения нанесения вреда окружающей среде; уделять должное внимание вывозу сооружений и оборудования, которое больше не используется, и удалению накопленных отходов; прилагать усилия к тому, чтобы обмениваться с работающей Стороной информацией о незанятых сооружениях, знаниями и опытом по ликвидации последствий прошлой деятельности.

(278) Стороны проинспектированных станций поблагодарили Японию и Австралию за посещение и конструктивные замечания.

(279) Российская Федерация приветствовала результаты отчетов, считая их полезными и конструктивными, и отметила, что они помогут России предпринять конкретные действия. Россия проинформировала Совещание о том, что после замечаний, сделанных австралийской инспекционной группой в 2010 году, она отправила на станцию «Союз» бригаду для выполнения ремонтных работ в сезон 2010-2011 года. Россия предложила представить на предстоящем Совещании отчёт о дополнительных мерах, предпринятых в связи с указанными проблемами. Российская Федерация упомянула Рабочий документ WP 55 «О стратегии развития деятельности Российской Федерации в Антарктике на период до 2020 года и долгосрочной перспективе», в котором приведены дополнительные сведения о её планах по решению некоторых проблем, выявленных на проинспектированных станциях.

(280) Комитет согласился с тем, что инспекции очень полезны, отметив, что они содействовали эффективной реализации положений Протокола.

(281) АСОК поблагодарила Австралию и Японию за проведенные инспекции. Как отмечено в Информационном документе IP 118 rev 1, представленном АСОК и ЮНЕП на XXVI КСДА, на некоторых участках и объектах инспекция еще не была проведена, и инспекции, проведенные Японией и Австралией, помогли заполнить этот пробел. По данным АСОК, отчеты об инспекциях дополнительно подтверждают

некоторые выводы АСОК о неудовлетворительной реализации требований Протокола, изложенные в Информационном документе IP 89 rev.1, которые были представлены на XXXIV КСДА. АСОК рекомендовала проинспектированным Сторонам и КООС в дальнейшей работе принять во внимание выводы этих инспекций.

(282) Россия приветствовала результаты отчетов и предложила во время последующих инспекций принимать во внимание национальные и культурные аспекты, подчеркнув, что обмен электронными сообщениями во время подготовки инспекции Австралией станции «Восток» совпал с православным Рождеством.

(283) Что касается замечаний, сделанных по поводу необходимости принятия более строгих мер по удалению и очистке сточных вод, в частности, на внутриматериковых станциях, Комитет обратился к КОМНАП с предложением представить на КООС XV информацию о передовых методах удаления и очистки сточных вод. Он также отметил, что в отношении этой проблемы Комитет ранее уже отмечал практические сложности при выполнении требований Протокола.

(284) В ответ на замечание Японии в отношении использования на станциях альтернативных источников энергии Норвегия обратила внимание Комитета на Информационный документ IP 74 *«Оценка возможности использования энергии ветра на норвежской научно-исследовательской станции "Тролль"»*, отметив потенциальную возможность использования на антарктических станциях энергии ветра и солнечной энергии.

(285) Поскольку Комитет не выработал конкретной политики в отношении использования гидропоники на антарктических станциях, Аргентина предложила КООС инициировать неофициальное обсуждение этого вопроса.

(286) Некоторые участники высказались о том, что, в то время как они прилагали усилия по выполнению своих обязательств по Протоколу, было затруднительно и дорого полностью содержать в исправности временно незанятые сооружения и регулярно давать оценку их состояния, а также ликвидировать отходы и следить за конструкциями с ухудшающимися характеристиками.

(287) В связи с этим США отметили свой определенный положительный опыт по удалению материалов с участков, где ранее осуществлялась деятельность, и объявили о том, что на КООС XV они представят информационный документ по этому вопросу.

(288) Комитет поддержал рекомендацию Австралии по возможному решению Сторонами вопросов ликвидации последствий прошлой деятельности и обслуживанию долговременных сооружений. Он также согласился включить этот пункт в пятилетний план работы.

(289) Япония выразила надежду, что все проинспектированные Стороны в ближайшем будущем в полной мере используют отчет для улучшения состояния объектов на антарктических станциях с точки зрения защиты окружающей среды и выполнения требований Мадридского протокола.

Пункт 11. Сотрудничество с другими организациями

(290) В рамках этого пункта повестки дня были также представлены следующие документы:

- Информационный документ IP 10 *«Ежегодный отчет Совета управляющих национальных антарктических программ за 2010 год»* (КОМНАП);

- Информационный документ IP 31 *«Отчет Наблюдателя от НК-АНТКОМ на Четырнадцатом заседании Комитета по охране окружающей среды»* (АНТКОМ);

- Информационный документ IP 54 *«Краткий анализ стратегического плана СКАР на 2011-2016 гг.»* (СКАР);

- Информационный документ IP 57 *«Отчет наблюдателя КООС перед Рабочей группой НК-АНТКОМ по экосистемному мониторингу и управлению (РГ-ЭММ)»* (АНТКОМ).

Пункт 12. Общие вопросы

(291) В ответ на запрос, сделанный на XXXIII КСДА относительно рекомендаций по экологическим проблемам, связанным с практическими аспектами возмещения ущерба или вреда, нанесенного окружающей среде, Австралия представила Рабочий документ WP 28 *«Экологические*

проблемы, касающиеся практических аспектов возмещения ущерба или вреда, нанесенного окружающей среде». Документ призван инициировать обсуждение и оказать помощь КООС в обеспечении своевременных и полезных ответных действий на Решение 4 (2010 г.). В нем обозначены восемь пунктов, на которые, по мнению Австралии, должен опираться КООС при подготовке таких ответных действий.

(292) Комитет поблагодарил Австралию за то, что она выступила инициатором работы по такой сложной и важной проблеме, и выразил интерес к обсуждению данной проблемы в КООС.

(293) Нидерланды предложили включить вопрос возмещения ущерба или вреда, нанесенного окружающей среде, в пятилетний план работы КООС. Нидерланды и АСОК также выразили озабоченность по поводу того, что при некоторых подходах возможна значительная задержка в реагировании на проблему.

(294) АСОК дополнительно отметила неправильные методы работ по отношению к оставленным сооружениям и ликвидации отходов, о чем сообщалось на этом КСДА в Рабочих документах WP 1, WP 51 и Информационном документе IP 24.

(295) Аргентина выразила поддержку всем пунктам Рабочего документа WP 28 и обратилась к Информационному документу IP 17, представленному на XXXIV КСДА, в котором дано краткое описание исследований по разработке процесса биологической очистки зараженных углеводородами почв, которые показали положительные результаты. Аргентина также отметила, что процессы биологической очистки включены в план действий по ликвидации нефтяных разливов для станции «Джубани».

(296) В ответ на запрос Комитета СКАР согласился предоставить рекомендации КООС по техническим вопросам, касающимся возмещения ущерба или вреда, нанесенного окружающей среде.

(297) Комитет призвал Участников представить на КООС XV документы и предложения по данной проблеме с целью создания на этом заседании МКГ по возмещению ущерба или вреда, нанесенного окружающей среде.

(298) В рамках этого пункта повестки дня были также представлены следующие документы:

- Информационный документ IP 48 *«Удаление отходов из долины Тала»* (Австралия);

- Информационный документ IP 49 *«Возобновляемые источники энергии и инициативы по энергетической эффективности на австралийских антарктических станциях»* (Австралия);

- Информационный документ IP 61 *«Программа СКАР по изучению постепенного изменения климата Антарктики»* (СКАР);

- Информационный документ IP 95 *«Платить ли за эксплуатацию экосистем Антарктики?»* (Нидерланды);

- Информационный документ IP 127 *«Строительство православной часовни на станции "Академик Вернадский"»* (Украина).

(299) КООС отметил, что КСДА рассмотрело Рабочий документ WP 24 *«Доклад Межсессионной контактной группы о проведении анализа рекомендаций КСДА»* (Аргентина) и попросило совета относительно нерешенных вопросов по следующим рекомендациям, направленным на решение экологических проблем, отличных от охраны и управления районами:

- Рекомендация III-8;

- Рекомендация III-10;

- Рекомендация IV-22;

- Рекомендация X-7;

- Рекомендация XII-3;

- Рекомендация XIII-4;

- Рекомендация XIV-3.

(300) Австралия созвала контактную группу открытого состава для рассмотрения вопроса, могут ли данные рекомендации, с точки зрения Комитета, больше не считаться актуальными.

(301) Комитет поддержал рекомендации контактной группы. Он отметил, что нерешенные вопросы Рекомендаций III-10, IV-22, X-7, XII-

3, XIII-4 относились к тому, чтобы СКАР предоставил Сторонам рекомендации по рассмотрению: сохранения антарктической флоры и фауны; вопросов, связанных с охотой на тюленей или котиков в открытом море; мониторинга содержания углеводородов в морской среде; воздействия на окружающую среду научной и логистической деятельности; ликвидации отходов.

(302) Комитет согласился с тем, что эти рекомендации устарели и могут более не считаться актуальными, однако отметил важную роль, которую играет СКАР в предоставлении КСДА и КООС научных консультаций в соответствии с положениями, прописанными в статьях 10.2 и 12 Протокола по охране окружающей среды.

(303) Что касается Рекомендации XIII-4, Комитет отметил, что КОМНАП будет хорошо подготовлен для предоставления рекомендаций по ликвидации отходов.

(304) Комитет отметил, что руководящие принципы научного бурения, изложенные в Рекомендации XIV-3, не были заменены или изменены. Он согласился с тем, что согласно статье 8 и Приложению I к Протоколу такая деятельность подлежит предварительной оценке с точки зрения воздействия на окружающую среду и что сохранение информации может принести определенную пользу при планировании, проведении и экологической оценке буровых работ. Комитет согласился уделить дополнительное внимание данному вопросу и должным образом рассмотреть опыт ряда существующих и планируемых буровых проектов.

(305) Комитет отметил, что положения Протокола по охране окружающей среды и его приложений практически заменили положения Согласованных мер по сохранению антарктической флоры и фауны, приведенных в приложении к Рекомендации III-8.

Информация КООС для КСДА

(306) Комитет *сообщает,* что следующие рекомендации, переданные ему для рассмотрения КСДА, могут более не считаться актуальными:

- Рекомендация III-8;

- Рекомендация III-10;

- Рекомендация IV-22;

- Рекомендация X-7;

- Рекомендация XII-3;

- Рекомендация XIII-4.

(307) Комитет дополнительно сообщает, что элементы руководящих принципов научного бурения в районе действия Договора об Антарктике, представленные в Рекомендации XIV-3, не были заменены или изменены, и что сохранение руководящих принципов может принести определенную пользу. Комитет согласился уделить дополнительное внимание данному вопросу и должным образом рассмотреть опыт ряда существующих и планируемых буровых проектов.

Пункт 13. Выборы должностных лиц

(308) Комитет поздравил Веронику Вайехос (Чили) с переизбранием на должность заместителя Председателя на новый двухлетний срок.

Пункт 14. Подготовка к следующему совещанию

(309) Австралия представила Рабочий документ WP 8 *«Предлагаемая повестка дня 35-го Консультативного совещания по Договору об Антарктике, г. Хобарт, 2012 год»*.

(310) Несмотря на то, что XXXV КСДА будет проходить в течение восьми дней, Австралия отметила, что продолжительность совещания КООС не сокращена.

(311) Комитет принял предварительную повестку дня КООС XV (Дополнение 2).

Пункт 15. Принятие Отчета

(312) Комитет принял свой Отчет.

Пункт 16. Закрытие заседания

(313) Председатель закрыл заседание в пятницу, 24 июня 2011 г.

ПРИЛОЖЕНИЕ 1

Повестка дня и сводный перечень документов КООС XIV

1. Открытие заседания	

2. Принятие повестки дня	
SP1	*XXXIV КСДА - КООС XIV Повестка дня и график работы*

3. Стратегическое обсуждение дальнейшей работы КООС	
IP 89 АСОК	*The Antarctic Environmental Protocol, 1991-2011* В документе рассматривается состояние охраны окружающей среды Антарктики после подписания Протокола по охране окружающей среды, отмечаются значительные достижения, произошедшие события, возникшие вопросы и задачи.

4. Работа КООС	
WP 25 Германия и США	*Заблаговременное предоставление документов на КСДА.* В документе рассматриваются вопросы о том, что КСДА и КООС могут повысить эффективность и результативность работы, включив в свои Правила процедуры четкие положения, касающиеся предоставления документов перед проведением КСДА. Предлагается предусмотреть четкие сроки предоставления рабочих документов и побудительные мотивы для выполнения этих сроков и, с принятием нового набора процедур, заменить текущие руководящие принципы, содержащиеся в Решении 3 (2009 г.).
WP 36 Австралия, Франция и Новая Зеландия	*Предлагаемый новый подход к обработке Информационных документов.* Предлагается внести изменения в категории официального документа для КСДА и КООС, чтобы внимание в рабочих документах было сосредоточено на содержательных вопросах для обсуждения и / или принятия решения, сохраняя при этом официальные средства обмена полезной информацией между Сторонами и другими участниками совещаний. Представлены проект Решения и предложение по изменению «*Руководства по представлению, переводу и распространению документов КСДА и КООС*».
IP71 Италия	*Annual Report pursuant to Article 17 of the Protocol on Environmental Protection to the Antarctic Treaty. 2009-2010*
IP 93 Украина	*Annual Report Pursuant to Article 17 of the Protocol on Environmental Protection to the Antarctic Treaty*

IP 113 ЮНЕП и АСОК	*REVIEW OF THE IMPLEMENTATION OF THE MADRID PROTOCOL: ANNUAL REPORT BY PARTIES (ARTICLE 17).* В документе рассматривается обязательство ежегодного представления данных, отраженное в ст. 17 Мадридского протокола, а также анализ степени выполнения Сторонами обязательств ежегодного представления данных после вступления в силу Мадридского протокола.

5. ПОСЛЕДСТВИЯ ИЗМЕНЕНИЯ КЛИМАТА ДЛЯ ОКРУЖАЮЩЕЙ СРЕДЫ: СТРАТЕГИЧЕСКИЙ ПОДХОД	
WP 43 Велико- британия и Норвегия	*РАЗРАБОТКА ПРОСТОЙ МЕТОДИКИ КЛАССИФИКАЦИИ ОСОБО ОХРАНЯЕМЫХ РАЙОНОВ АНТАРКТИКИ В ЗАВИСИМОСТИ ОТ ИХ УЯЗВИМОСТИ К ИЗМЕНЕНИЮ КЛИМАТА.* Учитывая, что система охраняемых районов является важным инструментом регулирования последствий изменения климата, Великобритания и Норвегия предприняли первую попытку разработки методологии классификации существующих охраняемых районов с учетом их чувствительности к изменению климата и риска его изменения.
WP 44 Велико- британия и Норвегия	*ДОКЛАД О ХОДЕ ПЕРЕГОВОРОВ НА СЭДА ПО ИЗМЕНЕНИЮ КЛИМАТА.* Великобритания и Норвегия разработали этот документ для облегчения текущего рассмотрения на КСДА выводов и рекомендаций, вытекающих из СЭДА по вопросам изменения климата 2010 года. В сводной таблице Приложения А отражены действия по каждой из 30 рекомендаций СЭДА, предпринятые КООС и КСДА к настоящему времени. Великобритания и Норвегия предлагают, чтобы КСДА поставило перед Секретариатом задачу вести эту таблицу и вносить в нее последние данные, чтобы в ходе дальнейших обсуждений информировать о рекомендациях СЭДА вплоть до их полного закрытия.
IP 52 СКАР	*ANTARCTIC CLIMATE CHANGE AND THE ENVIRONMENT – 2011 UPDATE.* В этой второй обновленной версии документа КСДА после публикации доклада СКАР «Изменение климата Антарктики и окружающая среда» освещены некоторые последние достижения в климатологии Антарктики и проблемы сопутствующего воздействия на окружающую среду.
IP 56 МСОП	*MARINE SPATIAL PROTECTION AND MANAGEMENT UNDER THE ANTARCTIC TREATY SYSTEM: NEW OPPORTUNITIES FOR IMPLEMENTATION AND COORDINATION.* МСОП требует, чтобы Стороны работали в тесном контакте с АНТКОМ для определения важных крупномасштабных областей, представляющих интерес для обоих органов.

IP 65 Соединен- ные Штаты	*Frontiers in Understanding Climate Change and Polar Ecosystems Workshop Report.* Доклад информирует о семинаре с участием как полярных ученых, так и ученых, работающих в других областях, на котором рассматривались новые возможности исследования экосистем, которые могли бы пролить свет на вопросы перемещения видов, сезонных изменений, связи между ними, а также каким образом изменения в этих явлениях могут быть связаны с изменением климата.
IP 83 АСОК	*An Antarctic Climate Change Communication Plan.* В этом документе АСОК предлагает проект плана действий по распространению информации, способствующих реализации положений Рекомендации 2, предложенной СЭДА, по проблеме изменения климата.
IP 88 АСОК	*Ocean Acidification and the Southern Ocean.* АСОК информирует о влиянии закисления на химический состав и организмы Южного океана. АСОК рекомендует расширить исследования по распространению CO_2 и его поглощению в Южном океане, а также создать сеть МОР и морских заповедников как средство устранения стресс-факторов и для построения жизнеспособной экосистемы.
IP 103 МААТО	*IAATO's Climate Change Working Group: Report of Progress.* В докладе сообщается о целях и деятельности рабочей группы МААТО по изменению климата, вопросах, обсуждавшихся на последнем общем совещании МААТО, и инициативах на будущее.

6. Оценка воздействия на окружающую среду
а) Проекты Всесторонней оценки окружающей среды

WP 7 Австралия	*Отчет межсессионной контактной группы открытого состава о рассмотрении проекта ВООС для плана «Строительство и эксплуатация станции "Чан Бо Го" в заливе Терра Нова, Антарктика».* В отчете приведена информация о результатах рассмотрения Межсессионной контактной группой (МКГ) (координатор – Австралия в соответствии с процедурами КООС) проекта ВООС по строительству новой корейской станции.
WP 14 Норвегия	*Отчет Межсессионной контактной группы открытого состава для рассмотрения проекта ВООС в отношении «Предлагаемого исследования подледного озера Эллсуорт, Антарктика».* В отчете приведена информация о результатах рассмотрения Межсессионной контактной группой (МКГ) (координатор Норвегия в соответствии с процедурами КООС) проекта ВООС, подготовленного по предложению относительно исследования подледникового озера Эллсуорт.

WP 16 Великобритания	***Проект всесторонней оценки окружающей среды (ВООС) в отношении предлагаемого исследования подледного озера Эллсуорт, Антаркика.*** В документе дано описание предпосылок и целей исследования подледникового озера Эллсуорт, а также процесса подготовки проекта ВООС, его распространения и сделанных выводов.
WP 42 Республика Корея	***Проект Всесторонней оценки окружающей среды для строительства и работы антарктической исследовательской станции Джанг Бого, залив Терра Нова, Антарктика.*** В документе дана информация о процессе подготовки и распространения проекта ВООС и его содержания, а также общие выводы в качестве приложения.
IP 13 Великобритания	***The Draft Comprehensive Environmental Evaluation (CEE) for the Proposed Exploration of Subglacial Lake Ellsworth, Antarctica.*** В документе представлена полная версия проекта ВООС.
IP 19 Республика Корея	***The Draft Comprehensive Environmental Evaluation for the construction and operation of the Jang Bogo Antarctic Research Station, Terra Nova Bay, Antarctica.*** В документе представлена полная версия проекта ВООС.
IP 76 Республика Корея	***The Initial Responses to the Comments on the Draft Comprehensive Environmental Evaluation for Construction and Operation of the Jang Bogo Antarctic Research Station, Terra Nova Bay, Antarctica.*** В документе представлены предварительные замечания к нескольким комментариям, сделанным Сторонами относительно проекта ВООС.

b) Прочие вопросы ОВОС	
WP 54 Российская Федерация	***Технология изучения водной толщи подледникового озера Восток.*** В документе дана информация о том, что в феврале 2011 года ледниковая скважина на станции «Восток» вплотную приблизилась к границе лед-вода, и что проход к воде озера по всей вероятности будет открыт в летний сезон 2011-12 гг. с использованием технологии, разработанной Российской Федерацией в 2001 году, и в соответствии с окончательной ВООС, утвержденной в 2010 году.
SP 5 rev 1 Секретариат	***Ежегодный перечень Первоначальных оценок окружающей среды (ПООС) и Всесторонних оценок окружающей среды (ВООС), подготовленных в период с 1 апреля 2010 г. по 31 марта 2011 г.*** Секретариат представит отчет по списку ПООС и ВООС за последний отчетный период.
IP 64 Индия	***Final Comprehensive Environmental Evaluation (CEE) of New Indian Research Station at Larsemann Hills, Antarctica and Update on Construction Activity.*** Индия сообщает об использовании полученных предложений по окончательной версии ВООС и ее распространения среди Сторон, а также о процессе строительства станции.

2. Отчет КООС XIV

IP 72 США	*METHODOLOGY FOR CLEAN ACCESS TO THE SUBGLACIAL ENVIRONMENT ASSOCIATED WITH THE WHILLANS ICE STREAM.* В документе сообщается о проекте, направленном на изучение потенциальной возможности того, что в ближайшем будущем западноантарктический ледниковый щит в большой степени будет способствовать глобальному подъему уровня моря, присутствию ареалов микроорганизмов и микробов в темной и холодной подледниковой водной среде.
IP 84 АСОК	*ANTARCTIC TOURISM – WHAT NEXT? KEY ISSUES TO ADDRESS WITH BINDING RULES.* В этом документе рассматриваются три проблемы, которые АСОК определила как требующие особого внимания со стороны регулятивных органов: антарктический туризм как многозначная динамическая проблема, экологическая нагрузка от туризма и применение существующих документов.
IP 87 АСОК	*LAND-BASED TOURISM IN ANTARCTICA.* В документе рассматривается связь между коммерческим наземным туризмом и использованием инфраструктуры национальных программ, а также сложившаяся ситуация в области наземного туризма.
IP 123 Эквадор	*ESTUDIO DE IMPACTO AMBIENTAL EX-POST DE LA ESTACIÓN CIENTÍFICA ECUATORIANA "PEDRO VICENTE MALDONADO". ISLA GREENWICH-SHETLAND DEL SUR-ANTÁRTIDA, 2010-2011.* В этом документе приводится информация об оценке воздействия на окружающую среду XIV и XV Эквадорскими антарктическими экспедициями и представлен план управления мероприятиями по охране окружающей среды при осуществлении деятельности Эквадора в Антарктике.

7. ОХРАНА И УПРАВЛЕНИЕ РАЙОНАМИ

a) Планы управления

i. Проекты планов управления, рассмотренные Вспомогательной группой по планам управления

WP 47 Австралия	*ВСПОМОГАТЕЛЬНАЯ ГРУППА ПО ПЛАНАМ УПРАВЛЕНИЯ – ОТЧЕТ О ВЫПОЛНЕНИИ ПУНКТОВ 1-3 ТЕХНИЧЕСКОГО ЗАДАНИЯ: ПЕРЕСМОТР ПРОЕКТОВ ПЛАНОВ УПРАВЛЕНИЯ.* ВГПУ проанализировала проект плана управления ООРА, направленный КООС на межсессионное рассмотрение. ВГПУ рекомендует КООС утвердить пересмотренный План управления ООРА № 126 «Полуостров Байерс», подготовленный Великобританией, Чили и Испанией.

ii.	Проекты пересмотренных планов управления, не рассмотренные Вспомогательной группой по планам управления
WP 3 Франция	*Пересмотренный план управления ООРА № 120, Архипелаг Мыс Геологии, Земля Адели.* Франция сообщает о пятилетнем пересмотре Плана управления ООРА № 120, отмечая при этом, что в предыдущую версию были внесены только незначительные изменения для уточнения текста и устранения двусмысленностей. Рекомендуется, чтобы КООС утвердил прилагаемый пересмотренный план управления этим районом.
WP 4 Франция	*План управления ООРА № 166, Порт-Мартен, Земля Адели. Предложение о продлении срока действия существующего плана.* Франция осуществила пятилетний пересмотр Плана управления ООРА № 166 и с учетом пересмотра предлагает обновить план управления без внесения каких-либо изменений на срок пять лет.
WP 6 США и Чили	*Пересмотренный План управления Особо охраняемым районом Антарктики № 149 Мыс Ширефф и остров Сан-Телмо, остров Ливингстон, Южные Шетландские острова.* В документе сообщается, что в пересмотренный план управления были внесены незначительные изменения, в том числе введение, уточнения в согласованные положения в соответствии с требованиями АНТКОМ, требование к национальным программам, действующим в районе, и редакционные правки.
WP 9 Соединенные Штаты	*Пересмотренный План управления Особо охраняемым районом Антарктики № 122 «Высоты Эррайвл», полуостров Хат Пойнт, остров Росс.* В план управления были внесены некоторые существенные изменения, в том числе пересмотр нескольких границ, краткое введение, новые ценности, поправки к некоторым картам, описания района и доступ к нему, а также редакторские правки.
WP 23 Великобритания	*Пересмотр Плана управления Особо охраняемым районом Антарктики (ООРА) № 140 Части острова Десепшн, Южные Шетландские острова.* В пересмотренный план управления предлагается включить введение, пересмотр границ, доступ в район, карты и фотографии. Соглашаясь с существенными изменениями, внесенными в пересмотренную версию, Великобритания просит Комитет направить этот план управления на межсессионное рассмотрение ВГПУ.
WP 29 Австралия	*Пересмотренный План управления Особо охраняемым районом Антарктики № 167 Остров Хоукер, Земля Принцессы Елизаветы.* Австралия сообщает о том, что, по ее мнению, в план управления требуется внести только незначительные изменения, в том числе введение, некоторые дополнительные требования к посетителям, уточненные карты, ссылки на АЭД и обновленную библиографию. Австралия рекомендует КООС утвердить пересмотренный план управления.

WP 31 Новая Зеландия	***Пересмотр Плана управления Особо охраняемым районом Антарктики № 116: «Долина Нью-Колледж, пляж Коли, мыс Бэрд, остров Росс».*** Новая Зеландия сообщает, что пересмотренная версия Плана управления включает последнюю информацию о растительном покрове, беспозвоночных и границах ледников, и предлагает КООС утвердить пересмотренный план управления.
WP 33 Новая Зеландия	***Пересмотренная версия Плана управления Особо охраняемым районом Антарктики № 131 «Ледник Канада, озеро Фрикселл, долина Тейлор, Земля Виктории»*** Новая Зеландия сообщает, что для пересмотренного плана управления она оценила границы ледника, границы озера и потоки талой воды в связи с потенциальными изменениями, происходящими вследствие изменений климата, и провела исследование состояния растительности для обеспечения достаточного описания биоразнообразия водорослей в районе. Новая Зеландия предлагает КООС утвердить пересмотренный план управления.
WP 39 Великобритании и Новая Зеландия	***Уточненный план управления Особо управляемым районом Антарктики №2 Сухие долины Мак Мёрдо, южная часть Земли Виктории.*** В этом документе сообщается о нескольких важных изменениях, внесенных в План управления ОУРА № 2 в процессе его рассмотрения. Изменения были внесены в границы района, описание защищаемых ценностей, ограничения деятельности в пределах района, карты и фотографии.
WP 50 Италия	***Пересмотренный План управления Особо охраняемым районом Антарктики (ООРА) № 165 «Мыс Эдмонсон, море Росса».*** Италия сообщает, что границы, карты и описания района остаются без изменений, и что в пересмотренный план управления были внесены только незначительные изменения, главным образом касающиеся анализа осуществляемой в районе деятельности, последних данных о численности популяции гнездящихся птиц, предусмотренных в разрешении условий, а также ключевых вопросов управления, относящихся к защите потенциально уязвимых достопримечательностей этого места.
WP 58 Российская Федерация	***Пересмотр Плана управления Особо охраняемым районом Антарктики № 127 «ОСТРОВ ХАСУЭЛЛ» (Остров Хасуэлл и прилегающий участок припайного льда с колонией императорских пингвинов).*** Россия сообщает, что в пересмотренную версию Плана управления ООРА № 127 были внесены только незначительные изменения.

iii.	**Новые проекты планов управления охраняемыми / управляемыми районами**
iv.	**Прочие вопросы, касающиеся планов управления охраняемыми / управляемыми районами**
WP 10 Соединенные Штаты	*Разработка плана особой защиты Ледника Тейлора и «Кровавого водопада», Долины Тейлора, Сухих Долин Мак-Мердо, Земли Виктории.* США предлагают создать международную рабочую группу для обсуждения охраны района на территории ледника Тейлор и «Кровавого водопада» и разработать План управления ООРА для представления на XV заседание КООС в 2012 году.
WP 13 Австралия	*Вспомогательная группа по планам управления. Отчет по пунктам 4 и 5 Технического задания: «Совершенствование планов управления и процедуры их межсессионного рассмотрения».* В документе сообщается о том, какие задачи были поставлены перед ВГПУ в межсессионный период. В частности, сообщается о пересмотре *«Руководства по подготовке планов управления особо охраняемыми районами Антарктики»*, завершении разработки стандартных формулировок и шаблона планов управления ООРА, а также разработки плана семинара КООС по морским и наземным ОУРА.
WP 18 Великобритания	*Предлагаемая деятельность по мониторингу в Особо охраняемом районе Антарктики (ООРА) № 107 «Императорский остров, Дионовы острова, залив Маргерита, Антарктический полуостров»* Отметив, что постоянное существование колонии императорского пингвина на территории ООРА в настоящее время вызывает сомнение, Великобритания предлагает отложить пересмотр текущего плана управления на пять лет для подтверждения статуса колонии, после чего рассмотреть соответствующие меры.
SP 7 Секретариат	*Статус планов управления Особо охраняемыми и Особо управляемыми районами Антарктики.* Информация о статусе планов управления ООРА и ОУРА с учетом требований к пересмотру, изложенных в Приложении V Протокола.
IP 73 США	*Amundsen-Scott South Pole Station, South Pole Antarctica Specially Managed Area (ASMA No. 5) 2011 Management Report.* В документе обобщены текущие сложности при регулировании различной деятельность на территории ОУРА, в частности, связанные с ожидаемым повышением активности неправительственных организаций в связи с празднованием столетия покорения Южного полюса экспедициями Амундсена и Скотта.

IP 79 Австралия, Китай, Индия, Румыния, Россия	*Report of the Larsemann Hills Antarctic Specially Managed Area (ASMA) Management Group.* Стороны, осуществляющие деятельность на территории Холмов Ларсеманн, учредили Группу управления для осуществления надзора за реализацией Плана управления этого ОУРА. В документе дается краткий отчет о деятельности Группы управления в 2010-2011 г.г.
IP 109 Республика Корея и Аргентина	*Cooperation Management Activities at ASPAs in 25 de Mayo (King George) Island, South Shetland Islands.* В документе сообщается о деятельности Республики Корея и Аргентины по анализу мероприятий по охране и рациональному использованию окружающей среды в двух ООРА на острове Кинг-Джордж и Южных Шетландских островах – ООРА № 132 и ООРА № 171.
IP 115 Республика Корея	*Fauna Survey of the ASPA 171 Nar bski Point, ASPA 150 Ardley Island and ASPA 132 Potter Peninsula in 2010-11.* В документе сообщается об исследовании с целью составления комплексного Плана управления ООРА № 171.
IP131 Аргентина, Чили, Норвегия, Испания, Великобритания и США	*Deception Island Specially Managed Area (ASMA) Management Group Report.*

b) Исторические места и памятники

WP 5 Китай	*Предложение о включении здания № 1 в перечень исторических мест и памятников в память о китайской антарктической экспедиции на станции «Великая стена».* В документе предлагается включить первое капитальное здание, построенное Китаем в Антарктике, в качестве нового ИМП.
WP 27 Аргентина	*Отчет о неофициальном обсуждении исторических мест и памятников.* В документе сообщается о результатах неформального обсуждения исторических мест и памятников, в центре внимания которого находился как анализ самого понятия «исторический», так и более всеобъемлющего понятия «усиление роли» применительно к историческим местам и памятникам в Антарктике.
WP 59 Чили	*Предложение о пересмотре Исторического памятника № 82. Установка мемориальных досок на монументе в честь Договора об Антарктике.* Чили сообщает об установке мемориальной доски в честь Международного полярного года на памятнике Договору об Антарктике, возведенному возле баз «Фрей», «Беллинсгаузен» и «Эскудеро» на острове Кинг-Джордж в соответствии с Мерой 3 (2007).

IP 117 Чили	*Inauguración de la instalación de Placas Conmemorativas en el Monumento al Tratado Antártico.* В документе содержится речь посла Фернандо Шмидта, заместителя министра иностранных дел Чили, произнесенная во время открытия мемориальных досок в честь Международного полярного года. Мемориальные доски были установлены 1 февраля 2011 г. на памятнике Договору об Антарктике, расположенному на острове Кинг-Джордж.
IP 130 Аргентина	*Update on enhancement activities for HSM 38 "Snow Hill".*

с) Правила поведения для посетителей участков	
WP 17 Велико- британия, Аргентина, Чили, Норве- гия, Испания и США	*Пересмотр правил поведения для посетителей залива Уэйлерс, остров Десепшн, Южные Шетландские острова.* В документе сообщается о предлагаемых изменениях в пересмотренных правилах поведения, касающихся уточнения района высадки, исправлений в картах и *Предупреждениях*, а также исправления незначительных типографских ошибок.
WP 30 Новая Зелан- дия и США	*Правила поведения для посетителей участка «Долина Тейлора», южная часть Земли Виктории.* В документе предлагается принять правила поведения для посетителей района Сухих долин МакМердо с целью сведения к минимуму риска нагрузки от посещения этого места, имеющего исключительную природную и научную ценность, которые должны применяться в соответствии с Планом управления ОУРА № 2.
WP 45 Австралия	*Отчет Межсессионной контактной группы открытого состава по пересмотру экологических элементов Рекомендации XVIII-1.* В документе сообщается о выводах МКГ, созванной Австралией с целью: анализа существующей информации по экологическим проблемам, предназначенной для посетителей; разработки пересмотренных и обновленных правил поведения и рассмотрения того, как КООС может наилучшим образом провести оценку новых правил поведения для посетителей объектов и периодически проводить анализ существующих правил. МКГ разработала обновленные правила поведения для посетителей на базе Рекомендации XVIII-1, которые представлены КООС для рассмотрения вместе с проектом Резолюции для утверждения на КСДА. В документе также представлены рекомендации того, как КООС может наилучшим образом провести оценку новых правил поведения для посетителей объектов и периодически проводить анализ существующих правил.

WP 49 Чили и Аргентина	***Правила поведения в отношении северо-восточного пляжа полуострова Ардли (остров Ардли), остров Кинг-Джордж/25 Мая, Южные Шетландские острова.*** После получения и рассмотрения комментариев, направленных Сторонам в межсессионный период, Чили и Аргентина предлагают для рассмотрения данные правила, целью которых является оптимизация контроля над растущим числом посетителей в этом районе.
WP 52 Австралия	***Правила поведения для посетителей хижин Моусона и мыса Денисон, Восточная Антарктида.*** В докладе предлагается принять правила поведения для посетителей объектов, которые направлены на помощь в регулировании посещений этого места, имеющего исключительную историческую, археологическую, техническую, социальную и эстетическую ценность.
IP 9 США	***Antarctic Site Inventory: 1994-2011.*** В документе приведена обновленная информация по инвентаризации территорий Антарктики, в которой сосредоточены биологические данные и описательная информация об объектах Антарктического полуострова, собираемые с 1994 г.
IP 12 Болгария	***Guidelines of environmental behavior of the expedition participants and visitors to the Bulgarian Base in Antarctica.*** В документе сообщается о единых правилах поведения для сотрудников и посетителей *станции «Святой Климент Охридский».*
IP 23 США и Великобритания	***The Antarctic Peninsula Compendium 3rd Edition.*** В справочник включена информация о 142 объектах, регулярно посещаемых туристами или другими посетителями, объектах с историческими данными переписи, национальных научно-исследовательских станциях, объектах на территориях ОУРА и нескольких ООРА.
IP 104 МААТО	***Proposed Amendment to Antarctic Treaty Site Guidelines for Hannah Point.*** В документе предлагается внести поправку в правила поведения для посетителей объекта после инцидента, во время которого морской слон, вероятно потревоженный посетителями, упал со скалы.
IP 105 МААТО	***Report on IAATO operator use of Antarctic Peninsula Landing Sites and ATCM Visitor Site Guidelines, 2009-10 & 2010-11 Season.*** МААТО сообщает о том, что в большинстве случаев высадка на берег осуществлялась по правилам поведения на объектах или в рамках управления национальной программы ввиду близости мест высадки к станциям. МААТО предлагает в ближайшем будущем принять правила поведения для посетителей двух объектов.

IP 110 Украина	*ПРАВИЛА, РЕГУЛИРУЮЩИЕ ПОСЕЩЕНИЕ СТАНЦИИ АКАДЕМИК ВЕРНАДСКИЙ.* В документе сообщается о политике, ориентированной на посетителей станции и сформулированной в формате правил поведения для посетителей объекта, которые облегчают их понимание и использование экипажами туристических судов и членами экспедиций.
IP 126 Эквадор	*MANEJO TURÍSTICO PARA LA ISLA BARRIENTOS.* В документе сообщается о данных наблюдений за туристической деятельностью в районе станции «Педро Висенте Малдонадо» и о программе мониторинга, направленной на совершенствование правил поведения для туристов в этом районе.

d) Следы человеческой деятельности и ценности первозданной природы	
WP 35 Новая Зеландия	*СОГЛАШЕНИЕ О ПОНЯТИЯХ «ЭКОЛОГИЧЕСКИЙ СЛЕД» И «ДИКАЯ ПРИРОДА», ОТНОСЯЩИХСЯ К ЗАЩИТЕ ОКРУЖАЮЩЕЙ СРЕДЫ АНТАРКТИКИ.* В документе дается определение терминов «следы деятельности» и «первозданная природа в Антарктике» и предлагается, чтобы КООС рассмотрел возможность более активного управления первозданной природой согласно экологическим принципам, изложенным в Статье 3 Протокола.
IP 1 США	*TEMPORAL AND SPATIAL PATTERNS OF ANTHROPOGENIC DISTURBANCE AT MC-MURDO STATION, ANTARCTICA.* В документе сообщается о том, что Национальный научный фонд профинансировал программу долгосрочного мониторинга для изучения воздействия на окружающую среду научной и материально-технической деятельности на станции «МакМердо», самой большой научно-исследовательской базе в Антарктике.
IP 2 США	*THE HISTORICAL DEVELOPMENT OF MCMURDO STATION, ANTARCTICA, AN ENVIRONMENTAL PERSPECTIVE.* Доклад опирается на научную публикацию о программе долгосрочного мониторинга для изучения воздействия на окружающую среду научной и материально-технической деятельности на станции «МакМердо».
IP 43 Уругвай	*DISCOVERY OF HUMAN ACTIVITY REMAINS, PRE-1958 IN THE NORTH COAST OF THE KING GEORGE ISLAND / 25 DE MAYO.* На пляже на северном побережье острова Кинг-Джордж были обнаружены следы человеческой деятельности, датируемые периодом до 1958 г. Проводится их изучение и будут начаты научные исследования по нескольким направлениям, включая археологию, антропологию, историю и охрану окружающей среды.

IP 86 АСОК	*Evolution of Footprint: Spatial and Temporal Dimensions of Human Activities.* АСОК приводит несколько примеров изучения следов человеческой деятельности в Антарктике и считает, что человеческая деятельность имеет не только пространственное, но и временное измерение. Вместе эти факторы определяют *эволюцию* следов деятельности, которые могут расширяться или сужаться и быть более или менее продолжительными во времени в зависимости от конкретного случая.

e)	**Пространственная охрана морской среды и меры пространственного управления**
SP 6 Секретариат	*Резюме работы КООС по вопросу Морских охраняемых районов.* В документе дается краткий обзор обсуждения на заседании КООС вопросов, связанных с морскими охраняемыми районами, и анализ сотрудничества КООС и АНТКОМ при рассмотрении докладов и документов КООС и рабочих групп, представленных на эти заседания.
IP 56 МСОП	*Marine spatial protection and management under the Antarctic Treaty System: new opportunities for implementation and coordination.* МСОП требует, чтобы Стороны работали в тесном контакте с АНТКОМ для определения соответствующих широкомасштабных областей, представляющих интерес для обоих органов.
IP 90 АСОК	*The Southern Ocean MPA Agenda – Matching words and spirit with action.* АСОК просит Консультативные стороны Договора об Антарктике и членов АНТКОМ с максимальной эффективностью использовать предстоящий семинар АНТКОМ по вопросам морских охраняемых районов, который будет проводиться в августе 2011 года в г. Бресте (Франция), и добиться прогресса в работе, что необходимо для определения представительной системы МОР к 2012 году.
IP 92 АСОК	*The Ross Sea: A Valuable Reference Area to Assess the Effects of Climate Change.* В документе предлагается включить шельф моря Росса и обращенный к морю склон в сеть морских охраняемых районов, созданных в акватории Южного океана, и защитить пищевую цепочку и экосистему моря Росса от деятельности по извлечению ресурсов, которая снижает его ценность как контрольного района.

f) Прочие вопросы, связанные с Приложением V	
WP 32 Австралия	***Расширение базы данных об охраняемых районах Антарктики для оценки и дальнейшего развития системы охраняемых районов.*** Вслед за своим предложением, внесенным на XIII заседании КООС, и после межсессионных консультаций Австралия предлагает КООС: согласиться с тем, что базу данных об охраняемых районах Антарктики следует расширить и включить в нее соответствующую дополнительную информацию, которую инициаторы будут предоставлять вместе с планами управления; оказать содействие инициаторам в предоставлении данных о границах районов в цифровом формате, пригодном к использованию в геоинформационной системе (там, где это возможно); и обратиться к Секретариату с просьбой предпринять шаги, необходимые для согласования этих изменений.
WP 41 Чили и Германия	***Четвертый доклад Международной рабочей группы о ходе обсуждения возможностей управления окружающей средой полуострова Файлдс и острова Ардли.*** В документе сообщается о прогрессе, достигнутом МРГ в управлении окружающей средой на полуострове Файлдс, и ожидающих окончательного решения задачах. Страны, ответственные за созыв группы, предлагают провести заседание МРГ во время XIV заседания КООС в Буэнос-Айресе, чтобы продолжить обсуждение всех аспектов, связанных с природой, объемом и особенностями схемы управления этим регионом.
WP 57 Российская Федерация	***О необходимости постоянного мониторинга ценностей особо охраняемых и особо управляемых районов Антарктики.*** В документе предлагается при принятии решений по управлению, рассматриваемых во время анализа планов управления, опираться на данные о состоянии ценностей живой природы, полученные в результате соответствующих программ мониторинга, чтобы иметь представление о том, достаточны ли предпринимаемые меры для сохранения ценностей живой природы в ООРА и ОУРА.
IP 24 Германия	***Progress Report on the Research Project "Current Environmental Situation and Management Proposals for the Fildes Region (Antarctic)".*** В документе приведены предпосылки этого научно-исследовательского проекта и информация о дальнейших шагах.
IP 69 Австралия	***Summary of key features of Antarctic Specially Managed Areas.*** В документе представлен анализ основных особенностей семи существующих Особо управляемых районов Антарктики с использованием информации, взятой из планов управления.

IP 102 Россия	***Современные зоологические исследования в районе станции «Мирный» в ООРА № 127 «Остров Хасуэлл».*** В документе сообщается о зоологических исследованиях и программах мониторинга, проводимых в районе с 1955 года, и отмечается, что морские млекопитающие и птицы оказались чуткими индикаторами изменений условий окружающей среды и, в первую очередь, изменений в океанической экосистеме.
IP 109 Республика Корея	***Cooperation Management Activities at ASPAs in 25 de Mayo (King George) Island, South Shetland Islands.*** В документе сообщается о совместной деятельности Республики Корея и Аргентины по анализу мероприятий по охране и рациональному использованию окружающей среды в двух ООРА на острове Кинг-Джордж, Южные Шетландские острова – ООРА № 132 и ООРА № 171.

8. Сохранение антарктической флоры и фауны

a) Карантин и неместные виды

WP 12 КОМНАП и СКАР	***Повышение уровня информированности о проблеме внедрения неаборигенных видов: результаты семинара и контрольные списки для менеджеров по организации поставок.*** В документе сообщается о результатах семинара, проведенного в 2010 году, на котором обсуждались предварительные результаты программы МПГ «Чужие в Антарктике». КОМНАП и СКАР рекомендуют КООС рассмотреть включение вопросников КОМНАП / СКАР в предложенное «Руководство по неместным видам», обсуждаемое в настоящее время.
WP 34 Новая Зеландия	***Отчет Межсессионной контактной группы по неместным видам за 2010-2011 гг*** Новая Зеландия предоставляет информацию о втором годе работы МКГ. В документе предоставляется информация о сделанном группой выводе относительно общей цели и основных руководящих принципах деятельности Сторон по сокращению рисков, связанных с неместными видами. В представленное Руководство по НМВ включены общеприменимые меры и ресурсы для предупреждения, мониторинга и ответных действий на интродукцию НМВ.
WP 53 СКАР	***Меры но сокращению риска привнесения неместных видов в антарктический регион, связанного с использованием свежих продуктов.*** СКАР сообщает о разработке простых практических мер по снижению риска интродукции неместных видов на территорию Договора об Антарктике со свежими продуктами и просит прокомментировать эти руководящие принципы как основу для разработки и последующего принятия официальным руководством КООС при посредстве Межсессионной контактной группы открытого состава по проблеме неместных видов.

IP 26 Германия	**PROGRESS REPORT ON THE RESEARCH PROJECT "THE ROLE OF HUMAN ACTIVITIES IN THE INTRODUCTION OF NON-NATIVE SPECIES INTO ANTARCTICA AND IN THE DISTRIBUTION OF ORGANISMS WITHIN THE ANTARCTIC".** В документе приведены предварительные результаты научно-исследовательской программы.
IP 32 Франция	**REPORT ON IPY OSLO SCIENCE CONFERENCE SESSION ON NON-NATIVE SPECIES.** В этом информационном документе собраны научные результаты конференции в Осло по итогам МПГ, касающиеся неместных видов в полярных регионах. Результаты представляют собой вклад в обсуждение этой проблемы в Комитете.
IP 50 Великобритания и Уругвай	**COLONISATION STATUS OF KNOWN NON-NATIVE SPECIES IN THE ANTARCTIC TERRESTRIAL ENVIRONMENT (UPDATED 2011).** В докладе сообщается о достижениях в области знаний о НМВ в наземной среде, приводятся данные о новых местах их обнаружения и мероприятиях, необходимых для истребления этих видов.
IP 68 Австралия и СКАР	**ALIEN SPECIES DATABASE.** Австралия сообщает о том, что Центр данных об Антарктике добавил в базу данных форму для ввода данных в режиме он-лайн и средство для загрузки изображений с результатами наблюдений и коллекций изображений.

b)   Особо охраняемые виды

c)   Прочие вопросы, связанные с Приложением II

WP 38 Германия	**Антарктический дискуссионный форум компетентных органов власти (АДФКОВ). Влияние подводного шума на антарктические воды.** Учитывая существенную угрозу антропогенных подводных звуков для морских экосистем, Германия предлагает дать новый толчок Антарктическому дискуссионному форуму компетентных органов, организовав семинар для обсуждения оценки Компетентными органами этого конкретного вопроса и сообщить о результатах на XV заседании КООС.
IP 27 Германия	**PROGRESS REPORT ON THE RESEARCH PROJECT 'WHALE MONITORING ANTARCTICA'.** Эта программа направлена на усиление понимания проблемы распространения и численности антарктических китов и предоставление надежных данных для оценки влияния звука на этих китов.
IP 29 Германия	**POTENTIAL OF TECHNICAL MEASURES TO REDUCE THE ACOUSTICAL EFFECTS OF AIRGUNS.** В документе приводятся последние данные о снижении шума в системах пневмопушек, а также о возможных альтернативных акустических методах и оборудовании.
IP 33 СКАР	**SCAR'S CODE OF CONDUCT FOR THE EXPLORATION AND RESEARCH OF SUBGLACIAL AQUATIC ENVIRONMENTS.** СКАР представляет руководство для научного сообщества, заинтересованного в изучении и проведении научных исследований подледниковой водной среды в Антарктике.

IP 53 СКАР	***SCAR's Code of Conduct for the Use of Animals for Scientific Purposes in Antarctica.*** Предложенный СКАР кодекс поведения содержит принципы, которыми должно руководствоваться научное сообщество при проведении научных исследований с животными.
IP 94 Норвегия	***Use of dogs in the context of a commemorative centennial expedition.*** В документе сообщается о том, что норвежские власти получили и рассмотрели уведомление об экспедиции в Антарктику с использованием собак. Это запрещено Приложением II и норвежским законодательством, кроме того, освобождение от запрета предоставлено не было.

9. Мониторинг и представление данных об окружающей среде

WP 15 rev. 1 Великобритания	*Методы дистанционного зондирования для усовершенствования процесса мониторинга окружающей среды и изменений климата в Антарктике* Великобритания информирует о преимуществах дистанционного зондирования в сравнении с другими методами для мониторинга окружающей среды Антарктики и изучения влияния изменения регионального климата. Она рекомендует КООС поддержать потенциальные возможности этого метода и продолжить исследование дополнительных областей его применения.
IP 8 КОМНАП	***COMNAP Energy Management Workshop.*** В документе подведены итоги семинара, проведенного в Буэнос-Айресе в 2010 году во время ежегодного совещания КОМНАП.
IP 35 Румыния	***Environmental Monitoring and Ecological Activities in Antarctica, 2010-2012*** В документе сообщается об исследовании, внимание которого будет сосредоточено на последствиях изменения климата в био- и экосистемах полярных районов.
IP 51 СКАР и Австралия	***The Southern Ocean Observing System (SOOS): An update.*** В документе представлен обновленный вариант информационного документа (IP), представленного в прошлом году, и обобщены результаты, достигнутые в разработке и реализации Системы наблюдений Южного океана (СООС) за последний год.

10. Отчеты об инспекциях. Достижения Международного полярного года

WP 1 Япония	***Проверка, проведенная Японией в соответствии со Статьей VII Договора об Антарктике и Статьей XIV Протокола по охране окружающей среды.*** В документе сообщается о результатах инспекций шести антарктических станций, проведенных Японией в период с 29 января по 10 февраля 2010 г.

WP 51 Австралия	***Инспекции, проведенные Австралией в соответствии с Договором об Антарктике и Протоколом по охране окружающей среды в январе 2010 г. и в январе 2011 г.*** В документе сообщается о результатах проведенных Австралией инспекций трех антарктических станций и одного охраняемого района, одного воздушного наблюдения в 2010 году, а также инспекций трех антарктических станций в 2011 году.
IP 4 Япония	***Japanese Inspection Report 2010*** Полный отчет об инспекции, проведенной Японией в 2010 году. (См. также WP 1.)
IP 39 Австралия	***Australian Antarctic Treaty and Environmental Protocol inspections January 2010*** Полный отчет об инспекции. (См. также WP 51.)
IP 40 Австралия	***Australian Antarctic Treaty and Environmental Protocol inspections January 2011.*** Полный отчет об инспекции. (См. также WP 51.)

11. Сотрудничество с другими организациями

IP 10 КОМНАП	***Ежегодный отчет Совета управляющих национальных антарктических программ (КОМНАП) за 2010 год***
IP 31 АНТКОМ	***Доклад наблюдателя НК-АНТКОМ на Четырнадцатом совещании Комитета по охране окружающей среды.*** В документе сообщается о вопросах, представляющих общий интерес для НК-АНТКОМ и КООС, которые обсуждались на последнем заседании НК-АНТКОМ.
IP 54 СКАР	***Summary of SCAR's Strategic Plan 2011-2016.*** По мнению СКАР, его миссия как ведущего неправительственного координатора и защитника научных исследований в антарктическом регионе заключается в предоставлении объективных и авторитетных научных консультаций участникам Договора об Антарктике и другим организациям и доведении возникающих проблем до внимания лиц, определяющих политику.
IP 57 АНТКОМ	***Отчет Наблюдателя от КООС по Рабочей группе НК-АНТКОМ по мониторингу и управлению экосистем (WG-EMM).*** В документе сообщается о вопросах, представляющих общий интерес для НК-АНТКОМ, РГ-ЭММ и КООС, которые обсуждались на последнем заседании.

12. Общие вопросы

WP 28 Австралия	***Экологические вопросы, относящиеся к практичности ремонта или восстановления ущерба, нанесенного окружающей среде.*** В Решении 4 (2010 г.) КСДА предложил КООС рассмотреть экологические проблемы, касающиеся практических аспектов возмещения ущерба или вреда, нанесенного окружающей среде в условиях Антарктики. В документе дается краткий анализ предыдущих обсуждений этой проблемы и предлагается включить несколько пунктов в ответ Комитета на это обсуждение.

IP 48 Австралия	*THALA VALLEY WASTE REMOVAL.* В документе приводятся данные о ходе работ по удалению отходов со старого участка обезвреживания в долине Тала возле станции «Кейси».
IP 49 Австралия	*RENEWABLE ENERGY AND ENERGY EFFICIENCY INITIATIVES AT AUSTRALIA'S ANTARCTIC STATIONS.* В ответ на Рекомендацию 4 СЭДА по изменению климата 2010 г. в этом документе дается анализ отобранных примеров регулирования потребления энергии в Австралии, исходя из опыта, накопленного к настоящему моменту.
IP 61 СКАР	*THE SCAR ANTARCTIC CLIMATE EVOLUTION (ACE) PROGRAMME.* Программа СКАР по изучению постепенного изменения климата Антарктики представляет интересы научного сообщества, занимающегося наукой о Земле и о Мировом океане, внимание которого сосредоточено на расшифровке данных регистрации начала изменения климата и реакции антарктического ледникового щита на них в пределах разных временных рамок. Программа по изучению постепенного изменения климата Антарктики координирует сведение в единое целое геофизических и геологических данных регистрации о предыдущем поведении ледникового щита и связанные с этим модели климата, океана и ледникового щита.
IP 95 Нидерланды	*PAYING FOR ECOSYSTEM SERVICES OF ANTARCTICA?* В документе описаны варианты введения оплаты за схемы экосистем в Антарктике на фоне концепции эксплуатации экосистем и концепции оплаты за эксплуатацию экосистем (PES) с несколькими общими примерами.
IP 127 Украина	*Возведение православной часовни на станции Академик Вернадский.* Украина информирует о ходе строительства часовни и выполненных заранее процедурах природоохранной деятельности.

13. ВЫБОРЫ ДОЛЖНОСТНЫХ ЛИЦ

14. ПОДГОТОВКА СЛЕДУЮЩЕГО ЗАСЕДАНИЯ

| WP 8
Австралия | *ПРЕДЛАГАЕМЫЙ ГРАФИК РАБОТЫ 35-го КОНСУЛЬТАТИВНОГО СОВЕЩАНИЯ ДОГОВОРА ОБ АНТАРКТИКЕ, ХОБАРТ, 2012 г.* В документе изложена просьба к Секретариату о рассмотрении предлагаемой повестки дня КООС XV. |

15. ПРИНЯТИЕ ОТЧЕТА

16. ЗАКРЫТИЕ ЗАСЕДАНИЯ

Дополнение 1

Проект рабочего плана ВГПУ на 2011/12 гг.

Техническое задание	Предлагаемые задания
ТЗ 1 – 3	Пересмотреть проекты планов управления, предложенные КООС для межсессионного рассмотрения и дать рекомендации их инициаторам
ТЗ 4 и 5*	Провести работу с соответствующими Сторонами для продвижения работ по пересмотру планов управления, не предоставленных в срок, на пятилетний пересмотр*
	По мере необходимости рассмотреть вопросы, возникшие на семинаре по ОУРА*
	Пересмотреть и внести корректировки в план работы ВГПУ
Рабочие документы	Подготовить отчет для КООС XV по ТЗ 1 – 3 ВГПУ
	Подготовить отчет для КООС XV по ТЗ 4 и 5 ВГПУ

Дополнение 2

Предварительная повестка дня КООС XIV

1.   Открытие заседания.

2.   Принятие повестки дня.

3.   Стратегическое обсуждение дальнейшей работы КООС.

4.   Работа КООС.

5.   Последствия изменения климата для окружающей среды. Стратегический подход.

6.   Оценка воздействия на окружающую среду (ОВОС).

   a. Проекты Всесторонней оценки окружающей среды.

   b. Прочие вопросы ОВОС.

7.   Охрана районов и планы управления.

   a. Планы управления.

   b. Исторические места и памятники.

   c. Правила поведения для посетителей участков.

   d. Следы человеческой деятельности и ценности первозданной природы.

   e. Пространственная охрана морской среды и меры пространственного управления.

   f. Прочие вопросы, связанные с Приложением V.

8.   Сохранение антарктической флоры и фауны.

   a. Карантин и неместные виды.

   b. Особо охраняемые виды.

   c. Прочие вопросы, связанные с Приложением II.

9.   Мониторинг и представление данных об окружающей среде.

10.   Отчеты об инспекциях.

11.   Сотрудничество с другими организациями.

12.   Возмещения ущерба или вреда, нанесенного окружающей среде.

13.   Общие вопросы.

14.   Выборы должностных лиц.

15.   Подготовка следующего заседания.

16.   Принятие Отчета.

17.   Закрытие заседания.

Дополнение 3

Пятилетний план работы КООС

Вопрос / действия по экологической нагрузке	Приоритет КООС	Межсессионный период	КООС XV 2012 г.	Межсессионный период	КООС XVI 2013 г.	Межсессионный период	КООС XVII 2014 г.	Межсессионный период	КООС XVIII 2015 г.	Межсессионный период	КООС XIX 2016 г.
Интродукция невасных видов	1	Руководство по НМВ загружено на веб-сайты; ведущей неформальной группы СКАР по разработке руководящих рекомендаций по списку КОМНАП для предоставления рекомендаций	Обсудить дальнейшие меры профилактики их включения в руководство по НМВ, в том числе пересмотренные руководящие рекомендации СКАР	Заинтересованные участники, эксперты, НАП работают над мерами по мониторингу	Обсудить дальнейшие меры по мониторингу для их включения в руководство по НМВ	Заинтересованные участники, эксперты, НАП работают над ответными мерами	Обсудить дальнейшие ответные меры для их включения в руководство по НМВ	Подготовиться к пересмотру руководства и рассмотреть в неформальных дискуссионных группах	Пересмотреть руководство по невасным видам		
Действия: 1. Продолжить разработку практических руководящих рекомендаций и ресурсов для всех операторов Антарктики. 2. Продолжить осмыслять рекомендации СЗДА по изменению климата											
Туризм и деятельность НПО	1	НЗ обеспечивает обратную связь и готовит окончательный проект Отчёта	Рассмотрение отчёта КООС и других результатов СЗДА		Открытый вопрос повестки дня СКАР предоставляет ежегодное обновление информации		Открытый вопрос повестки дня СКАР предоставляет ежегодное обновление информации		Открытый вопрос повестки дня СКАР предоставляет ежегодное обновление информации		Открытый вопрос повестки дня СКАР предоставляет ежегодное обновление информации
Действия: 1. Предоставить КСДА рекомендацию по запросу. 2. Следовать рекомендациям СЗДА по морскому туризму											
Глобальная нагрузка: Изменения климата	1	Великобритания и Норвегия разрабатывают методологию для классификации проекта ООРА, 2) уровни уязвимости при участии СКАР	1) Обсудить результаты межсессионной работы по методологии с целью предоставления классификации проекта ООРА, 2) продолжать следовать рекомендациям СЗДА		Открытый вопрос повестки дня СКАР предоставляет ежегодное обновление информации		Открытый вопрос повестки дня СКАР предоставляет ежегодное обновление информации				
Действия: 1. Рассмотреть предложенный индекс изменений климата для управления окружающей средой Антарктики. 2. Следовать рекомендациям СЗДА по изменению климата											

Вопрос / действия по экологической нагрузке	Приоритет КООС	*Межсессионный период*	КООС XV 2012 г.	*Межсессионный период*	КООС XVI 2013 г.	*Межсессионный период*	КООС XVII 2014 г.	*Межсессионный период*	КООС XVIII 2015 г.	*Межсессионный период*	КООС XIX 2016 г.
Интродукция неместных видов	1	Руководство по НМВ загружено на веб-сайты ведущей неформальной группы СКАР по разработке руководящих рекомендаций по свежим продуктам, КОМНАП для предоставления рекомендаций	Обсудить дальнейшие меры проводимые для включения их в руководство по НМВ, в том числе пересмотренные рекомендации СКАР	Заинтересованные участники, эксперты, НАП работают над мерами по мониторингу	Обсудить дальнейшие меры по мониторингу в руководство по НМВ	Заинтересованные участники, эксперты, НАП работают над ответными мерами	Обсудить дальнейшие ответные меры для их включения в руководство по НМВ	Подготовиться к пересмотру руководства - рассмотреть в информационных двухсессионных группах	Пересмотреть руководство по неместным видам		
Действия: 1. Продолжать разработку практических руководящих рекомендаций и ресурсов для всех операторов Антарктики. 2. Продолжать следовать рекомендациям СЭДА по изменению климата											
Туризм и деятельность НПО	1	НЗ обеспечивает обратную связь и готовит окончательный проект Отчета	Рассмотрение отчета КООС и других результатов СЭДА								
Действия: 1. Представить КСДА рекомендацию по запросу. 2. Следовать рекомендациям СЭДА по морскому туризму											
Глобальная нагрузка: Изменение климата	1	Великобритания и Норвегия руководят разработкой методологии для классификации уязвимости ООРА и риска при участии СКАР	1) Обсудить результаты межсессионной работы по методологии с целью представления проекта классификации ООРА, 2) продолжать следовать рекомендациям СЭДА		Открытый вопрос повестки дня. СКАР предоставляет ежегодное обновление информации		Открытый вопрос повестки дня СКАР предоставляет ежегодное обновление информации		Открытый вопрос повестки дня. СКАР предоставляет ежегодное обновление информации		Открытый вопрос повестки дня для СКАР предоставляет ежегодное обновление информации
Действия: 1. Рассмотреть предложенный перечень изменений климата для управления окружающей средой Антарктики 2. Следовать рекомендациям СЭДА по изменению климата											

Вопрос / действия по экологической нагрузке	Приоритет КООС	Межсесси-онный период	КООС XV 2012 г.	Межсесси-онный период	КООС XVI 2013 г.	Межсесси-онный период	КООС XVII 2014 г.	Межсесси-онный период	КООС XVIII 2015 г.	Межсесси-онный период	КООС XIX 2016 г.
Обработка новых и пересмотренных лавов управления охраняемыми / управляемыми районами	1	ВГГУ проводит работу по согласованному рабочему плану. Участники анализируют, а эксперты дают рекомендации по положениям и проектам. Планов управления (ОУРА. Секретариат создает ссылку на веб-сайт	Разработать руководящее указание по образованию ОУРА	ВГГУ проводит работу по согласованному рабочему плану	Рассмотрение отчёта ВГГУ	ВГГУ проводит работу по согласованному рабочему плану	Рассмотрение отчёта ВГГУ	ВГГУ проводит работу по согласованному рабочему плану	Рассмотрение отчёта ВГГУ	ВГГУ проводит работу по согласованному рабочему плану	Рассмотрение отчёта ВГГУ
Действия: 1. Усовершенствовать процесс рассмотрения новых и пересмотренных планов управления. 2. Обновить существующие руководящие принципы. 3. Следовать рекомендациям СЭД по изменением климата.											
Пространственная охрана морской среды и меры пространственного управления	1	1. Выдать необходимые документы на рабочее совещание НК-АНТКОМ по МОР (август 2011 г.) 2. Наблюдатель КООС посетит рабочее совещание по МОР и заседание РГ-ЭММ	Проанализировать отчёты наблюдателя КООС по заседанию РГ-ЭММ и рабочему совещанию по МОР и дать рекомендацию НК-АНТКОМ		Проанализировать результаты решений АНТКОМ по МОР, а также проанализировать План работы НК-АНТКОМ для дальнейшей координации						
Действия: 1. Сотрудничать с АНТКОМ по биоретовализации Южного океана и другим общим интересам и согласованным принципам. 2. Определить и применить процессы пространственной охраны морской среды. 3. Следовать рекомендациям СЭД по изменению климата.											

203

Вопрос / действия по экологической нагрузке	Приоритет КООС	Межсесси-онный период	КООС XV 2012 г.	Межсесси-онный период	КООС XVI 2013 г.	Межсесси-онный период	КООС XVII 2014 г.	Межсесси-онный период	КООС XVIII 2015 г.	Межсесси-онный период	КООС XIX 2016 г.
Работа КООС и стратегическое планирование	1		Открытый вопрос Анализировать и пересматривать рабочий план по мере необходимости		Открытый вопрос Анализировать и пересматривать рабочий план по мере необходимости		Открытый вопрос Анализировать и пересматривать рабочий план по мере необходимости		Открытый вопрос Анализировать и пересматривать рабочий план по мере необходимости		25-я годовщина Протокола. Анализировать и пересматривать рабочий план по мере необходимости
Действия: 1. Обеспечивать регулярное обновление 5-летнего плана на основании изменяющихся обстоятельств и требований КСДА. 2. Определять возможности повышения эффективности работы КООС. 3. Рассмотреть долгосрочные перспективы для Антарктики (на срок 50-100 лет)											
Устранение или ликвидация последствий ущерба, нанесенного окружающей среде	1	Участникам подготовить документы по работе с последствиями прежней деятельности. СКАР разработать рекомендации. КОМНАП предоставить отчет по имеющемуся опыту	Обсудить суть рекомендации КСДА по «экологическому» риску, устранению и ликвидации последствий ущерба	Предложенной МКГ разработать рекомендации. Участникам подготовить дальнейшие документы	Проанализировать. 1 год работы предложенной МКГ.	Предложенной МКГ разработать рекомендацию	Предоставить рекомендацию КСДА		Запрос Секретариату разработать и вести перечень учета		
Действия: 1. Разработать рекомендации в ответ на запрос, изложенный в Решении КСДА № 4 (2010 г.) 2. Создать всеантарктическую опись районов, в которых проводилась деятельность. 3. Рассмотреть руководящие рекомендации по устранению и ликвидации последствий ущерба											

Вопрос / действия по экологической нагрузке	Приоритет КООС	Межсессионный период	КООС XV 2012 г.	Межсессионный период	КООС XVI 2013 г.	Межсессионный период	КООС XVII 2014 г.	Межсессионный период	КООС XVIII 2015 г.	Межсессионный период	КООС XIX 2016 г.
Управление следами человеческой деятельности и ценностями первозданной природы	2	Рассмотрение заинтересованными Сторонами	Рассмотреть дальнейшие действия на основании документов, включая меры, изложенные в Приложении 1 и Приложении 5	Сводный отчёт Секретариата об обмене информацией по описи пройденной деятельности с входными данными от КОМНАП	Продолжить обсуждение концепций и терминов «следы деятельности» и «первозданная природа»						
Действия: 1. Разработать и согласовать определения терминов «следы деятельности» и «первозданная природа». 2. Разработать методы усовершенствования охраны первозданной природы согласно Приложениям I и V											
Вести список исторических мест и памятников	2	Секретариат обновляет список ИМП	Открытый вопрос. Проводить неформальные обсуждения по ИМП	Секретариат обновляет список ИМП	Открытый вопрос	Секретариат обновляет список ИМП	Открытый вопрос	Секретариат обновляет список ИМП	Открытый вопрос		
Действия: 1. Вести список и рассматривать новые предложения по мере их появления. 2. Рассматривать стратегические вопросы по мере необходимости											
Мониторинг и состояние отчётности по окружающей среде	2	Анализ СКАР	Отчёт о СКАР касательно ПК-УАД для работы КООС								
Действия: 1. Определить ключевые индикаторы и инструменты окружающей среды 2. Установить процесс отчётности перед КСДА 3. Следовать рекомендациям СЭДА по изменениям климата											
Обмен информацией	2	Неформальное обсуждение, проводимое Секретариатом	Отчёт Секретариата	Отчёт Секретариата	Отчёт Секретариата		Отчёт Секретариата		Отчёт Секретариата		Отчёт Секретариата
Действия: 1. Поручить решение вопроса Секретариату 2. Контролировать и обеспечивать удобство пользования СЭОИ											

Вопрос / действия по заключительной нагрузке	Приоритет КООС	Межсессионный период	КООС XV 2012 г.	Межсесси-онный период	КООС XVI 2013 г.	Межсесси-онный период	КООС XVII 2014 г.	Межсесси-онный период	КООС XVIII 2015 г.	Межсесси-онный период	КООС XIX 2016 г.
Сведения по биологическому разнообразию	2	СКАР подготовит анализ научных данных с 2004 г. по воздействию подводных акустических шумов на флору и фауну	Обсуждение обновлённой информации СКАР по подводным шумам								
Действия: 1. Обеспечить осведомлённость об угрозах существующему биологическому разнообразию. 2. Следовать рекомендациям СЭДА по изменению климата											
Специальные руководящие рекомендации по районам, посещаемым туристами	2		Открытый вопрос повестки дня; Сторонам предоставить отчёты о проведённом ими анализе руководящих рекомендаций по районам		Открытый вопрос повестки дня; Сторонам предоставить отчёты о проведённом ими анализе руководящих рекомендаций по районам		Открытый вопрос повестки дня; Сторонам предоставить отчёты о проведённом ими анализе руководящих рекомендаций по районам		Открытый вопрос повестки дня; Сторонам предоставить отчёты о проведённом ими анализе руководящих рекомендаций по районам		Открытый вопрос повестки дня; Сторонам предоставить отчёты о проведённом ими анализе руководящих рекомендаций по районам
Действия: 1. Анализировать специальные руководящие рекомендации по районам по мере необходимости. 2. Предоставить рекомендации КСДА по мере необходимости.											
Реализация и усовершенствование положений по ОВОС в Приложении 1	3	Создать МКГ для анализа проектов ВООС по мере необходимости	Рассмотрение отчётов МКГ по проектам ВООС по мере необходимости	Создать МКГ для анализа проектов ВООС по мере необходимости	Рассмотрение отчётов МКГ по проектам ВООС по мере необходимости	Создать МКГ для анализа проектов ВООС по мере необходимости	Рассмотрение отчётов МКГ по проектам ВООС по мере необходимости	Создать МКГ для анализа проектов ВООС по мере необходимости	Рассмотрение отчётов МКГ по проектам ВООС по мере необходимости	Создать МКГ для анализа проектов ВООС по мере необходимости	Рассмотрение отчётов МКГ по проектам ВООС по мере необходимости
Действия: 1. Улучшить процесс рассмотрения ВООС и предоставления соответствующих рекомендаций КСДА. 2. Разработать руководящие рекомендации по оценке кумулятивных воздействий. 3. Обеспечить регулярный анализ руководящих рекомендаций по ОВОС. 4. Рассмотреть применение стратегической оценки воздействия на окружающую среду Антарктики. 5. Следовать рекомендациям СЭДА по изменению климата											

Вопрос / действия по экологической нагрузке	Приоритет КООС	Межсесси-онный период	КООС XV 2012 г.	Межсесси-онный период	КООС XVI 2013 г.	Межсесси-онный период	КООС XVII 2014 г.	Межсесси-онный период	КООС XVIII 2015 г.	Межсесси-онный период	КООС XIX 2016 г.
Особо охраняемые виды	3										
Действия: Рассмотреть предложения о включении в список / исследовании из списка по мере необходимости.											
Анализ системы охраняемых районов / АЗД	3	Секретариату модифицировать базу данных как в Резолюции XV WP32. Участникам начать работу по расширению базы данных по пространственным данным; Секретариату вести базу данных ОР					Обсудить возможные предпосылки обновлённого анализа пробелов на основании АЗД				
Действия: 1. Применить Анализ экологических доменов (АЭД) для расширения системы охраняемых районов. 2. Сделовать рекомендациям СЗДА по изменениям климата в базе данных по Охраняемым районам 3. Вести и разрабатывать											
Мероприятия по ликвидации чрезвычайных ситуаций и планирование действий в чрезвычайных ситуациях	3	Участникам рассмотреть имеющийся опыт и возможные документы для предоставления дальнейших рекомендаций КСДА	Обсудить работу и актуальность устранения и ликвидации последствий ущерба, в том числе в отношении запроса КСДА	Обсудить работу	МКГ	Обсуждение	МКГ	Обсуждение	МКГ	Окончательные рекомендации КСДА	
Действия: 1. Сделовать рекомендациям СЗДА по морскому туризму 2. Разработать рекомендации в ответ на запрос по Решению КСДА № 4 (2010 г.)											
Обновление информации по Протоколу и пересмотр Приложений	3				Требуется обсуждение на совещании КООС касательно необходимости и целей пересмотра приложений к Протоколу						

207

Вопрос / действия по экологической нагрузке	Приоритет КООС	Межсесси-онный период	КООС XV 2012 г.	Межсесси-онный период	КООС XVI 2013 г.	Межсесси-онный период	КООС XVII 2014 г.	Межсесси-онный период	КООС XVIII 2015 г.	Межсесси-онный период	КООС XIX 2016 г.
Действия: 1. Подготовить график с распределением приоритетов по пересмотру оставшихся Приложений											
Инспекции (Статья 14 Протокола)	3		Открытый вопрос		Открытый вопрос		Открытый вопрос		Открытый вопрос		
Действия: 1. Пересмотреть отчёты об инспекциях по мере необходимости.											
Отходы	3		КОМНАП предоставляет информацию по совершенствованию удаления и обжигания отходов				КОМНАП анализирует информацию по семинару по удалению и обжиганию отходов, проводившемуся в 2006 г.				
Действия: 1. Разработать руководящие рекомендации по переговым методам удаления отходов, в том числе отходов человеческой деятельности.											
Управление энергопотреблением	4										
Действия: 1. Разработать руководящие рекомендации по переговым методам управления энергопотреблением на станциях и базах.											
Разъяснительная и образовательная работа	4		[Подлежит обсуждению на 34 КСДА]				Выделенное время для обсуждения				
Действия: 1. Проанализировать текущие примеры и определить возможности для расширения образовательной и разъяснительной работы.											

3. Дополнения

Декларация об антарктическом сотрудничестве по случаю 50-летней годовщины вступления в силу Договора об Антарктике

По случаю 50-летней годовщины вступления в силу Договора об Антарктике, состоявшегося 23 июня 1961 г., Консультативные стороны Договора об Антарктике,

принимая во внимание, что 2011 г. также является годом 50-летней годовщины со дня первого Консультативного совещания по Договору об Антарктике и 20-летней годовщины открытия для подписания Протокола по охране окружающей среды к Договору об Антарктике,

вновь подтверждая Вашингтонскую министерскую декларацию от 6 апреля 2009 г. о 50-летней годовщине подписания Договора об Антарктике (XXXII КСДА),

отмечая, что Консультативные и Неконсультативные стороны всё это время последовательно руководствовались положениями Договора об Антарктике, в том числе Статьи IV, как по отдельности, так и все вместе, тем самым укрепляя закреплённую в Договоре культуру международного антарктического сотрудничества в мире и гармонии,

подтверждая, что Протокол по охране окружающей среды к Договору об Антарктике и его Приложения играют важную роль в охране окружающей среды Антарктики и её зависимых и связанных экосистем,

высоко оценивая динамичное и практичное развитие Системы Договора об Антарктике, направленное на достижение конкретных результатов, особенно в области научных иследований и охраны окружающей среды,

принимая во внимание, что вышеупомянутое международное сотрудничество способствовало продвижению принципов и целей Устава Организации Объединённых Наций,

осознавая, что это сотрудничество способствовало сохранению мира и предотвращению конфликтов в регионе,

признавая, что на протяжении последних 50 лет Договор об Антарктике успешно исполнял своё предназначение, чтобы Антарктика «использовалась исключительно в мирных целях и не стала ареной или предметом международных разногласий», настоящим

вновь подтверждают свою последовательную приверженность в оказании поддержки Договору об Антарктике и всем другим элементам Системы Договора об Антарктике, которые появились после вступления Договора в силу,

а также вновь подтверждают своё намерение продолжать прочное и эффективное сотрудничество по Договору об Антарктике и всем другим элементам Системы Договора об Антарктике посредством:

- непрерывного расширения научных исследований и обмена опытом, а также обеспечения свободного доступа к результатам научных наблюдений и данным из Антарктики в соответствии со Статьёй III Договора об Антарктике;

- расширения логистического и научного сотрудничества по национальным антарктическим программам при минимальном воздействии на окружающую среду;

- своевременного утверждения всех Мер, принятых на Консультативном совещании по Договору об Антарктике в соответствии с Договором об Антарктике;

- заблаговременного решения будущих экологических, научных, управленческих и эксплуатационных проблем с расширением нормативно-правовой базы Системы Договора в случаях необходимости;

- обеспечения гармоничной согласованности внутри Системы Договора об Антарктике;

- непрекращающегося выявления и решения возникающих экологических проблем и усиления охраны окружающей среды Антарктики и её зависимых и связанных экосистем, особенно в отношении глобального изменения климата и человеческой деятельности в регионе, включая туристические мероприятия;

- дальнейшего улучшения и расширения обмена информацией между Сторонами;

- взаимодействия с международными правительственными и неправительственными организациями, заинтересованными в зоне действия Договора об Антарктике;

- обеспечения ещё большего понимания в широких кругах общественности - в том числе среди членов научного сообщества, ответственных лиц, принимающих решения, и широких масс населения - важности международного сотрудничества по Системе Договора об Антарктике, работы Системы и глобальной важности научных исследований в Антарктике, а также

- предложить государствам, которые являются Сторонами Договора об Антарктике, но ещё не являются Сторонами Протокола по охране окружающей среды к Договору об Антарктике, присоединиться к этому Протоколу.

Буэнос-Айрес, 23 июня 2011 г.

Предварительная повестка дня XXXV КСДА

1. Открытие Совещания

2. Выборы должностных лиц и формирование Рабочих групп

3. Принятие повестки дня и распределение пунктов повестки дня

4. Работа Системы Договора об Антарктике: отчеты и доклады Сторон, Наблюдателей и Экспертов

5. Работа Системы Договора об Антарктике: общие вопросы

6. Работа Системы Договора об Антарктике: анализ положения Секретариата

7. Разработка многолетнего стратегического плана работы

8. Отчет Комитета по охране окружающей среды

9. Материальная ответственность: соблюдение Решения 4 (2010)

10. Безопасность деятельности в Антарктике

11. Туризм и неправительственная деятельность в районе Договора об Антарктике

12. Инспекции в рамках Договора об Антарктике и Протокола об охране окружающей среды

13. Вопросы науки, научное сотрудничество и содействие, включая наследие Международного полярного года 2007-2008

14. Последствия изменения климата для режима управления в районе действия Договора об Антарктике

15. Операционные вопросы

16. Вопросы просвещения

17. Обмен информацией

18. Биологическая разведка в Антарктике

19. Подготовка 36-го Совещания

20. Любые прочие вопросы

21. Принятие Заключительного отчета

ЧАСТЬ II

МЕРЫ, РЕШЕНИЯ И РЕЗОЛЮЦИИ

1. Меры

Особо охраняемый район Антарктики № 116

(«Долина Нью-Колледж, пляж Коли» (мыс Бэрд, остров Росс): пересмотренный План управления

Представители,

напоминая о Статьях 3, 5 и 6 Приложения V к Протоколу по охране окружающей среды к Договору об Антарктике, предусматривающих определение Особо охраняемых районов Антарктики («ООРА») и одобрение Планов управления этими Райономи;

напоминая о:

- Рекомендации XIII-8 (1985), на основании которой пляж Коли был определен как Участок особого научного интереса («УОНИ») № 10 и к которой прилагался План управления этим участком;

- Рекомендации XIII-12 (1985), на основании которой Долина Нью-Колледж была определена как Особо охраняемый район («ООР») № 20;

- Рекомендации XVI-7 (1991), на основании которой дата истечения срока действия УОНИ № 10 была продлена до 31 декабря 2001 г.;

- Рекомендации XVII-2 (1992), к которой прилагался План управления ООР № 20;

- Мере 1 (2000), на основании которой ООР № 20 был расширен за счет включения пляжа Коли и к которой прилагался План управления этим Районом, и которая предусматривала прекращение вслед за этим существования УОНИ № 10;

- Решении 1 (2002), на основании которого ООР № 20 был переименован и перенумерован как ООРА № 116;

- Мере 1 (2006), на основании которой был принят пересмотренный План управления ООРА № 116;

напоминая о том, что Рекомендация XVI-7 (1991) и Мера 1 (2000) не вступили в силу и что Рекомендация XVII-2 (1992) была отозвана Мерой 1 (2010);

напоминая о том, что Рекомендация XIII-12 (1985) и Рекомендация XVI-7 (1991) на основании Решения Е (2011) определены как утратившие актуальность;

отмечая, что Комитет по охране окружающей среды поддержал пересмотренный План управления ООРА № 116;

желая заменить существующий План управления ООРА № 116 пересмотренным Планом управления,

рекомендуют своим правительствам одобрить следующую Меру в соответствии с пунктом 1 Статьи 6 Приложения V к Протоколу по охране окружающей среды к Договору об Антарктике:

1. одобрить пересмотренный План управления Особо охраняемым районом Антарктики № 116 *(Долина Нью-Колледж, пляж Коли, мыс Бэрд, остров Росс)*, которой прилагается к настоящей Мере; и

2. считать утратившими силу предыдущие Планы управления ООРА № 116, а именно, планы, приложенные к Рекомендации XIII-8 (1985), Мере 1 (2000) и Мере 1 (2006).

Особо охраняемый район Антарктики № 120

(«Архипелаг Мыс Геологии, Земля Адели»): пересмотренный План управления

Представители,

напоминая о Статьях 3, 5 и 6 Приложения V к Протоколу по охране окружающей среды к Договору об Антарктике, предусматривающих определение Особо охраняемых районов Антарктики («ООРА») и одобрение Планов управления этими Райономи;

Напоминая о

- Мере 3 (1995), на основании которой Архипелаг Мыс Геологии был определен как Особо охраняемый район («ООР») № 24 и к которой прилагался План управления этим Районом;

- Решении 1 (2002), на основании которого ООР № 24 был переименован и перенумерован как ООРА № 120;

- Мере 2 (2005), на основании которой был принят пересмотренный План управления ООРА № 120;

напоминая о том, что Рекомендация XVI-7 (1991) и Мера 1 (2000) не вступили в силу и что Рекомендация XVII-2 (1992) была отозвана Мерой 1 (2010);

напоминая о том, что Мера 3 (1995) не вступила в силу;

отмечая, что Комитет по охране окружающей среды поддержал пересмотренный План управления ООРА № 120;

желая заменить существующий План управления ООРА № 120 пересмотренным Планом управления;

рекомендуют своим правительствам одобрить следующую Меру в соответствии с пунктом 1 Статьи 6 Приложения V к Протоколу по охране окружающей среды к Договору об Антарктике:

1. одобрить пересмотренный План управления Особо охраняемым районом Антарктики № 120 (*Архипелаг Мыс Геологии*, Земля Адели), который прилагается к настоящей Мере;

2. считать утратившим силу План управления ООРА № 120, приложенный к Мере 2 (2005); и

3. отозвать Меру 3 (1995), которая не вступила в силу.

Особо охраняемый район Антарктики № 122
(«Высоты Эррайвл» (полуостров Хат-Пойнт, остров Росс)): пересмотренный План управления

Представители,

Напоминая о Статьях 3, 5 и 6 Приложения V к Протоколу по охране окружающей среды к Договору об Антарктике, предусматривающих определение Особо охраняемых районов Антарктики («ООРА») и одобрение Планов управления этими Райономи;

Напоминая о

- Рекомендации VIII-4 (1975), на основании которой Высоты Эррайвл, полуостров Хат Пойнт, остров Росс были определены как Участок особого научного интереса («УОНИ») № 2 и к которой прилагался План управления этим участком;

- Рекомендации X-6 (1979), на основании которой дата истечения срока действия УОНИ № 2 была продлена с 30 июня 1981 г. до 30 июня 1985 г.;

- Рекомендации XII-5 (1983), на основании которой дата истечения срока действия УОНИ № 2 была продлена с 30 июня 1985 г. до 31 декабря 1985 г.;

- Рекомендации XIII-7 (1985), на основании которой дата истечения срока действия УОНИ № 2 была продлена с 31 декабря 1985 г. до 31 декабря 1987 г.;

- Рекомендации XIV-4 (1987), на основании которой дата истечения срока действия УОНИ № 2 была продлена с 31 декабря 1987 г. до 31 декабря 1997 г.;

- Резолюции 3 (1996), на основании которой дата истечения срока действия УОНИ № 2 была продлена с 31 декабря 1997 г. до 31 декабря 2000 г.;

- Мере 2 (2000), на основании которой дата истечения срока действия УОНИ № 2 была продлена с 31 декабря 2000 г. до 31 декабря 2005 г.;

- Решении 1 (2002), по которому УОНИ № 2 был переименован и перенумерован как ООРА № 122;

- Мере 2 (2004), на основании которой был принят пересмотренный План управления ООРА № 122;

Напоминая о том, что Мера 2 (2000) была отозвана Мерой 5 (2009);

Отмечая, что на Рекомендация VIII-4 (1975), Рекомендация X-6 (1979), Рекомендация XII-5 (1983), Рекомендация XIII-7 (1985), Рекомендация XIV-4 (1987) и Резолюция 3 (1996) на основании Решения E (2011) определены как утратившие актуальность;

Отмечая, что Комитет по охране окружающей среды поддержал пересмотренный План управления ООРА № 122;

желая заменить существующий План управления ООРА № 122 пересмотренным Планом управления,

рекомендуют своим правительствам одобрить следующую Меру в соответствии с пунктом 1 Статьи 6 Приложения V к Протоколу по охране окружающей среды к Договору об Антарктике:

1. одобрить пересмотренный План управления Особо охраняемым районом Антарктики № 122 *(«Высоты Эррайвл» (полуостров Хат-Пойнт, остров Росс))*, которой прилагается к настоящей Мере; и

2. считать утратившим силу План управления ООРА № 122, приложенный к Мере 2 (2004).

Особо охраняемый район Антарктики № 126

(Полуостров Байерс, остров Ливингстон, Южные Шетландские острова): пересмотренный План управления

Представители,

Напоминая о Статьях 3, 5 и 6 Приложения V к Протоколу по охране окружающей среды к Договору об Антарктике, предусматривающих определение Особо охраняемых районов Антарктики («ООРА») и одобрение Планов управления этими Районами;

Напоминая о

- Рекомендации IV-10 (1966), на основании которой полуостров Байерс, остров Ливингстон, Южные Шетландские острова были определены как Особо охраняемый район («ООР») № 10;

- Рекомендации VIII-2 (1975), на основании которой было прекращено существование ООР № 10, и Рекомендации VIII-4 (1975), на основании которой объект был переименован и определен в качестве Участка особого научного интереса («УОНИ») № 6, и прилагаемом к ней первом Плане управления объектом;

- Рекомендации X-6 (1979), на основании которой был проден срок действия УОНИ № 6 с 30 июня 1981 г. до 30 июня 1985 г.;

- Рекомендации XII-5 (1983), на основании которой был продлен срок действия УОНИ № 6 с 30 июня 1985 гю до 31 декабря 1985 гю;

- Рекомендации XIII-7 (1985), на основании которой был продлен срок действия УОНИ № 6 с 31 декабря 1985 г. до 31 декабря 1995 г.;

- Рекомендации XVI-5 (1991), на основании которой был принят пересмотренный План управления УОНИ № 6;

- Мере 3 (2001), на основании которой был продлен срок действия УОНИ № 6 с 31 декабря 1995 г. до 31 декабря 2005 г.;

- Решении 1 (2002), на основании которого было изменено название и нумерация УОНИ № 6 на ООРА № 126;

- Мере 1 (2002), на основании которой был принят пересмотренный План управления ООРА № 126;

напоминая о том, что Мера 1 (1997) не вступила в силу;

напоминая о том, что Рекомендация XVI-5 (1991) и Мера 3 (2001) не вступили в силу;

напоминая о том, Рекомендация VIII-2 (1975), Рекомендация X-6 (1979), Рекомендация XII-5 (1983), Рекомендация XIII-7 (1985) и Рекомендация XVI-5 (1991) на основании Решения E (2011) определены как утратившие актуальность;

отмечая, что Комитет по охране окружающей среды поддержал пересмотренный План управления ООРА № 122;

желая заменить существующий План управления ООРА № 126 пересмотренным Планом управления;

Рекомендуют своим правительствам одобрить следующую Меру в соответствии с пунктом 1 Статьи 6 Приложения V к Протоколу по охране окружающей среды к Договору об Антарктике:

1. одобрить пересмотренный План управления Особо охраняемым районом Антарктики № 126 (Полуостров Байерс, остров Ливингстон, Южные Шетландские острова), который прилагается к настоящей Мере;

2. считать утратившими силу предыдущие Планы управления ООРА № 126, в том числе План, приложенный к Мере 1 (2002); и

3. отозвать Рекомендацию XVI-5 (1991) и Меру 3 (2001), которые не вступили в силу.

Особо охраняемый район Антарктики № 127
(Остров Хасуэлл): пересмотренный План управления

Представители,

Напоминая о Статьях 3, 5 и 6 Приложения V к Протоколу по охране окружающей среды к Договору об Антарктике, предусматривающие определение Особо охраняемых районов Антарктики («ООРА») и одобрение Планов управления этими Районами;

Напоминая о

- Рекомендации VIII-4 (1975), на основании которой Остров Хасуэлл был определен как Участок особого научного интереса («УОНИ») № 7, и к которой прилагался План управления этим Районом;

- Рекомендации X-6 (1979), на основании которой дата истечения срока действия УОНИ № 7 была продлена с 30 июня 1981 г. до 30 июня 1983 г.;

- Рекомендации XII-5 (1983), на основании которой дата истечения срока УОНИ № 7 была продлена с 30 июня 1983 г. до 31 декабря 1985 г.;

- Рекомендации XIII-7 (1985), на основании которой дата истечения срока действия УОНИ № 7 была продлена с 31 декабря 1985 г. до 31 декабря 1991 г.;

- Рекомендации XVI-7 (1987), на основании которой дата истечения срока действия УОНИ № 7 была продлена с 31 декабря 1991 г. до 31 декабря 2001 г.;

- Мере 3 (2001), на основании которой дата истечения срока действия УОНИ № 7 была продлена с 31 декабря 2001 г. до 31 декабря 2005 г.;

- Решении 1 (2002), на основании которого УОНИ № 7 был переименован и перенумерован как ООРА № 127;

- Мере 4 (2005), на основании которой дата истечения срока действия Плана управления ООРА № 127 была продлена с 31 декабря 2005 г. до 31 декабря 2010 г.;

- Мере 1 (2006), на основании которой был принят пересмотренный План управления ООРА № 127;

Отмечая то что Рекомендация VIII-4 (1975), Рекомендация X-6 (1979), Рекомендация XII-5 (1983), Рекомендация XIII-7 (1985) и Рекомендация XVI-7 (1987) на основании Решения Е (2011) определены как утратившие актуальность;

Желая, чтобы Комитет по охране окружающей среды поддержал пересмотренный План управления ООРА № 127;

Желая заменить существующий План управления ООРА № 127 пересмотренным Планом управления;

Рекомендуют своим правительствам одобрить следующую Меру, в соответствии с пунктом 1 статьи 6 Приложения V к Протоколу по охране окружающей среды к Договору об Антарктике:

1. одобрить пересмотренный План управления Особо охраняемым районом Антарктики № 127 (Остров Хасуэлл), который прилагается к настоящей Мере; и

2. считать утратившими силу предыдущие Планы управления ООРА № 127, а именно Планы, приложенные к Рекомендации VIII-4 (1975) и Мере 1 (2006)

Особо охраняемый район Антарктики № 131
(Ледник Канада, озеро Фрикселл, долина Тейлор, Земля Виктории): пересмотренный План управления

Представители,

Напоминая о Статьях 3, 5 и 6 Приложения V к Протоколу по охране окружающей среды к Договору об Антарктике, предусматривающие определение Особо охраняемых районов Антарктики («ООРА») и одобрение Планов управления этими Районами;

Напоминая о

- Рекомендации XIII-8 (1985), на основании которой ледник Канада, озеро Фрикселл, долина Тейлор, Земля Виктории были определены в качестве Участка особого научного интереса («УОНИ») № 12, и к которой прилагался План управления этим участком;

- Рекомендации XVI-7 (1987), на основании которой дата истечения срока действия УОНИ № 12 была продлена до 31 декабря 2001 г.;

- Мере 3 (1997), на основании которой был принят пересмотренный План управления УОНИ № 12;

- Решении 1 (2002), на основании которого УОНИ 12 был переименован и перенумерован как ООРА № 131;

- Мере 1 (2006), на основании которой был принят пересмотренный План управления ООРА № 131;

напоминая о том, что Мера 3 (1997) не вступила в силу;

напоминая о том, что Рекомендация XVI-7 (1987) не вступила в силу, и что на основании Решения Е (2011) она определена как утратившая актуальность;

отмечая, что Комитет по охране окружающей среды поддержал пересмотренный План управления ООРА № 131;

желая заменить существующий План управления ООРА № 131 пересмотренным Планом управления;

Рекомендуют своим правительствам одобрить следующую Меру, в соответствии с пунктом 1 Статьи 6 Приложения V к Протоколу по охране окружающей среды к Договору об Антарктике:

1. Одобрить пересмотренный План управления Особо охраняемым районом Антарктики № 131 (Ледник Канада, озеро Фрикселл, долина Тейлор, Земля Виктории), который прилагается к настоящей Мере ;

2. считать утратившими силу предыдущие Планы управления ООРА № 131, в том числе План, приложенный к Мере 1 (2006); и

3. отозвать Меру 3 (1997), которая не вступила в силу.

Особо охраняемый район Антарктики № 149

(Мыс Ширефф и остров Сан-Телмо, остров Ливингстон, Южные Шетландские острова): пересмотренный План управления

Представители,

Напоминая о Статьях 3, 5 и 6 Приложения V к Протоколу по охране окружающей среды к Договору об Антарктике, предусматривающие определение Особо охраняемых районов Антарктики («ООРА») и одобрение Планов управления этими Районами;

Напоминая о

- Рекомендации IV-11 (1966), на основании которой мыс Ширефф и остров Сан-Телмо, остров Ливингстон, Южные Шетландские острова были определены как Особо охраняемый район («ООР») № 11;

- Рекомендации XV-7 (1989), на основании которой было прекращено существование ООР 11 и на основании которой район был переименован и определен как Участок особого научного интереса («УОНИ») № 32, и к которой прилагался План управления участком;

- Резолюции 3 (1996), на основании которой был продлен срок действия УОНИ 32 с 31 декабря 1999 г. до 31 декабря 2000 г.;

- Мере 2 (2000), на основании которой был продлен срок действия УОНИ 32 с 31 декабря 2000 года до 31 декабря 2005 г.;

- Решении 1 (2002), на основании которого ООР 11 был переименован и перенумерован как ООРА 149;

- Мере 2 (2005), на основании которой был принят пересмотренный План управления ООРА 149;

напоминая о том, что Рекомендации XV-7 (1989) и Мера 2 (2000) не вступили в силу, и что Мера 2 (2000) была отозвана на основании Меры 5 (2009);

напоминая о том, что Рекомендация XV-7 (1989) и Резолюция 3 (1996) на основании Решения E (2011) определены как утратившие актуальность;

отмечая, что Комитет по охране окружающей среды поддержал пересмотренный План управления ООРА № 149;

желая заменить существующий План управления ООРА № 149 пересмотренным Планом управления;

Рекомендуют своим правительствам одобрить следующую Меру, в соответствии с пунктом 1 Статьи 6 Приложения V к Протоколу по охране окружающей среды к Договору об Антарктике:

1. одобрить пересмотренный План управления Особо охраняемым районом Антарктики № 149 (мыс Ширефф и остров Сан-Телмо, остров Ливингстон, Южные Шетландские острова), который прилагается к настоящей Мере; и

2. считать утратившим силу План управления ООРА № 149, приложенный к Мере 2 (2005).

Особо охраняемый район Антарктики № 165
(Мыс Эдмонсон, залив Вуд, море Росса): пересмотренный План управления

Представители,

напоминая о Статьях 3, 5 и 6 Приложения V к Протоколу по охране окружающей среды к Договору об Антарктике, предусматривающие определение Особо охраняемых районов Антарктики («ООРА») и утверждение Планов управления этими Районами;

напоминая о Мере 1 (2006), на основании которой мыс Эдмонсон, залив Вуд, море Росса были определены как ООРА № 165, и к которой прилагался План управления этим Районом;

отмечая, что Комитет по охране окружающей среды поддержал пересмотренный План управления ООРА № 165;

желая заменить существующий План управления ООРА № 165 пересмотренным Планом управления;

Рекомендуют своим правительствам одобрить следующую Меру, в соответствии с пунктом 1 Статьи 6 Приложения V к Протоколу по охране окружающей среды к Договору об Антарктике:

1. одобрить пересмотренный План управления Особо охраняемым районом Антарктики № 165 (мыс Эдмонсон, залив Вуд, море Росса), которой прилагается к настоящей Мере; и

2. считать утратившим силу План управления ООРА № 165, приложенный к Мере 1 (2006).

Особо охраняемый район Антарктики № 167

(Остров Хоукер, Холмы Вестфолд, Берег Ингрид Кристенсен, Земля принцессы Елизаветы, Восточная Антарктида): пересмотренный План управления

Представители,

напоминая о Статьях 3, 5 и 6 Приложения V к Протоколу по охране окружающей среды к Договору об Антарктике, предусматривающие определение Особо охраняемых районов Антарктики («ООРА») и одобрение Планов управления этими Районами;

напоминая о Мере 1 (2006), на основании которой остров Хоукер, холмы Вестфолд, Берег Ингрид Кристенсен, Земля принцессы Елизаветы, Восточная Антарктида были определены в качестве ООРА № 167, и к которой прилагался План управления этим Районом;

отмечая, что Комитет по охране окружающей среды поддержал пересмотренный План управления ООРА № 167;

желая заменить существующий План управления ООРА № 167 пересмотренным Планом управления;

Рекомендуют своим правительствам одобрить следующую Меру, в соответствии с пунктом 1 Статьи 6 Приложения V к Протоколу по охране окружающей среды к Договору об Антарктике:

1. одобрить пересмотренный План управления Особо охраняемым районом Антарктики № 167 (остров Хоукер, холмы Вестфолд, Берег Ингрид Кристенсен, Земля принцессы Елизаветы, Восточная Антарктида), который прилагается к настоящей Мере; и

2. считать утратившим силу План управления ООРА № 167, приложенный Мере 1 (2006).

Особо управляемый район Антарктики № 2
(Сухие долины МакМердо, Южная часть Земли Виктории): пересмотренный План управления

Представители,

напоминая о Статьях 4, 5 и 6 Приложения V к Протоколу по охране окружающей среды к Договору об Антарктике, предусматривающие определение Особо управляемых районов («ОУРА») и утверждение Планов управления этими Районами;

напоминая о Мере 1 (2004), на основании которой Сухие долины МакМердо и Южная часть Земли Виктории были определены как ОУРА № 2, и к которой прилагался План управления этим Районом;

отмечая, что Комитет по охране окружающей среды поддержал пересмотренный План управления ОУРА № 2;

желая заменить существующий План управления ОУРА № 2 пересмотренным Планом управления;

Рекомендуют своим правительствам одобрить следующую Меру, в соответствии с пунктом 1 Статьи 6 Приложения V к Протоколу по охране окружающей среды к Договору об Антарктике:

1. одобрить пересмотренный План управления Особо управляемым районом Антарктики № 2 (Сухие долины МакМердо, Южная часть Земли Виктории), который прилагается к настоящей Мере; и

2. считать утратившим силу План управления ОУРА №2, приложенный к Мере 1 (2004).

Пересмотренный План управления Особо охраняемым районом Антарктики № 159

Представители,

напоминая о требованиях Статьи 8 Приложения V к Протоколу об охране окружающей среды к Договору об Антарктике, предусматривающей введение перечня существующих исторических мест и памятников, а также требование о недопущении повреждения, удаления или разрушения таких мест;

напоминая о

- Мере 3 (2003), на основании которой был пересмотрен и уточнен Перечень исторических мест и памятников;

- Мере 3 (2007), на основании которой в Перечень исторических мест и памятников, приложенный к Мере 3 (2003), были включены монумент в честь договора об Антарктике и мемориальная доска;

желая внести изменения в описание Исторического места и памятника;

Рекомендуют своим Правительствам одобрить следующую Меру в соответствии с пунктом 2 Стати 8 Приложения V к Протоколу об охране окружающей среды к Договору об Антарктике:

изменить описание Исторического места и памятника № 82 (Мера 3 (2007)) следующим образом:

«№ 82: Монумент в честь Договора об Антарктике и мемориальная доска

Данный монумент установлен вблизи станций «Фрей», «Беллинсгаузен» и «Эскудеро» на полуострове Филдс острова Кинг-Джордж (острова 25 мая). Мемориальная доска, установленная у подножия монумента, посвящена государствам, подписавшим Договор об Антарктике. На монументе установлено 4 мемориальные доски с надписями на официальных языках Договора об Антарктике. Мемориальные доски были установлены в феврале 2011 г. и имеют следующее содержание: «Данный исторический памятник, посвященный государствам, подписавшим Договор об Антарктике в Вашингтоне, округ Колумбия, в 1959 г., является также напоминанием о наследии Первого и Второго международных полярных годов (1882-1883 гг. и 1932-1931 гг.) и Международного геофизического года (1957-1958 гг.), предшествовавшего подписанию Договора об Антарктике, а также напоминает о наследии международного сотрудничества, способствовавшего проведению Международного полярного года 2007-2008 гг.». Автором данного монумента является Джозеф В. Пирсон, гражданин США, предложивший монумент Чили. Он был открыт в 1999 г. в ознаменование 40-й годовщины подписания Договора об Антарктике.»

Исторические места и памятники Антарктики: Здание №1 на станции «Великая стена»

Представители,

напоминая о требованиях Статьи 8 Приложения V к Протоколу об охране окружающей среды к Договору об Антарктике, предусматривающих введение перечня существующих Исторических мест и памятников, а также недопущение повреждения, удаления или разрушения таких мест;

напоминая о Мере 3 (2003), на основании которой был пересмотрен и обновлен Перечень исторических мест и памятников;

желая включить в Перечень исторических мест и памятников еще один Исторический памятник;

Рекомендуют своим Правительствам одобрить следующую Меру в соответствии с пунктом 2 Статьи 8 Приложения V к Протоколу об охране окружающей среды к Договору об Антарктике:

включить указанный ниже Исторический памятник в Перечень исторических мест и памятников, приложенный к Мере 3 (2003):

«№ 86 – Здание № 1 на станции «Великая стена»

Здание № 1 общей площадью 175 кв. м, построенное в 1985 г., расположено в центре китайской антарктической станции «Великая стена» на полуострове Филдс острова Кинг-Джордж (Южные Шетландские острова, Западная Антарктика). Здание ознаменовало начало антарктических исследований Китая в 1980-х гг. и поэтому имеет большое значение как напоминание о китайской антарктической экспедиции».

Местонахождение: 62°13′4″ ю.ш, 58°57′44″ з.д.

Сторона-автор предложения: КИТАЙ

Сторона, осуществляющая управление: КИТАЙ

2. Решения

Меры, определенные как утратившие актуальность

Представители,

напоминая о Решении 3 (2002) и Решении 1 (2007), содержащие списки мер*, которые были определены как исполненные либо утратившие актуальность;

пересмотрев некоторые меры на тему Охраняемых районов и Общих экологических вопросов;

признавая тот факт, что меры, приведенные в Приложении к Решению, более не являются насущными;

отмечая, что были запрошены рекомендации Комитета по охране окружающей среды;

Принимают следующее **решение:**

1. что меры, перечисленные в Приложении к настоящему Решению, не требуют дальнейших действий от Сторон; и

2. поручить Секретариату Договора об Антарктике разместить текст мер, приведенных в Приложении к настоящему Решению, на своем сайте, таким образом, чтобы ясно показать, что эти меры более не являются актуальными и что по ним Стороны не должны предпринимать никаких дальнейших действий.

---

*Примечание: меры, ранее принятые в соответствии со статьей IX Договора об Антарктике, назывались Рекомендациями до XIX КСДА (1995 г.) и Решением 1 (1995) были разделены на Меры, Решения и Резолюции.

1. Планы управления

- Рекомендация IV-1
- Рекомендация IV-2
- Рекомендация IV-3
- Рекомендация IV-8
- Рекомендация. IV-9
- Рекомендация IV-13
- Рекомендация VIII-2
- Рекомендация VIII-4
- Рекомендация X-5
- Рекомендация XIII-9
- Рекомендация XIII-10
- Рекомендация XIII-12
- Рекомендация XIII-14
- Рекомендация XV-6
- Рекомендация XV-7
- Рекомендация XVI-4
- Рекомендация XVI-5
- Рекомендация XVI-8
- Мера 2 (1995)

2. Продление срока действия Планов управления

- Рекомендация X-6
- Рекомендация XII-5
- Рекомендация XIII-7
- Рекомендация XIV-4
- Рекомендация XVI-7
- Резолюция 7 (1995)
- Резолюция 3 (1996)

3. Общие вопросы по Охраняемым районам

- Рекомендация VI-8
- Рекомендация VII-9
- Резолюция 5 (1996)

4. Оценка воздействия на окружающую среду

- Рекомендация XII-3
- Рекомендация XIV-2
- Резолюция 6 (1995)
- Резолюция 1 (1999)

5. Сохранение фауны и флоры Антарктики

- Рекомендация I-VIII
- Рекомендация II-II
- Рекомендация III-8
- Рекомендация III-10
- Рекомендация VI-9
- Рекомендация IV-16
- Рекомендация IV-17
- Рекомендация IV-19
- Рекомендация VII- 5

6. Утилизация и обращение с отходами

- Рекомендация XII-4
- Рекомендация XIII-4
- Рекомендация XV-3

7. Предотвращение загрязнения морской среды

- Рекомендация IX-6
- Рекомендация X-7
- Рекомендация XV-4

8. Документы, предшествующие Протоколу по охране окружающей среды

- Рекомендация VIII-11
- Рекомендация VIII-13
- Рекомендация IX-5
- Рекомендация XV-1

9. Рекомендации СКАР по вопросам окружающей среды

- Рекомендация VI-4
- Рекомендация VII-1
- Рекомендация X-4

10. Вопросы, касающиеся материальной ответственности

- Решение 3 (1998)
- Решение 3 (2001)

11. Прочие экологические вопросы

- Резолюция 4 (1995)
- Резолюция 4 (1999)

Пересмотренные Правила процедуры Консультативного совещания по Договору об Антарктике (2011 г.); пересмотренные Правила процедуры Комитета по охране окружающей среды (2011 г.); Руководство по представлению, переводу и распространению документов КСДА и КООС

Представители,

признавая ценность информации, передаваемой в официальных документах, распространяемых между участниками Консультативного совещания по Договору об Антарктике («КСДА») и Комитета по охране окружающей среды («КООС»);

напоминая о

- Решении 1 (2008), содержащем Пересмотренные Правила процедуры КСДА;

- Решении 3 (2009), содержащем Руководство по представлению и обработке документов для КСДА и КООС;

- Решении 3 (2010), содержащем пересмотренные Правила процедуры КООС;

учитывая возможность повышения эффективности совещаний путем введения новой категории официальных документов с целью обеспечения официального обмена информацией, не требующей введения или обсуждения на совещаниях;

учитывая, что своевременное представление документов для совещания может повысить эффективность КСДА и КООС благодаря тому, что Стороны будут иметь достаточное количество времени для выработки своей позиции на совещании;

учитывая также, что Консультативные стороны должны быть в состоянии предоставлять точную, своевременную, содержательную и свежую информацию международным организациям, имеющим научный или технический интерес в Антарктике, в вопросах, имеющих отношение к их сотрудничеству, а также результаты достижений и функционирования Системы Договора об Антарктике;

отмечая необходимость корректировки Правил процедуры КСДА и КООС, а также Руководства, с целью отражения изменений, внесенных в процедуру представления и обработки официальных документов;

Принимают следующее **решение:**

1. заменить Пересмотренные Правила процедуры (2008 г.), приложенные к Решению 1 (2008), пересмотренными Правилами процедуры Консультативного совещания по Договору об Антарктике (2011 г.), прилагаемыми к настоящему Решению (Приложение 1); и

2. заменить Пересмотренные Правила процедуры Комитета по охране окружающей среды (2010 г.), приложенные к Решению 3 (2010), пересмотренными Правилами процедуры Комитета по охране окружающей среды (2011 г.), прилагаемыми к настоящему Решению (Приложение 2);

3. признать Руководство по представлению, переводу и распространению документов КСДА и КООС, приложенное к Решению 3 (2009), утратившим актуальность; и

4. признать Решение 1 (2008) и Решение 3 (2010) утратившими актуальность.

Пересмотренные правила процедуры (2011 г.)

(1) Совещания, проводимые в соответствии со Статьей IX Договора об Антарктике, называются Консультативными совещаниями по Договору об Антарктике. Договаривающиеся Стороны, имеющие право на участие в этих Совещаниях, называются «Консультативные стороны»; другие Договаривающиеся Стороны, которые могут быть приглашены для участия в этих Совещаниях, называются «Неконсультативные стороны». Исполнительный секретарь Секретариата Договора об Антарктике называется «Исполнительный секретарь».

(2) Представители Комиссии по сохранению морских живых ресурсов Антарктики, Научного комитета по антарктическим исследованиям и Совета управляющих национальных антарктических программ, приглашенные на эти Совещания в соответствии с Правилом 31, называются «Наблюдатели».

Представительство

(3) Каждая Консультативная сторона представлена делегацией, состоящей из Представителя, а также Заместителей представителя, Советников и других лиц, участие которых каждое Государство сочтет необходимым. Каждая Неконсультативная сторона, приглашенная на Консультативное совещание, представлена делегацией, состоящей из Представителя и лиц, участие которых она сочтет необходимым, в количественных пределах, которые могут периодически устанавливаться Правительством принимающей Стороны по согласованию с Консультативными сторонами. Комиссия по сохранению морских живых ресурсов Антарктики, Научный комитет по антарктическим исследованиям и Совет управляющих национальных антарктических программ должны быть представлены, соответственно, своим Председателем или Президентом или другими лицами, назначенными для этой цели. Фамилии членов делегаций и Наблюдателей сообщаются Правительству принимающей Стороны до открытия Совещания.

(4) Делегации указываются в алфавитном порядке на языке Стороны, принимающей Совещание, причем все делегации Неконсультативных сторон следуют за делегациями Консультативных сторон, а все делегации Наблюдателей следуют за Неконсультативными сторонами.

Должностные лица

(5) Представитель Правительства принимающей Стороны является Временным председателем Совещания и выполняет председательские функции до тех пор, пока Совещание не изберет Председателя.

(6) На вступительном заседании от одной из Консультативных сторон избирается Председатель. Представители других Консультативных сторон выступают в качестве Заместителей председателя в алфавитном порядке. Председатель обычно

председательствует на всех пленарных заседаниях. Если он отсутствует на заседании или на его части, то на таком заседании на основе ротации и в алфавитном порядке, как это определено в Правиле 4, председательствуют Заместители председателя.

Секретариат

(7) Исполнительный секретарь исполняет функции Секретаря Совещания. Он (она) отвечает за обеспечение административно-технической поддержки Совещания при содействии Правительства принимающей Стороны, как это предусмотрено в Статье 2 Меры 1 (2003), применяемой на временной основе в соответствии с Решением 2 (2003) до вступления в силу Меры 1.

Заседания

(8) Первое пленарное заседание является открытым, остальные заседания являются закрытыми, если Совещание не примет иного решения.

Комитеты и Рабочие группы

(9) В целях содействия своей работе Совещание может создавать Комитеты, которые оно сочтет необходимыми для осуществления своих функций, и определять круг их полномочий.

(10) Работа Комитетов осуществляется в соответствии с Правилами процедуры Совещания за исключением случаев, когда они неприменимы.

(11) Совещание или его Комитеты могут создавать Рабочие группы по различным вопросам повестки дня. Председатель Рабочей группы (Председатели Рабочих групп) назначается в начале Совещания или заседания Комитета. В отсутствие иного решения Председатель (Председатели) исполняет свои функции не более, чем на четырех последовательных Совещаниях или заседаниях Комитета. В конце каждого Совещания участники могут принять предварительное решение о том, какую Рабочую группу (какие Рабочие группы) следует предложить для следующего Совещания.

Регламент

(12) Две трети представителей Консультативных сторон, принимающих участие в Совещании, составляют кворум.

(13) Председатель осуществляет свои должностные полномочия в соответствии с обычной практикой. Он следит за соблюдением Правил процедуры и поддержанием надлежащего порядка. Исполняя свои функции, Председатель остается подотчетным Совещанию.

(14) В соответствии с Правилом 28 ни один Представитель не может выступать на Совещании без предварительного разрешения Председателя, а Председатель предоставляет делегатам слово в том порядке, в котором они заявили о своем

желании выступить. Председатель может призвать выступающего к порядку, если его замечания не имеют отношения к обсуждаемому предмету.

(15) Во время обсуждения любого вопроса Представитель Консультативной стороны может попросить слово по порядку ведения, и решение по порядку ведения принимается Председателем незамедлительно в соответствии с Правилами процедуры. Представитель Консультативной стороны может опротестовать решение Председателя. Протест незамедлительно выносится на голосование, и решение Председателя остается в силе в том случае, если оно не отклоняется большинством голосов Представителей Консультативных сторон, присутствующих на заседании и участвующих в голосовании. Представитель Консультативной стороны, взявший слово по порядку ведения, не должен выступать по сути обсуждаемого вопроса.

(16) Совещание может ограничить время, отведенное каждому выступающему, а также число выступлений по любому вопросу. Если дебаты были ограничены таким образом, а Представитель исчерпал время, отведенное на его выступление, Председатель незамедлительно призывает его к порядку.

(17) Во время обсуждения любого вопроса Представитель Консультативной стороны может внести предложение о том, чтобы отложить его обсуждение. Помимо предложившей Стороны, Представители двух Консультативных сторон имеют право выступить за такое предложение, и еще двух – против него, после чего предложение незамедлительно ставится на голосование. Председатель может ограничить время, отведенное тем, кто выступает, в соответствии с настоящим Правилом.

(18) Представитель Консультативной стороны может в любое время внести предложение о том, чтобы завершить обсуждение какого-либо вопроса, независимо от того, изъявил ли желание выступить какой-либо другой Представитель. Разрешение выступить по вопросу о завершении обсуждения дается только Представителям двух Консультативных сторон, выступающим против его завершения, после чего предложение незамедлительно ставится на голосование. Если Совещание примет решение о прекращении обсуждения, Председатель должен объявить дискуссию завершенной. Председатель может ограничить время, отведенное тем, кто выступает, в соответствии с настоящим Правилом. (Это Правило не распространяется на обсуждения в комитетах.)

(19) Во время обсуждения любого вопроса Представитель Консультативной стороны может внести предложение о том, чтобы приостановить или прервать работу Совещания. Такие предложения не выносятся на обсуждение, а незамедлительно ставятся на голосование. Председатель может ограничить время, отведенное тому, кто выступил с предложением приостановить или прервать работу Совещания.

(20) При условии соблюдения Правила 15, перечисленные далее предложения имеют приоритет перед всеми другими предложениями, внесенными на рассмотрение Совещания, в указанном порядке убывания приоритета:

> (a) приостановить Совещание;
>
> (b) прервать Совещание;
>
> (c) отложить дебаты по обсуждаемому вопросу;
>
> (d) завершить дебаты по обсуждаемому вопросу.

(21) Решения Совещания по всем процедурным вопросам принимаются большинством голосов Представителей Консультативных сторон, участвующих в Совещании, причем каждый из них имеет один голос.

Языки

(22) Официальными языками Совещания являются английский, испанский, русский и французский языки.

(23) Любой Представитель может выступить на языке, не входящим в число официальных. Однако в этом случае он должен обеспечить синхронный перевод своего выступления на один из официальных языков.

Меры, Решения. Резолюции и Заключительный отчет

(24) Без ущерба для Правила 21, Меры, Решения и Резолюции, о которых идет речь в Решении 1 (1995), принимаются Представителями всех присутствующих Консультативных сторон и в дальнейшем регулируются положениями Решения 1 (1995).

(25) В Заключительном отчете содержится также краткое изложение хода работы Совещания. Он утверждается большинством голосов Представителей присутствующих Консультативных сторон, а Исполнительный секретарь направляет его на рассмотрение Правительствам всех Консультативных и Неконсультативных сторон, которые были приглашены принять участие в Совещании.

(26) Несмотря на Правило 25, сразу после окончания Консультативного совещания Исполнительный секретарь уведомляет все Консультативные стороны обо всех принятых Мерах, Решениях и Резолюциях и направляет им заверенные копии окончательных формулировок на соответствующем языке Совещания. В отношении любой Меры, принятой в соответствии с процедурами, предусмотренными в Статьях 6 или 8 Приложения V к Протоколу, в соответствующем уведомлении указывается также срок, отведенный для утверждения этой Меры.

Неконсультативные стороны

(27) Представители Неконсультативных сторон, приглашенные на Консультативное совещание, могут присутствовать:

> (a) на всех пленарных заседаниях Совещания; и
>
> (b) на заседаниях всех официальных Комитетов или Рабочих групп, в состав которых входят все Консультативные стороны, если Представитель

Консультативной стороны не потребует иного в каком-либо конкретном случае.

(28) Соответствующий Председатель может предложить Представителю Неконсультативной стороны выступить на Совещании, заседании Комитета или Рабочей группы, на котором он присутствует, если Представитель какой-либо Консультативной стороны не потребует иного. При этом Председатель должен всегда отдавать приоритет Представителям Консультативных сторон, которые выражают желание выступить, и, предлагая Представителям Неконсультативных сторон выступить на Совещании, может ограничить время, отведенное каждому выступающему, и число выступлений по любому вопросу.

(29) Неконсультативные стороны не имеют права участвовать в принятии решений.

(30)

(a) Неконсультативные стороны могут представлять в Секретариат документы для распространения на Совещании в качестве информационных документов. Такие документы должны иметь отношение к вопросам, обсуждаемым на Совещании во время заседания Комитетов.

(b) Если Представитель Консультативной стороны не потребует иного, такие документы распространяются только на языке или языках, на которых они были представлены.

Наблюдатели в системе Договора об Антарктике

(31) Наблюдатели, упомянутые в Правиле 2, присутствуют на Совещании с конкретной целью представления Докладов по следующим вопросам:

(a) в случае Комиссии по сохранению морских живых ресурсов Антарктики – развитие событий в сфере ее компетенции;

(b) в случае Научного комитета по антарктическим исследованиям –

(i) деятельность СКАР в целом;

(ii) вопросы, относящиеся к компетенции СКАР в соответствии с Конвенцией о сохранении антарктических тюленей;

(iii) публикации и отчеты, которые могли быть опубликованы или подготовлены в соответствии с Рекомендациями IX-19 и VI-9, соответственно;

(c) в случае Совета управляющих национальных антарктических программ – деятельность в сфере его компетенции.

(32) Наблюдатели могут присутствовать:

(a) на пленарных заседаниях Совещания, на которых рассматривается соответствующий Доклад;

(b) на заседаниях официальных Комитетов или Рабочих групп, в состав которых входят все Договаривающиеся Стороны, где рассматривается соответствующий Доклад, если Представитель Консультативной Стороны не потребует иного в каком-либо конкретном случае.

(33) После представления соответствующего Доклада Председатель соответствующего заседания может предложить Наблюдателю еще раз выступить на Совещании, на котором рассматривается этот Доклад, если Представитель Консультативной стороны не потребует иного. Председатель может ограничить время, отведенное для таких выступлений.

(34) Наблюдатели не имеют права участвовать в принятии решений.

(35) Наблюдатели могут представить в Секретариат свой Доклад и/или документы, относящиеся к обсуждаемым в нем вопросам, для распространения на Совещании в качестве рабочих документов.

Повестка дня Консультативного совещания

(36) В конце каждого Консультативного совещания Правительство принимающей Стороны готовит предварительную повестку дня следующего Консультативного совещания. Если Совещание утверждает предварительную повестку дня следующего Совещания, она прилагается к Заключительному отчету Совещания.

(37) Любая Договаривающаяся Сторона может предложить дополнительные вопросы для включения в предварительную повестку дня предстоящего Консультативного совещания, сообщив об этом Правительству принимающей Стороны не позднее, чем за 180 дней до начала Совещания; каждое такое предложение должно сопровождаться пояснительной запиской. Правительство принимающей Стороны обращает внимание всех Договаривающихся Сторон на это Правило не позднее, чем за 210 дней до начала Совещания.

(38) Правительство принимающей Стороны готовит проект повестки дня Консультативного совещания. В состав проекта повестки дня входят:

(a) все вопросы, включенные в предварительную повестку дня, принятую в соответствии с Правилом 36; и

(b) все вопросы, включение которых было предложено какой-либо Договаривающейся Стороной в соответствии с Правилом 37.

Не позднее, чем за 120 дней до Совещания Правительство принимающей Стороны направляет всем Договаривающимся Сторонам проект повестки дня вместе с пояснительными записками и другими относящимися к ней документами.

Эксперты от международных организаций

(39) В конце каждого Консультативного совещания Совещание решает, каким международным организациям, имеющим научные или технические интересы в

Антарктике, нужно предложить назначить экспертов для участия в предстоящем Совещании, чтобы они оказали содействие в его работе по существу.

(40) Любая Договаривающаяся Сторона может впоследствии предложить направить приглашение в другие международные организации, имеющие научные или технические интересы в Антарктике, чтобы они оказали содействие Совещанию в его работе по существу; каждое такое предложение направляется Правительству принимающей Стороны не позднее, чем за 180 дней до начала Совещания и сопровождается запиской с изложением оснований для такого предложения.

(41) Правительство принимающей Стороны направляет эти предложения всем Договаривающимся Сторонам в соответствии с процедурой, изложенной в Правиле 38. Любая Консультативная Сторона, у которой имеются возражения против такого предложения, должна заявить об этом не позднее, чем за 90 дней до начала Совещания.

(42) Если такие возражения не поступили, Правительство принимающей Стороны направляет приглашения международным организациям, определенным согласно Правилам 39 и 40, и просит каждую международную организацию сообщить фамилию назначенного эксперта Правительству принимающей Стороны до открытия Совещания. Все такие эксперты могут присутствовать на Совещании при рассмотрении всех вопросов, за исключением тех, которые относятся к работе Системы Договора об Антарктике и были определены на предыдущем Совещании или после принятия повестки дня.

(43) Соответствующий Председатель, с согласия всех Консультативных сторон, может предложить эксперту выступить на Совещании, на котором он присутствует. Председатель должен всегда отдавать приоритет Представителям Консультативных или Неконсультативных сторон, или Наблюдателям, упомянутым в Правиле 31, которые выразили желание выступить, и, предоставляя слово эксперту, может ограничить время, отведенное на его выступление, и число выступлений по любому вопросу.

(44) Эксперты не имеют права участвовать в принятии решений.

(45)

    (a)   Эксперты могут представлять в Секретариат документы, относящиеся к соответствующему пункту повестки дня, для их распространения на Совещании в качестве информационных документов.

    (b)   Если Представитель Консультативной стороны не потребует иного, такие документы распространяются только на том языке или языках, на которых они были представлены.

(46) В межсессионный период Исполнительный секретарь, действуя в пределах своей компетенции, как это установлено Мерой 1 и соответствующими актами, регулирующими деятельность Секретариата, проводит консультации

с Консультативными сторонами, когда это юридически необходимо в рамках соответствующих актов КСДА и когда неотложные обстоятельства требуют принятия мер до начала следующего КСДА, с соблюдением следующей процедуры:

(a) Исполнительный секретарь направляет соответствующую информацию и любые предлагаемые меры всем Консультативным сторонам через назначенных ими контактных лиц с указанием необходимого срока представления ответов;

(b) Исполнительный секретарь должен убедиться в том, что все Консультативные стороны подтвердили получение такой информации, а также в том, что в списке контактных лиц содержатся самые последние данные;

(c) Каждая Консультативная сторона рассматривает данный вопрос и к указанному сроку направляет Исполнительному секретарю ответ, если таковой имеется, через соответствующее контактное лицо;

(d) Исполнительный секретарь, сообщив Консультативным сторонам о результатах консультаций, может приступить к осуществлению предлагаемых мер, если ни у одной Консультативной стороны нет никаких возражений; и

(e) Исполнительный секретарь ведет учет межсессионных консультаций, включая их результаты и принятые им/ею меры, и отражает эти результаты и меры в своем отчете, представленном на рассмотрение КСДА.

Межсессионные консультации

(47) В межсессионный период при получении информационного запроса о деятельности КСДА от международной организации, имеющей научный или технический интерес в Антарктике, Исполнительный секретарь должен скоординировать ответ по следующей процедуре:

(a) Исполнительный секретарь должен направить запрос и первый проект ответа всем Консультативным сторонам через указанных ими контактных лиц с предложением предоставить ответ на запрос и указанием соответствующей даты, к которой Консультативные стороны должны *либо* (1) сообщить о нецелесообразности ответа, *либо* (2) предоставить комментарии к первому проекту ответа.

Указанная дата должна предусматривать разумное количество времени для предоставления комментариев с учётом сроков, установленных в первоначальных информационных запросах.

Если какая-либо Консультативная сторона сообщит от нецелесообразности ответа, Исполнительный секретарь должен отправить только формальный ответ, подтверждающий получение запроса, без рассмотрения существа вопроса.

(b)   Если возражения по существу отсутствуют, и до даты, указанной в запросе, о котором говорится выше в пункте (a), предоставлены комментарии, Исполнительный секретарь должен переработать ответ с учётом комментариев и направить переработанный ответ всем Консультативным сторонам с указанием соответствующей даты, к которой требуется предоставление ответов;

(c)   Если до даты, указанной в запросе, о котором говорится выше в пункте (b), предоставляются какие-либо дополнительные комментарии, Исполнительный секретарь должен повторять процедуру, описанную выше в пункте (b), до тех пор пока поступление комментариев не закончится;

(d)   Если до даты, указанной в запросе, о котором говорится выше в пункте (a), (b) или (c), комментарии не предоставляются, Исполнительный секретарь должен разослать всем окончательный вариант с запросом активного цифрового подтверждения о прочтении и активного цифрового подтверждения о согласии от каждой Консультативной стороны с указанием даты, к которой подтверждение о согласии должно быть получено. Исполнительный секретарь должен осведомлять Консультативные стороны о ходе поступления подтверждений.

После получения подтверждения о согласии от всех Консультативных сторон Исполнительный секретарь должен от имени всех Консультативных сторон подписать и отправить ответ заинтересованной международной организации и предоставить копию подписанного ответа всем Консультативным сторонам.

(e)   На любом этапе данного процесса любая Консультативная сторона может попросить большее количество времени на рассмотрение вопроса.

(f)   На любом этапе данного процесса любая Консультативная сторона может сообщить о нецелесообразности предоставления ответа на запрос. В таком случае Исполнительный секретарь должен отправить только формальный ответ, подтверждающий получение запроса, без рассмотрения существа вопроса.

Документы совещания

(48) Рабочими документами должны называться документы, представленные Консультативными сторонами, которые требуют обсуждения и принятия решений на Совещании, а также документы, представленные Наблюдателями согласно положениям Правила 2.

(49) Документами Секретариата должны называться документы, подготовленные Секретариатом согласно мандату, установленному на Совещании, или документы, которые, по мнению Исполнительного секретаря, помогут информировать участников Совещания или содействовать его проведению.

(50) Информационными документами должны называться:

- документы, представленные Консультативными сторонами или Наблюдателями, в которых содержится информация в поддержку какого-либо Рабочего документа или информация, которую необходимо обсудить на Совещании;

- документы, представленные Неконсультативными сторонами, которые необходимо обсудить на Совещании;

- документы, представленные Экспертами, которые необходимо обсудить на Совещании.

(51) Вспомогательными документами должны называться документы, представленные любым участником, которые не будут вноситься на рассмотрение на Совещании и представлены с целью формального предоставления информации.

(52) Руководство по представлению, переводу и распространению документов прилагается к настоящим Правилам процедуры.

Поправки

(53) Настоящие Правила процедуры могут быть изменены двумя третями голосов Представителей Консультативных сторон, принимающих участие в Совещании. Настоящее Правило не распространяется на Правила 24, 27, 29, 34, 39-42, 44 и 46, изменение которых требует согласия Представителей всех Консультативных сторон, присутствующих на Совещании.

Приложение

Руководство по представлению, переводу и распространению документов КСДА и КООС

1. Настоящее Руководство регулирует распространение и перевод официальных документов Консультативного совещания по Договору об Антарктике (КСДА) и Комитета по охране окружающей среды (КООС), к которым относятся Рабочие документы, Документы Секретариата, Информационные документы и Вспомогательные документы.

2. Переводу подлежат следующие документы: Рабочие документы, Документы Секретариата, доклады КСДА, представленные Наблюдателями на КСДА и приглашёнными Экспертами в соответствии с положениями Рекомендации XIII-2 или в связи со Статьёй III-2 Договора об Антарктике, а также Информационные документы, по которым Консультативная сторона подала запрос на перевод. Вспомогательные документы переводу не подлежат.

3. Объём документов, подлежащих переводу, кроме отчётов Межсессионных контактных групп (МКГ), созданных КСДА или КООС, Отчётов Председателя Совещания экспертов Договора об Антарктике, а также Отчёта и Программы Секретариата, не должен превышать 1500 слов. Объем документа рассчитывается без учёта предлагаемых Мер, Решений и Резолюций и вложений к ним.

4. Документы, подлежащие переводу, должны быть получены Секретариатом не позднее, чем за 45 дней до начала Консультативного совещания. Если такие документы предоставляются позднее, чем за 45 дней до начала Консультативного совещания, они могут рассматриваться только при отсутствии возражений всех Консультативных сторон.

5. Информационные документы, по которым не было запроса на перевод, и Вспомогательные документы, которые участники хотят включить в Заключительный отчёт, должны быть получены Секретариатом не позднее, чем за 30 дней до начала Совещания.

6. По каждому документу, предоставленному Стороной Договора, Секретариат назначит Наблюдателя или Эксперта в день подачи документа.

7. Если в Секретариат вновь направляется на перевод пересмотренный вариант документа, подготовленный после его первоначального представления, в пересмотренном варианте текста должны быть чётко указаны внесённые изменения.

8. Документы следует направлять в Секретариат в электронном виде. Все документы будут размещаться на главной странице сайта КСДА, созданной

Секретариатом для данного КСДА. Рабочие документы, полученные до установленного срока в 45 дней, должны быть размещены на странице в кратчайшие сроки, но в любом случае не позднее, чем за 30 дней до начала Совещания. Изначально документы будут размещаться на страницах сайта, защищённых паролем, а после завершения Совещания они будут перемещаться на страницы, не защищённые паролем.

9. Стороны могут согласиться с тем, чтобы документы, перевод которых не был запрошен, были представлены в Секретариат для перевода во время Совещания.

10. Ни один документ, представленный на КСДА, не будет использоваться в качестве основы для обсуждения на КСДА или КООС, если он не был переведён на четыре официальных языка Совещания.

11. В течение шести месяцев после окончания Консультативного совещания Секретариат должен распространить по дипломатическим каналам и разместить на главной странице сайта КСДА Заключительный отчёт данного Совещания на четырёх официальных языках Совещания.

Пересмотренные Правила процедуры Комитета по охране окружающей среды (2011 г.)

Правило 1

Если не установлено иное, применяются Правила процедуры Консультативного совещания по Договору об Антарктике.

Правило 2

Для целей настоящих Правил процедуры:

(a) выражение «Протокол» означает Протокол по охране окружающей среды к Договору об Антарктике, подписанный в Мадриде 4 октября 1991 года;

(b) выражение «Стороны» означает Стороны Протокола;

(c) выражение «Комитет» означает Комитет по охране окружающей среды согласно определению, приведенному в Статье 11 Протокола;

(d) выражение «Секретариат» означает Секретариат Договора об Антарктике.

Часть I   Представители и эксперты

Правило 3

Каждая Сторона Протокола имеет право быть членом Комитета по охране окружающей среды и назначать представителя, которого могут сопровождать эксперты и советники, обладающие необходимой научной, экологической или технической квалификацией.

Каждый член Комитета сообщает имя и должность своего представителя Правительству принимающей Стороны, как можно раньше до начала каждого заседания Комитета, а имена и должности консультантов предоставляются либо до начала заседания, либо на его открытии.

Часть II   Наблюдатели и консультации

Правило 4

Статус наблюдателя в Комитете может быть предоставлен:

(a) любой Договаривающейся Стороне Договора об Антарктике, не являющейся Стороной Протокола;

(b) Президенту Научного комитета по антарктическим исследованиям, Председателю Научного комитета Комиссии по сохранению морских живых ресурсов Антарктики и Председателю Совета управляющих национальных антарктических программ или назначенным ими представителям;

(с) по согласованию с Консультативным совещанием по Договору об Антарктике, другим научным, природоохранным и техническим организациям, которые занимаются вопросами охраны окружающей среды и могут внести вклад в работу Комитета.

Правило 5

Каждый наблюдатель сообщает Правительству Принимающей стороны имя и должность своего представителя, как можно раньше до начала каждого заседания Комитета.

Правило 6

Наблюдатели могут принимать участие в обсуждении, но не принимают участия в принятии решений.

Правило 7

В процессе исполнения своих функций Комитет, при необходимости, консультируется с Научным комитетом по антарктическим исследованиям, Научным комитетом Комиссии по сохранению морских живых ресурсов Антарктики, Советом управляющих национальных антарктических программ и другими научными, природоохранными и техническими организациями.

Правило 8

При необходимости Комитет может запрашивать мнение экспертов по конкретным вопросам.

Часть III Совещания

Правило 9

Комитет заседает раз в год – обычно и желательно, в связи с проведением Консультативного совещания по Договору об Антарктике, и в том же месте. По согласованию с КСДА и с целью исполнения своих обязанностей Комитет также может проводить совещания в период между ежегодными заседаниями.

Комитет может создавать контактные группы открытого состава для изучения конкретных вопросов и представления отчета Комитету.

Контактные группы открытого состава, создаваемые для проведения работы в межсессионный период, работают следующим образом:

(а) при необходимости, Комитет согласует на своем заседании координатора контактной группы и указывает его в своем заключительном отчете;

(b)   при необходимости, Комитет согласует техническое задание контактной группы и включает его в свой заключительной отчет;

(c)   при необходимости, Комитет согласует способы поддержания связи между членами контактной группы – например, такие, как электронная почта, онлайновый дискуссионный форум, поддерживаемый Секретариатом, и неформальные встречи – и включает их в свой заключительной отчет;

(d)   представители, желающие принять участие в работе контактной группы, сообщают координатору о своей заинтересованности через дискуссионный форум, по электронной почте или иным приемлемым способом;

(e)   координатор, используя приемлемые способы связи, сообщает всем членам контактной группы о ее составе;

(f)   вся переписка своевременно предоставляется всем членам контактной группы;

(g)   выступая с комментариями, члены контактной группы указывают, от чьего имени они говорят.

Комитет может также принимать решения о создании других неформальных подгрупп или рассматривать другие способы работы, включая, среди прочего, семинары и видеоконференции.

Правило 10

При необходимости, Комитет может создавать вспомогательные органы по согласованию с Консультативным совещанием по Договору об Антарктике.

Эти вспомогательные органы осуществляют деятельность на основе соответствующих Правил процедуры Комитета.

Правило 11

На заседания Комитета распространяются Правила процедуры, касающиеся подготовки повестки дня Консультативного совещания по Договору об Антарктике.

До начала каждого заседания вспомогательного органа Секретариат, проконсультировавшись с Председателем Комитета и соответствующего вспомогательного органа, готовит и распространяет предварительную аннотированную повестку дня.

Часть IV   Представление документов

Правило 12

1. Рабочими документами должны называться документы, представленные Членами Комитета, которые требуют обсуждения и принятия решений на Совещании, а также документы, представленные Наблюдателями согласно положениям Правила 4(b).

2. Документами Секретариата должны называться документы, подготовленные Секретариатом согласно мандату, установленному на Совещании, или документы, которые, по мнению Исполнительного секретаря, помогут информировать участников Совещания или содействовать его проведению.

3. Информационными документами должны называться:

- документы, представленные Членами Комитета или Наблюдателями согласно положениям Правила 4(b), в которых содержится информация в поддержку какого-либо Рабочего документа или информация, которую необходимо обсудить на Совещании;

- документы, представленные Наблюдателями согласно положениям Правила 4(a), которые необходимо обсудить на Совещании;

- документы, представленные Наблюдателями согласно положениям Правила 4(c), которые необходимо обсудить на Совещании.

4. Вспомогательными документами должны называться документы, которые не будут вноситься на рассмотрение на Совещании и представлены с целью формального предоставления информации.

5. Руководство по представлению, переводу и распространению документов прилагается к настоящим Правилам процедуры.

Часть V   Соображения и рекомендации

Правило 13

Комитет старается прийти к консенсусу в отношении рекомендаций и соображений, которые он предоставляет в соответствии с Протоколом.

При отсутствии возможности достижения консенсуса, Комитет отражает в своем отчете все точки зрения по данному вопросу.

Часть VI   Решения

Правило 14

При необходимости принятия решений, решения по существу вопроса принимаются членами Комитета, присутствующими на заседании, на основе консенсуса. Решения по вопросам процедурного характера принимаются простым большинством голосов членов Комитета, присутствующих на заседании и участвующих в голосовании. Каждый член Комитета имеет один голос. Решение о том, носит ли тот или иной вопрос процедурный характер, принимается методом консенсуса.

Часть VII   Председатель и заместители Председателя

Правило 15

Комитет избирает Председателя, а также двух заместителей Председателя из числа представителей Консультативных сторон. Председатель и заместители Председателя избираются на два года, и, по возможности, таким образом, чтобы сроки их полномочий не совпадали.

Председатель и заместители Председателя переизбираются на свои должности не более чем на один дополнительный двухлетний срок. Председатель и заместители Председателя не могут быть представителями одной и той же Стороны.

Заместитель Председателя, который исполнял эти обязанности в течение более длительного периода времени (в общей сложности, учитывая любой предыдущий срок пребывания в этой должности), становится Первым заместителем Председателя.

В случае, когда оба заместителя Председателя назначаются впервые на одном и том же заседании, Комитет принимает решение о том, какой из заместителей Председателя избирается в качестве Первого заместителя Председателя.

Правило 16

Среди прочих обязанностей на Председателя возлагаются следующие обязанности и полномочия:

(a)   созывать, открывать, вести и закрывать каждое заседание Комитета;

(b)   выносить решения по порядку ведения на каждом заседании Комитета при условии, что каждый представитель сохраняет за собой право подать просьбу о том, чтобы любое такое решение было подано в Комитет для одобрения;

(c)   одобрять предварительную повестку дня заседаний после проведения консультации с представителями;

(d)   подписывать от имени Комитета отчет каждого заседания;

(e)   представлять Консультативному совещанию по Договору об Антарктике отчет о каждом заседании Комитета, упомянутый в Правиле 22;

(f)   в случае необходимости выступать с инициативой о проведении межсессионной работы;

(g)   по согласованию с Комитетом представлять Комитет на других форумах.

Правило 17

Если Председатель не может исполнять свои обязанности, его полномочия и обязанности берет на себя Первый заместитель Председателя.

Если ни Председатель, ни Первый заместитель Председателя не могут исполнять свои обязанности, полномочия и обязанности Председателя берет на себя Второй заместитель Председателя.

Правило 18

В случае если должность Председателя освобождается в период между заседаниями, Первый заместитель исполняет полномочия и обязанности Председателя до тех пор, пока не будет избран новый Председатель.

Если в период между заседаниями освобождается и должность Председателя, и должность Первого заместителя Председателя, Второй заместитель исполняет полномочия и обязанности Председателя до тех пор, пока не будет избран новый Председатель.

Правило 19

Председатель и заместители Председателя приступают к исполнению своих функций по окончании заседания Комитета, на котором они были избраны.

Часть VIII   Административные средства

Правило 20

Как правило, Комитет и любые вспомогательные органы используют административные средства Правительства, согласившегося провести их заседания в своей стране.

Часть IX   Языки

Правило 21

Официальными языками Комитета и, в соответствующих случаях, вспомогательных органов, упомянутых в Правиле 10, являются английский, французский, русский и испанский языки.

Часть X   Материалы и отчеты

Правило 22

Комитет направляет на Консультативное совещание по Договору об Антарктике отчёт о каждом из своих заседаний. Отчёт охватывает все вопросы, обсуждавшиеся на заседании Комитета, включая межсессионные заседания Комитета и, в соответствующих случаях, его вспомогательных органов, и отражает высказанные точки зрения. Кроме того, в отчёт включается полный перечень официально распространённых Рабочих, Информационных и Вспомогательных документов.

Отчёт направляется Консультативному совещанию по Договору об Антарктике на официальных языках Совещания. Отчёт направляется Сторонам и присутствовавшим на заседании наблюдателям, после чего передаётся в общедоступные источники информации.

Часть XI Поправки

Правило 23

Комитет может принимать поправки к настоящим Правилам процедуры, которые подлежат утверждению Консультативным совещанием по Договору об Антарктике.

Отчеты, программа и бюджет Секретариата

Представители,

напоминая о Мере 1 (2003) относительно учреждения Секретариата Договора об Антарктике (Секретариат);

учитывая Финансовые положения по Секретариату, приложенные к Решению 4 (2003);

принимают следующее **решение:**

1. одобрить проверенный аудитором Финансовый отчет за 2009/10 гг., прилагаемый к настоящему Решению (Приложение 1);

2. принять к сведению Отчет Секретариата 2010/11 гг. (SP 2 ред. 2), включающий в себя Калькуляцию доходов и расходов за 2010/11 гг., прилагаемую к настоящему Решению (Приложение 2); и

3. принять во внимание прогноз бюджета на 5 лет с 2011 по 2016 гг. и одобрить все остальные компоненты Программы Секретариата 2010/11 гг. (SP 3), включая бюджет на 2011/12 гг. и Проект бюджета на 2012/13 гг., прилагаемые к настоящему Решению (Приложение 3).

АУДИТОРСКОЕ ЗАКЛЮЧЕНИЕ

XXXIV Консультативное совещание Договора об Антарктике 2011. Буэнос-Айрес, Аргентина

1. Доклад о финансовых отчетах

Мы провели аудиторскую проверку прилагаемых Финансовых отчетов Секретариата Договора об Антарктике, включая: Отчет о доходах и расходах, Отчет о финансовом положении, Отчет о чистых основных активах, Отчет о поступлении и распределении денежных средств и Пояснительные записки за период с 1 апреля 2009 года по 31 марта 2010 года.

2. Ответственность Правления за Финансовую отчетность

Секретариат Договора об Антарктике несет ответственность за подготовку и разумное представление данных Финансовых отчетов в соответствии с Международными стандартами бухгалтерского учета и специальными стандартами Консультативных совещаний Договора об Антарктике. Такая ответственность распространяется на: разработку, внедрение и обеспечение внутреннего контроля над подготовкой и представлением финансовой отчетности с целью предупреждения ее искажения в результате фальсификации или ошибки, выбор и внедрение определенных принципов бухгалтерского учета и подготовку предварительного учета, достаточного при сложившихся обстоятельствах.

3. Ответственность аудитора

Мы несем ответственность за выражение мнения по поводу данных Финансовых отчетов, основываясь на проведенной аудиторской проверке. Аудиторская проверка была проведена в соответствии с Международными стандартами бухгалтерского учета и Дополнением к Решению 3 (2008) XXXI Консультативного совещания Договора об Антарктике, описывающим задачи, которые должны быть выполнены независимым аудитором.

Эти стандарты требуют соблюдения этических требований, а также планирования и проведения аудита таким образом, чтобы обеспечить разумную уверенность в том, что Финансовые отчеты не содержат неточностей.

Аудиторская проверка включает проведение процедур для получения доказательств, касающихся сумм и разъяснений, представленных в Финансовых отчетах. Выбор процедуры зависит от решения аудитора, включая оценку рисков декларирования неточных данных в Финансовых отчетах, возникших в результате фальсификации или ошибки. При выполнении такой оценки рисков аудитор учитывает внутренний контроль, соответствующий подготовке и разумному представлению организацией Финансовых отчетов с целью разработки подходящих процедур, соответствующих обстоятельствах.

Кроме того, аудиторская проверка включает оценку соответствия, использованных принципов бухгалтерского учета, рациональности предварительного учета, выполненного руководством, а также оценку общего представления Финансовых отчетов.

Мы считаем, что данные, полученные нами в результате аудиторской проверки, являются достаточными и надлежащими для вынесения нашего аудиторского заключения.

4. *Заключение*

По нашему мнению, проверенные Финансовые отчеты в должной степени представляют во всех существенных аспектах финансовое положение Секретариата Договора об Антарктике по состоянию на 31 марта 2010 года и его финансовые показатели за период, заканчивающийся в эту дату, в соответствии с Международными стандартами бухгалтерского учета и специальными стандартами Консультативных совещаний Договора об Антарктике.

[Подпись]
Д-р Эдгардо де Роз
Общественный бухгалтер
Tº182 Fº195 CPEBCABA

Буэнос-Айрес, 25 апреля 2011 года
Национальная служба внутреннего контроля
ул. Корриентес 381, Буэнос-Айрес,
Аргентинская Республика

Приложение А – Финансовый отчет за 2009/10

1. Отчет о доходах и расходах всех средств за период с 1 апреля 2009 года по 31 марта 2010 года

ДОХОД	Бюджет	Предварительно	Фактически
Взносы за предыдущие годы (Примечания 1.10 и 8)	$ 32 613	$ 32 613	$ 32 613
Взносы за текущий год (Примечания 1.10 и 8)	$ 808 124	$ 808 124	$ 808 127
Прочие доходы (Примечание 2)	$ 1 400	$ 1 292	$ (3 753)
ИТОГО ДОХОДОВ	**$ 842 137**	**$ 842 029**	**$ 836 987**
РАСХОДЫ			
Заработная плата			
Руководящие кадры	$ 232 425	$ 232 425	$ 232 425
Основной персонал	$ 161 905	$ 167 876	$ 167 876
Итого на заработную плату	**$ 394 330**	**$ 400 301**	**$ 400 301**
Товары и услуги			
Аудит	$ 7 185	$ 7 813	$ 9 248
Ввод данных	$ 2 000	$ 0	$ 0
Служба документации	$ 2 000	$ 3 062	$ 3 062
Юридические консультации	$ 5 900	$ 3 600	$ 3 600
Разное	$ 8 000	$ 9 344	$ 9 950
Канцелярские расходы	$ 15 200	$ 10 604	$ 10 950
Почтовые пересылки	$ 7 700	$ 1 798	$ 1 483
Распечатка	$ 23 100	$ 13 981	$ 13 581
Представительские расходы	$ 3 300	$ 2 927	$ 2 802
Связь	$ 10 700	$ 11 479	$ 11 720
Обучение	$ 1 400	$ 4 100	$ 5 504
Перевод	$ 248 500	$ 233 376	$ 232 876
Командировочные расходы	$ 43 000	$ 58 538	$ 56 843
Итого на товары и услуги	**$ 377 985**	**$ 360 622**	**$ 361 619**
Оборудование			
Документация	$ 1 100	$ 1 633	$ 1 762
Мебель	$ 4 400	$ 8 805	$ 6 643
Вычислительная техника	$ 21 400	$ 20 878	$ 23 729
Разработка	$ 15 000	$ 12 390	$ 11 794
Итого на оборудование	**$ 41 900**	**$ 43 706**	**$ 43 928**
Распределение средств			
Фонд будущего совещания (Примечание 1.9)	$ 13 001	$ 13 001	$ 13 001
Фонд расчетов с персоналом (Примечание 1.6)	$ 7 900	$ 7 900	$ 15 662
Фонд оборотных средств (Примечание 1.8)	$ 2 475	$ 2 475	$ 2 475
Итого распределенных средств	**$ 23 376**	**$ 23 376**	**$ 31 138**
ИТОГО РАСХОДОВ	**$ 837 591**	**$ 828 005**	**$ 836 987**
(Дефицит) / Профицит	**$ 4 546**	**$ 14 024**	**$ 0**

Данный отчет должен рассматриваться вместе с прилагаемыми ПРИМЕЧАНИЯМИ 1-9.

[Подпись]

2. Отчет о финансовом положении по состоянию на 31 марта 2010 года

АКТИВЫ	Предыдущий год	Текущий
Оборотные активы		
Денежные средства и эквиваленты денежных средств (Примечание 3)	$ 959 231	$ 876 024
Задолженность по взносам (Примечание 8)	$ 0	$ 70 159
Другие должники (Примечание 4)	$ 48 421	$ 34 818
Другие оборотные активы (Примечание 5)	$ 0	$ 12 779
Итого	**$ 1 007 652**	**$ 993 781**
Необоротные активы		
Мебель и оборудование (Примечания 1.5 и 6)	$ 62 196	$ 66 297
Итого необоротных активов	**$ 62 196**	**$ 66 297**
Итого активов	**$ 1 069 848**	**$ 1 060 078**
ПАССИВЫ		
Текущие пассивы		
Кредиторская задолженность (Примечание 7)	$ 91 630	$ 31 357
Нетрудовые доходы (Примечания 1.2 и 8)	$ 379 605	$ 407 572
Задолженность по заработной плате	$ 4 103	$ 22 080
Итого	**$ 475 339**	**$ 461 008**
Долгосрочные обязательства		
Фонд расчетов с персоналом (Примечание 1.6)	$ 23 119	$ 38 781
Фонд замещения кадров (Примечание 1.7)	$ 50 000	$ 23 421
Итого долгосрочных обязательств	**$ 73 119**	**$ 62 203**
Итого пассивов	**$ 548 458**	**$ 523 211**
ЧИСТЫЕ АКТИВЫ	**$ 521 390**	**$ 536 867**

Данный отчет должен рассматриваться вместе с прилагаемыми ПРИМЕЧАНИЯМИ 1-9.

3. Отчет об изменениях в Чистых активах по состоянию на 31 марта 2010 года

Представлено фондами	Чистые активы 01-04-2009	Финансирование	Размещение прибыли	Чистые активы 31-03-2010
Общий фонд	$ 35 051	$ 836 987	($ 836 987)	$ 35 051
Фонд оборотных средств (Примечание 1.8)	$ 126 917		($ 2 475)	$ 129 392
Фонд будущего совещания (Примечание 1.9)	$ 359 423		($ 13 001)	$ 372 424
Чистые активы	**$ 521 391**	**($ 836 987)**	**$ 852 463**	**$ 536 867**

Данный отчет должен рассматриваться вместе с прилагаемыми ПРИМЕЧАНИЯМИ 1-9.

[Подпись]

4. Движение денежных средств всех фондов за период с 1 апреля 2009 года по 31 марта 2010 года

Разница в денежных средствах и эквивалентах денежных средств

- Денежные средства и эквиваленты денежных средств в начале периода $ 959 231
- Денежные средства и эквиваленты денежных средств в конце периода $ 876 024

    Чистое уменьшение денежных средств и эквивалентов денежных средств ($ 83 207)

Причины разницы в денежных средствах и эквивалентах денежных средств

Операционная деятельность

- Сбор взносов $ 612 973
- Выплата зарплат   ($ 400 301)
- Оплата переводческих услуг   ($ 586 809)
- Оплата командировочных расходов   ($ 32 171)
- Распечатка, редактирование и копирование   ($ 13 581)
- Расходы на переезд   ($ 21 412)
- Прочие выплаты   ($ 132 325)

Чистые денежные средства и эквиваленты денежных средств от операционной деятельности   ($ 573 626)

Инвестиционная деятельность

- Приобретение недвижимости   ($ 12 969)
- Другое   120

Чистые денежные средства и эквиваленты денежных средств от инвестиционной деятельности   ($ 12 849)

Финансовая деятельность

- Авансовые взносы $ 407 572
- Авансовые платежи за услуги по переводу $ 131 933
- Выплаты по части 5, 6 Штатного регламента ($ 12 779)
- Авансовые расходы на XXXIII КСДА   ($ 18 360)

Чистые денежные средства и эквиваленты денежных средств от финансовой деятельности $ 508 366

Операции с валютой

- Чистая иностранная валюта   ($ 5 098)

Чистые денежные средства и эквиваленты денежных средств от операций с валютой   ($ 5 098)

Чистое уменьшение денежных средств и эквивалентов денежных средств ($ 83 207)

Данный отчет должен рассматриваться вместе с прилагаемыми ПРИМЕЧАНИЯМИ 1-9.

[Подпись]

**ПРИМЕЧАНИЯ, ЯВЛЯЮЩИЕСЯ ЧАСТЬЮ ФИНАНСОВЫХ ОТЧЕТОВ
31 МАРТА 2010 ГОДА**

ПРИМЕЧАНИЕ 1: ОБЗОР ОСНОВНЫХ НОРМ И ПРИНЦИПОВ БУХГАЛТЕРСКОГО УЧЕТА

1.1 Первоначальная стоимость
Отчетность составлена в соответствии с соглашением о первоначальной стоимости, кроме случаев, когда указано иное, и, следовательно, не отражает изменений в покупательной способности денежных средств или текущей оценке неликвидных активов.

1.2 Принцип начисления
Отчет о доходах и убытках, Отчет о финансовом положении и Отчет об изменениях в чистых активах Секретариата подготовлены по принципу начисления в соответствии с Международными стандартами бухгалтерского учета. См. пункт 1.9.

1.3 Валюта
Все операции в финансовых отчетах указаны в долларах США.

1.4 Помещения
Офисные помещения предоставлены в пользование Секретариата на бесплатной основе Министерством иностранных дел, международной торговли и культа Аргентинской Республики, а также без уплаты коммунальных платежей и общих затрат на здание.

1.5 Мебель и оборудование
Все позиции указаны по принципу цена минус накопленный износ и любой признанный убыток от обесценивания. Амортизация данных активов рассчитана согласно линейному методу по ставкам, соответствующим их расчетному сроку службы.

Все материально-технические ресурсы с расчетом их срока службы были показаны согласно инструкциям Национальной службы внутреннего контроля Аргентинской Республики. Детальный перечень дан в Примечании 6.

1.6 Фонд расчетов с персоналом
Секретариат изменил интерпретацию положения 10.4 Штатного регламента с ограничительной на включительную «...руководящий персонал должен получать компенсацию в размере одномесячной базовой зарплаты за каждый год службы, начиная со второго года...». По состоянию на 31 марта 2010 года недостаток финансирования Фонда составляет $ 11 531. В эту сумму не входят денежные средства, причитающиеся к выплате предыдущему Исполнительному секретарю, ушедшему в отставку 31 августа 2009 года.

1.7 Фонд замещения кадров
Этот Фонд используется при возникновении затрат на переезд, связанных с перемещением Исполнительного секретаря.

1.8 Фонд оборотных средств
В соответствии с Финансовым регламентом 6.2 (а) фонд составляет одну шестую (1/6) бюджета на финансовый год.

1.9 Фонд будущего совещания
В соответствии с Решением 4 (2009), сумма фонда была увеличена.

1.10 Учет выручки
Начиная с 2009/2010 годов, выручка от ежегодных взносов Членов регистрируется в начале каждого года, когда наступает срок уплаты взносов в бюджет.

Специальные взносы и доход от процентов учитываются при получении.

[Подпись]

ПРИМЕЧАНИЯ, ЯВЛЯЮЩИЕСЯ ЧАСТЬЮ ФИНАНСОВЫХ ОТЧЕТОВ
31 МАРТА 2010 ГОДА

	Предыдущий год	Фактически
Примечание 2 Прочий доход		
Доход от процентов	$ 2 082	$ 1 135
Регулирование валютного курса	$ 11 254	($ 5 098)
Прочее	$ 181	$ 210
	$ 13 517	($ 3 753)
Примечание 3 Денежные средства и эквивалент денежных средств		
Денежные средства в долларах США	$ 589	$ 2,731
Денежные средства в аргентинских песо	$ 552	$ 680
Счет в долларах США в НБА	$ 922 491	$ 868 933
Счет в песо Аргентины в НБА	$ 35 599	$ 3 679
Итого	$ 959 231	$ 876 024
Примечание 4 Прочие должники		
Авансовые платежи поставщикам	$ 35 972	$ 28 480
НДС, подлежащий компенсации	$ 11 930	$ 6 338
Аванс в счет оклада	$ 500	$ 0
Налог с оборота, подлежащий компенсации	$ 19	$ 0
Итого	$ 48 421	$ 34 819
Примечание 5 Прочие оборотные активы		
Возмещение по Штатному регламенту 5.6	$ 0	$ 12 779
	$ 0	$ 12 779
Примечание 6 Мебель и оборудование		
Книги и подписные издания	$ 3 240	$ 2 877
Офисное оборудование	$ 12 133	$ 28 307
Мебель	$ 22 129	$ 24 374
Вычислительная техника и программное обеспечение	$ 32 071	$ 39 747
Итого первоначальная стоимость	$ 69 573	$ 95 305
Накопленный износ	($ 7 377)	($ 29 008)
Итого чистая себестоимость	$ 62 196	$ 66 297
Примечание 7 Кредиторская задолженность		
Положение Штатного регламента 5.6	$ 67 800	$ 0
Кредиторская задолженность	$ 9 120	$ 4 160
Накопленные обязательства	$ 14 710	$ 27 197
	$ 91 630	$ 31 357

[Подпись]

**ПРИМЕЧАНИЯ, ЯВЛЯЮЩИЕСЯ ЧАСТЬЮ ФИНАНСОВЫХ ОТЧЕТОВ
31 МАРТА 2010 ГОДА**

Примечание 8 Взносы
Разбивка взносов, подлежащих оплате и полученных авансом:

Финансовый год	2008/09	2009/10		2009/10	
Получено	Подлежит оплате	Гарантированно	Получено	Задолженность	Будущий период
Австралия		$ 36 404	$ 36 404	$ 0	
Аргентина		$ 36 404	$ 36 404	$ 0	
Бельгия		$ 24 197	$ 24 180	$ 18	
Болгария		$ 20 534	$ 20 534	$ 0	$ 22 868
Бразилия		$ 24 197	$ 14 640	$ 9 557	
Великобритания		$ 36 404	$ 36 404	$ 0	$ 40 540
Германия		$ 31 521	$ 31 491	$ 30	$ 35 070
Индия		$ 27 859	$ 27 797	$ 62	
Испания		$ 27 859	$ 27 744	$ 115	
Италия		$ 31 521	$ 31 521	$ 0	
Китай		$ 27 859	$ 27 859	$ 0	
Корея		$ 24 197	$ 24 197	$ 0	$ 26 946
Нидерланды		$ 27 859	$ 27 859	$ 0	
Новая Зеландия		$ 36 404	$ 36 404	$ 0	$ 40 540
Норвегия		$36 404	$ 36 374	$ 30	$ 40 510
Перу		$ 20 534	$ 20 534	$ 0	
Польша		$ 24 197	$ 24 197	$ 0	$ 26 946
Россия		$ 27 859	$ 27 859	$ 0	$ 31 024
США		$ 36 404	$ 36 404	$ 0	$ 40 540
Украина	$ 18 293	$ 24 197	$ 0	$ 42 490	
Уругвай		$ 24 197	$ 24 197	$ 0	
Финляндия		$ 24 197	$ 24 197	$ 0	
Франция		$ 36 404	$ 36 404	$ 0	$ 40 540
Чили	$ 14 320	$ 27 859	$ 24 320	$ 17 859	
Швеция		$ 27 859	$ 27 859	$ 0	$ 31 024
Эквадор		$ 20 534	$ 20 534	$ 0	
ЮАР		$ 27 859	$ 27 859	$ 0	$ 31 024
Япония		$ 36 404	$ 36 405	($ 1)	
ИТОГО	$ 32 613	$ 808 127	$ 770 581	$ 70 159	$ 407 572

[Подпись]

ПРИМЕЧАНИЯ, ЯВЛЯЮЩИЕСЯ ЧАСТЬЮ ФИНАНСОВЫХ ОТЧЕТОВ
31 МАРТА 2010 ГОДА

Примечание 9 Новый отчет о доходах и расходах для всех фондов за период с 1 апреля 2009 года по 31 марта 2010 года

В таком формате Секретариат будет в будущем показывать доходы и расходы.

ДОХОД	Предыдущий год	Бюджет	Фактически
Взносы за предыдущие годы	$ 138 317	$ 32 613	$ 32 613
Взносы за текущий год	$ 404 118	$ 808 124	$ 808 127
Прочие доходы	$ 2 263	$ 1 400	$ 1 364
Итого доходов	**$ 544 698**	**$ 842 137**	**$ 842 104**
РАСХОДЫ			
Заработная плата	$ 371 637	$ 399 530	$ 403 363
Услуги по переводу	$ 232 554	$ 248 500	$ 232 876
Командировочные расходы	$ 59 653	$ 43 000	$ 56 843
Информационные технологии	$ 41 296	$ 36 400	$ 35 523
Распечатка, редактирование и копирование	$ 37 249	$ 23 100	$ 13 581
Общие услуги	$ 34 449	$ 30 685	$ 33 147
Связь	$ 14 288	$ 16 000	$ 10 708
Канцелярские расходы	$ 12 644	$ 10 000	$ 12 220
Управление общим имуществом	$ 3 808	$ 3 700	$ 4 786
Представительские расходы	$ 3 172	$ 3 300	$ 2 802
Финансирование	($ 11 473)	$ 0	$ 5 117
Итого расходов	**$ 799 277**	**$ 814 215**	**$ 810 966**
РАСПРЕДЕЛЕНИЕ СРЕДСТВ			
Фонд будущего совещания	$ 0	$ 13 001	$ 13 001
Фонд расчетов с персоналом	$ 9 415	$ 7 900	$ 15 662
Фонд оборотных средств	($ 6 866)	$ 2 475	$ 2 475
Итого распределенных средств	**$ 2 549**	**$ 23 376**	**$ 31 138**
Итого расходов и распределенных средств	**$ 801 826**	**$ 837 591**	**$ 842 104**
(Дефицит) / Профицит за период	**($ 257 128)**	**($ 4 546)**	**$ 0**

[Подпись]
Др. Манфред Рейнке
Исполнительный секретарь

[Подпись]
Роберто А. Феннелл
Сертифицированный бухгалтер

**Оценка доходов и расходов всех фондов за период
с 1 апреля 2010 года по 31 марта 2011 года**

	Отчет 2009-2010	Бюджет 2010-1011	Предв. отчет 2010-2011
ДОХОДЫ			
Взносы за предыдущий финансовый год	$ 32 613	$ 0	
Взносы за текущий финансовый год	$ 808 127	$ 899 942	$ 899 942
Прочее	-$ 3 753	$ 1 000	-$ 1 510
ИТОГО	**$ 836 987**	**$ 900 942**	**$ 898 432**
РАСХОДЫ			
ЗАРПЛАТА			
Руководящие кадры	$ 232 425	$ 247 974	$ 250 104
Основной персонал	$ 167 876	$ 193 543	$ 194 102
Сверхурочная работы	$ 0	$ 8 038	$ 7 365
Дополнительный персонал	$ 0	$ 16 864	$ 18 378
Итого на зарплату	**$ 400 301**	**$ 466 419**	**$ 469 948**
ТОВАРЫ И УСЛУГИ			
Аудит	$ 9 248	$ 9 360	$ 9 299
Ввод данных	$ 0	$ 0	$ 0
Служба документации	$ 3 062	$ 0	$ 0
Юридические консультации	$ 3 600	$ 4 200	$ 4 360
Разное	$ 9 950	$ 8 500	$ 9 976
Канцелярские расходы	$ 10 950	$ 11 700	$ 12 141
Почтовые расходы	$ 1 483	$ 2 500	$ 1 870
Распечатка	$ 13 581	$ 11 500	$ 15 964
Представительские расходы	$ 2 802	$ 2 000	$ 3 143
Связь	$ 11 720	$ 13 000	$ 12 393
Обучение	$ 5 504	$ 4 100	$ 8 131
Устный и письменный перевод	$ 232 876	$ 585 093	$ 531 693
Командировочные расходы	$ 56 843	$ 68 800	$ 60 583
Перемещение	$ 0	$ 0	$ 0
Итого товаров и услуг	**$ 361 619**	**$ 720 753**	**$ 669 554**
ОБОРУДОВАНИЕ			
Документация	$ 1 762	$ 1 900	$ 1 137
Мебель	$ 6 643	$ 5 000	$ 4 179
Вычислительная техника	$ 23 729	$ 23 600	$ 21 497
Разработка	$ 11 795	$ 15 100	$ 15 820
Итого оборудования	**$ 43 929**	**$ 45 600**	**$ 42 632**
Итого фондов	**$ 805 849**	**$ 1 232 772**	**$ 1 182 135**
Фонд на непредвиденные переводы (Фонд будущего совещания)	$ 13 001	$ 0	$ 0
Фонд замещения кадров	$ 0	$ 8 333	$ 8 333
Фонд расчетов с персоналом	$ 15 662	$ 25 974	$ 25 974
Фонд оборотных средств	$ 2 475	$ 62 260	$ 62 260
Итого по фондам	**$ 31 138**	**$ 96 567**	**$ 96 567**
РАСХОДЫ	**$ 836 987**	**$ 1 329 339**	**$ 1 278 702**
		$ 0	
Профицит / (Дефицит)	$ 0	-$ 428 397	-$ 380 269
ФИНАНСИРОВАНИЕ		*$ 0*	
Общий фонд	$ 0	$ 49 076	$ 7 845
Фонд на непредвиденные переводы (Фонд будущего совещания)	$ 0	$ 372 424	$ 372 424
Фонд оборотных средств	$ 0	$ 6 898	$ 0
	$ 0	**$ 428 398**	**$ 380 269**
Обзор фондов	**31.03.2010**	**31.03.2011**	**31.03.2011**
Общий фонд	$ 35 051	$ 0	$ 27 206
Фонд на непредвиденные переводы (Фонд будущего совещания)	$ 372 424	$ 0	$ 0
Фонд замещения кадров	$ 23 421	$ 31 754	$ 31 754
Фонд расчетов с персоналом	$ 38 781	$ 64 755	$ 64 755
Фонд оборотных средств	$ 129 392	$ 184 754	$ 191 652

Программа работы Секретариата на 2011/12 г.

Введение

В настоящей программе работы в общем виде представлены предполагаемые направления деятельности Секретариата в 2011/12 финансовом году (1 апреля 2011 г. – 31 марта 2012 г.). Основные направления деятельности Секретариата рассматриваются в первых трех главах, за которыми следуют раздел, посвященный вопросам управления, а также ориентировочная программа работы на 2011/12 финансовый год.

Проект бюджета на 2011/12 г., Ориентировочный бюджет на 2012/12 г., а также соответствующие шкалы взносов и заработной платы приведены в добавлениях.

Секретариат подготовил Пятилетнюю бюджетную оценку в соответствии с просьбой, высказанной XXXIII КСДА (Заключительный отчет, пункт (113)).

В основу настоящей программы и соответствующих бюджетных показателей 2011/12 г. положен Ориентировочный бюджет на 2011/12 г. (Решение 4 (2010), Добавление 1).

Основное внимание в Программе уделено обычным мероприятиям, таким как подготовка XXXIV КСДА и XXXV КСДА, публикация Заключительных отчетов и выполнение различных конкретных заданий, порученных Секретариату на основании Меры 1 (2003).

Содержание:

1. Поддержка КСДА/КООС
2. Обмен информацией
3. Документы
4. Общедоступная информация
5. Управление
6. Ориентировочная программа работы на 2011/12 г.

   Добавление 1: Предв. отчет за 2010/11 гг., Бюджет на 2011/12 г., Ориентировочный бюджет на 2012/13 г.

   Добавление 2: Пятилетняя бюджетная оценка на 2011- 2016 гг.

   Добавление 3 Шкала взносов на 2012/13 гг.

   Добавление 4: Шкала заработной платы

1. Поддержка КСДА/КООС

XXXIV КСДА

Секретариат окажет поддержку XXXIV КСДА, обеспечив сбор и компоновку документов Совещания и их размещение на странице ограниченного доступа сайта Секретариата. Раздел сайта, предназначенный для делегатов, также позволит регистрировать делегатов в онлайновом режиме и составлять обновляемый список делегатов, который можно скачивать с сайта.

Секретариат будет оказывать содействие в функционировании КСДА и подготовит документы Секретариата, Справочник для делегатов, а также аннотированные повестки дня КСДА, КООС и Рабочих групп КСДА.

Секретариат поддерживает контакты с правительством Австралии в связи с подготовкой XXXV КСДА в 2012 г., и будет поддерживать контакты с правительством Бельгии в связи с подготовкой XXXVI КСДА.

Рассмотрение Рекомендаций КСДА

Секретариат будет продолжать оказывать поддержку Межсессионной контактной группе «Рассмотрение Рекомендаций КСДА».

Координация действий и контакты

Помимо контактов со Сторонами и международными организациями Системы Договора об Антарктике, которые поддерживаются по электронной почте, телефону и с помощью других средств связи, важным инструментом координации действий и поддержания контактов является участие в различных совещаниях.

КОМНАП XXIV состоится в Стокгольме 1-5 августа 2011 года. Участие в этом совещании даст возможность еще больше укрепить связи и взаимодействие с КОМНАП и информировать национальные антарктические программы о том, какие вопросы будут возникать во время использования СЭОИ. Еще одним аспектом, в связи с которым, возможно, необходимо поддерживать контакты с КОМНАП, является пересмотр статуса рекомендаций по операционным вопросам.

Сотрудники Секретариата уже поддерживают тесное сотрудничество с органами власти Австралии, представляющими Секретариат принимающей страны, в связи с XXXV КСДА. На время проведения Совещания в штат Секретариата будут приняты дополнительные сотрудники, специально привлеченные для этой цели по контракту.

Будут осуществлены следующие поездки:

- *КОМНАП, 1-5 августа 2011 года.*
- *АНТКОМ, Хобарт (Австралия), 24 октября – 4 ноября 2011 года.* Совещание АНТКОМ, которое проводится в период приблизительно между двумя

очередными КСДА, дает Секретариату хорошую возможность ознакомить Представителей КСДА, многие из которых принимают участие в совещании АНТКОМ, с ходом работы Секретариата. Кроме того, для Секретариата Договора об Антарктике большое значение имеют контакты с Секретариатом АНТКОМ, поскольку многие его правила были сформулированы по образцу положений о Секретариате АНТКОМ.

Разработка сайта Секретариата

Новый сайт будет в определенной степени обновлен с тем, чтобы он стал более четким и удобным для использования, а также для повышения наглядности наиболее значимых разделов и данных. Будет продолжена работа по развитию средств представления отчетности в базах данных сайта и особенно базе данных Договора об Антарктике. Секретариат продолжит работу по размещению документов предыдущих КСДА, СКСДА и Совещаний экспертов. Поскольку многие из этих документов не существуют в цифровом виде, их необходимо сканировать, выверять и вводить данные из печатных документов. База данных по охраняемым районам будет расширена за счет включения новых полей и географических данных.

Поддержка межсессионной деятельности

В последние годы КООС и КСДА выполняли большой объем работы в межсессионный период, в основном в рамках межсессионных контактных групп (ICG - МКГ). Секретариат будет оказывать техническую поддержку в организации онлайновой работы МКГ, согласованных на XXXIV КСДА и КООС XIV, а также готовить конкретные документы, которые могут потребоваться КСДА или КООС.

Секретариат будет обновлять сайт, размещая на нем меры, принятые КСДА, и данные, подготовленные КООС и КСДА.

Печатные работы

Секретариат опубликует и распространит Заключительный отчет XXXIV КСДА и Приложения к нему на четырех языках Договора в течение шести месяцев после окончания Совещания. Текст Заключительного отчета будет опубликован в печатном виде, а приложения будут изданы в виде компакт-дисков, прилагающихся к печатному тексту отчета. Полный текст Заключительного отчета будет подготовлен в виде книги через посредство компании Amazon.com *(http://www.amazon.com)*.

2. Обмен информацией

Общие положения

Секретариат будет и в дальнейшем помогать Сторонам размещать на сайте информацию, подлежащую обмену, а также интегрировать материалы по ОВОС в базу данных ОВОС.

Система электронного обмена информацией

В зависимости от решений XXXIV КСДА, во время следующего оперативного сезона Секретариат будет проводить необходимую корректировку, чтобы Сторонам было легче пользоваться электронной системой, и также разрабатывать средства для составления и представления информационных сводок.

3. Материалы и документы

Документы КСДА

Секретариат продолжит работу по комплектованию своего архива Заключительных отчетов и других материалов КСДА и иных совещаний, состоявшихся в рамках Системы Договора об Антарктике, на всех четырех языках Договора. Для создания полностью укомплектованного архива необходимо содействие Сторон, которым надлежит поднять свои архивы.

База данных Договора об Антарктике

В настоящее время база данных о Рекомендациях, Мерах, Решениях и Резолюциях КСДА полностью подготовлена на английском языке и практически полностью готова на испанском и французском языках, хотя у Секретариата по-прежнему нет нескольких Заключительных отчетов на этих языках. Что касается русского языка, то здесь не хватает большего числа Заключительных отчетов, а полученные материалы сейчас переводятся в электронную форму и вычитываются.

4. Общедоступная информация

Секретариат и его сайт будут по-прежнему выполнять функции центра сбора информации о деятельности Сторон и важных событиях в Антарктике.

5. Управление

Переезд Секретариата

Офис Секретариата переместится с адреса: Av Leandro N. Alem 844 piso 4 на адрес: Maip 757 piso 4 в мае 2011 года. 19 марта 2011 г. правительство Аргентины подписало контракт на новое помещение для офиса, которое отвечает долгосрочным потребностям в отношении архивов и сотрудников Секретариата и позволяет улучшить условия работы.

Секретариат выражает благодарность правительству Аргентины за это предложение, которое будет гарантировать качество услуг, которые будут предоставляться Сторонам в будущем.

Персонал

По состоянию на 1 апреля 2011 г. штат Секретариата состоял из следующих сотрудников:

Сотрудники руководящей категории

Имя и фамилия	Должность	Начало работы	Категория
Г-н Манфред Райнке	Исполнительный секретарь	1-09-2009	Е1
Г-н Хосе Мария Асеро	Помощник Исполнительного секретаря	1-01-2005	Е3

Сотрудники общей категории

Г-н Хосе Луис Аграс	Сотрудник по вопросам информации	1-11-2004	G1
Г-н Диего Видлер	Специалист по информационной технологии	1-02-2006	G1
Г-н Роберто Алан Феннелл	Бухгалтер (с неполной нагрузкой)	1-12-2008	G2
Г-н Пабло Вайншенкер	Редактор	1-02-2006	G3
Г-жа Виолета Антинарелли	Библиотекарь (с неполной нагрузкой)	1-04-2007	G3
Г-жа Глория Фонтан	Менеджер офиса	1-12-2004	G5
Г-жа Карина Гил (болеет с 15-03-2010)	Помощник по вводу данных (с неполной нагрузкой)	1-04-2007	G6
Г-жа Анна Балок – замена г-жи Карины Гил (срочный контракт до 31-07-2011)	Помощник по вводу данных (с неполной нагрузкой)	1-10-2010	G6

Финансовые вопросы

Письменный и устный перевод

Во взаимодействии с Аргентиной и Австралией, принимающими сторонами следующих двух совещаний, Секретариат подготовил международное обращение-призыв представить предложения услуг по письменному и устному переводу на 34-м и 35-м КСДА. Секретариат направил это обращение-призыв 22 сентября 2010 г. трем международным компаниям, все из которых имеют доказанный опыт предоставления услуг по письменному и устному переводу в отношении КСДА или вопросов, связанных с КСДА.

В обращении-призыве содержалась просьба к сторонам, представляющим предложеиие, направить как техническое предложение, так и шкалу цен, что позволило осуществить независимую оценку их качеств и цен. В техническом предложении содержалась просьба представить образцы перевода, предлагаемый план работы и описание ресурсов персонала. Секретариат решил направить обращение-призыв на два года для обеспечения неизменно высокого качества письменного и устного перевода на этих совещаниях. В Общих условиях этого контракта содержится положение о том, что если, по мнению Сторон, предоставленные услуги были недостаточными, то контракт может быть прерван после первого совещания. Секретариат осознавал, что высококачественный письменный и устный перевод имеет крайне важное значение для успешного проведения КСДА.

Аудитор Секретариата SIGEN согласился быть свидетелем при вскрытии предложений 1 ноября 2010 года. Секретариат получил три предложения от компаний в Японии, Аргентине и Австралии. Предложения показали значительные расхождения по ценам. За письменный перевод 1000 слов компании запрашивали от 110 долл. США до 220 долл. США. За устный перевод на Совещаниях они запрашивали от 222 920 долл. США до 420 575 долл. США за КСДА в Буэнос-Айресе в 2011 г. и от 292 771 долл. США до 489 066 долл. США за КСДА в Хобарте в 2012 году.

На основании представленных предложений и во взаимодействии с Австралией и Аргентиной Секретариат решил поместить на первое место компанию ONCALL Conference Interpreters & Translators. ONCALL организует языковые услуги для АНТКОМ в Хобарте с 2002 года. Это единственная из представивших предложение сторон, работа которой имеет сертификацию в соответствии со стандартами качественного управления ISO 9001. Оценка компетенции и надежности этих трех компаний показывает, что ONCALL является единственной из представивших предложение сторон, которая направила четкий и точный обзор своих финансовых и организационных возможностей. Что касается двух других представивших предложение сторон, то их услуги целиком зависят от собственников, что создает потенциальный риск для этих совещаний в случае невозможности личного участия по той или иной причине.

Расходы на письменный и устный перевод, предусмотренные в бюджете XXXIV КСДА, составляют 365 825 долл. США, а XXXV КСДА – 358 002 долл. США. Стоимость на XXXII КСДА в Балтиморе составила 668 800 долл. США, а XXXIII КСДА в Пунта-дель-Эсте – 533 949 долл. США.

Заработная плата

Стоимость жизни в Аргентине в 2010 г. значительно возросла. Заработная плата сотрудников Секретариата была пересчитана с учетом увеличения IVS (Индекса изменения заработной платы, подготовленного Аргентинским национальным управлением статистики и переписей) с корректировкой в отношении снижения курса аргентинского песо по отношению к долл. США за тот же период для компенсации последствий инфляции. Этот метод был разъяснен Исполнительным секретарем и согласован на XXXII КСДА (Заключительный отчет, стр. 238 английского текста).

В 2010 г. IVS возрос на исключительно большую величину в 26,3% по сравнению с 16,7% за предыдущий год. Обменный курс аргентинского песо по отношению к долл. США изменился с $0,264 до $0,252. В результате этого стоимость жизни, выраженная в долл. США, возросла на 19,9% в 2011/12 году.

Согласно Положению 5.10 Положений о персонале, сотрудники общей категории, которые вынуждены работать более 40 часов в течение одной недели, должны получать компенсацию. Проведение КСДА связано с необходимостью сверхурочной работы.

Фонды

Фонд рабочего капитала

Согласно Финансовому положению 6.2 (a), Фонд рабочего капитала должен поддерживаться на уровне 1/6 от бюджета Секретариата в 223 600 долл. США в предстоящие годы. Основой для расчета уровня Фонда рабочего капитала являются взносы Сторон.

Фонд прекращения службы персонала

Фонд прекращения службы персонала был пополнен в соответствии с результатами обсуждения на КСДА, которые отражены в Заключительном отчете (пункт 100).

Статьи ассигнований

На XXXIII КСДА было принято решение, что бюджет следует представлять со включением нового набора бюджетных статей, разработанного совместно с внешним аудитором SIGEN, для того чтобы нагляднее показать, как Секретариат израсходовал взносы.

В настоящий момент статьи ассигнований отражают статьи, по которым Секретариат расходует деньги, но без предоставления точной информации о том, как он расходует взносы. Идея состоит в том, чтобы разбить расходы Секретариата на категории долларового выражения, программы работы и конкретных расходов. Общая израсходованная сумма будет такой же в долларовом выражении, как и до изменения, но будет показана иным способом.

Ниже приводятся новые статьи ассигнований:

* *Заработная плата:* это будет включать в себя не только заработную плату, утвержденную в бюджете для непосредственного персонала СДА, но и заработную плату для тех, кто помогает нам на совещаниях, и сверхурочные для персонала общей категории во время КСДА.

- *Письменный перевод:* все деньги за письменный перевод до, во время и после ежегодного совещания КСДА (включая авиабилеты, проживание и прочие расходы).

- *Информационная технология:* все инвестиции в оборудование, программное обеспечение, разработку программ, обслуживание и обеспечение безопасности в области информационной технологии.

- *Печать, редактирование и копирование:* для издания Заключительного отчета в бумажном виде и электронной поддержки.

- *Общие услуги:* все местные услуги по поддержке, такие как юридические услуги, аудит, банковское обслуживание, профессиональная подготовка.

- *Связь:* включает в себя телефонную связь, Интернет, веб-хостинг, почтовые расходы.

- *Офисные расходы:* канцелярские расходы, книги, страхование, техническое обслуживание.

- *Административные расходы:* местный транспорт, расходные материалы.

- *Финансирование:* чистая прибыль или убытки вследствие переложения.

Секретариат задает вопрос о том, следует ли реализовывать эти новые статьи ассигнований в предстоящие финансовые годы.

Отчет за 2010/11 финансовый год, бюджет на 2011/12 финансовый год и ориентировочный бюджет на 2012/13 финансовый год представляются по обеим схемам (Добавление 1 и 2).

Дополнительная информация о проекте бюджета на 2011/12 год

Распределение статей ассигнований скорректировано с учетом предполагаемых расходов в 2011/2012 финансовом году.

- *Категория товаров и услуг:* Общий бюджет по этой категории равен совокупному бюджету в ориентировочном бюджете на 2010/11 г., но было необходимо внести определенные коррективы в статьи ассигнований. Командировочные расходы XXXIV КСДА в Буэнос-Айресе включают в себя расходы на вспомогательный персонал (3 человека) и расходы на проживание в гостинице некоторых сотрудников Секретариата во время Совещания. Предполагаются командировки на КОМНАП XVI в Стокгольме (31 июля - 4 августа 2011 г.) и в АНТКОМ (октябрь 2011 г.) и одна поездка на родину для Исполнительного секретаря и его супруги в соответствии с Положением о персонале 7.6 (декабрь 2011 г.). Расходы на письменный и устный перевод значительно сокращаются благодаря результатам тендерного процесса. Переезд Секретариата в новое помещение в Буэнос-Айресе обойдется примерно в 50 тыс. долл. США. Правительство Аргентины рассматривает вопрос о том, внесет ли оно вклад в соответствующие расходы на переезд посредством дополнительного финансового взноса.

- *Категория заработной платы:* Заработная плата рассчитывается по более высоким величинам для компенсации непредвиденных последствий роста стоимости жизни в Аргентине.

Добавление 2 содержит проект бюджета по новым и нынешним статьям ассигнований. Шкала заработной платы приводится в Добавлении 4.

Пятилетняя бюджетная оценка

Совещание просило «Секретариат подготовить к XXXIV КСДА многолетнюю перспективную бюджетную оценку с целью более равномерного распределения прогнозируемых компонентов бюджета в течение пяти лет» (Заключительный отчет, пункт 113).

Благодаря экономии на письменном и устном переводе совокупный бюджет не возрастет в реальном исчислении в 2012/13 финансовом году. Однако, сохраняется несколько больших рисков для бюджета. Наибольший риск – это последствия инфляции. Другие риски включают в себя изменяющуюся стоимость командировочных расходов для КСДА и новые контракты на услуги по письменному и устному переводу. Секретариат проведет переговоры по новым контрактам на 2013/14 - 2016/17 финансовые годы в 2012 году.

Секретариат предполагает корректировку на инфляцию в 10% в 2012/13 финансовом году и 5% в последующие годы. Командировочные расходы будут высокими для XXXV КСДА в Австралии и XXXVI КСДА в Бельгии. Возможно, они будут ниже для XXXVII КСДА и XXXVIII КСДА в Бразилии и Болгарии.

Фонд рабочего капитала играет ключевую роль. В соответствии с Финансовым положением 6.2 (а) он должен поддерживаться на уровне 1/6 от бюджета Секретариата. Секретариат предлагает заполнять Фонд рабочего капитала до уровня выше этого и использовать эту сумму для нейтрализации расходов, связанных с высоким местным уровнем инфляции.

В 2013/14, 2014/15 и 2015/16 гг. Секретариат рассчитал 3-процентную корректировку в отношении взносов для компенсации компонентов предполагаемой инфляции.

Взносы в 2012/13 финансовом году

Взносы в 2012/13 финансовом году будут такими же, что и в 2011/12 финансовом году. Взносы Сторон показаны в Добавлении 3.

6. Ориентировочная программа работы на 2012/13 и 2013/14 годы

Предполагается, что большая часть текущей работы Секретариата перейдет на 2012/13 г., поэтому если в программе не будет значительных изменений, никаких изменений в штатном составе Секретариата на последующие годы не предвидится.

Взносы в 2012/13 финансовом году не возрастут. В 2013/14 финансовом году Секретариат ожидает, что взносы возрастут на 3% до 1 379 788 долл. США (Добавление 2).

Добавление 1

Предварительный отчет за 2010/11 г., Бюджет на 2011/12 г., Ориентировочный бюджет на 2012/13 г.

	Предв. отчет за 2010/11 г.	Ориентировочный бюджет на 2011/12 г.	Бюджет на 2011/12 г.	Ориентировочный бюджет на 2012/13 г.
ДОХОДЫ				
Взносы за текущий фин. год	$ 899 942	$ 1 339 600	$ 1 339 600	$ 1 339 600
Проч.	-$ 1 510	$ 1 000	$ 1 000	$ 1 000
ИТОГО	**$ 898 432**	**$ 1 340 600**	**$ 1 340 600**	**$ 1 340 600**
РАСХОДЫ				
ЗАРПЛАТА				
Сотрудники руководящ. категории	$ 250 104	$ 270 291	$ 305 654	$ 342 332
Сотрудники общей категории	$ 194 102	$ 210 962	$ 241 159	$ 277 333
Сверхурочные	$ 7 365	$ 8 761	$ 14 926	$ 11 565
Вспомогательный персонал	$ 18 378	$ 16 864	$ 16 361	$ 16 939
Итого по зарплате	**$ 469 948**	**$ 506 878**	**$ 578 100**	**$ 648 169**
ТОВАРЫ И УСЛУГИ				
Аудит	$ 9 299	$ 9 360	$ 9 360	$ 10 764
Ввод данных	$ 0	$ 0	$ 0	$ 0
Работа с документами	$ 0	$ 0	$ 0	$ 0
Юридические консультации	$ 4 360	$ 4 490	$ 9 000	$ 9 900
Разное	$ 9 976	$ 8 500	$ 9 500	$ 10 450
Офисные расходы	$ 12 141	$ 12 520	$ 14 000	$ 15 400
Почтовые расходы	$ 1 870	$ 2 680	$ 2 680	$ 2 814
Печать	$ 15 964	$ 12 310	$ 14 000	$ 15 400
Представительские расходы	$ 3 143	$ 2 000	$ 4 500	$ 3 500
Телесвязь	$ 12 393	$ 13 910	$ 15 000	$ 16 500
Проф. подготовка	$ 8 131	$ 4 100	$ 8 000	$ 8 400
Письменный и устный перевод	$ 531 693	$ 585 093	$ 365 825	$ 358 002
Командировочные расходы	$ 60 583	$ 42 508	$ 52 815	$ 110 380
Переезд	$ 0	$ 0	$ 50 000	$ 0
Итого по товарам и услугам	**$ 669 554**	**$ 697 471**	**$ 554 680**	**$ 561 510**
ОБОРУДОВАНИЕ				
Документация	$ 1 137	$ 1 500	$ 1 500	$ 1 650
Мебель	$ 4 179	$ 5 000	$ 5 000	$ 5 500
Компьютерная техника	$ 21 497	$ 25 000	$ 27 500	$ 28 875
Разработки	$ 15 820	$ 16 000	$ 16 000	$ 17 600
Итого по оборудованию	**$ 42 632**	**$ 47 500**	**$ 50 000**	**$ 53 625**
Итого по ассигнованиям	**$ 1 182 135**	**$ 1 251 849**	**$ 1 182 780**	**$ 1 263 304**

ДОХОДЫ	Предв. отчет за 2010/11 г.	Ориентиро-вочный бюджет на 2011/12 г.	Бюджет на 2011/12 г.	Ориентиро-вочный бюджет на 2012/13 г.
Фонд непредвиденных расходов на письменный перевод				
(Фонд будущих совещаний)	$ 0	$ 0	$ 30 000	$ 0
Фонд замены персонала	$ 8 333	$ 16 667	$ 18 246	$ 0
Фонд прекращения службы персонала	$ 25 974	$ 27 084	$ 42 502	$ 32 778
Фонд оборотного (раб.) капитала	$ 62 260	$ 45 000	$ 67 072	$ 44 518
Итого по финансированию	**$ 96 567**	**$ 88 751**	**$ 157 820**	**$ 77 296**
РАСХОДЫ	**$ 1 278 702**	**$ 1 340 600**	**$ 1 340 600**	**$ 1 340 600**
Профицит (дефицит)	-$ 380 269	$ 0	$ 0	$ 0
ФИНАНСИРОВАНИЕ				
Общий фонд	$ 7 845	$ 0	$ 0	$ 0
Фонд непредвиденных расходов на письменный перевод				
(Фонд будущих совещаний)	$ 372 424	$ 0	$ 0	$ 0
Фонд оборотного (раб.) капитала	$ 0	$ 0	$ 0	$ 0
	$ 380 269	$ 0	$ 0	$ 0
Сводная информация о фондах	**31/03/2011**	**31/03/2012**	**31/03/2012**	**31/03/2013**
Общий фонд	$ 27 206	$ 0	$ 0	$ 0
Фонд непредвиденных расходов на письменный перевод				
(Фонд будущих совещаний)	$ 0	$ 0	$ 30 000	$ 30 000
Фонд замены персонала	$ 31 754	$ 48 421	$ 50 000	$ 50 000
Фонд прекращения службы персонала	$ 64 755	$ 62 343	$ 107 257	$ 140 035
Фонд оборотного (раб.) капитала	$ 191 652	$ 263 858	$ 285 930	$ 330 448

Добавление 2

Пятилетняя бюджетная оценка на 2011- 2016 гг.

Наименов. счета	Предв. отчет за 2010/11 г.	Бюджет на 2011/12 г.	Прогноз на 2012/13 г.	Оценка на 2013/14 г.	Оценка на 2014/15 г.	Оценка на 2015/16 г.
ВЗНОСЫ (*)	-$ 899.942	-$ 1.339.600	-$ 1.339.600	-$ 1.379.788	-$ 1.421.182	-$ 1.463.817
ПРОЧИЙ ДОХОД						
от Фонда обор. (раб.) кап.	-$ 380.269	$ 0	$ 0	-$ 23.369	-$ 30.797	-$ 77.207
Доход – банк. проценты	-$ 27	$ 0	$ 0	$ 0	$ 0	$ 0
Доход – инвест. проценты	-$ 163	$ 0	$ 0	$ 0	$ 0	$ 0
Доход – проценты НДС	-$ 65	-$ 70	-$ 70	-$ 70	-$ 70	-$ 70
Приб. от прод. осн. средств	$ 0	$ 0	$ 0	$ 0	$ 0	$ 0
Полученная скидка	-$ 69	$ 0	$ 0	$ 0	$ 0	$ 0
РЕСУРСЫ	-$ 380.592	-$ 70	-$ 70	-$ 23.439	-$ 30.867	-$ 77.277
ЗАРПЛАТА (*)						
Руковод. категория	$ 250.104	$ 305.654	$ 342.332	$ 366.296	$ 391.936	$ 419.372
Общая категория	$ 194.102	$ 241.159	$ 277.333	$ 305.066	$ 335.573	$ 369.130
Вспомог. персонал КСДА	$ 13.577	$ 11.561	$ 12.139	$ 12.503	$ 12.878	$ 13.265
Стажеры	$ 4.800	$ 4.800	$ 4.800	$ 4.800	$ 4.800	$ 4.800
Сверхурочные	$ 7.365	$ 14.926	$ 11.565	$ 12.722	$ 13.358	$ 14.025
	$ 469.948	$ 578.100	$ 648.169	$ 701.387	$ 758.545	$ 820.592
ПИСЬМЕННЫЙ И УСТНЫЙ ПЕРЕВОД						
Письменный и устный перевод	$ 531.693	$ 365.825	$ 358.002	$ 391.433	$ 403.176	$ 415.271
КОМАНДИР. РАСХОДЫ						
Командировочные расходы	$ 60.583	$ 52.815	$ 110.380	$ 121.418	$ 90.000	$ 90.000
ИНФОРМАЦ. ТЕХНОЛОГИЯ						
Аппаратная часть	$ 11.856	$ 12.000	$ 13.000	$ 12.000	$ 12.000	$ 12.000
Программное обеспечение	$ 2.322	$ 3.500	$ 3.500	$ 3.500	$ 3.850	$ 4.235
Разработки	$ 15.820	$ 16.000	$ 18.400	$ 20.240	$ 20.240	$ 22.264
Поддержка	$ 7.318	$ 11.000	$ 10.000	$ 11.000	$ 12.100	$ 13.310
	$ 37.316	$ 42.500	$ 44.900	$ 46.740	$ 48.190	$ 51.809
ПЕЧАТЬ, РЕДАКТ., КОПИРОВ.						
Заключит. отчет	$ 15.964	$ 14.000	$ 15.400	$ 16.170	$ 16.979	$ 17.827
Руков. по участкам	$ 0	$ 0	$ 0	$ 0	$ 0	$ 0
Брошюра	$ 0	$ 0	$ 0	$ 0	$ 0	$ 0
	$ 15.964	$ 14.000	$ 15.400	$ 16.170	$ 16.979	$ 17.827
ОБЩИЕ УСЛУГИ						
Юрид. консультации	$ 4.360	$ 9.000	$ 9.900	$ 10.395	$ 10.915	$ 11.460
Внешний аудит	$ 9.299	$ 9.360	$ 10.764	$ 11.840	$ 13.024	$ 14.327
Уборка, тех. обсл., безопасность	$ 9.240	$ 9.900	$ 11.385	$ 11.954	$ 12.552	$ 13.180
Проф. подготовка	$ 8.131	$ 8.000	$ 8.000	$ 8.000	$ 8.000	$ 8.000
Банковские услуги	$ 5.394	$ 5.400	$ 5.940	$ 6.534	$ 7.187	$ 7.906
Аренда оборудования	$ 2.353	$ 2.400	$ 2.550	$ 2.600	$ 2.600	$ 2.600
	$ 38.778	$ 44.060	$ 48.539	$ 51.324	$ 54.279	$ 57.473
ПЕРЕЕЗД (*)						
Переезд Av. Leandro Alem 884 - Maipú 757		$ 50.000				
		$ 50.000				
СВЯЗЬ						
Телефон	$ 2.656	$ 3.055	$ 3.360	$ 2.800	$ 2.900	$ 3.190
Интернет	$ 1.204	$ 1.565	$ 1.879	$ 2.066	$ 2.273	$ 2.500
Веб-хостинг	$ 5.779	$ 6.068	$ 6.675	$ 7.342	$ 8.077	$ 8.884
Почтовые расходы	$ 1.870	$ 2.680	$ 2.814	$ 1.950	$ 1.950	$ 2.145
	$ 11.509	$ 13.368	$ 14.728	$ 14.159	$ 15.200	$ 16.720
ОФИСНЫЕ РАСХОДЫ						
Канц. товары и расх. материалы	$ 1.576	$ 2.000	$ 2.200	$ 2.420	$ 2.662	$ 2.928
Книги и подписка	$ 1.492	$ 1.500	$ 1.650	$ 1.700	$ 1.700	$ 1.700
Страхование	$ 1.325	$ 1.900	$ 2.280	$ 2.622	$ 3.015	$ 3.468
Мебель	$ 107	$ 800	$ 800	$ 1.000	$ 1.000	$ 1.000
Офисное оборудование	$ 2.586	$ 4.000	$ 4.610	$ 5.071	$ 5.071	$ 5.071
Техобслуживание	$ 1.486	$ 1.783	$ 1.961	$ 2.158	$ 2.373	$ 2.611
	$ 8.572	$ 11.983	$ 13.501	$ 14.971	$ 15.822	$ 16.777

299

	Предв. отчет за 2010/11 г.	Бюджет на 2011/12 г.	Предв. отчет за 2012/13 г.	Предв. отчет за 2013/14 г.	Предв. отчет за 2014/15 г.	Предв. отчет за 2015/16 г.
АДМИНИСТРАЦИЯ						
Расх. материалы	$ 1 505	$ 1 600	$ 1 920	$ 1 600	$ 1 600	$ 1 680
Местный транспорт	$ 779	$ 800	$ 800	$ 800	$ 800	$ 880
Разное	$ 2 134	$ 2 298	$ 2 534	$ 2 200	$ 2 420	$ 2 662
	$ 4 418	$ 4 698	$ 5 254	$ 4 600	$ 4 820	$ 5 222
ПРЕДСТАВИТ. РАСХОДЫ						
Представительские расходы	$ 3 143	$ 4 500	$ 3 500	$ 3 500	$ 3 500	$ 3 500
ФИНАНСИРОВАНИЕ						
Прибыль от обменного курса	-$ 19	$ 0	$ 0	$ 0	$ 0	$ 0
Убытки от обменного курса	$ 2 057	$ 0	$ 0	$ 0	$ 0	$ 0
Округление	$ 6	$ 0	$ 0	$ 0	$ 0	$ 0
	$ 2 043	$ 0	$ 0	$ 0	$ 0	$ 0
Ассигнования	$ 1 183 967	$ 1 181 850	$ 1 262 374	$ 1 365 700	$ 1 410 509	$ 1 495 192
Ассигования фондов						
Фонд оборот. (раб.) капитала (*)	$ 62 260	$ 67 072	$ 44 518	$ 0	$ 0	$ 0
Фонд прекр. службы персонала	$ 25 974	$ 42 502	$ 32 778	$ 37 526	$ 41 539	$ 45 903
Фонд замены персонала	$ 8 333	$ 18 246	$ 0	$ 0	$ 0	$ 0
Фонд непредв. расх. на пис.пер.	$ 0	$ 30.000	$ 0	$ 0	$ 0	$ 0
(Фонд будущих совещаний)	$ 96 567	$ 157 820	$ 77 296	$ 37 526	$ 41 539	$ 45 903
Профицит I (дефицит)	$ 0	$ 0	$ 0	$ 0	$ 0	$ 0
Сводная информ. о фондах						
Общий фонд	$ 27 206	$ 0	$ 0	$ 0	$ 0	$ 0
Фонд непредв. расх. на пис.пер.	$ 0	$ 30 000	$ 30 000	$ 30 000	$ 30 000	$ 30 000
(Фонд будущих совещаний)	$ 31 754	$ 50 000	$ 50 000	$ 50 000	$ 50 000	$ 50 000
Фонд замены персонала	$ 64 755	$ 107 257	$ 140 035	$ 177 561	$ 219 101	$ 265 004
Фонд прекр. службы персонала	$ 191 652	$ 285 930	$ 330 448	$ 307 079	$ 276 282	$ 199 075

Замечания:

1. Взносы: Увеличение взносов в %
2012/13: 0%
2013/14: 3%
2014/15: 3%
2015/16: 3%

2. Оценка увеличения расходов по статьям ассигнований с высоким трудовым компонентом
2011/12: 19,9%
2012/13: 10%
2013/14: 5%
2014/15: 5%
2015/16: 5%

3. Переезд:

Правительство Аргентины рассматривает вопрос о внесении дополнительного взноса для покрытия части расходов на переезд.

4. 4. Фонд оборотного (рабочего)

капитала.Причитающаяся сумма в соответствии с Финансовым положением 6.2

2011/12:	$ 223 267
2012/13:	$ 223 267
2013/14:	$ 229 965
2014/15:	$ 236 864
2015/16:	$ 243 970

Шкала взносов на 2012/13 г.

2012/13 г.	Кат.	Коэфф.	Перемен-ная часть	Постоян-ная часть	Итого
Аргентина	A	3,6	$ 36,424.17	$ 23,921.43	$60,346
Австралия	A	3,6	$ 36,424.17	$ 23,921.43	$60,346
Бельгия	D	1,6	$ 16,188.52	$ 23,921.43	$40,110
Бразилия	D	1,6	$ 16,188.52	$ 23,921.43	$40,110
Болгария	E	1	$ 10,117.82	$ 23,921.43	$34,039
Чили	C	2,2	$ 22,259.21	$ 23,921.43	$46,181
Китай	C	2,2	$ 22,259.21	$ 23,921.43	$46,181
Эквадор	E	1	$ 10,117.82	$ 23,921.43	$34,039
Финляндия	D	1,6	$ 16,188.52	$ 23,921.43	$40,110
Франция	A	3,6	$ 36,424.17	$ 23,921.43	$60,346
Германия	B	2,8	$ 28,329.91	$ 23,921.43	$52,251
Индия	C	2,2	$ 22,259.21	$ 23,921.43	$46,181
Италия	B	2,8	$ 28,329.91	$ 23,921.43	$52,251
Япония	A	3,6	$ 36,424.17	$ 23,921.43	$60,346
Корея	D	1,6	$ 16,188.52	$ 23,921.43	$40,110
Нидерланды	C	2,2	$ 22,259.21	$ 23,921.43	$46,181
Новая Зеландия	A	3,6	$ 36,424.17	$ 23,921.43	$60,346
Норвегия	A	3,6	$ 36,424.17	$ 23,921.43	$60,346
Перу	E	1	$ 10,117.82	$ 23,921.43	$34,039
Польша	D	1,6	$ 16,188.52	$ 23,921.43	$40,110
Россия	C	2,2	$ 22,259.21	$ 23,921.43	$46,181
Южная Африка	C	2,2	$ 22,259.21	$ 23,921.43	$46,181
Испания	C	2,2	$ 22,259.21	$ 23,921.43	$46,181
Швеция	C	2,2	$ 22,259.21	$ 23,921.43	$46,181
Украина	D	1,6	$ 16,188.52	$ 23,921.43	$40,110
Соед. Королевство	A	3,6	$ 36,424.17	$ 23,921.43	$60,346
Соединенные Штаты	A	3,6	$ 36,424.17	$ 23,921.43	$60,346
Уругвай	D	16	$ 16,188.52	$ 23,921.43	$40,110
		66,2	$ 669,800.00	$ 669,800.00	**$1,339,600**

Сумма в бюджете $1,339,600

Базовая ставка $10,118

Добавление 4

Шкала заработной платы на 2011/12 г.

2011/12 — СТУПЕНИ

Уровень		I	II	III	IV	V	VI	VII	VIII	IX	X	XI	XII	XIII	XIV	XV
1	A	$133.830	$136.320	$138.810	$141.301	$143.791	$146.281	$148.771	$151.262							
1	B	$167.287	$170.400	$173.512	$176.626	$179.739	$182.851	$185.964	$189.078							
2	A	$112.692	$114.812	$116.931	$119.050	$121.168	$123.286	$125.404	$127.524	$129.643	$131.761	$133.880	$134.120	$136.210		
2	B	$140.865	$143.515	$146.164	$148.812	$151.460	$154.107	$156.755	$159.405	$162.054	$164.702	$167.349	$167.650	$170.263		
3	A	$93.973	$96.016	$98.061	$100.106	$102.151	$104.195	$106.240	$108.285	$110.328	$112.372	$114.417	$114.852	$116.869	$118.886	$120.901
3	B	$117.466	$120.020	$122.577	$125.133	$127.689	$130.243	$132.800	$135.356	$137.910	$140.465	$143.021	$143.565	$146.086	$148.607	$151.126
4	A	$77.922	$79.815	$81.710	$83.599	$85.494	$87.386	$89.275	$91.171	$93.065	$94.955	$96.849	$97.377	$99.244	$101.110	$102.977
4	B	$97.403	$99.768	$102.138	$104.498	$106.868	$109.232	$111.594	$113.964	$116.332	$118.694	$121.062	$121.722	$124.055	$126.388	$128.721
5	A	$64.604	$66.299	$67.992	$69.685	$71.377	$73.070	$74.763	$76.452	$78.147	$79.841	$81.530	$82.078			
5	B	$80.755	$82.874	$84.989	$87.106	$89.222	$91.337	$93.454	$95.565	$97.684	$99.801	$101.913	$102.597			
6	A	$51.143	$52.771	$54.396	$56.025	$57.650	$59.276	$60.905	$62.531	$64.156	$65.146	$65.784				
6	B	$63.929	$65.963	$67.994	$70.031	$72.062	$74.095	$76.131	$78.164	$80.195	$81.432	$82.230				

СТУПЕНИ

Уровень	I	II	III	IV	V	VI	VII	VIII	IX	X	XI	XII	XIII	XIV	XV
1	$53.015	$55.488	$57.962	$60.435	$63.013	$65.700									
2	$44.179	$46.240	$48.302	$50.362	$52.510	$54.750									
3	$36.815	$38.532	$40.250	$41.968	$43.759	$45.627									
4	$30.680	$32.111	$33.543	$34.974	$36.466	$38.022									
5	$25.344	$26.528	$27.710	$28.893	$30.128	$31.415									
6	$20.775	$21.743	$22.712	$23.682	$24.693	$25.747									
7															
8															

3. Резолюции

Усиление поддержки Протокола по охране окружающей среды к Договору об Антарктике

Представители,

напоминая о Протоколе по охране окружающей среды к Договору об Антарктике, принятом 4 октября 1991 г. (Протокол);

будучи убеждёнными в постоянной необходимости всесторонней охраны окружающей среды Антарктики, а также зависимых и связанных экосистем;

вновь подтверждая своё намерение охранять окружающую среду Антарктики в интересах всего человечества и сохранять ценность Антарктики как региона проведения научных исследований;

вновь подтверждая цели и принципы, содержащиеся в Договоре об Антарктике и Протоколе к нему, Конвенции о сохранении морских живых ресурсов Антарктики и Конвенции о сохранении тюленей Антарктики;

будучи убеждёнными в том, что Протокол с момента вступления в силу способствовал обеспечению высокого уровня охраны окружающей среды Антарктики;

приветствуя работу Комитета по охране окружающей среды (Комитет) и отмечая, что все Стороны Протокола имеют право принимать участие в работе Комитета;

будучи убеждёнными, что достижение целей и принципов Протокола будет ещё лучше обеспечиваться, если Протокол будет поддерживаться большим количеством стран;

рекомендуют своим правительствам:

1. предложить Странам, которые являются Сторонами Договора об Антарктике, но ещё не являются Сторонами Протокола по охране окружающей среды к Договору об Антарктике, присоединиться к Протоколу;

2. принять предложение Франции, Австралии и Испании осуществлять координацию с другими Консультативными сторонами по представительствам в этих Странах; и

3. предложить Франции, Австралии и Испании представить отчёт по результатам этих представительств на XXXV Консультативном совещании по Договору об Антарктике.

Пересмотренное Руководство по подготовке Планов управления Особо охраняемыми районами Антарктики

Представители,

напоминая о требованиях Статьи 5 Приложения V к Протоколу по охране окружающей среды к Договору об Антарктике (Протокол) подготавливать и пересматривать Планы управления Особо охраняемыми районами Антарктики;

отмечая, что на основании своей Резолюцией 2 (1998) Консультативное совещание по Договору об Антарктике («КСДА») приняло Руководство по подготовке Планов управления Особо охраняемыми районами Антарктики;

стремясь внести изменения в Руководство для отражения в нём современных передовых методик подготовки Планов управления Особо охраняемыми районами Антарктики;

учитывая результаты пересмотра Руководства Комитетом по охране окружающей среды и его Вспомогательной группой по Планам управления;

Рекомендуют:

1. заменить Руководство по подготовке Планов управления Особо охраняемыми районами Антарктики, принятое Резолюцией 2 (1998), Руководством, прилагаемым к настоящей Резолюции, которое следует использовать всем, кто задействован в подготовке или пересмотре Планов управления; и

2. Секретариату Договора об Антарктике разместить текст Резолюции 2 (1998) на своём веб-сайте таким образом, чтобы было понятно, что она утратила актуальность.

Руководство по подготовке Планов управления Особо охраняемыми районами Антарктики

История вопроса

Назначение Руководства

В 1991 году Консультативные Стороны Договора об Антарктике приняли Протокол по охране окружающей среды к Договору об Антарктике (далее по тексту – Протокол) для обеспечения всесторонней охраны окружающей среды в Антарктике. Протокол определяет всю территорию Антарктики «природным заповедником», предназначенным для использования исключительно в мирных целях и для научных исследований.

Приложение V к Протоколу, принятое впоследствии на XVI КСДА в соответствии с Рекомендацией XVI-10, устанавливает правовые рамки по определению Особо охраняемых и Особо управляемых районов в пределах всего «природного заповедника». Текст Приложения V имеется на веб-сайте *http://www.ats.aq/documents/recatt/Att004_r.pdf* Секретариата Договора об Антарктике.

Приложение V предусматривает возможность определения любого района территории, подпадающей под действие Договора об Антарктике, включая любой морской район, в качестве Особо охраняемого района Антарктики (ООРА) в целях охраны исключительно важных экологических, научных, исторических, эстетических или первозданных природных ценностей, любого сочетания этих ценностей или ведущихся или планируемых научных исследований (Статья 3 Приложения V).

Приложением также предусматривается, что любая Сторона-участник Договора об Антарктике, Комитет по охране окружающей среды (КООС), Научный комитет по антарктическим исследованиям (СКАР) или Комиссия по сохранению морских живых ресурсов Антарктики (АНТКОМ) могут *вносить предложения по определению того или иного района в качестве Особо охраняемого района Антарктики путем представления предлагаемого Плана управления на рассмотрение Консультативного Совещания по Договору об Антарктике* (Статья 5 Приложения V).

Настоящее Руководство является новой редакцией исходного документа, принятого Сторонами в качестве Дополнения к Резолюции 2 (1998). Оно разработано для оказания помощи какому-либо заявителю в работе по внесению предложения о придании статуса Особо охраняемого какому-либо району Антарктики и преследует следующие конкретные цели:

- оказание помощи Сторонам в работе по подготовке Планов Управления по предлагаемым Особо охраняемым районам Антарктики (ООРА) в соответствии с требованиями Протокола (Статья 5 Приложения V);

- определение базовых рамок, следование которым обеспечивает соответствие Планов управления требованиям Протокола;
- оказание помощи в обеспечении четкости содержания, ясности, согласованности (с другими Планами Управления) и эффективности Планов управления с целью облегчения их анализа, принятия и реализации.

Следует отметить, что настоящее Руководство является не более чем методическим пособием по разработке Планов Управления ООРА. Документ не имеет какого-либо юридического статуса. На начальной стадии любой Стороне-разработчику Плана управления следует внимательно изучить положения Приложения V к Протоколу и проконсультироваться с надлежащей национальной инстанцией.

Система охраняемых районов

Приложение V обязывает Стороны стремиться определять в *систематических эколого-географических рамках* и включать в категорию Особо охраняемых районов Антарктики:

- районы, не подвергшиеся влиянию деятельности человека, для возможности их сравнения в будущем с районами, подвергшимися влиянию деятельности человека;
- типовые местности основных экосистем суши, включая ледниковые и водные, и морских экосистем;
- районы, характеризующиеся наличием значимых или необычных сообществ видов, включая основные места размножения местных птиц или млекопитающих;
- типичные или единственные известные места обитания любых видов;
- районы, представляющие особый интерес для проводимых и планируемых научных исследований;
- районы, характеризующиеся исключительно важными геологическими, гляциологическими или геоморфологическими особенностями;
- районы, представляющие собой исключительную эстетическую ценность или ценность с точки зрения первозданности природы;
- места или памятники признанной исторической ценности;
- любые другие подобные районы, в которых следует обеспечить охрану исключительно важных экологических, научных, исторических, эстетических или первозданных природных ценностей, любого сочетания этих ценностей или ведущихся или планируемых научных исследований.

Данное положение Протокола определяет рамочные основы по созданию *сети охраняемых районов Антарктики*. Однако практическое воплощение этих рамочных основ все еще обсуждается с момента принятия Приложения V.

С момента принятия Приложения V был проведен целый ряд аналитических и оценочных исследований по определению представленности девяти категорий, перечисленных в Статье 3 (2). Сначала это было сделано на семинаре по охраняемым районам в рамках СКАР/МСОП в 1992 г., а затем – на семинарах по охраняемым районам в рамках Первого и Второго заседаний КООС в 1998 и 1999 гг. соответственно. В аналитическом отчете, представленном на Восьмом заседании КООС в 2005 г. (XXVIII КСДА, Рабочий документ WP 11), было отмечено, что:

- наблюдается неравномерное распределение ООРА между категориями, представленными в Статье 3 (2) Приложения V, которое является чисто историческим в результате принятия специальных определений в динамике по времени, а не в результате систематического отбора участков в рамках генеральной стратегии или рамочных основ;

- при отсутствии таких рамочных основ отсутствуют и средства оценки адекватности текущего состояния распределения;

- при отсутствии холистического подхода к организации системы охраняемых районов (в стратегических эколого-географических рамках согласно положениям Статьи 3 (2) Приложения V) существующее распределение участков можно лишь принять к сведению.

С течением времени толкование термина «стратегические эколого-географические рамки» изменилось. Тем не менее, окончательная редакция Анализа экологических доменов антарктического континента, подготовленного и представленного Новой Зеландией на заседании КООС в 2005 г., составляет основу для современного толкования этого понятия. Анализ экологических доменов обеспечивает классификацию районов с установлением подтвержденных данными и пространственно четко выраженных параметров окружающей среды Антарктики, которые, в числе прочего, должны использоваться для определения первоочередных участков, требующих статуса охраняемых. Анализ экологических доменов обеспечивает инструментарий для холистического и стратегического определения ООРА вместо оценки участков на базе их индивидуальных качеств в отрыве от остальных факторов.

КСДА согласовало необходимость последовательного использования принципов Анализа экологических доменов Антарктики наряду с другими инструментами, принятыми в рамках Системы Договора об Антарктике, в качестве динамической модели для идентификации районов, которые могут быть определены в качестве Особо охраняемых районов Антарктики в пределах систематических эколого-географических рамок, оговоренных в Статье 33 Приложения V к Протоколу (Резолюция 3 (2008)).

Анализ экологических доменов (АЭД) обеспечивает эффективный и важный критерий оценки изменений под влиянием внешних условий на антарктическом континенте, который в отношении свободных ото льдов доменов может считаться основным в оценивании первого порядка вероятных систематических изменений в биологическом разнообразии. Для выполнения более полного анализа в более точных пространственных масштабах инструментарий АЭД все же должен дополняться данными о биологическом разнообразии, отражающими не только текущее положение, но и, что особенно важно, исторические процессы, которые во многих случаях не могут быть установлены на основании современных данных об окружающей среде.

Определение необходимости придания районам статуса охраняемых

Определение какого-либо района в качестве охраняемого предоставляет этому району более высокий уровень охраны, превышающий уровень, обеспечиваемый другими видами мер по планированию и управлению, предусмотренными Протоколом, для достижения особых целей и задач по охране.

При оценке района в контексте фактической необходимости такого уровня охраны необходимо четко определить ценности, в отношении которых необходима такая охрана, и фактическую необходимость охраны этих ценностей на уровне, превышающем общие меры по охране, предусмотренные Протоколом. КООС принял Руководство по реализации рамочных основ охраны районов в соответствии со Статьей 3 Приложения V к Протоколу, направленное на содействие любой Стороне-заявителю в выполнении такой оценки. В процессе оценки следует также учитывать, каким образом определение ООРА будет дополнять существующую систему охраняемых районов в пределах систематических эколого-географических рамок, установленных на основании Анализа экологических доменов и иных имеющихся данных по существу вопроса. Следование этому принципу при выполнении тщательного и глубокого анализа обеспечит заявителю четкое понимание того, является ли определение района в качестве охраняемого действительно необходимым или нет.

Только после выполнения всесторонней оценки района, претендующего на статус охраняемого, следует приступать к разработке Плана управления этим районом в соответствии с методическими рекомендациями, изложенными в настоящем документе.

Инструктивная документация по вопросу

Приложение V к Протоколу (*http://www.ats.aq/documents/recatt/Att004_r.pdf*)

Руководство по реализации рамочных основ охраны районов в соответствии со Статьей 3 Приложения V к Протоколу (*http://www.ats.aq/documents/recatt/Att081_r.pdf*)

Анализ экологических доменов антарктического континента (*http://www.ats.aq/documents/recatt/Att408_r.pdf*)

Формат Планов управления ООРА

Статья 5 Приложения V определяет круг вопросов, подлежащих включению в каждый План управления ООРА. В последующих разделах настоящего Руководства приведены рекомендации по выполнению этих требований (краткий обзор приведен в Таблице 1).

КООС придает большое значение необходимости обеспечения соответствия между Планами управления охраняемыми районами. Шаблон Планов управления Особо охраняемыми районами Антарктики, представленный в Приложении 3, является стандартной рамочной основой для внесения заявителями информации, характерной для рассматриваемого района, при подготовке нового или откорректированного Плана управления ООРА.

Шаблон содержит перекрестные ссылки на соответствующие разделы настоящего Руководства. Ссылки на Руководство выделены курсивом и должны быть удалены из Плана управления.

Шаблон отформатирован в соответствии с требованиями *Руководства по представлению документов Консультативному совещанию по Договору об Антарктике и Комитету по охране окружающей среды,* разработанного Секретариатом Договора об Антарктике. Заявители должны обратиться к Руководству за разъяснениями по вопросам оформления, например, таблиц и рисунков, включенных в План управления.

Раздел Плана управления / раздел Руководства	Ссылка на Статью 5
Вступление	
1. Описание ценностей, нуждающихся в охране	3a
2. Цели и задачи	3b
3. Деятельность по управлению	3c
4. Период определения	3d
5. Карты	3g
6. Описание Района	3 e (i - iv)
6(v) Особые зоны Района	3f
7. Условия выдачи разрешений для доступа	3 i (i - x)
8. Подтверждающая документация	3h

Таблица 1. Для заголовков настоящего Руководства приведены перекрестные ссылки на Статью 5 Приложения V

Рекомендации по содержанию Планов управления

Ввиду постоянного совершенствования методики разработки Планов управления ООРА, разработчики Планов управления должны ознакомиться с существующей передовой практикой, и им настоятельно рекомендуется использование планов, одобренных на последних КСДА в качестве образца. Для оценки каждого существующего Плана управления ООРА можно использовать базу данных по Охраняемым районам на веб-сайте *http://www.ats.aq/devPH/apa/ep_protected.aspx* Секретариата Договора об Антарктике.

Шаблон, приведенный в Приложении 3, содержит предложенные стандартные формулировки по некоторым разделам. Наличие предложенных стандартных формулировок не должно служить помехой для заявителей в разработке и реализации особых для конкретного участка или творческих и новаторских подходов к охране и управлению районом. Предложенные формулировки, непосредственно относящиеся к требованиям Протокола, обозначены звездочкой (*). В зависимости от ситуации предложенную формулировку следует либо использовать, либо изменить или заменить на альтернативную, адекватно отражающую соображения по особым условиям, характеризующим рассматриваемый район.

План управления должен содержать достаточно подробные сведения о характерных особенностях Района и все требования по доступу к Району и его управлению с тем, чтобы лица, планирующие посещение Района, и национальные инстанции, ответственные за выдачу разрешений, были в состоянии выполнить свои задачи в соответствии с целевым назначением определения охранного статуса. План должен содержать четкое обоснование необходимости определения Района в качестве охраняемого и соответствующие дополнительные меры (помимо общих норм, оговоренных в Протоколе и Приложениях к нему), применимые к Району. В последующих разделах содержатся рекомендации для заявителей по содержанию каждого конкретного раздела Плана управления, имеющего стандартный заголовок.

Вступление

Несмотря на то, что наличие вступительной части в Плане управления не является обязательным требованием Статьи 5 Приложения V, она может быть очень полезной для обзорного изложения вопроса. Сведения могут включать в себя краткое изложение важных характеристик Района, его предысторию (например, информацию об изначальном определении, внесенных изменениях, предшествующих Планах управления), данные о проводившихся там научных исследованиях и иной деятельности.

В Плане управления также должны быть указаны основания для определения или целесообразности определения Района в качестве особо охраняемого, причем желательно указать эти основания во вступительной части. В этом отношении полезным ссылочным материалом является *Руководство по реализации рамочных основ охраны районов в соответствии со Статьей 3 Приложения V к Протоколу,* приложенное к Резолюции 1 (2000) (*http://www.ats.aq/documents/recatt/Att081_r.pdf*).

КООС одобрил включение в Планы управления четко сформулированной главной причины необходимости определения Района в качестве охраняемого[1]. Было бы полезно включить такую формулировку во вступительную часть Плана управления, являющуюся кратким обзором Плана управления, а также в последующий раздел, содержащий описание ценностей, нуждающихся в охране.

КООС также рекомендует заявителям включать описание того, каким образом Район будет дополнять систему охраняемых районов Антарктики в целом[2]. Для этого, в числе прочего, в качестве ссылочного материала следует использовать *Анализ экологических доменов антарктического континента* (*http://www.ats.aq/*

---

[1] VIII КООС, Заключительный отчет, пункт 187.

[2] VIII КООС, Заключительный отчет, пункт 187.

documents/recatt/Att408_r.pdf), приложенный к Резолюции 3 (2008) и к документам по
существующей системе ООРА. Если применимо, было бы небесполезно включить во
вступительную часть описание того, каким образом Район будет дополнять другие
близлежащие охраняемые районы или регион.

1. Описание ценностей, нуждающихся в охране

Статья 3 Приложения V к Протоколу гласит, что любой район, включая любой морской
район, может быть определен в качестве ООРА в целях охраны исключительно важных
экологических, научных, исторических, эстетических или первозданных природных
ценностей, а также устанавливает ряд таких ценностей, которые Консультативные
стороны КСДА будут стремиться включить в состав ООРА.

При рассмотрении любого нового предложения по определению ООРА будет
анализироваться вопрос о том, каким образом статус охраняемого района будет решать
задачу охраны ценностей, оговоренных в Статье 3 Приложения V, и представлены ли
уже эти ценности в достаточной мере в охраняемых районах Антарктики или нет.

В данном разделе должна быть сформулирована главная причина необходимости
определения Района, а также указан весь спектр оснований для определения Района в
качестве охраняемого. Описание ценности или ценностей Района должно содержать
четкую и подробную характеристику необходимости придания участку статуса особо
охраняемого, а также того, каким образом статус ООРА позволит усилить охранные
меры. При этом можно включать описание фактических и потенциальных рисков
для ценностей. Например, если целью определения Района является предотвращение
ущерба от ведущихся или планируемых исследований, данный раздел должен
содержать описание природных условий и ценность упомянутых исследований.

Условия окружающей среды Антарктики подвержены не только естественным
изменениям под влиянием таких факторов, как климат, распространение льда и
плотность и пространственная распространенность биологических популяций,
но и влиянию быстрого регионального потепления климата (особенно в районе
Антарктического полуострова). Следовательно, данный раздел может также содержать,
по необходимости, описание потенциальных изменений условий окружающей среды,
наблюдаемых в Районе в свете быстрого потепления климата (например, данные о
потенциальном уменьшении толщины ледников, быстром отступлении шельфовых
ледников и появлении новых, не покрытых льдом, участков суши; о влиянии
потепления океанов и уменьшения распространения морского льда на виды пингвинов,
средой обитания которых является морская ледовая зона; о вероятности/опасности
появления неаборигенных видов или колоний аборигенных видов, происходящих из
расположенных севернее (а, значит, и климатически менее суровых) широт и т. д.).

В случаях, когда целью определения района является охрана ценностей участков
в качестве эталонных или контрольных для проведения долгосрочных программ
мониторинга, необходимо дать описание характерных особенностей Района,
относящихся к осуществлению долгосрочных программ мониторинга. В случае,

когда целью определения Района является охрана исторических, геологических, эстетических, первозданных и других ценностей, данный раздел должен содержать описание этих ценностей.

Во всех случаях описание ценностей должно быть достаточно подробным, дающим читающему лицу точное представление о том, что предполагается охранять определением ООРА. Раздел не должен содержать полного описания Района, что должно быть представлено в разделе 6.

2. Цели и задачи

В данном разделе должны быть определены предполагаемые цели и задачи, которые должны быть достигнуты в результате реализации Плана управления, и меры по охране вышеуказанных ценностей, предполагаемые Планом. Например, первоочередными целями Плана могут быть:

- предупреждение определенных, четко оговоренных изменений в Районе;
- предотвращение какого-либо вмешательства человека с оговоркой характера вмешательства и деятельности человека в районе;
- разрешение проведения только определенных видов исследований, управления и иной деятельности, не противоречащих причинам определения участка в качестве охраняемого; или
- сведение к практически достижимому минимуму внедрения неаборигенных видов, что позволит сохранить природную и научную ценность Района.

Следует отметить, что описание ценностей и задач предназначено для оказания помощи национальной инстанции, ответственной за выдачу разрешений, в определении видов разрешенной и запрещенной деятельности в Районе. Следовательно, описание ценностей, требующих охраны и задач Плана должно быть конкретным, а не изложенным в общих чертах.

3. Деятельность по управлению

Деятельность по управлению, представленная в данном разделе, должна относиться к целям Плана управления и к задачам, для решения которых Район определяется в качестве охраняемого.

В разделе должно быть четко указано, что запрещается, что должно быть предупреждено или предотвращено и что разрешается. В Плане должны конкретно указываться периоды времени, в течение которых можно осуществлять разрешенную деятельность. Например, отдельные виды деятельности могут быть разрешены только в периоды времени, не совпадающие с периодом размножения уязвимых видов.

Данный раздел должен содержать описание действий по обеспечению охраны конкретных ценностей Района (например, установка и техническое обслуживание научной аппаратуры, устройство обозначенных маршрутов передвижения или посадочных площадок, установка знаков, указывающих на статус ООРА участка и запрещающих доступ на участок без разрешения, выданного соответствующей национальной инстанцией, вывоз брошенного оборудования или материалов). Если осуществление деятельности по управлению требует совместных действий двух или более Сторон, ведущих исследования или обеспечивающих техническую поддержку исследований в Районе, необходима совместная разработка мероприятий по осуществлению необходимой деятельности в соответствии с положениями Плана управления.

Следует помнить и указать в Плане управления, что активное управление может потребовать выполнения оценки воздействия на окружающую среду в соответствии с требованиями Приложения 1 к Протоколу.

Если какой-либо специальной деятельности по управлению не требуется, об этом в данном разделе плана должна стоять отметка «не требуется».

4. Период определения

Если иное не предусмотрено Планом управления, определение ООРА устанавливается на неопределенный срок. Статья 6 (3) к Протоколу содержит требование о пересмотре Плана управления и приведении его в соответствие с текущими требованиями не реже одного раза в пять лет.

Если целью определения является обеспечение охраны на определенный период проведения конкретного исследования или осуществления иной деятельности, дата истечения срока действия определения должна быть указана в данном разделе.

5. Карты

Карты являются наиболее важным элементом любого Плана управления, они должны быть четкими и достаточно подробными. При очень большой площади Района следует предусматривать несколько карт разного масштаба, но не менее двух: одну обзорную мелкомасштабную карту региона с указанием местонахождения рассматриваемого Района и близлежащих охраняемых районов и одну подробную карту самого Района.

На картах должны быть четко указаны границы Охраняемого района согласно требованиям подраздела 6(i) ниже.

Руководство по составлению карт представлено в Приложении 1 вместе с контрольным списком обязательных элементов нагрузки карты.

6. Описание Района

Данный раздел должен содержать тщательное и подробное описание Района и, если это целесообразно, его окрестностей с тем, чтобы лица, планирующие посещение Района и национальные инстанции, ответственные за выдачу разрешений на это, могли получить должное представление о характерных особенностях Района.

Совершенно необходимо, чтобы в данном разделе было представлено адекватное описание особенностей Района, подлежащих охране, с привлечением внимания пользователей Планом управления к особенно уязвимым элементам. Желательно, чтобы информация, представленная в разделе, не являлась повторением описания ценностей Района.

Раздел состоит и пяти подразделов:

6(i) Географические координаты, специальные знаки и характерные естественные признаки, определяющие границы Района

Границы Района должны быть однозначно определены с четким описанием их важных признаков, так как делимитация границы служит основой для принуждения к соблюдению действующего законодательства. Признаки границы Района должны быть тщательно подобраны и описаны. Желательно, чтобы описание границы обеспечивало возможность ее идентификации в любое время года. Зачастую это является трудной задачей ввиду наличия снежного покрова в зимний период, однако по крайней мере в летний период границы участка должны быть определяемы любым посетителем Района. Это особенно важно для Районов, расположенных вблизи участков, часто посещаемых туристами. В качестве признаков границ лучше всего использовать стационарные признаки, например обнаженные скалы. Признаки, местоположение которых может изменяться в течение года или на протяжении пятилетнего срока пересмотра Плана управления, например, границы снежных полей или колоний животного мира, едва ли подходят для этой цели. В отдельных случаях, при недостаточности естественных признаков можно рекомендовать установку специальных пограничных знаков.

При определении или пересмотре границ Охраняемого района следует учитывать возможные последующие воздействия на окружающую среду, связанные с изменением климата. Особое внимание при определении границ следует уделить признакам, не относящимся к территории, свободной ото льдов. Например, возможное отступание ледников, разрушение шельфовых ледников, изменение уровня воды в озерах в результате изменения климата отразится на идентификации границ ООРА при использовании их в качестве признаков границ.

Географические координаты, включенные в описание границ, должны быть определены с максимально возможной точностью. Необходимо указать долготу и широту в градусах, минутах и секундах. При возможности следует дать ссылку на официальные топографические или морские карты для возможности нанесения границ Района на карту. Следует указать применявшиеся методы геодезической и топографической съемки и, по возможности, название организации, выпускающей топографические или морские карты, на которые даны ссылки.

Трудно переоценить значение системы GPS в определения местоположения. В последние годы стало очевидным, что изначальное определение местоположения отдельных охраняемых районов вызывает большие сомнения. Возможность пересмотра плана по каждому ООРА обеспечивает также возможность использования

GPS для получения точных координат местоположения границ. Представление планов без наличия такой информации настоятельно не рекомендуется.

При описании физико-географических элементов Района следует использовать только названия, официально одобренные Консультативной стороной и включенные в Справочник СКАР по географическим наименованиям Антарктики (*http://data. aad.gov.au/aadc/gaz/scar/*). Все названия, на которые делаются ссылки в тексте Плана, должны быть приведены на картах. В случае возникновения необходимости в присвоении нового географического названия, до его использования на какой-либо карте и до представления Плана такое географическое название должно быть предварительно одобрено соответствующим национальным комитетом и включено в Справочник СКАР по географическим наименованиям Антарктики.

Описание физико-географических элементов Района должно включать в себя информацию о местных топографических особенностях, таких как постоянные снежные/ледяные поля, водные объекты (озера, водотоки, водоемы), с краткой характеристикой местных геологических и геоморфологических условий. Также следовало бы представить точное и краткое описание биологических особенностей Района, включая краткую характеристику основных растительных сообществ, колоний птиц и тюленей с указанием количества отдельных особей или гнездящихся пар птиц.

Если Район содержит морскую составляющую, возможно потребуется представление Плана управления на рассмотрение АНТКОМ (смотри раздел «Порядок утверждения Планов управления ООРА» ниже).

6(ii) Доступ в Район

Данный подраздел должен содержать описание предпочтительных путей доступа в Район по суше, по морю или по воздуху. Пути доступа должны быть четко определены во избежание путаницы с указанием применимых альтернативных путей на случай недоступности предпочтительного пути.

Все пути доступа, а также морские якорные стоянки и вертолетные площадки должны быть описаны и четко указаны на сопроводительной карте Района. Вертолетные площадки, как правило, должны располагаться на значительном удалении от границы ООРА для сведения к минимуму воздействия на целостность Района.

Подраздел должен также содержать информацию о предпочтительных пешеходных маршрутах и, если допускается, маршрутах для транспортных средств в пределах Района.

6(iii) Места расположения сооружений в пределах и вблизи Района

Необходимо дать описание и указать точное месторасположение всех сооружений на территории Района и вблизи него. Сюда входят, например, знаки, определяющие границы, щиты с указательными надписями, пирамиды из камней, полевые приюты, складские сооружения и научное оборудование. По возможности должно указываться время постройки сооружений и страны, которым они принадлежат, а также подробная информация о любых ИМП на территории Района. Если применимо, также следует указывать время планируемого демонтажа и вывоза каких-либо сооружений (например, временных научных или иных сооружений).

6(iv) Местонахождение других близлежащих охраняемых районов

Для описания других близлежащих охраняемых районов нет установленных требований относительно радиуса их удаления, однако в целом ряде одобренных на сегодняшний день планов это расстояние составляет около 50 км. Для всех этих близлежащих охраняемых районов (например, ООРА, ОУРА, ИМП, КСАТ-заповедники тюленей, участки, включенные в Программу мониторинга экосистем (СЕМП) АНТКОМ и т. д.) должны быть указаны их названия и, если имеются, номера. Также следует указать координаты и их приблизительное удаление и направление от рассматриваемого Района.

6(v) Особые зоны Района

Пункт 3(f) Статьи 5 Приложения V предусматривает возможность учреждения зон внутри ООРА и ОУРА, «в которых деятельность запрещена, ограничена или управляется таким образом, чтобы обеспечить достижение целей и задач», предусмотренных Планом управления.

Разработчики Планов управления должны учитывать возможность более эффективной реализации задач Плана путем учреждения одной или нескольких особых зон. Четкое определение границ зон способствует предоставлению посетителям участков четкой информации о том, где, в какое время и почему применяются условия особого управления. Учреждение зон может способствовать доведению до сведения целей и требований по управлению в ясной и простой форме. Например, особые зоны могут включать в себя колонии птиц, доступ к которым запрещен в период размножения, или участки, на которых проводятся научные эксперименты.

Для обеспечения большей последовательности в применении инструмента зонирования в Антарктике определен стандартный набор наиболее распространенных зон, требования к которым соответствуют задачам управления в большинстве случаев (Таблица 2).

Применительно ко всем рекомендациям могут возникнуть ситуации, при которых необходимо и желательно применение исключений из правил. Именно в этих случаях разработчикам Планов управления следует рассмотреть вопрос об учреждении альтернативных зон. Следует иметь в виду, однако, что цели зон, предусматриваемых в Планах управления, должны быть максимально простыми и последовательными для всех районов Антарктики. Это обеспечит понятность условий Плана и простоту их соблюдения и, тем самым, будет способствовать реализации практических задач охраны и управления этими особыми территориями.

Отсутствие в пределах Района особых зон должно быть конкретно оговорено в Плане управления.

Таблица 2.Руководство по зонированию ООРА

Зона	Целевая функция зоны
Зона материально-технического обеспечения	Обеспечение размещения и управления объектами и оборудованием для научных исследований и связанной с ними человеческой деятельностью в пределах означенных зон Района
Зона доступа	Предоставление руководства по подходу к и/или посадке летательных аппаратов, судов, наземных транспортных средств или пешеходов для доступа к Району с учетом охраны участков обитания уязвимых видов или научного оборудования и др., и / или обеспечения безопасности
Зона ИМП	Информационное обеспечение лиц, посещающих Район, о наличии в нем мест, зданий и / или памятников материальной культуры исторического значения и необходимости бережного отношения к ним
Зона научных исследований	Информационное обеспечение лиц, посещающих Район, о наличии в нем участков, на которых ведутся долгосрочные научные исследования или установлено чувствительное научное оборудование
Зона ограниченного доступа	Ограничение доступа в конкретную часть района и/или к деятельности в этой его части по ряду аспектов управления или научных причин, например, ввиду особой научной или экологической ценности, уязвимости природы, наличия опасностей, или для ограничения выбросов газообразных отходов или строительства сооружений на конкретном участке. Доступ в зону, как правило, осуществляется в случае крайней необходимости при невозможности ее удовлетворения в любом другом месте Района
Запретная зона	Запрет доступа в конкретную часть ООРА до истечения срока, установленного КСДА (но не отдельными Сторонами), когда могут быть внесены изменения в План управления, разрешающие доступ в зону.

7. Условия выдачи разрешений для доступа

7(i) Общие условия выдачи разрешений

Статья 3 (4) Приложения V к Протоколу предусматривает возможность доступа в ООРА только при наличии разрешения, выданного соответствующей национальной инстанцией.

В Плане управления должны быть оговорены условия выдачи разрешения. При разработке проектов Планов управления авторы должны учитывать, что инстанции, ответственные за выдачу разрешений для доступа в ООРА, будут пользоваться информацией, содержащейся в данном разделе для определения возможности и условий выдачи разрешения.

Статья 7(3) Приложения V к Протоколу предусматривает, что каждая Сторона должна обязывать держателя разрешения иметь при себе копию разрешения в течение всего срока пребывания в ООРА. В данном разделе должно быть оговорено, что текст всех разрешений должен содержать условие, обязывающее держателя разрешения иметь при себе копию разрешения в течение всего срока пребывания в ООРА.

В статье 5 Приложения V предусмотрено 10 отдельных пунктов, которые необходимо учитывать при определении условий, на которых могут быть выданы разрешения. Эти пункты приведены ниже:

7(ii) Доступ в Район и передвижение в пределах и над Районом

Данный раздел Плана управления должен содержать ограничения по транспортным средствам, точкам доступа, маршрутам и передвижению внутри Района. В нем также должно быть оговорено направление захода на посадку летательных аппаратов и минимальная высота пролета над Районом. В этой информации должен быть оговорен тип летательного аппарата (например, ЛА с неизменяемой геометрией крыла или винтокрылый ЛА), для которого определены ограничения и который должен быть оговорен в качестве условия выдачи разрешений.

В надлежащем месте в Плане управления следует дать ссылки на соответствующие руководства, одобренные КООС, например, *Руководство по осуществлению воздушных операций вблизи скоплений птиц* (*http://www.ats.aq/documents/recatt/ Att224_r.pdf*), приложенное к Резолюции 2 (2004).

7(iii) Разрешаемая деятельность в Районе

Здесь должны быть подробно изложены виды деятельности, которые могут проводиться в пределах охраняемого Района и условия их проведения. Например, во избежание вмешательства в дикую природу могут быть разрешены только отдельные виды деятельности.

Если в Плане управления содержатся предложения по активному управлению Районом, они также должны быть перечислены в данном подразделе.

7(iv) Возведение, реконструкция и удаление сооружений

Если это вообще имеет место, желательно определить, какие сооружения разрешены на территории Района. Например, в пределах Района может быть разрешена установка отдельных видов исследовательского оборудования, знаков обозначения или других сооружений.

Для облегчения понимания назначения таких сооружений в Плане управления следует дать пояснения по вопросу возможности их распознавания. Изложение общих / конкретных соображений по минимизации вредного воздействия сооружений на ценности Района было бы также целесообразным.

При наличии каких-либо существующих сооружений (например, убежищ) в Плане управления должны быть оговорены разрешаемые действия по реконструкции или удалению этих сооружений. И наоборот, если в пределах Района вообще не разрешается возведение каких-либо сооружений, это должно быть четко оговорено в Плане.

7(v) Размещение полевых лагерей

Как правило, размещение полевых лагерей в пределах границ Района не допускается. Тем не менее, при определенных условиях, скажем, из важнейших соображений безопасности, они могут быть разрешены. В этом случае должны быть оговорены условия, при которых разрешается размещение полевых лагерей. Возможно, что полевые лагеря могут быть размещены только на определенных участках Района. В этом случае необходимо определить такие места размещения лагерей с указанием их на дополнительных картах.

7(vi) Ограничения на ввоз в Район материальных ресурсов и организмов

В данном разделе должны быть изложены запреты и указания по управлению всеми материальными ресурсами, подлежащими ввозу или хранению на территории Района.

В соответствии с положениями Статьи 4 Приложения II к Протоколу преднамеренное внедрение неаборигенных видов и болезней на территорию, подпадающую под действие Договора об Антарктике, полностью запрещено, за исключением случаев на условиях отдельного разрешения, выданного инстанцией, оговоренной в Приложении II. В Статье 4 также говорится о: (i) необходимости принятия мер предосторожности на территории, подпадающей под действие Договора об Антарктике, для предотвращения случайного внедрения микроорганизмов, (ii) принятии надлежащих мер по недопущению ввоза зараженной болезнями птицы и птицепродуктов, (iii) запрете внедрения нестерильной почвы и (iv) необходимости сведения ввоза нестерильной почвы к практически достижимому минимуму. В силу вышесказанного, рекомендуемые меры по снижению риска внедрения неаборигенных видов на всей территории Антарктики относятся и к Охраняемым районам. Мероприятия по управлению должны предусматривать, в зависимости от ситуации, меры по очистке оборудования лагеря, научной аппаратуры, транспортных средств и обуви и одежды индивидуального пользования для удаления побегов растений перед их попаданием на территорию ООРА. Некоторые полезные рекомендации по обеспечению биологической безопасности можно почерпнуть из Кодекса экологически ответственного поведения при проведении полевых наземных научных исследований в Антарктике, разработанного СКАР.

Пристальное внимание следует уделить опасности внедрения неаборигенных видов в Охраняемый район с продуктами питания и их упаковкой. Со свежими овощами и фруктами может произойти внедрение нестерильной почвы, ростков растений, яиц и живых насекомых, а патогенные организмы птиц и млекопитающих могут быть внедрены в Район через птицепродукты. В Плане управления можно предусматривать запрет на ввоз таких продуктов в Район или меры по сведению к минимуму опасности попадания в окружающую среду патогенных организмов.

В отдельных случаях может потребоваться принятие особых мер предосторожности по предотвращению внедрения неаборигенных видов. Если, например, Район определен для охраны обитающих в нем особых микробиальных сообществ, может потребоваться принятие более строгих мер обеспечения биологической безопасности для минимизации внедрения комменсальных микроорганизмов человека и перераспределения других микроорганизмов окружающей среды за счет попадания их извне Района. Возможно, целесообразно предусмотреть использование стерильной верхней одежды и тщательно очищенной обуви.

Может, например, возникнуть необходимость во ввозе в Район некоторых химических веществ для проведения исследований или реализации функций управления. В этом случае необходимо предусмотреть директивные указания по их хранению, обращению с ними и удалению. Также может возникнуть необходимость во ввозе в Район продуктов питания и топлива, для чего необходимо предусмотреть директивные указания по использованию, хранению и удалению этих продуктов. Выброс радиоактивных и/или нерадиоактивных изотопов в окружающую среду в пределах ООРА допускается только после тщательного анализа долгосрочного воздействия такой деятельности на будущие ценности окружающей среды и научные ценности Района.

7(vii) Изъятие местной флоры и фауны или вредное воздействие на них

Данная деятельность запрещена требованиями Статьи 3 Приложения II к Протоколу, за исключением случаев на условиях разрешения, выданного в соответствии с положениями Приложения II; это должно быть оговорено во всех разрешениях, санкционирующих данную деятельность в Районе. Требования Статьи 3 Приложения II должны неукоснительно соблюдаться, а в качестве минимально применимого стандарта могут использоваться общепринятые нормы, например Кодекс поведения при использовании животных в научных целях в Антарктике, разработанный СКАР.

7(viii) Сбор и вывоз из Района предметов материального мира, не имеющих отношения к держателю разрешения

Допускается вывоз из Района таких предметов как прибрежный мусор, мертвые, сухостойные или имеющие патологические изменения объекты фауны и флоры или брошенные остатки и продукты предшествующей деятельности человека. Предметы или образцы, разрешаемые к вывозу, должны быть четко оговорены.

7(ix) Удаление отходов

Организация сбора и удаления отходов в Антарктике регламентируется положениями Приложения III к Протоколу. В данном подразделе должны быть изложены требования к удалению отходов, которые должны быть включены в условия, оговариваемые при выдаче разрешений. Требования Приложения III следует рассматривать в качестве минимальных норм по удалению отходов из ООРА.

Общепринятая практика предполагает удаление из ООРА всех отходов, включая все отходы, образующиеся в результате жизнедеятельности человека. В настоящем подразделе Плана управления, исходя из конкретной ситуации, следует оговорить исключения, отвечающие требованиям положений Протокола. В частности, следует уделить внимание вопросу о возможном воздействии удаляемых бытовых сточных вод на птиц и морских млекопитающих в пределах Района.

7(x) Меры по поддержанию реализации целей и задач Плана управления

Если применимо, в данном подразделе должны быть оговорены условия необходимости выдачи разрешения в целях поддержания мер по охране Района. Например, может потребоваться выдача разрешения для экологического мониторинга Района, ремонта или замены знаков, определяющих границы Района, реализации отдельных мер активного управления в соответствии с вышеизложенными положениями Раздела 3.

Если в Плане управления предусматривается внедрение по каким-либо исключительным причинам неаборигенных видов по отдельному разрешению, в данном подразделе должны быть оговорены меры содержания неаборигенных видов и порядок действий в чрезвычайных обстоятельствах при непреднамеренном внедрении неаборигенных видов в окружающую среду. Например, во исполнение требований плана обеспечения биологической безопасности может оговариваться необходимость обеспечения полевых работ соответствующими материалами биологической безопасности и обучения персонала обращению с этими материалов.

Для Охраняемых районов, где внедрение неаборигенных видов является известным фактом, План управления может предусматривать меры по минимизации дальнейшего распространения этих видов и их стадий, служащих для размножения, в другие Районы.

7(xi) Требования к отчетам

В данном подразделе должны быть изложены требования к отчетам, которые должны быть включены в качестве условия выдачи разрешений соответствующей национальной инстанцией. В подразделе должна быть оговорена информация, подлежащая включению в отчеты. Форма отчета о посещении ООРА приведена в Приложении 2 к настоящему Руководству, а также ее можно загрузить с веб-сайта *www.ats.aq* Секретариата Договора об Антарктике.

Было бы целесообразно установить предельный срок представления отчетов о посещении Района (например, шесть месяцев). Для случаев возможного посещения Района группами специалистов, получивших разрешение не от Стороны, предложившей План управления, а от других Сторон, было бы целесообразно оговорить необходимость обмена отчетами о посещениях в целях содействия в управлении Районом и корректировки Плана управления.

Несмотря на то, что многие требования к отчетам в целом окажутся применимыми, в отдельных случаях, возможно, следует особо оговорить определенные виды информации, полезной для решения задач управления Районом. Например, для Районов, определенных в целях охраны колоний птиц, было бы целесообразно предложить посещающим изыскательским группам представлять подробные данные по учету птиц, месторасположении новых, ранее не зарегистрированных, колоний или гнездовий.

8. Подтверждающая документация

Данный раздел должен содержать ссылки на любые дополнительные документы, могущие иметь отношение к рассматриваемому вопросу. Это могут быть научные отчеты или работы, содержащие более подробное описание ценностей Района, несмотря на то что описание различных составляющих Района и предлагаемой деятельности по управлению должно быть, как правило, приведено в различных разделах самого Плана управления. Все подобные работы или подтверждающие документы должны быть приведены в полном объеме.

Порядок получения обязательных согласований Планов управления ООРА

Статья 5 Приложения V предусматривает возможность представления проекта Плана управления на рассмотрение КСДА любой Стороной, КООС, СКАР или АНТКОМ. На практике же проекты Планов управления представляются, как правило, на рассмотрение КООС.

Порядок рассмотрения Планов управления от представления проекта до утверждения приведен на маршрутной карте на рис. 1. Данный порядок основан на требованиях Статьи 6 Приложения V, *Порядка рассмотрения КООС новых и пересмотренных проектов Планов управления ООРА и ОУРА* (Дополнение 1 Приложения 3 к Заключительному отчету XI КООС) и других руководящих документов по данному вопросу.

Порядок получения обязательных согласований включает в себя целых ряд решающих этапов, для завершения которых может потребоваться много времени. Тем не менее, эти этапы являются необходимыми, так как План управления ООРА должен быть одобрен всеми Консультативными Сторонами Договора об Антарктике на КСДА.

Подготовка проекта Плана управления

На начальных этапах подготовки Плана управления рекомендуется проведение широких консультаций на национальном и международном уровне по научным, экологическим аспектам и вопросам материально-технического обеспечения Плана, в зависимости от конкретной ситуации. Это может упростить прохождение Плана во время более официальной процедуры обсуждения на КСДА.

Заявителям на создание новых Районов настоятельно рекомендуется пользоваться соответствующими руководствами и справочной литературой в помощь при оценке, выборе, определении границ и предложении районов, требующих более высокого уровня охраны путем их определения в качестве ООРА, включая:

- *Руководство по реализации рамочных основ охраны районов в соответствии со Статьей 3 Приложения V к Протоколу* – Резолюция 1 (2000).
- *Анализ экологических доменов антарктического континента* – Резолюция 3 (2008).

При рассмотрении определения нового ООРА заявителям рекомендуется проинформировать об этом КООС на начальной стадии (например, даже до конкретизации Плана управления Районом) для возможности обсуждения предложений в контексте системы охраняемых районов в целом.

При пересмотре существующего Плана управления в качестве источника информации и инструмента для определения необходимых изменений и усовершенствований рекомендуется использование *Вопросника для проведения инспекций Особо охраняемых районов Антарктики и Особо управляемых районов Антарктики* (Резолюция 4 (2008)).

Представление проекта Плана управления на рассмотрение

Проект Плана управления представляется в КООС в виде приложения к Рабочему документу, разработанному в соответствии с требованиями *Руководства по представлению Рабочих документов, содержащих предложения, касающиеся Особо охраняемых районов Антарктики, Особо управляемых районов Антарктики или Исторических мест и памятников* – Резолюция 1 (2008).

Если Район содержит морской компонент, отвечающий критериям Решения 9 (2005) *Морские охраняемые районы и другие районы, представляющие интерес для АНТКОМ*, проект Плана управления должен также представляться на рассмотрение Комиссии АНТКОМ. Заявители должны принять меры, обеспечивающие получение какой-либо ответной информации от АНТКОМ (ежегодные заседания которой проводятся октябре/ноябре) до рассмотрения предложения в КООС.

Рассмотрение в КООС и на КСДА

КООС рассматривает План управления с учетом, если применимо, замечаний АНТКОМ. КООС может направить План управления либо на рассмотрение и утверждение КСДА, либо на межсессионное рассмотрение Вспомогательной группы по Планам управления (ВГПУ).

В соответствии с Техническим заданием (смотри Приложение 1 к Заключительному отчету XIII КООС) ВГПУ рассматривает каждый направляемый ей План управления, выдает рекомендации заявителю(-ям) по внесению изменений, рассматривает все пересмотренные варианты Плана управления, подготовленные в межсессионный период, и представляет в КООС экспертное заключение. Откорректированный План управления и экспертное заключение для КООС затем рассматриваются на заседании КООС и, в случае одобрения, направляются на рассмотрение и утверждение КСДА.

В случае одобрения Плана управления Консультативными сторонами на КСДА принимается Мера в соответствии с положениями Статьи IX(1) Договора об Антарктике. Если Мера не содержит особой оговорки, План считается утвержденным по истечении 90 дней от даты закрытия КСДА, на котором он был одобрен, при условии отсутствия за этот период уведомления от одной или более Консультативных сторон на имя Депозитария с ходатайством о продлении этого срока или извещением о невозможности утверждения Меры.

Пересмотр и корректировка Планов управления

В соответствии с требованиями Статьи 6(3) Приложения V к Протоколу План управления подлежит пересмотру и приведению в соответствие с текущими требованиями раз в пять лет. Обновленный План управления подлежит аналогичной процедуре согласования и утверждения.

При пересмотре Плана управления следует тщательно проанализировать необходимость дальнейшей охраны или поддержания охраны в районе обитания видов, популяции или разнообразие которых значительно увеличились. И наоборот, охрана Района может оказаться ненужной, если охраняемые виды исчезли, и Район больше не содержит ценностей окружающей среды и научных ценностей, для охраны которых он был определен.

Рис 1. Маршрутная карта согласования Планов управления ООРА

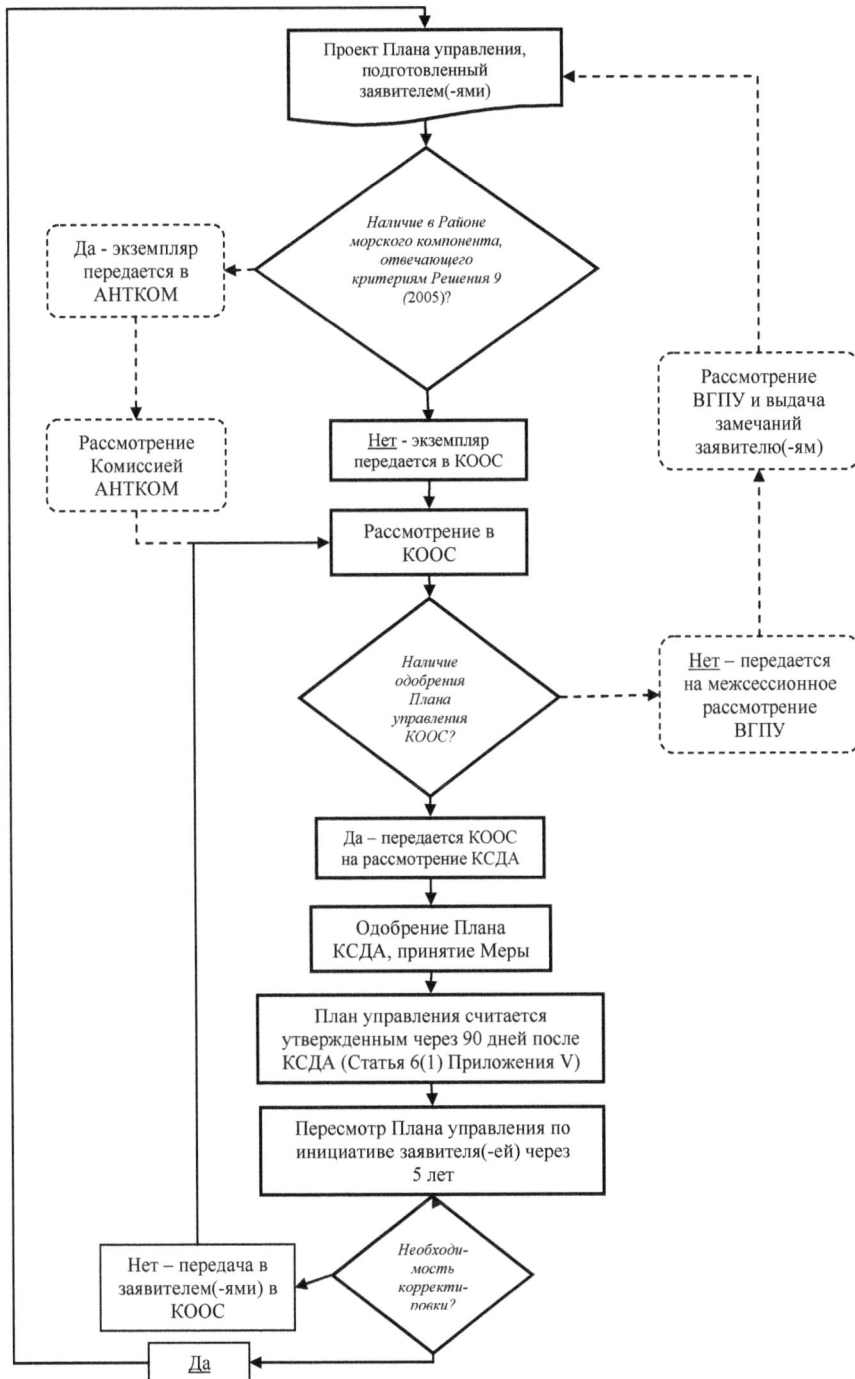

Проект Плана управления, подготовленный заявителем(-ями)

Наличие в Районе морского компонента, отвечающего критериям Решения 9 (2005)?

Да - экземпляр передается в АНТКОМ

Рассмотрение Комиссией АНТКОМ

Нет - экземпляр передается в КООС

Рассмотрение ВГПУ и выдача замечаний заявителю(-ям)

Рассмотрение в КООС

Наличие одобрения Плана управления КООС?

Нет – передается на межсессионное рассмотрение ВГПУ

Да – передается КООС на рассмотрение КСДА

Одобрение Плана КСДА, принятие Меры

План управления считается утвержденным через 90 дней после КСДА (Статья 6(1) Приложения V)

Пересмотр Плана управления по инициативе заявителя(-ей) через 5 лет

Необходимость корректировки?

Нет – передача в заявителем(-ями) в КООС

Да

Приложение 1

Руководство по составлению карт, включаемых в Планы управления

Планы управления должны включать в себя одну обзорную мелкомасштабную карту с указанием местонахождения Района и всех других близлежащих охраняемых районов и как минимум одну подробную карту территории Района с указанием элементов, необходимых для реализации задач, предусмотренных Планом управления.

1. На каждой карте должны быть указаны географические координаты (широта и долгота) и приведена масштабная шкала. Следует избегать простого указания масштаба (например, 1:50000), так как при увеличении/уменьшении изображения карты эта информация становится бесполезной. Должна быть приведена проекция карты и нули высот и горизонтальной дальности.

2. Следует использовать новейшие данные о береговой линии, включая такие элементы, как шельфовые ледники, ледниковые языки и ледники. Отступание и продвижение ледников продолжает оказывать влияние на целый ряд территорий, что приводит к соответствующим изменениям границ Района. При использовании ледового образования в качестве признака границы следует указать дату и источник информации (например, топографическая съемка или космический снимок).

3. На картах должны быть отображены следующие элементы: все установленные маршруты; все зоны ограниченного доступа, причалы для судов и/или посадочные площадки для вертолетов и точки доступа, места для размещения лагерей, сооружения и приюты, основные места скопления и размножения животных и все крупные участки с растительным покровом с четким указанием границы между ледяным/снежным покровом и территорией, свободной ото льда. В целом ряде случаев следует включать в состав Плана и геологическую карту Района. Для большинства случаев рекомендуется нанесение на все карты Района изолиний с надлежащим интервалом. Изолинии, однако, не должны располагаться слишком близко друг к другу, чтобы не мешать нанесению на карты других элементов и обозначений.

4. Интервал нанесения изолиний должен подбираться в соответствии с масштабом карты.

5. При составлении карты следует иметь в виду, что она будет уменьшена примерно до размера 150 x 200 мм, чтобы поместиться в официальный отчет КСДА. Это имеет значение для подбора размера условных обозначений, интервалов изолиний и использования штриховки. Так как копии карт всегда выполняются в черно-белом цвете, применение различных цветов в

оригинале карты для обозначения отличий между нанесенными элементами не допускается. Могут существовать и другие цветовые варианты карты Района, однако, применительно к правовому положению о Плане управления, именно черно-белый вариант карты в опубликованном Заключительном отчете Консультативного совещания является окончательным и именно он отражается в национальном законодательстве.

6. Если требуется оценка Района Комиссией АНТКОМ, на карте необходимо указать местонахождение близлежащих участков, включенных в Программу мониторинга экосистем (СЕМП) АНТКОМ. АНТКОМ ходатайствует о нанесении на карту, по возможности, мест расположения колоний птиц и тюленей и путей подхода со стороны моря.

7. Прочий иллюстративный материал может служить ценным вспомогательным средством при пользовании Планом управления в полевых условиях:

    •   Следует иметь в виду, что хорошие контрастные снимки имеют большое значение для получения фотокопий надлежащего качества. Отбор хороших изображений или их оцифровка будет способствовать улучшению качества при фотокопировании плана. При включении в карты изображений аэрофотоснимков или космических снимков необходимо указать источник и дату съемки.

    •   В некоторых планах уже использовалось трехмерное моделирование ландшафта местности, что, снова-таки, может быть очень полезным для определения местонахождения при подходе к Району, особенно на вертолете. Разработка таких чертежей требует большой тщательности во избежание введения в заблуждение при уменьшении масштаба.

Контрольный список обязательных элементов нагрузки карты

1.   Основные элементы

1.1   Название

1.2   Географические координаты (широта и долгота)

1.3   Оцифрованная масштабная шкала

1.4   Подробное пояснение условных обозначений

1.5   Правильные и утвержденные географические названия

1.6.   Проекция карты и референц-эллипсоид

1.7.   Стрелка, показывающая направление истинного меридиана

1.8.   Интервал между изолиниями

1.9.   Если используются данные фотосъемки, дата фотосъемки

2.   Основные элементы рельефа

2.1   Береговая линия, скалы и льды

2.2   Вершины гор и линии горных хребтов

2.3.   Края и другие элементы ледников

2.4   Точки тахеометрической съемки (соответственно обозначенные) и высотные отметки

3.   Физико-географические элементы

3.1   Озера, водоемы, водотоки

3.2   Морены, каменистые осыпи, скалы, отлогий морской берег

3 .3   Береговые полосы

3.4   Растительность

3.5   Колонии птиц и тюленей

4.   Антропогенные элементы

4.1   Станция

4.2   Полевые приюты, убежища

4.3   Места для размещения лагерей

4.4   Дороги и маршруты для транспортных средств, пересечения пешеходных троп

4.5 Посадочные площадки для самолетов с неизменяемой геометрией крыла и вертолетов

4.6 Причалы и пристани

4.7 Источники электропитания и кабели

4.8 Антенны

4.9 Районы складов горючего

4.10 Резервуары воды и трубопроводы

4.11 Места скрытого размещения запасов продовольствия

4.12 Указательные знаки и таблички

4.13 Исторические места, памятники материальной культуры, места археологических раскопок

4.14 Научные сооружения и места отбора проб и образцов

4.15 Загрязненные и видоизмененные участки

5. Границы

5.1 Граница Района

5.2 Границы вспомогательных зон. Границы внутренних охраняемых районов

5.3 Знаки обозначения границы (включая пирамиды из камней)

5.4 Маршруты подхода морских/воздушных судов

5.5 Навигационные знаки и маяки

5.6 Точки съемки и геодезические знаки на местности

Все карты в составе Плана должны составляться в соответствии с этими требованиями.

По окончании составления проекта карты следует проверить качество нанесения картографических элементов в контексте:

• соблюдения баланса элементов;

• качества штриховки для выделения элементов с учетом отсутствия путаницы после фотокопирования и надлежащего выделения степени важности отображенного элемента;

• правильности и соответствия текстовой информации, отсутствия взаимного наложения данных;

• правильности пояснений условных обозначений и их соответствия системе картографических условных знаков, одобренных СКАР;

• надлежащей отчетливости текста на всех данных фотоизображений.

Приложение 2

Форма отчета о посещении Особо охраняемого района Антарктики (ООРА)

1) Номер ООРА:
2) Название ООРА:
3) Номер разрешения:
4) Срок действия разрешения с: по:
5) Название национальной инстанции, выдавшей разрешение:
6) Дата представления отчета:
7) Контактная информация о Главном держателе разрешения: Ф.И.О.: Должность: Тел: Эл. почта:
8) Количество лиц, которым разрешено посещение Района: Фактическое количество лиц, посетивших Район:
9) Список всех лиц, посетивших Район по данному разрешению:
10) Цели и задачи посещения Района по данному разрешению:
11) Дата(-ы) и продолжительность посещения(-ий) по данному разрешению:
12) Вид транспорта в/из и внутри Района:
13) Краткий обзор деятельности, проводившейся в Районе:
14) Описание отобранных образцов и места отбора (тип, количество и условия по отбору образцов, включенные в разрешения):

15) Описание и месторасположение установленных/изъятых указательных знаков, приборов или оборудования или выпуска любых веществ в окружающую среду (с указанием предполагаемого срока нахождения в Районе вновь установленных средств):
16) Меры соблюдения требований Плана управления, принятые во время посещения:
17) На прилагаемой карте Района просим указать (по принадлежности): место(-а) расположения полевого лагеря, передвижения или маршруты по суше/морю/воздуху, места отбора проб, установки оборудования, преднамеренного выпуска веществ, не зарегистрированных ранее особо значимых воздействий или особенностей. По возможности укажите GPS-координаты этих мест:
18) Любая другая информация или комментарии, а именно: • Результаты наблюдений за воздействием деятельности человека на Район, отдельно по данному посещению и по предшествующим посещениям других лиц: • Оценка соответствия уровня охраны ценностей Района, по которым он был определен: • Особенности исключительной важности, ранее не зарегистрированные в Районе: • Рекомендации по дальнейшим мерам по управлению, необходимым для охраны Района, включая места расположения и оценку состояния сооружений, знаков и т. д. • Любые отклонения от положений Плана управления во время посещения с указанием дат, масштабности и мест, где были допущены отклонения:

Приложение 3

Шаблон Планов управления Особо охраняемыми районами Антарктики

План управления Особо охраняемым районом Антарктики № [XXX]

[УКАЖИТЕ НАЗВАНИЕ ОХРАНЯЕМОГО РАЙОНА]

Вступление

Рекомендации по содержанию данного раздела Планов управления изложены в Руководстве по подготовке Планов управления Особо охраняемыми районами Антарктики (далее по тексту – Руководство). Здесь не приведены какие-либо стандартные формулировки ввиду специфики содержания данного раздела для каждого рассматриваемого Района.

[Изложите информацию, касающуюся рассматриваемого Района]

1. Описание ценностей, нуждающихся в охране

Рекомендации по содержанию данного раздела Планов управления приведены в Разделе 1 Руководства. Здесь не приведены какие-либо стандартные формулировки ввиду специфики содержания данного раздела для каждого рассматриваемого Района.

[Изложите информацию, касающуюся рассматриваемого Района]

2. Цели и задачи

Многие уже действующие Планы управления имеют схожие цели и задачи. Разработан пакет рекомендуемых стандартных формулировок, которые можно использовать, изменять или исключать, в зависимости от их применимости к рассматриваемому Району (см. ниже). Заявителям предлагается определить конкретные цели и задачи для рассматриваемого Района с учетом рекомендаций по содержанию данного раздела Плана управления, изложенных в Разделе 2 Руководства.

Целями управления [укажите название Района] являются:

- предупреждение ухудшения или риска существенного ухудшения состояния ценностей Района путем предотвращения излишнего нарушения человеком экологического баланса в Районе;
- предупреждение ухудшения или риска существенного ухудшения состояния ценностей Района, его характерных особенностей и артефактов путем предотвращения излишнего нарушения человеком экологического баланса через организацию управляемого доступа к [указать конкретный приют];
- разрешение научных исследований в Районе только при наличии неопровержимых доводов такой необходимости, невозможности их проведения в любом другом месте и при условии, что они не сопряжены с опасностью нарушения естественной экосистемы Района;
- предотвращение или сведение к минимуму внедрения в Район чужеродных растений, животных и микроорганизмов;
- сведение к минимуму возможности внедрения патогенных организмов, способных вызвать заболевания объектов животного мира, населяющих территорию Района;
- сохранение [укажите часть] естественной экосистемы Района в качестве эталонной для будущих сравнительных исследований;
- поддержание состояния исторических ценностей Района путем природоохранного планирования и реализации программ археологических исследований;
- [Изложите дополнительную информацию, касающуюся рассматриваемого Района]

Для районов, в которые разрешен доступ в образовательных и просветительских целях, можно рассмотреть возможность использования нижеприведенных формулировок:

- разрешение в Районе деятельности образовательного и просветительского характера при наличии неопровержимых доводов такой необходимости, невозможности ее проведения в любом другом месте и при условии, что она не сопряжена с опасностью нарушения естественной экосистемы Района;
- [Изложите дополнительную информацию, касающуюся рассматриваемого Района]

3. Деятельность по управлению

Многие уже действующие Планы управления имеют схожие формулировки в данном разделе. Разработан пакет рекомендуемых стандартных формулировок, которые можно использовать, изменять или исключать, в зависимости от их применимости к рассматриваемому Району (смотри ниже). Заявителям предлагается определить конкретные виды деятельности по рассматриваемому Району с учетом рекомендаций по содержанию данного раздела Плана управления, изложенных в Разделе 3 Руководства.

Не требуется.

[Укажите вид информации] по широкому освещению месторасположения Района [с указанием специальных применимых ограничений] и [укажите место размещения информации], где должны быть представлены материалы данного Плана управления.

Материалы данного Плана управления [и информационный материал] должны быть доступны для судов [и летательных аппаратов] [указать: совершающих маршруты/ планирующих посетить/находящихся/эксплуатирующихся в] окрестностях Района.

Знаки, определяющие местонахождение и границы, с четкой формулировкой ограничений по доступу должны быть установлены в надлежащих местах на границе Района [и зоны ограниченного доступа] для предупреждения непреднамеренного доступа.

Указатели, знаки или иные сооружения (например, ограждения, пирамиды из камней), возведенные на территории Района в научных целях или в целях управления должны быть надежно закреплены, поддерживаемы в хорошем состоянии и удалены, как только в них отпадет необходимость.

В соответствии с положениями Приложения III к Проколу по охране окружающей среды к Договору об Антарктике брошенное оборудование или материалы должны быть удалены в максимально возможной степени, при условии, что эти работы не будут сопряжены с отрицательным воздействием на окружающую среду и ценности Района.*

Посещение Района должно осуществляться по необходимости [но не реже одного раза в пять лет] для оценки его соответствия целям, для которых он был определен, и обеспечения требуемой деятельности по управлению [и техническому обеспечению].

Разрешения на посещение должны выдаваться по мере необходимости в целях изучения и мониторинга антропогенных изменений, могущих нанести ущерб охраняемым ценностям Района, в частности [укажите конкретный вид деятельности]. Деятельность по изучению воздействия и мониторингу должна проводиться с максимально возможным использованием неинвазивных методов контроля.

Осуществляемые в Районе национальные антарктические программы должны взаимно согласовываться с целью обеспечения реализации вышеуказанной деятельности по управлению.

План управления подлежит пересмотру и приведению в соответствие с текущими требованиями не реже одного раза в пять лет.*

Специалисты [персонал, участвующий в национальных программах, полевых экспедициях, туристы и летный состав], работающие поблизости, осуществляющие доступ к Району или выполняющие над ним полет, должны проходить специальный инструктаж по положениям и содержанию Плана управления, который должен проводиться национальной инстанцией, выполняющей программу [или соответствующей национальной инстанцией].

Весь летный состав, выполняющий полеты в регионе, должен быть проинформирован о местонахождении, границах и ограничениях по доступу к и выполнению полетов над Районом.

[Изложите дополнительную информацию, касающуюся рассматриваемого Района]

4. Период определения

Многие уже действующие Планы управления имеют схожие формулировки в данном разделе. Разработаны рекомендуемые формулировки, которые можно использовать по применимости (смотри ниже). Рекомендации по содержанию данного раздела Планов управления изложены в Разделе 4 Руководства.

Определен на неограниченный срок. / Определен на срок [x] лет.

5. Карты

Рекомендации по содержанию данного раздела Планов управления изложены в Разделе 5 Руководства. Руководство по составлению карт изложено в Приложении 1 к Руководству. Здесь не приведены какие-либо стандартные формулировки ввиду специфики содержания данного раздела для каждого рассматриваемого Района. Тем не менее, заявители могут использовать следующий предлагаемый формат:

- [Карта X, Название карты X
- Карта Y, Название карты Y
- Карта Z, Название карты Z]

6. Описание Района

Общие рекомендации по содержанию данного раздела Планов управления изложены в Разделе 6 Руководства. Изложение материала должно быть разбито на подразделы в соответствии с нижеприведенными заголовками.

6(i) Географические координаты, специальные знаки и характерные естественные признаки, определяющие границы Района

Рекомендации по содержанию данного подраздела Планов управления изложены в Разделе 6(i) Руководства. Здесь не приведены какие-либо стандартные формулировки ввиду специфики содержания данного подраздела для каждого рассматриваемого Района.

[Изложите информацию, касающуюся рассматриваемого Района]

6(ii) Доступ в Район

Рекомендации по содержанию данного подраздела Планов управления изложены в Разделе 6(ii) Руководства. Здесь не приведены какие-либо стандартные формулировки ввиду специфики содержания данного подраздела для каждого рассматриваемого Района.

[Изложите информацию, касающуюся рассматриваемого Района]

6(iii) Места расположения сооружений в пределах и вблизи Района

Рекомендации по содержанию данного подраздела Планов управления изложены в Разделе 6(iii) Руководства. Здесь не приведены какие-либо стандартные формулировки ввиду специфики содержания данного подраздела для каждого рассматриваемого Района.

[Изложите информацию, касающуюся рассматриваемого Района]

6(iv) Местонахождение других близлежащих охраняемых Районов

Рекомендации по содержанию данного подраздела Планов управления изложены в Разделе 6(iv) Руководства. Здесь не приведены какие-либо стандартные формулировки ввиду специфики содержания данного подраздела для каждого рассматриваемого Района. Тем не менее, заявители могут использовать следующий предлагаемый формат (например, ООРА 167, остров Хоукер, 68°35' южной широты, 77°50' восточной долготы, 22 км на северо-восток):

[Другие близлежащие охраняемые Районы (смотри карту XX):

- ООРА XXX, название охраняемого Района, широта, долгота, XX км на [направление]

- ООРА YYY, название охраняемого Района, широта, долгота, XX км на [направление]
- [и т.д.]

6(v) Особые зоны Района

Для условий наличия таких зон рекомендации по содержанию данного подраздела Планов управления изложены в Разделе 6(v) Руководства. При отсутствии каких-либо особых зон можно использовать нижеприведенную стандартную формулировку. Иные стандартные формулировки не приведены ввиду специфики содержания данного подраздела для каждого рассматриваемого Районом.

Какие-либо особые зоны в Районе отсутствуют. / [Изложите информацию, касающуюся рассматриваемого Района]

7. Условия выдачи разрешений для доступа

7(i) Общие условия выдачи разрешений

Многие уже действующие Планы управления имеют схожие формулировки в данном подразделе. Разработан пакет рекомендуемых стандартных формулировок, которые можно использовать, изменять или исключать, в зависимости от их применимости к рассматриваемому Району (смотри ниже). Заявителям предлагается определить конкретные условия выдачи разрешений с учетом рекомендаций по содержанию данного подраздела Плана управления, изложенных в Разделе 7(i) Руководства.

Доступ в Район запрещен, за исключением случаев на условиях Разрешения, выданного соответствующей национальной инстанцией. Условия выдачи Разрешения на доступ в Район:*

- при наличии исключительной необходимости в научных целях, которая не может быть удовлетворена в любом другом Районе, и по жизненно важным причинам, связанным с управлением Районом;
- разрешаемая деятельность не противоречит положениям данного Плана управления;*
- разрешаемая деятельность обеспечивает надлежащее встречное удовлетворение необходимости проведения оценки воздействия на окружающую среду для поддержания уровня охраны [экологических, научных, исторических, эстетических или первозданных] ценностей Района;
- разрешение выдается на определенный срок;
- разрешение имеется при себе в период пребывания в Районе;*

- [Изложите дополнительную информацию, касающуюся рассматриваемого Района]

Для Районов, в которые разрешен доступ в образовательных и просветительских целях, можно рассмотреть возможность использования нижеприведенных формулировок:

- при наличии исключительной научной, образовательной или просветительской необходимости, которая не может быть удовлетворена в любом другом Районе, или по жизненно важным причинам, связанным с управлением Районом;

- [изложите дополнительную информацию, касающуюся рассматриваемого Района]

7(ii) Доступ в Район и передвижение в пределах Района и над ним

Многие уже действующие Планы управления имеют схожие формулировки в данном подразделе. Разработан пакет рекомендуемых стандартных формулировок, которые можно использовать, изменять или исключать, в зависимости от их применимости к рассматриваемому Району (смотри ниже). Заявителям предлагается определить конкретное содержание подраздела с учетом особенностей Района и рекомендаций по содержанию данного подраздела Плана управления, изложенных в Разделе 7(ii) Руководства.

Применение транспортных средств на территории Района запрещается, все передвижения внутри Района должны осуществляться в пешем порядке.

Использование транспортных средств на территории Района должно быть сведено к минимуму.

Минимальным требованием по выполнению воздушных операций над Районом является их соответствие положениям Руководства по осуществлению воздушных операций вблизи скоплений птиц, содержащегося в Резолюции 2 (2004).

Пешеходное передвижение должно быть сведено к минимальному объему, необходимому для выполнения разрешенной деятельности, с принятием всех надлежащих мер по максимальному уменьшению степени вытаптывания поверхности передвижения.

Пешеходное передвижение внутри Района должно осуществляться только по установленным маршрутам.

При отсутствии установленных маршрутов пешеходное передвижение должно быть сведено к минимальному объему, необходимому для выполнения разрешенной деятельности, с принятием всех надлежащих мер по максимальному уменьшению степени вытаптывания поверхности передвижения.

Посетители должны избегать участков с видимой растительностью и соблюдать осторожность при ходьбе по водонасыщенным участкам суши, особенно в районе русел водных потоков, где пешеходное движение может легко нанести ущерб уязвимым грунтам, растениям и водорослевым сообществам и привести к ухудшению качества воды.

[Изложите дополнительную информацию, касающуюся рассматриваемого Района]

7(iii) Разрешаемая деятельность в Районе

Многие уже действующие Планы управления имеют схожие формулировки в данном подразделе. Разработан пакет рекомендуемых стандартных формулировок, которые можно использовать, изменять или исключать, в зависимости от их применимости к рассматриваемому Району (смотри ниже). Заявителям предлагается определить конкретное содержание подраздела с учетом особенностей Района и рекомендаций по содержанию данного подраздела Плана управления, изложенных в Разделе 7(iii) Руководства.

Виды деятельности, разрешаемой на территории Района:

- крайне необходимые научные исследования, которые не могут быть проведены в каком-либо другом Районе;
- отбор проб и образцов в минимально необходимом количестве для утвержденных программ научных исследований;
- сохранение и поддержание качества окружающей среды;
- жизненно важная деятельность по управлению, включая мониторинг;
- оперативная деятельность по технической поддержке научных исследований или управления внутри или за пределами Района, включая посещения для оценки эффективности Плана управления и деятельности по управлению;
- [Изложите дополнительную информацию, касающуюся рассматриваемого Района, включая информацию о возможной необходимости последующего активного управления территорией]

Для Районов, в которые разрешен доступ туристов (например, исторические места и памятники определены в качестве ООРА) или посещения в образовательных и просветительских целях, на рассмотрение предлагаются следующие формулировки:

- посещения туристов;
- деятельность, связанная с образовательными и просветительскими целями;
- [Изложите дополнительную информацию, касающуюся рассматриваемого Района]

7(iv) Возведение, реконструкция и удаление сооружений

*Многие уже действующие Планы управления имеют схожие формулировки в данном
подразделе. Разработан пакет рекомендуемых стандартных формулировок, которые
можно использовать, изменять или исключать, в зависимости от их применимости
к рассматриваемому Району (смотри ниже). Заявителям предлагается определить
конкретное содержание подраздела с учетом особенностей Района и рекомендаций
по содержанию данного подраздела Плана управления, изложенных в Разделе 7(iv)
Руководства.*

На территории Района запрещается возведение каких-либо [новых] сооружений
или установка какого-либо научного оборудования за исключением случаев
крайней научной необходимости или требований управления и только на заранее
установленный срок, оговоренный в разрешении.

Запрещается возведение постоянных зданий и сооружений [за исключением
постоянных геодезических знаков и знаков, определяющих границы].

На территории Района запрещается возведение каких-либо [новых] сооружений или
установка какого-либо научного оборудования.

На все установленные знаки, сооружения или научное оборудование должно быть
нанесено четкое опознавательное обозначение с указанием страны, имени главного
исследователя или названия исследовательской организации, года установки и даты
предполагаемого удаления.

Все указанные позиции не должны содержать организмов, стадий, служащих для
размножения (например, семена, яйца) и должны быть выполнены из материалов,
способных выдерживать условия окружающей среды и представляющих
минимальную опасность загрязнения окружающей среды Района.

Работы по установке (включая выбор площадки), техническое обслуживание,
реконструкция или удаление сооружений и оборудования должны выполняться с
учетом обеспечения минимального воздействия на ценности Района.

Существующие сооружения удалению не подлежат, за исключением случаев на
условиях разрешения.

Здания и сооружения должны быть удалены как только в них отпадет необходимость
или по истечении срока действия разрешения, в зависимости от того, что наступит
ранее.

Ответственность за удаление специальных сооружений или оборудования, на которые
истек срок разрешения, несет [инстанция, выдавшая оригинал разрешения], что
должно являться условием выдачи Разрешения.

[Изложите дополнительную информацию, касающуюся рассматриваемого Района]

7(v) Размещение полевых лагерей

В большинстве случаев содержание данного подраздела будет носить специфический характер, присущий рассматриваемому Району. Заявителям предлагается определить конкретное содержание подраздела с учетом особенностей Района и рекомендаций по содержанию данного подраздела Плана управления, изложенных в Разделе 7(v) Руководства. Для Районов, на территории которых запрещается размещение полевых лагерей или имеются места для размещения полевых лагерей, на рассмотрение предлагаются следующие формулировки:

Размещение лагерей на территории Района запрещается.

Существующие места для размещения полевых лагерей площадки следует использовать по возможности.

[Изложите дополнительную информацию, касающуюся рассматриваемого Района]

7(vi) Ограничения на ввоз в Район материальных ресурсов и организмов

Многие уже действующие Планы управления имеют схожие формулировки в данном подразделе. Разработан пакет рекомендуемых стандартных формулировок, которые можно использовать, изменять или исключать, в зависимости от их применимости к рассматриваемому Району (смотри ниже). Заявителям предлагается определить конкретное содержание подраздела с учетом особенностей Района и рекомендаций по содержанию данного подраздела Плана управления, изложенных в Разделе (vi) Руководства.

Помимо требований Протокола по охране окружающей среды к Договору об Антарктике, вводятся следующие ограничения на ввоз в Район следующих материалов и организмов:

- преднамеренное внедрение на территорию Района животных, растительных материалов, микроорганизмов и нестерильной почвы запрещается. Следует принимать необходимые меры предосторожности по предотвращению непреднамеренного внедрения животных, растительных материалов, микроорганизмов и нестерильной почвы из других биологически отличающихся регионов (подпадающих и не подпадающих под действие Договора об Антарктике).* Особые меры обеспечения биологической безопасности для данного Района приведены ниже:

    - [изложите особые меры для данного Района];

- хранение горючего и химических веществ на территории Района не допускается, за исключением случаев на особых условиях Разрешения. Способы хранения и обращения с этими веществами должны обеспечивать сведение к минимуму их непреднамеренного внедрения в окружающую среду;

- ввоз материалов на территорию Района разрешается только на оговоренный срок, и они подлежат удалению к концу установленного срока;

- [Изложите дополнительную информацию, касающуюся рассматриваемого Района]

7(vii) Изъятие местной флоры и фауны или вредное воздействие на них

Многие уже действующие Планы управления имеют схожие формулировки в данном подразделе. Разработан пакет рекомендуемых стандартных формулировок, которые можно использовать, изменять или исключать, в зависимости от их применимости к рассматриваемому Району (см. ниже). Заявителям предлагается определить конкретное содержание подраздела с учетом особенностей Района и рекомендаций по содержанию данного подраздела Плана управления, изложенных в Разделе 7(vii) Руководства.

Изъятие местной флоры и фауны и вредное воздействие на них запрещается, за исключением случаев на условиях разрешения, выданного в соответствии с положениями Приложения II к Протоколу об охране окружающей среды к Договору об Антарктике.*

Если разрешенная деятельность включает в себя изъятие животных или вредное воздействие на них, в качестве минимально применимого стандарта следует руководствоваться Кодексом поведения при использовании животных в научных целях в Антарктике, разработанным СКАР.

[Изложите дополнительную информацию, касающуюся рассматриваемого Района]

7(viii) Сбор и вывоз из Района предметов материального мира, не имеющих отношения к держателю разрешения

Многие уже действующие Планы управления имеют схожие формулировки в данном подразделе. Разработан пакет рекомендуемых стандартных формулировок, которые можно использовать, изменять или исключать, в зависимости от их применимости к рассматриваемому Району (см. ниже). Заявителям предлагается определить конкретное содержание подраздела с учетом особенностей Района и рекомендаций по содержанию данного подраздела Плана управления, изложенных в Разделе (viii) Руководства.

При отсутствии особых условий, оговоренных в разрешении, лицам, посещающим Район, запрещается вмешиваться в состояние, трогать руками, брать с собой или наносить ущерб каким-либо оговоренным историческим местам или памятникам или антропогенным предметам, отвечающим критериям Резолюции 5 (2001). Аналогично вышесказанному, перемещение или удаление предметов материальной культуры в целях обеспечения их сохранности, охраны или перепроверки исторической ценности разрешается только при наличии разрешения. Факты обнаружения каких-либо новых или впервые установленных антропогенных предметов должны быть сообщены в соответствующую национальную инстанцию.

Другие предметы деятельности человека, способные нанести ущерб ценностям Района и не доставленные на территорию Района держателем разрешения или по какому-либо другому разрешению, разрешается удалять из Района, при условии, что их удаление не будет сопряжено с большей степенью воздействия на окружающую среду, чем оставление их на месте. Если дело обстоит именно так, необходимо проинформировать соответствующую национальную инстанцию и получить на это ее согласие.

[Изложите дополнительную информацию, касающуюся рассматриваемого Района]

7(ix) Удаление отходов

Многие уже действующие Планы управления имеют схожие формулировки в данном подразделе. Разработан пакет рекомендуемых стандартных формулировок, которые можно использовать, изменять или исключать, в зависимости от их применимости к рассматриваемому Району (см. ниже). Заявителям предлагается определить конкретное содержание подраздела с учетом особенностей Района и рекомендаций по содержанию данного подраздела Плана управления, изложенных в Разделе (ix) Руководства.

Все отходы, включая все отходы, образующиеся в результате жизнедеятельности человека, подлежат удалению из Района.

Все отходы, за исключением отходов, образующихся в результате жизнедеятельности человека, подлежат удалению из Района. [Хотя удаление из Района отходов, образующихся в результате жизнедеятельности человека, является более предпочтительным, допускается их сброс в море].

Отходы, образующиеся в результате деятельности на территории Района, должны временно складироваться и храниться (подробно укажите место для складирования и хранения отходов) таким образом, чтобы исключить возможность их попадания в окружающую среду, и подлежат удалению по окончании деятельности.

[Изложите дополнительную информацию, касающуюся рассматриваемого Района]

7(x) Меры по поддержанию реализации целей и задач Плана управления

Многие уже действующие Планы управления имеют схожие формулировки в данном подразделе. Разработан пакет рекомендуемых стандартных формулировок, которые можно использовать, изменять или исключать, в зависимости от их применимости к рассматриваемому Району (см. ниже). Заявителям предлагается определить конкретное содержание подраздела с учетом особенностей Района и рекомендаций по содержанию данного подраздела Плана управления, изложенных в Разделе (x) Руководства.

Разрешения для доступа в Район могут выдаваться в следующих целях:

- для осуществления мониторинга и инспекционных проверок Района, которые могут включать в себя отбор небольшого количества проб или сбор небольшого количества данных для анализа;

- для установки или обслуживания указательных знаков, сооружений или научного оборудования;

- для проведения защитных мероприятий;

- [Изложите дополнительную информацию, касающуюся рассматриваемого Района]

Все специальные участки долгосрочного мониторинга должны быть надлежащим образом обозначены на местности и на картах Района. Должны быть определены GPS-координаты их местоположения для включения в Систему каталогов антарктических данных через соответствующую национальную инстанцию.

Для обеспечения сохранения экологических и научных ценностей, лица, посещающие Район, должны принимать особые меры предосторожности по предотвращению внедрения чужеродной среды. Особое внимание следует уделять предотвращению внедрения микробиальной, животной или растительной среды с грунтом из других территорий Антарктики, включая станции и регионы за пределами Антарктики. Лица, посещающие Район, должны проводить тщательную очистку обуви, одежды и любого оборудования, в особенности оборудования для полевых лагерей и отбора проб, до их попадания в Район.

Во избежание создания помех для долгосрочных научных исследований и мониторинга или дублирования деятельности, лица, планирующие реализацию новых проектов на территории Района, должны ознакомиться с уже существующими программами и/или провести консультации с соответствующими национальными инстанциями.

[Изложите дополнительную информацию, касающуюся рассматриваемого Района]

7(xi) Требования к отчетам

Многие уже действующие Планы управления имеют схожие формулировки в данном подразделе. Разработан пакет рекомендуемых стандартных формулировок, которые можно использовать, изменять или исключать, в зависимости от их применимости к рассматриваемому Району (см. ниже). Заявителям предлагается определить конкретное содержание подраздела с учетом особенностей Района и рекомендаций по содержанию данного подраздела Плана управления, изложенных в Разделе (xi) Руководства.

Главный держатель разрешения на посещение Района должен представить отчет соответствующей национальной инстанции в максимально короткий срок, но не позднее шести месяцев от даты завершения посещения.*

Насколько это уместно, в состав такого отчета должна входить информация, указанная в Форме отчета о посещении, приведенной в Руководстве по подготовке Планов управления Особо охраняемыми районами Антарктики.

При необходимости, национальная инстанция должна направлять экземпляр отчета о посещении Стороне-инициатору Плана управления в качестве вспомогательного материала по управлению Районом и корректировке Плана управления.

Во всех возможных случаях Стороны должны направлять оригиналы или копии оригиналов таких отчетов о посещении в общедоступные государственные архивы для ведения учета пользования в целях какого-либо пересмотра Плана управления и создания условий для использования материалов о Районе в научных целях.

[Изложите дополнительную информацию, касающуюся рассматриваемого Района]

8. Подтверждающая документация

Рекомендации по содержанию данного раздела Планов управления приведены в Разделе 8 Руководства. Здесь не приведены какие-либо стандартные формулировки ввиду специфики содержания данного раздела для каждого рассматриваемого Района.

[Изложите информацию, касающуюся рассматриваемого Района]

Общее руководство для посетителей Антарктики

Представители,

Напоминая о Резолюции 5 (2005), Резолюции 2 (2006), Резолюции 1 (2007), Резолюции 2 (2008), Резолюции 4 (2009) и Резолюции 1 (2010), в соответствии с которыми были приняты перечни мест, на которые распространяются Правила посещения;

Признавая пользу того, что в Правилах поведения для посетителей участков информация сфокусирована на конкретных участках;

Напоминая о Рекомендации XVIII-1 (1994) *«Руководство для тех, кто организует и осуществляет туристическую и неправительственную деятельность в Антарктике»*;

Отмечая, что в Рекомендации XVIII-1 (1994) содержатся указания по экологическим и организационным вопросам;

Подтверждая ценность предоставления посетителям общих консультаций по окружающей среде в дополнение к информации по конкретным участкам;

Признавая работу, проделанную Комитетом по охране окружающей среды с 1998 года, направленную на улучшение понимания воздействий на окружающую среду, связанных с посещениями Антарктики;

Отмечая желательность предоставления актуальных рекомендаций посетителям Антарктики с целью помочь им минимизировать влияние их пребывания на всех участках;

Полагая, что *«Общее руководство для посетителей Антарктики»* следует пересматривать и изменять с учетом поступления новых данных;

Подтверждая, что термин «посетители» не включает ученых, ведущих исследования на территории участков, и отдельных лиц, официально осуществляющих правительственную деятельность;

Рекомендуют:

1. своим правительствам поддержать прилагаемое *«Общее руководство для посетителей Антарктики»;*

2. разместить Руководство на веб-сайте Секретариата Договора об Антарктике;

3. правительствам настоятельно рекомендовать лицам, планирующим посещение таких участков, убедиться в том, что они полностью ознакомлены с рекомендациями *«Руководства для посетителей Антарктики».*

4. Сторонам провести работу для скорейшей реализации Рекомендации XVIII-1 (1994).

Приложение: *Общее руководство для посетителей Антарктики*

Общее руководство для посетителей Антарктики

Все посещения Антарктики должны осуществляться в соответствии с Договором об Антарктике, его Протоколом по охране окружающей среды и соответствующими Мерами и Резолюциями, принятыми на Консультативных совещаниях по Договору об Антарктике. Посещения могут осуществляться только после предварительного одобрения соответствующим компетентным органом вашей страны или при условии удовлетворения всем требованиям компетентного органа вашей страны.

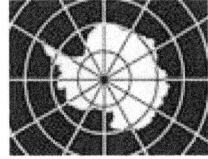

Данное Руководство содержит общие рекомендации в отношении посещения любого места с целью обеспечить отсутствие отрицательного воздействия посещений на окружающую среду Антарктики, ее научные и эстетические ценности. Правила поведения для посетителей участков, принятые КСДА, содержат дополнительные конкретные рекомендации относительно некоторых мест.

Прочтите эти правила перед посещением Антарктики и спланируйте действия по минимизации вашего влияния.

Если вы являетесь участником группы посетителей, соблюдающей требования данного Руководства, в сопровождении гида, учитывайте и выполняйте указания своих гидов.

Если вы организовываете свое посещение сами, вы несете ответственность за соблюдение данного руководства. Вы также несете ответственность за определение объектов на посещаемом вами участке, которые могут быть уязвимы к воздействию посетителей, и за выполнение всех требований, касающихся конкретного участка, в том числе Правил поведения для посетителей участков, Планов управления Особо охраняемыми районами Антарктики (ООРА) и Особо управляемыми районами Антарктики (ОУРА), а также правил посещения станций. Также могут действовать правила в отношении конкретных видов деятельности или факторов риска (таких как использование воздушных судов или недопущение внедрения неаборигенных видов). Планы управления, перечень исторических мест и памятников, а также другую соответствующую информацию можно найти по адресу *www.ats.aq/e/ep_protected.htm*. Правила поведения для посетителей участков можно найти по адресу *www.ats.aq/e/ats_other_siteguidelines.htm*.

ОХРАНА ФАУНЫ АНТАРКТИКИ

Изъятие или вредное вмешательство в жизнь антарктической фауны допускается только на основании разрешения.

ФАУНА

- Находясь поблизости от диких животных, передвигайтесь медленно и осторожно, старайтесь как можно меньше шуметь.

- Соблюдайте достаточную дистанцию от диких животных. Не приближайтесь к ним на расстояние менее 5 м, хотя во многих случаях лучше выдерживать ещё большее расстояние. Руководствуйтесь всеми инструкциями по соблюдению расстояний, содержащимися в правилах посещения конкретного участка.

- Наблюдайте за поведением диких животных. Заметив изменения в их поведении, остановитесь или медленно удаляйтесь от них.

- Животные особенно чувствительны к вмешательству в период размножения (в том числе гнездования) или линьки. Не заходите на территорию колонии и ведите наблюдение на расстоянии.

- Каждая ситуация отличается своими условиями. Изучите топографию и специфические особенности участка, так как это может влиять на уязвимость диких животных к вмешательству.

- Всегда уступайте дорогу животным и не блокируйте их пути подхода к морю.

- Не кормите диких животных и не оставляйте после себя пищу или объедки.

- Не используйте оружие и взрывчатку.

РАСТИТЕЛЬНОСТЬ

- Растительность, в том числе мхи и лишайники, очень хрупкие и растут очень медленно. Не причиняйте ущерб растениям в результате ходьбы, езды или высадки на моховой покров или покрытые лишайниками каменистые участки.

- Передвигаясь пешком, по возможности идите по существующим тропам, для того чтобы максимально уменьшить нарушение или повреждение почвы и поверхности, покрытой растительностью. Там, где троп нет, выбирайте самый прямой путь и обходите растительность, уязвимые участки рельефа, осыпающиеся склоны и диких животных.

ВНЕДРЕНИЕ НЕАБОРИГЕННЫХ ВИДОВ

- Не разрешается привозить в Антарктику никаких растений или животных.

- Для недопущения внедрения неаборигенных видов и заболеваний тщательно вымойте обувь и почистите снаряжение, включая предметы одежды, сумки, штативы, палатки и трости, перед тем как привезти их в Антарктику. Обратите особое внимание на протекторы обуви, застежки-липучки и карманы, куда могли попасть семена или почва. Транспортные средства и воздушные суда также следует вымыть.

- Также вызывает обеспокоенность перемещение видов и заболеваний между территориями в Антарктиде. Прежде чем перемещаться на другие участки, проверьте, чтобы вся одежда и снаряжение были вычищены.

СОБЛЮДЕНИЕ РЕЖИМА, УСТАНОВЛЕННОГО ДЛЯ ОХРАНЯЕМЫХ РАЙОНОВ

Деятельность в Особо охраняемых районах Антарктики (ООРА) и в Особо управляемых районах Антарктики (ОУРА) должна отвечать положениям соответствующих Планов управления. Были официально определены и находятся под охраной многие исторические места и памятники (ИМП).

ОСОБО УПРАВЛЯЕМЫЕ И ОСОБО ОХРАНЯЕМЫЕ РАЙОНЫ

- Для доступа во все ООРА требуется разрешение компетентного органа вашей страны. Носите разрешение при себе и всегда соблюдайте все условия разрешения во время посещения ООРА.

- Заранее проверьте места нахождения и границы ООРА и ОУРА. Ознакомьтесь с положениями Плана управления и соблюдайте все ограничения, касающиеся осуществления деятельности в этих районах или в их окрестностях.

ИСТОРИЧЕСКИЕ МЕСТА И ПАМЯТНИКИ И ДРУГИЕ СООРУЖЕНИЯ

- Исторические хижины и сооружения иногда могут использоваться для туристических, рекреационных и познавательных посещений. Посетители не должны использовать их для других целей, за исключением чрезвычайных обстоятельств.

- Не нарушайте, не повреждайте и не разрушайте исторические места, памятники, артефакты или же другие строения или аварийные убежища (как заселенные, так и незаселенные).

- Если вы наткнулись на предмет, который может иметь историческую ценность и который, возможно, неизвестен компетентным органам, не трогайте его. Сообщите руководителю вашей экспедиции или национальным компетентным органам.

- Прежде чем войти в какое-либо историческое сооружение, очистите обувь от снега и песка, удалите снег и воду с одежды, так как они могут вызвать повреждение строения или артефактов.

- Передвигаясь по историческим местам, будьте внимательны, чтобы не наступить на какие-либо артефакты, которые могут быть скрыты под снегом.

СОБЛЮДЕНИЕ РЕЖИМА ПРОВЕДЕНИЯ НАУЧНЫХ ИССЛЕДОВАНИЙ

Не мешайте проведению научных исследований, работе научных объектов или оборудования.

ОПЕРАТОРЫ

- Получите разрешение перед посещением антарктических станций.

- Подтвердите запланированные посещения не позднее чем за 24-72 часа до прибытия.

- При посещении антарктических станций соблюдайте все правила, существующие в отношении конкретных объектов.

ПОСЕТИТЕЛИ

- Нельзя мешать работе или передвигать научное оборудование или опознавательные вешки; нельзя нарушать места проведения экспериментов, расположения полевых лагерей или складирования припасов.

СОХРАНЕНИЕ ДЕВСТВЕННОЙ ПРИРОДЫ АНТАРКТИКИ

Природа Антарктики остается относительно нетронутой. Это крупнейшая на земле территория, сохранившаяся в первозданном виде. Пожалуйста, не оставляйте после себя следов.

ОТХОДЫ
- Не выбрасывайте мусор или отходы на суше и не сбрасывайте их в море.
- На станциях или в лагерях курите только в отведенных местах, чтобы уменьшить загрязнение и риск возникновения пожара в сооружениях. Собирайте золу и мусор для утилизации за пределами Антарктики.
- Убедитесь, что управление отходами осуществляется в соответствии с Приложениями III и IV к Протоколу по охране окружающей среды к Договору об Антарктике.
- Позаботьтесь о том, чтобы все оборудование и контейнеры с мусором всегда были закреплены таким образом, чтобы не допустить попадания в окружающую среду из-за ветра или в результате добывания корма дикими животными.

ЦЕННОСТИ ДИКОЙ ПРИРОДЫ
- Не нарушайте и не загрязняйте озера, ручьи, реки и другие водоемы (например, в результате ходьбы, умывания или мытья снаряжения, бросания камней и т. п.).
- Нельзя раскрашивать, вырезать имена или рисовать граффити на любых искусственных или естественных поверхностях в Антарктике.
- Нельзя брать в качестве сувениров предметы искусственного происхождения, биологические или геологические образцы, включая перья, кости, яйца, растительность, почву, камни, метеориты и ископаемые остатки.
- По возможности размещайте палатки и оборудование на снегу или на ранее использовавшихся местах.

СОБЛЮДЕНИЕ ПРАВИЛ БЕЗОПАСНОСТИ

Нужно быть готовым к суровой и изменчивой погоде. Убедитесь, что ваша экипировка и одежда отвечают антарктическим стандартам. Помните о том, что природа Антарктики негостеприимна, непредсказуема и потенциально опасна.

МЕРЫ БЕЗОПАСНОСТИ/ПОДГОТОВКА
- Нужно знать свои возможности, опасности, которые могут встретиться в антарктической природе, и принять соответствующие меры. Планируя деятельность, нужно всегда помнить о безопасности.
- На суше и на море следует держаться на безопасном расстоянии от диких животных. По возможности держитесь на расстоянии не менее 15 метров.
- Если вы путешествуете в группе, действуйте согласно рекомендациям и указаниям руководителей группы. Не отставайте от группы.
- Нельзя ходить по поверхности ледников или крупных снежных полей, не имея соответствующего оборудования и опыта. Существует реальная опасность провалиться в незаметные трещины.
- Не рассчитывайте на спасателей. Правильное планирование, высококачественное оборудование и опытный персонал обеспечивают большую самодостаточность и уменьшают риски.
- Не входите в аварийные убежища (кроме чрезвычайных ситуаций). Если вы использовали оборудование или продукты питания, которые находились в убежище, то по окончании чрезвычайной ситуации сообщите об этом ближайшей исследовательской станции или национальному органу.
- Соблюдайте ограничения, касающиеся курения. Следует избегать использования фонарей с горелками и открытого огня в исторических сооружениях или возле них. Принимайте все меры предосторожности, чтобы не допустить возникновения пожара. Это реальная опасность в сухих условиях Антарктиды.

ТРЕБОВАНИЯ ОТНОСИТЕЛЬНО ВЫСАДКИ И ТРАНСПОРТА

В Антарктике следует действовать таким образом, чтобы минимизировать потенциальное воздействие на окружающую среду, диких животных и связанных экосистем, а также на проведение научных исследований.

ТРАНСПОРТ

- Не используйте воздушные суда, морские суда, небольшие катера, транспортные средства на воздушной подушке или другие транспортные средства таким образом, которым можно нарушить дикую природу как в море, так и на земле.

  Избегайте полетов в районах сосредоточения птиц и млекопитающих. Следуйте рекомендациям, содержащимся в Резолюции 2 (2004) «Правила эксплуатации воздушных судов в местах сосредоточения птиц в Антарктике», с которыми можно ознакомиться по адресу: *www.ats.aq/devAS/info_measures_list.aspx?lang=e.*

- Заправка топливных баков катеров должна производиться таким образом, чтобы не допустить разливов, например на борту судна.

- До начала любых операций по перевозке с корабля на берег следует очистить катера от почвы, растений, животных или животных продуктов и проверить их на наличие следов почвы, растений, животных или животных продуктов.

- Курс и скорость катеров всегда должны контролироваться таким образом, чтобы минимизировать беспокойство для диких животных и избежать каких-либо столкновений с дикими животными.

СУДА

- Одновременно участок может посещать только одно судно.

- Судам, имеющим более 500 пассажиров на борту, запрещено производить высадку в Антарктике.

ВЫСАДКА ПАССА- ЖИРОВ С СУДОВ

- С корабля на берег одновременно могут высадиться не более 100 человек, если рекомендации относительно конкретного участка не предусматривают меньшее количество пассажиров.

- На всех участках во время высадки с судна соотношение гидов и пассажиров должно составлять 1:20, за исключением случаев, когда рекомендации относительно конкретного участка предусматривают большее количество гидов.

* Кораблем называется судно, перевозящее более 12 пассажиров

Правила поведения для посетителей участков

Представители,

напоминая о Резолюции 5 (2005), Резолюции 2 (2006), Резолюции 1 (2007), Резолюции 2 (2008), Резолюции 4 (2009) и Резолюции 1 (2010), в которых утверждены перечни участков, на которые распространяются Правила поведения;

напоминая о Резолюции 1 (2010), в которой предусмотрено, что любые предлагаемые поправки к существующим Правилам поведения должны рассматриваться Комитетом по охране окружающей среды («КООС»), который должен давать Консультативному совещанию по Договору об Антарктике («КСДА») соответствующие рекомендации; и что если КСДА принимает эти рекомендации, Секретариат Договора об Антарктике (Секретариат) должен вносить необходимые изменения в тексты Правил поведения, размещённых на своем веб-сайте;

полагая, что Правила поведения усиливают положения Рекомендации XVIII-1 (1994) *(Руководство для тех, кто организует и осуществляет туристическую и неправительственную деятельность в Антарктике);*

подтверждая, что термин «посетители» не распространяется на учёных, которые проводят исследования на таких участках, или физических лиц, официально осуществляющих правительственную деятельность;

отмечая, что Правила поведения разработаны с учётом текущей интенсивности и видов посещений на каждом конкретном участке, и сознавая, что Правила поведения необходимо пересматривать в случае любого значительного изменения интенсивности или видов посещений участка;

полагая, что Правила посещения для каждого участка необходимо оперативно анализировать и пересматривать в ответ на изменения интенсивности и видов посещений или какие-либо очевидные или вероятные воздействия на окружающую среду;

стремясь увеличить количество Правил поведения, разработанных для посещаемых участков, и обеспечить своевременное обновление существующих Правил поведения;

рекомендуют:

1. расширить принятый Консультативным совещанием по Договору об Антарктике перечень участков, для которых разработаны Правила поведения, включив в него еще три новых участка (участок для посетителей долины Тейлора, южная Земля Виктории; Северо-восточный берег острова Ардли; хижины Моусона и мыс Денисон, Восточная Антарктика), а полный перечень участков, для которых разработаны Правила поведения, заменить перечнем, прилагаемым к настоящей Резолюции;

2. заменить Правила поведения для посетителей участков залив Уэйлерс, остров Десепшн, Южные Шетландские острова и мыс Ханна изменёнными Правилами;

3. Секретариату Договора об Антарктике (Секретариат) разместить на своем веб-сайте полный перечень и изменённые тексты Правил поведения, принятых КСДА;

4. своим правительствам настоятельно призывать лиц, планирующих посещение таких участков, убедиться в том, что они полностью ознакомлены с рекомендациями соответствующих Правил поведения, опубликованных Секретариатом, и соблюдают их;

5. обсуждать любые предлагаемые поправки к существующим Правилам поведения в рамках Комитета по охране окружающей среды, который должен давать КСДА соответствующие рекомендации; и если КСДА принимает эти рекомендации, Секретариат должен вносить необходимые изменения в тексты Правил поведения, размещённых на его сайте; и

6. Секретариату разместить текст Резолюции 1 (2010) на своём веб-сайте таким образом, чтобы было понятно, что она утратила актуальность.

Перечень участков, для которых разработаны Правила поведения для посетителей:

1. Остров Пингвин (62° 06' ю.ш., 57° 54' з.д.);
2. Остров Барриентос, острова Айчо (62° 24' ю.ш., 59° 47' з.д.);
3. Остров Кувервиль (64° 41' ю.ш., 62° 38' з.д.);
4. Мыс Югла (64° 49' ю.ш., 63° 30' з.д.);

5. Остров Гудьир, Порт-Локрой (64° 49' ю.ш., 63° 29' з.д.);
6. Мыс Ханна (62° 39' ю.ш., 60° 37' з.д.);
7. Бухта Неко (64° 50' ю.ш., 62° 33' з.д.);
8. Остров Паулет (63° 35' ю.ш., 55° 47' з.д.);
9. Остров Петерманн (65° 10' ю.ш., 64° 10' з.д.);
10. Остров Плено (65° 06' ю.ш., 64° 04' з.д.);
11. Мыс Таррет (62° 05' ю.ш., 57° 55' з.д.);
12. Бухта Янки (62° 32' ю.ш., 59° 47' з.д.);

13. Браун Блаф, п-ов Табарин (63° 32' ю.ш., 56° 55' з.д.);
14. Сноу Хилл (64° 22' ю.ш., 56° 59' з.д.);
15. Бухта Шингл, о-в Коронейшн (60° 39' ю.ш., 45° 34' з.д.);
16. Остров Девил, о-в Вега (63° 48' ю.ш., 57° 16.7' з.д.);
17. Залив Уэйлерс, о-в Десепшн, Южные Шетландские о-ва (62° 59' ю.ш., 60° 34' з.д.);
18. Остров Хаф-Мун, Южные Шетландские о-ва (60° 36' ю.ш., 59° 55' з.д.);

19. Мыс Бэйли, о-в Десепшн, Южные Шетландские о-ва (62° 58' ю.ш., 60° 30' з.д.);
20. Залив Телефон, о-в Десепшн, Южные Шетландские о-ва (62° 55' ю.ш., 60° 40' з.д.);
21. Мыс Ройдс, о-в Росс (77° 33' 10.7" ю.ш., 166° 10' 6.5" в.д.);
22. Дом Уорди, о-в Уинтер, Аргентинские о-ва (65° 15' ю.ш., 64° 16' з.д.);
23. Остров Стонингтон, залив Маргерит, Антарктический о-в (68° 11' ю.ш., 67° 00' з.д.);
24. Остров Хорсшу, Антарктический о-в (67° 49' ю.ш., 67° 18' з.д.);
25. Остров Детай, Антарктический о-в (66° 52' ю.ш., 66° 48' з.д.);

26. Остров Торгерсен, бухта Артур, юго-западная часть острова Анверс (64° 46' ю.ш., 64° 04' з.д.);

27. Остров Данко, пролив Эррера, Антарктический о-в (64° 43' ю.ш., 62° 36' з.д.);

28. Сиби Хук, мыс Халлетт, северная часть Земли Виктории, море Росса: участки для посетителей А и В (72° 19' ю.ш., 170° 13' в.д.);

29. Мыс Дамой, остров Винке, Антарктический о-в (64° 49' ю.ш., 63° 31' з.д.);

30. Долина Тэйлор, участок для посетителей, южная часть Земли Виктории (77° 37.59' ю.ш., 163° 03.42' в.д.);

31. Северо-восточный пляж на острове Ардли (62° 13' ю.ш.; 58° 54' з.д.);

32. Хижины Моусона и мыс Денисон, Восточная Антарктида (67° 01' ю.ш.; 142° 40' в.д.).

Резолюция 5 (2011)

Пересмотренное Руководство по подготовке Планов управления Особо охраняемыми районами Антарктики

Представители,

напоминая о требованиях Статьи 5 Приложения V к Протоколу по охране окружающей среды к Договору об Антарктике (Протокол) подготавливать и пересматривать Планы управления Особо охраняемыми районами Антарктики;

отмечая, что на основании своей Резолюцией 2 (1998) Консультативное совещание по Договору об Антарктике («КСДА») приняло Руководство по подготовке Планов управления Особо охраняемыми районами Антарктики;

стремясь внести изменения в Руководство для отражения в нём современных передовых методик подготовки Планов управления Особо охраняемыми районами Антарктики;

учитывая результаты пересмотра Руководства Комитетом по охране окружающей среды и его Вспомогательной группой по Планам управления;

рекомендуют:

1. заменить Руководство по подготовке Планов управления Особо охраняемыми районами Антарктики, принятое Резолюцией 2 (1998), Руководством, прилагаемым к настоящей Резолюции, которое следует использовать всем, кто задействован в подготовке или пересмотре Планов управления; и

2. Секретариату Договора об Антарктике разместить текст Резолюции 2 (1998) на своём веб-сайте таким образом, чтобы было понятно, что она утратила актуальность.

Руководство по представлению Рабочих документов, содержащих предложения, касающиеся Особо охраняемых районов Антарктики, Особо управляемых районов Антарктики или Исторических мест и памятников

А. Рабочие документы по ООРА или ОУРА

Рекомендуется составлять Рабочий документ из двух частей:

(i) СОПРОВОДИТЕЛЬНАЯ ЗАПИСКА с указанием предполагаемых последствий данного предложения и истории соответствующего ООРА/ОУРА (в качестве ориентира приведен Шаблон А). *Эта сопроводительная записка НЕ является частью Меры*, принимаемой КСДА, т.ч. она не будет опубликована ни в Заключительном отчете, ни на сайте СДА. Ее единственное предназначение – содействие в рассмотрении предложения и подготовке проектов Мер Консультативным совещанием.

и

(ii) ПЛАН УПРАВЛЕНИЯ, составленный как окончательный вариант в том виде, в каком он должен публиковаться. Этот план будет приложен к Мере и опубликован в Заключительном отчете и на сайте СДА.

Целесообразно составлять план *в виде окончательного* варианта, готового к публикации. Конечно, когда он впервые направляется на рассмотрение КООС, это только проект, который может быть скорректирован Комитетом или Консультативным совещанием. Однако вариант, принятый КСДА, должен быть представлен в окончательном виде, готовым к публикации, и не требовать дополнительного редактирования Секретариатом, за исключением вставки перекрестных ссылок на другие документы, принятые на том же совещании.

Например, в окончательном варианте плана не должно быть выражений типа:

• «настоящий *предлагаемый* район»;

• «настоящий *проект* плана»;

• «настоящий план, если он будет принят ...»;

• отчетов о дискуссиях, состоявшихся в рамках КООС или КСДА, или межсессионной работе (за исключением случаев, когда это касается важной информации, например, о процессе консультаций или деятельности, осуществлявшейся на территории Района с момента последнего пересмотра);

- мнения отдельных делегаций по поводу исходного проекта или промежуточных вариантов плана;
- ссылок на другие охраняемые районы, обозначенные так, как их обозначали до вступления в силу Приложения V.

Если предложение касается ООРА, следует использовать «Руководство по подготовке Планов управления Особо охраняемыми районами Антарктики». (Действующая версия этого Руководства прилагается к Резолюции 2 (1998) и включена в состав Справочника КООС).

Существует несколько высококачественных планов управления, например, План управления ООРА № 109 «Остров Моу», которые могут использоваться в качестве образца для подготовки новых и пересмотренных планов.

В. Рабочие документы по Историческим местам и памятникам (ИМП)

У ИМП нет планов управления, за исключением тех случаев, когда они также определены в качестве ООРА или ОУРА. Вся существенная информация об ИМП включается в текст Меры. Оставшаяся часть Рабочего документа не прилагается к Мере; если в официальные документы желательно включить какую-либо дополнительную справочную информацию, ее можно приложить к отчету КООС для последующего включения в Заключительный отчет КСДА. Для того, чтобы обеспечить наличие всей необходимой информации, которая должна войти в Меру, мы рекомендуем при подготовке Рабочего документа использовать в качестве ориентира приведенный далее Шаблон В.

С. Представление проектов Мер по ООРА, ОУРА и ИМП Консультативному совещанию

Если в Секретариат, для последующего направления Консультативному совещанию, поступает проект Меры, которая вводит в действие рекомендации КООС относительно ООРА, ОУРА или ИМП, мы просим, чтобы Секретариат также направлял Консультативному совещанию копии сопроводительной записки к первоначальному Рабочему документу, где было сформулировано данное предложение, со всеми поправками, которые были внесены Комитетом.

При этом соблюдается следующий порядок действий:

- Автор предложения готовит и представляет Рабочий документ, в состав которого входят проект Плана управления и пояснительная сопроводительная записка.
- Секретариат готовит проект Меры до начала КСДА.

- Проект Плана управления обсуждается Комитетом и в него вносятся поправки (это делает автор предложения в сотрудничестве с Секретариатом).

- Если КООС рекомендует принять План управления, то Председатель КООС передает (согласованный) План управления вместе с (согласованной) сопроводительной запиской Председателю Рабочей группы по правовым и институциональным вопросам.

- Рабочая группа по правовым и институциональным вопросам рассматривает проект Меры.

- Секретариат официально выносит на обсуждение проект Меры вместе с согласованной сопроводительной запиской.

- КСДА рассматривает его и принимает решение.

ШАБЛОН А: ТИТУЛЬНЫЙ ЛИСТ РАБОЧЕГО ДОКУМЕНТА ОТНОСИТЕЛЬНО ООРА ИЛИ ОУРА

На титульном листе должна быть указана следующая информация:

(1) Предлагается ли новый ООРА? Да/Нет

(2) Предлагается ли новый ОУРА? Да/Нет

(3) Относится ли предложение к существующему ООРА или ОУРА?

Если да, то перечислите все Рекомендации, Меры, Резолюции и Решения, касающиеся данного ООРА/ОУРА, включая все предыдущие определения этого района в качестве ООР, УОНИ или иного вида охраняемых территорий:

В частности, укажите, пожалуйста, дату и соответствующую Рекомендацию/Меру относительно следующего:

- Первое определение:

- Первое принятие Плана управления:

- Любые пересмотры Плана управления:

- Действующий План управления:

- Любые продления сроков действия Плана управления:

- Изменение названия или номера на ………….. согласно Решению 1 (2002).

(Примечание. Эту информацию можно найти на веб-сайте СДА в базе документов, выполнив поиск по названию Района. СДА были приложены все усилия для обеспечения полноты и точности информации, содержащейся в базе данных, тем не менее могут иметь место ошибки или пропуски. Инициаторы пересмотра Охраняемого района располагают наиболее полной информацией об истории Района, и им предлагается обращаться в Секретариат, если они заметят явное несоответствие между сведениями об истории регулирования Района, которые у них имеются, и сведениями, представленными в базе данных СДА).

(1) Если предложение содержит пересмотр существующего Плана управления, пожалуйста, укажите виды изменений:

(i) Существенные или незначительные?

(ii) Есть ли изменения границ или координат?

(iii) Есть ли изменения в картах? Если да, содержатся ли изменения только в подписях или также и в графике?

(iv) Есть ли изменения в описании Района, которые важны для определения его местоположения или границ?

(v) Есть ли изменения, затрагивающие какой-либо другой ООРА, ОУРА или ИМП в пределах этого Района или прилегающий к нему? В частности, пожалуйста, поясните необходимость слияния, включения или ликвидации какого-либо существующего Района или участка.

(vi) Прочее – краткий обзор других изменений с указанием пунктов Плана управления, в которых они присутствуют (это особенно удобно, если план объемный).

(2) Если предлагается новый ООРА или ОКРА, включает ли он морскую территорию? Да/Нет

(3) Если да, должно ли предложение быть предварительно одобрено АНТКОМ в соответствии с Решением 9 (2005)? Да/Нет

(4) Если да, было ли получено предварительное одобрение? Да/Нет (Если да, то следует указать ссылку на соответствующий пункт соответствующего Заключительного отчета АНТКОМ).

(5) Если предложение относится к ООРА, какова основная причина его определения (т. е. согласно какой части Статьи 3.2 Приложения V)?

(6) Указали ли вы основной Экологический домен, представляемый ООРА/ОУРА (см. «Анализ экологических доменов антарктического континента», приведенный в приложении к Резолюции 3 (2008))? Да/Нет (Если да, то здесь следует указать основной Экологический домен).

Приведенный выше формат можно использовать в качестве шаблона или контрольного списка при оформлении титульного листа, чтобы обеспечить предоставление всей требуемой информации.

ШАБЛОН В. СОПРОВОДИТЕЛЬНАЯ ЗАПИСКА К РАБОЧЕМУ ДОКУМЕНТУ ПО ИСТОРИЧЕСКОМУ МЕСТУ ИЛИ ПАМЯТНИКУ

Убедитесь в том, что в сопроводительной записке указана следующая информация:

(1) Был ли данный участок или памятник определен в качестве Исторического места или памятника на каком-либо предыдущем КСДА? Да/Нет (Если да, следует дать список соответствующих Рекомендаций или Мер).

(2) Если это предложение об определении нового Исторического места или памятника, следует дать следующую информацию с формулировкой, которая предназначается для включения в Меру:

   (i) название предлагаемого ИМП, которое подлежит включению в список, прилагавшийся к Мере 2 (2003);

   (ii) описание ИМП, которое подлежит включению в эту Меру, с указанием достаточного количества идентифицирующих характеристик для того, чтобы посетители могли узнать его;

   (iii) координаты, выраженные в градусах, минутах и секундах;

   (iv) Сторона-автор первоначального предложения;

   (v) Сторона, осуществляющая управление.

(3) Если это предложение о пересмотре существующего определения ИМП, следует перечислить соответствующие прошлые Рекомендации и Меры.

Описанный выше формат можно использовать как шаблон или контрольный вопросник для составления сопроводительной записки, который обеспечит включение всей необходимой информации.

Неместные виды

Представители,

признавая, что привнесение неместных видов в Антарктический регион, в том числе перемещение видов между локациями внутри региона, представляет серьезную угрозу для биоразнообразия и первозданных ценностей Антарктики;

напоминая полезные обсуждения, состоявшиеся в 2006 году на семинаре в Новой Зеландии по вопросам неместных видов, и последующее соглашение на IX заседании Комитета по охране окружающей среды («КООС») о том, что:

- вопросу о неместных видах в Антарктике должно быть уделено первостепенное внимание в соответствии с высокими экологическими стандартами, изложенными в Протоколе по охране окружающей среды к Договору об Антарктике (Протокол);

- должен быть разработан ряд комплексных и стандартизированных руководств и / или процедур, предназначенных для всех операторов в Антарктике;

напоминая также о Совещании экспертов Договора об Антарктике по вопросам влияния изменения климата на управление и регулирование деятельности в Антарктическом регионе, состоявшееся в 2010 г., на котором:

- было признано, что наибольшие усилия следует уделить предотвращению привнесения неместных видов и минимизации риска такого привнесения в результате деятельности человека;

- Сторонам было рекомендовано всесторонне и последовательно поощрять осуществление ответных мер по управлению экологическими последствиями изменения климата, в частности, мер по предотвращению привнесения и перемещения неместных видов, а также представить доклад об их эффективности;

приветствуя разработку Руководства КООС по неместным видам, которое Стороны могут использовать по мере необходимости, в качестве помощи при выполнении ими своих обязательств в соответствии с Приложением II Протокола;

приветствуя также постановление КООС о продолжении разработки и совершенствовании Руководства, с учетом более четкого понимания рисков от присутствия неместных видов, а также в духе передовой практики применения мер для профилактики, эпиднадзора и ответных действий;

рекомендуют Сторонам:

1. распространить и поощрять, при необходимости, использование Руководства по неместным видам, приложенного к настоящей Резолюции; и

2. поощрять дальнейшую работу Комитета по охране окружающей среды в области разработки Руководства по неместным видам, с учетом вклада Научного комитета по антарктическим исследованиям и Совета управляющих национальных антарктических программ по научным и практическим вопросам соответственно.

Руководство по неместным видам
Май 2011 г.

1. Введение

Задача

Общая задача в работе Сторон по противодействию рискам, исходящим от неместных видов, состоит в том, чтобы:

Сохранить биоразнообразие и внутренние ценности Антарктики путем предотвращения непреднамеренной интродукции в антарктический регион видов, не являющихся местными для данного региона, а также миграции видов из одной биогеографической зоны Антарктики в какую-либо другую.

Предотвращение непреднамеренной интродукции – непростая задача, созвучная с принципами Протокола. На практике необходимо принимать меры для минимизации риска негативного воздействия неместных для Антарктики видов, предпринимая все возможные действия по его предотвращению.

Назначение и общие сведения

Назначение данного руководства – предоставить Сторонам Договора об Антарктике рекомендации для выполнения вышеупомянутой задачи, а также минимизировать риск случайной или непреднамеренной интродукции неместных видов. В данном руководстве содержатся основополагающие принципы и ссылки на рекомендуемые практические инструкции и ресурсы, которые могут надлежащим образом применяться пользователями при выполнении своих обязанностей в соответствии с Приложением II к Протоколу. Инструкции носят рекомендательный характер, не все инструкции будут применимы к деятельности всех Сторон. Это «живой» документ, который будет обновляться и дополняться благодаря новой практической работе, научным исследованиям и созданию передовой практики. Данные меры рекомендуются для содействия Сторонам в работе по предотвращению случайной или непреднамеренной интродукции и не являются обязательными.

Данная работа посвящена непреднамеренной или случайной интродукции неместных видов. В ней не рассматривается интродукция неместных видов при наличии разрешения (согласно статье 4 Приложения II Экологического протокола). Тем не менее в случае рассредоточения видов, вводимых преднамеренно при наличии разрешения, могут быть использованы рекомендации, применяемые при непреднамеренной интродукции. В данной работе также не рассматриваются естественные тропы интродукции, «экосистемы» человека (напр., флора желудка) и передача от человека к человеку патогенных микроорганизмов (напр., возбудителей болезней).

Риски, связанные с интродукцией неместных видов и их влиянием на экосистемы, изучены не полностью. Еще одна задача данной работы состоит в том, чтобы поддержать и поощрить дальнейшие исследования в данном направлении с целью получения недостающих знаний.

Назначение и общие сведения

Во всем мире биологическая инвазия представляет серьезнейшую угрозу биоразнообразию, она грозит исчезновением отдельных видов и приводит к значительным изменениям в структуре и функционировании экосистем. Несмотря на изолированность и суровые климатические условия, инвазия в настоящее время является серьезным фактором риска для Антарктики: в районах, не покрытых льдом, а также на близлежащих островах обитает множество видов морских птиц. В свою очередь наземная часть Антарктики является средой обитания для представителей пусть и немногочисленной, но вполне эндемической и хорошо адаптировавшейся флоры и фауны. По количеству видов Южный Ледовитый океан превосходит наземную часть Антарктики, при этом здесь наблюдается высокий уровень эндемизма. Быстрое изменение климата, происходящее в некоторых частях Антарктики, вероятно, приведет к увеличению уровня интродукции и все большей колонизации региона чужеродными видами, что в свою очередь повысит влияние на экосистемы, как это можно увидеть уже сейчас на приантарктических островах. Помимо интродукции видов из-за пределов Антарктики происходит также взаимная контаминация между различными регионами, не покрытыми льдом, в т. ч. между отдельно стоящими нунатаками, или различными морскими территориями, что также угрожает генетическому разнообразию биогеографических зон, и это тоже вопрос, требующий решения. Дальнейшее развитие деятельности человека в этих регионах (в т. ч. научные исследования, транспорт, туризм, рыболовецкий промысел и индустрия развлечений) приведет к повышению риска непреднамеренной интродукции организмов, которые имеют набор характеристик жизненного цикла, благоприятствующий им во время транспортировки и на таких стадиях инвазии, как укоренение и экспансия, а также тех организмов, на которых положительно сказывается потепление климата.

Подавляющее большинство чужеродных видов не становится причиной инвазии, но те, которые становятся, представляют, возможно, главную угрозу биоразнообразию мира. Бороться с инвазивностью легче при раннем обнаружении чужеродных видов. К тому же, присутствие неместных видов, которые являются всего лишь «временными» или «персистирующими», но еще не «инвазивными», также весьма нежелательно с точки зрения защиты экологической и научной ценности Антарктики, особенно в силу возможности перехода таких видов в инвазивное состояние. Поэтому профилактика имеет решающее значение. Если она не проводится, то на передний план выходят раннее обнаружение и быстрое принятие мер.

Экологические изменения, происходящие в настоящее время как в Антарктике, так и в других регионах мира, вполне вероятно, приведут к естественному изменению местного биоразнообразия в течение следующих десятилетий или столетий. Обязанностью Сторон и всех, чья деятельность связана с данным регионом, является сделать все, чтобы человек не стал прямой причиной изменений в природе через интродукцию неместных видов и/или распространение болезней в наземной и морской экосистемах на территории действия Договора об Антарктике.

В 2010 году состоялось Совещание экспертов Договора об Антарктике «О влиянии климатических изменений на управление ресурсами Антарктики», на котором была подчеркнута важность предотвращения интродукции, идентификации видов и регионов, подвергаемых риску, а также нахождения способов решения данного вопроса. Совещание:

- Признало, что основные усилия должны быть направлены на предотвращение интродукции неместных видов и сведение до минимума риска появления интродукции, спровоцированной человеком, при реализации национальных программ и туристических мероприятий. На Совещании была подчеркнута важность всеобъемлющей реализации новых мер с целью противодействия данному риску (п. 111, доклад Сопредседателя)

- Рекомендовало КООС «рассмотреть возможность использования существующих методов обнаружения а) регионов Антарктики, подвергаемых высокому риску заселения неместными видами и б) неместных видов с высокой вероятностью заселения Антарктики» (Рекомендация 22)

- Рекомендовало Сторонам осуществлять всесторонние и последовательные управленческие меры по ликвидации последствий изменений климата, в особенности это касается мер по избежанию интродукции и перемещения неместных видов, а также рекомендовало представить отчеты об эффективности этих мер (Рекомендация 23).

Глоссарий

На сегодняшний день не существует стандартизованной международной терминологии, касающейся неместных и инвазивных видов. Поэтому для некоторых из следующих терминов даны определения в контексте, специфичном для Антарктики.

- *Неместные / чужеродные виды:* организмы, которые встречаются за пределами своего естественного прошлого или настоящего ареала и области потенциального распространения, и чье присутствие и распространение в какой-либо биогеографической зоне действия Договора об Антарктике вызвано непреднамеренными действиями человека.

- *Интродукция / интродуцированный:* вызванное деятельностью человека прямое или косвенное перемещение организма за пределы своего естественного ареала. Этот термин может употребляться в отношении как межконтинентального, так и внутриконтинентального перемещения *видов*.

- *Временные:* неместные виды, которые кратковременно существовали в Антарктике небольшими популяциями, но затем вымерли либо естественным путем, либо в результате вмешательства человека.

- *Персистентные / акклиматизировавшиеся:* неместные виды, которые выжили, акклиматизировались и воспроизводили потомство на протяжении многих лет в ограниченном пространстве Антарктики, но которые не расширили свой ареал за пределы отдельного региона.

- *Инвазивные / инвазия:* неместные виды, которые расширяют свой ареал в колонизированном регионе Антарктики, вытесняя местные виды и причиняя значительный вред биологическому разнообразию или функционированию экосистемы.

- *Эндемические:* Местные виды, обитающие только в определенном регионе Антарктики.

2. Основополагающие принципы

С целью привлечь большее внимание к экологическим рискам, связанным с непреднамеренной интродукцией неместных видов в Антарктике, а также с целью скорректировать действия Сторон в соответствии с общей задачей были предложены 11 основополагающих принципов. Они подразделяются на категории в зависимости от трех основных составляющих процесса контроля над неместными видами: профилактика, мониторинг и ответные действия.

Профилактика

Профилактика является наиболее эффективным средством снижения рисков, вызванных интродукцией неместных видов и последствиями такой интродукции.

Информированность

(1) Повышение степени информированности на многих уровнях и среди разных аудиторий является важнейшим компонентом управления. Все, кто приезжает в Антарктику, должны предпринять соответствующие меры для предотвращения интродукции неместных видов.

Порядок выполнения

(2) Необходимо установить наличие риска интродукции неместных видов и учесть его при планировании мероприятий, в т. ч. с помощью процесса оценки

воздействия на окружающую среду (ОВОС) в соответствии со статьей 8 Приложения I к Протоколу.

(3)   В связи с отсутствием надежных исходных научных данных необходимы соответствующие меры предосторожности для минимизации риска интродукции неместных видов в результате деятельности человека, а также риска внутрирегионального и локального перемещения побегов в незатронутые регионы.

(4)   Профилактические меры с наибольшей вероятностью будут реализованы и станут эффективными, если они:

•   направлены на мероприятия и регионы с наивысшим риском;

•   разработаны в нужном объеме и в соответствии с конкретными параметрами определенного мероприятия или региона;

•   просты с технической и логистической точек зрения;

•   легко осуществимы;

•   не требуют чрезмерных затрат времени и средств.

(5)   Профилактические меры должны осуществляться до отправления транспортных средств в рамках контроля за цепочками логистики и снабжения, а именно:

•   в стране происхождения за пределами Антарктики (напр., грузы, личное снаряжение, упаковка);

•   в пунктах доступа к Антарктике (порты, аэропорты);

•   на транспортных средствах (суда, самолеты);

•   на антарктических станциях и в полевых лагерях, которые являются исходными точками для осуществления мероприятий на континенте.

(6)   Особое внимание необходимо уделять чистоте вещей, которые ранее использовались в холодном климате (напр., Арктика, субантарктика, горные регионы), т. к. они могут быть субъектами перемещения видов, предварительно адаптированных к условиям Антарктики.

Мониторинг

Мониторинг может представлять собой пассивное наблюдение (т. е. ожидание появления неместных видов) или целенаправленную деятельность (т. е. активную программу определения потенциальных неместных видов). Наличие достаточных исходных данных о местной флоре и фауне важно для проведения мониторинга неместных видов.

(7)   Следует содействовать проведению регулярного/периодического мониторинга районов с повышенным риском (напр., на территориях вокруг научных станций, а также в других районах).

(8)   Профилактические меры подлежат периодическому пересмотру и корректировке.

(9) Стороны Договора и другие заинтересованные стороны должны обмениваться информацией и передовой практикой относительно неместных видов.

Ответные действия

Ключевое значение будут иметь незамедлительные действия по оценке осуществимости и необходимости искоренения неместных видов. В случае если искоренение неосуществимо или нежелательно, необходимо рассмотрение мер по контролю и/или сдерживанию.

(10) Ответные действия на интродукцию должны расцениваться как приоритетные. Это позволит повысить их эффективность, предотвратит дальнейшее распространение видов, упростит и удешевит искоренение, а также повысит вероятность успешной реализации мер.

(11) Эффективность программ контроля или искоренения должна проверяться регулярно, в т. ч. с помощью повторных исследований после проведения мероприятий.

3. Рекомендации и ресурсы для предотвращения интродукции неместных видов, в т. ч. межрегионального переселения видов в Антарктике

В соответствии с той задачей, которую поставили Стороны для противодействия рискам интродукции неместных видов, а также в соответствии с основополагающими принципами (разделы 1 и 2), были разработаны следующие рекомендации и ресурсы, которые могут быть использованы по своему усмотрению операторами для выполнения своих обязанностей согласно Приложению II Протокола.

Профилактика
1. **Разработать и осуществить программы по информированию всех лиц, которые направляются в Антарктику или работают там, о рисках меж- и внутриконтинентального перемещения неместных видов и о мерах, необходимых для предотвращения их интродукции, при этом необходимо применять стандартный набор тезисов, используемых в программах по информированию. Образовательные программы и программы подготовки должны быть приведены в соответствие с деятельностью и рисками, связанными с целевой аудиторией, к которой относятся:** – руководители общенациональных программ; – логистики / члены экипажей / наемные рабочие; – организаторы туристических поездок; – ученые; – туристы; – персонал рыболовецких судов; – персонал компаний-поставщиков / торговых фирм / складов; – другие посетители.

Рекомендации:
Экологический кодекс поведения при проведении наземных полевых исследований в Антарктике (СКАР, 2009 г.).
Ссылка: *http://www.ats.aq/documents/ATCM32/ip/ATCM32_ip004_e.doc*

Ресурсы:
Предварительные результаты Программы «Международный полярный год: Неместные виды в Антарктике» (СКАР, 2010 г.).
Ссылка: *http://www.ats.aq/documents/ATCM33/wp/ATCM33_wp004_e.doc*
Обучающее видео по очистке (проект «Неместные виды в Антарктике», 2010 г.).
Ссылка: *\\aad.gov.au\files\ftproot\Public\Aliens_in_antarctica* или *http://academic.sun.ac.za/cib/video/Aliens_cleaning_video%202010.wmv*
Брошюра «Не упаковывайте вредителя» (США).
Ссылка: *http://www.usap.gov/usapgov/travelAndDeployment/documents/PackaPest_brochure_Final.pdf*
Брошюра «Не упаковывайте вредителя» (МААТО).
Ссылка: *http://www.iaato.org/do_not_pack_a_pest.html*
Антарктическая въездная декларация по биобезопасности (МААТО) – в наличии в МААТО.
Рекомендации по мойке обуви (МААТО).
Ссылка: *http://www.iaato.org/docs/Boot_Washing07.pdf*
Брошюра «Узнай до поездки» (АСОК)
Ссылка:*http://www.asoc.org/storage/documents/tourism/ASOC_Know_Before_You_Go_tourist_pamphlet_2009_editionv2.pdf*
Рекомендуемые списки для менеджеров цепочки снабжения (КОМНАП, СКАР 2010 г.).
Ссылка: *https://www.КОМНАП.aq/nnsenvironment/nnschecklists*

2. Включить рассмотрение неместных видов в будущие планы управления ООРА и ОУРА.

Рекомендации:
Руководство по подготовке планов управления *(подлежит пересмотру на заседании КООС XIV)*.
Ссылка: *http://www.ats.aq/documents/recatt/Att082_e.pdf (Ссылка будет обновлена, если пересмотренное руководство будет принято на заседании КООС XIV).*

3. Распоряжаться ресурсами балластной воды в соответствии с Практическими рекомендациями по обмену балластной воды согласно Резолюции № 3 о Районе Договора об Антарктике (2006 г.).

Рекомендации:
Практические рекомендации по обмену балластной воды согласно Резолюции № 3 о Районе Договора об Антарктике (2006 г.).
Ссылка: *http://www.ats.aq/documents/recatt/Att345_e.pdf*

4. Осуществлять мойку транспортных средств таким образом, чтобы предотвратить перемещение неместных видов внутрь и в пределах Антарктики.

Рекомендации:
Порядок мойки транспортных средств, исключающий перемещение неместных видов внутрь и в пределах Антарктики (Великобритания, 2010 г.).
Ссылка: *http://www.ats.aq/documents/КСДА33/wp/КСДА33_wp008_e.doc*

Мониторинг
5. Вести учет интродукций неместных видов и предоставлять данные в базу данных «Неместные виды», которой заведует Австралийский центр данных об Антарктике, согласно договоренности с КООС. ***База данных для ввода информации:*** Ссылка: *http://data.aad.gov.au/aadc/biodiversity* *Ресурс:* Колонизационный статус известных неместных видов в наземном антарктическом пространстве (Великобритания, 2010 г.). Ссылка: *http://www.ats.aq/documents/КСДА33/ip/КСДА33_ip042_e.doc*

Ответные действия
6. Разработать или применить оценочные параметры для определения того, является присутствие вновь обнаруженных видов возможным результатом естественной колонизации или деятельности человека. *Рекомендации:* Рекомендации для посетителей и экологов на случай обнаружения в наземных и пресноводных регионах Антарктики видов, которые потенциально могут быть неместными (Великобритания, 2010 г.). Ссылки: *http://www.ats.aq/documents/КСДА33/att/КСДА33_att010_e.doc* *http://www.ats.aq/documents/КСДА33/att/КСДА33_att011_e.doc* Предлагаемый план действий и дополнительная информация для ученых, пытающихся определить колонизационный статус вновь обнаруженных наземных или пресноводных видов в Районе Договора об Антарктике (Великобритания, 2010 г.). Ссылка: *http://www.ats.aq/documents/КСДА33/ip/КСДА33_ip044_e.doc*

Приложение

Рекомендации и ресурсы, требующие дальнейшего рассмотрения или разработки

В дополнение к разработанным мерам, рекомендациям и ресурсам (раздел 3) предлагаются следующие рекомендации, которые призваны помочь работе Сторон с неместными видами. Мы будем приветствовать использование, а также разработку более подробных рекомендаций по данному вопросу с целью их последующего включения в Руководство. Замечания участников МКГ включены в нижеследующие таблицы в интересах КООС, однако они не будут включены в окончательный вариант.

Профилактика

1. Пересмотреть рекомендации ОВОС, включив отдельный раздел о неместных видах.

2. Уделить больше внимания рискам и разработать более подробные рекомендации по предотвращению интродукций в морскую среду Антарктики.

Замечания от участников МКГ: Этот объемный вопрос не является слишком сложным; он должен стать, скорее, предметом будущего рассмотрения со стороны отдельной МКГ. Участники попросили, чтобы СКАР и АНТКОМ дали свои комментарии по этому вопросу. Было высказано предложение о разработке рекомендаций по проблеме обрастания корпуса судна.

3. Снизить риски, связанные с неместными видами, в т. ч. определить регионы / виды деятельности / векторы / пути перемещения в Антарктике, подвергаемые наибольшему риску интродукции неместных видов, а также предоставить рекомендации по определению пункта доступа между биогеографическими зонами Антарктики (по типам организмов) и разработать практические меры снижения рисков, связанных с перевозкой персонала и оборудования в пределах Антарктики. В более общем виде, стимулировать проведение Сторонами базовых исследований.

Ресурсы:

Новейшие сведения о снижении рисков, исходящих от наземных неместных видов: на пути к подходу, основанному на фактах (СКАР, Австралия, 2010 г.).

Ссылка: *http://www.ats.aq/documents/ATCM33/wp/ATCM33_wp006_e.doc*

Концепция анализа и управления рисками, исходящими от неместных видов в Антарктике (Новая Зеландия, 2009 г.).

Ссылка: *http://www.ats.aq/documents/ATCM32/ip/ATCM32_ip036_e.doc*

4. Предоставить список потенциальных неместных видов с их описаниями, основываясь на опыте приантарктических островов (или других подобных территорий) и биологических характеристиках и приспосабливаемости «успешных» колонизаторов.

Ресурсы:

Информационный документ: Колонизационный статус известных неместных видов в наземных регионах Антарктики (Великобритания, 2010 г.).
Ссылка: *http://www.ats.aq/documents/ATCM33/ip/ATCM33_ip042_e.doc*

Замечания участников МКГ: Некоторые участники подчеркнули важность открытого объявления о новых интродукциях. Было также высказано предложение включать сообщения об интродукциях в общий обмен информацией.

5. Необходим строгий контроль над свежими пищевыми продуктами и пищевыми отходами во избежание их попадания в окружающую среду. Они должны быть отделены от дикой природы и вывезены из Антарктики или сожжены.

6. Одежда, поставляемая для использования в Антарктике, кроме новой, перед отправкой в Антарктику должна пройти обычную стирку. Обувь, кроме новой, должна проходить тщательную чистку перед прибытием в Антарктику или перед перемещением с одного объекта в Антарктике на другой. Может потребоваться особая чистка, если существует вероятность, что люди, одежда, оборудование или транспортные средства контактировали с зараженными животными, болезнетворными веществами или пребывали в зоне установленного риска заражения.
Замечания участников МКГ: Некоторые участники высказались за обмен информацией, например, о противомикробных чистящих средствах, учитывая потенциальный вред от чистящих средств.

7. Оборудовать исследовательские станции средствами чистки и ухода за одеждой и оборудованием, используемыми при полевых исследованиях, особенно при использовании на отдельно стоящих или нескольких объектах.

8. Перед погрузкой на самолет или судно убедиться, что груз не имеет видимых загрязнений.

9. Перед отправкой в Антарктику проверять судна на наличие грызунов.

10. Упаковывать, хранить груз и осуществлять погрузку на чистой замкнутой поверхности (напр., асфальтированной или бетонированной без сорняков, земли, грызунов или строительного мусора). Места, где производятся данные работы, должны проходить регулярную чистку и осмотр.

11. Контейнеры (в т. ч. контейнеры, принятые Международной организацией по стандартизации), коробки и ящики не должны перемещаться с одного объекта в Антарктике на другой без прохождения чистки по прибытии на новый объект.

12. Самолеты, совершающие межконтинентальные перелеты, перед вылетом в Антарктику должны проходить осмотр и, при необходимости, соответствующую обработку с целью защиты от насекомых.

13. Профилактические меры, направленные на снижение риска интродукции болезнетворных микробов в дикую природу Антарктики, могут включать, например, внедрение конкретных рекомендаций по обращению с полевыми отходами и отходами со станций, что позволит минимизировать интродукцию неместных видов.

Мониторинг

14. Разработать общие рекомендации для проведения мониторинга, основанные на материалах нескольких семинаров по мониторингу, проведенных в 1990-е годы и в 2005 г., в ходе которых было признано необходимым проведение более подробного или специализированного мониторинга на отдельных объектах; определить, кто будет проводить мониторинг. Отчеты по проводимому мониторингу должны регулярно предоставляться в КООС.

Ресурсы:
Информационный документ: Конспект обсуждения экологического мониторинга и отчетов (Австралия, 2008 г.).
Ссылка: *http://www.ats.aq/documents/ATCM31/ip/ATCM31_ip007_e.doc*
Замечания участников МКГ: участники подчеркнули важность разработки подобных рекомендаций и необходимость консолидации усилий по проведению подобной высоко-приоритетной, долгосрочной, масштабной работы, особенно в регионах с высоким риском. Было отмечено, что определенный мониторинг проводится уже сейчас, и что для работы в данном направлении может потребоваться создание отдельной МКГ.

15. Базовые исследования биоразнообразия и сопоставление существующих данных о биоразнообразии (наземном, водном, в т. ч. морском) должны быть направлены на определение масштабов и мест нынешних и будущих интродукций. Производить исследования повсеместно – непрактично, поэтому приоритет должен быть отдан объектам, отличающимся наибольшими масштабами деятельности человека (станции, наиболее часто посещаемые научные полевые объекты, а также туристические объекты), объектам, представляющим высокую ценность и/или наиболее восприимчивым объектам.

Ресурсы:
Опыт немецких ученых по проведению наземных исследований фауны почвы на часто посещаемых объектах. (Информационный документ Германии к КООС XIV).

Существующие методы проведения исследований в других средах, напр., портовые исследования.

Ответные действия

16. При обнаружении неместного вида (в т. ч. болезней в дикой природе) заключение экспертов должно быть получено в кратчайшие сроки. Необходимо выделить группу экспертов-систематиков и специалистов по искоренению или контролю за неместными видами (с указанием фамилий, реквизитов и электронных адресов, имеющихся на сайте СДА), которая могла бы быстро отреагировать при обнаружении неместного вида или заболевания. Такая группа призвана, главным образом, 1) оказать консультативные услуги и 2) облегчить работу Сторон.

Замечания участников МКГ: Было отмечено, что информация о группе не должна устаревать. Для этого было предложено использовать в качестве контактных данных информацию о занимаемых должностях, а не перечень фамилий, который может меняться. Участники отметили, что по данному вопросу может понадобиться помощь СКАР.

17. Рассмотреть «Рекомендации по быстрому реагированию», в т. ч., возможно, руководство по практическим инструментам / средствам искоренения.

Ресурсы:

Искоренение видов сосудистых растений, недавно интродуцированных в Китобойную бухту, о. Десепшен (Великобритания, Испания, 2010 г.).

Ссылка: *http://www.ats.aq/documents/ATCM33/ip/ATCM33_ip043_e.doc*

План реагирования в случае массовой гибели животных (Антарктическое управление Великобритании) – в наличии в АУВ.

План реагирования в случае нехарактерной смертности (Австралия).

Ссылка: referred to in: *http://www.ats.aq/documents/ATCM27/ip/ATCM27_ip071_e.doc*

Процедура отчетности в случае высокой смертности (МААТО) – в наличии в МААТО.

Замечания участников МКГ: Участники указали на необходимость рассмотрения влияния любых мер по контролю, а также высказались за проведение форума, например, по использованию противомикробных чистящих средств. Было отмечено, что этот тезис тесно связан с пунктами 6 (раздела 3) и пунктом 16 выше.

18. Разработать (или официально принять существующее) руководство по реагированию на смертные случаи.

Ресурсы:

Отчет о работе бессрочной межсессионной контактной группы по заболеваниям дикой природы Антарктики. Отчет № 2 – Практические меры по снижению риска (черновой вариант) (Австралия, 2001 г.).

Ссылка: *http://www.ats.aq/documents/ATCM24/wp/ATCM24_wp011_e.pdf*

Здоровье дикой природы Антарктики: Вызов для науки и политики (Керри и Риддль, 2009 г.).

Библиография

(1) КСДАXXII-ИД4 (Австралия) 1998 – Интродукция болезней в дикую природу Антарктики: Предлагаемый семинар

(2) КСДАXXIII-РД32 (Австралия) 1999 – Отчет для КСДА XXIII по результатам Семинара по болезням дикой природы Антарктики

(3) КСДАXII-РД6 (Австралия) 2000 - Болезни дикой природы Антарктики

(4) КСДАXXIV-РД10 (Австралия) 2001 – Отчет о работе бессрочной межсессионной контактной группы по болезням дикой природы Антарктики: Отчет 1 – Обзор и оценка рисков

(5) КСДА XXIV-РД11 (Австралия) 2001 - Отчет о работе бессрочной межсессионной контактной группы по болезням дикой природы Антарктики: Отчет 2 – Практические меры по снижению риска (черновой вариант).

(6) КСДА XXV-ИД62 (Австралия) 2002 – Проект Плана реагирования в случае обнаружения нехарактерной смертности животных

(7) КСДАXXVII-ИД71 (Австралия) 2004 – Опыт Австралии по проведению карантина в Антарктике

(8) КСДАXXVIII-РД 28 (Австралия) 2005 – Меры по решению проблемы непреднамеренной интродукции и распространения неместной флоры и фауны и болезней в Районе Договора об Антарктике

(9) КСДА XXVIII-ИД97 (МААТО) 2005 – Новая версия Руководства по очистке обуви и одежды и последние сведения об интродукции обнаружении болезней в дикой природе Антарктики: Позиция МААТО

(10) КСДАXXIX-РД5 Rev.1 (Великобритания) 2006 – Практическое руководство по обмену балластных вод в Районе Договора об Антарктике

(11) КСДАXXIX-ИД44 (Австралия) 2006 – Основополагающие принципы подхода Австралии к проведению карантина в Антарктике

(12) КСДАXXX-ИД49 (Австралия, СКАР) 2007 – Неместные виды в Антарктике

(13) КСДАXXXI-РД 16 (Австралия) – База данных неместных видов в Антарктике

(14) КСДАXXXI-ИД07 (Австралия) 2008 - Конспект обсуждения экологического мониторинга и отчетов

(15) КСДАXXXI-ИД17 (Австралия, Китай, Индия, Румыния, Российская Федерация) Меры по защите холмов Ларсеманна, восточная Антарктика, от интродукции неместных видов

(16) КСДА XXXI-ИД098 (КОМНАП) – Обзор существующих процедур относительно интродукции неместных видов в Антарктике

(17) КСДА XXXII-ИД4 (СКАР) 2009 – Экологический кодекс поведения СКАР при проведении наземных полевых исследований в Антарктике.

(18) КСДА XXXII-ИД012 (Великобритания) 2009 – Планы управления ООРА и ОУРА: пересмотренные положения относительно интродукции неместных видов

(19) КСДА XXXII-SP11 (СДА) 2009 – Тематический конспект обсуждений КООС относительно неместных видов (НМВ) в Антарктике

(20) КСДА XXXII-РД5 (Австралия, Франция, Новая Зеландия) 2009 – Рабочая программа действий КООС по неместным видам

(21) КСДА XXXII-РД032 (Великобритания) 2009 – Процедуры чистки транспортных средств с целью предотвращения перемещения неместных видов в Антарктику и прилегающие территории

(22) КСДА XXXII-РД033 (Великобритания) 2009 – Пересмотренные положения планов управления ООРА и ОУРА относительно интродукции неместных видов

(23) КСДА XXXII-РД23 (ЮАР) 2009 – Перемещение побегов, связанное с логистическими операциями: оценка проблемы на региональном уровне в ЮАР

(24) КСДА XXXIII-РД4 (СКАР) 2010 - Предварительные результаты программы «Международный полярный год: Неместные виды в Антарктике»

(25) КСДА XXXIII-РД6 (СКАР, Австралия) 2010 - Новейшие сведения о снижении рисков, исходящих от наземных неместных видов: на пути к подходу, основанному на фактах

(26) КСДА XXXIII-РД8 (Великобритания) 2010 - Черновой вариант процедур чистки транспортных средств, исключающий перемещение неместных видов внутрь или в пределах Антарктики

(27) КСДА XXXIII-РД9 (Франция) 2010 – Бессрочная межсессионная контактная группа по «Неместным видам» (НМВ) – отчет 2009-2010

(28) КСДА XXXIII-РД14 (Великобритания) 2010 – Внутрирегиональное перемещение видов в наземной части Антарктики

(29) КСДА XXXIII-РД 15 (Великобритания) 2010 - Рекомендации для посетителей и экологов на случай обнаружения в наземных и пресноводных регионах Антарктики вида, который потенциально может быть неместным

(30) КСДА XXXIII-ИД14 (Германия) 2010 – Исследовательский проект «Роль деятельности человека в интродукции неместных видов в Антарктику и в распространении организмов в антарктическом регионе»

(31) КСДА XXXIII-ИД42 (Великобритания) 2010 – Колонизационный статус известных неместных видов в наземной среде Антарктики

(32) КСДА XXXIII-ИД43 (Великобритания, Испания) 2010 - Искоренение видов сосудистых растений, недавно интродуцированных в Китобойную бухту, о. Десепшен

(33) КСДА XXXIII-ИД44 (Великобритания) 2010 - Предлагаемый план действий и дополнительная информация для ученых, пытающихся определить колонизационный статус вновь обнаруженных наземных или пресноводных видов в Районе Договора об Антарктике

(34) Chown S.L., Convey P. 2007 - Spatial and temporal variability across life's hierarchies in the terrestrial Antarctic. *Phil. Trans. R. Soc. B, 362,* 2307–2331

(35) Convey, P., Frenot, Y., Gremmen, N. & Bergstrom, D.M. 2006 – Biological Invasions. In Convey P., Huiskes A. & Bergstrom D.M. (eds) Trends in Antarctic Terrestrial and Limnetic Ecosystems. Springer, Dordrecht pp. 193-220.

(36) De Poorter M., Gilbert N., Storey B., Rogan-Finnemore M. 2006 Final Report of the Workshop on "Non-native Species in the Antarctic", Christchurch, New-Zealand, 10-12 April 2006.

(37) Falk-Petersen J., Bohn T. & Sandlund O.T. 2006. On the numerous concepts in invasion biology. Biological Invasions, 8, 1409-1424.

(38) Frenot, Y., Chown S.L., Whinam, J., Selkirk P.M., Convey, P, Skotnicki, M., Bergstrom D.M. 2005 - Biological invasions in the Antarctic: extent, impacts and implications? *Biological Reviews, 80,* 45-72.

(39) Hughes, K. A., and Worland, M. R. 2009 - Spatial distribution, habitat preference and colonisation status of two alien terrestrial invertebrate species in Antarctica. *Antarctic Science,* in press.

(40) Hughes, K.A., and Convey, P. 2009 - The protection of Antarctic terrestrial ecosystems from inter- and intra-continental transfer of non-indigenous species by human activities: a review of current systems and practices. *Global Environmental Change.* DOI:10.1016/j.gloenvcha.2009.09.005

(41) Hughes, K. A., Convey, P., Maslen, N. R., Smith, R. I. L. 2009 - Accidental transfer of non-native soil organisms into Antarctica on construction vehicles. *Biological Invasions.* DOI: 10.1007/s10530-009-9508-2.

(42) Kerry, KR and Riddle, M. (Eds.) 2009 - Health of Antarctic Wildlife: A Challenge for Science and Policy, Springer Verlag, ISBN-13: 9783540939221.

(43) Potter S. 2006 - The Quarantine Management of Australia's Antarctic Program. Australasian. *Journal of Environmental Management, 13,* 185-195.

(44) Potter S. 2009 - Protecting Antarctica from Non-Native Species: The Imperatives and the Impediments. In G. Alfredsson and T. Koivurova (eds), D. Leary sp. ed. The Yearbook of Polar Law, vol. 1, pp383-400.

(45) Tin T., Fleming Z.L., Hughes K.A., Ainley D.G., Convey P., Moreno C.A., Pfeiffer S., Scott J., Snape I. 2009 - Impacts of local human activities on the Antarctic environment. *Antarctic Sciences, 21*, 3-33.

(46) Walther G.-R., Roques A., Hulme P.E., Sykes M.T., Pysek P., Kühn I. & Zobel M. 2009. Alien species in a warmer world: risks and opportunities. Trends in Ecology and Evolution 26 August 2009. doi:10.1016/j.tree.2009.06.008

Whinam J. 2009 – Aliens in the Sub-Antarctic – Biosecurity and climate change. Papers and *Proceedings of the Royal Society of Tasmania*.

RCTA XXXIV ATCM
BUENOS AIRES JUNE 20TH. – JULY 1ST. 2011

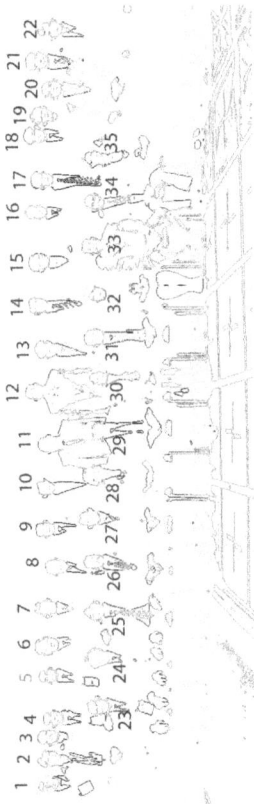

1. Christo Pimpirev (Bulgaria)
2. Jane Rumble (United Kingdom)
3. Steve Wellmeier (IAATO)
4. Fábio Vaz Pitaluga (Brazil)
5. Fausto López Crozet (Argentina)
6. Zhou Jian (China)
7. Karsten Klepsvic (Norway)
8. Serge Segura (France)
9. Ora Meres-Wuori (Finland)
10. Key Cheol Lee (Republic of Korea)
11. Evan Bloom (United States)
12. Martin Ney (Germany)
13. Oleksandr Taranenko (Ukraine)
14. Manfred Reinke (ATS)
15. Jakub Wolski (Poland)
16. Alexandre de Lichtervelde (Belgium)
17. James Barnes (ASOC)
18. Kirill Gevorgian (Russian Federation)
19. Jesús Ortega Hernández (Venezuela)
20. Luis Sandiga Cabrera (Peru)
21. Manuel Burgos (Uruguay)
22. Jorge Roballo (HCS)
23. Juan Antonio Martínez-Cattaneo (Spain)
24. Richard Rowe (Australia)
25. Suginaka Atsushi (Japan)
26. Henry Valentine (South Africa)
27. Vincent Van Zeijst (Netherlands)
28. Helena Odmark (Sweden)
29. Ariel Mansi (ATCM Chair)
30. Mercy Borbor (Ecuador)
31. Andrzej Misztal (Poland)
32. Patrizia Vigni (Italy)
33. Camilo Sanhueza (Chile)
34. Rasik Ravindra (India)
35. Carolyn Schwalger (New Zealand)

ТОМ 2
(на компакт-диске и
экземпляры, приобретенные
через Интернет)

ЧАСТЬ II

Меры, Решения и Резолюции (продолжение)

4. Планы управления

План управления
Особо охраняемым районом Антарктики № 116 «ДОЛИНА НЬЮ-КОЛЛЕДЖ, ПЛЯЖ КОЛИ» (МЫС БЭРД, О-В РОСС)

1. Описание охраняемых ценностей

В 1985 г. на мысе Бэрд (о-в Росс) два района были определены в качестве УОНИ № 10 «Пляж Коли» (Рекомендация XIII-8 (1985 г.)) и ООР № 20 «Долина Нью-Колледж» (Рекомендация XIII-12 (1985 г.) в ответ на предложения Новой Зеландии о необходимости охраны этих зон из-за находящихся в них богатейших насаждений мхов и связанной с ними микрофлоры и фауны во всем регионе моря Росса в Антарктике. Это единственный район на острове Росс, где охраняются именно эти семейства растений и связанные с ними экосистемы.

В то время ООР № 20 был включен в состав УОНИ № 10 для того, чтобы установить более жесткие условия доступа в эту часть Района. В 2000 г. УОНИ № 10 был объединен с ООР № 20 в рамках Меры 1 (2000 г.), при этом бывшая территория ООР № 20 стала Зоной ограниченного доступа в пределах новой территории ООР № 20. Границы Района, определенные в первоначальных рекомендациях, были пересмотрены с учетом усовершенствованных карт, а также для того, чтобы более точно следовать линии хребтов, окружающих водосборную площадь долины Нью-Колледж. Пляж Коли примыкал к первоначальной территории Района, но никогда не был его частью, поэтому весь Район получил новое название «Долина Нью-Колледж», которая входила в состав обоих первоначальных участков.

Район был определен Особо охраняемым районом Антарктики № 116 на основании Решения 1 (2002 г.), а посредством Меры 1 (2006 г.) был принят обновленный План управления.

Границы Района идут вплотную по гребням, окружающим бассейн «Долины Нью-Колледж», и покрывают территорию площадью приблизительно 0,33 км^2. Мхи в этом регионе встречаются на замкнутых участках омываемой водой поверхности в виде подушек и ковров площадью до 20 м^2. Район также отличается большим разнообразием водорослей, обитающих в водотоках, а на водных поверхностях и нижней части скал в изобилии встречаются ногохвостки, клещи и круглые черви. Отсутствие лишайников делает сообщество видов в этом Районе уникальным для острова Росс.

Чувствительность мхов к нарушениям в результате вытаптывания, отбора образцов или интродукции чужеродных видов настолько высока, что это обусловливает необходимость установления долгосрочного режима особой охраны. Данный Район определен в качестве охраняемого, чтобы такие биологические виды были достаточно защищены от посетителей и чрезмерных научных исследований. Экосистема этого участка по-прежнему представляет исключительную научную ценность для экологических исследований, а Зона ограниченного доступа представляет ценность в качестве эталонного участка для будущих сравнительных исследований.

2. Цели и задачи

Управление районом «Долина Нью-Колледж» (Пляж Коли, мыс Бэрд) осуществляется в следующих целях:

- недопущение деградации или возникновения значительной угрозы для ценностей Района за счет предотвращения излишнего нарушения Района в результате человеческой деятельности;
- сохранение части природной экосистемы Района в качестве эталонного участка для будущих сравнительных исследований;
- создание условий для проведения научных исследований экосистемы Района, в частности, изучения мхов, водорослей и беспозвоночных, наряду с предотвращением излишнего отбора образцов;
- создание условий для проведения других научных исследований в Районе при условии, что это необходимо для достижения неотложных целей, которые не могут быть достигнуты ни в каком ином месте;
- предотвращение или минимизация интродукции в Район чужеродных растений, животных и микроорганизмов;
- организация посещений для осуществления управления в поддержку целей настоящего Плана управления.

3. Меры управления

Для охраны ценностей Района необходимы следующие меры управления:

- Копии настоящего Плана управления, включая карты Района, должны находиться во всех близлежащих научно-исследовательских станциях.
- В соответствующих точках на границах Района и Зоны ограниченного доступа устанавливаются пирамиды из камней или знаки, показывающие местонахождение и границы Района, с четким изложением ограничений на доступ во избежание случайного входа на его территорию.
- Указатели, знаки или сооружения, установленные на территории Района в научных целях или в целях управления, должны быть надежно закреплены, поддерживаться в хорошем состоянии и демонтироваться, когда необходимость в них отпадает.
- Посещать Район следует по мере необходимости (желательно не реже одного раза в пять лет), чтобы установить, продолжает ли он служить тем целям, ради которых был определен, и чтобы убедиться в достаточности принимаемых мер управления.
- Национальные антарктические программы, осуществляющие деятельность в этом регионе, должны проводить совместные консультации, чтобы обеспечить соблюдение вышеизложенных положений по управлению.

4. Срок определения в качестве ООРА

Определен на неограниченный период времени.

5. Карты

Карта А: Региональная топографическая карта долины Нью-Колледж, Пляж Коли, мыс Бэрд, остров Росс. Характеристики карты: Проекция – равноугольная коническая проекция Ламберта. Стандартные параллели – 1-я 76° 40' 00" ю.ш.; 2-я 79° 20' 00" ю.ш. Центральный меридиан - 166° 30' 00" в.д. Начало отсчета широты - 78° 01' 16.211" ю.ш. Сфероид - WGS84.

Карта В: Карта растительности долины Нью-Колледж, Пляж Коли, мыс Бэрд, остров Росс. Характеристики карты: Проекция – равнопромежуточная коническая проекция Ламберта. Стандартные параллели – 1-я -76,6° ю.ш.; 2-я -79,3° ю.ш. Сфероид - WGS84. Карта включает растительность и водотоки.

6. Описание Района

6(i) Географические координаты, отметки на границах и природные особенности
Мыс Бэрд расположен с северо-западной стороны подножия горы Бэрд (1800 м) – бездействующего вулканического конуса, возможно, самого старого на острове Росс. Долина Нью-Колледж расположена к югу от мыса Бэрд на свободных от ледникового покрова склонах над пляжем Коли, между двумя колониями пингвинов Адели, известными как Северная и Средняя колонии на мысе Бэрд (Карта А). Район, включающий поверхностные ледниковые морены передней части ледниковой шапки мыса Бэрд, состоит из спускающихся к морю оливино-авгитовых базальтов, верхняя часть которых содержит шлаки, извергнутые из основного конуса горы Бэрд.

Северо-западный угол северной границы Района находится приблизительно в 100 м к югу от хижины на мысе Бэрд (Новая Зеландия) и отмечен указательным знаком ООРА (77° 13,128' ю.ш., 166° 26,147' в.д.) (Карта В). Северная граница Района проходит вверх по склону и на восток к выступающему гребню конечной морены приблизительно в 20 м от ледниковой шапки на мысе Бэрд и отмечена пирамидой из камней (77° 13,158' ю.ш., 166° 26,702' в.д.).

Восточная граница проходит по гребню конечной морены от пирамиды из камней (77° 13,158' ю.ш., 166° 26,702' в.д.) на юго-восток до тех пор, пока он не заканчивается, и примыкает к ледниковой шапке на мысе Бэрд. Затем она продолжается на юго-восток вдоль края ледника до южной границы.

Южная граница представляет собой прямую линию, которая пересекает широкую южную сторону долины Нью-Колледж и отмечена пирамидами из камней в юго-западном углу Района (77° 13,471' ю.ш., 166° 25,832' в.д.) и в юго-восточном углу Района на вершине холма в 100 м от края ледниковой шапки на мысе Бэрд (77° 13.571' ю.ш., 166° 27.122' в.д.).

Западная граница Района проходит по верхней части прибрежных скал пляжа Коли от пирамиды из камней, отмечающей юго-западный угол (77° 13,471' ю.ш., 166° 25,832' в.д.), на расстояние 650 м до северо-западного угла Района (77° 13,128' ю.ш., 166° 26,147' в.д.), где установлен указательный знак ООРА.

Согласно «Анализу экологических доменов антарктического континента» (Резолюция 3 (2008 г.)), долина Нью-Колледж, пляж Коли расположена в окружающей среде S в *геологической южной части Земли Виктории Мак-Мэрдо*.

В летний период по обращенной на северо-запад долине Нью-Колледж протекают талые воды с ледниковой шапки на мысе Бэрд. Водотоки Района пополняются за счет таяния постоянных летних снежных наносов и размывают узкие лощины и каналы, по которым они протекают. Поверхность в основном покрыта камнями и валунами вулканического происхождения, форма которых изменилась под воздействием ледников.

В Районе встречаются самые обширные на острове Росс участки мха *Hennediella heimii*, произрастающего в руслах временных водотоков. Исследования показали, что этот мох, вместе с двумя другими, гораздо менее распространенными видами *Bryum subrotundifolium* и *Bryum pseudotriquetrum* встречается почти исключительно в руслах водотоков, протекающих по крутым склонам, покрытым ледниковым тилем и вулканическими шлаками (Карта В). Мхам обычно сопутствуют скопления водорослей, в частности, обильные группы красно-бурых «войлочных» осцилаторных водорослей и иногда красновато-черные водоросли *Nostoc commune*. На территории Района целиком расположены русла трех систем водотоков, в которых наряду со мхами встречаются значительные скопления водорослей.

В Районе обитают сухопутные беспозвоночные, в том числе семейства ногохвосток *Gomphiocephalus hodgsonii* (Collembola: Hypogastruridae), клещей *Nanorchestes antarcticus* and *Stereotydeus mollis* (Acari: Prostigmata) и круглых червей (*Panagrolaimus davidi, Plectus antarcticus, Plectus frigophilus, Scottnema lindsayae and Eudorylaimus antarcticus),* также отмечено присутствие коловраток, тихоходок, ресничных инфузорий и жгутиковых простейших. Распространение сухопутных беспозвоночных на этой территории связано с абиотической средой, при этом большинство видов членистоногих ассоциируется с макроскопической растительностью или почвенным уровнем водорослевой биомассы, хотя эта взаимосвязь не характеризует распространение всех таксонов.

Поморники (*Catharacta maccormicki*) часто отдыхают на пляже Коли, пролетают над Районом, останавливаются и гнездятся на его территории. Пингвины Адели (*Pygoscelis adeliae*) из близлежащих колоний не размножаются на территории Района, однако, периодически пересекают долину Нью-Колледж.

6(ii) Специальные зоны на территории Района
Один из участков долины Нью-Колледж определен в качестве Зоны ограниченного доступа для того, чтобы сохранить часть территории Района в качестве эталонного участка для будущих сравнительных исследований; при этом на остальной части территории Района (обладающей аналогичными биологическими, природными и иными характеристиками) в целом можно осуществлять программы научных исследований и отбор образцов. Зона ограниченного доступа включает свободные от ледникового покрова склоны долины Нью-Колледж над пляжем Коли; некоторые из

этих склонов обращены на север, и образующиеся на них снежные наносы обеспечивают запасы талой воды, способствующие росту мхов и водорослей.

Северо-западный угол (77° 13,164' ю.ш., 166° 26,073' в.д.) Зоны ограниченного доступа находится в 60 м к югу и напротив небольшой лощины у северо-западного угла Района. Северная граница Зоны ограниченного доступа проходит на 500 м вверх по склону от северо-западного угла к пирамиде из камней (77° 13,261' ю.ш., 166° 26,619' в.д.), а затем вдоль невысокого, но становящегося все более рельефным хребта на юго-восток до точки в верховьях водосборной площади долины Нью-Колледж, отмеченной пирамидой из камней приблизительно в 60 м от низовья ледниковой шапки мыса Бэрд (77° 13,368' ю.ш., 166° 26,976' в.д.). Далее граница Зоны ограниченного доступа простирается на 110 м на юго-запад, пересекает долину и доходит до пирамиды из камней, которой отмечен юго-восточный угол Зоны ограниченного доступа (77° 13,435' ю.ш., 166° 26.865' в.д.). Южная граница Зоны ограниченного доступа представляет собой прямую линию, проходящую от этой пирамиды (77° 13,435' ю.ш., 166° 26,865' в.д.) на 440 м на северо-запад вдоль широкого и относительно ровного склона до юго-западного угла Района (77° 13,328' ю.ш., 166° 26,006' в.д.). На юго-западной границе Зоны ограниченного доступа установлена пирамида из камней, обозначающая нижнюю точку южной границы (77° 13,226' ю.ш., 166° 25,983' в.д.).

Вход в Зону ограниченного доступа возможен только для выполнения неотложных научных задач или для осуществления мер управления, которые нельзя выполнить или осуществить ни в каком ином месте на территории Района.

6(iii) Наличие сооружений на территории Района и вокруг него
Известные сооружения на территории Района включают указатель астрономического пункта ВМС США, пирамиды из камней, которыми отмечены границы Района и Зоны ограниченного доступа, указатель на северо-западном углу границы Района и деревянная рамка площадью около одного квадратного метра, обозначающая место экспериментального разлива топлива в 1982 г.

Полевая хижина (Новая Зеландия), хижина-склад и туалет расположены к северу от северо-западного угла Зоны (Карта В).

6(iv) Наличие других охраняемых территорий в непосредственной близости от Района
Ближайшими охраняемыми районами являются:
- ООРА № 156 «Залив Льюис» (гора Эребус, остров Росс), примерно в 25 км к юго-востоку;
- ООРА № 130 «Гряда Трэмвей» (гора Эребус, остров Росс), в 30 км к юго-юго-востоку;
- ООРА № 124 «Мыс Крозье» (остров Росс), в 75 км к юго-востоку;
- ООРА № 121 и № 157 «Мыс Ройдс» (остров Росс) и ООРА № 155 «Мыс Эванс» (остров Росс), соответственно, в 35 км и 45 км к югу вдоль острова Росс;
- ООРА № 105 «Остров Бофорта» (залив Макмердо-Саунд, море Росса), в 40 км к северу.

7. Условия выдачи Разрешений на доступ в Район

Доступ в Район возможен только на основании Разрешения, выданного компетентным национальным органом. Разрешение на посещение Района выдается на следующих условиях:

- За пределами Зоны ограниченного доступа Разрешение выдается только для проведения научных исследований экосистемы или для выполнения неотложных научных задач, которые нельзя выполнить ни в каком ином месте, или для осуществления важных мер управления, соответствующих целям настоящего Плана управления, таких, как инспекции или пересмотр Плана;
- Вход в Зону ограниченного доступа возможен только для выполнения неотложных научных задач или для осуществления мер управления, которые нельзя выполнить или осуществить ни в каком ином месте на территории Района;
- Разрешенная деятельность не поставит под угрозу экологические или научные ценности Района, или иную разрешенную деятельность;
- Любая деятельность по управлению соответствует целям настоящего Плана управления;
- Разрешенная деятельность соответствует Плану управления;
- Во время пребывания на территории Района необходимо иметь при себе само Разрешение или его копию;
- Отчет о посещении должен быть представлен в орган, указанный в Разрешении;
- Разрешение выдается на указанный срок.

7(i) Доступ в Район и передвижение по его территории

Вертолетам запрещено приземляться на территории Района. Две вертолетные площадки расположены за пределами Района. В период с октября по февраль предпочтительной является вертолетная площадка, расположенная за скалами на пляже Коли в 100 м к западу от западной границы Района (Карты А и В). На период с марта по сентябрь имеется альтернативная вертолетная площадка, расположенная рядом с полевой хижиной на мысе Бэрд (Новая Зеландия) над пляжем Коли (Карта В).

В период с октября по февраль предпочтительным маршрутом является заход с юга со склона над Средней колонией пингвинов (Карта А). При определенных ветровых условиях полеты к северу от посадочной площадки могут оказаться необходимыми, и в этом случае следует придерживаться рекомендованных маршрутов взлета и захода на посадку с максимально возможным соблюдением «Руководства по осуществлению воздушных операций возле скоплений птиц в Антарктике» (Резолюция 2, 2004). Рекомендованные маршруты захода на посадку и вылета с территории мыса Бэрд показаны на карте А.

Запрещается пролет над территорией Района на высоте ниже 50 м (~150 футов) над уровнем земли. Не разрешается зависать над территорией Района на высоте менее 100 м (~300 футов) над уровнем земли. На территории Района запрещается использовать вертолетные дымовые шашки.

Использование наземных транспортных средств в Районе запрещено, и передвигаться по его территории можно только пешком. Желательно входить на территорию Района со стороны хижины на мысе Бэрд (Новая Зеландия). Посетители должны избегать ходьбы по видимой растительности. При ходьбе по участкам влажной поверхности, особенно руслам водотоков, следует соблюдать осторожность, поскольку пешеходы могут легко повредить чувствительные почвы, растения и колонии водорослей и ухудшить качество воды. Посетители должны избегать ходьбы по таким участкам и обходить по льду или скалам. Движение пешеходов должно быть сведено к минимуму, необходимому для достижения целей любой разрешенной деятельности. При этом следует принимать все возможные меры для минимизации воздействий.

Доступ на территории, расположенные к югу от Района, со стороны хижины на мысе Бэрд осуществляется по маршруту, проходящему ниже скал вдоль пляжа Коли.

7(ii) Разрешенная деятельность на территории Района
- Необходимые научные исследования, которые не могут быть проведены в другом месте и которые не представляют угрозы для экосистемы или ценностей Района и не мешают уже проводимым научным исследованиям;
- Важнейшие меры управления, включая мониторинг и инспекции.

7(iii) Установка, модификация или снос сооружений
На территории Района запрещено возведение сооружений или установка научного оборудования за исключением случаев необходимых научных исследований или мероприятий по управлению в соответствии с Разрешением. Все знаки, сооружения или научное оборудование, установленные на территории Района, должны быть санкционированы в Разрешении и иметь четкую идентификацию с указанием страны, Ф.И.О. главного исследователя или агентства, года установки и предполагаемой даты демонтажа. На всех таких объектах должны отсутствовать организмы, побеги (например, семена, яйца) и нестерильная почва, а материалы, из которых они выполнены, должны представлять минимальную опасность с точки зрения загрязнения Района. Одним из условий выдачи Разрешения является вывоз сооружений или оборудования, на которые истек срок действия Разрешения.

7(iv) Расположение полевых лагерей
Размещение лагерей на территории Района запрещено. К северу от северо-западного угла Района расположены полевая хижина (Новая Зеландия), хижина-склад и туалет (Карта В).

7(v) Ограничения на ввоз материалов и организмов в Район
Преднамеренный ввоз в Район живых животных, растительных материалов или микроорганизмов не допускается, а в целях предотвращения случайной интродукции необходимо соблюдать меры предосторожности, перечисленные в 7(ix). Ввоз живой домашней птицы на территорию Района запрещен. Ввоз в Район гербицидов и пестицидов не допускается. Все остальные химические вещества, включая радионуклиды или стабильные изотопы, которые могут ввозиться для научных исследований или в целях управления, оговоренных в Разрешении, подлежат вывозу из Района сразу после или до завершения деятельности, на которую выдано Разрешение. Хранение топлива или других химических веществ на территории Района запрещено, за исключением важных целей, связанных с деятельностью, на которую было выдано Разрешение. В таких случаях хранение должно осуществляться в аварийных тайниках, разрешенных компетентными органами. Все материалы ввозятся только на указанный срок и подлежат вывозу сразу по истечении или до истечения указанного срока, а порядок их хранения и эксплуатации должен гарантировать минимизацию риска их попадания в окружающую среду.

7(vi) Изъятие или вредное вмешательство в жизнь местной флоры и фауны

Изъятие или вредное вмешательство в жизнь местной флоры и фауны запрещено, за исключением случаев выдачи отдельного Разрешения в соответствии с Приложением II к Протоколу об охране окружающей среды к Договору об Антарктике. В случае изъятия или вредного вмешательства в жизнь животных следует соблюдать разработанный СКАР Кодекс поведения при использовании животных в научных целях в Антарктике, который является минимальным стандартом.

7(vii) Сбор и вывоз материалов, которые не были ввезены в Район держателем Разрешения

Сбор и вывоз материалов из Района допускается только в соответствии с Разрешением и ограничивается минимумом, необходимым для выполнения научных задач или целей управления. Аналогичным образом отбор проб должен производиться по методикам, сводящим к минимуму вмешательство в Район, а также дупликацию. Материалы антропогенного происхождения, которые могут нанести ущерб ценностям Района и которые не были ввезены в Район держателем Разрешения или санкционированы иным образом и не являются исторической ценностью или заброшенной реликвией, могут быть вывезены из любой части Района, включая Зону ограниченного доступа, кроме ситуаций, когда существует вероятность того, что экологические последствия вывоза превзойдут последствия пребывания материала на месте. В случаях когда существует вероятность того, что экологические последствия вывоза превзойдут последствия пребывания материала на месте необходимо направить уведомление компетентному национальному органу и получить соответствующее разрешение.

7(viii) Удаление отходов

Все отходы, включая отходы жизнедеятельности человека, подлежат вывозу из Района.

7(ix) Меры, необходимые для обеспечения возможности дальнейшего выполнения целей и задач Плана управления

Разрешения на доступ в Район могут выдаваться для:

- проведения биологического мониторинга и осмотра территории Района, что может предусматривать отбор небольшого количества образцов или данных для анализа или изучения;
- установки или технического обслуживания указательных знаков, сооружений или научного оборудования;
- осуществления других мер управления.

Все участки, специально предназначенные для проведения долгосрочного мониторинга, должны быть соответствующим образом обозначены на месте и на картах Района. Для объектов долгосрочного мониторинга и отбора научных проб должно быть определено положение по GPS для внесения в систему генеральной базы данных по Антарктике через соответствующие национальные органы. При необходимости также необходимо предоставить метаданные для системы генеральной базы данных по Антарктике через соответствующие национальные органы.

В целях сохранения экологических и научных ценностей, связанных с изолированностью Района и относительно незначительным воздействием человека на его территорию, посетители должны принимать специальные меры предосторожности во избежание интродукции. Особую опасность представляет интродукция микроорганизмов или растительности, перенесенных из почв других районов Антарктики, включая научные станции, или регионов за пределами Антарктики. С целью минимизации риска интродукции перед входом в Район посетители должны тщательно очистить обувь и все оборудование, которое будет использоваться на его территории, особенно пробоотборное оборудование и указатели.

7(x) Требования к отчетности

Основной держатель каждого выданного Разрешения на посещение Района должен представить соответствующему национальному компетентному органу отчет о предпринятой деятельности в разумно короткие сроки, но не позднее, чем через шесть месяцев после завершения посещения. Насколько это уместно, в состав такого отчета должна входить информация, указанная в Форме отчета о посещении, приведенной в Руководстве по подготовке Планов управления Особо охраняемыми районами Антарктики.

При необходимости национальный компетентный орган также должен направить копию отчета о посещении Стороне, которая предложила План управления, для оказания помощи в управлении Районом и анализа Плана управления. Стороны должны вести учет такой деятельности и предоставлять соответствующие отчеты в рамках ежегодного обмена информацией. По мере возможности, Стороны должны сдавать оригиналы отчетов или их копии в открытый архив для ведения учета использования участка. Эти отчеты будут использоваться при пересмотре плана управления и в процессе организации использования Района в научных целях.

8. Библиография

Ainley, D.G., Ballard, G., Barton, K.J., Karl, B.J., Rau, G.H., Ribic, C.A. and Wilson, P.R. 2003. Spatial and temporal variation of diet within a presumed metapopulation of Adelie penguins. Condor 105: 95-106.

Ainley, D.G., Ribic, C.A., Ballard, G., Heath, S., Gaffney, I., Karl, B.J., Barton, K.J., Wilson, P.R. and Webb, S. 2004. Geographic structure of Adelie penguin populations: overlap in colony-specific foraging areas. Ecological monographs 74(1): 159- 178.

Block, W. 1985. Ecological and physiological studies of terrestrial arthropods in the Ross Dependency 1984-85. British Antarctic Survey Bulletin 68: 115-122.

Broady, P.A. 1981. Non-marine algae of Cape Bird, Ross Island and Taylor Valley, Victoria Land, Antarctica. Report of the Melbourne University Programme in Antarctic Studies No. 37.

Broady, P.A. 1983. Botanical studies at Ross Island, Antarctica, in 1982-83; preliminary report. Report of the Melbourne University Programme in Antarctic Studies.

Broady, P.A. 1985. The vegetation of Cape Bird, Ross Island, Antarctica. Melbourne University Programme in Antarctic Studies, No. 62.

Broady, P.A. 1985. A preliminary report of phycological studies in northern Victoria Land and on Ross Island during 1984-85. Report of the Melbourne University Programme in Antarctic Studies, Report No. 66.

Broady, P.A. 1989. Broadscale patterns in the distribution of aquatic and terrestrial vegetation at three ice-free regions on Ross Island, Antarctica. Hydrobiologia 172: 77-95.

Butler, E.R.T. 2001. Beaches in McMurdo Sound, Antarctica. Unpublished PhD, Victoria University of Wellington, New Zealand. (pg 219)

Cole, J.W. and Ewart, A. 1968. Contributions to the volcanic geology of the Black Island, Brown Peninsula, and Cape Bird areas, McMurdo Sound, Antarctica. New Zealand Journal of Geology and Geophysics 11(4): 793-823.

Dochat, T.M., Marchant, D.R. and Denton, G.H. 2000. Glacial geology of Cape Bird, Ross Island, Antarctica. Geografiska Annaler 82A (2-3): 237-247.

Duncan, K.W. 1979. A note on the distribution and abundance of the endemic collembolan *Gomphiocephalus hodgsonii* Carpenter 1908 at Cape Bird, Antarctica. Mauri Ora 7: 19-24.

Hall, B.L., Denton, G.H. and Hendy, C.H. 2000. Evidence from Taylor Valley for a Grounded Ice Sheet in the Ross Sea, Antarctica. Geografiska annaler 82A(2-3): 275-304.

Konlechner, J.C. 1985. An investigation of the fate and effects of a paraffin-based crude oil in an Antarctic terrestrial ecosystem. New Zealand Antarctic Record 6(3): 40-46.

Lambert, D.M., Ritchie, P.A., Millar, C.D., Holland, B., Drummond, A.J. and Baroni, C. 2002. Rates of evolution in ancient DNA from Adélie penguins. Science 295: 2270-2273.

McGaughran, A., Hogg, I.D. and Stevens, M.I. 2008. Patterns of population genetic structure for springtails and mites in southern Victoria Land, Antarctica. Molecular phylogenetics and evolution 46: 606-618.

McGaughran, A., Redding, G.P., Stevens, M.I. and Convey, P. 2009. Temporal metabolic rate variation in a continental Antarctica springtail. Journal of Insect Physiology 55: 130-135.

Nakagawa, S., Möstl, E. and Waas, J.R. 2003. Validation of an enzyme immunoassay to measure faecal glucocorticoid metabolites from Adelie penguins (*Pygoscelis adeliae*): a non-invasive tool for estimating stress? Polar biology 26: 491-493.

Peterson, A.J. 1971. Population studies on the Antarctic Collembolan *Gomphiocephalus hodgsonii* Carpenter. Pacific Insects Monograph 25: 75-98.

Ritchie, P.A., Millar, C.D., Gibb, G.C., Baroni, C., Lambert, D.M. 2004. Ancient DNA enables timing of the Pleistocene origin and Holocene expansion of two Adelie penguin lineages in Antarctica. Molecular biology and evolution 21(2): 240-248.

Roeder, A.D., Marshall, R.K., Mitchelson, A.J., Visagathilagar, T., Ritchie, P.A., Love, D.R., Pakai, T.J., McPartlan, H.C., Murray, N.D., Robinson, N.A., Kerry, K.R. and Lambert, D.M. 2001. Gene flow on the ice: genetic differentiation among Adélie penguin colonies around Antarctica. Molecular Ecology 10: 1645-1656.

Seppelt, R.D. and Green, T.G.A. 1998. A bryophyte flora for Southern Victoria Land, Antarctica. New Zealand Journal of Botany 36: 617-635.

Sinclair, B.J. 2000. The ecology and physiology of New Zealand Alpine and Antarctic arthropods. Unpublished PhD, University of Otago, New Zealand. (pg 231)

Sinclair, B. J. 2001. On the distribution of terrestrial invertebrates at Cape Bird, Ross Island, Antarctica. Polar Biology 24(6): 394-400.

Sinclair, B. J. and Sjursen, H. 2001. Cold tolerance of the Antarctic springtail *Gomphiocephalus hodgsonii* (Collembola, Hypogastruridae). Antarctic Science 13(3): 271-279.

Sinclair, B.J. and Sjursen, H. 2001. Terrestrial invertebrate abundance across a habitat transect in Keble Valley, Ross Island, Antarctica. Pedobiologia 45: 134-145.

Smith, D.J. 1970. The ecology of *Gomphiocephalus hodgsonii* Carpenter (Collembola, Hypogastuidae) at Cape Bird, Antarctica. Unpublished MSc Thesis, University of Canterbury, Christchurch, New Zealand.

Stevens, M.I. and Hogg, I.D. 2003. Long-term isolation and recent expansion from glacial refugia revealed for the endemic springtail *Gomphiocephalus hodgsonii* from Victoria Land, Antarctica. Molecular ecology 12: 2357-2369.

Wilson, P.R., Ainley, D.G., Nur, N., Jacobs, S.S., Barton, K.J., Ballard, G. and Comisco, J.C. 2001. Adélie penguin population change in the Pacific sector of Antarctica: relation to sea-ice extent and the Antarctic Circumpolar Current. Marine ecology progress series 213: 301-309.

Wharton, D.A. and Brown, I.M. 1989. A survey of terrestrial nematodes from the McMurdo Sound region, Antarctica. New Zealand Journal of Zoology 16: 467-470.

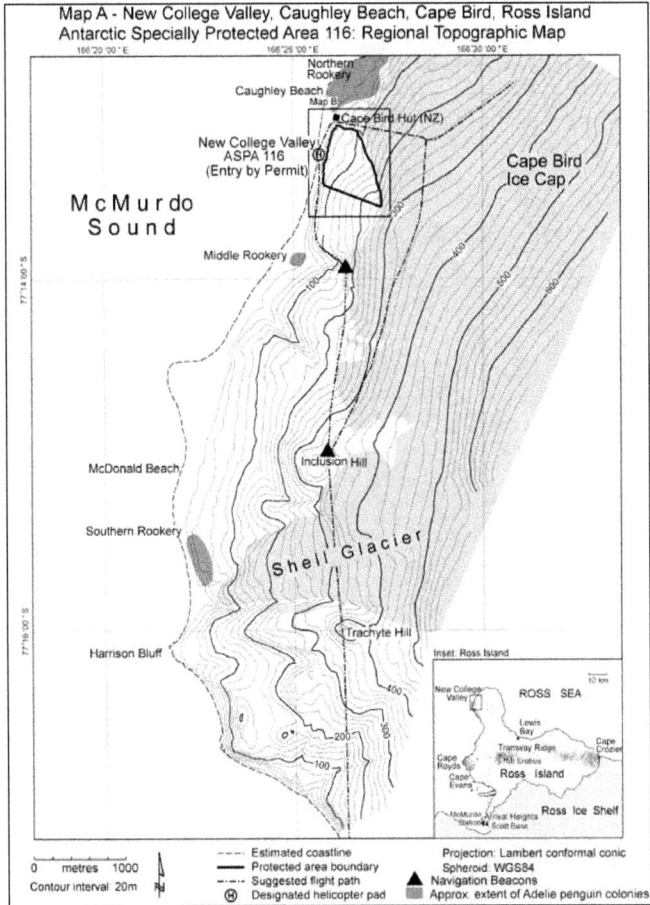

Map A - New College Valley, Caughley Beach, Cape Bird, Ross Island
Antarctic Specially Protected Area 116: Regional Topographic Map

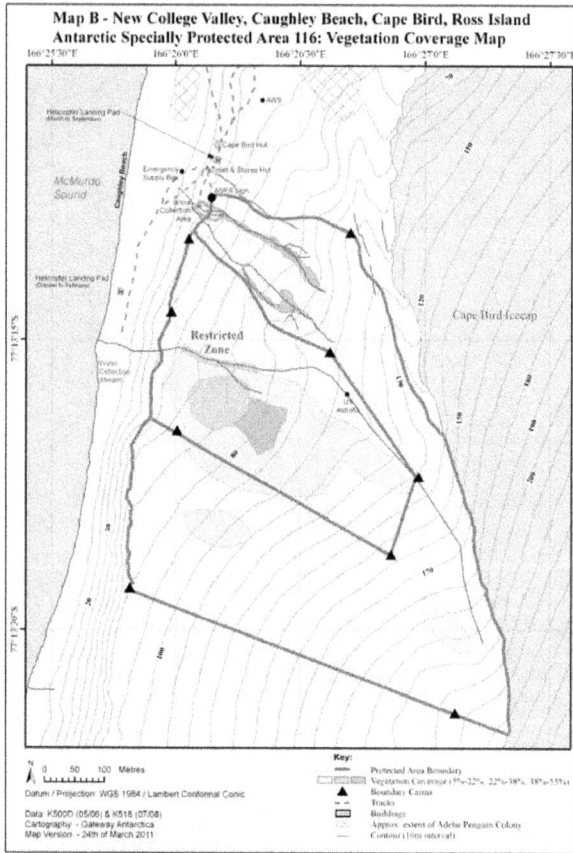

Map B - New College Valley, Caughley Beach, Cape Bird, Ross Island
Antarctic Specially Protected Area 116: Vegetation Coverage Map

План управления
Особо охраняемым районом Антарктики № 120

АРХИПЕЛАГ МЫС ГЕОЛОГИИ, ЗЕМЛЯ АДЕЛИ

Острова Жан Ростан, Ле Моген (бывш. Алексис Каррель), Ламарк и Клод Бернар; нунатак Бон Доктер и место гнездования императорских пингвинов

1. Описание охраняемых ценностей

В 1995 г. четыре острова, один нунатак и место гнездования императорских пингвинов были определены в качестве Особо охраняемого района Антарктики (Мера 3, XIX КСДА, Сеул), поскольку в биологическом, геологическом и эстетическом отношении они представляли собой репрезентативный образец наземной экосистемы Антарктики. В этом Районе выводят потомство один вид морских млекопитающих (тюлень Уэдделла *Leptonychotes weddelli*) и различные виды птиц: императорский пингвин *Aptenodytes forster*, южнополярный поморник *Catharacta maccormicki*, пингвин Адели *Pygoscelis adelia*, качурка Вильсона *Oceanites oceanicus*, южный гигантский буревестник *Macronectes giganteus*, малый снежный буревестник *Pagodrama nivea*, капский голубь *Daption capense*.

Отчетливо обозначенные обрывы имеют ассиметричное поперечное сечение: у них пологие северные склоны и крутые южные. Многочисленные разломы и трещины определяют очень неровный рельеф местности. Фундамент в основном состоит из силлиманита, кордиерита и гнейсса с большим содержанием граната. Их пересекают многочисленные дайки из розовых анатекситов. Самая низкая часть этих островов покрыта моренными валунами от нескольких сантиметров до одного метра в диаметре.

В течение длительного времени здесь проводятся постоянные научные исследования и программы мониторинга птиц и морских млекопитающих (с 1952 или 1964 гг., в зависимости от конкретного вида), которые в настоящее время поддерживает Институт полярных исследований Франции имени Поля-Эмиля Виктора (IPEV) и Национальный центр научных исследований (CNRS). Также удалось создать чрезвычайно ценную базу демографических данных за период проведения наблюдений. Она поддерживается и используется Центром биологических исследований г. Шиз (CEBC-CNRS). Что касается присутствия ученых в этом охраняемом районе, то примерно три раза в месяц на несколько часов сюда приезжают четыре человека в период с 1 ноября по 15 февраля, а что касается только колонии императорских пингвинов, то здесь бывает два человека несколько часов через день в период с 1 апреля по 1 ноября.

Из более чем 30 зарегистрированных гнездовий императорских пингвинов гнездовье на мысе Геологии - единственное, которое находится совсем рядом с постоянной станцией, и потому этот участок имеет преимущества с точки зрения изучения данного вида и его среды.

2. Цели и задачи

Управление Особо охраняемым районом «Мыс Геологии» осуществляется в следующих целях:

- недопущение нарушения этого Района в связи с деятельностью близлежащей базы Дюмон д'Юрвиль;

- предотвращение существенного изменения структуры и состава флоры и фауны этого Района, а также соотношения различных видов позвоночных, обитающих в этом Районе, который является одним из самых репрезентативных прибрежных районов Земли Адели в силу интереса, который он представляет с точки зрения фауны и научных исследований;
- создание условий для проведения научных исследований, которые не могут быть проведены ни в каком ином месте, особенно в области естественных наук: этологии, экологии, физиологии и биохимии, мониторинга популяций птиц и морских млекопитающих, оценки воздействия человеческой деятельности на окружающую среду;
- создание условий для осуществления программ научно-технических исследований в других, ранее не упомянутых областях (например, геологии), или программ управления с уделением особого внимания составлению графиков посещений, с тем чтобы сводить к минимуму воздействие на флору и фауну;
- регулирование материально-технического обеспечения деятельности, связанной с функционированием соседней базы Дюмон д'Юрвиль, что может потребовать временного доступа в ООРА.

3. Меры управления

Для охраны ценностей Района принимаются следующие меры управления:

Настоящий Планауправления периодически пересматривается в целях осуществления надлежащего
контроля за тем, как осуществляется охрана ценностей этого ООРА. Любой деятельности в этом Районе должна предшествовать оценка воздействия на окружающую среду.

Все лица, проживающие на базе Дюмон д'Юрвиль или совершающие транзит через эту базу, должны надлежащим образом информироваться о существовании ООРА, о ее географических границах, регулируемых условиях доступа и в целом о настоящем плане управления. С этой целью на станции Дюмон д'Юрвиль должна быть выставлена на всеобщее обозрение карта, показывающая местонахождение Района (с описанием действующих на его территории особых ограничений и мер управления).

На станции Дюмон д'Юрвиль должны храниться копии настоящего Плана управления на четырех языках Договора.

Информация о всяком вхождении в ООРА, а именно (минимум): деятельность или причина присутствия, количество соответствующих лиц, продолжительность пребывания – регистрируется начальником станции Дюмон д'Юрвиль.

4. Срок определения в качестве ООРА

Этот Район определен в качестве Особо охраняемого района Антарктики (ООРА) на неограниченный период времени.

5. Карты

На карте 1показывается географическое положение Земли Адели в Антарктике и расположение архипелага Мыс Геологии на побережье Земли Адели.

На карте 2 архипелага Мыс Геологии границы Особо охраняемого района Антарктики 120 внутри этого архипелага обозначены пунктиром.

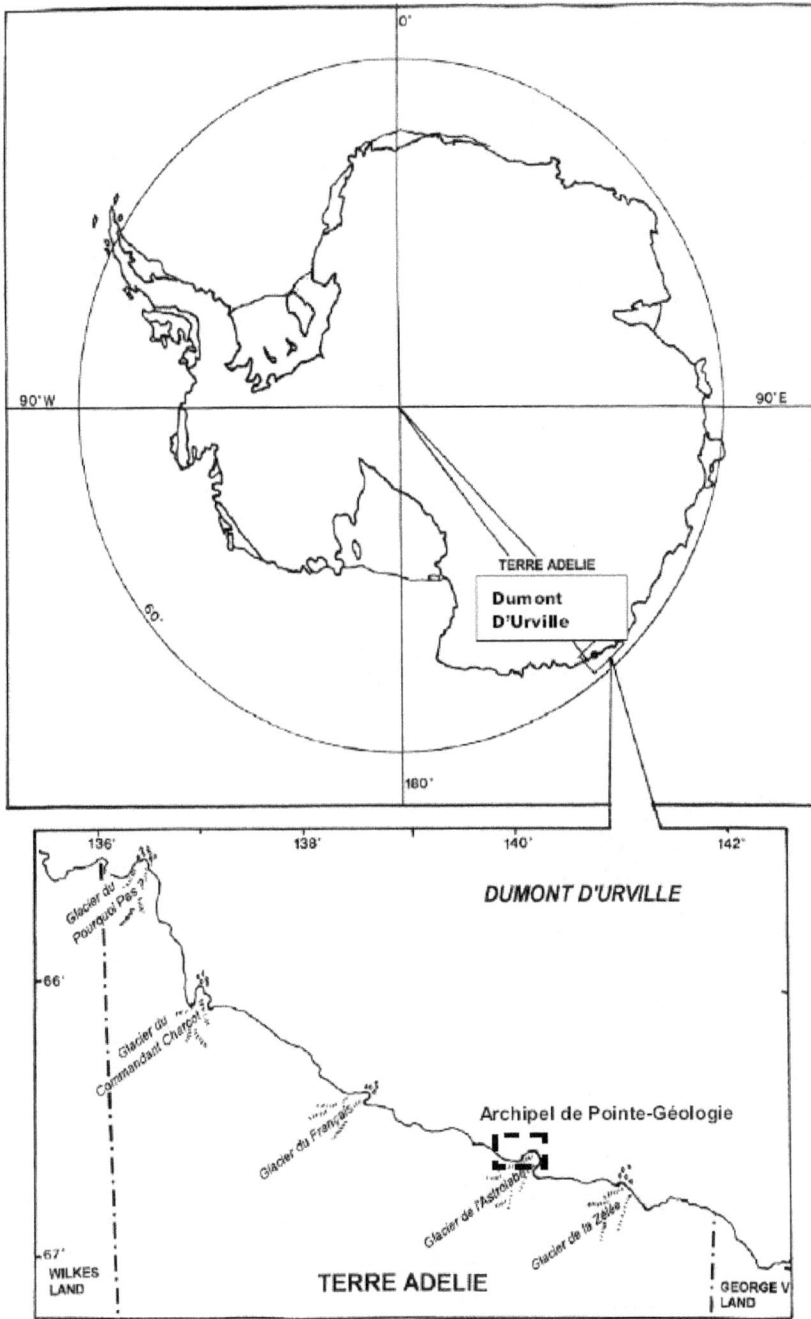

Карта 1 – Расположение архипелага Мыс Геологии на Земле Адели (Антарктика).

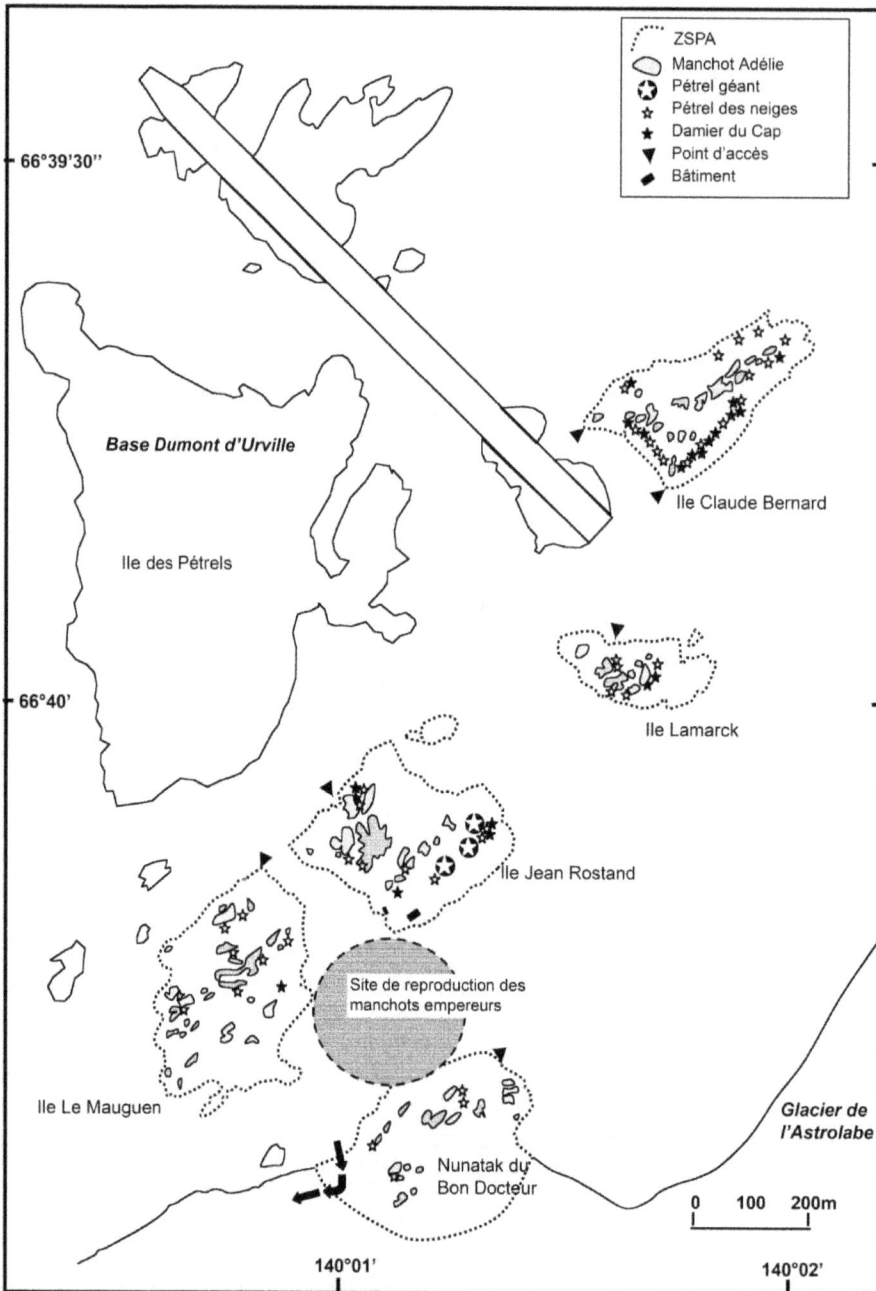

Карта 2 – Расположение колоний птиц (за исключением территорий поморников и гнездовий качурки Вильсона) в ООРА архипелага Мыс Геологии. Границы ООРА обозначены пунктиром. Возможный доступ наземных транспортных средств на континент через нунатак Бон Доктер обозначен стрелками.

6. Описание Района и определение секторов

6(i) Географические координаты, отметки на границах и природные особенности

ООРА 120 находится на границе побережья Земли Адели в центре архипелага Мыс Геологии (140°-140°02' в.д.; 66°39'30" - 66°40'30" ю.ш.). Он состоит из следующих территорий:

- острова Жан Ростан,
- острова Ле Моген (бывш. остров Алексис Каррель),
- острова Ламарк,
- острова Клод Бернар,
- нунатака Бон Доктер,
- гнездовья императорских пингвинов на паковом льде вокруг этих островов зимой.

В целом, площадь выхода пород не превышает 2 км². Самые высокие точки расположены вдоль гряд, протянувшихся с северо-востока на юго-запад (остров Клод Бернар: 47,60 м; остров Жан Ростан: 36,39 м; остров Ле Моген (бывш. остров Алексис Каррель): 28,24 м; нунатак: 28,50 м).

Летом паковый лед между островами исчезает и лишь на южных склонах островов остаются фирны. На границах этого района есть четкие естественные отметки (по контуру островов и выхода пород).

Никаких тропинок или дорог на территории района нет.

6(ii) Определение зон ограниченного доступа или запретных зон

Вход в любую часть Района допускается только на основании специально выданного разрешения.

Условия доступа на различные участки ООРА определяются с учетом распределения видов птиц (таблица 1), периодов их гнездования (таблица 2) и их чувствительности к конкретным нарушениям (таблица 3). Местоположение гнездовий указано на карте. Птицы главным образом обитают там в течение южного лета, за исключением императорских пингвинов, которые гнездятся зимой.

Из видов птиц, обитающих на территории архипелага Мыс Геологии, императорский пингвин и южный гигантский буревестник гнездятся исключительно внутри ООРА. Начиная с введения этого режима в 1995 г., численность популяций этих двух видов стабилизировалась или даже несколько увеличилась (таблица 3). Однако, в долгосрочной перспективе необходимо сохранять статус особой охраны через посредство имеющегося Плана управления.

Случай острова Ростан

Численность южных гигантских буревестников на территории архипелага Мыс Геологии существенно сократилась в результате строительства станции Дюмон д'Юрвиль. Гнездовье на острове Петрел полностью исчезло в первые годы строительства базы в непосредственной близости от этого гнездовья (расширение зданий, увеличение количества рейсов вертолетов, установка и замена топливных баков). В настоящее время 100% популяции гнездится в этом ООРА, в юго-восточной части острова Ростан. Птицы там обитают на участке, ограниченном грядой, которая протянулась с северо-востока на юго-запад и проходит к северо-западу от колонии через отметки высот 33,10 м и 36,39 м, обозначенные кольями на местности. Вход на территорию этого участка гнездовья строго воспрещен всем, за исключением орнитологов, у которых есть разрешение, причем только один раз в год, когда в целях мониторинга популяции происходит кольцевание птенцов южных гигантских буревестников. Вход на остальную часть острова Ростан разрешен круглый год лицам, у которых есть разрешение.

Случай колонии императорских пингвинов

Значительное сокращение численности императорских пингвинов к концу 1970-х гг., судя по всему, связано с продолжительной климатической аномалией в период 1976-1982 гг., в результате которой значительно сократилась протяженность пакового льда. Уже полтора десятилетия популяция гнездящихся императорских пингвинов немного увеличивается одновременно с увеличением протяженности пакового льда на участке Земли Адели. Никто, за исключением держателей разрешений, не может приближаться к колонии императорских пингвинов или тревожить ее в течение периода гнездования, т.е. с марта до середины декабря, когда оперяются птенцы. Предписывается минимальная дистанция в 20 м между уполномоченными наблюдателями и колонией.

Колония императорских пингвинов не всегда находится на одном и том же месте и зимой передвигается по паковому льду. Поэтому район охраны этих животных определяется участками присутствия птиц (колонии или групп индивидов) плюс буферная зона в 40 м.

6(iii) Сооружения на территории Района

На острове Ростан находятся историческая хижина Превост и укрытие. Никаких других сооружений на территории Района нет.

Никаких охраняемых районов в пределах 50 км ООРА 120 «Мыс Геология» не имеется.

Таблица 1 . Численность пар морских птиц, гнездящихся в ООРА 120 (подсчет во время цикла гнездования 2010/11). Также упоминается доля популяции, гнездящейся на территории этого ООРА в сравнении с популяцией архипелага Мыс Геологии в совокупности (МГ) (Источник: неопубликованные данные СЕВС-CNRS о цикле гнездования 2010/2011 за исключением данных о качурке Вильсона, данные Micol & Jouventin 2001[1])

Участок	Император-ский пингвин	Пингвин Адели	Южнопо-лярный поморник	Малый снежный буревестник	Капский голубь	Качурка Вильсона *	Южный гигантский буревестник
О. К. Бернар	--	3360	7	214	238	178	--
О. Ламарк	--	1160	1	38	36	45	--
О. Ж. Ростан	--	3994	7	61	46	35	15-18
О. Ле Моген (бывш. Алексис Каррель)	--	3478	15	21	2	72	--
Нунатак	---	1831	1	5	--	41	--
Зимний паковый лед между островами	2838	--	--	--	--	--	--
ВСЕГО ООРА	2838	13823	31	369	322	371	15-18
ВСЕГО МГ	2838	32746	67	1066	516	1200	15-18
% ООРА/МГ	100	42	46	32	62	31	100

---

[1] Micol T et Jouventin P 2001, Long-term population trends in seven Antarctic seabirds at Pointe Géologie (Terre Adélie) *Polar Biology* **24** :175-185.

Таблица 2. Присутствие птиц на участках гнездования

	Император-ский пингвин	Пингвин Адели	Южнопо-лярный поморник	Малый снежный буревестник	Капский голубь	Качурка Вильсона *	Южный гигантский буревестник
Прилет первых птиц	март	октябрь	октябрь	сентябрь	октябрь	ноябрь	июль
Кладка первых яиц	май	ноябрь	ноябрь	ноябрь	ноябрь	декабрь	октябрь
Отлет последних птиц	сер. декабря	март	март	март	март	март	апрель

Таблица 3. Чувствительность к антропогенным нарушениям и эволюция популяций птиц архипелага Мыс Геологии (Источник: неопубликованные данные CEBC-CNRS, Thomas 1986[2], et Micol & Jouventin 2001 по данным о качурке Вильсона)

	Император-ский пингвин	Пингвин Адели	Южнопо-лярный поморник	Малый снежный буревестник	Капский голубь	Качурка Вильсона *	Южный гигантский буревестник
Чувствительность [2]	высокая	средняя	средняя	средняя	высокая	высокая	высокая
Тенденция 1952-1984	сокращение	стабильная	стабильная	?	?	?	сокращение
Тенденция 1984-2000	стабильная	увеличение	увеличение	стабильная	стабиль-ная	?	стабильная
Тенденция 2000-2011	небольшое увеличение	увеличение	увеличение	увеличение	стабиль-ная	?	стабильная
Тенденция 1952-2011	сокращение	увеличение	увеличение	стабильная	стабиль-ная	?	сокращение

7. Условия выдачи разрешений

- Вход на территорию Района возможен только на основании разрешения, выданного компетентным национальным органом власти.

- Разрешения выдаются для проведения научных исследований, мониторинга, инспекции участков или проведения узко локализованных работ по материально-техническому обеспечению. Для каждого посещения в разрешении указывается содержание работы, период ее выполнения и максимальное количество сотрудников, имеющих право на посещение Района (держателей разрешения и возможных сопровождающих лиц, что необходимо по причинам профессионального характера или безопасности).

7 (i) Доступ в Район и передвижение по его территории

- Доступ в Район и передвижение по его территории на вертолетах и наземных транспортных средствах запрещены. Транзитные полеты над районом на вертолетах или самолетах запрещены. Соответственно, доступ в Район возможен только пешком или на небольших катерах или лодках (летом).

- Транзит наземных транспортных средств между станцией Дюмон д'Юрвиль, на острове Петрел, и станцией Кап Прюдом, на континенте, обычно осуществляется зимой по прямой линии, по паковому льду. Когда в очень редких случаях состояние морского льда не позволяет безопасно осуществлять этот транзит, как исключение может даваться разрешение перемещаться по западной границе нунатака Бон Доктер, как это указано на карте 2. В этом случае транспортные средства должны соблюдать правила дистанции по отношению к императорским пингвинам, о чем говорится в разделе 6(ii).

---

[2] Thomas T., 1986 L'effectif des oiseaux nicheurs de l'archipel de Pointe Géologie (Terre Adélie) et son évolution au cours des trente dernières années. *L'oiseau RFO* **56** :349-368.

- Уполномоченные лица должны передвигаться по территории Района с особой осторожностью, чтобы не потревожить птиц и не допускать ухудшения состояния гнездовий или подходов к ним.

7 (ii) Осуществляемая или разрешенная деятельность на территории Района, включая ограничения по времени или пространству

- Крайне необходимые научные исследования, которые невозможно провести ни в одном другом месте.
- Необходимые меры управления и материально-технического обеспечения.
- Деятельность, осуществляемая в педагогических целях или в целях популяризации науки (киносъемка, фотография, звукозапись…)

7 (iii) Установка, модификация или снос сооружений

- Возведение сооружений и установка научного оборудования на территории Района возможны только для выполнения крайне необходимых научных задач или принятия мер управления, разрешенных компетентным национальным органом власти.
- Любые модификации или демонтаж единственных существующих на острове Ростан установок могут производиться только на основании разрешения.

7 (iv) Расположение полевых лагерей

Разбивка лагерей допускается только по соображениям безопасности, при условии соблюдения всех мер предосторожности, чтобы не нанести ущерб фауне и не потревожить ее.

7 (v) Ограничения на ввоз материалов и организмов в Район

- В соответствии с положениями Приложения II Мадридского протокола ввоз в Район живых животных, растительных материалов, продуктов из домашней птицы и их производных, включая сухой яичный порошок, не допускается.
- Ввоз в Район химических веществ не допускается, за исключением химических веществ, которые могут быть ввезены для выполнения научных задач, перечисленных в разрешении. Все ввезенные химические вещества подлежат вывозу из Района сразу после или до завершения деятельности, на которую выдано разрешение.
- Хранение топлива, продуктов питания и других материалов не допускается, за исключением неотложных случаев выполнения работ, на которые выдано разрешение. Все ввезенные материалы должны вывозиться сразу же после использования. Постоянное хранение не допускается.

7 (vi) Изъятие или вредное вмешательство в жизнь местной флоры и фауны

- Изъятие или вредное вмешательство в жизнь местной флоры и фауны допускаются только для держателей определенного разрешения. В случае разрешенного изъятия или вредного вмешательства в качестве минимальной нормы должны использоваться положения статьи 3 Приложения II к Протоколу.

7(vii) Сбор и вывоз объектов, которые не были ввезены в Район держателем разрешения

- Сбор и вывоз объектов или материалов, которые не были ввезены в Район держателем разрешения, допускаются только для выполнения задач, перечисленных в разрешении.
- Отходы человеческой деятельности могут быть вывезены из Района, а мертвые или патологические образцы фауны и флоры могут быть вывезены только в том случае, если это конкретно указано в разрешении.

7 (viii) Удаление отходов

• Все образовавшиеся отходы подлежат вывозу из Района после каждого посещения.

7 (ix) Меры, необходимые для обеспечения возможности дальнейшего выполнения целей и задач Плана управления

• Посещение Района ограничивается выполнением разрешенных научных задач, задач материально-технического обеспечения и мер управления.

7 (x) Требования к отчетам о посещении Района

Стороны должны принять меры к тому, чтобы основной держатель каждого выданного разрешения представил в соответствующий компетентный орган власти отчет о предпринятой в Районе деятельности. Насколько это уместно, в состав такого отчета должна входить информация, указанная в Форме отчета о посещении, приведенной в Руководстве по подготовке Планов управления Особо охраняемыми районами Антарктики.

Стороны должны вести учет такой деятельности и в рамках ежегодного обмена информацией предоставлять краткие описания мероприятий, проведенных лицами, которые находятся под их юрисдикцией. Эти описания должны содержать достаточно подробные сведения, чтобы можно было провести оценку эффективности Плана управления. По мере возможности, Стороны должны сдавать оригиналы отчетов или их копии в открытый архив для ведения учета использования участка, чтобы на них можно было опираться при пересмотре Плана управления и для организации использования Района в научных целях.

План управления

Особо охраняемым Районом Антарктики № 122

«ВЫСОТЫ ЭРРАЙВЛ», ПОЛУОСТРОВ ХАТ-ПОЙНТ,

ОСТРОВ РОСС

Введение

Особо охраняемый район Антарктики (ООРА) «Высоты Эррайвл» расположен у юго-западной оконечности полуострова Хат-Пойнт, остров Росс, 77° 49' 41,2" ю.ш, 166° 40' 2,8" в.д., и приблизительный размер территории составляет 0,73 км². Основной причиной определения Района является его ценность как «спокойного» в электромагнитном отношении участка для изучения верхних слоев атмосферы и его близость с точки зрения материально-технического обеспечения. Район используется для ряда других научных исследований, включая мониторинг остаточных газов, относящиеся к полярному сиянию и геомагнитные исследования и исследования качества воздуха. Например, большую научную ценность Района обусловливают долгосрочный характер и качество многочисленных атмосферных баз данных. Со времени его определения в 1975 г. в Районе или недалеко от него осуществляются многочисленные проекты, которые потенциально могут привести к деградации спокойных в электромагнитном отношении условий на высотах Эррайвл. Вмешательство, генерируемое этой деятельностью, как представляется, оказывает приемлемо небольшое воздействие на научные эксперименты, хотя в настоящее время проводится детальный обзор уровня вмешательства. Продолжению использования Района благоприятствуют его географические характеристики, его близость с точки зрения материально-технического обеспечения и высокая стоимость, связанная с перемещением. Этот Район был предложен Соединенными Штатами Америки и утвержден на основании Рекомендации VIII-4 [1975 г., Участок особого научного интереса (УОНИ) № 2]; срок действия был продлен на основании Рекомендаций Х-6 (1979), XII-5 (1983), XIII-7 (1985) и XIV-4 (1987), а также Резолюции 3 (1996). Были изменены наименование и нумерация Района на основании Решения 1 (2002); пересмотренный план управления был представлен на основании Меры 2 (2004). Деградация спокойных в электромагнитном отношении условий в Районе была признана в Рекомендации СКАР XXIII-6 (1994). Были сделаны небольшие изменения границ Района для обеспечения соответствия между текстом и обновленными, более точными картами, содержащимися в настоящем плане управления.

1. Описание охраняемых ценностей

Район у высот Эррайвл был первоначально определен на основании Рекомендации VIII-4 (1975, УОНИ № 2) по предложению Соединенных Штатов Америки на том основании, что он «является «спокойным участком» в отношении электромагнитных и природных условий, где существуют идеальные условия для установки чувствительных приборов для регистрации сигналов малого диапазона, связанных с программами исследования верхних слоев атмосферы». Например, на высотах Эррайвл были проведены электромагнитные записи в рамках долгосрочных научных исследований, которые позволили получить данные великолепного качества благодаря уникальным характеристикам географического месторасположения по отношению к геомагнитному полю в сочетании с относительно низким уровнем электромагнитных помех. Спокойные в электромагнитном отношении условия и долгосрочный характер сбора данных на высотах Эррайвл делают полученные данные особо ценными с научной точки зрения.

Однако, за последние годы наращивание научной деятельности и деятельности по поддержке, связанной с базой Скотт и станцией МакМердо, привело к повышению уровня производимого на местности электромагнитного шума на высотах Эррайвл и было признано, что «спокойные» электромагнитные условия в определенной степени ухудшились вследствие этой деятельности, как указывается в Рекомендации СКАР XXIII-6 (1994).

Научные исследования в Районе, как представляется, проводятся при приемлемо низком уровне электромагнитных помех (ЭМП) в результате другой деятельности поблизости и поэтому цели и задачи, поставленные в Плане управления Районом «Высоты Эррайвл», сохраняют свою актуальность. Однако, недавние посещения участка и размещение новых инструментов показали, что имеется определенный повышенный шум очень низкой частоты (ОНЧ) в диапазоне 50 Гц – 12 кГц из источников, расположенных за пределами Района (скорее всего, от ветровых турбин, установленных примерно в 1 км от Района). Имеются также свидетельства повышенного шума очень низкой частоты (ОНЧ) в диапазоне 12-50 кГц, который, вероятно, производится внутри Района, например, в результате конфигурации и заземлению электросети и увеличением количества установок, таких как источники бесперебойного питания (ИБП). Научные сообщества США и НЗ (Новая Зеландия), в ведении которых находятся проекты на высотах Эррайвл, в настоящее время проводят детальный анализ возможных причин ЭМП с целью разработки рекомендаций практического характера для ослабления потенциального   воздействия.

Несмотря на эти замечания, первоначальные географические характеристики участка, например, его возвышенное местоположение и связанный с этим широкий диапазон обзора, морфология вулканического кратера и близость полной материально-технической поддержки с близлежащих станции МакМердо (США), 1,5 км на юг, и базы Скотт (НЗ (Новая Зеландия), 2,7 км на юго-восток, по-прежнему делают этот Район ценным для проведения исследований верхних слоев атмосферы и отбора проб   воздуха   из   пограничного   слоя   атмосферы.

Кроме того, любое предлагаемое перемещение Района и соответствующих сооружений связано с ограничениями научного, финансового и практического характера. В этой связи предпочтительным вариантом управления в настоящее время является максимально возможное уменьшение источников ЭМП и текущий контроль этих уровней в целях выявления и при необходимости устранения любой значительной угрозы ценностям данного участка.

Со времени своего первоначального определения участок использовался в рамках некоторых других научных программ, которые выигрывали от ограничений на доступ на территорию Района. В частности, широкий диапазон обзора и относительная изолированность от каких-либо видов деятельности (например, отсутствие движения транспортных средств, выхлопов от двигателей) имели большое значение для измерения остаточных газов, особенно озона, спектроскопических исследований и изучения состава частиц в атмосфере, обследований уровня загрязнения, а также исследований полярного сияния и геомагнитных исследований. Кроме того, охраняемый статус «Высот Эррайвл» позволяет также ограничивать степень и масштаб физического нарушения в Районе. В результате этого отмечается значительно меньшее нарушение почв и характеристик ландшафта, чем в случае окружающих областей Хат-Пойнта, где осуществлялась деятельность станции. В частности, песчано-клиновидные полигоны гораздо обширнее, чем где-либо еще поблизости от Хат-Пойнта, охватывая территорию примерно в 0,5 км². Относительно свободный от нарушений характер окружающей среды на высотах Эррайвл делает Район ценным с точки зрения сравнительных исследований воздействия, оказываемого деятельностью станции, и ценным в качестве точки отсчета при анализе изменений. Эти дополнительные ценности также являются важным основанием для особой охраны Района высот Эррайвл.

Район по-прежнему представляет большую научную ценность, учитывая большое количество различных групп высококачественных и долгосрочных атмосферных данных, полученных на этом участке.

Несмотря на допускаемую возможность помех, создаваемых местными и окружающими источниками, наличие долгосрочных рядов данных, возможность осуществления круглогодичных наблюдений, географические характеристики Района и высокая стоимость перемещения наблюдений являются основанием для продолжения и усиления охраны Района. Проводимые исследования настолько чувствительны к воздействию химического и шумового загрязнения, в частности, электромагнитных помех, что данный Район нуждается в сохранении режима особой охраны.

2. Цели и задачи

Управление в районе высот Эррайвл осуществляется в следующих целях:

- недопущение деградации или возникновения значительной угрозы для ценностей Района за счет предотвращения излишнего нарушения Района человеком;

- создание условий для проведения научных исследований на территории Района, в частности, атмосферных исследований, при обеспечении защиты от использования в несовместимых целях и неконтролируемой установки оборудования, которые могут нанести ущерб таким исследованиям;

- минимизация возможности создания излишних электромагнитных шумовых помех на территории Района за счет регулирования типов, количества и применения оборудования, которое может устанавливаться и использоваться в Районе;

- содействие учету ценностей Района при управлении деятельностью и землепользованием на окружающих территориях, в частности, для контроля уровней и содействия минимизации источников электромагнитного излучения, которое может потенциально нанести ущерб ценностям Района;

- обеспечение доступа для осуществления технического обслуживания, модернизации и эксплуатации приборов связи и научного оборудования, расположенных на территории Района;

- организация посещений для целей управления в поддержку целей Плана управления;

- организация посещений в образовательных и просветительских целях, связанных с проводимыми в Районе научными исследованиями, которые нельзя провести ни в каком другом месте.

3. Меры управления

В целях защиты ценностей Района будут предприняты следующие меры управления:

- В соответствующих местах на границах Района должны быть установлены знаки с изображением расположения и границ Района и четким описанием ограничений на вход во избежание случайного попадания на его территорию.

- На видных местах должна быть выставлена информация о расположении Района (с указанием особых ограничений, действующих на его территории), а в главной исследовательской хижине на территории Района, на станции МакМердо и на базе Скотт должны быть копии настоящего Плана управления.

- Указатели, знаки или сооружения, установленные на территории Района или недалеко от его границы для проведения научных исследований или в целях управления, должны быть надежно закреплены и поддерживаться в хорошем состоянии; когда необходимость в них отпадает, они убираются.

- Посещать Район следует по мере необходимости (но не реже одного раза в пять лет), чтобы установить, продолжает ли он служить тем целям, ради которых он был определен, и чтобы убедиться в достаточности принимаемых мер управления и содержания Района.

- Дважды в год должны проводиться обследования электромагнитного шумового воздействия в Районе для выявления неисправностей оборудования и контроля уровня помех, которые могут нанести недопустимый ущерб ценностям Района, в целях идентификации и уменьшения воздействия источников этих помех.

- О потенциально деструктивной деятельности, которую планируется осуществлять за пределами Района, но недалеко от него, такой как взрывные работы или бурение, или использование передатчиков или другого оборудования, которое может потенциально создать значительные электромагнитные помехи в Районе, следует сообщать заранее соответствующему (щим) представителю (ям) национальных органов власти, которые действуют в Районе, с целью координации деятельности и/или принятия смягчающих мер для недопущения или минимизации помех осуществлению научных программ.

- Действующие в районе Национальные антарктические программы должны назначить Координатора мероприятий, который будет отвечать за проведение консультаций между Программами в отношении всех видов деятельности на территории Района.

- Действующие в районе Национальные антарктические программы должны проводить совместные консультации для обеспечения выполнения условий настоящего Плана управления и принимать надлежащие меры для выявления и обеспечения соблюдения законодательных требований, когда эти условия не выполняются.

4. Срок определения в качестве ООРА

Определен на неограниченный период времени.

5. Карты и фотографии

Карта 1: Высоты Эррайвл,
ООРА № 122 в отношении полуострова Хат-Пойнт с показом местонахождения близлежащих станций (станция МакМердо, США, и база Скотт, НЗ (Новая Зеландия), установок (SuperDARN, спутниковые приемные устройства и ветряные турбины) и путей следования (дорог и туристических троп). Проекция: равноугольная коническая проекция Ламберт: Стандартные параллели: 1-я 77° 40' ю.ш.; 2-я 78° 00' ю.ш.
Центральный меридиан: 166° 45' в.д.
Широта происхождения: 77° 50' ю.ш.
Сфероид: WGS84
Нуль поста: Сеть геодезического контроля в проливе МакМердо. Источники данных: Топография: контуры (интервал 10 м) получены на основании цифрового ортофотоснимка, а ЦМР на основании аэрофотосъемки (ноябрь 1993 г.); область постоянного льда оцифрована на основании ортоскорректироваанго спутникового изображения Quickbird (15 октября 05 г.) (Imagery © 2005 Digital Globe, предоставлено Программой коммерческих изображений NGA); Инфраструктура: USAP данные САПР - схема станции (февраль 09 г./март 11 г.), ERA (ноябрь 09 г.) и полевое исследование USAP (январь 11 г.); исследование туристических троп PGC (январь 09 г./январь 11 г.).
> **Врезка 1:** Месторасположение острова Росс, море Росса. **Врезка 2:** Расположение Карты 1 на острове Росс и ключевые топографические характеристики.

Карта 2: Высоты Эррайвл, топографическая карта ООРА № 122, показывающая границы Района, сооружения на участке, близлежащие установки (SuperDARN, спутниковые приемные устройства) и пути следования (дороги и туристические тропы). Проекция и источники данных такие же, что и для Карты 1.

6. Описание Района

6(i) Географические координаты, отметки на границах и природные особенности

Границы и координаты

Высоты Эррайвл (77° 49' 41,2" ю.ш, 166° 40' 2,8" в.д.. Территория: 0,73 км²) представляют собой небольшую гряду низких холмов, расположенную вблизи юго-западной оконечности полуострова Хат-Пойнт на острове Росс. Полуостров Хат-Пойнт состоит из ряда вулканических кратеров, простирающихся от горы Эребус. Два из них, а именно Первый кратер и Второй кратер, соответственно формируют часть южной и северной границ Района. Район в основном свободен ото льда и высоты поднимаются от 150 м до максимум 280 м на Втором кратере. Высоты Эррайвл расположены на расстоянии примерно 1,5 км к северу от станции МакМердо и 2,7 км к северо-западу от базы Скотт. Район имеет широкий горизонт обзора и сравнительно изолирован от деятельности на станции МакМердо и базе Скотт, причем значительная часть станции МакМердо не видна.

Угол юго-восточной границы Района определяется отметкой Т510 № 2 – координаты центра: 77° 50' 08,4" ю.ш., 166° 40' 16,4" в.д., высота 157,3 м. Отметка Т510 № 2 заменила бывшую геодезическую отметку границы (Т510), которой более не существует, и расположена в 0,7 м от бывшей отметки. Заменившая отметка Т510 № 2 представляет собой железный прут (выкрашенный в оранжевый цвет), вбитый в землю примерно на расстоянии 7,3 м к западу от подъездной дороги к высотам Эррайвл и окруженный небольшим кругом из камней. Граница Района простирается от отметки Т510 № 2 в виде прямой линии на 656,0 м на северо-западе через Первый кратер до точки на высоте 150 м с координатами 77° 49' 53,8" ю.ш., 166° 39' 03,9" в.д. Затем граница следует по 150-метровому контуру в северном направлении на протяжении 1186 м до точки (77° 49' 18,6" ю.ш., 166° 39' 56,1" в.д.) к западу от северного края Второго кратера. Далее граница идет на 398 м в восточном направлении ко Второму кратеру, и вокруг края кратера к Гидрографической геодезической отметке США (бронзовый диск с чеканкой), которая установлена рядом с уровнем земли: координаты 77° 49' 23,4" ю.ш., 166° 40' 59,0" в.д., высота 282 м, образуя северо-восточную границу Района. Далее граница идет от Гидрографической геодезической отметки США в южном направлении на 1423 м в виде прямой линии непосредственно к отметке Т510 № 2.

Геология, геоморфология и почвы

Полуостров Хат-Пойнт имеет 20 км в длину и состоит из ряда кратеров, простирающихся на юг от склонов горы Эребус (Kyle 1981). Базальтовые горные породы полуострова Хат-Пойнт составляют часть вулканической провинции Эребус. Доминирующими горными породами являются щелочные базальтовые лавы и пирокластика, с небольшими количествами фонолита и иногда выходящими на поверхность промежуточными лавами (Kyle 1981). Аэромагнитные данные и магнитные модели показывают, что магнитные вулканические породы, залегающие на полуострове Хат-Пойнт, вероятно, имеют толщину менее 2 км (Behrendt et al. 1996), а исследования по определению возраста заставляют предполагать, что большинство базальтовых пород моложе примерно 750 тыс. лет (Tauxe et al. 2004).

Почва на высотах Эррайвл состоит в основном из вулканических шлаков, отложившихся в результате извержений горы Эребус с размером частиц от мелких частиц до валунов. Толщина поверхностных отложений составляет от нескольких сантиметров до десятков метов, причем в основе активного слоя имеется вечная мерзлота (Stefano, 1992). Поверхностный материал на высотах Эррайвл также включает в себя потоки магмы с горы Эребус, которые выветрились и модифицировались с течением времени. Песчано-клиновидные полигоны охватывают площадь примерно в 0,5 км² на высотах Эррайвл и, поскольку физические нарушения носили ограниченный характер в силу охраняемого статуса Района, имеют гораздо большую протяженность, чем в любых других местах рядом с южной частью полуострова Хат-Пойнт (Klein et al. 2004).

Климат

Высоты Эррайвл подвержены частым сильным ветрам, там обычно холоднее и ветреннее, чем на близлежащих станции МакМердо и базе Скотт (Mazzera et al. 2001). В период с февраля 1999 г. по апрель 2009 г. в Районе была зарегистрирована максимальная температура 7,1°C (30 декабря 2001 г.) и минимальная -49,8°C (21 июля 2004 г.). В этот период декабрь был самым теплым месяцем со среднемесячной температурой воздуха -5,1°C, а август был самым холодным месяцем со средней температурой -28,8°C (данные получены от Национального института исследований воды и атмосферы, Новая Зеландия, http://www.niwa.cri.nz. 21 мая 2009 г.).

Среднегодовая скорость ветра, зарегистрированная на высотах Эррайвл в период 1999-2009 гг., составляла 6,96 м/с-1, причем июнь и сентябрь были самыми ветряными месяцами (данные получены от Национального института исследований воды и атмосферы, Новая Зеландия, http://www.niwa.cri.nz. 21 мая 2009 г.). Самый большой порыв ветра, зарегистрированный на высотах Эррайвл в период 1999-2011 гг., составил 51 м/с-1 (примерно 184 км/ч) 16 мая 2004 года. На высотах Эррайвл преобладает северо-восточное направление ветра, поскольку южные массивы воздуха изменяют направление вследствие окружающей топографии (Sinclair 1988). Полуостров Хат-Пойнт лежит на стыке трех различных массивов воздуха, что обусловливает предрасположенность района к быстрому наступлению суровых погодных условий (Monaghan et al. 2005).

Научные исследования

На высотах Эррайвл проводятся многочисленные долгосрочные научные исследования, причем большая их часть сосредоточивается на атмосфере и магнитосфере Земли. Области научных исследований включают в себя крайне низкие и очень низкие радиочастоты, связанные с полярным сиянием явления, геомагнитные бури, метеорологические явления и колебания в уровнях остаточных газов, особенно озона. Район расположен близко к станции МакМердо и базе Скотт, что обеспечивает хороший доступ и возможность получения материально-технической поддержки и облегчает проведение научных исследований в Районе.

На высотах Эррайвл постоянно проводится сбор данных о крайне низких и очень низких частотах (КНЧ/ОНЧ) со времени южного лета 1984-1985 гг. (Fraser-Smith *et al.* 1991). Данные о шуме КНЧ/ОНЧ являются уникальными как с точки зрения длины, так и продолжительности для Антарктики и были зарегистрированы одновременно с данными КНЧ/ОНЧ в Стэнфордском университете, что позволяет сравнивать полярные и среднеширотные временные ряды. Отсутствие электромагнитных помех и удаленное месторасположение высот Эррайвл позволяют исследователям измерять фоновые шумовые диапазоны КНЧ/ОНЧ и слабые сигналы КНЧ, такие как шумановский резонанс, которые являются ассоциированными изменениями в магнетосфере и ионосфере (Füllekrug & Fraser-Smith 1996). Данные о КНЧ/ОНЧ и шумановском резонансе, собранные в Районе, изучаются в отношении колебаний в солнечных пятнах, явлений выпадения солнечных частиц и метеорологического явления планетарного масштаба (Anyamba *et al.* 2000; Schlegel & Füllekrug 1999; Fraser-Smith & Turtle 1993). Кроме того, данные о КНЧ использовались как репрезентативные данные о глобальной активности громовых разрядов облако-земля и грозах (Füllerkrug *et al.* 1999), а данные об ОНЧ позволяют вносить вклад в функционирование глобальных сетей, который ведут контроль за активностью громовых разрядов и условиями в ионосфере (Clilverd *et al.* 2009; Rodger *et al.* 2009). Высококачественные данные, полученные на высотах Эррайвл, позволили определить верхнюю границу массы покоя фотонов $\sim 10^{-52}$ кг. (Füllerkrug 2004) на основании выявления подробных измерений высоты глобального ионосферного отражения (Füllerkrug *et al.* 2002) и также предоставили критическую связь между грозовыми разрядами в средних и тропических широтах и вариации температуры поверхности в умеренном и тропическом климате (Füllerkrug & Fraser-Smith 1997). Благодаря недавно проведенным исследованиям были разработаны новаторские измерительные технологии с чувствительностью µВ/м по широкополосному диапазону от примерно 4 Гц до примерно 400 кГц (Füllerkrug 2010), что имеет многообещающий научный потенциал, когда требуются условия электромагнитного спокойствия, такие, как те, которые имеются на высотах Эррайвл.

Южное месторасположение высот Эррайвл обусловливает несколько недель полной темноты во время южного лета, что позволяет наблюдать связанные с полярным сиянием явления низкой интенсивности и излучения дневной стороны планеты (Wright *et al.* 1998). Данные, полученные на высотах Эррайвл, используются для слежения за движением дуг полярных шапок, формы полярного сияния, и результаты были соотнесены с условиями солнечного, ветряного и межпланетного магнитного поля. Наблюдения за полярным сиянием, проведенные на высотах Эррайвл исследователями Университета Вашингтона, также используются для расчета скорости и температуры ветров высоких широт путем анализа доплеровского смещения излучений полярного сияния. Помимо исследования полярного сияния, оптические данные, собранные в Районе, используются для мониторинга реакции термосферы на геомагнитные бури (Hernandez & Roble 2003), а радар средней частоты используется для измерения скоростей ветра в средней атмосфере (70-100 км) (McDonald *et al.* 2007).

На высотах Эррайвл измеряются разнообразные виды остаточных газов, включая озон, бромин, метан, оксиды азота, хлороводород и угарный газ, причем записи ведутся с 1982 г. (Connor *et al.* 2005). Высоты Эррайвл являются ключевым участком в Сети обнаружения состава атмосферы (МСИАС), при этом данные используются для мониторинга изменений в стратосфере, включая долгосрочную эволюцию озонного слоя и изменения общего состава атмосферы. Уровни озона регистрируются на высотах Эррайвл с 1988 г. и используются для мониторинга как долгосрочных, так и сезонных вариаций в озоне (Oltmans *et al.* 2008; Nichol *et al.* 1991), а также для оценки потери озона в Антарктике (Kuttippurath *et al.* 2010). Помимо долгосрочных тенденций, весной на высотах Эррайвл были зарегистрированы явления внезапного и существенного истощения озона, что происходит за несколько часов и, как предполагают, вызывается высвобождением соединений брома из морской соли (Riedel *et al.* 2006; Hay *et al.* 2007). С 1995 г. в Районе постоянно регистрируются тропосферные уровни брома, которые изучаются в отношении истощения озона, нагревания стратосферы и изменений полярного вихря, а также используются для проверки спутниковых измерений (Schofield *et al.* 2006). Данные об окислах азота (NO_2), собранные на высотах Эррайвл, также используются для изучения вариаций в уровнях озона, и результаты показывают значительные колебания в NO_2 от дневной до межгодовой шкалы времени, что потенциально является результатом изменений в атмосферной циркуляции, температуре и химическом форсинге (Struthers *et al.* 2004, Wood *et al.*, 2004). Кроме того, на высотах Эррайвл используется наземная спектроскопия Фурье для мониторинга уровней атмосферной сероокиси углерода и для регистрации потоков хлороводорода с горы Эребус (Deutscher *et al.* 2006; Keys *et al.* 1998).

Растительность

Лишайники на высотах Эррайвл были изучены в 1957 г. (исследователи - C.W. Dodge и G.E. Baker), и были зарегистрированы такие виды, как *Buellia alboradians, B. frigida, B. grisea, B. pernigra, Caloplaca citrine, Candelariella flava, Lecanora expectans, L. fuscobrunnea, Lecidella siplei, Parmelia griseola, P. leucoblephara* и *Physcia caesia.* На высотах Эррайвл были зарегистрированы такие виды мха, как *Sarconeurum glaciale* и *Syntrichia sarconeurum* (База данных растений BAS, 2009), причем документально подтверждается наличие *S. glaciale* в дренажных каналах и на заброшенных путях следования транспортных средств (Skotnicki *et al.* 1999).

Деятельность/воздействие человека

Сооружения на высотах Эррайвл используются круглогодично сотрудниками станции МакМердо (США) и базы Скотт (НЗ). Помимо двух лабораторных зданий, в различных местах Района располагаются многочисленные многовибраторные антенны, другие антенны, оборудование связи и научные инструменты, наряду с соответствующей системой кабелей.

Научные инструменты, используемые для исследования атмосферы в Районе, чувствительны к электромагнитному шуму и помехам, причем потенциальные местные источники шума включают в себя радиопередачи ОНЧ, линии электропередачи, системы отработавших газов транспортных средств, а также лабораторное оборудование. Источники шума, производимого за пределами Района, и также могущие повлиять на электромагнитные условия на высотах Эррайвл, включают в себя радиосвязь, развлекательные радиопередачи, радиосигналы с судов, воздушно-транспортных средств или спутников, а также обзорные локаторы воздушных судов.

В отчете о посещении участка в 2006 г. утверждается, что уровни помех в то время были приемлемо низкими, несмотря на деятельность на станции МакМердо и базе Скотт. В целях обеспечения определенной степени защиты от местных радиопередач и шума на станции, некоторые антенны ОНЧ на высотах Эррайвл расположены во Втором кратере.

Полагают, что несанкционированный доступ в Район, как на транспортных средствах, так и пешком, привел к повреждениям системы кабелей и научных инструментов, хотя степень ущерба и воздействия на научные результаты неизвестна. В начале 2010 г. в здании USAP была установлена видеокамера для контроля за въездом в Район по дороге, ведущей к лабораториям.

Недавно сооруженные установки в Районе и по соседству с ним включают в себя FE-Boltzmann LiDAR в научной лаборатории Новой Зеландии на высотах Эррайвл в 2010 г., многовибраторную антенну супердвойной связанной с полярным сиянием РАДАР-сети (2009-10) и две наземные станции спутниковой связи (Карта 2). Многовибраторная антенна SuperDARN передает на низких частотах (8-20 мГц), причем главное направление передачи – юго-запад Района, а ее месторасположение было выбрано в частности для сведения к минимуму помех экспериментам на высотах Эррайвл. Неподалеку расположены две наземные станции спутниковой связи (Совместная полярная спутниковая система (JPSS) и MG2). Одна из станций спутниковой связи способна передавать (диапазон частот 2025 – 2120 Гц) и принимается меры к тому, чтобы свести к минимуму облучение Района.

Примерно на расстоянии 1,5 км к востоку от Района и недалеко от Кратерного холма были построены три ветряные турбины в течение южного лета 2009-10 гг. (Карта 1). ЭМП, исходящие от турбин, должны соответствовать принятым нормам для электрооборудования и энергосредств. Однако, на высотах Эррайвл на сейсмограммах очень низкой частоты были зарегистрированы ЭМП, исходящие от новых ветряных турбин, причем потенциальными источниками ЭМП могут быть турбинные трансформаторы, генераторы и линии электропередачи.

В настоящее время проводится детальный анализ ЭМП, и при этом особое внимание уделяется определению возможного воздействия в результате функционирования расположенных поблизости ветряных турбин, а также систем LiDAR и энергопитания, установленных в лабораториях Района. Результаты ожидаются в конце 2011 года.

На высотах Эррайвл с 1992 г. регулярно осуществляется мониторинг качества воздуха, и недавно проведенные исследования говорят о снижении качества воздуха, скорее всего в результате выбросов загрязнителей со станции МакМердо или базы Скотт (Mazzera *et al.* 2001), например, как следствие строительства и эксплуатации транспортных средств. В результате проведенного расследования было обнаружено, что в образцах качества воздуха содержалась более высокая концентрация обусловленных загрязнением видов (EC, SO2, Pb, Zn) и аэрозолей PM10 (частиц с аэродинамическим диаметром менее 10 мкм), чем на других прибрежных и антарктических участках.

6(ii) Доступ в Район

Доступ в Район возможен по земле на транспортном средстве или пешком. Подъездная дорога в Район проходит через юго-восточную часть и простирается до научных лабораторий. В районе имеется несколько маршрутов для транспортных средств, которые начинаются от наземной станции спутниковой связи на Первом кратере и заканчиваются у подножия Второго кратера. Пешеходы могут входить по подъездной дороге.

Доступ по воздуху и транзитные полеты через Район запрещены, за исключением особых случаев по разрешению, при этом до въезда следует уведомить соответствующие органы власти, поддерживающие исследовательские программы в Районе.

6(iii) Зоны ограниченного доступа и особого управления на территории Района

Отсутствуют.

6(iv) Сооружения на территории и в окрестностях Района

На территории Района расположены исследовательские и жилые сооружения программ Новой Зеландии и Соединенных Штатов. Новая Зеландия открыла новую научную лабораторию на высотах Эррайвл 20 января 2007 г., заменив старое здание, которое было удалено из Района. США сохраняют одну лабораторию в Районе. В разных местах Района расположены многовибраторные антенны и прочие антенны в научных целях (Карта 2), а в декабре 2008 г. на высотах Эррайвл была установлена новая антенна ОНЧ. Наземная станция спутниковой связи (SES) расположена в нескольких метрах от границы Района в Первом кратере (Карта 2).

Многовибраторная антенна SuperDARN расположена на расстоянии примерно в 270 м к юго-западу Района, а две наземные станции спутниковой связи расположены на расстоянии примерно 150 м к юго-западу Района (Карта 2).

6(v) Наличие других охраняемых территорий в непосредственной близости от Района

Ближайшие к высотам Эррайвл охраняемые районы расположены на острове Росс: ближе всех, на расстоянии 22 км к северу, расположен мыс Эванс (ООРА № 155); залив Бэкдор (ООРА № 157) находится в 32 км к северу, мыс Ройдс (ООРА № 121) находится в 35 км к северо-северо-западу; гряда Трэмвей (ООРА № 130) вблизи вершины горы Эребус расположена в 40 км к северу; залив Льюис (ООРА № 156), место аварии пассажирского самолета DC-10 в 1979 г., в 50 км к северо-востоку; долина Нью-Колледж (ООРА № 116) расположена в 65 км к северу на мысе Бэрд; и мыс Крозьер (ООРА № 124) находится в 70 км к северо-востоку. Северо-западная часть острова Уайт (ООРА № 137) расположена в 35 км к югу на противоположной стороне шельфового ледника Росс. Особо управляемый район Антарктики № 2 «Сухие долины МакМердо» находится примерно в 50 км к западу Района.

7. Условия выдачи разрешений

Доступ в Район возможен только на основании разрешения, которое выдается соответствующим национальным органом власти. Разрешение на посещение Района выдается на следующих условиях:

- оно выдается только для осуществления научных исследований атмосферы и магнетосферы или для достижения других научных целей, которые не могут быть достигнуты ни в каком ином месте; или

- оно выдается для эксплуатации и технического обслуживания вспомогательных научных сооружений (включая безопасную эксплуатацию), а также управления ими при условии, что передвижение по территории Района ограничивается действиями, необходимыми для получения доступа к этим сооружениям; или

- оно выдается для осуществления образовательной и просветительской деятельности, которая не может быть осуществлена ни в каком ином месте и которая связана с проводимыми в Районе научными исследованиями, при условии, что посетителей сопровождают уполномоченные сотрудники, отвечающие за посещаемые сооружения; или

- оно выдается для достижения важнейших целей управления, соответствующих задачам настоящего плана, таким, как инспекция или экспертиза;

- разрешенная деятельность не поставит под угрозу научные или образовательные ценности Района;

- любые меры управления поддерживают цели Плана управления;

- деятельность разрешена в соответствии с Планом управления;

- во время пребывания на территории Района необходимо иметь при себе Разрешение или его копию;

- отчет о посещении должен быть направлен в орган или органы власти, указанные в Разрешении;

- Разрешение выдается на указанный срок.

7(i) Доступ в Район и передвижение по его территории

Доступ в Район разрешается с помощью наземных транспортных средств и пешком. Посадка воздушных судов и беспосадочные полеты над территорией Района запрещаются, если это специально не оговорено в Разрешении. Соответствующему органу или органам власти, оказывающим поддержку научных исследований в Районе, заблаговременно должно быть направлено письменное уведомление о времени предполагаемой деятельности воздушных судов. Место и сроки этой деятельности должны быть соответствующим образом скоординированы с тем, чтобы свести к минимуму возможные нарушения хода научных программ.

Движение наземных транспортных средств и пешеходов должно быть сведено к минимуму, необходимому для достижения целей разрешенной деятельности; при этом следует принимать все возможные меры для минимизации потенциального воздействия на научные исследования: например, персонал, въезжающий в Район на наземных транспортных средствах, должен координировать свое передвижение с тем, чтобы свести к минимуму использование наземных транспортных средств.

Наземные транспортные средства должны придерживаться установленных маршрутов, показанных на Карте 2, если иное специально не оговорено в Разрешении. Пешеходы также должны, по возможности, придерживаться установленных маршрутов. Передвигаясь по Району, следует избегать контакта с системой кабелей и другими инструментами, поскольку им может нанести повреждение передвижение пешеходов и наземных транспортных средств. В часы темноты следуют выключать фары дальнего света при приближении к сооружениям для недопущения нанесения ущерба светочувствительным инструментам в Районе.

7(ii) Осуществляемая или разрешенная деятельность на территории Района, включая ограничения по времени или пространству

К числу разрешенных видов деятельности на территории Района, относятся:

• научные исследования, не представляющие угрозу для научных ценностей Района;

• крайне необходимые меры управления, включая установку новых сооружений, необходимых для проведения научных исследований;

• деятельность с образовательными целями (такая, как документальные отчеты (фотографические, аудио или письменные) или подготовка образовательных ресурсов или услуг), что нельзя осуществить ни в каком ином месте;

• посетителям Района разрешается использовать портативные или автомобильные радиоприемники, однако, их применение должно быть сведено к минимуму и ограничивается осуществлением связи для целей науки, управления и безопасности;

• исследование электромагнитного шума, с тем чтобы помогать предотвращать нанесение серьезного ущерба научным исследованиям.

7(iii) Установка, модификация или снос сооружений

• Возведение сооружений на территории Района допускается только на основании Разрешения.

• Все сооружения, научное оборудование или отметки, установленные на территории Района за пределами сооружений исследовательской хижины, должны быть разрешены в Разрешении и должны иметь четкую идентификацию с указанием страны, Ф.И.О. главного исследователя и года установки. Удаление подобных сооружений, научного оборудования или отметок по истечении срока действия Разрешения является обязанностью органа власти, выдавшего первоначальное Разрешение, и является одним из условий Разрешения.

• Установка (включая выбор участка), техническое обслуживание, модификация или удаление сооружений производится в форме, позволяющей свести к минимуму нарушение окружающей среды, причем установки не должны создавать угрозы для ценностей Района, особенно «спокойных» в электромагнитном отношении условий. Установки должны быть выполнены из материалов, представляющих минимальную опасность с точки зрения загрязнения окружающей среды Района. В Разрешении должны быть оговорены сроки вывоза оборудования.

• На территории Района не разрешается установка нового радиочастотного передающего оборудования, кроме приемопередатчиков малой мощности, использующихся для необходимой местной связи. Электромагнитное излучение от оборудования, ввезенного в Район, не должно оказывать значительного отрицательного воздействия на какие-либо текущие исследования, если это конкретно не оговорено в Разрешении. Электрическое оборудование, используемое на территории Района, должно быть снабжено защитными экранами с тем, чтобы свести к минимуму электромагнитные шумовые помехи.

• При установке или модификации сооружений или оборудования на территории Района должна проводиться оценка вероятного влияния предполагаемой установки или модификации на ценности Района в соответствии с требованиями национальных процедур. В дополнение к любым другим процедурам, которых могут потребовать соответствующие органы, исследователи должны направлять подробное описание предложений и соответствующей оценки воздействия координатору своей национальной программы, который будет обмениваться полученными документами с координаторами других видов деятельности, осуществляемых в Районе. Координаторы совместно с руководителями национальных программ и соответствующими исследователями будут проводить оценку предложений с точки зрения их потенциального воздействия на научные или экологические ценности Района. Координаторы должны достичь договоренности друг с другом и в течение 60 дней после получения предложения направить своим национальным программам соответствующие рекомендации (начать работы в соответствии с предложением, внести изменения в предложение, начать испытания с целью дальнейшей проверки, отклонить предложение).

Национальные программы должны информировать исследователей о том, могут ли они (и при каких обстоятельствах) приступить к реализации своих предложений.

- При планировании, установке или модификации расположенных поблизости сооружений или оборудования за пределами Района, которые имеют электромагнитный резонанс, следует учитывать их потенциальное воздействие на ценности Района.

7(iv) Расположение полевых лагерей

Разбивка лагерей на территории Района запрещается. Посетители могут оставаться на ночь в зданиях, оборудованных для этих целей.

7(v) Ограничения на ввоз материалов и организмов в Район

Особые ограничения на ввоз материалов и организмов на территорию Района отсутствуют.

7(vi) Изъятие или вредное вмешательство в жизнь местной флоры и фауны

Изъятие или вредное вмешательство в жизнь местной флоры и фауны допускаются только на основании отдельного Разрешения, выданного соответствующим национальным органом власти конкретно с этой целью в соответствии со статьей 3 Приложения II к Протоколу.

7(vii) Сбор и вывоз объектов, которые не были ввезены в Район держателем разрешения

- Сбор и вывоз материалов из Района допускается только в соответствии с разрешением и ограничивается минимумом, необходимым для выполнения научных задач или целей управления.

- Материалы антропогенного происхождения, которые могут нанести ущерб ценностям Района и которые не были ввезены в Район держателем разрешения или санкционированы иным образом, могут быть вывезены из любой части Района, за исключением ситуаций, когда существует вероятность того, что последствия вывоза превзойдут последствия пребывания материала на месте. В этом случае необходимо направить уведомление соответствующим органам власти.

- Соответствующим национальным органам власти следует сообщать о любых вывезенных из Района предметах, которые не были ввезены держателем Разрешения.

7(viii) Удаление отходов

Все отходы, в т.ч. отходы человеческой деятельности, подлежат вывозу из Района.

7(ix) Меры, необходимые для обеспечения возможности дальнейшего выполнения целей и задач Плана управления

1) Разрешения на доступ в Район могут выдаваться для проведения научного мониторинга и осмотра территории, что может предусматривать сбор данных для анализа или проверки, или принятия охранных мер.

2) Все участки, специально предназначенные для проведения долгосрочного мониторинга, должны иметь соответствующие указатели. Стороны, осуществляющие деятельность на территории Района, должны определить электромагнитные диапазоны, представляющие особый интерес для науки и требующие особой охраны от помех. По возможности, создание электромагнитного шума должно быть в пределах частот.

3) Запрещается преднамеренное создание электромагнитного шума в Районе вне согласованных частотных диапазонов и уровней мощности или помимо случаев, оговоренных в Разрешении.

7(x) Требования к отчетности

- Стороны должны принять меры к тому, чтобы основной держатель каждого выданного разрешения представил соответствующему органу власти отчет о предпринятой деятельности. Насколько это уместно, в состав такого отчета должна входить информация, указанная в Форме отчета о посещении, приведенной в Руководстве по подготовке Планов управления Особо охраняемыми районами Антарктики.

- Стороны должны вести учет такой деятельности и в рамках ежегодного обмена информацией предоставлять краткие описания мероприятий, проведенных лицами, которые находятся под их юрисдикцией. Эти описания должны содержать достаточно подробные сведения, чтобы можно было провести оценку эффективности Плана управления. По мере возможности, Стороны должны сдавать оригиналы отчетов или их копии в открытый архив для ведения учета использования участка. Эти отчеты будут использоваться как при пересмотре Плана управления, так и в процессе организации использования Района в научных целях.

- Соответствующему органу власти следует сообщать о любой предпринятой деятельности/мерах и/или любых сброшенных и не вывезенных материалах, которые не указаны в разрешении. О любой утечке следует сообщать в соответствующий орган власти.

Ссылки

Anyamba, E., Williams, E., Susskind, J., Fraser-Smith, A. & Fullerkrug, M. 2000. The Manifestation of the Madden-Julian Oscillation in Global Deep Convection and in the Schumann Resonance Intensity. *American Meteorology Society* **57**(8): 1029–44.

Behrendt, J. C., Saltus, R., Damaske, D., McCafferty, A., Finn, C., Blankenship, D. D. & Bell, R. E. 1996. Patterns of Late Cenozoic volcanic tectonic activity in the West Antarctic rift system revealed by aeromagnetic surveys. *Tectonics* **15**: 660–76.

Clilverd, M. A., C. J. Rodger, N. R. Thomson, J. B. Brundell, Th. Ulich, J. Lichtenberger, N. Cobbett, A. B. Collier, F. W. Menk, A. Seppl, P. T. Verronen, and E. Turunen. 2009. Remote sensing space weather events: the AARDDVARK network. *Space Weather* **7** (S04001). DOI: 10.1029/2008SW000412.

Connor, B. J., Bodeker, G., Johnston, P. V., Kreher, K., Liley, J. B., Matthews, W. A., McKenzie, R. L., Struthers, H. & Wood, S. W. 2005. Overview of long-term stratospheric measurements at Lauder, New Zealand, and Arrival Heights, Antartica. *American Geophysical Union, Spring Meeting 2005*.

Deutscher, N. M., Jones, N. B., Griffith, D. W. T., Wood, S. W. and Murcray, F. J. 2006. Atmospheric carbonyl sulfide (OCS) variation from 1992-2004 by ground-based solar FTIR spectrometry. *Atmospheric Chemistry and Physics Discussions* **6**: 1619–36.

Fraser-Smith, A. C., McGill, P. R., Bernardi, A., Helliwell, R. A. & Ladd, M. E. 1991. Global Measurements of Low-Frequency Radio Noise *in* Environmental and Space Electromagnetics (Ed. H. Kikuchi). Springer-Verlad, Tokyo.

Fraser-Smith, A. C. & Turtle, J. P.1993. ELF/VLF Radio Noise Measurements at High Latitudes during Solar Particle Events. Paper presented at the 51st AGARD-EPP Specialists meeting on *ELF/VLF/LF Radio Propagation and Systems Aspects*. Brussels, Belgium; 28 Sep – 2 Oct, 1992.

M. Füllekrug, M. 2004. Probing the speed of light with radio waves at extremely low frequencies. *Physical Review Letters* **93**(4), 043901: 1-3.

Füllekrug, M. 2010. Wideband digital low-frequency radio receiver. *Measurement Science and Technology*, **21**, 015901: 1-9. doi:10.1088/0957-0233/21/1/015901.

Füllekrug , M. & Fraser-Smith, A. C.1996. Further evidence for a global correlation of the Earth-ionosphere cavity resonances. *General Assembly of the International Union of Geodesy and Geophysics No. 21, Boulder, Colorado, USA.*

Füllekrug, M. & Fraser-Smith, A.C. 1997. Global lightning and climate variability inferred from ELF magnetic field variations. *Geophysical Research Letters* **24**(19), 2411

Füllekrug, M., Fraser-Smith, A. C., Bering, E. A. & Few, A. A. 1999. On the hourly contribution of global cloud-to-ground lightning activity to the atmospheric electric field in the Antarctic during December 1992. *Journal of Atmospheric and Solar-Terrestrial Physics* **61**: 745-50.

Füllekrug, M., Fraser-Smith, A.C. & Schlegel, K. 2002. Global ionospheric D-layer height monitoring. *Europhysics Letters* **59**(4): 626.

Hay, T., Kreher, K., Riedel, K., Johnston, P., Thomas, A. & McDonald, A. 2007. Investigation of Bromine Explosion Events in McMurdo Sound, Antarctica. *Geophysical Research Abstracts*. Vol. 7.

Hernandez, G. & Roble, R. G. 2003. Simultaneous thermospheric observations during the geomagnetic storm of April 2002 from South Pole and Arrival Heights, Antarctica. *Geophysical Research Letters* **30** (10): 1511.

Keys, J. G., Wood, S. W., Jones, N. B. & Murcray. 1998. Spectral Measurements of HCl in the Plume of the Antarctic Volcano Mount Erebus. *Geophysical Research Letters* **25** (13): 2421–24.

Klein, A. G., Kennicutt, M. C., Wolff, G. A., Sweet, S. T., Gielstra, D. A. & Bloxom, T. 2004. Disruption of Sand-Wedge Polygons at McMurdo Station Antarctica: An Indication of Physical Disturbance. *61st Eastern Snow Conference*, Portland, Maine, USA.

Kyle, P. 1981. Mineralogy and Geochemistry of a Basanite to Phonolite Sequence at Hut Point Peninsula, Antarctica, based on Core from Dry Valley Drilling Project Drillholes 1,2 and 3. *Journal of Petrology.* **22** (4): 451 – 500.

Kuttippurath, J., Goutail, F., Pommereau, J.-P., Lefèvre, F., Roscoe, H. K., Pazmi~no A., Feng, W., Chipperfield, M. P., & Godin-Beekmann, S. 2010. Estimation of Antarctic ozone loss from ground-based total column measurements. *Atmospheric Chemistry and Physics* **10**: 6569–81.

Mazzera, D. M., Lowenthal, D. H., Chow, J, C. & Watson, J. G. 2001. Sources of PM_{10} and sulfate aerosol at McMurdo station, Antarctica. *Chemosphere* **45**: 347–56.

McDonald, A. J., Baumgaertner, A. J. G., Fraser, G. J., George, S. E. & Marsh, S. 2007. Empirical Mode Decomposition of the atmospheric wave field. *Annals of Geophysics* **25**: 375–84.

Monaghan, A. J. & Bromwich, D. H. 2005. The Climate of the McMurdo, Antarctica, Region as Represented by One Year Forecasts from the Antarctic Mesoscale Prediction System. *Journal of Climate.* 18, pp. 1174–89.

Nichol, S. E., Coulmann, S. & Clarkson, T. S. 1991. Relationship of springtime ozone depletion at Arrival Heights, Antarctica, to the 70 HPA temperatures. *Geophysical Research Letters* **18** (10): 1865–68.

Oltmans, S. J., Johnson, B. J. & Helmig, D. 2008. Episodes of high surface-ozone amounts at South Pole during summer and their impact on the long-term surface-ozone variation. *Atmospheric Environment* **42**: 2804–16.

Riedel, K., Kreher, K., Nichol, S. & Oltmans, S. J. 2006. Air mass origin during tropospheric ozone depletion events at Arrival Heights, Antarctica. *Geophysical Research Abstracts* **8**.

Rodger, C. J., J. B. Brundell, R. H. Holzworth, and E. H. Lay. 2009. Growing detection efficiency of the World Wide Lightning Location Network. American Institute of Physics Conference Proceedings **1118**: 15-20. DOI:10.1063/1.3137706. Schlegel, K. & Fullekrug, M. 1999. Schumann resonance parameter changes during high-energy particle precipitation. *Journal of Geophysical Research* **104** (A5): 10111-18.

Schofield, R., Johnston, P. V., Thomas, A., Kreher, K., Connor, B. J., Wood, S., Shooter, D., Chipperfield, M. P., Richter, A., von Glasow, R. & Rodgers, C. D. 2006. Tropospheric and stratospheric BrO columns over Arrival Heights, Antarctica, 2002. *Journal of Geophysical Research* **111**: 1–14.

Sinclair, M. R. 1988. Local topographic influence on low-level wind at Scott Base, Antarctica. *New Zealand Journal of Geology and Geophysics.* **31**: 237–45.

Skotnicki, M. L., Ninham, J. A. & Selkirk P. M. 1999. Genetic diversity and dispersal of the moss Sarconeurum glaciale on Ross Island, East Antarctica. *Molecular Ecology* **8**: 753-62.

Stefano, J. E. 1992. Application of Ground-Penetrating Radar at McMurdo Station, Antarctica. Presented at the Hazardous Materials Control Research Institute federal environment restoration conference, Vienna, USA, 15-17 April 1992.

Struthers, H., Kreher, K., Austin, J., Schofield, R., Bodeker, G., Johnston, P., Shiona, H. & Thomas, A. 2004. Past and future simulations of NO_2 from a coupled chemistry-climate model in comparison with observations. *Atmospheric Chemistry and Physics Discussions* **4**: 4545–79.

Tauxe, L., Gans, P. B. & Mankinen, E. A. 2004. Paleomagnetic and 40Ar/39Ar ages from Matuyama/Brunhes aged volcanics near McMurdo Sound, Antarctica. *Geochemical Geophysical Geosystems* **5** (10): 1029.

Wood, S. W., Batchelor, R. L., Goldman, A., Rinsland, C. P., Connor, B. J., Murcray, F. J., Stephan, T. M. & Heuff, D. N. 2004. Ground-based nitric acid measurements at Arrival Heights, Antarctica, using solar and lunar Fourier transform infrared observations. *Journal of Geophysical Research* **109**: D18307.

Wright, I. M., Fraser, B. J., & Menk F.W. 1998. Observations of polar cap arc drift motion from Scott Base S-RAMP Proceedings of the AIP Congress, Perth, September 1998.

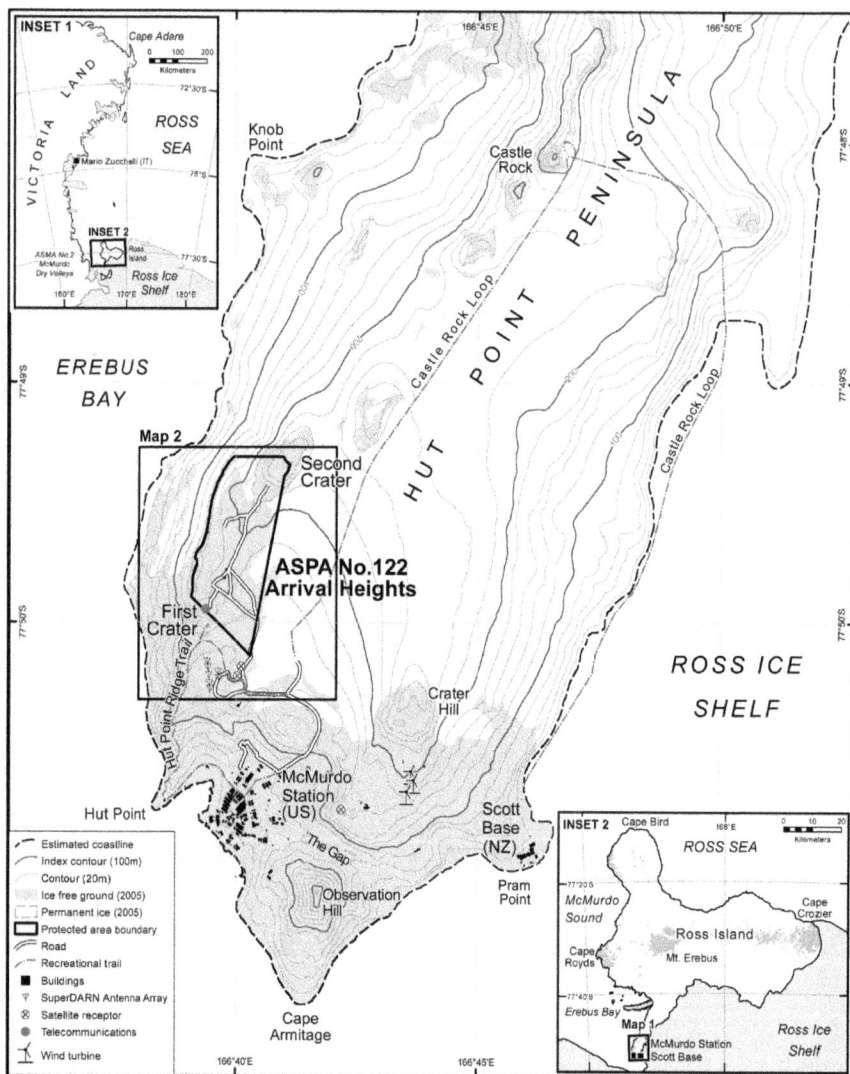

ASPA No. 122 - Arrival Heights
Map 1: Regional overview

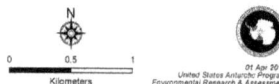

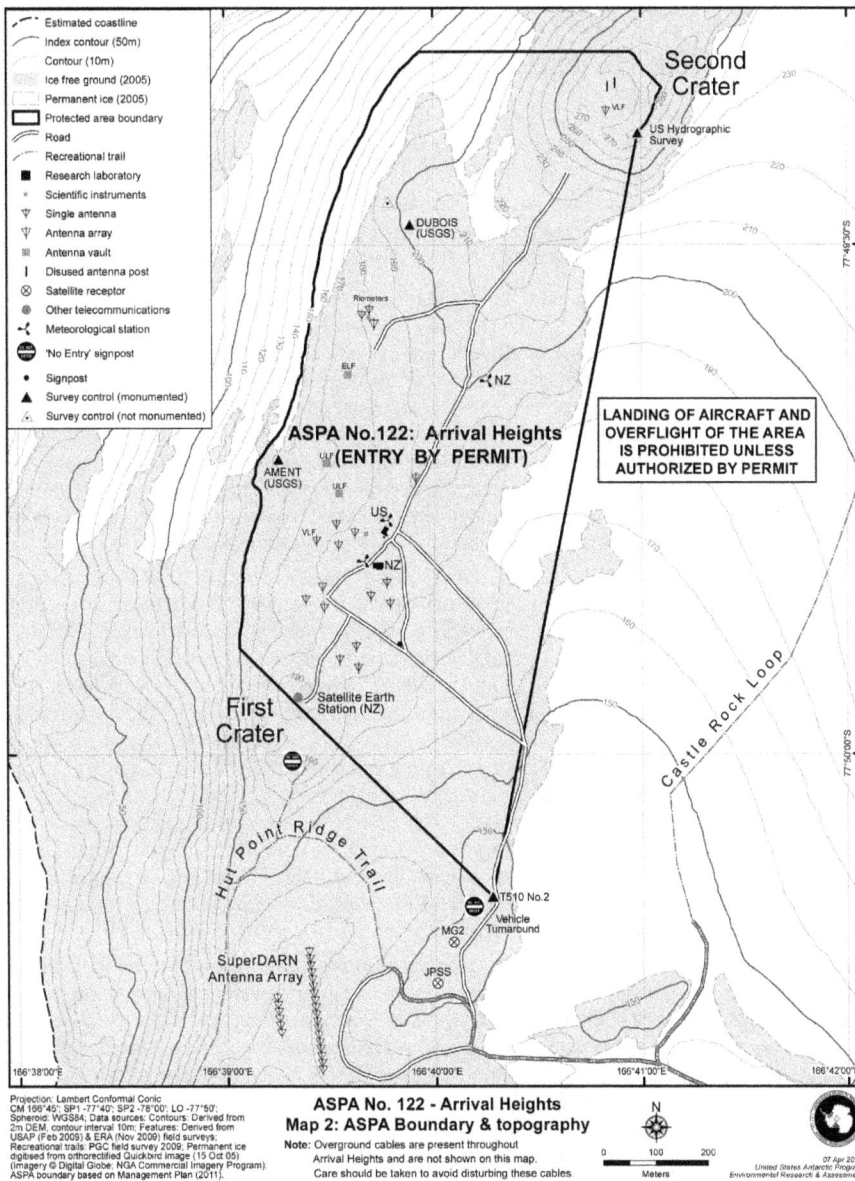

Estimated coastline
Index contour (50m)
Contour (10m)
Ice free ground (2005)
Permanent ice (2005)
Protected area boundary
Road
Recreational trail
Research laboratory
Scientific instruments
Single antenna
Antenna array
Antenna vault
Disused antenna post
Satellite receptor
Other telecommunications
Meteorological station
'No Entry' signpost
Signpost
Survey control (monumented)
Survey control (not monumented)

Second Crater

US Hydrographic Survey

DUBOIS (USGS)

Riometers

ELF

NZ

ASPA No.122: Arrival Heights
(ENTRY BY PERMIT)

ULF

AMENT (USGS)

ULF

US

VLF

NZ

LANDING OF AIRCRAFT AND
OVERFLIGHT OF THE AREA
IS PROHIBITED UNLESS
AUTHORIZED BY PERMIT

First Crater

Satellite Earth Station (NZ)

Hut Point Ridge Trail

Castle Rock Loop

T510 No.2
Vehicle Turnaround

MG2

SuperDARN Antenna Array

JPSS

Projection: Lambert Conformal Conic
CM 166°45'; SP1 -77°40'; SP2 -78°00'; LO -77°50';
Spheroid: WGS84; Data sources: Contours: Derived from
2m DEM, contour interval 10m; Features: Derived from
USAP (Feb 2009) & ERA (Nov 2009) field surveys;
Recreational trails: PGC field survey 2009; Permanent ice
digitised from orthorectified Quickbird image (15 Oct 05)
(Imagery © Digital Globe; NGA Commercial Imagery Program);
ASPA boundary based on Management Plan (2011).

ASPA No. 122 - Arrival Heights
Map 2: ASPA Boundary & topography

Note: Overground cables are present throughout
Arrival Heights and are not shown on this map.
Care should be taken to avoid disturbing these cables.

N

0   100   200
Meters

07 Apr 2011
United States Antarctic Program
Environmental Research & Assessment

План управления
Особо охраняемым районом Антарктики (ООРА) № 126
ПОЛУОСТРОВ БАЙЕРС, ОСТРОВ ЛИВИНГСТОН, ЮЖНЫЕ ШЕТЛАНДСКИЕ ОСТРОВА

Введение

Главным основанием для выделения полуострова Байерс (62°34'35"ю.ш., 61°13'07"з.д.) на острове Ливингстон, Южные Шетландские острова, в качестве Особо охраняемого района Антарктики (ООРА) является охрана наземных и озерных мест обитания флоры и фауны в этом районе.

Полуостров Байерс был первоначально определен в качестве Особо охраняемого района (ООР) № 10 на основании Рекомендации IV-10 в 1966 году. В состав района вошли свободный ото льда участок грунта на западной границе вечного ледникового покрова острова Ливингстон ниже купола Роч, а также остров Уиндоу, расположенный примерно в 500 м от северо-западного берега, и пять небольших свободных ото льда участков на южном берегу, прилегающих к полуострову Байерс на востоке. В рамках первоначального определения к числу охраняемых ценностей были отнесены разнообразие флоры и фауны, многие беспозвоночные, существенная популяция антарктических морских слонов (*Mirounga leonina*), небольшие колонии антарктических морских котиков (*Arctocephalus gazella*), а также огромные научные ценности, связанные с таким значительным разнообразием растений и животных на относительно небольшой территории.

На основании Рекомендации VIII-2 определение этого района в качестве ООР было отменено, и он был повторно определен как Участок особого научного интереса (УОНИ) в рамках Рекомендации VIII-4 (1975, УОНИ № 6). Более узкая цель нового определения района в качестве УОНИ заключалась в том, чтобы обеспечить охрану четырех меньших по размеру свободных ото льда участков полуострова, состоящих из осадочных и фоссилизированных слоев юрского и мелового периодов, которые представляют собой огромную научную ценность с точки зрения изучения прежних связей Антарктиды с другими континентами южного полушария. Впоследствии, по предложению Чили и Соединенного Королевства, территория УОНИ была расширена на основании Рекомендации XVI-5 (1991) практически до границ первоначального ООР, т.е. с охватом всего свободного ото льда участка грунта на полуострове Байерс к западу от границы вечного ледникового покрова острова Ливингстон, включая литоральную зону, но без охвата острова Уиндоу, и пяти участков на южном берегу, первоначально входивших в состав ООР, а также всех небольших островков и морских скал. В Рекомендации XVI-5 отмечалось, что помимо особой геологической ценности этот Район имеет большое биологическое и археологическое значение.

При том, что конкретный статус и границы определяемого района периодически менялись, полуостров Байерс фактически находился под особой охраной в течение большей части современной эпохи научной деятельности в этом регионе. Практически вся деятельность, которая осуществлялась в Районе в течение последнего времени, была посвящена научным исследованиям. Начиная с первоначального определения этого района в качестве ООР в 1966 г., большинство посещений и случаев отбора проб и образцов на его территории были оговорены в Разрешениях, а некоторые районы (например, мыс Рей) редко посещались. В Международный полярный год полуостров Байерс был определен как «Международный антарктический исходный участок для наземных, пресноводных и прибрежных экосистем» (Quesada et al 2009). В этот период были утверждены исходные данные, касающиеся характеристик вечной мерзлоты, геоморфологии, распространением растительности, разнообразия и функционирования пресноводных видов, разнообразия морских млекопитающих и птиц, микробиологии и разнообразия прибрежных морских беспозвоночных. Археологические ценности полуострова Байерс были охарактеризованы как уникальные, поскольку здесь имеет место самая большая концентрация исторических участков в Антарктике, а именно: остатки убежищ с памятниками материальной культуры соответствующих исторических эпох и обломки судов экспедиций охотников на тюленей начала девятнадцатого столетия (см. карту 2).

Полуостров Байерс вносит существенный вклад в систему антарктических охраняемых районов, поскольку он (a) имеет особенно большое разнообразие видов, (b) отличается от других районов благодаря своим многочисленным озерам, пресноводным прудам и водотокам, (c) имеет большое экологическое значение и является наиболее значительным лимнологическим участком региона, (d) является уязвимым в отношении воздействия со стороны людей, в частности ввиду олиготрофного характера озер, весьма чувствительных к загрязнению, и (e) представляет большой научный интерес по целому ряду дисциплин. Хотя некоторые из этих качественных критериев представлены в других ООРА региона, полуостров Байерс уникален тем, что в нем представлено большое количество различных критериев в одном районе. Хотя полуостров Байерс охраняется главным образом благодаря своим выдающимся экологическим ценностям (особенно своему биологическому разнообразию, а также наземным и озерным экосистемам), Район имеет целый комплекс других ценностей, в т.ч. научных (а именно: для наземной биологии, лимнологии, орнитологии, палеолимнологии, геоморфологии и геологии), исторических (памятники материальной культуры и остатки убежищ охотников на тюленей ранних эпох), относящих к дикой природе (например, мыс Рей), и неизменных научных ценностей, которым может благоприятствовать охрана этого Района.

Свободный ото льда участок полуострова Байерс окружен с трех сторон океаном и ледником купола Роч на востоке. Район был выделен для охраны ценностей, обнаруживаемых на свободном ото льда участке полуострова Байерс. Для достижения этой цели часть купола Роч включена в ООРА с тем, чтобы вновь обнаженный свободный ото льда участок (в результате отступания купола Роча) находился в границах ООРА. Кроме того, северо-западная часть купола Роча, в т.ч. прилегающий свободный ото льда участок и мыс Рей, были выделены в качестве районов ограниченного доступа с тем, чтобы дать возможность проводить микробиологические исследования, в отношении которых выдвигаются более высокие карантинные требования, чем это считается необходимым в отношении остальной части Района. Считается, что этот Район имеет достаточный размер (84,7 км^2) для обеспечения адекватной охраны ценностей, описываемых ниже.

1. Описание охраняемых ценностей

В Плане управления, прилагаемом к Мере 1 (2002), отмечаются ценности, которые, как представляется, имеют важное значение как аргументы в пользу особой охраны этого Района. Ценности, указанные в первоначальных Планах управления, вновь подтверждаются. Это следующие ценности:

- описанные наземная флора и фауна отличаются исключительным разнообразием: представленное здесь число видов - одно из самых значительных на всей приморской территории Антарктиды. Например, скудная, но разнообразная флора кальцефильных и кальцефобных растений, а также цианобактерий, которые ассоциируются, соответственно, с лавой и базальтом, и несколько редких криптогамных и два местных вида сосудистых растений (*Deschampsia antarctica* и *Colobanthus quitensis*), которые встречаются на некоторых участках;

- с учетом того, что здесь находятся более 60 озер, многочисленные пресноводные пруды и огромное множество зачастую крупных водотоков, этот Район является наиболее важным лимнологическим участком Южных Шетландских островов и, возможно, всего региона Антарктического полуострова, а также территорией, не испытавшей значительного антропогенного воздействия;

- *Parochlus steinenii* (единственное аборигенное крылатое насекомое в Антарктике) имеет ограниченное распространение на территории Южных Шетландских островов. Единственное другое аборигенное насекомое-диптераль, бескрылая мошка *Belgica Antarctica,* имеет очень ограниченное распространение на территории Антарктического полуострова. Оба вида часто встречаются в нескольких озерах и прудах на полуострове Байерс;

- необычайно обширные подстилки цианобактерий с преобладанием вида *Phormidium* и других видов, особенно на верхних ярусах центрального плато полуострова Байерс, являются наилучшими образцами из всех описанных на сегодняшний день в приморских регионах Антарктиды;

- на территории Района гнездятся самые разнообразные птицы, в том числе два вида пингвинов (антарктический пингвин *Pygoscelis antarctica* и папуасский пингвин *P. papua*), антарктическая крачка (*Sterna vittata*), качурка Вильсона (*Oceanites oceanicus*), капский голубь (*Daption capense*), доминиканская чайка (*Larus dominicanus*), южный гигантский буревестник (*Macronectes giganteus*), чернобрюхая качурка (*Fregetta tropica*), голубоглазый баклан (*Phalacrocorax atriceps*), поморник Лоннберга (*Catharacta loennbergi*) и белая ржанка (*Chionis alba*);

- местные озера и озерные отложения – это один из важнейших архивов для изучения исторической окружающей среды региона Антарктического полуострова эпохи голоцена и для определения региональной тефрахронологии эпохи голоцена;

- на высоких пляжах находятся хорошо сохранившиеся субфоссильные кости китов, имеющие большое значение для определения возраста пляжных отложений с помощью радиоуглеродного анализа;

- свободные ото льда участки полуострова с обнаженными осадочными и фоссилизированными слоями юрского и мелового периодов представляют собой огромную научную ценность с точки зрения изучения прежних связей Антарктиды с другими континентами южного полушария.

2. Цели и задачи

Управление ООРА «Полуостров Байерс» преследует следующие цели:

- недопущение деградации или возникновения значительной угрозы для ценностей Района за счет предотвращения излишнего нарушения Района человеком;

- создание условий для проведения научных исследований наземной и озерной экосистем, морских млекопитающих, орнитофауны, прибрежных экосистем и геологии;

- создание условий для проведения других научных исследований на территории Района, если это нужно для достижения неотложных целей, которые не могут быть достигнуты ни в каком ином месте;

- создание условий для проведения археологических исследований и осуществления мер, обеспечивающих сохранение исторических памятников материальной культуры и их защиту на территории Района от неоправданного разрушения, нарушения или вывоза;

- недопущение или минимизация интродукции в Район чужеродных растений, животных и микроорганизмов;

- минимизация вероятности интродукции патогенов, которые могут вызвать болезни фауны в Районе; и

- организация посещений для целей управления в поддержку целей плана управления.

3. Меры управления

Для охраны ценностей Района осуществляются следующие меры управления:

- на базе «Хуан Карлос I» (Испания) и станции «Св. Климент Охридски» (Болгария), расположенных на полуострове Херд, должна быть выставлена на всеобщее обозрение карта, показывающая местонахождение Района (с описанием действующих на его территории особых ограничений), и должны храниться копии настоящего плана управления;

- указатели, знаки, заборы и другие сооружения, установленные на территории Района для проведения научных исследований или в целях управления, должны быть надежно закреплены и поддерживаться в хорошем состоянии;

- посещать район следует по мере необходимости, чтобы установить, продолжает ли он служить тем целям, ради которых он был определен, и чтобы убедиться в достаточности мер, принимаемых для управления и содержания Района.

Полуостров Байерс характеризуется как чрезвычайно чувствительный к воздействию человека (Tejedo et al 2009). Район был определен как ООРА для охраны целого ряда ценностей, отмечаемых в Районе. В результате этого он привлекает ученых (представляющих самые разнообразные дисциплины) и археологов из ряда стран Договора. Большое количество людей, посещающих Район в пиковые периоды (середина лета), означает, что существует потенциальная возможность негативного воздействиячеловеческой деятельности на экологические ценности Района, например, в результате потенциального увеличения (i) размера и числа лагерных стоянок, (ii) вытаптывания растительности, (iii) нарушения аборигенной дикой природы, (iv) генерирования отходов, (v) необходимости хранения топлива. Соответственно, при составлении планов полевой работы в Районе к Сторонам **обращаются с настоятельным призывом** связываться с другими странами, которые, вероятно, будут проводить работу в Районе в данный сезон, и координировать работу таким образом, чтобы сводить экологическое воздействие, включая кумулятивное воздействие, к абсолютному минимуму (например, менее 12 человек в Международном полевом лагере в любой данный момент).

Всех Сторон настоятельно призывают использовать существующий Международный полевой лагерь (расположенный на Южных пляжах, 62°39'49,7" ю.ш., 61°05'59,8" з.д.) для сокращения случаев создания новых лагерных стоянок, в результате чего возросла бы степень воздействия людей в Районе. В лагере имеются два дынеподобных укрытия (одно создано для научных исследований, а другое для быта; причем оба укрытия находятся в ведении Испании). Дынеподобные укрытия могут предоставляться в распоряжение всех Сторон Договора, если они пожелают ими воспользоваться. Сторонам следует связаться с Испанией для координации пользования дынеподобными укрытиями.

4. Срок определения Района в качестве ООРА

Определен на неограниченный период времени.

5. Карты и фотографии

Карта 1: Расположение ООРА № 126 «Полуостров Байерс» в группе Южных Шетландских островов, с указанием местонахождения базы «Хуан Карлос I» (Испания) и станции «Св. Климент Охридски» (Болгария), а также охраняемых территорий в пределах 75 км от Района. Врезка: расположение острова Ливингстон по отношению к Антарктическому полуострову.

Карта 2: Топографическая карта ООРА № 126 «Полуостров Байерс». Характеристики карты: Проекция: UTM Zone 20S; сфероид: WGS 1984; нуль поста: средний уровень моря. Точность по горизонтали: ± 0,05 м. Высота сечения: 50 м.

6. Описание Района

6(i) Географические координаты, отметки на границах и природные особенности

ГРАНИЦЫ

Район включает в себя:

- полуостров Байерс, весь свободный ото льда грунт и ледовый покров к западу от 60°53'45''з.д., в т.ч. нунатак Кларк и нос Роу;

- прибрежную морскую среду, простирающуюся на 10 м от берега от уровня малой воды; и

- остров Демон и остров Спрайт, прилегающие к южной части прибрежной полосы мыса Девилз, но исключая все остальные прибрежные островки, в т.ч. остров Раггид, и скалы (карта 2).

Линейная восточная граница идет по 60°53'45''з.д., с тем чтобы в границы ООРА был включен вновь обнаженный свободный ото льда грунт в результате отступления купола Роча, который может предоставлять важные научные возможности и содержать новые места обитания для проведения исследований колонизации.

Маркировки границы не существует.

ОБЩЕЕ ОПИСАНИЕ

Полуостров Байерс (между 62°34'35" и 62°40'35"ю.ш., 60°53'45 и 61°13'07"з.д., площадь 84,7 км²) находится на западной оконечности острова Ливингстон, второго по величине в группе Южных Шетландских островов (карта 1). Свободная ото льда область полуострова с запада на восток составляет около 9 км, а ее протяженность с северо-запада на юго-восток составляет 18,2 км. Это самая большая свободная ото льда территория в архипелаге Южные Шетландские острова. В целом полуостров имеет низменный, достаточно ровный рельеф, хотя здесь имеется ряд заметных холмов высотой от 80 до 265 м (карта 2). Во внутренних районах полуострова доминируют несколько больших плато, расположенных на высоте до 105 м, между которыми находятся изолированные вулканические жерловины, такие как конус Честер (188 м) и Серо Негро (143 м) (Thomson and López-Martínez 1996). В Районе встречается множество округлых и плоских форм рельефа, образовавшихся под воздействием морских, ледниковых и окололедниковых эрозионных процессов. Наименее ровный рельеф характерен для мыса Рей, который представляет собой гряду, образующую ось этого "Y"-образного полуострова, ориентированную в северо-западном направлении. В северной части мыса Рей берег окружают крутые скалы, а холм Старт (265 м) на северо-западной оконечности мыса является самой высокой точкой всего полуострова.

Общая протяженность береговой линии полуострова Байерс составляет 71 км (карта 2). Несмотря на низменный в целом рельеф, береговая линия неровная и зачастую сильно изрезана многочисленными мысами, утесами, островками, морскими скалами и отмелями. Кроме того, полуостров Байерс известен своими широкими пляжами, которые хорошо заметны на всех трех берегах (пляжи Роббери на севере, пляжи Президент на западе и Южные пляжи). Южные пляжи - самые большие по площади: они простираются на 12 км вдоль берега и почти на 0,9 км вглубь полуострова. Это самые крупные пляжи в группе Южных Шетландских островов (Thomson and López-Martínez 1996). Подробное описание геологии и биологии Района приведено в Приложении 1.

В Резолюции (2008) рекомендуется, чтобы «Анализ экологических доменов антарктического континента» использовался в качестве динамической модели для идентификации Особо охраняемых районов Антарктики в соответствии с системой экогеографических рамочных основ, упомянутой в Статье 3(2) Приложения V к Протоколу. Используя эту модель, полуостров Байерс является главным образом Доменом G (Близлежащие острова вокруг Антарктического полуострова – геологически), который описывается как *«весьма небольшая наземная среда, сосредоточенная вокруг Антарктического полуострова и близлежащих островов, таких как остров Десепшн. При размере 966 км² это самая маленькая среда в рамках классификации. Эта среда состоит целиком из свободной ото льда земли и содержит сочетание трех геологических компонентов – осадочного (2%), интрузивного (плутонического) (24%) и вулканического (28%). В климатическом отношении эта среда является самой теплой в классификации со средней температурой лишь -3,29°C, имеет самый маленький сезонный диапазон в -8,82°C и получает самый высокий уровень солнечной радиации в 10,64 мДж/м2/день. Средняя скорость ветра в этой среде – умеренная: 13,86 м/сек. Эта среда является умеренно наклонной со средним наклоном в 13,41°. Хорошо известные места этой среды включают в себя части свободных ото льда районов Южных Шетландских островов, такие как полуостров Файлдс на острове Кинг-Джордж и небольшие мысы на Антарктическом полуострове вдоль берега Дейвиса».* Бедность Среды G по отношению к другим экологическим доменным областям означает, что прилагались существенные усилия для сохранения ценностей, обнаруживаемых в среде этого типа в других местах: другие охраняемые районы, содержащие Домен G, включают в себя ООРА 109, 111, 112, 114, 125, 128, 140, 145, 149, 150 и 152, а также ОУРА 1 и 4.

Вечный ледовый покров купола Роча охватывается экологическим Доменом E. Он описывается как *«среда ледяного покрова умеренного размера, сосредоточенная вокруг Антарктического полуострова к югу до 73°ю.ш. Размер среды (173 130 км²) является умеренным в сравнении с другими средами. Эта среда состоит целиком из ледяного покрова и не содержит нанесенных на карту геологических характеристик. В климатическом отношении эта среда является теплой в сравнении с другими средами на континенте и самой теплой из сред, состоящих лишь из ледового покрова. Среда E занимает девятое место по теплоте по средней температуре воздуха (-14,06 °C), четвертое по наименьшему сезонному диапазону (15,04 °C) и седьмое по количеству солнечной радиации (9,85 мДж/м2/день). Средняя скорость ветра в среде довольно низкая: 17-е место из 21 среды (10,28 м/с). Эта среда является умеренно наклонной со средним наклоном в 15,01°. Хорошо известные места этой среды включают в себя покрытые ледником части Южных Оркнейских островов, Южных Шетландских островов (включая Десепшн), островов Сноу-Хилл, Брабант, Анверс, Аделаида и Александр, а также Антарктического полуострова к северу от 73°ю.ш.* Другие охраняемые районы, содержащие Домен E, включают в себя ООРА 113, 114, 117, 126, 128, 129, 133, 134, 139, 147, 149, 152 , а также ОУРА 1 и 4.

6(ii)   Доступ в Район

- Доступ в Район возможен на вертолете или на небольшом катере.

- На места высадки на берег нет никаких специальных ограничений, так же как и на маршруты подхода к Району или удаления от Района по морю. В связи с большой протяженностью доступного пляжа вокруг Района высадка возможна во многих местах. Тем не менее, по возможности, выгрузку груза и научного оборудования следует производить недалеко от Международного полевого лагеря, расположенного на Южных пляжах (62°39'49,7" ю.ш., 61°05'59,8' з.д.; дополнительная информация приводится в 6(*iii*)).

- Специально выделенная вертолетная посадочная площадка расположена на участке с координатами 62°39'36,4" ю.ш., 61°05'48,5' з.д., к востоку от Международного полевого лагеря.

- На остальной территории Района вертолеты могут в исключительных обстоятельствах производить посадку там, где это необходимо для достижения целей, соответствующих Плану управления, хотя, по мере возможности, посадку следует совершать на грядах и гребнях высоких пляжей.

- В зонах ограниченного доступа не разрешается выделять места для вертолетов [см. раздел 6(*v*)].

- Вертолетам следует избегать посадки в местах скопления птиц (например, на мысе Девилз, мысе Лэйр и пляжах Роббери) или на участках хорошо развитого растительного покрова (например, крупные пятна мха рядом с пляжами Президент и Южными пляжами).

- Для недопущения нарушения функционирования дикой природы воздушным судам следует избегать посадки в зоне ограничения пролета, которая простирается на 0,25 моской мили (примерно 460 м) вглубь территории с побережья в период с 1 октября по 30 апреля включительно (см. карту 2). Единственным исключением из этого является специально выделенная вертолетная посадочная площадка с координатами 62°39'36,4" ю.ш., 61°05'48,5'з.д..

- В зоне ограничения пролета эксплуатация воздушных судов должно производиться, как минимальное требование, в соответствии с Руководством по осуществлению воздушных операций вблизи скоплений птиц, содержащимся в Резолюции 2 (2004). В частности, воздушные суда должны лететь на вертикальной высоте 2000 футов (~ 610 м) AGL (над уровнем земли) и пересекать береговую линию под прямым углом, по возможности. Если условия требуют полета на более низкой высоте, чем это рекомендовано в Руководстве, воздушные суда должны лететь на максимальной возможной высоте и сводить к минимуму время пролета над прибрежной зоной.

- Использование вертолетных дымовых шашек на территории Района запрещено, за исключением тех случаев, когда это крайне необходимо в целях безопасности. Все используемые дымовые шашки подлежат вывозу из Района.

6(iii)   Сооружения на территории и в окрестностях Района

Международный полевой лагерь расположен на Южных пляжах: 62°39'49,7" ю.ш., 61°05'59,8' з.д. Он состоит из двух «дынеобразных убежищ» из стекловолокна. Он находится в ведении Испании в рамках Испанской полярной программы и им могут пользоваться все Стороны. Координаты остатков убежищ охотников на тюленей XIX века, включая пещеры и укрытия, даются в Smith and Simpson (1987) (см. карту 2). В Районе есть несколько пирамид из камней на участках, используемых для топографической съемки, в основном на возвышении.

Ближайшие научные станции расположены в 30 км к востоку на полуострове Херд, остров Ливингстон [база «Хуан Карлос I» (Испания) и станция «Св. Климент Охридски» (Болгария)].

6(iv) Наличие других охраняемых территорий в непосредственной близости от Района

Ближайшими к полуострову Байерс охраняемыми территориями являются мыс Ширефф (ООРА № 149), который находится приблизительно в 20 км к северо-востоку, остров Десепшн (ОУРА № 4), порт Фостер и другие части острова Десепшн (ООРА №№ 140 и 145), которые находятся приблизительно в 40 км на юго-юго-восток, и залив Чили (залив Дискавери) (ООРА № 144), расположенный примерно в 70 км к востоку на острове Гринвич (карта 1).

6(v) Зоны ограниченного доступа и особого управления на территории Района

Полагают, что некоторые области полуострова Байерс посещались очень редко или не посещались никогда. Предполагают, что новые метагеномные способы позволят в будущем выявлять микробиологическое разнообразие (бактерии, грибки и вирусы) на беспрецедентном уровне, что позволит дать ответы на многие основополагающие вопросы, касающиеся микробиологического распределения и дистрибуции. Выделены зоны ограниченного доступа, имеющие важное научное значение для антарктической микробиологии. Установлены более строгие ограничения к доступу с целью предотвращения микробиологического или иного загрязнения в результате деятельности людей.

- В этих целях в зонах ограниченного доступа следует носить стерильную защитную верхнюю одежду. Защитную одежду следует надевать непосредственно перед входом в зоны ограниченного доступа. Запасные ботинки, ранее очищенные с использованием биоцида, а затем запечатанные в пластмассовые пакеты, следует распечатывать и надевать непосредственно перед входом в зоны ограниченного доступа. Если вход в зоны ограниченного доступа осуществляется с лодки или катера, то защитную одежду следует надеть сразу же после высадки на землю.

- В максимально возможной степени все оборудование, используемое для взятия проб, научную аппаратуру и указатели, принесенные в зоны ограниченного доступа, должны быть стерилизованы и должны содержаться в стерильном состоянии до использования в Районе. Стерилизация должна производиться приемлемым методом, включая УФ-облучение, автоклавирование, или посредством стерилизации поверхности, используя 70-процентный этанол или коммерчески доступный биоцид (например, Virkon®).

- Оборудование общего назначения включает в себя ремни безопасности, кошки, альпинистское оборудование, ледорубы, палки для ходьбы, лыжные приспособления, временные маршрутные указатели, сани, нарты, фото- и видеоаппаратуру, рюкзаки, санные короба и все другое персональное оборудование. В максимально возможной степени все оборудование, используемое в зонах ограниченного доступа или привезенное в эти зоны, должно быть тщательно вычищено и стерилизовано на первоначальной антарктической станции или корабле. Оборудование должно поддерживаться в этом состоянии до входа в зоны ограниченного доступа, предпочтительно посредством запечатывания в пластмассовые пакеты или другие чистые емкости.

- Ученым, представляющим другие дисциплины, помимо микробиологии, разрешается вход в зоны ограниченного доступа, но они должны принимать карантинные меры, указанные выше.

- Разбивка лагерей в зонах ограниченного доступа не допускается.

- Вертолетам приземляться в зонах ограниченного доступа не разрешается.

- Если доступ в зоны ограниченного доступа требуется в исследовательских целях или по причинам чрезвычайного характера, то подробный отчет о месте посещения (желательно с использованием технологии GPS – Глобальной системы позиционирования) и о конкретной деятельности должен представляться в соответствующий национальный орган власти и включаться в Ежегодный отчет об обмене информацией, желательно через посредство Системы электронного обмена информацией (СЭОИ).

Устанавливаются следующие зоны ограниченного доступа:

1. Северо-западная часть купола Роча и прилегающий к ней свободный ото льда участок. Зона ограниченного доступа включает в себя весь земельный и ледовый покров в районе с границей на востоке 60°53'45"з.д., на западе 60°58'48"з.д., на юге 62°38'30"ю.ш., а северная граница проходит по береговой линии (см. карту 2).

2. Мыс Рей. Зона ограниченного доступа включает в себя весь земельный покров и вечный ледовый покров к северо-западу от прямой линии, пересекающей мыс от 62°37'ю.ш., 61°08'з.д. (обозначенной небольшим прибрежным озером) до 62°36'ю.ш., 61°06'з.д. В зоне ограниченного доступа мыса Рей доступ к археологическим развалинам на побережье разрешается без необходимости принятия карантинных мер, требуемых в других местах в зоне ограниченного доступа. Доступ к внутренним областям, за пределами прибрежных археологических развалин, не разрешается без принятия карантинных мер, указанных в этом разделе. Желательно, чтобы доступ к археологическим развалинам осуществлялся с моря с

использованием небольших лодок или катеров. Доступ к археологическим развалинам пешком также разрешается без необходимости принятия дополнительных карантинных мер вдоль береговой линии из зоны ограниченного доступа ООРА «Полуостров Байерс» к юго-востоку. Доступ к археологическим развалинам осуществляется только в целях археологических исследований с разрешения соответствующего национального органа власти.

7. Условия выдачи разрешений

Доступ в Район возможен только на основании Разрешения, которое выдается соответствующим национальным органом власти.

7(i) Общие условия разрешения

Разрешение на посещение Района выдается на следующих условиях:

- оно выдается только для проведения научных исследований экосистемы, геологии, палеонтологии или археологии Района или для достижения неотложных научных целей, которые не могут быть достигнуты ни в каком ином месте; или

- оно выдается для осуществления важных мер управления, соответствующих целям настоящего плана управления, таким как инспекция, техническое обслуживание или пересмотр;

- разрешенная деятельность не должна ставить под угрозу экологические, геологические, исторические или научные ценности Района;

- предполагаемый отбор образцов не должен приводить к изъятию, вывозу или нарушению почвы, породы, местной флоры или фауны в таком объеме, что это окажет значительное влияние на их распределение или распространение на территории полуострова Байерс;

- все меры управления должны способствовать достижению целей плана управления;

- разрешенные действия должны соответствовать плану управления;

- во время пребывания на территории Района необходимо иметь при себе оригинал или заверенную копию Разрешения;

- отчет о посещении должен быть направлен в орган, указанный в Разрешении;

- Разрешение выдается на определенный срок;

- уведомление о любой предпринятой деятельности/любых предпринятых мерах, не указанных в Разрешении, направляется в соответствующий орган власти.

7(ii) Доступ в Район и передвижение по его территории или над ней

- Использование наземных транспортных средств на территории Района запрещено.

- Передвижение в Районе осуществляется пешком, за исключением исключительных обстоятельств, когда могут использоваться вертолеты.

- Передвигаться следует осторожно в целях минимизации нанесения ущерба археологическим развалинам, нарушения жизни животных, почвы, геоморфологических особенностей, растительного покрова, а также хождения по скалистой местности или грядам (если это возможно) во избежание повреждения чувствительных растений, структурного грунта и заболоченных почв.

- Движение пешеходов должно быть сведено к минимуму, необходимому для достижения целей любой разрешенной деятельности; при этом следует принимать все возможные меры для минимизации вытаптывания. По возможности следует использовать существующие тропы для пересечения района (карта 2). Если тропы не существует, то надо избегать создания новых троп. Исследования показывают, что растительность на полуострове Байерс может восстановиться, если за один сезон произведено менее 200 пересечений (Tejedo et al 2009). Поэтому пешеходные маршруты по местности, покрытой растительностью, следует выбирать в зависимости от предсказуемого количества пересечений (т.е. количество людей х пересечения за день х количество дней). Когда ожидается, что количество пересечений по одной и той же тропе будет составлять менее 200 за сезон, то тропу следует четко пометить и пересечения осуществлять всегда по этой тропе. Когда ожидается, что количество будет превышать 200 за сезон, то данный маршрут не следует устанавливать по одной тропе, а пересечения следует осуществлять по широкому поясу (т.е. многочисленным тропам, на каждую из которых должно приходиться менее 200 пересечений) для рассеивания воздействия и обеспечения быстрого восстановления потоптанной растительности.

- Условия использования вертолетов в Районе описываются в разделе 6(*ii*).

- Пилотам, экипажам воздушных судов и катеров, а также всем остальным, кто находится на борту воздушных судов и катеров, запрещено выходить за пределы площадки, где совершило посадку/высадку их транспортное средство, если это специально не оговорено в Разрешении.

- Ограничения на доступ и передвижение в зонах ограниченного доступа описываются в разделе 6(*v*).

7(iii) Разрешенная деятельность на территории Района

- Крайне необходимые научные исследования, которые не могут быть проведены ни в каком ином месте и которые не поставят под угрозу экосистему или ценности Района или не помешают уже проводимым научным исследованиям.

- Архелогические исследования.

- Важнейшие меры управления, включая мониторинг.

7(iv) Установка, модификация и снос сооружений

Возведение новых сооружений на территории Района не допускается, так же как и установка научного оборудования, за исключением крайне важных научных или управленческих причин, причем на заранее оговоренный срок, как указано в разрешении. Установка (включая выбор участка), техническое обслуживание, модификация или удаление сооружений и оборудования производится таким образом, чтобы свести к минимуму нарущение ценностей Района. Все сооружения и все научное оборудование, установленные в Районе, должны быть иметь четкую идентификацию с указанием страны, Ф.И.О. главного исследователя и года установки. Все они не должны содержать организмов, единиц размножения (например, семена, зародыши) и нестерильной почвы и должны быть изготовлены из материалов, способных выдерживать данные экологические условия и представляющих минимальную опасность с точки зрения загрязнения Района. Одним из требований Разрешения должен быть вывоз из Района конкретных сооружений и оборудования, у которых истек срок действия Разрешения. Постоянные сооружения или установки запрещены.

7(v) Расположение полевых лагерей

Для сведения к минимуму области в ООРА, подвергающейся воздействию лагерной деятельности, лагеря дожны разбиваться в непосредственной близости от Международного полевого лагеря (62°39'49,7" ю.ш., 61°05'59,8" з.д.). На территории Района допускается разбивка временных лагерей за пределами Международного полевого лагеря, когда это необходимо для достижения целей, указанных в Разрешении. Лагеря следует устраивать в местах, лишенных растительного покрова – например, на более сухих участках высоких пляжей или (по мере возможности) на толстом (более 0,5 м) слое снежного покрова; при этом следует избегать мест гнездования птиц или размножения млекопитающих. Запрещается разбивка лагерей в пределах 50 м от любого исторического убежища или укрытия охотников на тюленей. По мере возможности, следует использовать ранее использовавшиеся лагерные стоянки, за исключением тех случаев, когда вышеуказанное руководство указывает на то, что эти места были выбраны неудачно. Разбивать лагерь в зонах ограниченного доступа не разрешается.

7(vi) Ограничения на ввоз материалов и организмов в Район

Преднамеренный ввоз в Район животных, растительных материалов, микроорганизмов и нестерильной почвы не допускается. В целях предотвращения случайной интродукции животных, растительных материалов, микроорганизмов и нестерильной почвы из других отличных в биологическом отношении районов (в зоне или за пределами действия Договора об Антарктике) необходимо соблюдать меры предосторожности. С учетом того, что на полуострове Байерс находятся колонии гнездящихся птиц, на территории Района или прилегающих к нему участков моря нельзя выбрасывать продукты из домашней птицы, включая продукты, содержащие сухой яичный порошок, не прошедший тепловую обработку, и отходы таких продуктов.

Ввоз в Район гербицидов и пестицидов не допускается. Все остальные химические вещества, включая радионуклиды и стабильные изотопы, которые могут ввозиться для научных исследований или в целях управления, оговоренных в Разрешении, подлежат вывозу из Района сразу после или до завершения деятельности, на которую выдано Разрешение. Следует избегать выпуска радионуклидов или стабильных изотопов непосредственно в окружающую среду таким образом, что их невозможно извлечь обратно. Складирование топлива или других химических веществ на территории Района допускается только в том случае, если это специально оговорено в Разрешении. Их следует хранить и использовать таким образом, чтобы сводить к минимуму риск их случайной интродукции в окружающую среду. Все материалы ввозятся только на указанный срок и подлежат вывозу к окончанию указанного срока. В случае выброса (сброса), который может нанести ущерб ценностям Района, удаление следует производить только в том случае, если его вероятные последствия не должны превзойти последствия пребывания материала на месте. Соответствующему органу власти необходимо направлять уведомления о любых материалах, попавших в окружающую среду, но не удаленных из нее, если они не были предусмотрены в официальном Разрешении.

7(vii) Изъятие или вредное вмешательство в жизнь местной флоры и фауны

Изъятие или вредное вмешательство в жизнь местной флоры и фауны допускаются только на основании отдельного Разрешения, выданного специально для этой цели соответствующим национальным органом согласно Приложению II к Протоколу об охране окружающей среды к Договору об Антарктике. В случае изъятия или вредного вмешательства в жизнь животных следует соблюдать разработанный СКАР *Кодекс поведения при использовании животных в научных целях в Антарктике*, который является минимальным стандартом.

7(viii) Сбор и вывоз материалов, которые не были ввезены в Район держателем Разрешения

Сбор и вывоз всего того, что не было ввезено в Район держателем Разрешения, допускается только в соответствии с Разрешением и ограничивается минимумом, необходимым для выполнения научных или археологических задач или достижения целей управления.

За исключением специально оговоренных в Разрешении случаев, посетителям Района запрещается нарушать целостность любого исторического антропогенного материала, который отвечает критериям, содержащимся в Резолюции 5 (2001), брать в руки, забирать с собой такой материал или наносить ему ущерб. Кроме того, перемещение или удаление предметов материальной культуры в целях сохранения, охраны или подтверждения исторической точности допускается только по разрешению. О местонахождении и характере любых вновь выявленных антропогенных материалов следует извещать соответствующие национальные органы власти.

Другие материалы антропогенного происхождения, которые могут нанести ущерб ценностям Района и которые не были ввезены в Район держателем Разрешения или по иному разрешению, могут быть вывезены из Района, за исключением ситуаций, когда существует вероятность того, что экологические последствия вывоза превзойдут последствия пребывания материала на месте. В этом случае необходимо направить уведомление в соответствующий орган власти и получить разрешение.

7(ix) Удаление отходов

Как минимальное правило, все отходы должны удаляться в соответствии с Приложением III к Протоколу по охране окружающей среды к Договору об Антарктике. Кроме того, все отходы, включая твердые отходы жизнедеятельности человека, подлежат вывозу из Района. Жидкие отходы жизнедеятельности человека могут сбрасываться в море. Твердые отходы жизнедеятельности человека не следует сбрасывать в море, поскольку прибрежные рифы воспрепятствуют рассеянию, и их следует удалять из Района. Никакие отходы жизнедеятельности человека не следует сбрасывать внутри Района, поскольку на олиготрофные характеристики озер и других водоемов на плато может може негативно воздействовать даже небольшое количество отходов жизнедеятельности человека, включая мочу.

7(x) Меры, необходимые для обеспечения возможности дальнейшего выполнения целей и задач Плана управления

Разрешения на доступ в Район могут выдаваться для:

- проведения мониторинга и осмотра территории, что может предусматривать сбор данных и/или отбор небольшого количества образцов для анализа или обзора;
- установки или технического обслуживания указателей, установок или научного оборудования; или
- принятия охранных мер.

Все участки, специально предназначенные для проведения долгосрочного мониторинга, должны быть соответствующим образом обозначены на месте и на картах Района. Следует узнать позицию GPS (Глобальной системы позиционирования) для ввода в Систему директории антарктических данных через посредство соответствующего национального органа власти.

В целях сохранения экологических и научных ценностей Района особые меры предосторожности должны приниматься во избежание интродукции. Особую озабоченность вызывает интродукция микроорганизмов, животных и растений из других районов Антарктики, включая станции, или из регионов, расположенных за пределами Антарктики. В максимально возможной степени посетители должны следить за тем, чтобы обувь, одежда и оборудование – особенно лагерные приспособления и пробоотборное оборудование - были тщательно вычищены перед входом в Район. Продукты из домашней птицы и прочие неместные продукты из птицы, которые могут стать разносчиком птичьих болезней, запрещены к ввозу в Район.

7(xi) Требования отчетности

Основной держатель каждого выданного Разрешения должен представить в соответствующий орган власти отчет в максимально сжатые сроки, но не позднее шести месяцев после завершения посещения. Насколько это уместно, в состав такого отчета должна входить информация, указанная в Форме отчета о посещении, приведенной в Руководстве по подготовке Планов управления Особо охраняемыми районами Антарктики. В надлежащих случаях национальному органу власти также следует направить экземпляр отчета о посещении Стороне, предложившей План управления, для оказания помощи в деле управления Районом и пересмотра Плана управления. По мере возможности, Стороны должны сдавать оригиналы отчетов или их копии в открытый архив для ведения учета использования участка в целях пересмотра Плана управления и организации использования Района в научных целях.

8. Вспомогательная документация

Bañón, M., Justel M. A., Quesada, A. 2006. Análisis del microclima de la península Byers, isla Livingston, Antártida, en el marco del proyecto LIMNOPOLAR. In: *Aplicaciones meteorológicas*. Asociación Meteorológica Española.

Birnie, R.V., Gordon, J.E. 1980. Drainage systems associated with snow melt, South Shetland Islands, Antarctica. *Geografiska Annaler* **62A**: 57-62.

Björck, S., Hakansson, H, Zale, R., Karlén, W., Jönsson, B.L. 1991. A late Holocene lake sediment sequence from Livingston Island, South Shetland Islands, with palaeoclimatic implications. *Antarctic Science* **3**: 61-72.

Björck, S., Sandgren, P., Zale, R. 1991. Late Holocene tephrochronology of the Northern Antarctic Peninsula. *Quaternary Research* **36**: 322-28.

Björck, S., Hjort, C, Ingólfsson, O., Skog, G. 1991. Radiocarbon dates from the Antarctic Peninsula - problems and potential. In: Lowe, J.J. (ed.), *Radiocarbon dating: recent applications and future potential. Quaternary Proceedings* 1, Quaternary Research Association, Cambridge. pp 55-65.

Björck, S., Håkansson, H., Olsson, S., Barnekow, L., Janssens, J. 1993. Palaeoclimatic studies in South Shetland Islands, Antarctica, based on numerous stratigraphic variables in lake sediments. *Journal of Paleolimnology* **8**: 233-72.

Björck, S., Zale, R. 1996. Late Holocene tephrochronology and palaeoclimate, based on lake sediment studies. In: López-Martínez, J., Thomson, M. R. A., Thomson, J.W. (eds.) *Geomorphological map of Byers Peninsula, Livingston Island*. BAS GEOMAP Series Sheet 5-A, 43-48. British Antarctic Survey, Cambridge.

Björck, S., Hjort, C., Ingólfsson, O., Zale, R., Ising, J. 1996. Holocene deglaciation chronology from lake sediments. In: López-Martínez, J., Thomson, M. R. A., Thomson, J.W. (eds.) *Geomorphological map of Byers Peninsula, Livingston Island*. BAS GEOMAP Series Sheet 5-A, 49-51. British Antarctic Survey, Cambridge.

Block, W., Starý, J. 1996. Oribatid mites (Acari: Oribatida) of the maritime Antarctic and Antarctic Peninsula. *Journal of Natural History* **30**: 1059-67.

Bonner, W.N., Smith, R.I.L. (Eds) 1985. *Conservation areas in the Antarctic*. SCAR, Cambridge: 147-56.

Booth, R.G., Edwards, M., Usher, M.B. 1985. Mites of the genus Eupodes (Acari, Prostigmata) from maritime Antarctica: a biometrical and taxonomic study. *Journal of the Zoological Society of London (A)* **207**: 381-406.

Carlini, A.R., Coria, N.R., Santos, M.M., Negrete, J., Juares, M.A., Daneri, G.A. 2009. Responses of *Pygoscelis adeliae* and *P. papua* populations to environmental changes at Isla 25 de Mayo (King George Island). *Polar Biology* **32**: 1427-1433.

Convey, P., Greenslade, P. Richard, K.J., Block, W. 1996. The terrestrial arthropod fauna of the Byers Peninsula, Livingston Island, South Shetland Islands - Collembola. *Polar Biology* **16**: 257-59.

Covacevich, V.C. 1976. Fauna valanginiana de Peninsula Byers, Isla Livingston, Antartica. *Revista Geologica de Chile* **3**: 25-56.

Crame, J.A. 1984. Preliminary bivalve zonation of the Jurassic-Cretaceous boundary in Antarctica. In: Perrilliat, M. de C. (Ed.) *Memoria, III Congreso Latinamerico de Paleontologia, Mexico, 1984. Mexico City*, Universidad Nacional Autonoma de Mexico, Instituto de Geologia. pp 242-54.

Crame, J.A. 1985. New Late Jurassic Oxytomid bivalves from the Antarctic Peninsula region. *British Antarctic Survey Bulletin* **69**: 35-55.

Crame, J.A. 1995. Occurrence of the bivalve genus Manticula in the Early Cretaceous of Antarctica. *Palaeontology* **38** Pt. 2: 299-312.

Crame, J.A. 1995. A new Oxytomid bivalve from the Upper Jurassic–Lower Cretaceous of Antarctica. *Palaeontology* **39** Pt. 3: 615-28.

Crame, J.A. 1996. Early Cretaceous bivalves from the South Shetland Islands, Antarctica. *Mitt. Geol-Palaont. Inst. Univ. Hamburg* **77**: 125-127.

Crame, J.A., Kelly, S.R.A. 1995. Composition and distribution of the Inoceramid bivalve genus *Anopaea*. *Palaeontology* **38** Pt. 1: 87-103.

Crame, J.A., Pirrie, D., Crampton, J.S., Duane, A.M. 1993. Stratigraphy and regional significance of the Upper Jurassic - Lower Cretaceous Byers Group, Livingston Island, Antarctica. *Journal of the Geological Society* **150** Pt. 6: 1075-87.

Croxall, J.P., Kirkwood, E.D. 1979. *The distribution of penguins on the Antarctic Peninsula and the islands of the Scotia Sea.* British Antarctic Survey, Cambridge.

Davey, M.C. 1993. Carbon and nitrogen dynamics in a maritime Antarctic stream. *Freshwater Biology* **30**: 319-30.

Davey, M.C. 1993. Carbon and nitrogen dynamics in a small pond in the maritime Antarctic. *Hydrobiologia* **257**: 165-75.

Duane, A.M. 1994. Preliminary palynological investigation of the Byers Group (Late Jurassic-Early Cretaceous), Livingston Island, Antarctic Peninsula. *Review of Palaeobotany and Palynology* **84**: 113-120.

Duane, A.M. 1996. Palynology of the Byers Group (Late Jurassic-Early Cretaceous) Livingston and Snow Islands, Antarctic Peninsula: its biostratigraphical and palaeoenvironmental significance. *Review of Palaeobotany and Palynology* **91**: 241-81.

Duane, A.M. 1997. Taxonomic investigations of Palynomorphs from the Byers Group (Upper Jurassic-Lower Cretaceous), Livingston and Snow Islands, Antarctic Peninsula. *Palynology* **21**: 123-144.

Ellis-Evans, J.C. 1996. Biological and chemical features of lakes and streams. In: López-Martínez, J., Thomson, M. R. A., Thomson, J.W. (eds.) *Geomorphological map of Byers Peninsula, Livingston Island.* BAS GEOMAP Series Sheet 5-A, 20-22. British Antarctic Survey, Cambridge.

Fernández-Valiente, E., Camacho, A., Rochera, C., Rico, E., Vincent, W. F., Quesada, A. 2007

Community structure and physiological characterization of microbial mats in Byers Peninsula, Livingston Island (South Shetland islands, Antarctica). *FEMS Microbiology Ecology* **59**: 377- 385

Gil-Delgado, J.A., Villaescusa, J.A., Diazmacip, M.E., Velazquez, D., Rico, E., Toro, M., Quesada, A., Camacho, A. Is the southern elephant seal *mirounga leonina* population on the Byers Peninsula (Livingston Island, South Shetland Islands) increasing? *Polar Biology* (submitted)

Gil-Delgado, J.A., González-Solis, J., Barbosa, A. 2010. Breeding birds populations in Byers Peninsula (Livingston Is., South Shetlands Islands. 18th International Conference of the European Bird Census Council. 22-26 March. Caceres. Spain.

González-Ferrán, O., Katsui, Y., Tavera, J. 1970. Contribución al conocimiento geológico de la Península Byers, Isla Livingston, Islas Shetland del Sur, Antártica. *Publ. INACH Serie. Cientifica* **1**: 41-54.

Gray, N.F., Smith, R.I. L. 1984. The distribution of nematophagous fungi in the maritime Antarctic. *Mycopathologia* **85**: 81-92.

Harris, C.M. 2001. *Revision of management plans for Antarctic protected areas originally proposed by the United States of America and the United Kingdom: Field visit report.* Internal report for the National Science Foundation, US, and the Foreign and Commonwealth Office, UK. Environmental Research and Assessment, Cambridge.

Hansom, J.D. 1979. Radiocarbon dating of a raised beach at 10 m in the South Shetland Islands. *British Antarctic Survey Bulletin* **49**: 287-288.

Hathway, B. 1997. Non-marine sedimentation in an Early Cretaceous extensional continental-margin arc, Byers Peninsula, Livingston Island, South Shetland Islands. *Journal of Sedimentary Research* **67**: 686-697.

Hathway, B., Lomas, S.A. 1998. The Upper Jurassic-Lower cretaceous Byers Group, South Shetland Islands, Antarctica: revised stratigraphy and regional correlations. *Cretaceous Research* **19**: 43-67.

Hernandez, P.J., Azcarate, V. 1971. Estudio paleobotanico preliminar sobre restos de una tafoflora de la Peninsula Byers (Cerro Negro), Isla Livingston, Islas Shetland del Sur, Antartica. *Publ. INACH Serie. Cientifica* **2**: 15-50.

Hjort, C., Ingólfsson, O., Björck, S. 1992. The last major deglaciation in the Antarctic Peninsula region - a review of recent Swedish Quaternary research. In: Y. Yoshida *et al.* (eds.) *Recent Progress in Antarctic Science*. Terra Scientific Publishing Company (TERRAPUB), Tokyo: 741-743.

Hjort, C., Björck, S., Ingólfsson, Ó., Möller, P. 1998. Holocene deglaciation and climate history of the northern Antarctic Peninsula region: a discussion of correlations between the Southern and Northern Hemispheres. *Annals of Glaciology* **27**: 110-112.

Hodgson, D.A., Dyson, C.L., Jones, V.J., Smellie, J.L. 1998. Tephra analysis of sediments from Midge Lake (South Shetland Islands) and Sombre Lake (South Orkney Islands), Antarctica. *Antarctic Science* **10**: 13-20.

John, B.S., Sugden, D.E. 1971. Raised marine features and phases of glaciation in the South Shetland Islands. *British Antarctic Survey Bulletin* **24**: 45-111.

Jones, V.J., Juggins, S., Ellis-Evans, J.C. 1993. The relationship between water chemistry and surface sediment diatom assemblages in maritime Antarctic lakes. *Antarctic Science* **5**: 339-48.

Kelly, S.R.A. 1995. New Trigonioid bivalves from the Early Jurassic to Earliest Cretaceous of the Antarctic Peninsula region: systematics and austral paleobiogeography. *Journal of Paleontology* **69**: 66-84.

Lindsay, D.C. 1971. Vegetation of the South Shetland Islands. *British Antarctic Survey Bulletin* **25**: 59-83.

López-Bueno, A., Tamames, J. Velazquez, D., Moya, A., Quesada, A., Alcami, A. 2009. Viral Metagenome of an Antarctic lake: high diversity and seasonal variations. *Science* **326**: 858-861.

Lopez-Martinez, J., Serrano, E., Martinez de Pison, E. 1996. Geomorphological features of the drainage system. In: López-Martínez, J., Thomson, M. R. A., Thomson, J.W. (eds.) *Geomorphological map of Byers Peninsula, Livingston Island*. BAS GEOMAP Series Sheet 5-A, 15-19. British Antarctic Survey, Cambridge.

Lopez-Martinez, J., Martínez de Pisón, E., Serrano, E., Arche, A. 1996 *Geomorphological map of Byers Peninsula, Livingston Island*. BAS GEOMAP Series, Sheet 5-A, Scale 1:25 000. Cambridge, British Antarctic Survey,.

Martínez De Pisón, E., Serrano, E., Arche, A., Lopez-Martínez, J. 1996. Glacial geomorphology. In: López-Martínez, J., Thomson, M. R. A., Thomson, J.W. (eds.) *Geomorphological map of Byers Peninsula, Livingston Island*. BAS GEOMAP Series Sheet 5-A, 23-27. British Antarctic Survey, Cambridge.

Pankhurst, R.J., Weaver, S.D., Brook, M., Saunders, A.D. 1979. K-Ar chronology of Byers Peninsula, Livingston Island, South Shetland Islands. *British Antarctic Survey Bulletin* **49**: 277-282.

Petz, W., Valbonesi, A., Schiftner, U., Quesada, A., Ellis-Evans, C.J. 2007. Ciliate biogeography in Antarctic and Arctic freshwater ecosystems: endemism or global distribution of species? *FEMS Microbiology Ecology* **59**: 396-408.

Quesada, A., Fernández Valiente, E., Hawes, I., Howard.Williams, C. 2008. Benthic primary production in polar lakes and rivers. In: Vincent, W., Leybourn-Parry J. (eds). *Polar Lakes and Rivers – Arctic and Antarctic Aquatic Ecosystems*. Springer. pp 179-196.

Quesada, A., Camacho, A. Rochera, C., Velazquez, D. 2009. Byers Peninsula: a reference site for coastal, terrestrial and limnetic ecosystems studies in maritime Antarctica. *Polar Science* **3**: 181-187.

Richard, K.J., Convey, P., Block, W. 1994. The terrestrial arthropod fauna of the Byers Peninsula, Livingston Island, South Shetland Islands. *Polar Biology* **14**: 371-79.

Rodríguez, P., Rico, E. 2008. A new freshwater oligochaete species (Clitellata: Enchytraeidae) from Livingston Island, Antarctica. *Polar Biology* **31**: 1267-1279.

SGE, WAM and BAS. 1993. *Byers Peninsula, Livingston Island.* Topographic map, Scale 1:25 000. Cartografia Antartica. Madrid, Servicio Geografia del Ejercito.

Serrano, E., Martínez De Pisón, E., Lopez-Martínez, J. 1996. Periglacial and nival landforms and deposits. In: López-Martínez, J., Thomson, M. R. A., Thomson, J.W. (eds.) *Geomorphological map of Byers Peninsula, Livingston Island.* BAS GEOMAP Series Sheet 5-A, 28-34. British Antarctic Survey, Cambridge.

Smellie J.L., Davies, R.E.S., Thomson, M.R.A. 1980. Geology of a Mesozoic intra-arc sequence on Byers Peninsula, Livingston Island, South Shetland Islands. *British Antarctic Survey Bulletin* **50**: 55-76.

Smith, R.I.L., Simpson, H.W. 1987. Early Nineteeth Century sealers' refuges on Livingston Island, South Shetland Islands. *British Antarctic Survey Bulletin* **74**: 49-72.

Starý, J., Block, W. 1998. Distribution and biogeography of oribatid mites (Acari: Oribatida) in Antarctica, the sub-Antarctic and nearby land areas. *Journal of Natural History* **32**: 861-94.

Sugden, D.E., John, B.S. 1973. The ages of glacier fluctuations in the South Shetland Islands, Antarctica. In: van Zinderen Bakker, E.M. (ed.) *Paleoecology of Africa and of the surrounding islands and Antarctica* . Balkema, Cape Town, pp. 141-159.

Tejedo, P., Justel, A., Benayas, J., Rico, E., Convey, P., Quesada, A. 2009. Soil trampling in an Antarctic Specially Protected Area: tools to assess levels of human impact. *Antarctic Science* **21**: 229-236.

Thom, G. 1978. Disruption of bedrock by the growth and collapse of ice lenses. *Journal of Glaciology* **20**: 571-75.

Thomson, M.R.A., López-Martínez, J. 1996. Introduction. In: López-Martínez, J., Thomson, M. R. A., Thomson, J.W. (eds.) *Geomorphological map of Byers Peninsula, Livingston Island.* BAS GEOMAP Series Sheet 5-A, 1-4. British Antarctic Survey, Cambridge.

Toro, M., Camacho, A., Rochera, C., Rico, E., Bañón, M., Fernández, E., Marco, E., Avendaño, C., Ariosa, Y., Quesada, A. 2007. Limnology of freshwater ecosystems of Byers Peninsula (Livingston Island, South Shetland Islands, Antarctica. *Polar Biology* **30**: 635-649.

Torres, D., Cattan, P., Yanez, J. 1981. Post-breeding preferences of the Southern Elephant seal *Mirounga leonina* in Livingston Island (South Shetlands). *Publ. INACH Serie. Cientifica* **27**: 13-18.

Torres, D., Jorquera, D. 1994. Marine debris analysis collected at cape Shirreff, Livingston Island, South Shetland, Antarctica. *Ser. Cient. INACH* **44**: 81-86.

Usher, M.B., Edwards, M. 1986. The selection of conservation areas in Antarctica: an example using the arthropod fauna of Antarctic islands. *Environmental Conservation* **13**: 115-22.

Van der Vijver, J., Agius, T., Gibson, J., Quesada, A. 2009. An unusual spine-bearing Pinnularia species from the Antarctic Livingston Island. *Diatom Research* **24**: 431-441.

White, M.G. Preliminary report on field studies in the South Shetland Islands 1965/66. Unpublished field report in BAS Archives AD6/2H1966/N6.

Woehler, E.J. (Ed.) 1993. The distribution and abundance of Antarctic and sub-Antarctic penguins. SCAR, Cambridge.

Zidarova, E., Van de Vijver, B., Quesada, A., de Haan, M. 2010. Revision of the genus Hantzschia (Bacillariophyceae) on Livingston Island (South Shetland Islands, Southern Atlantic Ocean). Plant Ecology and Evolution. *In press.*

Приложение 1

Вспомогательная информация

КЛИМАТ

По полуострову Байерс нет большого количества данных метеонаблюдений до 2001 г., однако можно предположить, что местные климатические условия аналогичны условиям на базе «Хуан Карлос I», полуостров Херд (записи с 1988 г.). Условия там показывают, что среднегодовая температура ниже 0° С, причем температура больше, чем 0°, С наблюдается каждый год, как минимум, в течение нескольких летних месяцев, и что здесь выпадает довольно большое количество осадков – около 800 мм в год$^{-1}$ – в основном, в виде дождя летом (Ellis-Evans 1996). В течение большей части года полуостров покрыт снегом, однако к концу лета снег, как правило, полностью исчезает. Полуостров испытывает метеорологическое воздействие со стороны пролива Дрейка на севере и северо-западе, откуда дуют господствующие ветры, а также со стороны пролива Брансфилд на юге. Климат является полярно-морским: с постоянно высокой относительной влажностью (около 90%), облачностью большую часть времени, частыми туманами и регулярными осадками. Средняя температура летом составляет 1,1 ° С, но иногда может превышать 5 °C. В исключительных случаях летняя температура достигала 9 °C. Минимальная средняя температура близка к 0°С. Зимой температура может быть ниже -26 °С, хотя средняя величина составляет -6 °С, а максимальная температура зимой может приближаться к 0 °С. Средняя радиация летом составляет 14 000 кДж/м$^{-2}$, достигая 30 000 кДж/м$^{-2}$ в солнечные дни, близкие к солнцестоянию. Дуют сильные ветры, средняя скорость которых составляет 24 км/ч$^{-1}$; часто бывают грозы с ветрами, скорость которых превышает 140 км/ч$^{-1}$. Преобладают юго-западные и северо-восточные ветры.

ГЕОЛОГИЯ

Коренная порода полуострова Байерс состоит из морских осадочных, вулканических и вулканокластических пород от верхнего юрского до нижнего мелового периодов с вкраплениями магматических пород (см. Smellie et al 1980; Crame et al 1993, Hathway and Lomas 1998). Эти породы являются частью мезозойско-ценозойского магматического комплекса, обнаженного на всей территории Антарктического полуострова, но в наибольшей степени – на полуострове Байерс (Hathway and Lomas 1998). Во внутренних возвышенных районах восточной половины полуострова, окруженных на севере и юге голоценовыми пляжными отложениями, доминируют нижнемеловые туфы неморского происхождения, вулканические бреции, конгломераты, песчаники и мелкие аргиллиты с несколькими интрузиями вулканических жерловин и пластовых жил. Западная половина полуострова, которая продолжается в северо-западном направлении до половины мыса Рей, состоит, в основном, из верхнеюрских-нижнемеловых морских аргиллитов, песчаников и конгломератов с многочисленными интрузиями вулканических пластовых жил, жерловин и других магматических тел. Северо-западная часть мыса Рей состоит, главным образом, из вулканический бреций того же возраста. Аргиллиты, песчаники, конгломераты и пирокластические породы – это самые распространенные породы на полуострове. В прибрежных районах, особенно на территории Южных пляжей и в восточной половине пляжей Роббери, встречаются участки голоценового пляжного гравия и аллювия; на пляжах Президент эти отложения не столь обширны.

Район представляет собой большую геологическую ценность, поскольку «обнаженные осадочные и магматические породы на полуострове Байерс дают наиболее полную картину юрского-раннемелового периода на севере тихоокеанской части магматического комплекса и являются главной сукцессией для изучения фауны морских моллюсков (например, Crame 1984, 1995, Crame and Kelly 1995) и флоры неморского происхождения (например, Hernandez and Azcárte 1971, Philippe et al 1995)» (Hathway and Lomas 1998).

ГЕОМОРФОЛОГИЯ И ПОЧВЫ

Значительная часть этой территории состоит из литозолей, которые, в основном, представляют собой слой измельченных пород, под которым на глубине от 30 до 70 см начинается вечная мерзлота. (Thom 1978, Ellis-Evans 1996, Serrano et al 1996). В морфологии поверхности верхних платформ, где нет выхода коренных пород, доминируют каменники (состоящие из мелких алевритовых частиц, перемешанных с валунами и поверхностными обломками пород), гелифлюкционные лопасти, полигональный грунт (как на затопляемых, так и на сухих участках), каменные полосы и каменные кольца, а также другие окололедниковые формы рельефа (Serrano at al 1996). В нескольких местах видны потоки дресвы и сели. Под некоторыми сообществами мхов и трав находится 10-20-сантиметровый слой органического вещества, хотя здесь нет глубоких аккумуляций торфа вследствие скудного характера растительности на большей части территории полуострова Байерс (Bonner and Smith 1985). Орнитогенные почвы чаще всего встречаются в окрестностях мыса Девилз и на отдельных кочках вдоль пляжей Президент (Ellis-Evans 1996).

Отдельные участки внутренней части полуострова сформировались под воздействием береговых процессов: здесь есть ряд высоких пляжей высотой от 3 до 54 м, причем некоторые из них достигают в ширину более 1 км. Радиоуглеродный анализ наиболее высоких пляжных отложений свидетельствует о том, что 9 700 лет назад полуостров Байерс, в основном, уже был свободен от вечных ледников. Самые низкие пляжные отложения образовались 300 лет назад (John and Sugden 1971, Sugden and John 1973). Однако анализ озерных отложений говорит о том, что общая дегляциация центральной части полуострова Байерс произошла позднее, около 4 000-5 000 лет назад, т.ч. данные радиоуглеродного анализа этой местности следует интерпретировать весьма осторожно (Björck et al 1991a, b). В нескольких местах в толще высоких пляжей встречаются вкрапления субфоссильных китовых костей, а иногда – практически целые скелеты. По данным радиоуглеродного анализа скелетов, найденных на высоте около 10 м над уровнем моря на Южных пляжах, возраст этих костей составляет от 2000 до 2400 лет (Hansom 1979). Доголоценовые поверхности полуострова Байерс однозначно свидетельствуют о существовании ледникового ландшафта, несмотря на плавные формы рельефа. На сегодняшний день здесь остались только три небольших остаточных ледника (площадью менее 0,5 км^2) на мысе Рей. Существовавшие ранее измененные ледниками формы рельефа впоследствии испытали воздействие флювиальных и окололедниковых процессов, т.ч. морены и прочие ледниковые отложения здесь встречаются редко (Martinez de Pison et al 1996).

ВОДОТОКИ И ОЗЕРА

Полуостров Байерс – это, наверное, наиболее важный лимнологический участок на территории Южных Шетландских островов и Антарктического полуострова. Здесь находятся более 60 озер, многочисленные пресноводные пруды (отличающиеся от озер тем, что зимой они промерзают до дна), а также густая и разветвленная сеть водотоков. Ровный рельеф способствуют удержанию воды, т.ч. летом здесь нередко встречаются заболоченные почвы. Однако водоносная способность тонкого слоя почвы ограничена, и многие русла зачастую остаются сухими, а водотоки имеют непостоянное течение, за исключением периодов интенсивного снеготаяния или участков, куда поступают ледниковые стоки (Lopez-Martinez et al 1996). Большинство водотоков питаются сезонными стоками со снежных полей, и во многих случаях их глубина не превышает 5-10 см (Ellis-Evans 1996), хотя скопления снега в некоторых узких ущельях могут достигать более чем 2-метровой высоты, приводя к тому, что ледяные плотины блокируют отток воды из озера. Более крупные водотоки достигают 4,5 км в длину, 20 м в ширину и 30-50 см в глубину в нижнем течении в период половодья. У водотоков, которые текут в западном направлении, нередко бывают довольно большие ущелья (Lopez-Martinez et al 1996), а самые верхние и крупные высокие морские платформы изрезаны оврагами глубиной до 30 м (Ellis-Evans 1996). Выше голоценовых высоких пляжей долины имеют ровную поверхность и достигают в ширину несколько сотен метров.

Озера особенно часто встречаются на высоких платформах (т.е. в верховьях бассейнов), а также на голоценовых высоких пляжах рядом с берегом. Самым крупным (587 x 112 м) и глубоким (максимальная глубина 9,0 м) является озеро Мидж. Все внутренние озера отличаются низким содержанием питательных веществ и высокой прозрачностью воды: на бо́льших глубинах имеется толстый слой донных отложений, покрытых плотной подстилкой водяного мха [*Drepanocladus longifolius (=D. aduncus)*]. В некоторых озерах, например, в озере Честер Коун, которое находится примерно в 500 м к югу от озера Мидж, (или Лимнополярное озеро) на глубине от одного до нескольких метров обнаружены заросли водяного мха, которые покрывают большую часть дна озера. Этот мох является средой обитания для личинок *Parochlus* (Bonner and Smith 1985). Иногда этот мох в больших количествах выносится на отдельные участки побережья. Каждый год покрытые снегом озера, как правило, промерзают до глубины 1,0-1,5 м на 9-11 месяцев, хотя поверхность некоторых озер, расположенных на большей высоте, остается в замерзшем состоянии круглый год (Ellis-Evans 1996, Lopez-Martinez et al 1996). На верхних ярусах центрального плато между озерами протекает множество мелких водотоков с небольшой скоростью течения, которые стекают на большие ровные участки насыщенного литозоля, покрытого толстым слоем цианобактерий вида *Phormidium*. Эти подстилки превышают по размеру все остальные подстилки такого рода, встречающиеся в других приморских районах Антарктиды, описанных на сегодняшний день, и отражают уникальную геоморфологию и относительно большое количество годовых осадков в рассматриваемом Районе. В период весеннего таяния через большинство озер проходят значительные потоки проточной воды, однако позднее сток из многих озер может прекратиться по мере сокращения сезонного снеготаяния. Большинство озер содержит тех или иных ракообразных, включая веслоногих, таких как *Boeckella poppei*, и жаброногую креветку *Branchinecta gainii*. В некоторых водотоках в больших количествах встречаются цианобактериальные и зеленые нитчатые водоросли, а также диатомовые водоросли и веслоногие. Вблизи береговой линии, особенно на пляжах Президент, находится ряд относительно соленых озер лагунного происхождения, и там, где они служат купальнями для антарктических морских слонов (*Mirounga leonina*), эти озера содержат большое количество органических веществ. В этих прибрежных мелких озерах и прудах, расположенных за первым высоким пляжем, нередко встречаются многочисленные водорослевые маты и ракообразные, включая веслоногих *B. poppei* и *Parabroteas sorsi*, а иногда и жаброногая креветка *Br.gainii*. Некоторые из этих водоемов отличаются большим биологическим разнообразием с вновь описанными видами диатомовых водорослей (van der Vijver 2010), олигохет (Rodriguez and Rico, 2009) и цилиарных протозоа (Petz et al 2008).

РАСТИТЕЛЬНОСТЬ

Несмотря на то, что значительная часть полуострова Байерс, особенно внутренние районы, лишена богатой растительности (см. Lindsay 1971), флора немногочисленных сообществ весьма разнообразна: на территории Района были идентифицированы, как минимум, 56 видов лишайников, 29 видов мхов, 5 печеночных и 2 явнобрачных растения. Собранные образцы содержат также множество неидентифицированных лишайников и мхов. Это говорит о том, что наземная флора Района одна из самых разнообразных в изученных приморских регионах Антарктиды. Некоторые из этих видов редко встречаются в данном регионе приморской Антарктиды. К числу таких редких видов относятся, например, бриофиты *Anthelia juratzkana, Brachythecium austroglareosum, Chorisodontium aciphyllum, Ditrichum hyalinum, Herzogobryum teres, Hypnum revolutum, Notoligotrichum trichodon, Pachyglossa dissitifolia, Platydictya jungermannioides, Sanionia cf. plicata, Schistidium occultum, Syntrichia filaris* и *Syntrichia saxicola*. Что касается *A. juratzkana, D. hyalinum, N. trichodon* и *S. plicata*, полуостров Байерс – это самое южное из всех известных мест их распространения. Редкими видами лишайников считаются *Himantormia lugubris, Ochrolechia parella, Peltigera didactyla* и *Pleopsidium chlorophanum.*

Южный берег отличается гораздо более развитой растительностью, чем северный. На более высоких и сухих пляжах юга нередко встречаются открытые сообщества с преобладанием многочисленных *Polytrichastrum alpinum (=Polytrichum alpinum), Polytrichum piliferum (=Polytrichum antarcticum), P. juniperinum, Ceratodon purpureus*, мох *Pohlia nutans* и несколько видов корковых лишайников. Несколько крупных пятен мха находятся рядом с пляжами Президент и Южными пляжами, где у подножья склонов, возвышающихся за высокими пляжами, нередко образуются большие снежные сугробы, которые являются богатым источником талой воды летом. В этих пятнах доминирует, главным образом, *Sanionia uncinata (=Drepanocladus uncinatus)*, местами образующий сплошной ковер, занимающий несколько гектаров. Состав растительности здесь более разнообразен, чем на высоких и более сухих площадях. Дно внутренних влажных долин покрыто подстилками, образованными *Brachythecium austro-salebrosum, Campylium polygamum, Sanionia uncinata,*

Warnstorfia laculosa (=Calliergidium austro-stramineum) и *W. sarmentosa (=Calliergon sarmentosum)*. В отличие от этого, в пределах 250 м от северного берега моховых подстилок практически нет, а вместо них здесь встречаются редкие пятна *Sanionia*, которые находятся в ложбинах между высокими пляжами на высоте до 12 м над уровнем моря, и лишайников – главным образом, представителей родов *Acarospora, Buellia, Caloplaca, Verrucaria* и *Xanthoria* – которые находятся на гребнях наиболее низких пляжей (2-5 м), причем по мере увеличения высоты среди лишайников начинают доминировать *Sphaerophorus, Stereocaulon* и *Usnea* (Lindsay 1971).

На пепловых склонах, где дренаж лучше, нередко произрастают виды *Bryum, Dicranoweisia, Ditrichum, Pohlia, Schistidium* и *Tortula*, которые встречаются в форме отдельных подушек и пятен дерна, перемешанных с различными печеночниками, лишайниками (прежде всего, розовым *Placopsis contortuplicata* и черным листоватым лишайником *Leptogium puberulum*), а также цианобактерией *Nostoc commune*. *P. contortuplicata* встречается во внутренних районах и на больших высотах, где меньше азота, и обычно связан с субстратом, для которого характерна определенная степень нарушения (например, солифлюкция); зачастую он является единственным растением, заселяющим небольшие обломки пород на участках каменных полос и морозобойных полигонов (Lindsay 1971). Как правило, он не смешивается с другими растениями и лишь изредка чередуется с отдельными видами *Andreaea* и *Usnea*. *N. commune* растет на обширных насыщенных участках ровной или слегка наклонной территории, покрытой валунной глиной, которая находится на высоте 60-150 м. Она образует отдельные розетки диаметром около 5 см, расположенные на расстоянии 10-20 см друг от друга (Lindsay 1971). На самых сухих почвах встречаются отдельные, почти круглые пятна *Andreaea, Dicranoweisia* и *Ditrichum*. На влажных участках, подверженных воздействию птиц и тюленей, иногда встречаются обширные заросли зеленой листоватой водоросли *Prasiola crispa*.

Поверхность пород на полуострове Байерс, как правило, рыхлая, однако местами она заселена лишайниками, особенно рядом с берегом. Вулканические жерловины состоят из более твердых и устойчивых пород и покрыты плотным слоем лишайников и изредка мхами. Жерловина Уснеа примечательна великолепными зарослями *Himantormia lugubris* и *Usnea aurantiaco-atra (=U. fasciata)*. В целом на открытых горных участках внутренних районов доминируют лишайники видов *H. lugubris* и *U. aurantiaco-atra*, произрастающие вместе с мхом *Andreaea gainii* на большей части обнаженных пород и составляющие до 80% покрова местного субстрата (Lindsay 1971). На закрытых участках, где есть небольшие скопления минеральной почвы, нередко встречаются печеночники *Barbilophozia hatcheri* и *Cephaloziella varians (=exiliflora)*, однако чаще всего они чередуются с подушками *Bryum, Ceratodon, Dicranoweisia, Pohlia, Sanionia, Schistidium* и *Tortula*. *Sanionia* и *Warnstorfia* образуют небольшие пятна, возможно, связанные с отсутствием больших скоплений снега и, следовательно, талых ручьев. *Polytrichastrum alpinum* образует небольшие, незаметные подушки в лощинах, однако при благоприятных условиях они могут сливаться с подушками *Andreaea gainii* (Lindsay 1971).

Корковые лишайники в основном представлены видами *Buellia, Lecanora, Lecedella, Lecidea, Placopsis* и *Rhizocarpon*, произрастающими на скалах, а также видами *Cladonia* и *Stereocaulon*, произрастающими на мхах, особенно на *Andreaea* (Lindsay 1971). На южном берегу моховые подстилки обычно заселены эпифитными лишайниками, такими, как *Leptogium puberulum, Peltigera rufescens,* виды *Psoroma*, а также *Coclocaulon aculeata* и *C. epiphorella*. На нижней части морских скал до высоты около 5 м, куда попадают соленые брызги, доминируют виды *Caloplaca* и *Verrucaria*, а наверху, где часто гнездятся морские птицы, нередко доминируют нитрофильные виды, такие, как *Caloplaca regalis, Haematomma erythromma* и *Xanthoria elegans*. На остальной сухой поверхности скал обычно растет корковый лишайник *Ramalina terebrata*. На скалах вблизи скоплений гнездящихся птиц растут лишайники *Catillaria corymbosa, Lecania brialmontii*, а также виды *Buellia, Haematomma, Lecanora* и *Physcia*, которые предпочитают птичий помет; кроме того, здесь встречаются листоватые лишайники *Mastodia tessellata, Xanthoria elegans* и *X. Candelaria*, которые обычно доминируют на поверхности сухих валунов.

На отдельных участках, в основном, на южном берегу, нередко произрастает антарктическая трава *Deschampsia antarctica*, иногда образующая сомкнутый травяной покров (например, на холме Силер); в некоторых случаях она ассоциируется с антарктической мшанкой *Colobanthus quitensis*. Оба растения довольно часто встречаются в южных лощинах с крутым склоном, обращенным на север; там они образуют большие (иногда чистые) покровы с толстыми подстилками *Brachythecium* and *Sanionia*, хотя они редко растут на высоте более 50 м над уровнем моря (Lindsay 1971). Песчаные сухие ровные участки высоких Южных пляжей занимает открытое сообщество, которое состоит преимущественно из *Deschampsia* и *Polytrichum piliferum* и простирается на несколько километров. На пляже вблизи холма Силер эта трава имеет уникальную форму: она образует отдельные кочки высотой до 25 см и шириной до 2 м. На северном берегу *Deschampsia* была замечена только в одном месте (мыс Лэйр), где она растет в виде небольших низкорослых клочков (Lindsay 1971).

БЕСПОЗВОНОЧНЫЕ

Описанная на сегодняшний день фауна микробеспозвоночных на полуострове Байерс состоит из 25 таксонов (Usher and Edwards 1986, Richard et al 1994, Block and Stary 1996, Convey et al 1996, Rodriguez and Rico, 2008): шести ногохвосток (*Cryptopygus antarcticus, Cryptopygus badasa, Friesea grisea, Friesea woyciechowskii, Isotoma (Folsomotoma) octooculata (=Parisotoma octooculata)* и *Tullbergia mixta*; одного мезостигматидного клеща (*Gamasellus racovitzai*); пяти криптостигматидных клещей (*Alaskozetes antarcticus, Edwardzetes dentifer, Globoppia loxolineata (=Oppia loxolineata), Halozetes belgicae* и *Magellozetes antarcticus*); девяти простигматидных клещей (*Bakerdania antarcticus, Ereynetes macquariensis, Eupodes minutus, Eupodes parvus grahamensis, Nanorchestes berryi, Nanorchestes nivalis, Pretriophtydeus tilbrooki, Rhagidia gerlachei, Rhagidia leechi* и *Stereotydeus villosus*); двух двукрылок (*Belgica antarctica* и *Parochlus steinenii*) и двух олигохет (*Lumbricillus healyae* и *Lumbricillus sp.*).

Личинки бескрылой мошки *Belgica antarctica* встречаются в небольших количествах во влажных мхах, особенно в подушках *Sanionia*, хотя это насекомое имеет очень ограниченное распространение на полуострове Байерс (в основном, в окрестностях Серро Негро), который, возможно, является северной границей его ареала. Крылатая мошка *Parochlus steinenii* и ее личинки заселяют прибрежные участки внутренних озер и прудов, особенно озера Мидж и другого озера вблизи жерловины Уснеа, а также встречаются среди камней в руслах многих водотоков (Bonner and Smith 1985, Richard et al 1994, Ellis-Evans pers comm 1999). В теплую спокойную погоду взрослые особи роятся над прибрежными участками озер.

Сообщество описанных членистоногих на полуострове Байерс разнообразнее, чем на любом другом описанном участке Антарктики (Convey et al 1996). Результаты различных исследований (Usher and Edwards 1986, Richard et al 1994, Convey et al 1996) показывают, что состав популяции членистоногих на полуострове Байерс весьма изменчив для такого небольшого по размеру местообитания. Здесь довольно много *Tullbergia mixta*; похоже, что ареал этого членистоногого ограничивается в Антарктике Южными Шетландскими островами (Usher and Edwards 1986). В локальном масштабе наибольшим разнообразием, как правило, отличаются сообщества, где доминируют моховые подушки, например, видов *Andreaea* (Usher and Edwards 1986). Для того, чтобы определить популяции и их разнообразие с большей степенью надежности, необходимо собрать дополнительные образцы. При том, что сбор дополнительных образцов на других участках может доказать, что сообщества, описанные на полуострове Байерс, характерны также для других аналогичных мест обитания на территории этого региона, имеющиеся данные о микрофауне подтверждают биологическое значение рассматриваемого Района.

МИКРООРГАНИЗМЫ

Анализ образцов почвы, собранных на полуострове Байерс, показал наличие нескольких нематодоядных грибов: в почве *Deschampsia* были обнаружены *Acrostalagmus goniodes, A. obovatus, Cephalosporium balanoides* и *Dactylaria gracilis*; в почве *Colobanthus* – *Cephalosporium balanoides* и *Dactylella gephyropaga* (Gray and Smith 1984). На влажных подстилках мха *Sanionia uncinata* часто встречаются большие количества базидиальных грибов *Omphalina antarctica* (Bonner and Smith 1985).

Некоторые из водоемов отличаются большим микробиологическим разнообразием, в т.ч. самым большим вирусным генетическим разнообразием, которое можно встретить в антарктических озерах (López-Bueno et al 2009).

ГНЕЗДЯЩИЕСЯ ПТИЦЫ

Полуостров Байерс отличается разнообразной орнитофауной, хотя колонии гнездящихся птиц, как правило, невелики. В Районе гнездятся два вида пингвинов – антарктический пингвин (*Pygoscelis antarctica*) и папуасский пингвин (*P. papua*).

Пингвины Адели (*P. adeliae*) на полуострове Байерс и на прилегающих островках, по наблюдениям, не гнездятся. На Южных Шетландских островах пингвины Адели гнездятся лишь на острове Кинг-Джордж, где их популяция сокращается (Carlini et al. 2009).

Главная колония антарктических пингвинов находится на мысе Девилз, где, согласно ориентировочным данным 1987 года, насчитывалось около 3000 пар. Более точный подсчет, проведенный в 1965 г., показал наличие примерно 5300 пар в четырех отдельных колониях, причем почти 95% этих пингвинов гнездились на острове Демон в 100 м к югу от мыса Девилз (Croxall and Kirkwood 1979, Woehler 1993). Две колонии численностью в примерно 25 антарктических пингвинов, окруженных колонией папуасских пингвинов, можно встретить на пляжах Президент недалеко от мыса Девилз. Небольшие колонии антарктических пингвинов были замечены на северном берегу, например, на пляжах Роббери (50 пар в 1958 г., Woehler 1993), однако согласно подсчету 1987 года, здесь не было гнездящихся пар. Из других мест можно отметить мыс Лэйр, где находилось 156 пар в 1966 г., но это число уменьшилось к 1987 до 25 пар (Woehler 1993). Во время недавнего посещения в район (январь 2009 г.) было обнаружено 20 пар (Barbosa pers.com).

Папуасские пингвины папуа гнездятся в нескольких колониях на мысе Девилз: в 1965 г. здесь было зарегистрировано приблизительно 750 пар (Croxall and Kirkwood 1979, Woehler 1993). В настоящее время можно обнаружить три колонии общей численностью в примерно 3000 пар (Barbosa pers.com). На северном побережье гнездовье из трех колоний общей численностью в примерно 900 пар находится на пляжах Роббери (Woehler 1993). Во время посещения мыса Лэйр в январе 2009 г. было подсчитано примерно 1200 пар. Woehler (1993) не дает каких-либо данных о папуасских пингвинах в этом месте.

Недавние оценки размера популяций некоторых видов летающих птиц были получены благодаря обследованию, проведенному в декабре 2008 г. и январе 2009 г. (Gil-Delgado et al. 2010). Популяция антарктической крачки (*Sterna vittata*) оценивалось в 1873 гнездующихся пар. В районе гнездуются 238 пар южных гигантских буревестников *(Macronectes giganticus)* и 15 пар поморника Лоннберга (*Catharacta lonnbergi*). Детальное обследование других гнездящихся птиц было проведено в 1965 г. (White 1965). Самым многочисленным гнездящимся видом на тот период была антарктическая крачка *Sterna vittata* (приблизительно 1760 пар); за ней шли качурка Вильсона *Oceanites oceanicus* (1315 пар), капский голубь *Daption capense* (около 570 пар), доминиканская чайка *Larus dominicanus* (449 пар), южный гигантский буревестник *Macronectes giganteus* (216 пар), чернобрюхая качурка *Fregetta tropica* (95 пар), голубоглазый баклан *Phalacrocorax atriceps* (47 пар) (включая птиц, гнездящихся на прибрежных островках), поморник Лоннберга (39 пар) и белая ржанка *Chionis alba* (3 пары). Кроме того, на полуострове были замечены китовые птички видов *Pachytilla* и малый снежный буревестник *Pagodroma nivea*, однако факт их гнездования в этом районе не подтвержден. Результат подсчета численности птиц, живущих в норах и гнездящихся на каменных осыпях, считается заниженным (White pers. comm. 1999). Большинство птиц гнездятся в непосредственной близости от берега, в основном, на западе и юге.

В последнее время были замечены некоторые бродячие цапли, вероятно бонапартов песочник (*Calidris fuscicollis*), в некоторых водотоках на южных пляжах (Quesada pers. comm. 2009).

РАЗМНОЖАЮЩИЕСЯ МЛЕКОПИТАЮЩИЕ

На берегу полуострова Байерс выводят детенышей большие группы антарктических морских слонов (*Mirounga leonina*). Согласно имеющимся данным, на Южных пляжах общая численность этих животных превышает 2500 особей (Torres et al. 1981), т.е. данная популяция этого вида является одной из самых многочисленных на Южных Шетландских островах. По оценочным данным, полученным в 2008-2009 гг., популяция составляла от 4700 до 6300 особей (Gil-Delgado et al. 2010). Летом большое количество антарктических морских слонов лежит на берегу и на пляжах. На берегу можно встретить тюленей Уэдделла (*Leptonychotes weddellii*), тюленей-крабоедов (*Lobodon carcinophagous*) и морских леопардов (*Hydrurga leptonyx*). В прошлом на полуострове Байерс обитало множество морских котиков (*Arctocephalus gazella*) (см. ниже), однако, несмотря на недавний бурный рост популяции этих животных в других частях приморской Антарктиды, Район не был повторно колонизирован морскими котиками в широком масштабе.

ИСТОРИЧЕСКИЕ ОСОБЕННОСТИ

После открытия Южных Шетландских островов в 1819 г. в результате активной охоты на тюленей, которая велась в районе полуострова Байерс в период с 1820 по 1824 гг., были истреблены практически все местные морские котики и антарктические морские слоны (Smith and Simpson 1987). В то время летом здесь находилось до 200 американских и британских охотников на тюленей, которые жили в каменных убежищах и пещерах в районе полуострова Байерс (Smith and Simpson 1987). Во многих убежищах остаются свидетельства их пребывания в этом районе, включая предметы материальной культуры (одежда, инвентарь, структурные материалы и т.д.). Несколько кораблей охотников на тюленей потерпели крушение вблизи полуострова Байерс, и у берегов можно найти их деревянные обломки. На полуострове Байерс находится самое большое в Антарктике скопление убежищ охотников на тюленей начала XIX века, а также связанных с ними остатками материальной культуры. Они чувствительны к нарушениям и/или вывозу.

После 1860 г. численность морских слонов и, в определенной степени, морских котиков восстановилась, однако они были снова практически истреблены в результате второй волны охоты на тюленей, которая продолжалась вплоть до середины первого десятилетия двадцатого века.

ДЕЯТЕЛЬНОСТЬ/ВОЗДЕЙСТВИЕ ЧЕЛОВЕКА

В современную эпоху деятельность человека на полуострове Байерс сводится, главным образом, к научным исследованиям. Воздействие этой деятельности еще не описано, однако считается, что это воздействие незначительно и сводится к следующему: обустройство лагерных стоянок, следы на грунте, установка различного рода указателей, вымывание на пляжи морского мусора (например, мусора от рыбопромысловых судов), а также отходы жизнедеятельности человека и отбор образцов в научных целях. Во время кратковременного посещения Района в феврале 2001 г. в его юго-западной части были замечены несколько деревянных указательных кольев и пластмассовый рыболовный поплавок (Harris 2001). Летом 2009-2010 гг. было проведено обследование по мусору (Rodriguez-Pertierra pers. comm.). Наибольшая доля мусора на пляжах (в среднем по длине пляжей) была обнаружена на пляже Роббери (64%), за которым следуют пляж Президент (28%) и пляжи к юго-западу Района (8%). Вероятно, это связано с тем, что они выходят напрямую на пролив Дрейка (Torres and Jorquera, 1994). В основном мусор, обнаруженный на этих трех пляжах, составляла древесина (78% по количеству предметов) и пластмасса (19%), в то время как металл, стекло и ткань встречались реже (менее 1%). Было найдено несколько деревянных предметов, некоторые из них довольно большого размера (несколько метров в длину). Были найдены самые разнообразные пластмассовые предметы, но чаще всего встречались бутылки, веревка и лента. На пляжах также встречались поплавки и стеклянные бутылки.

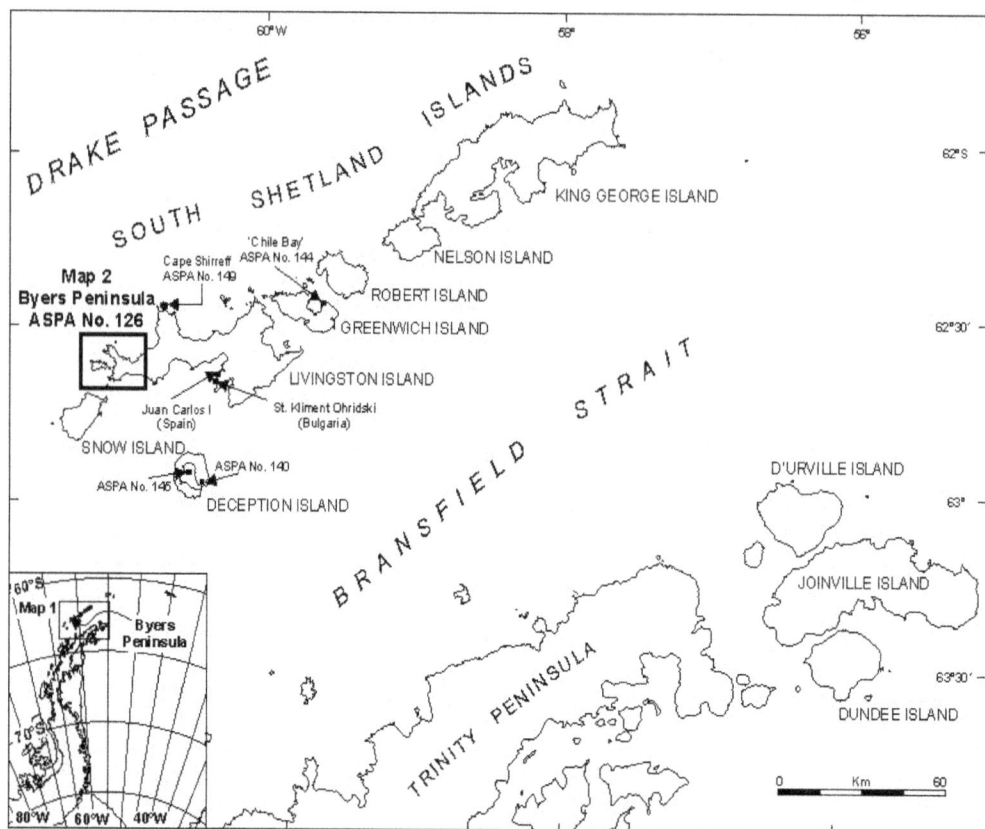

Map 1. Byers Peninsula, ASPA No. 126, Livingston Island, South Shetland Islands, location map.
Inset: location of Byers Peninsula on the Antarctic Peninsula

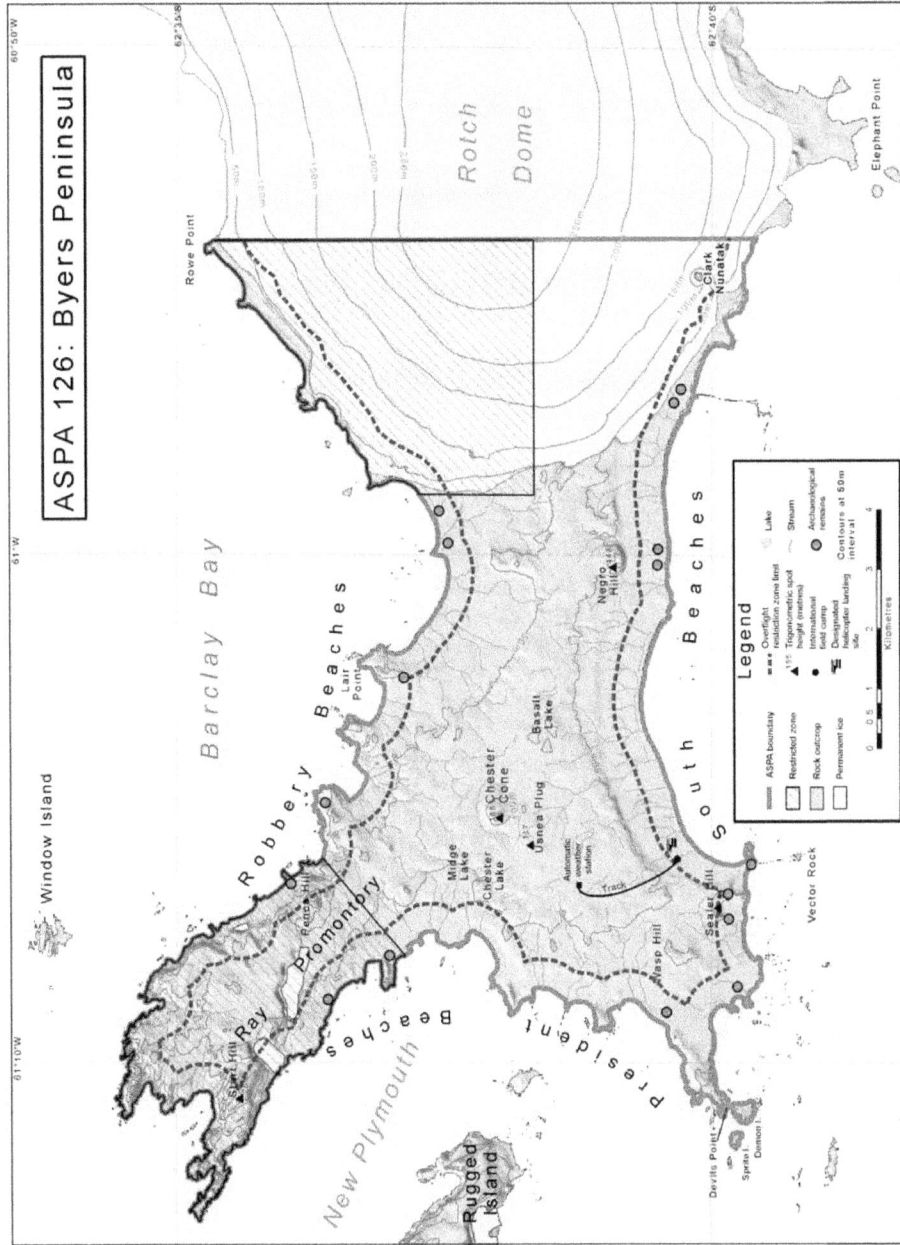

Карта 2. ООРА 126: Топографическая карта полуострова Байерс.

План управления

Особо охраняемым районом Антарктики № 127

«ОСТРОВ ХАСУЭЛЛ»

(Остров Хасуэлл и прилегающий участок припайного льда с колонией императорских пингвинов)

1. Описание охраняемых ценностей

Остров Хасуэлл является уникальным местом гнездования почти всех видов птиц, гнездящихся в Восточной Антарктиде (антарктический буревестник *Talassoica antarctica*, серебристо-серый буревестник *Fulmarus glacioloides*, капский буревестник *Daption capense*, снежный буревестник *Pagodroma nivea*, качурка Вильсона *Oceanites oceanicus*, южно-полярный поморник *Catharacta maccormicki*, пингвин Адели *Pygoscelis adeliae*). В Районе встречаются пять видов ластоногих, включая охраняемого тюленя Росса *Ommatophoca rossii*.

Юго-восточнее острова на припайном льду располагается крупная колония императорских пингвинов *Aptenodytes forsteri*.

Территория Района включает остров Хасуэлл (66°31' ю.ш., 93°00' в.д.) площадью около 1 кв. км, наибольший из группы островов, находящийся поблизости от станции Мирный, вместе с его литоральной зоной и припайным льдом при его наличии. Предложен Советским Союзом по перечисленным выше причинам, принят на VIII КСДА (Осло, 1975) и назначен как УОНИ № 7. Общий вид расположения островов архипелага Хасуэлл (за исключением острова Входной), станции Мирный и мест логистической деятельности представлен на карте 1. Он был переименован и перенумерован как ООРА № 127 на основании Меры 1 (2002).

Границы Особо охраняемого района Антарктики «Остров Хасуэлл» (66°31' ю.ш., 93°00' в.д., площадь около 1 кв. км) и примыкающий к нему участок припайного льда моря Дэйвиса площадью около 5 кв. км (при его наличии) - место расположения колонии императорских пингвинов показаны на карте 2. Это одна из немногих колоний императорского пингвина, которая находится рядом с постоянно действующей антарктической станцией, и потому она имеет преимущества с точки зрения изучения данного вида и среды его обитания.

Район был описан биологами первых Советских антарктической экспедиций, изучался в 1970х годах и в настоящее время, что предоставляет ценный материал для сравнительного анализа и мониторинга многолетнего воздействия крупной антарктической станции на окружающую среду.

2. Цели и задачи

Главным направлением исследований в ООРА является получение более полного представления о том, как естественные и антропогенные изменения окружающей среды влияют на состояние и динамику популяций, и как такие изменения влияют на взаимодействие ключевых видов антарктической экосистемы.

Управление районом имеет цели:

- избегать прямого воздействия на район во время проведения логистических операций;
- установить регламентированный доступа человека в район;
- не допускать изменений в структуре и численности местных популяций, в составе

- флоры и фауны под влиянием антропогенной деятельности;
- создать условия для проведения научных исследований, которые носят неотложный
- научный характер и не могут быть выполнены ни в каком ином месте;
- содействовать осуществлению научных исследований в области экологии, в связи с
- мониторингом популяций и оценкой влияния на них деятельности человека
- способствовать повышению уровня знаний об окружающей среде Антарктике и ее охране.

3. Меры управления

Для охраны ценностей Района должны быть предприняты следующие действия:

- На подходе к станции Мирный на судне и по прибытию на станцию, все прибывающие на станцию должны быть проинформированы о наличии, расположении ООРА и существующих положениях данного Плана Управления.
- Копии Плана Управления и карты местности, с указанием расположения Района, должны находиться во всех подразделений, осуществляющих логистические и научные операции в районе архипелага Хасуэлл.
- Во избежание неумышленного входа в Район, после становления припайного льда, безопасного для пешего и транспортного перемещения, в точке пересечения направлений о. Горева - о. Фулмар и м. Мабус - восточная оконечность о. Хасуэлл устанавливается знак с указанием направлений границ охраняемого района и отметкой об ограничении доступа («Вход воспрещен! Особо охраняемый район Антарктики»).
- Информационные знаки устанавливаются в месте спуска с мыса Мабус и местах станционной деятельности, находящихся в непосредственной близости с Районом.
- Указатели и знаки, возведенные в Районе должны быть надежны, поддерживаться в хорошем состоянии и не оказывать воздействия на окружающую среду.
- Полеты авиации над Районом могут осуществляться только на условиях, изложенных в разделе 7 «Условия выдачи разрешений».

Настоящий План периодически пересматривается в целях осуществления надлежащего контроля за тем, как осуществляется охрана ценностей этого Особо охраняемого района Антарктики. Любой деятельности в этом районе должна предшествовать оценка воздействия на окружающую среду.

4. Срок определения Района в качестве ООРА

Определен на неограниченный период времени.

5. Карты

- Карта 1. Общий вид расположения островов архипелага Хасуэлл, станции Мирный и мест логистической деятельности.
- Карта 2. Границы Особо охраняемого района Антарктики № 127 «Остров Хасуэлл».
- Карта 3. Местонахождение гнездовых колоний морских птиц.
- Карта 4. Остров Хасуэлл. Топография.

6. Описание Района и определение границ

6(i) Географические координаты, специальные отметки на границах и природные особенности

Район охватывает участок в пределах многоугольника ABFEDC (координаты 66° 31'10'' ю.ш., 92° 59'20'' в.д.; 66° 31'10'' ю.ш., 93° 03' в.д.; 66° 32'30'' ю.ш., 93° 03' в.д.; 66° 32'30'' ю.ш., 93° 01' в.д.; 66° 31'45'' ю.ш., 93° 01' в.д.; 66° 31'45'' ю.ш., 92° 59'20'' в.д.) (карта 2). Обозначенный участок припайного льда моря Дэйвиса обеспечивает охват наиболее вероятных перемещений императорских пингвинов в период гнездования.

Топография

Ориентировочно (на месте) близлежащие к станции границы Района на припайном льду могут быть определены визуально как направления: EF (о. Входной - о. Фулмар), ED (м. Мабус восточная оконечность о. Хасуэлл). В точке Е должен быть установлен указатель направлений границ охраняемого района и отметкой об ограничении доступа («Вход воспрещен! Особо охраняемый район Антарктики»). Информационные знаки с указанием расстояния до границы Района устанавливаются в местах станционной деятельности, находящихся в непосредственной близости с Районом (в месте спуска с мыса Мабус, на островах Буромского, Зыкова, Фулмар и Токарева).

Удаленные мористые границы Района практически не могут быть нарушены случайным образом, из-за отсутствия в настоящее время какой-либо деятельности на данном удалении от станции. Они не имеют визуальных примет и определяются по карте.

Никаких тропинок или дорог на территории Района нет.

Ледовые условия

Район включает остров Хасуэлл (самый крупный из островов архипелага Хасуэлл), его литоральную зону и примыкающий участок припайного льда моря Дэйвиса. К югу от ООРА на прибрежных нунатаках полуострова Мирный с 1956 года действует российская обсерватория Мирный.

Море в Районе большую часть года покрыто припайным льдом, ширина которого к концу зимы достигает 30-40 км. Взлом припая происходит с 17 декабря по 9 марта при средней дате -3 февраля, становление припайного льда - с 18 марта по 5 мая при средней дате - 6 апреля. Обеспеченность безледного периода на рейде Мирного продолжительностью более одного месяца составляет 85%, более двух месяцев - 45% и более трех месяцев - 25%. В Районе всегда много вмерзших в лед айсбергов. В летнее время, когда море освобождается от припайного льда, они дрейфуют вдоль побережья в западном направлении. Для морской воды характерны постоянные отрицательные температуры. Приливы имеют неправильный суточный характер.

Анализ экологических доменов

В соответствии с Анализом экологических доменов Антарктики (Резолюция 3 (2008)) остров Хасуэлл относится к Природной среде L «Ледниковый щит континентального побережья»

Биологические особенности

Донная фауна прибрежных вод довольно богата. Из рыб для района наиболее характерны различные виды трематомусов, реже встречаются антарктический клыкач *Dissostichus mawsoni* и антарктическая серебрянка *Pleuragramma antarcticum*. Обильная кормовая база и наличие пригодных мест для гнездования создают благоприятные условия для существования многочисленных популяций морских птиц. Всего в окрестностях Мирного отмечено 14 видов птиц (таблица 1).

Типичными представителями прибрежной фауны являются ластоногие. Наиболее распространен тюлень Уэдделла *Leptonychotes weddelli* (в районе Мирного расположены щенные залежки этого тюленя), остальные виды антарктических тюленей встречаются единичными экземплярами. Нередко к побережью в районе Мирного подходят полосатики Минке *Balaenoptera acutorostrata* и касатки *Orcinus orca*.

Таблица 1. Список орнитофауны района арх. Хасуэлл (ООРА № 127).

1	Императорский пингвин *Aptenodytes forsteri*	Г, Л

2	Пингвин Адели *Pygoscelis adeliae*	Г, Л
3	Антарктический пингвин *Pygoscelis antarctica*	З
4	Золотоволосый пингвин *Eudyptes chrysolophus*	З
5	Серебристо-серый буревестник *Fulmarus glacioloides*	Г
6	Антарктический буревестник *Talassoica antarctica*	Г
7	Капский буревестник *Daption capense*	Г
8	Снежный буревестник *Pagodroma nivea*	Г
9	Южный гигантский буревестник *Macronectes giganteus*	З
10	Качурка Вильсона *Oceanites oceanicus*	Г
11	Средний поморник *Stercorarius pomarinus*	З
12	Южно-полярный поморник *Catharacta maccormicki*	Г
13	Поморник Лоннберга *Catharacta Antarctica lonnbergii*	З
14	Доминиканская чайка *Larus dominicanus*	З

Условные обозначения: Г – гнездящийся вид; Л – в районе станции расположены линники; З – залетный вид.

В настоящее время морские птицы гнездятся на шести из семнадцати островов архипелага Хасуэлл. Непосредственно на островах гнездится 7 видов, один – императорский пингвин *Aptenodytes forsteri* – на припае. Кроме того, на исследуемой территории отмечены залеты и заходы нескольких видов птиц. В целом, ядро орнитофауны района сохраняется в неизменном состоянии на протяжении последних 60 лет и характеризуется видовым составом, типичным для прибрежных районов Восточной Антарктиды. Добавление новых видов (9, 13) в список авифауны может пока свидетельствовать более об интенсификации орнитологических исследований в районе Мирного. Все новые виды, зарегистрированные за последнее десятилетие, остаются в категории залетных/заходящих. Вместе с тем, отмеченный впервые в 2006 г, южный гигантский буревестник, очевидно, приобретает статус редкого, но регулярно залетного вида.

Колония императорских пингвинов архипелага Хасуэлл располагается на припайном льду моря Дейвиса в 2-3 км к северо-востоку от обсерватории Мирный и обычно в пределах 1 км от острова Хасуэлл. Колония была обнаружена и описана западной партией Австралийской антарктической экспедиции 25 ноября 1912 года, однако ее детальное обследование было начато лишь после основания обсерватории Мирный. С момента основания обсерватории в 1956 г., в ней на нерегулярной основе проводился мониторинг численности гнездовой популяции. Первые круглогодичные наблюдения в этой колонии были проведены в 1956 г. Е.С. Короткевичем (1958), продолжались до 1962 г. (Макушок, 1959; Короткевич, 1960; Прайор, 1968), затем были возобновлены В.М.Каменевым в конце 1960-х — начале 1970-х гг. (Каменев, 1977). После продолжительного перерыва орнитологические наблюдения на базе обсерватории были продолжены в 1999-2011 гг. (Gavrilo, Mizin, 2007, Гаврило, Мизин, 2011, Неелов и др., 2007).

Сроки наступления фенологических явлений в колонии императорских пингвинов района Хасуэлл представлены в таблице 2.

Таблица 2. Даты наступления фенологических явлений в колонии императорских пингвинов в районе арх. Хасуэлл.

Приход в колонию	Последня декада марта
Пик спаривания	Конец апреля – первая декада мая
Начало кладки	Первая пятидневка мая
Начало вылупления птенцов	5–15 июля
Начало выхода птенцов из инкубационных сумок	Последняя декада августа
Начало образования яслей	Первая декада сентября

Начало линьки птенцов	Конец XI - начало XII
Начало линьки взрослых	Последняя декада ноября – первая пятидневка декабря
Начало распада колонии	Последняя декада ноября – середина декабря
Уход птиц из колонии	Последняя пятидневка декабря – первая декада января

Последние данные о состоянии колонии были получены в 2010-2011 гг. В этот сезон колония состояла первоначально из 2-х субколоний, находящихся друг от друга на расстоянии 400 м друг от друга. Между субколониями осуществлялось перемещение взрослых птиц, в т.ч. с яйцами и птенцами. Впоследствии отделилась третья субколония. Все субколонии находились и перемещались в том же районе, что и в предыдущие годы – к востоку и юго-востоку от о. Хасуэлл.

В последнее десятилетие эта колония находится в достаточно стабильном состоянии при незначительном росте ее численности. По учетам сезона 2010/2011 гг. в период максимальной концентрации взрослых птиц во время откладки яиц, их численность в колонии достигала почти 13 тысяч, что представляет собой максимальный результат, полученный за последние 12 лет (РАЭ, неопубл. данные). По оценкам и данным учетов в период 1956–1966 гг. общая численность колебалась в пределах примерно 14–20 тыс. особей (Короткевич, 1958, Макушок, 1959, Прайор, 1964, Каменев, 1977). После чего в 1970-е – 1980-е гг. численность сократилась примерно на треть, но в 2000-е гг. стала постепенно восстанавливаться.

Сравнительный анализ динамики численности императорских пингвинов в колониях о. Хасуэлл и арх. Жеоложи (Pointe-Geologie Archipelago, Terre Adelie, ASPA 120), расположенной в этом же регионе (80°E - 140°E) станции Дюмон-д'Юрвиль, обнаружил их сходный характер на протяжении последних 50 лет (Barbraud et al., 2011). До начала 1970-х гг. популяция пингвинов была практически стабильна в колонии в арх. Жеоложи, и, возможно, слегка сокращалась в районе Хасуэлла. В ходе режимного климатического сдвига 1970-1980-х гг. годовой коэффициент популяционного роста заметно упал, и численность колоний сократилась. Амплитуда сокращения также была сходной, а количества гнездящихся пар коррелировали. Все это может свидетельствовать о том, что причиной явились общие крупномасштабные перестройки экосистемы, связанные с режимным сдвигом, прослеженным по всему Южному океану. Очевидно, что на обе популяции действовал один и тот же сильный негативный фактор. В качестве такого фактора, вероятно, выступал ледяной покров, с состоянием которого сильно связана экология императорских пингвинов. В частности, сокращение площади распространения ледяного покрова и более ранние сроки взлома припая отрицательно воздействовали на выживаемость птиц и через доступность пищи, а также на численность гнездящихся птиц, как это было показано ранее (Barbraud, Weimerskirch, 2001, Jenouvrier et al., 2009). В последние двадцать лет в обеих колониях наблюдается положительная динамика численности на фоне увеличения площади распространения ледяного покрова в регионе и более поздних сроков взлома припая.

Таблица 3. Факторы, влияющие на популяцию императорских пингвинов в районе арх. Хасуэлл, и меры по снижению их воздействия.

		Меры по снижению воздействия антропогенных факторов
Антропогенные факторы	Беспокойство при посещении колонии	Строгая регламентация визитов в колонию
	Сбор яиц	Сбор яиц возможен только в соответствии с разрешением на проведение научных исследований, выданным национальным органом
	Беспокойство при проведении авиаработ	Выбор маршрутов и высоты полетов в соответствии с

		регламентом плана управления районом
Природные факторы		Изменения климата и связанные с ними изменения состояния кормовой базы. Ледовые условия влияют на доступность корма и выживаемость взрослых птиц и птенцов (сокращение площади распространения ледяного покрова в апреле – июне ведет к снижению коэффициента популяционного роста и численности популяции), ранние сроки взлома припая влекут за собой повышенную смертность птенцов.

Данные по динамике остальных видов более фрагментарны: мы располагаем для сравнения тремя более-менее полными учетами, значительно отстоящими друг от друга по срокам, (таблица 4). В долгосрочных изменениях численности для большинства видов, возможно, прослеживается негативная тенденция, но для обоснованных выводов необходимо продолжение регулярных мониторинговых исследований.

Таблица 4. Динамика численности птиц на островах арх. Хасуэлл. Долгосрочный тренд: 0 – не выражен, -1 – негативный, ? – предполагаемый тренд.

Вид	1960е-1970е годы, число взрослых особей	1999/2001 гг.	2009/10, число взрослых особей	Тренд
Пингвин Адели	41-44,5 тыс	Ок. 31 тыс. взрослых особей	Ок. 27 тыс.	-1
Серебристо-серый буревестник	9,5-10 тыс	2300 гнезд с кладками	Ок. 5000	-1
Антарктический буревестник	900-1050	150-200 гнезд с кладками	Ок. 500	-1
Капский буревестник	750	150 жилых гнезд с кладками	Ок. 300	-1
Снежный буревестник	600-700	60-75 жилых гнезд	Нет данных	-1 ?
Качурка Вильсона	400-500	Не менее 30 жилых гнезд	Более 80	-1 ?
Южно-полярный поморник	48 (24 пары)	Мин. 38 (19 пар)	134 (62 пары)	1

Имеющиеся данные из района о. Хасуэлл дают возможность предположить наличие долговременного негативного популяционного тренда у нескольких видов морских птиц, как пингвинов, так и летающих птиц. Возможно, что общей причиной, определяющей сходную популяционную динамику не только императорских пингвинов, но и других видов морских птиц района Хасуэлла, за исключением южно-полярного поморника, являются климатические изменения.

Для более обоснованных выводов о факторах, влияющих на состояние популяций птиц района Хасуэлл, и механизмах их воздействия необходимо продолжение мониторинга и систематических исследований.

6(ii) Определение сезонов и зон ограниченного доступа или запретных зон

Вход в любую часть Района допускается только на основании специально выданного разрешения.

Особая регламентация деятельности в районе осуществляется в период гнездования птиц:

- с середины апреля по декабрь в районе расположения колонии императорских пингвинов•
- октября по март в районе гнездовий на о.Хасуэлл

Местонахождение гнездовых колоний показано на карте 3. Особо чувствительные к беспокойству императорские пингвины должны также охраняться и за пределами участка, определенного как место гнездования, поскольку колония не всегда находится на одном и том же месте.

6(iii) Сооружения на территории Района

На острове Хасуэлл имеется геодезический знак в виде металлической мачты, основание которой укреплено камнями, других сооружений на острове нет.

Допускается размещение на одном из близлежащих островов (исключая Хасуэлл) обогреваемого балка с аварийным запасом продуктов.

6(iv). Наличие других охраняемых территорий в непосредственной близости от Района

В 200-х м от границы Района находится ИМП № 9 «Кладбище на о-ве Буромского»

7. Условия выдачи разрешений

7(i) Условия разрешения

Вход в Район запрещен, за исключением наличия Разрешения, выданного соответствующими государственными органами. Разрешение на вход в Район выдается на следующих условиях:

- Разрешение выдается только с целями, обозначенными в п.2 Плана.
- Разрешения выдаются на строго установленный период времени. •
- В районе разрешены только такие действия, которые не представляют опасности для экосистем Района и ведения научной деятельности.
- Посещать Район можно только по Разрешению организованными группами в сопровождении уполномоченного лица, с произведением соответствующей отметки в Журнале учета посещений Района, где указывается дата, цель визита, список посетителей. Журнал учета посещений хранится у начальника станции Мирный.
- Уполномоченное лицо назначается в соответствии с национальными процедурами.
- Отчет о посещении Района представляется властям, указанным в Разрешении по окончании действия Разрешения, но не реже, чем раз в год.

Разрешения выдаются для проведения определенных научных исследований, мониторинга или инспекций, не требующих изъятия биологических материалов или образцов фауны или требующих их изъятия в небольших объемах. Для каждого посещения и пребывания в Районе в разрешении указывается объем задач, период их выполнения и максимальное количество сотрудников, имеющих право на посещение Района.

7(ii) Доступ в Район и передвижение по его территории

Доступ в Район и передвижение по его территории наземных транспортных средств (за исключением скиду) запрещен.

Входить в Район и передвигаться по его территории всегда необходимо с осторожностью, чтобы не потревожить птиц и тюленей, особенно в период выведения потомства. Ни при каких обстоятельствах нельзя допускать ухудшения состояния гнездовий птиц, залежек тюленей или подходов к ним.

Остров Хасуэлл. Наиболее удобным служит подъем с западной или юго-западной стороны острова (карта 4). Допустимо только пешее передвижение.

Участок припайного льда. В период становления припайного льда, обеспечивающего безопасное пешее и транспортное передвижение, вход на участок производится со стороны обсерватории Мирный в удобном месте. В период высиживания яиц (май–июль) передвижение любым транспортом в Районе запрещено. При движении на скиду запрещается приближаться к колонии императорских пингвинов ближе чем на 500 м (вне зависимости от ее местонахождения).

Полеты авиации над Районом запрещены в наиболее уязвимый период гнездового цикла императорских пингвинов: с 15 апреля по 31 августа .

В остальное время устанавливаются следующие ограничения для полетов авиации в Районе (таблица 5). При этом, по возможности, следует избегать полетов непосредственно над гнездовьями птиц.

Таблица 5. Минимальная высота полета над территорией Района в зависимости от типа воздушного судна.

Тип воздушного судна	Количество двигателей	Минимальная высота над поверхностью	
		Футы	Метры
Вертолет	1	2460	750
Вертолет	2	3300	1000
Самолет	1 или 2	2460	750
Самолет	4	3300	1000

7(iii) Осуществляемая или разрешенная деятельность на территории Района, включая ограничения по срокам или месту:

- орнитологические и другие экологические исследования, которые не могут быть осуществлены в другом месте;
- деятельность по управлению, включая мониторинг;
- посещение колонии императорских пингвинов с образовательной целью, за исключением первой половины периода гнездования (май-июль).

7(iv) Установка, модификация или снос сооружений

Возведение сооружение и установка научного оборудования на территории Района возможно только для выполнения крайне необходимых научных задач или мер управления, разрешенных компетентным органом в соответствии действующими нормативами.

7(v) Расположение полевых лагерей

Разбивка лагерей допускается только по соображениям безопасности, при условии соблюдения всех мер предосторожности, чтобы не нанести ущерб местной экосистеме и не потревожить представителей местной фауны.

7(vi) Ограничения на ввоз материалов и организмов в Район

Вносить любые живые организмы в Район, химические вещества, за исключением химикатов, необходимых для использования в научных целях, указанных в Разрешении (последние должны быть удалены из зоны до окончания действия Разрешения).

Хранение горючего в пределах ООРА запрещено, за исключением важных целей связанных с деятельностью, для которой было выдано Разрешение. Все внесенные в зону материалы должны храниться до указанного срока, использоваться с минимальным для экосистемы риском и быть удалены из зоны по окончании указанного в Разрешении срока. Организация постоянных хранилищ запрещена.

7(vii) Изъятие или вредное вмешательство в жизнь местной флоры и фауны

Изъятие или вредное вмешательство в жизнедеятельность представителей местной флоры и фауны допускаются только на основании Разрешения. В случае принятия решения о том, что деятельность оказывает менее чем незначительное, или ограниченное по времени воздействие, ее следует осуществлять в соответствии с разработанным *СКАР Правилами поведения при использовании животных в научных целях в Антарктике*, которые являются минимальным стандартом.

7(viii) Сбор и вывоз объектов, которые не были ввезены в Район держателем разрешения

Сбор и вывоз объектов, которые не были ввезены в Район держателем разрешения, допускается только для выполнения научных задач или мер управления, перечисленных в разрешении.

Однако отходы человеческой деятельности могут быть вывезены из Района, а мертвые или патологические образцы фауны и флоры могут быть вывезены для изучения в лабораторных условиях.

7(ix) Удаление отходов

Все отходы должны быть удалены из Района.

7(x) Меры, необходимые для обеспечения возможности дальнейшего выполнения целей и задач Плана управления

Разрешение для входа в Район может быть выдано для выполнения научных наблюдений, мониторинга, инспекции участков, включая сбор ограниченного числа экземпляров животных, яиц и других биологических объектов для научных целей.

Для поддержания природоохранных и научных ценностей Района, необходимо предпринимать все возможные меры предосторожности против внесения посторонних материалов и чужеродных организмов.

Любые участки долговременного наблюдения должны быть отмечены на карте и обозначены на местности.

Посещение Района ограничивается целями выполнения научных, образовательных задач и выполнением мер управления.

7(xi) Требования к отчетам о посещении Района

Стороны должны принять меры к тому, чтобы основной держатель каждого выданного Разрешения представил соответствующему органу власти отчет о предпринятой деятельности. Насколько это уместно, в состав такого отчета должна входить информация, указанная в Форме отчета о посещении, приведенной в Руководстве по подготовке Планов управления Особо охраняемыми районами Антарктики. Стороны должны вести учет такой деятельности и в рамках ежегодного обмена информацией предоставлять краткие описания мероприятий, проведенных лицами, которые находятся под их юрисдикцией. Эти описания должны содержать достаточно подробные сведения, чтобы можно было провести оценку эффективности Плана управления. По мере возможности, Стороны должны сдавать оригиналы отчетов или их копии в открытый архив для ведения учета использования участка, чтобы на них можно было опираться при пересмотре Плана управления и для организации использования Района в научных целях.

8. Библиография

Договор об Антарктике 1998. Заключительный отчет Двадцать второго Консультативного совещания по Договору об Антарктике (Тромсе, Норвегия, 25 мая – 5 июня 1998 г.). [Oslo, Royal Ministry of Foreign Affairs], С – 93 – 130.

Аверинцев В.Г.Сезонные изменения в сублиторальной фауне многощетинковых червей (Polychaeta) моря Дейвиса // Исслед. фауны морей.-Л.,1982.-Т. 28(36).-С.4-70.

Заключительный отчет XXXIV КСДА

Аверинцев В.Г.Экология сублиторальной фауны полихет моря Дейвиса // Морфология, систематика и эволюция животных.-Л.,1978.-С.41-42.

Андросова Е.И.Мшанки (Bryozoa) Антарктики и Субантарктики // Информ. бюл. Сов. антаркт. эксспед.-1973.-N87.-С.65-69.

Будыленко Г.А., Первушин А.С.О миграции финвалов, сейвалов и малых полосатиков в южном полушарии // Мор. млекопитающие: Материалы VI Всесоюз. совещ.-Киев, 1975.-Ч.1.-С.57-59.

Бушуева И.В.Некоторые особенности распространения шельфовой фауны Amphipoda, Gammaridea моря Дейвиса (Восточная Антарктика) // Гидробиология и биогеография шельфов холод. и умер. вод Мирового океана: Тез. докл.-Л.,1974.-С.48-49.

Бушуева И.В.Некоторые особенности экологии бокоплава Paramolra Walkeri в море Дейвиса (Восточная Антарктика) // Биология шельфа: Тез. докл. Всесоюз. конф.-Владивосток,1975.С. 21-22.

Бушуева И.В.Новый вид рода Acanthonotozommella из моря Дейвиса (Восточная Антарктика) // Зоол. журн.-1978.-Т.57, вып.3.-С.450-453.

Бушуева И.В.Новый вид рода Pseudharpinia (Amphipoda) из моря Дейвиса (Антарктика) // Зоол. журн.-1982.-Т.61, вып.8.-С.1262-1265.

Гаврило М. В., Мизин И.А. Современные зоологические исследования в районе станции Мирный. Российские полярные исследования. Вып. 3. ААНИИ, 2011.

Гаврило М. В., И.И.Чупин И.И., Мизин Ю.А., Чернов А.С. Изучение биологического разнообразия морских птиц и млекопитающих Антарктики. – Отчет о НИР "Изучение и исследование Антарктики" ФЦП "Мировой океан" СПб: ААНИИ, 2002 (неопубликованный отчет).

Грузов Е.Н.Иглокожие в прибрежных биоценозах моря Дейвиса (Антарктика) // Систематика, эволюция, биология и распространение соврем. и вымерших иглокожих.-Л., 1977.-С.21-23.

Дорошенко Н.В.О распространении малого полосатика (Balaenoptera acutorostrata Lac) в южном полушарии // Y Всесоюз. совещ. по изуч. мор. млекопитающих: Тез. докл. -Махачкала, 1972.-Ч.1.-С.181-185.

Егорова Э.Н.Биогеографический состав фауны брюхоногих и двустворчатых моллюсков моря Дейвиса и возможные пути ее формирования // Информ. бюл. Сов. антаркт. экспед.-1972.N83.-С.70-76.

Егорова Э.Н.Зоогеографический состав малакофауны моря Дейвиса (Восточная Антарктика) // Моллюски. Основ. результаты их изуч.: VI Всесоюз. совещ. по изуч. моллюсков.-Л.,1979.Сб. 6.-С.78-79.

Егорова Э.Н.Моллюски моря Дейвиса (Восточная Антарктика).-Л.: Наука, 1982.-144 с. (Исслед. фауны морей; N26(34).

Каменев В.М. Адаптивные особенности цикла размножения некоторых антарктических птиц. -Адаптация организмов к условиям Крайнего Севера: Тез. докл. Всес. Совещания. Таллинн, 1984. С. 72-76.

Каменев В.М. Антарктические буревестники о.Хасуэлл // Информ. бюлл. Советской антаркт. экспедиции. 1979. N 99. С. 78-84.

Каменев В.М. Заповедная Антарктика. - В помощь лектору. Л.: Общество "Знание РСФСР", 1986. С. 1-17.

Каменев В.М. Серебристо-серый буревестник (Fulmarus glacialoides) архипелага Хасуэлл // Информ. бюлл. Советской антаркт. экспедиции. 1978. N 98. С. 76-82.

Каменев В.М. Экология императорских пингвинов района архипелага Хасуэлл. -Адаптация пингвинов. М., 1977. С. 141-156.

Каменев В.М. Экология капского и снежного буревестников. - Информ. бюлл. Советской антаркт. экспедиции. 1988. N 110. С. 117-129.

Каменев В.М. Экология качурки Вильсона (Oceanites oceanicus Kuhl) на островах Хасуэлл // Информ. бюлл. Советской антаркт. экспедиции. 1977. N 94. С. 49-57.

Каменев В.М. Экология пингвинов Адели островов Хасуэл // Информ. бюлл. Советской антаркт. экспедиции. 1971. N 82. С. 67-71.

Короткевич Е.С. 1959 Птицы Восточной Антарктиды. – Проблемы Арктики и Антарктики. – Вып. 1.

Короткевич Е.С. 1960 По радио из Антарктики. — Инф. Бюлл. Сов. Антаркт. Эксп. - № 20-24.

Крылов В.И., Медведев Л.П.Распределение китообразных в Атлантическом и Южном океанах // Информ. бюл. Сов. антаркт. экспед.-1971.-№ 82.-С.64-66.

Макушок В.М. 1959 О биологических сборах и наблюдениях в обсерватории Мирный в 1958 году. — Инф. Бюлл. Сов. Антаркт. Эксп. - № 6.

Мизин Ю.В. 2004 Отчет по программе экологических и природоохранных исследований в обсерватории «Мирный» в 48 РАЭ – СПб: ААНИИ, неопубл. отчет.

Миничев Ю.С. Заднежаберные моллюски (Gastropoda, Opisthobranchia) моря Дейвиса // Исслед. фауны морей.-Л.,1972.-Т.11(19).-С.358-382.

Неелов А.В., Смирнов И.С., Гаврило М.В. 2007 Отечественным исследованиям экосистем Антарктики – 50 лет. – Проблемы Арктики и Антарктики. – № 76. – С. 113 – 130

Попов Л.А., Студенецкая И.С. Ледовые формы тюленей Антарктики // Рыбохоз. использ. ресурсов Мирового океана. Обзор. информ. ЦНИИТЭИРХ. Сер. 1.-М., 1971.-Вып.5.-С.3-42.

Прайор М.Э. 1964 Наблюдения за императорскими пингвинами (Aptenodytes forsteri Gray) в районе Мирного в 1962 г. Инф. Бюлл. Сов. Антаркт. Эксп. - № 47.

Пушкин А.Ф.Некоторые экологические и зоогеографические особенности фауны Pantopoda моря Дейвиса // Гидробиология и биогеография шельфов холод. и умер. вод Мирового океана: Тез. докл.-Л.,1974.-С.43-45.

Степаньянц С.Д.Гидроиды прибрежных вод моря Дейвиса (по материалам 11-й Советской антарктической экспедиции 1965/66 г.) // Исслед. фауны морей.-Л.,1972.-Т.11(19).-С.56-79.

Чернов А., Мизин Ю. 2001 Орнитологические наблюдения на станции "Мирный" в период работы 44 РАЭ (1999-2000 гг.) — Состояние природной среды Антарктики по оперативным данным Российских антарктических станций. — СПб: ААНИИ.

Barbroud C., Weimerskirch H. 2001 Emperor Penguins and climate change. Nature, 411: 183 – 185.

Barbroud C., Gavrilo M., Mizin Yu., Weimerskirch H. Comparison of emperor penguin declines between Pointe Géologie and Haswell Island over the past 50 years. Antarctic Science. 2011. (Accepted)

Gavrilo M., Mizin Yu. 2007. Penguin population dynamics in Haswell Archipelago area, ASPA № 127, East Antarctica. – p. 92 in Wohler E.j. (ed.) 2007. Abstracts of oral and poster presentations, 6th International Penguin Conference. Hobart, Australia, 3-7 September 2007

Splettstoesser J.F., Maria Gavrilo, Carmen Field, Conrad Field, Peter Harrison, M. Messicl, P. Oxford,

F. Todd 2000 Notes on Antarctic wildlife: Ross seals Ommatophoca rossii and emperor penguins Aptenodytes forsteri. New Zealand Journal of Zoology, 27: 137-142.

Карта 1. Общий вид расположения островов архипелага Хасуэлл, станции Мирный и мест логистической деятельности.

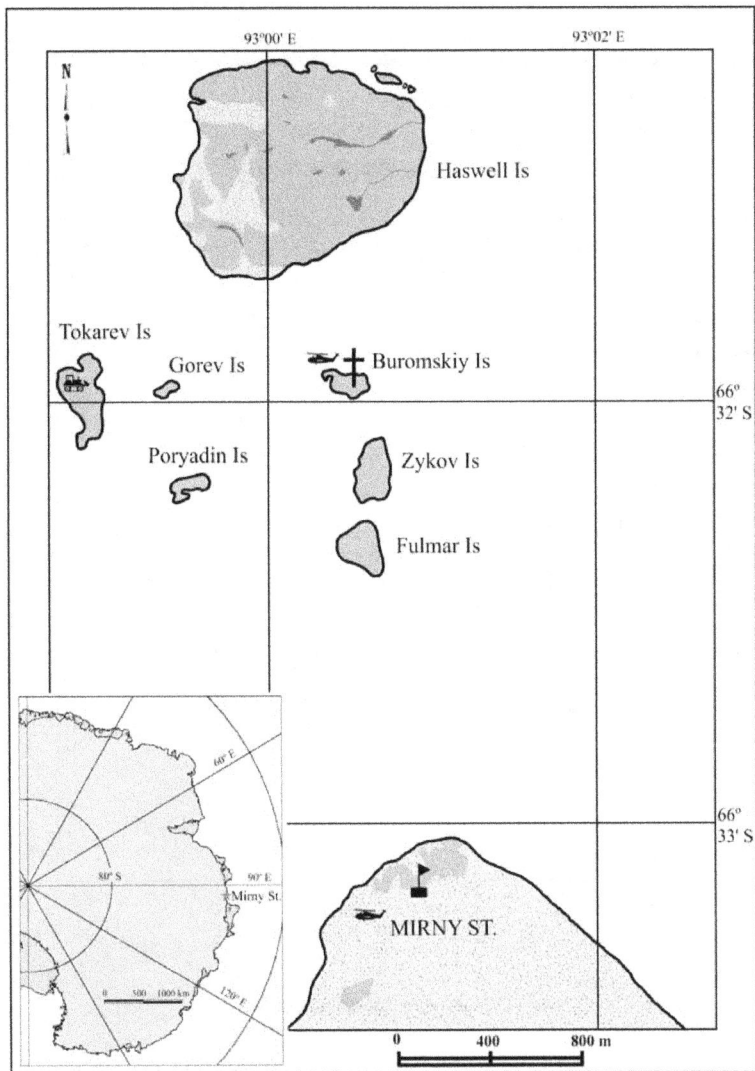

Карта 2. Границы Особо охраняемого района Антарктики № 127 «Остров Хасуэлл».

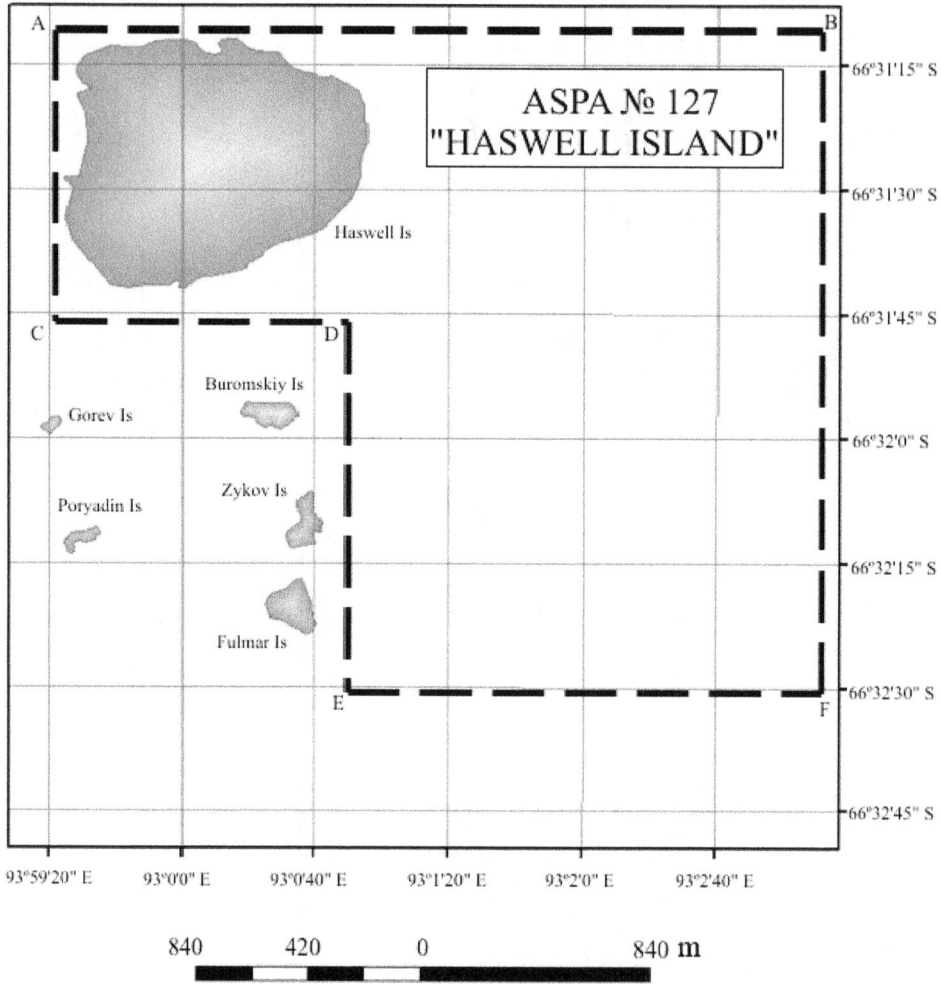

Карта 3. Местонахождение гнездовых колоний морских птиц.

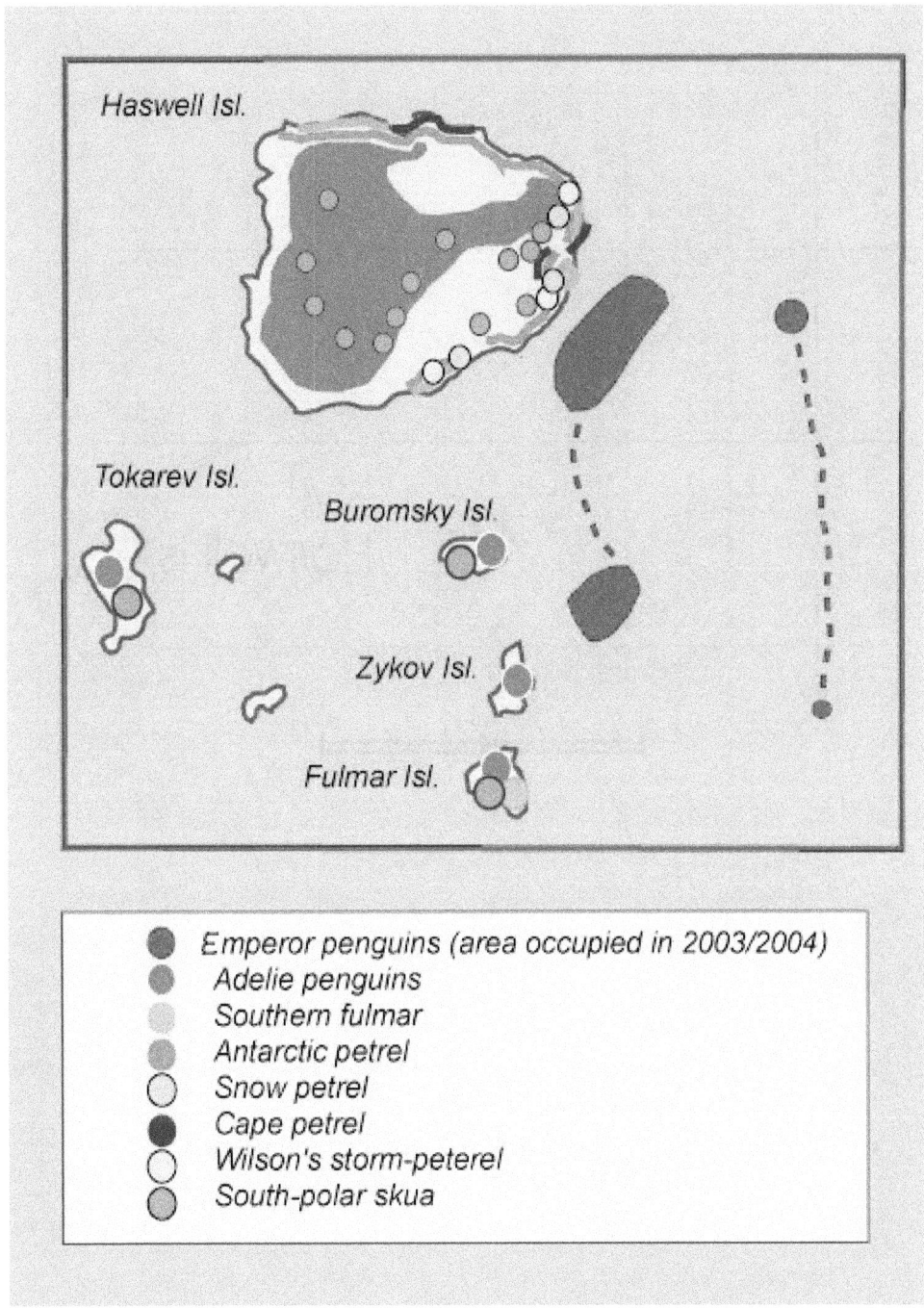

Карта 4. Остров Хасуэлл. Топография.

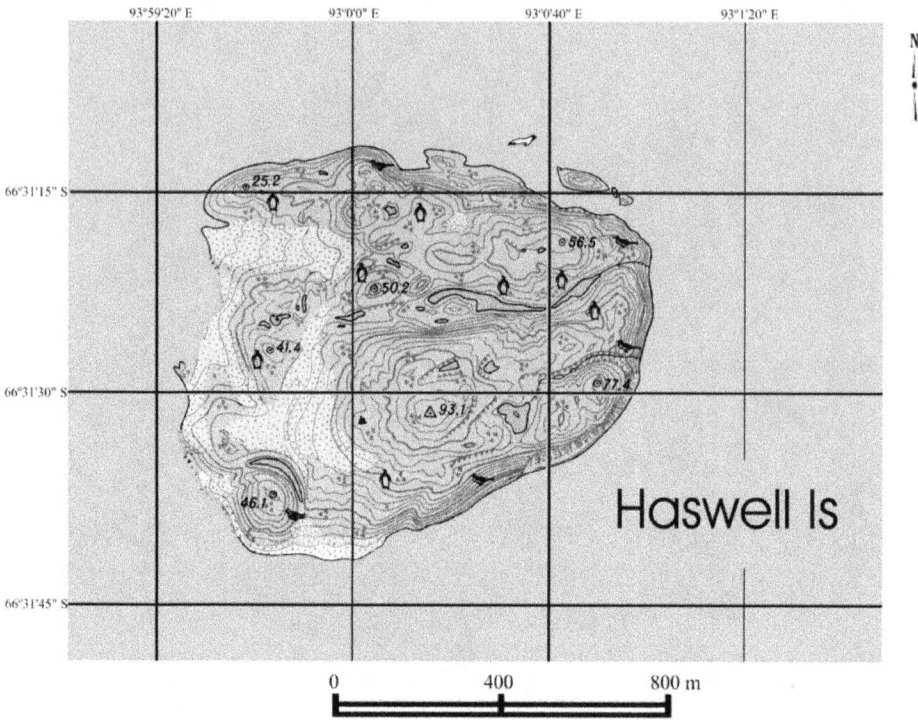

План управления

Особо управляемым районом Антарктики № 131
«ЛЕДНИК КАНАДА, ОЗЕРО ФРИКСЕЛЛ, ДОЛИНА ТЕЙЛОР, ЗЕМЛЯ ВИКТОРИИ»

1. Описание охраняемых ценностей

В 1985 г. территория площадью около 1 км^2 между восточной стороной ледника Канада и озером Фрикселл была определена в качестве УОНИ №12 в Рекомендации XIII-8 (1985) после предложения Новой Зеландии в связи с тем, что она является территорией с одним из самых богатых растительных покровов (бриофиты и водоросли) в Сухих долинах МакМердо. Эта территория определена в качестве УОНИ, главным образом, для охраны научных и экологических ценностей участка.

Границы участка были увеличены Мерой 3 (1997) таким образом, что теперь он включает биологически богатые колонии, которые раньше в него не входили. Район был снова определен Решением 1 (2002) в качестве Особо Охраняемого Района Антарктики (ООРА) №131, а Мерой 1 (2006) был принят пересмотренный План управления.

Район расположен на наклонной, свободной от ледникового покрова территории, где летом появляются водоемы и небольшие водотоки талой воды, которая стекает с ледника Канада в озеро Фрикселл. Наиболее богатая растительность характерна для влажного участка (называемого "заводью") недалеко от ледника в центральной части Района. Состав и распределение колоний мхов, лишайников, сине-зеленых водорослей, бактерий и водорослей в Районе тесно связаны с водным режимом. Поэтому гидрология и качество воды важны для ценностей данного участка.

Эта территория хорошо изучена и описана, что повышает ее научную ценность. Растительные колонии, в частности бриофиты, уязвимы к таким нарушениям, как вытаптывание и сбор образцов. Поврежденные участки могут восстанавливаться медленно. Места, поврежденные в известное время, определены, что ценно тем, что они представляют одни из немногих участков в Сухих долинах МакМердо, в которых возможно замерить долгосрочный эффект внешнего воздействия и темпы восстановления.

Этот район представляет собой региональную важность и сохраняет исключительную научную ценность для экологических исследований. Все возрастающее воздействие научной, логистической и туристической деятельности в регионе в сочетании с уязвимостью Района к воздействию (вытаптывание, сбор образцов, загрязнение или интродукция чужеродных видов) означают, что ценности Района и далее требуют постоянной защиты.

2. Цели и задачи

Управление Районом «Ледник Канада» осуществляется в следующих целях:

- недопущение деградации или возникновения значительной угрозы для ценностей Района за счет предотвращения излишнего нарушения Района человеком;
- создание условий для проведения научных исследований экосистемы и ее элементов, наряду с предотвращением чрезмерного отбора образцов;
- создание условий для осуществления в Районе других научных исследований при условии, что они проводятся в неотложных целях, которые не могут быть достигнуты ни в каком ином месте;
- предотвращение или минимизация вероятности интродукции в Район чужеродных растений, животных и микроорганизмов; а также
- организация посещений для целей управления в поддержку задач настоящего Плана управления.

3. Меры управления

Для охраны ценностей Района предполагается осуществление следующих мер управления:

- копии настоящего Плана управления, включая карты Района, должны храниться на всех ближайших исследовательских станциях и всех исследовательских объектах, расположенных в долине Тейлор в радиусе 20 км от Района;
- В соответствующих точках на границе Района устанавливаются знаки, показывающие местонахождение и границы Района, с четким изложением ограничений на доступ во избежание случайного входа на его территорию;
- Указатели, знаки или любые иные сооружения, установленные на территории Района для проведения научных исследований или в целях управления, должны быть надежно закреплены и поддерживаться в хорошем состоянии и убираться при отсутствии в них дальнейшей необходимости.
- Посещать Район следует по мере необходимости (но не реже одного раза в пять лет), чтобы установить, продолжает ли он служить тем целям, ради которых был определен, и чтобы убедиться в достаточности принимаемых мер управления;
- Национальные антарктические программы, действующие в Районе, должны координировать свои действия в целях соблюдения указанных мер;

4. Срок определения в качестве ООРА

Определен на неограниченный период времени.

5. Карты

Карта А: Ледник Канада, озеро Фрикселл, долина Тейлор, региональная топографическая карта.

Характеристики карты: Проекция: коническая проекция Ламберта. Стандартные параллели: 1-я 79° 18' 00" ю. ш. 2-я 76° 42' 00"ю. ш. Центральный меридиан: 162° 30' 00" в. д. Начало отсчета широты: 78° 01' 16.2106" ю. ш. Сфероид: WGS84.

Карта В: Ледник Канада, озеро Фрикселл, долина Тейлор, карта густоты растительности.
Характеристики карты те же, что и для карты А. Контуры получены из сочетания данных ортофотоснимка и изображения со спутника Ландсат. Площадь влажного участка, связанного с притоком воды, подвержена сезонным и межгодовым изменениям.

6. Описание Района

6(i) Географические координаты, отметки на границах и природные особенности
Ледник Канада расположен в долине Тейлор в сухих долинах МакМердо. Район, определенный в качестве ООРА, охватывает бо́льшую часть переднего участка территории, с восточной стороны прилегающей к нижней части ледника Канада на северном берегу озера Фрикселл (77° 37' ю. ш., 163° 03' в. д.: Карта А). Район представляет собой свободную от ледникового покрова территорию с наклоном от небольшого до умеренного на высоте от 20 до 220 м с сезонными озерами и водотоками, образованными талой водой, стекающей с ледника Канада в озеро Фрикселл.

Южная граница Района определяется береговой линией озера Фрикселл до кромки воды. Эта граница проходит на северо-восток на протяжении примерно 1 км вдоль береговой линии от точки, в которой ледник Канада примыкает к озеру Фрикселл (77°37,20' ю.ш., 163°3,64' в.д.), до юго-восточного угла границы, отмеченного пирамидой камней (77°36,83' ю.ш., 163° 4.88' в.д.) недалеко от небольшого острова в озере Фрикселл. Этот остров ранее был частью небольшого полуострова, вдающегося в озеро Фрикселл, но недавнее повышение уровня воды в озере превратило его в остров (карта В). Раньше этот полуостров был отмечен большой раздвоенной скалой, окруженной камнями, которая служила опорной отметкой при обследовании первоначального УОНИ, проводившегося Новой Зеландией в 1985 г., но которая теперь уже не видна. На острове по-прежнему видна деревянная мачта, отмечающая участок № 7 Программы бурения в зоне сухих долин (1973 г.)

Моренная гряда, простирающаяся вверх от юго-восточного угла границы в северном направлении, образует восточную границу Района. На одной из вершин этой гряды в 450 м от юго-восточного угла границы установлена пирамида из камней (77°36'40,9" ю.ш.; 163°04'23,9" в.д.). Гряда резко обрывается прежде, чем примкнуть к ровному склону основной стены долины Тейлор. На этом обрыве находится северо-восточный угол границы Района, который отмечен пирамидой из камней (77°36,43' ю.ш., 163° 3,73' в.д.).

От пирамиды из камней на северо-востоке северная граница Района слегка поднимается вверх и углубляется на запад к леднику Канада на 1,7 км, до точки, где поток стекает с ледника и снежного поля через явно узкую трещину в морене (77°36,42' ю.ш., 162°59,69' в.д.).

Западная граница проходит вдоль края ледника примерно на 1 км, спускаясь с достаточно равномерным градиентом по склону боковой морены до юго-западного угла границы, где ледник подходит к берегу озера (77°37,20' ю.ш., 163°3,64' в.д.).

Влажный участок ледника Канада считается самым крупным участком густой растительности в Сухих долинах МакМердо (Карта B). Летний водоток, в сочетании с микротопографией, оказывает самое большое влияние на определение места произрастания мхов, лишайников, сине-зеленых водорослей, бактерий и водорослей. Лицевая сторона ледника обеспечивает защиту от губительных ветров, которые могут сдувать мхи в замороженном сухом состоянии, и от стирания пылью, переносимой ветром.

Влажный участок располагается недалеко от края ледника. Имеются два основных участка растительности, на севере и юге отделенных небольшим мелким прудом (Карта B). Поверхность влажного участка имеет небольшой наклон, и в летний период почва очень влажная, там образуются многочисленные небольшие озера и ручьи. Склоны над этим участком менее влажные, но растительность встречается в руслах нескольких небольших водотоков, протекающих параллельно леднику от верхней границы Района вниз до влажного участка. Наличие холмистых морен способствует тому, что на этом склоне накапливаются постоянные снежники, которые, возможно, также обеспечивают влагу для роста растений. По мере удаления от ледника русла водотоков и произрастающая в них растительность становятся менее выраженными (Карта B). Эти склоны и центральный влажный участок осушаются на юго-востоке при водотоке Канада. Гидрологические данные, собранные с этого потока, показали средний расход воды в водотоке ледника Канада при течении 26,41 л/с [мин. = 0,0 л/с и макс. = 190,4 л/с] с ноября 2009 г. по февраль 2010 г. Средняя температура воды за этот период составила 3,96 °C [мин. = -0,1 °C и макс. = 11,3 °C] (http://www.mcmlter.org/).

На территории влажного участка обнаружены четыре вида мхов: *доминируют Bryum argenteum (ранее называвшийся Bryum subrotundifolium) и Hennediella heimii (ранее называвшийся Pottia heimii), и редко встречаются Bryum pseudotriquetrum и Syntrichia sarconeurum (ранее известные как Sarconeurum glaciale). B. argenteum встречается в основном в районах водотоков и просачивания. В местах протекания воды с большой частью этого мха связаны колонии эпифитных водорослей Nostoc. По окраинам зон протекания воды или на более высоких участках почвы доминируют Hennediella heimii. В этой местности обнаруживаются спорофиты Hennediella heimii, и она может быть самой крайней зафиксированной южной точкой плодоношения для мха.*

Рост лишайников в Районе незначителен, но на небольшом участке возле истока озера возле ледника Канада можно обнаружить эпилитические лишайники *Carbonea vorticosa, Sarcogyne privigna, Lecanora expectans, Rhizoplaca melanophthalma* и *Caloplaca citrina.* На многих валунах на всей территории влажного участка обнаруживаются хазмоэндолитические лишайники.

На объекте описано более 37 видов пресноводных водорослей и сине-зеленых водорослей. В верхней части водотока Канада на первый взгляд наблюдается скудный рост водорослей, однако обширные корковые сообщества с доминированием сине-зеленых водорослей обнаруживаются на боковых и нижних сторонах камней и валунов. Зеленая водоросль *Prasiola calophylla* и сине-зеленая водоросль *Chamaesiphon subglobosus* наблюдались только в верхней части водотока. *Prasiola calophylla*, образующую плотные зеленые полосы под камнями в русле водотока, обычно, можно обнаружить, только если перевернуть камни. В среднем и нижнем течениях водотока встречаются обширные заросли цианобактерий, состоящие из разнообразного сочетания видов (включая *Oscillatoria, Pseudanabaena, Leptolyngbya, Phormidium, Gloeocapsa, Calothrix* и *Nostoc*), которые более разнообразны, чем заросли в верхней части водотока. Клейкие скопления Nostoc commune преобладают в стоячей воде центрального влажного участка и растут подобно растениям-эпифитам на мхах во влажных окраинах русла, а скопления сине-зеленых водорослей покрывают большую часть мелких минералов и гальки в местах с текучей водой. Нитевидная зеленая водоросль *Binuclearia* обнаруживается в потоке в средней части водотока. Нижняя часть водотока похожа по растительности на верхнюю, за исключением того, что здесь, по сообщениям, в изобилии встречаются водоросли *Tribonema elegans* и *Binuclearia* , но отсутствует *Prasiola calophylla*. *Tribonema elegans* редко встречается в этом регионе Антарктики.

В Районе описано шесть типов беспозвоночных: три основные группы – это коловратки, нематоды и тихоходки; кроме того, встречаются простейшие, плоские гельминты и членистоногие.

Растительность влажного участка Канада описывается как обильная, но не достаточно разнообразная по сравнению с другими биологически насыщенными участками Антарктики. *Это можно отнести, по крайней мере, частично, на счет олиготрофического характера данного участка. Вода, текущая в водотоке, похожа на талую воду ледника. Проводимость в декабре 2010 г. была близка к 30 µS см$^{-1}$ от точки, в которой вода вытекала из ледника, до дельты, в которой водоток впадает в озеро. Преобладание азотофиксирующих сине-зеленых водорослей (видов Nostoc и Calothrix) еще более поддерживает точку зрения о низком питательном статусе.*

Исходя из Анализа экологической сферы по Антарктике (Резолюция 3 (2008 г.), ледник Канада располагается в экологической зоне S *McMurdo South Victoria Land geologic*.

На территории Района имеется много свидетельств человеческой деятельности в прошлом. На территории влажного участка заметен ущерб растительности, включая пути и следы, а также места опытного изъятия образцов почвы и больших участков моховых покровов. На территории влажного участка также имеется несколько старых указателей.

На территории Района недалеко от влажного участка в период с 1979 по 1983 гг. существовала теплица из пластмассы, которая использовалась для научных исследований и экспериментального выращивания овощей. Это сооружение разбиралось в конце каждого сезона. В 1983 г. теплица была уничтожена зимним штормом. Остатки теплицы, обнаруженные в Районе, были вывезены с его территории.

Возле влажного участка первое место новозеландской хижины на леднике Канада состояло из дорожек, обозначенных выложенными в линию камнями, участков, расчищенных для использования в качестве лагерной стоянки, старой вертолетной площадки и нескольких невысоких каменных построек. Рядом с участком были также выкопаны, как минимум, четыре мелких ямы глубиной около 1 м. Этот объект был перенесен на другой участок в 1989 г., и первая хижина была восстановлена. Объект второй хижины состоял из двух небольших зданий, нескольких новых лагерных стоянок и вертолетной площадки. Здания были полностью ликвидированы в сезон 1995-1996 гг. Однако вертолетная площадка сохранилась и является единственной посадочной площадкой в Районе. Это место для лагерных стоянок по-прежнему является предпочтительным местом для лагерных стоянок в Районе (Карта В).

На водотоке Канада имеется дамба (см. Раздел 6(iii)). Маршрут из полевой базы «Фрикселл» проходит между берегом озера и дамбой на водотоке Канада (Карта В). Имеется еще один маршрут между определенным для лагеря участком и краем ледника Канада, идущий через влажный участок растительности, но он не указан на карте. Между полевой базой «Хор» и полевой базой «Фрикселл» имеется также маршрут, идущий прямо над северной границей (Карты А и В).

6(ii) Зоны особого управления на территории Района
Отсутствуют.

6(iii) Сооружения на территории или в окрестностях Района
В 1981-1982 гг. в узкой части водотока Канада была построена каменная дамба, которая была полностью удалена в конце сезона. В 1990 г. недалеко была сооружена более солидная дамба и подводной канал шириной 9 дюймов с водомером (Карты В). Подводной канал выложен черным стекловолокном. Дамба сложена из полиэтиленовых мешков, наполненных мелкой галькой, взятой недалеко от русла водотока. Нарушения, вызванные строительством, были устранены и спустя один сезон уже были незаметны. Напорная сторона дамбы обшита нейлоном с виниловым покрытием. Дамба оборудована водосливом на случай паводка. Для предотвращения обратного тока воды осуществляется сезонная уборка снега из канала. Оборудование для наблюдений и батареи хранятся в фанерном ящике недалеко от северной части водотока. Техническое содержание дамбы осуществляется в рамках программы долгосрочных экологических исследований сухих долин МакМердо.

На границах Района установлены три пирамиды из камней.

В полутора километрах к востоку от Района, на полпути вдоль озера Фрикселл на северной стороне озера расположена американская полевая база «Фрикселл» (20 м над уровнем моря). Полевая база «Ф6» расположена примерно в 10 км к востоку от Района на южной стороне озера Фрикселл. Полевая база «Хор» (США) расположена в 3 км к западу от района (65 м над уровнем моря) на западной стороне ледника Канада у подножия ледника на северной стороне озера Хор. Зона посетителей долины Тейлор расположена к югу от Района в конце ледника Канада (Карта А).

6(iv) Расположение других охраняемых территорий в непосредственной близости от Района
Недалеко от ледника Канада расположены следующие охраняемые районы:

- «Терраса Линней», гряда Асгард (ООРА № 138), которая находится в 47 км к западу в долине Райт, и

- «Долина Барвик» и «Долина Болхэм» (юг Земли Виктории) (ООРА № 123), которые находятся в 50 км к северо-западу (врезка на карте A).

7. Условия выдачи разрешений

Доступ в Район возможен только на основании Разрешения, выданного соответствующим национальным органом. Разрешение на посещение Района выдается на следующих условиях:
- Разрешение выдается только для и выполнения неотложных научных задач, которые невозможно выполнить ни в одном другом месте, или для осуществления важных мер управления Районом;
- разрешенная деятельность не поставит под угрозу экологические или научные ценности Района;
- вопрос о доступе в любую зону, обозначенную как участки растительности средней или большой плотности (карта B) должен быть тщательно рассмотрен, и к Разрешению должны прилагаться особые условия доступа в такие зоны;
- любые меры управления осуществляются в поддержку целей настоящего Плана управления;
- разрешенная деятельность соответствует Плану управления;
- во время пребывания на территории Района держатель Разрешения должен иметь при себе само Разрешение или его заверенную копию;
- отчет о посещении должен быть представлен в орган, указанный в Разрешении; и
- Разрешение выдается на указанный срок.

7(i) Доступ в Район и передвижение по его территории
Доступ в Район возможен только пешком или на вертолете. Движение транспортных средств на территории Района запрещено, и всякое передвижение в Районе должно осуществляться пешком.

Пешеходы, передвигающиеся вверх или вниз по долине, не могут входить в Район без Разрешения. При наличии Разрешения посетители Района должны, по мере возможности, придерживаться установленных маршрутов. Посетители не должны наступать на видимую растительность и ходить по дну водотоков. Ходить по влажному грунту следует с осторожностью, т.к. это может нарушить чувствительные почвы, растения и водоросли и ухудшить качество воды. Эти участки следует обходить по льду или каменистому грунту, а в случае необходимости ручьи следует пересекать, наступая на валуны. С такой же осторожностью следует относиться к растительности, покрытой солевыми отложениями, которая встречается на более сухих участках, т.к. она может быть незаметна для глаза. Движение пешеходов должно быть сведено к минимуму, необходимому для достижения целей любой разрешенной деятельности. При этом следует сделать все возможное, чтобы уменьшить отрицательные воздействия на территорию Района.

Если возможно, вертолеты должны приземляться на имеющихся посадочных площадках рядом с полевыми базами и зоной посетителей. Доступ на вертолете в Район возможен южнее линии, указанной на Карте B. Вертолеты должны приземляться только на выделенной для этой цели площадке (163°02,88' в.д., 77°36,97' ю.ш.: Карта B). При этом следует избегать полетов над территорией Района. На территории Района запрещены полеты на высоте менее 100 м к северу от линии, указанной на карте В. Исключение из этих ограничений на полеты возможно только для выполнения важнейших научных задач или мер управления и специально оговаривается в Разрешении. Использование вертолетных дымовых шашек на территории Района запрещено, за исключением особых ситуаций, связанных с безопасностью людей. При этом использованные шашки должны быть собраны и вывезены из Района. Посетителям, пилотам, экипажам или транзитным пассажирам вертолетов запрещено выходить за пределы посадочной площадки и территории лагеря, за исключением ситуаций, специально оговоренных в Разрешении.

7(ii) Разрешенная деятельность на территории Района
- Научные исследования, которые не поставят под угрозу экосистему этого Района;
- Важные меры управления, включая мониторинг и инспекции.

С учетом большого значения водного режима для данной экосистемы любая деятельность должна осуществляться таким образом, чтобы свести к минимуму нарушения водного потока и качества воды. Деятельность за пределами Района (например, на леднике Канада), которая может повлиять на количество и качество воды, должна планироваться и осуществляться с учетом возможных отрицательных воздействий в нижнем течении. Те, кто осуществляет деятельность в Районе, должны учитывать вероятность отрицательных воздействий в нижнем течении водотока и бессточном озере Фрикселл.

7(iii) Установка, модификация или снос сооружений
Возведение сооружений или установка научного оборудования на территории Района допускаются только по убедительным причинам для проведения научных исследований или в целях управления в соответствии с Разрешением. Возведение всех указателей, сооружений или установка научного оборудования на территории Района допускаются только в соответствии с Разрешением. Должна присутствовать четкая идентификация с указанием страны, Ф.И.О. главного исследователя, года установки и предполагаемого сноса. Все такие объекты должны быть свободны от организмов, пропагул (напр. семян, яиц) и нестерильной почвы, и должны быть выполнены из материалов, представляющих опасность с точки зрения загрязнения Района. Одним из условий выдачи Разрешения является снос тех сооружений и вывоз того оборудования, у которых истек срок действия Разрешения. Запрещается возведение постоянных сооружений.

7(iv) Расположение полевых лагерей
Близлежащие полевые лагеря, расположенные за пределами Района, должны использоваться как базы для работы в Районе (Карта А). Разрешение на проживание в санкционированных лагерях (Карта В) может быть выдано только для выполнения конкретных важных научных задач и мер управления.

7(v) Ограничения на ввоз материалов и организмов в Район
Преднамеренный ввоз в Район живых животных, растительных материалов или микроорганизмов не допускается, а в целях предотвращения случайной интродукции необходимо соблюдать меры предосторожности, перечисленные ниже в пункте 7(ix). Ввоз в Район гербицидов и пестицидов не допускается. Все остальные химические вещества, включая радионуклиды и стабильные изотопы, которые могут ввозиться для

научных исследований или в целях управления, оговоренных в Разрешении, подлежат вывозу из Района сразу после или до завершения деятельности, на которую выдано Разрешение. Хранение топлива и других химикатов на территории Района запрещено, за исключением важных целей, связанных с деятельностью, на которую было выдано Разрешение. Топливо и химикаты должны храниться на аварийном складе, разрешенном соответствующим органом. Все материалы ввозятся только на указанный срок и подлежат вывозу сразу по истечении или до истечения указанного срока, а порядок их хранения и эксплуатации должен гарантировать минимизацию риска их попадания в окружающую среду.

7(vi) Изъятие или вредное вмешательство в жизнь местной флоры и фауны

Изъятие или вредное вмешательство в жизнь местной флоры и фауны допускаются только на основании специального Разрешения, выдаваемого в соответствии с Приложением II к Протокол по охране окружающей среды к Договору об Антарктике. В случае изъятия или вредного вмешательства в жизнь животных следует соблюдать разработанный СКАР Кодекс поведения при использовании животных в научных целях в Антарктике, который является минимальным стандартом.

7(vii) Сбор или вывоз материалов, которые не были ввезены в Район держателем Разрешения

Сбор и вывоз материалов допускается только в соответствии с Разрешением и ограничивается минимумом, необходимым для выполнения научных задач или достижения целей управления. Подобным образом, сбор образцов должен осуществляться с использованием методов, минимизирующих вредное воздействие на Район, а также дублирование. Материалы антропогенного происхождения, которые могут нанести ущерб ценностям Района и которые не были ввезены в Район держателем Разрешения или санкционированы иным образом, могут быть вывезены, за исключением ситуаций, когда существует вероятность того, что последствия вывоза превзойдут последствия пребывания материала на месте: если последствия вывоза могут быть бо́льшими, чем при оставлении материала на месте, необходимо проинформировать компетентный орган и получить разрешение.

7(viii) Удаление отходов

Все отходы, включая отходы жизнедеятельности человека, подлежат вывозу из Района.

7(ix) Меры, необходимые для обеспечения возможности дальнейшего выполнения целей и задач Плана управления

Разрешения на доступ в Район могут выдаваться:

- для проведения биологического мониторинга и осмотра территории Района, что может предусматривать отбор небольших образцов для анализа или изучения;
- для возведения или технического обслуживания указательных знаков, сооружений или научного оборудования;
- для осуществления мер защиты.

Все участки, специально предназначенные для проведения долгосрочного мониторинга, должны иметь соответствующие указатели на местности и на картах Района. Для участков долгосрочного мониторинга и научного сбора образцов для помещения в Генеральный каталог антарктических данных необходимо получить координаты GPS посредством соответствующих национальных органов. Если необходимо, в Генеральный каталог антарктических данных необходимо посредством соответствующих национальных органов передать также метаданные.

В целях содействия сохранению экологической и научной ценности растительных сообществ, встречающихся на территории Района, посетители должны принимать специальные меры предосторожности во избежание интродукции. Особую опасность представляет интродукция микроорганизмов или растительности, перенесенных из почв других районов Антарктики, включая научные станции, или регионов за пределами Антарктики. С целью минимизации риска интродукции перед входом в Район посетителям следует тщательно очистить обувь и все оборудование, которое будет использоваться на его территории, особенно полевое и пробоотборное оборудование и указатели.

7(x) Требования к отчетности
Основной держатель каждого выданного Разрешения на посещение Района должен представить отчет соответствующему национальному органу как можно скорее и не позднее шести месяцев после завершения посещения. Насколько это уместно, в состав такого отчета должна входить информация, указанная в Форме отчета о посещении, приведенной в Руководстве по подготовке Планов управления Особо охраняемыми районами Антарктики.

Если возможно, национальный орган должен также переслать копию отчета Стороне, предложившей План управления для помощи в управлении Районом и пересмотра Плана управления. Стороны должны вести учет такой деятельности и в рамках Ежегодного обмена информацией предоставлять отчет о ней. Стороны должны, там, где это возможно, сдавать оригиналы отчетов или их копии в открытый архив для ведения учета использования участка с целью любого пересмотра плана управления и организации научного использования Района.

8. Библиография

Broady, P.A. 1982. Taxonomy and ecology of algae in a freshwater stream in Taylor Valley, Victoria Land, Antarctica. *Archivs fur Hydrobiologia* 32 (*Supplement 63* (3), Algological Studies): 331-349.

Conovitz, P.A., McKnight, D.M., MacDonald, L.H., Fountain, A.G. and House, H.R. 1998. Hydrologic processes influencing stream flow variation in Fryxell Basin, Antarctica. *Ecosystem Processes in a Polar Desert: The McMurdo Dry Valleys, Antarctica. Antarctic Research Series* 72: 93-108.

Green, T.G.A., Seppelt, R.D. and Schwarz, A-M.J. 1992. Epilithic lichens on the floor of the Taylor Valley, Ross Dependency, Antarctica. Lichenologist 24(1): 57-61.

Lewis, K.J., Fountain, A.G. and Dana, G.L. 1999. How important is terminus cliff melt? A study of the Canada Glacier terminus, Taylor Valley, Antarctica. *Global and Planetary Change* 22(1-4): 105-115.

Lewis, K.J., Fountain, A.G. and Dana, G.L. 1998. Surface energy balance and meltwater production for a Dry Valley glacier, Taylor Valley, Antarctica. *International Symposium on Antarctica and Global Change: Interactions and Impacts, Hobart, Tasmania, Australia, July 13-18, 1997*. Papers. Edited by W.F. Budd, et al; Annals of glaciology, Vol.27, p.603-609. United Kingdom.

McKnight, D.M. and Tate, C.M. 1997. Canada Stream: A glacial meltwater stream in Taylor Valley, South Victoria Land, Antarctica. *Journal of the North American Benthological Society* 16(1): 14-17.

Pannewitz, S., Green, T.G.A., Scheiddegger, C., Schlensog, M. and Schroeter, B. 2003. Activity pattern of the moss *Hennediella heimii* (Hedw.) Zand. in the Dry Valleys, Southern Victoria Land, Antarctica during the mid-austral summer. Polar Biology 26(8): 545-551.

Seppelt, R.D. and Green, T.G.A. 1998. A bryophyte flora for Southern Victoria Land, Antarctica. *New Zealand Journal of Botany* 36: 617-635.

Seppelt, R.D., Green, T.G.A., Schwarz, A-M.J. and Frost, A. 1992. Extreme southern locations for moss sporophytes in Antarctica. Antarctic Science 4: 37-39.

Seppelt, R.D., Turk, R., Green, T.G.A., Moser, G., Pannewitz, S., Sancho, L.G. and Schroeter, B. 2010. Lichen and moss communities of Botany Bay, Granite Harbour, Ross Sea, Antarctica. Antarctic Science 22(6): 691-702.

Schwarz, A.-M. J., Green, J.D., Green, T.G.A. and Seppelt, R.D. 1993. Invertebrates associated with moss communities at Canada Glacier, southern Victoria Land, Antarctica. Polar Biology 13(3): 157-162.

Schwarz, A-M. J., Green, T.G.A. and Seppelt, R.D. 1992. Terrestrial vegetation at Canada Glacier, South Victoria Land, Antarctica. Polar Biology 12: 397-404.

Sjoling, S. and Cowan, D.A. 2000. Detecting human bacterial contamination in Antarctic soils. *Polar Biology* 23(9): 644-650.

Skotnicki, M.L., Ninham, J.A. and Selkirk, P.M. 1999. Genetic diversity and dispersal of the moss *Sarconeurum glaciale* on Ross Island, East Antarctica. *Molecular Ecology* 8(5): 753-762.

Strandtmann, R.W. and George, J.E. 1973. Distribution of the Antarctic mite *Stereotydeus mollis* Womersley and Strandtmann in South Victoria Land. Antarctic Journal of the USA 8:209-211.

Vandal, G.M., Mason, R.P., McKnight, D.M. and Fitzgerald, W. 1998. Mercury speciation and distribution in a polar desert lake (Lake Hoare, Antarctica) and two glacial meltwater streams. *Science of the Total Environment* 213(1-3): 229-237.

Map A - Canada Glacier, Lake Fryxell, Taylor Valley, Antarctic Specially Protected Area 131: Regional Topographic Map

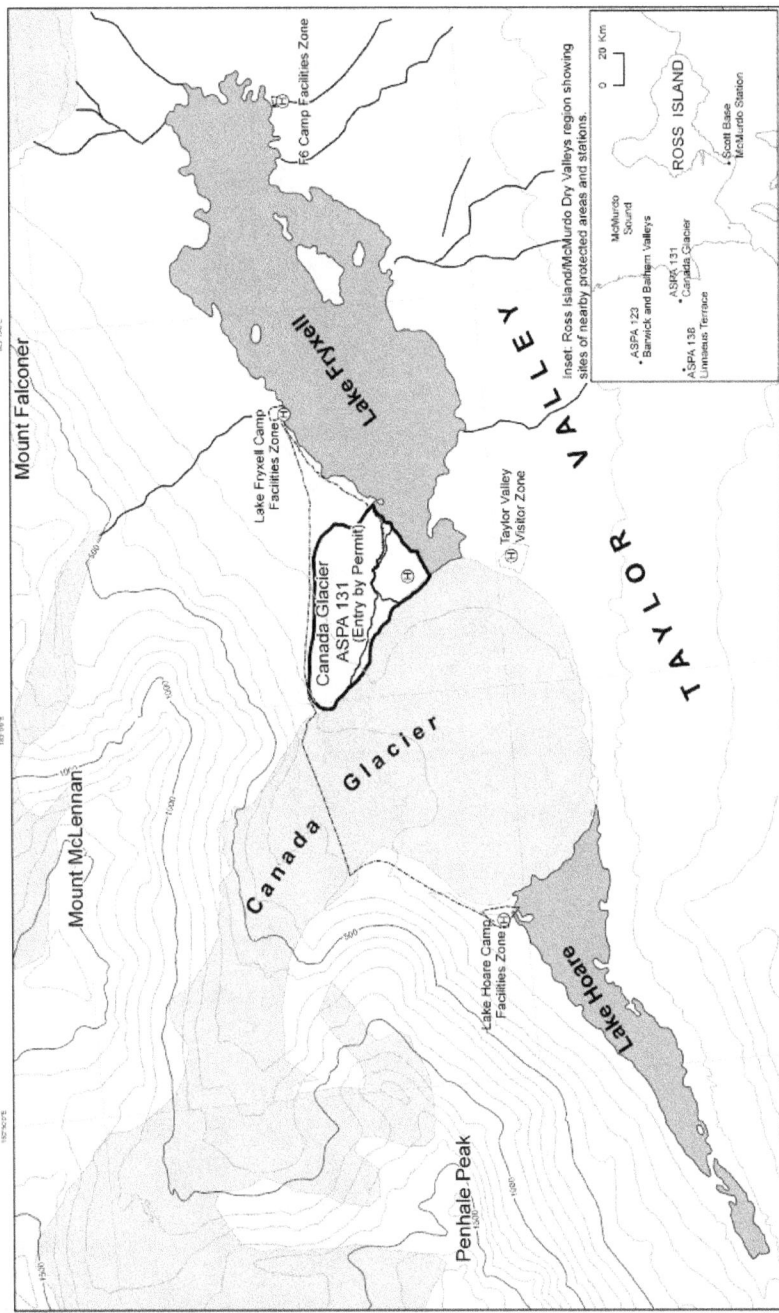

Inset: Ross Island/McMurdo Dry Valleys region showing sites of nearby protected areas and stations.

McMurdo Sound

ROSS ISLAND

0   20 Km

• ASPA 123
Barwick and Balham Valleys

• ASPA 131
Canada Glacier

• ASPA 138
Linnaeus Terrace

• Scott Base
• McMurdo Station

Projection: Lambert Conformal Conic SCAR/IMW ST57-60
Ellipsoid: WGS84
Facility Zones and Visitor Zone boundaries by ERA
Cartography by Gateway Antarctica

Lakes
Glaciers
Streams

Protected area boundary
Helicopter landing site
Established walking tracks
Facilities Zone Boundary
Visitor Zone Boundary

N

0   1   2 Kilometres

Contour Interval: 100m

Mount Falconer
Mount McLennan
Penhale Peak

Lake Fryxell
Lake Hoare

TAYLOR VALLEY

Canada Glacier

Canada Glacier
ASPA 131
(Entry by Permit)

Lake Fryxell Camp
Facilities Zone

F6 Camp Facilities Zone

Lake Hoare Camp
Facilities Zone

Taylor Valley
Visitor Zone

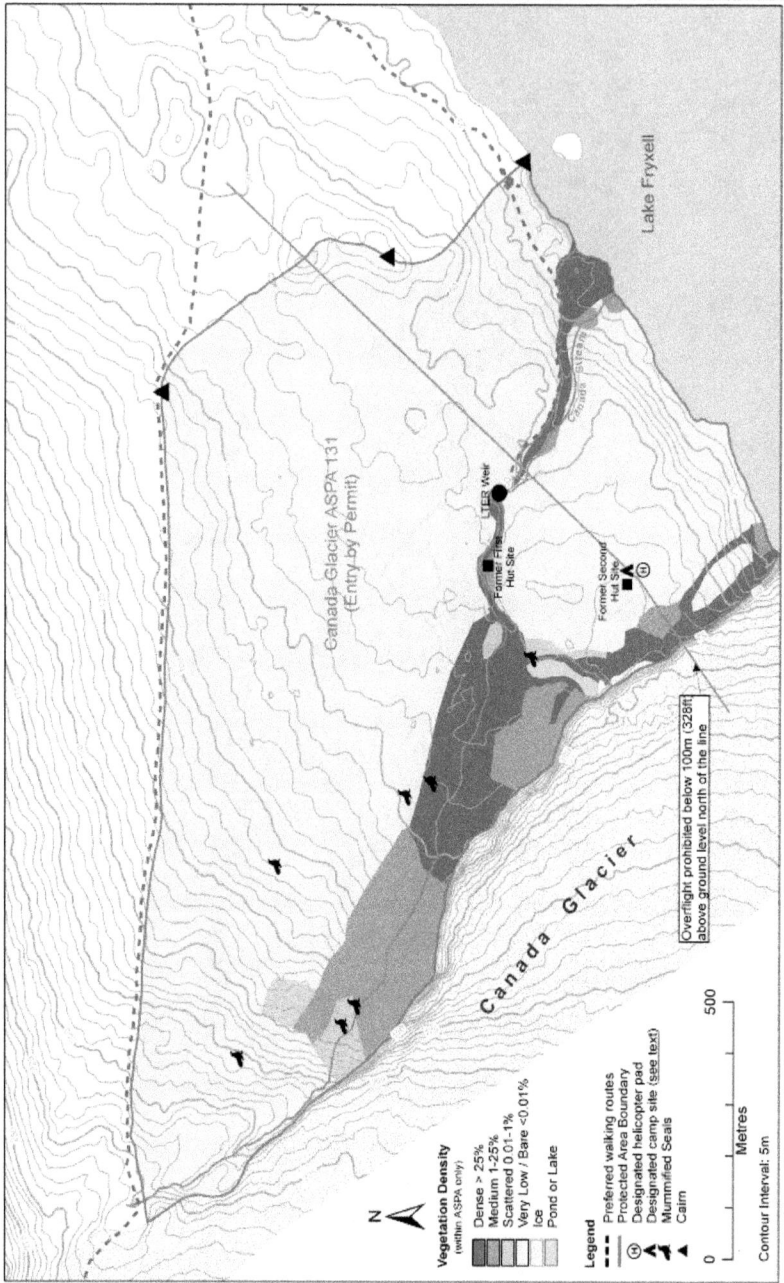

Map B - Canada Glacier, Lake Fryxell, Taylor Valley, Antarctic Specially Protected Area 131: Vegetation Density Map

Vegetation Density
(within ASPA only)

Dense > 25%
Medium 1-25%
Scattered 0.01-1%
Very Low / Bare <0.01%
Ice
Pond or Lake

Legend

Preferred walking routes
Protected Area Boundary
Designated helicopter pad
Designated camp site (see text)
Mummified Seals
Cairn

Metres
0   500

Contour Interval: 5m

Canada Glacier

Lake Fryxell

Canada Glacier ASPA 131
(Entry by Permit)

LTER Weir
Former First Hut Site
Former Second Hut Site

Overflight prohibited below 100m (328ft)
above ground level north of the line

Projection: Lambert conformal conic   Spheroid: WGS84   Vegetation Survey: Dept. of Biological Sciences, University of Waikato   Cartography: Gateway Antarctica

План управления

Особо Охраняемым Районом Антарктики (ООРА) № 149

МЫС ШИРЕФФ И ОСТРОВ САН-ТЕЛМО, ОСТРОВ ЛИВИНГСТОН, ЮЖНЫЕ ШЕТЛАНДСКИЕ ОСТРОВА

Введение

Особо охраняемый район Антарктики (ООРА) Мыс Ширефф расположен на северном побережье острова Ливингстон, Южные Шетландские острова, в 62°27'30 "ю.ш., 60°47'17" з.д., и составляет около 9,7 км². Основной причиной для определения этого района как ООР является защита биоты на территории района, в частности, большой и разнообразной популяции морских птиц и ластоногих, которые являются предметом долгосрочного научного мониторинга. В период кормления этих видов осуществляется промысел криля. Таким образом, мыс Ширефф является ключевым объектом экосистемного мониторинга для оказания содействия в достижении целей Конвенции о сохранении морских живых ресурсов Антарктики (АНТКОМ). Район насчитывает крупнейшую на Антарктическом полуострове колонию антарктических морских котиков (*Arctocephalus Gazella*), и это самая южная колония, где можно осуществлять мониторинг воспроизводства, демографии и питания морских котиков. А также палинофлора, обнаруженная в этом районе, представляет значительный научный интерес. Район также содержит многочисленные исторические и археологические ценности, в основном связанные с промыслом тюленей в XIX веке. Район был первоначально предложен Чили и Соединенными Штатами Америки и определен как ООР на основании Рекомендации IV-11 [1966 г., Особо охраняемый район (ООР) № 11]. Район был повторно назван Участком особого научного интереса (УОНИ) № 32 в рамках Рекомендации XV-7 (1989 г.). Район был определен в качестве Участка № 2 в рамках Программы АНТКОМ по мониторингу экосистемы (СЕМР) посредством Меры АНТКОМ по сохранению 82/XIII (1994 г.), защита была продлена Мерой по сохранению (МС) 91/02 (2004 г.), а границы были расширены посредством Меры 2 (2005 г.), путем включения более значительного морского компонента и участков залегания ископаемых остатков. Действие Меры по сохранению 91-02 прекратилось в ноябре 2009 года и защита мыса Ширефф продолжается в качестве ООРА № 149 (НК-АНТКОМ-XXVIII, Приложение 4, п. 5.29).

## 1.	Описание охраняемых ценностей

Мыс Ширефф (62°27'30" ю.ш., 60°47'17" з.д.), полуостров площадью около 3,1 км², расположенный на острове Ливингстон (Южные Шетландские острова), был первоначально определен в качестве Особо охраняемого района (ООР) № 11 в рамках Рекомендации IV-11 (1966 г.). По результатам первого подсчета численности ластоногих, проведенного в районе Южных Шетландских островов (Aguayo and Torres 1966), Чили выразила мнение о необходимости особой защиты этой местности. Официальное предложение об определении ООР было внесено Соединенными Штатами Америки. В состав района вошла не имеющая ледникового покрова территория мыса Ширефф, расположенного к северу от границы ледниковой шапки острова Ливингстон. К числу первоначально определенных охраняемых ценностей были отнесены разнообразие флоры и фауны, многочисленные беспозвоночные, крупная популяция антарктических морских слонов (*Mirounga leonina*) и небольшая колония антарктических морских котиков (*Arctocephalus gazella*).

После того как мыс Ширефф был определен в качестве ООР, расположенная на его территории колония антарктических морских котиков увеличилась до уровня, который позволял проводить биологические исследования без угрозы для дальнейшего роста колонии. По результатам обследования Южных Шетландских островов и Антарктического полуострова мыс Ширефф и остров Сан-Телмо были определены как наиболее подходящая территория для проведения мониторинга колоний антарктических морских котиков, которые потенциально могут испытывать воздействие рыболовного промысла, осуществляемого в районе Южных Шетландских островов. В целях создания условий для проведения программы мониторинга, ООР был повторно определен в качестве Участка особого научного интереса (УОНИ) № 32 в рамках Рекомендации XV-7 (1989 г.) с учетом совместного предложения Чили, Великобритании и США. Основанием для определения УОНИ стало то, что «присутствие колоний антарктических морских котиков и пингвинов и осуществление промысла криля в пределах кормовой территории этих видов обуславливают необходимость включения этой территории в сеть экосистемного мониторинга, создаваемую для оказания содействия в достижении целей Конвенции о сохранении морских живых ресурсов Антарктики (АНТКОМ). Целью определения этого района является создание условий для проведения запланированных научных исследований и программы мониторинга и недопущение или сокращение (насколько это возможно) других видов деятельности, которые могут помешать проведению или повлиять на результаты научных исследований и программы мониторинга, или изменить природные характеристики этого Участка». Границы территории были расширены таким образом, чтобы включить в ее состав остров Сан-Телмо и связанные с ним близлежащие островки. По предложению Чили и США и на основании принятой Комиссией АНТКОМ Меры по сохранению 82/XIII (1994 г.), этот район был впоследствии определен как Участок № 2 Программы АНТКОМ по мониторингу экосистем (СЕМП), границы которого совпадали с границами УОНИ № 32. Защита мыса Ширефф в рамках Программы АНТКОМ по мониторингу экосистемы (СЕМР) была продлена Мерой по сохранению (МС) 91/02 (2004 г.).

Границы района были также увеличены посредством Меры 2 (2005 г.) путем включения более значительного морского компонента и включения двух новых участков, где в 2001 году были обнаружены окаменелые остатки (Карты 1 и 2). Обозначенный район (9,7 км^2) включает в себя весь полуостров мыса Ширефф к северу от границы ледниковой шапки острова Ливингстон, прилегающую часть ледниковой шапки острова Ливингстон, где в 2001 году были обнаружены окаменелые остатки, островную группу Сан-Телмо, а также окружающие и разделяющие их участки моря в пределах 100-метровой зоны от берега мыса Ширефф и внешних островков группы Сан-Телмо. Граница идет от островной группы Сан-Телмо к южной части Меркури Блафф.

Действие Меры по сохранению 91-02 прекратилось в ноябре 2009 года и защита мыса Ширефф продолжается в качестве ООРА № 149 (НК-АНТКОМ-XXVIII, Приложение 4, п. 5.29). Изменение было сделано с целью согласования защиты в рамках АНТКОМ и Протокола по охране окружающей среды с Договором об Антарктике (Протокол), а также устранения любого возможного дублирования требований и процедур по управлению.

В действующем Плане управления подтверждаются исключительные ценности науки и мониторинга, связанные с крупными и разнообразными популяциями морских птиц и ластоногих, которые выводят потомство на территории района, и, в частности, ценности, связанные с колонией антарктических морских котиков. Эта колония антарктических морских котиков является крупнейшей в регионе Антарктического полуострова и самой южной из всех колоний и достаточно велика для того, чтобы на ее примере можно было изучать такие характеристики, как рост, выживание, питание и репродукция: в 2002 году она насчитывала около 21 тысячи особей (Hucke-Gaete *et al.* 2004). Мониторинг этой колонии антарктических морских котиков был впервые проведен в 1965 г. (Aguayo and Torres 1966, 1967), а, начиная с 1991 г., здесь собираются данные за каждый сезон, таким образом, эта программа мониторинга антарктических морских котиков является одной из самых продолжительных программ постоянных наблюдений. В рамках Программы АНТКОМ по мониторингу экосистем (СЕМП) было установлено наблюдение в целях обнаружения и предотвращения возможных неблагоприятных воздействий рыболовного промысла на рыбозависимые виды (к числу которых относятся ластоногие и морские птицы), а также на целевые промысловые виды, такие, как антарктический криль (*Euphausia superba*). Долгосрочные исследования позволяют провести оценку и мониторинг выживания, экологии питания, роста, состояния, репродукции, поведения, основных демографических коэффициентов, а также численности ластоногих и морских птиц, которые выводят потомство на территории этого района. Оценка данных, полученных в результате этих исследований, будет произведена в совокупности с экологическими и другими биологическими данными, а также рыбопромысловой статистикой в целях выявления возможных причинно-следственных связей между рыбопромысловой деятельностью, с одной стороны, и популяциями ластоногих и морских птиц, с другой.

В 2001-2002 гг. на территории ледника острова Ливингстон в толще внутриморенных пород были обнаружены отпечатки мегафлоры (Palma-Heldt *et al.* 2004, 2007) (карта 2). Было обнаружено, что ископаемые породы содержат два разных палинологических комплекса, демонстрирующих различные периоды времени и климатические условия, что стало частью исследования геологической истории Антарктиды и Гондваны. Микробиологические исследования были проведены в районе в 2009-10 гг., с целью проведения оценки влияния микросреды обитания на разнообразие микробов и способности к метаболизму (INACH 2010).

Первоначальные ценности охраняемого района, связанные с сообществами растений и беспозвоночных, невозможно подтвердить как главные причины введения режима особой охраны на его территории, поскольку нет необходимого количества данных, описывающих эти сообщества.

На территории района содержится ряд человеческих артефактов периода до 1958 года. Здесь расположен ИП № 59, пирамида из камней, в память о погибших в 1819 году, когда испанское судно Сан-Телмо затонуло в проливе Дрейка. На территории района также обнаружены следы промысла морских котиков периода XIX века.

2.   Цели и задачи

Управление на мысе Ширефф осуществляется в следующих целях:

- недопущение деградации или возникновения серьезной опасности для ценностей этого района за счет предотвращения излишнего нарушения его территории человеком;

- недопущение деятельности, которая может нанести ущерб или помешать научным исследованиям и мониторингу, осуществляемым в рамках СЕМП;

- создание условий для проведения научных исследований экосистемы и физической среды района в рамках СЕМП;

- обеспечение возможности проведения других научных исследований на территории района при условии, что они необходимы для достижения неотложных научных целей, которые не могут быть достигнуты ни в каком ином месте, и что они не нанесут ущерба ценностям, ради которых осуществляется охрана района;

- создание условий для проведения археологических и исторических исследований и мероприятий по охране предметов материальной культуры, а также защита имеющихся на территории района исторических артефактов от излишнего разрушения, нарушения или вывоза;

- минимизация возможности интродукции чужеродных растений, животных или микроорганизмов на территории района;

- организация посещений для осуществления мер управления в поддержку целей Плана управления.

3.   Меры управления

Для охраны ценностей района осуществляются следующие меры управления:

- В перечисленных далее местах должны находиться копии настоящего Плана управления, включая карты района:

  1. жилые помещения на мысе Ширефф;

  2. станция «Святой Климент Охридски» (Болгария), п-ов Херд, остров Ливингстон;

  3. станция «Артура Парт» (Чили), залив Дискавери/залив Чили, о-в Гринвич; и

  4. база «Хуан Карлос I» (Испания), п-ов Херд, остров Ливингстон.

- Во избежание случайного попадания на территорию района на пляже Модуло мыса Ширефф должен быть установлен указатель с изображением местонахождения и границ района и четкими инструкциями относительно ограничений на его посещение;

- Знаки, указатели и прочие сооружения, установленные на территории района для проведения научных исследований или в целях управления, должны быть надежно закреплены и поддерживаться в хорошем состоянии;

- Национальные антарктические программы, действующие на территории района, должны вести учет всех новых обозначений, указателей и сооружений, установленных на данной территории;
- Посещать район следует по мере необходимости (но не реже одного раза в пять лет), чтобы установить, продолжает ли он служить тем целям, ради которых был определен, и чтобы убедиться в достаточности принимаемых мер управления и содержания района;
- Национальные антарктические программы, работающие в данном регионе, должны проводить совместные консультации с целью обеспечения реализации вышеизложенных положений.

4. Срок определения в качестве ООРА

Определен на неограниченный период времени.

5. Карты и фотографии

Карта 1: Расположение ООРА № 149 «Мыс Ширефф и остров Сан-Телмо» на острове Ливингстон с указанием местонахождения базы «Хуан Карлос I» (Испания) и станции «Святой Климент Охридски» (Болгария), а также ближайшей охраняемой территории (ООРА № 126 «Полуостров Байерс»), которая также находится на острове Ливингстон. Характеристики карты: Проекция: равноугольная коническая проекция Ламберта; стандартные параллели: 1-я 60°00' ю.ш.; 2-я 64°00' ю.ш.; центральный меридиан: 60°45' з.д.; начало отсчета широты: 62°00' ю.ш.; сфероид: WGS84; точность по горизонтали: < ±200 м. Расстояние между батиметрическими контурами: 50 м и 500 м; точность по вертикали неизвестна. Источники данных: топографическая информация из базы цифровых антарктических данных СКАР, версия 4.1 (2007); батиметрические данные предоставлены Программой НУОА США по антарктическим морским живым ресурсам (АМЖР), США (2002 г.).

Врезка: местонахождение карты 1 по отношению к Южным Шетландским островам и Антарктическому полуострову.

Карта 2: ООРА № 149 «Мыс Ширефф и остров Сан-Телмо»: границы охраняемой территории и инструкции, касающиеся ее посещения. Характеристики карты те же, что и у карты 1, за исключением того, что расстояние между вертикальными контурами составляет 10 м, а предполагаемая точность по горизонтали должна быть больше ±5 м. Источники данных: цифровые данные, предоставленные Чилийским антарктическим институтом (ЧАИН) (2002 г.) (Torres *et al.*, 2001).

Карта 3: ООРА № 149 «Мыс Ширефф»: дикие животные, размножающиеся на территории района, и антропогенные данные. Характеристики карты и источники данных те же, что и у карты 2, за исключением того, что расстояние между вертикальными контурами составляет 5 м.

6. Описание района

6(i) Географические координаты, отметки на границах и природные особенности

Границы и координаты

Мыс Ширефф (62°27'30" ю.ш., 60°47'17" з.д.) расположен на северном берегу острова Ливингстон (второго по величине в архипелаге Южные Шетландские острова) между заливом Барклай и заливом Хироу (карта 1). Этот мыс находится на северной оконечности невысокого холмистого полуострова, не имеющего ледникового покрова. К западу от полуострова находится бухта Ширефф, к востоку – мыс Блэк, а южнее – постоянная ледниковая шапка острова Ливингстон. Площадь полуострова составляет около 3,1 км², длина с севера на юг – 2,6 км, а ширина с востока на запад – от 0,5 до 1,5 км. На территории полуострова имеется ряд поднятых пляжей, а также несколько холмов (как с круглыми вершинами, так и с отвесными стенами), самым высоким из которых является холм Токи (82 м), расположенный в центре северной части полуострова. Западный берег представляет собой почти сплошную линию скал высотой от 10 и до 15 м, а на восточном берегу находятся обширные песчаные и гравийные пляжи.

Приблизительно в 1 200 м к западу от мыса Ширефф расположена небольшая группа невысоких скалистых островков, образующих западную границу бухты Ширефф. Длина самого большого из этих островов, о-ва Сан-Телмо, составляет 950 м, ширина – до 200 м, а площадь – около 0,1 км². На юго-восточном берегу о-ва Сан-Телмо есть песчано-гравийный пляж, отделенный от более северного песчаного пляжа двумя сильно изрезанными скалами и узкими галечными пляжами.

В состав района, определенного в качестве ООРА, входит вся территория полуострова мыс Ширефф к северу от постоянной ледниковой шапки острова Ливингстон, островная группа Сан-Телмо, а также окружающие и разделяющие их участки моря (карта 2). Морская граница охватывает территорию в пределах 100 м от внешнего берега мыса Ширефф и островной группы Сан-Телмо и идет параллельно этой береговой линии. На севере морская граница идет от северо-западной оконечности мыса Ширефф в юго-западном направлении до островной группы Сан-Телмо (отрезок, равный 1,4 км), охватывая разделяющий их участок моря на территории бухты Ширефф. Западная граница идет на протяжении 1,8 км к югу: от 62°28' ю.ш. до небольшого острова на 62°29' ю.ш., пролегая по западному берегу этого островка, и дальше на протяжении 1,2 км в юго-восточном направлении к берегу острова Ливингстон к точке с координатами 62°29'30" ю.ш., которая находится приблизительно в 300 м к югу от Меркури Блафф. От этой точки на побережье южная граница идет строго на восток на протяжении примерно 300 м до точки с координатами 60°49' з.д., откуда она поворачивает на северо-восток и идет параллельно побережью на протяжении приблизительно 2 км к границе ледникового покрова к точке с координатами 60°47' з.д. После этого на протяжении 600 м южная граница идет строго на восток к восточному побережью. Восточная граница идет по морю в 100 м от берега, отслеживая восточную береговую линию. Границы района охватывают территорию площадью 9,7 км^2 (карта 2).

Климат

На протяжении целого ряда лет чилийские и американские ученые собирали метеорологическую информацию о мысе Ширефф, и в настоящее время данные также записываются с помощью оборудования, размещенного на «полевой станции мыса Ширефф». Во время последних летних сезонов (с ноября по февраль включительно, сезоны с 2005-06 по 2009-10) среднесуточная температура воздуха, зафиксированная на мысе Ширефф, составила 1,84 °C (Данные Программы США по морским живым ресурсам Антарктики, 2005-2010 гг.). Максимальная температура воздуха в этот период составила 19,9 °C, а минимальная -8,1 °C. Средняя скорость ветра 5,36 м/с, а максимальная зафиксированная скорость ветра достигла 20,1 м/с. Направления ветра в течение периода сбора данных было преимущественно западное, а затем ЗСЗ и ВСВ. Имеются метеорологические данные за две последние зимы со средней суточной температурой за июнь-август 2007 года -6,7 °C, минимальной -20,6 °C и максимальной +0,9 °C; средняя суточная температура июня-сентября 2009 года -5,8 °C, минимальная -15,2 °C, а максимальная +1,9 °C.

Количество осадков, зарегистрированное в течение этих летних сезонов (21 дек. – 24 фев. 1998-2001 гг.) составляло от 56,0 мм (по данным наблюдений, проводившихся в течение 36 дней сезона 2000-01 гг.) до 59,6 мм (по данным наблюдений, проводившихся в течение 43 дней сезона 1998-99 гг.). (Goebel *et al.* 2000; 2001). Бóльшую часть года территория полуострова покрыта снегом, однако к концу лета бóльшая часть оайона, как правило, освобождается от снега.

Геология, геоморфология и почвы

Мыс Ширефф состоит из порфировых базальтовых лав и незначительных вулканических брекчий около 450 м толщиной (Smellie et al. 1996). Породы на мысе Ширефф деформированы в открытые складки с тенденцией в направлении СЗ-ЮВ, и субвертикальные осевые поверхности с многочисленными дамбами. Образец породы, полученный с южной стороны мыса Ширефф, был идентифицирован как молодой оливиновый базальт и состоял из примерно из 4 % оливина и 10% вкрапленников плагиоклаза в основной массе плагиоклаза, клинопироксена и непрозрачного оксида. Образцы горных пород на мысе Ширефф методом K-Ar радиометрии были отнесены к позднему меловому периоду, их минимальный возраст 90,2 ± 5,6 млн. лет (Smellie et al. 1996). Вулканическая последовательность на мысе Ширефф является частью более широкой группы относительно молодых базальтовых и андезитовых лав, покрывающих восточную и центральную часть острова Ливингстон, которые схожи с базальтами, обнаруженными на полуострове Байерс.

Полуостров мыса Ширефф, в основном, представляет собой поднятую морскую платформу, достигающую высоты 46-53 м над уровнем моря (Bonner and Smith 1985). Коренная порода нередко покрыта слоем выветренной породы и ледниковых отложений. На высотах около 7-9 м и 12-15 м над средним уровнем моря (СУМ) есть две более низкие платформы, покрытые окатанной и отшлифованной водой галькой (Hobbs 1968).

Существует мало данных о почвах на мысе Ширефф. Почвы в основном мелкие, очень пористые, с золой и шлаком, дают скудную растительность и обогащаются продуктами жизнедеятельности птиц и колоний тюленей, обитающих на территории района.

Палеонтология

На мысе Ширефф был найден образец ископаемого дерева, относящегося к семейству араукариевых (вид *Araucarioxylon*) (Torres 1993). Он напоминает ископаемые остатки, найденные на полуострове Байерс (ООРА № 126), который отличается богатой ископаемой флорой и фауной и расположен в 20 км к юго-западу от района. Несколько образцов ископаемых растений были также обнаружены на северной оконечности мыса Ширефф. В 2001-02 гг. внутри фронтальных и боковых морен постоянного ледникового покрова острова Ливингстон (карта 2) были обнаружены породы, содержащие ископаемые остатки и относящиеся к двум разным периодам. Изучение палиноморфов, обнаруженных в ледниковых отложениях, позволило определить два различных палинологических комплекса, условно названных «Тип А» и «Тип В» (Palma-Held *et al.* 2004, 2007). В комплексе «Типа А» преобладали *Pteridophyta*, в основном *Cyatheaceae* и *Gleicheniaceae*, и *Podocarpidites* spp, а также имелись *Myrtaceidites eugenioides* и *epiphyllous* – грибковые споры, растущие на листьях, что, как считается, свидетельствует о теплых и влажных условиях раннемелового периода (Palma-Heldt *et al.* 2007). Комплекс «Типа В» характеризуется субантарктической флорой; присутствуют *Nothofagidites, Araucariacites australis, Podocarpidites otagoensis, P. marwickii, Proteacidites parvus* и также грибковые споры, растущие на листьях, что говорит о прохладном и влажном климате (Palma-Heldt *et al.* 2007). Возраст комплекса относится к периоду позднего мелового палеогена (Palma-Heldt et al. 2004; Leppe et al. 2003). Палинологические исследования были проведены на территории мыса Ширефф с целью изучения эволюции южной тихоокеанской границы Гондваны и разработки модели мезо-кайнозойской эволюции Антарктического полуострова. Было отмечено, что и другие остатки могут быть выявлены вследствие дальнейшего сокращения размеров постоянной ледниковой шапки острова Ливингстон (D. Torres, A. Aguayo and J. Acevedo, личная переписка 2010).

Водотоки и озера

На мысе Ширефф есть одно постоянное озеро, которое находится в северной части у подножия холма Токи (карта 3). Глубина озера составляет около 2-3 м; его длина в полноводный период достигает 12 м, но после февраля размер озера сокращается (Torres 1995). Склоны вокруг озера покрыты пятнами мха. На территории полуострова есть также несколько пересыхающих прудов и водотоков, питающихся талой снеговой водой, особенно в январе и феврале. Самый крупный из этих водотоков находится на юго-западных склонах и стекает к берегу в районе пляжа Ямана.

Растительность и беспозвоночные

Хотя комплексное обследование растительных сообществ на мысе Ширефф еще не проводилось, по всей очевидности, здесь меньше растительности, чем на многих других участках Южных Шетландских островов. Проведенные на сегодняшний день наблюдения позволили зарегистрировать один вид травы, пять видов мхов, шесть видов лишайников, один вид грибов и одну нитрофильную макроводоросль (Torres 1995).

В некоторых долинах встречаются отдельные скопления щучки антарктической (*Deschampsia antarctica*), которая зачастую растет вместе со мхами. Мхи, в основном, произрастают в глубине полуострова, вдали от берега. В одной из долин, которая идет на северо-запад от пляжа Хаф-Мун, есть относительно развитый влажный моховой покров, состоящий из *Warnstorfia laculosa* (=*Calliergidium austro-stramineum,* также =*Calliergon sarmentosum*) (Bonner 1989, in Heap 1994). Там, где сток лучше, можно встретить *Sanionia uncinata* (=*Drepanocladus uncinatus*) и *Polytrichastrum alpinum* (=*Polytrichum alpinum*). Поднятые пляжи и некоторые более высокие плато обильно поросли листоватой нитрофильной макроводорослью *Prasiola crispa*, которая характерна для участков, обогащенных экскрементами животных и, как показали наблюдения, иногда замещает ассоциации мхов и лишайников, поврежденные морскими котиками (Bonner 1989, in Heap 1994).

К числу шести видов лишайников, произрастающих на мысе Ширефф и описанных на сегодняшний момент, относятся: вид *Caloplaca, Umbilicaria antarctica, Usnea antarctica, U. fasciata, Xanthoria candelaria* и *X. elegans*. Кустистые лишайники *Umbilicaria antarctica, Usnea antarctica* и *U. fasciata* образуют густые поросли на скалистых склонах и вершинах крутых скал (Bonner 1989, in Heap 1994). Ярко-желтые и оранжевые корковые лишайники вида *Caloplaca, Xanthoria candelaria* и *X. elegans* нередко встречаются на уровне ниже колоний птиц, а также произрастают вместе с кустистыми лишайниками. Единственный зарегистрированный вид грибов пока не идентифицирован.

Фауна беспозвоночных, обитающих на мысе Ширефф, пока не описана.

Экология микроорганизмов

Полевые исследования экологии микроорганизмов на мысе Ширефф проводились 11-21 января 2010 года, и результаты были сопоставлены с характеристиками бактериальных сообществ, присутствующих на полуострове Файлдс острова Кинг-Джордж. Исследование имело целью оценить влияние различной микросреды обитания на биоразнообразие и способности к метаболизму бактериальных сообществ, встречающихся на мысе Ширефф и полуострове Файлдс (INACH, 2010).

Гнездящиеся птицы

Орнитофауна мыса Ширефф весьма разнообразна: по имеющимся данным на территории района обитают десять видов гнездящихся птиц, а также несколько других видов, которые не устраивают здесь гнездовий. На территории района гнездятся антарктические пингвины (*Pygoscelis antarctica*) и генту (*P. papua*); гнездовья пингвинов Адели (*P. adeliae*) на мысе Ширефф и острове Сан-Телмо не обнаружены, хотя они повсеместно встречаются в этом регионе. И антарктические пингвины, и генту живут небольшими колониями на северо-восточном и северо-западном берегах мыса Ширефф (карта 3). Данные собирались относительно антарктических пингвинов и колонии пингвинов генту каждый летний сезон с 1996-97гг., в том числе данные о репродуктивных показателях, демографии, пищевых привычках, питании и нырянии (например, Hinke et al. 2007; Pietrzak et al. 2009). Во время летнего сезона 2009-10 гг. антарктические пингвины и генту на мысе Ширефф были помечены спутниковыми передатчиками, с тем чтобы изучить их поведение в зимний период.

В 2008-09 гг. на мысе Ширефф были зарегистрированы 19 подколоний активно гнездящихся птиц, при этом общая численность гнездовий генту составила 879, а гнездовий антарктических пингвинов - 4026 (Pietrzak et al. 2009), хотя число и состав таких подколоний подвержены определенным межгодовым колебаниям. С конца 1990-х годов по 2004 год, количество антарктических пингвинов на мысе Ширефф значительно снизились, в то время как в популяции генту отсутствовали какие-либо значительные тенденции (Hinke *et al.* 2007). Негативная тенденция относительно численности антарктических пингвинов продолжается, и из-за плохих погодных условий количество гнезд обоих видов пингвинов в 2007-08 гг. достигли своего самого низкого уровня за 11 лет (Chisholm *et al.* 2008; Miller and Trivelpiece 2008).

В 2008-09 гг. популяция и репродуктивные показатели как генту, так и антарктических пингвинов на территории мыса Ширефф значительно увеличились по сравнению с предыдущим сезоном, но число гнезд антарктических пингвинов осталось на уровне 30% ниже среднего показателя по региону (Pietrzak et al. 2009). Тенденции отличия относительно популяции антарктических пингвинов и генту на территории мыса Ширефф объясняются высоким показателем смертности молодняка антарктических пингвинов в зимний период (Hinke et al. 2007) и более гибкими привычками в питании со стороны генту (Miller et al. 2009).

Антарктические пингвины, как правило, гнездятся на более высоких и обрывистых участках, хотя их гнездовья также встречаются на небольших выступах вблизи береговой линии. Генту обычно гнездятся на более пологих склонах и сглаженных выступах. В период высиживания птенцов особи обоих видов пингвинов сосредотачиваются на шельфе данной территории на расстоянии примерно от 20 до 30 км от береговой линии мыса Ширефф (Miller and Trivelpiece 2007). Имеющиеся данные о численности пингвинов представлены в таблице 1.

На территории района гнездятся также некоторые другие виды птиц (карта 3), хотя систематические данные об их численности отсутствуют. Вдоль всего побережья района гнездятся многочисленные доминиканские чайки (*Larus domincanus*) и поморники Лоннберга (*Catharacta loennbergi*). В 2000 г. здесь было, соответственно, 25 и 22 гнездящиеся пары этих видов (АМЖР, личная переписка 2000).

Заключительный отчет XXXIV КСДА

В 2007-08 гг. 24 пары поморников были обнаружены на мысе Ширефф и Пунта-Оесте, из которых 23 были бурые поморники (*Catharacta loennbergi*) и одна пара – гибрид бурого и южно-полярного поморника (*C. maccormicki*). Пятьдесят шесть гнезд доминиканских чаек были обнаружены на мысе Ширефф в сезоне 2006-07 гг. В течение последних летних сезонов осуществлялся регулярный контроль за репродуктивными показателями среди поморников и доминиканских чаек в местах их гнездования по всему мысу Ширефф (Chisholm *et al.* 2008; Pietrzak *et al.* 2009).

В двух местах есть гнездовья белой ржанки (*Chionis alba*): гнездо одной пары было замечено на западном берегу мыса Ширефф; гнездо второй пары встретилось в расселине между скалами на северном пляже острова Сан-Телмо рядом с одним из мест, где выводят потомство антарктические морские котики (Torres, личная переписка 2002). В нескольких местах есть гнездовья антарктической крачки (*Sterna vittata*), которые, как показали наблюдения, меняются из года в год. Начиная с 1990-91 гг., на скалах Еко (западное побережье полуострова) наблюдается небольшая (примерно 11 пар) гнездовая колония антарктических бакланов (*Phalacrocorax* [*atriceps*] *bransfieldensis*) (Torres 1995) Капские буревестники (*Daption capense*) гнездятся на скалах на западном берегу района; 14 пар были зарегистрированы в январе 1993 г., девять – в январе 1994 г., три – в январе 1995 г., восемь – в 1999 г. На западном берегу района гнездятся также качурки Вильсона (*Oceanites oceanicus*). Рядом с полевым лагерем на восточном берегу было замечено гнездовье чернобрюхих качурок (*Fregetta tropica*). Летом этот район часто посещают многочисленные южные гигантские буревестники (*Macronectes giganteus*), которые не устраивают здесь гнездовий, и сообщение о том, что на полуострове присутствует гнездовая колония этих птиц (Bonner 1989, in Heap 1994), оказалось неверным (Torres, личная переписка 2002). К числу других птиц, которые встречаются, но не гнездятся на территории района, относятся золотоволосый пингвин (*Eudyptes chrysolophus*), патагонский пингвин (*Aptenodytes patagonicus*), императорский пингвин (*Aptenodytes forsteri*), малый снежный буревестник (*Pagadroma nivea*), бонапартов песочник (*Calidris fuscicollis*), лебедь черношейный (*Cygnus melanocorypha*) и египетская цапля (*Bubulcus ibis*) (Torres 1995; Olavarría *et al.* 1999). Дополнительные виды птиц, зарегистрированные как кормящиеся вблизи мыса Ширефф, включают чернобрового альбатроса (*Thalassarche melanophris*) и седого альбатроса (*T. chrysostoma*), хотя ни один из этих видов до сих пор не зарегистрирован как пребывающий на территории района (Cox *et al.* 2009).

Таблица 1: численность антарктического пингвина (*Pygoscelis antarctica)* и генту (*P. papua*) на мысе Ширефф.

Год	Антарктический пингвин (пары)	Генту (пары)	Источник
1958	2000 (N3[1])	200-500 (N1[1])	Croxall and Kirkwood, 1979
1981	2164 (A4)	843 (A4)	Sallaberry and Schlatter, 1983 [2]
1987	5200 (A3)	300 (N4)	Woehler, 1993
1997	6907 (N1)	682 (N1)	Hucke-Gaete *et al.* 1997a
1999-00	7744 (N1)	922 (N1)	Данные АМЖР, Carten *et al.* 2001
2000-01	7212 (N1)	1043 (N1)	Данные АМЖР, Taft *et al.* 2001
2001-02	6606	907	Данные АМЖР, Saxer *et al.* 2003
2002-03	5868 (A3)	778 (A3)	Данные АМЖР, Shill *et al.* 2003
2003-04	5636 (N1)	751 (N1)	Данные АМЖР, Antolos *et al.* 2004
2004-05	4907 (N1)	818 (N1)	Данные АМЖР, Miller *et al.* 2005
2005-06	4849 (N1)	807 (N1)	Данные АМЖР, Leung *et al.* 2006
2006-07	4544 (N1)	781 (N1)	Данные АМЖР, Orben *et al.* 2007
2007-08	3032 (N1)	610 (N1)	Данные АМЖР, Chisholm *et al.* 2008
2008-09	4026 (N1)	879 (N1)	Данные АМЖР, Pietrzak *et al.* 2009

1. Буквенно-цифровой код означает метод подсчета численности (см. Woehler (1993)).

2. Авторы не уточняют, к какому конкретному виду относится предоставленная информация. Мы предположили, что бо́льшее из двух чисел относится к антарктическим пингвинам. Данные отражали количество отдельных особей, поэтому мы разделили численность пополам, чтобы указать в таблице количество пар

Размножающиеся млекопитающие

В настоящее время мыс Ширефф (включая остров Сан-Телмо) – это территория, где находится крупнейшая из всех известных колоний размножающихся антарктических морских котиков, обитающих в регионе Антарктического полуострова. Когда-то антарктические морские котики встречались в районе Южных Шетландских островов в большом количестве, однако в результате охотничьего промысла они совершенно исчезли в некоторых местах в период между 1820 и 1824 гг. После этого антарктические морские котики были снова замечены на полуострове мысе Ширефф только 14 января 1958 г., когда были зарегистрированы 27 животных, включая семь молодых тюленей (Tufft 1958). В следующем сезоне, 31 января 1959 г. наблюдатели зарегистрировали группу в составе семи взрослых самцов, одной самки и одного самца-детеныша, а также одного мертвого самца-детеныша. (O'Gorman 1961). Через три дня появилась еще одна самка, а к середине марта здесь было уже 32 антарктических морских котика. К 2002 году популяция антарктических тюленей на территории мыса Ширефф (за исключением острова Сан-Телмо) увеличилось до 14842 животных (в том числе 6453 детенышей), при общей численности популяции (в том числе Сан-Телмо острова) 21190 животных (в том числе 8577 детенышей) (Hucke-Gaete *et al.* 2004). Более поздние данные о численности антарктических тюленей еще не опубликованы. Однако настоящее их количество на территории мыса Ширефф остается на порядок ниже, чем до промысла, и неясно, достигнет ли снова это число прежнего уровня (Hucke-Gaete *et al.* 2004).

Участки мыса Ширефф, где выводят потомство антарктические морские котики, сконцентрированы вдоль береговой линии северной части полуострова (карта 3). На острове Сан-Телмо антарктические морские котики выводят потомство на обоих концах острова, а молодняк обычно находится в районе середины (Torres 1995). Долгосрочный мониторинг антарктических морских котиков ведется на мысе Ширефф с 1991 года, основной целью которого является изучение показателей размножения в связи с доступностью пищи, изменчивостью экологической ситуации и воздействием человека (Osman et al. 2004). Исследователи изучили различные аспекты жизнедеятельности колонии морских котиков, в том числе воспроизведение потомства, хищническую активность и рост, поведение женских особей, пищевые привычки, ныряние и питание. Во время летнего сезона 2009-10 гг. исследователи пометили антарктических морских котиков, а также тюленей Уэдделла и морских леопардов, чтобы контролировать их поведение в зимний период.

Во время сезона 2008-09 гг. Программа Морские живые ресурсы Антарктики сообщила о сокращении воспроизведения потомства на 13,3% по сравнению с предыдущим летним сезоном (Goebel et al. 2009). Показатель воспроизведения потомства на мысе Ширефф был особенно низким в период сезонов 2007-08 гг. и 2008-09 гг., скорее всего, из-за неблагоприятных зимних условий (Goebel et al. 2008; 2009). В течение последних сезонов изучались темпы увеличения количества детенышей морских котиков на территории района относительно пола, сезона размножения, материнского питания и ухода (Vargas et al. 2009) и был замечен ряд чрезвычайно редких вариантов окраса у детенышей морских котиков. Были обнаружены антарктические морские котики пегого или светлого окраса, а также впервые зарегистрированы альбиносы – тюлени Уэдделла; это первый подтвержденный случай альбинизма среди тюленей Уэдделла, морских леопардов, тюленей Росса или тюленей-крабоедов (Acevedo et al. 2009a, 2009b).

В октябре на некоторых восточных пляжах выводят потомство немногочисленные южные морские слоны (АМЖР, личная переписка 2000; Torres, личная переписка 2002. 2 ноября 1999 г. на пляжах к югу от холма Кондор были замечены 34 детеныша (АМЖР, неопубликованные данные). Во время сезона 2008-09 гг. на мысе Ширефф родились в общей сложности 34 детеныша южного морского слона и еще шесть были рождены на небольшом песчаном участке между мысом Ширефф и Пунта-Оэсте (Goebel et al. 2009). Здесь также встречаются группы южных морских слонов, которые не выводят потомство, а на различных пляжах можно увидеть одиноких животных (в основном, молодняк). Пищевые привычки южных морских слонов были изучены с использованием спутникового слежения за животными, которые были ранее помечены на мысе Ширефф; результаты были проанализированы с учетом физических свойств водной толщи (Huckstadt et al. 2006; Goebel et al. 2009). Морские котики были замечены кормящимися в более отдаленных районах, таких как море Амундсена, а одно животное было обнаружено за 4700 км к западу от Антарктического полуострова.

На полуострове мыса Ширефф были обнаружены тюлени Уэдделла, морские леопарды и тюлени-крабоеды, и они являются объектом программ мониторинга (O'Gorman 1961; Bengtson et al. 1990; Oliva et al. 1988; Torres 1995; Goebel, личная переписка 2010). В 2001-02 гг. был начат мониторинг хищнического поведения морских леопардов по отношению к детенышам антарктических морских котиков. Наблюдения продолжались в течение антарктического сезона 2003-04 гг. (Vera et al. 2004). Морским леопардам, находящимся на мысе Ширефф, были внедрены спутниковые трекеры для контроля за их пищевыми привычками, разнообразием и распространением. Наблюдения за морскими леопардами, результаты исследований их пищевого поведения и выживания потомства дают повод предположить, что они потребляют до половины всех детенышей морских котиков в Антарктике, которые рождаются на территории района каждый год (Goebel et al. 2008, 2009,). Во время полевого сезона 2008-09 гг. на мысе Ширефф были собраны образцы ДНК четырех видов тюленей; они хранятся в архивах Научного юго-западного рыбохозяйственного центра ДНК (Goebel et al. 2009). Горбатые киты (*Megaptera novaeangliae*) были обнаружены за пределами береговой линии, непосредственно к северо-востоку от района (Cox et al. 2009).

Морская среда и экосистема

Морское дно вокруг мыса Ширефф довольно полого снижается от береговой линии, достигая 50-метровой глубины примерно в 2-3 км от берега и 100-метровой глубины примерно в 6-11 км от берега (карта 1). Эта относительно неглубокая и широкая подводная гряда простирается в северо-западном направлении приблизительно на 24 км, а затем резко уходит вниз на краю континентального шельфа. Ширина гряды составляет около 20 км, а по обеим сторонам гряды находятся каньоны, глубина которых достигает 300-400 м. В литоральной зоне здесь встречаются многочисленные макроводоросли. Как и в других частях Южных Шетландских островов здесь весьма распространен моллюск-блюдечко *Nacella concinna*.

Воды от побережья мыса Ширефф были определены в качестве одной из трех областей с постоянно высокой плотностью биомассы криля в районе Южных Шетландских островов, хотя общая популяций криля подвержена значительным колебаниям с течением времени (Hewitt et al. 2004; Reiss et al. 2008). Распространение, демография, плотность популяции, размеры и скопления криля изучаются в прибрежной зоне мыса Ширефф, в первую очередь, с помощью акустических исследований, а также использованием автономных подводных аппаратов (АПА) (Reiss et al. 2008; Warren et al. 2005). Акустические исследования прибрежной среды показывают, что в этой зоне местами наибольшего распространения криля являются участки к югу и юго-востоку от мыса Ширефф и по краям двух подводных каньонов, водная среда которых считается источником питательных веществ, что может увеличить продуктивность криля в прибрежном районе, прилегающем к мысу Ширефф (Warren *et al.* 2006, 2007). Забор материала в прибрежной зоне показал, что во время акустических исследований были в основном обнаружены эвфаузииды, *Euphausia Superba, Thysanoessa macrura* и *Euphausia frigida*, а также щетинкочелюстные, сальпы, сифонофоры, личинки рыб, миктофовые и амфиподы (Warren et al. 2007).

Прибрежная среда, окружающая мыс Ширефф, была определена в качестве основного места кормления для обитающих на этой территории пингвинов, особенно в период выращивания потомства, когда необходимость кормить птенца ограничивает объемы ресурсов (Cox et al. 2009). Морские котики и пингвины на мысе Ширефф существенно зависят от добычи криля, особенно в молодом возрасте. Размер территории кормления, как известно, совпадает с областью промысла криля, и изменения в количестве, как хищников, так и криля, связывают с изменением климата. Поэтому исследования, проходящие на мысе Ширефф, направлены на мониторинг криля в соотношении с популяцией хищников и показателями продуктивности, и проводятся в целях оценки потенциального воздействия на экосистему промышленного рыболовства, а также изменений окружающей среды и климатических характеристик.

Изучение морской среды в зоне от побережья мыса Ширефф проходит в рамках исследования по программе мероприятий Морские живые ресурсы Антарктики. Эти исследования включают изучение различных аспектов морской среды, в том числе физической океанографии, условий окружающей среды, распределения и продуктивности фитопланктона, распределения видов криля и биомассы, а также распределения и плотности морских птиц и морских млекопитающих (AMLR 2008, 2009).

Исторические особенности

После открытия Южных Шетландских островов в 1819 году активный охотничий промысел тюленей, имевший место на мысе Ширефф в период с 1820 по 1824 гг., привел практически к полному уничтожению местных популяций антарктических морских котиков и южных морских слонов (Smith and Simpson 1987). В январе 1821 г. на полуострове жили 60–75 британских охотников за тюленями, а в течение сезона 1821-22 гг. было добыто 95 тысяч шкур. (O'Gorman 1963). На территории района остались следы пребывания охотников за тюленями: на северо-западе полуострова находятся развалины, как минимум, одной охотничьей хижины; имеются также сведения о следах поселений охотников на территории некоторых пляжей (D. Torres, A. Aquayo and J. Acevedo, личная переписка 2010). По берегам нескольких заливов разбросаны куски бревен и части потерпевших крушение охотничьих судов. К числу других доказательств промысла тюленей относятся остатки печей, осколки стеклянных бутылок, деревянный гарпун, вырезанная из кости статуэтка и т.д. (Torres and Aguayo 1993). В 1821 г. (Fildes 1821) появилось сообщение о том, что охотники за тюленями нашли на пляже Хаф-Мун балки и основание якоря испанского судна «Сан-Телмо», которое пропало примерно в тот же период. Это судно, на борту которого находилось 644 человека, затонуло 4 сентября 1819 г. в проливе Дрейка около 62°ю.ш. (Headland 1989; Pinochet de la Barra 1991). Возможно, это были первые люди, погибшие в Антарктике, и это событие до сих пор является самым значительным случаем массовой гибели людей южнее 60-й параллели южной широты. Для того чтобы увековечить их память, на северо-западном берегу мыса Ширефф была построена пирамида из камней, которая определена в качестве Исторического памятника № 59 (карта 3).

Недалеко от современных лагерных сооружений были обнаружены остатки бывшего лагеря (Torres and Aguayo 1993). На основании перечня предметов, найденных на этом месте, можно предположить, что это был российский лагерь, относящийся к 1940-50 гг., хотя его точное происхождение еще не установлено. Среди найденных предметов есть части антенны, электрические провода, инструменты, батарейки, консервы и деревянный ящик, заваленный пирамидой из камней. Внутри ящика были обнаружены несколько записок на русском языке, оставшихся от более поздних посещений.

В январе 1985 г. на пляже Ямана был найден человеческий череп (Torres 1992), который, как было установлено, принадлежал молодой женщине (Constantinescu and Torres 1995). В январе 1987 г. рядом с пляжем Ямана на участке, расположенном дальше от берега, была найдена часть бедренной кости человека. В результате проведения тщательного обследования никаких других останков в то время не было найдено. Однако в январе 1991 г. недалеко от того места, где была обнаружена предыдущая находка (1987 г.), была найдена еще одна часть бедренной кости. В январе 1993 г. в этом районе было проведено археологическое исследование, которое, тем не менее, не позволило обнаружить никаких других человеческих останков. Возраст первоначальных находок составляет около 175 лет, в связи с чем была выдвинута гипотеза, что они принадлежат одному человеку. Для проверки гипотезы планируется проведение анализа ДНК (Torres 1999).

Деятельность и воздействие человека.

В современную эпоху деятельность человека в районе мыса Ширефф, в основном, ограничивалась научными исследованиями. В течение трех последних десятилетий популяция антарктических морских котиков на территории Южных Шетландских островов увеличилась до уровня, который позволил проводить мечение тюленей и другие исследования без угрозы для существования и роста местной популяции. В 1965 г. Чили приступила к проведению исследований на мысе Ширефф (Aguayo and Torres 1966, 1967), а в 1982 г. чилийские ученые начали осуществление более активной программы, включая текущую программу мечения антарктических морских котиков (Cattan *et al.* 1982; Torres 1984; Oliva *et al.* 1987). Ученые США проводят обследования ластоногих и морских птиц на мысе Ширефф и острове Сан-Телмо, начиная с 1986-87 гг. (Bengtson *et al.* 1990).

В середине 1980-х годов по инициативе ученых Чили и США на мысе Ширефф начались исследования в рамках программы СЕМП. В 1994 г. мыс Ширефф был определен в качестве одного из Участков СЕМП в целях защиты этой территории от ущерба или нарушения, которые могут оказать отрицательное влияние на долгосрочный мониторинг, осуществляемый в рамках СЕМП. Долгосрочные исследования, которые проводятся в рамках СЕМП, позволяют провести оценку и мониторинг экологии питания, роста, состояния, успеха размножения, поведения, основных демографических коэффициентов, а также численности ластоногих и морских птиц, которые выводят потомство на территории района. Результаты этих исследований будут оценены в контексте экологических данных, результатов отбора проб на шельфе, а также рыбопромысловой статистики в целях выявления возможных причинно-следственных связей между промыслом криля, с одной стороны, и популяциями ластоногих и морских птиц, с другой.

В образцах тканей антарктических морских котиков, отобранных на мысе Ширефф в летние сезоны в 1998-2001 гг., были обнаружены антитела бруцеллы и вируса герпеса; антитела бруцеллы были также обнаружены в тканях тюленей Уэдделла (Blank *et al* 1999; Blank *et al.* 2001a & b). В течение антарктического сезона 2003-04 гг. здесь началось исследование гибели от болезней детенышей антарктических морских котиков (Torres and Valdenegro 2004). Энтеропатогенная кишечная палочка (*Enteropathogenic Escherichia coli* (EPEC)) была зафиксированная в мазках антарктических тюленей на территории мыса Ширефф; у двух из 33 детенышей тест на возбудителя дал положительный результат. Полученные данные были первыми сообщениями о EPEC в животном мире Антарктики и среди ластоногих, и нет информации о последствиях патогена для природы Антарктики (Hernandez *et al.* 2007).

Информация о наличии на мысе Ширефф пластмассовых отходов была впервые опубликована в 1985 г. (Torres and Gajardo 1985), а с 1992 г. здесь регулярно проводится мониторинг морского мусора (Torres and Jorquera 1995). Мусор остается постоянной проблемой на участке, притом что к теперешнему моменту более чем 1,5 тонны материалов были удалены с территории чилийскими учеными (D. Torres, A. Aquayo and J. Acevedo, личная переписка 2010). В результате последних обследований на пляжах было обнаружено большое количество предметов, в основном из пластмассы, но также присутствовали и растительные отходы с судов, металлические бочки из-под масла, оружейные патроны и антенны. Так, в ходе обследования 2000-01 гг. были обнаружены 1 774 предмета, причем на 98% это была пластмасса, а остальное – стекло, металл и бумага. Следует отметить, что 34% пластмассовых изделий, обнаруженных в 2000-01 гг. составляют упаковочные ленты (это количество соответствует приблизительно 589 лентам). Из них 40 лент не были разрезаны, а 48 были скомканы в виде петли. Некоторые предметы, найденные в ходе этого обследования, были испачканы маслом, а отдельные пластмассовые изделия частично обгорели. На мысе Ширефф было много случаев, когда антарктические морские котики запутывались в морском мусоре (Torres 1990; Hucke-Gaete *et al.* 1997c; Goebel *et al.* 2008, 2009), – в основном, в рыболовных снастях, таких, как нейлоновые веревки, обрывки сетей и упаковочные ленты. В период между 1987 и 1997 гг. были обнаружены 20 антарктических морских котиков с «ошейниками» из такого мусора. Пластмассовые волокна встречались также в гнездах доминиканских чаек и антарктических пингвинов (Torres and Jorquera 1992), а также белых ржанок (Torres and Jorquera 1994).

Воды вокруг мыса Ширефф представляют собой важную территорию промысла криля. Данные об объемах промысла на мысе Ширефф отсутствуют, но АНТКОМ публикуется рыболовная статистика в отношении Статистического подрайона 48.1, на котором расположена территория ООР. В 2008-09 гг. 33970 тонн антарктического криля (*Euphausia Superba*) были выловлены в Подрайоне 48.1, по сравнению со средним показателем 32993 тонн в год в период с 1999-00 гг. по 2008-09 гг. (АНТКОМ 2010). 10 октября 2010 года промысел криля в Подрайоне 48.1 был закрыт на оставшуюся часть рыболовного сезона 2009-10 гг. (1 декабря 2009 г. - 30 ноября 2010 г.), поскольку улов достигал 99,9% от годового лимита для Подрайона (155000 тонн). В списке государств, зарегистрированных как ведущие промысел криля в Подрайоне в недавнем прошлом Япония, Корея, Норвегия, Польша, Украина, Уругвай, США и Вануату. Промысел криля обычно осуществляется с декабря по август, а самые высокие уловы, как правило, бывают в период с марта по май. Вылов других видов имеет место в очень небольших количествах и включает *Champsocephalus gunnari*, *Champsocephalus gunnari*, *Nototheniops nybelini*, *Notothenia coriiceps*, *Notolepis* spp, *Notothenia gibberifrons*, *Notothenia neglecta*, *Notothenia rossii*, *Pseudochaenichthys georgianus* и *Chaenocephalus aceratus* (АНТКОМ 2010).

6(ii) Доступ на территорию района

Доступ в район может быть осуществлен на маломерных водных судах, воздушных судах или по морскому льду с помощью наземного транспорта или пешком. Обычно сезонное формирование морского льда в районе Южных Шетландских островов начинается в начале апреля и продолжался до начала декабря, хотя в последнее время из-за регионального потепления Южные Шетландские острова могут быть свободным ото льда на протяжении всего года.

Ограничения доступа по воздуху применяются в период с 01 ноября по 31 марта включительно. В течение этого времени вертолеты могут садиться на любой из двух посадочных площадок (карта 2), но в большинстве случаев предпочтительнее осуществлять посадку на площадке А. Она находится примерно в 150 м к северо-западу от вершины холма Кондор на восточной стороне полуострова (62°46'27" ю.ш., 60°28'17" з.д.). Площадка В расположена на большом плоском участке перевала Анчо, примерно в 300 м к востоку от холма Селкнам (62°46'48" ю.ш., 60°28'16" з.д.). Воздушные суда, входящие на территорию района, должны максимально придерживаться границ зоны доступа для вертолетов. Эта зона обеспечивает доступ с юга через постоянную ледниковую шапку острова Ливингстон. Доступ по воздуху в Зону ограниченного доступа запрещен, кроме случаев наличия разрешения. Зона расположена к северу от 62°28' ю.ш. (карта 2), или к северу от 62°29' ю.ш. и западу от 60°48' з.д.; доступ в нее ограничен из-за большого сосредоточения ресурсов дикой природы в районе. По этой причине воздушным судам рекомендуется сохранять горизонтальную и вертикальную дистанцию в 2000 футов (~ 610 м) от границы ООР, кроме случаев специального доступа на определенные посадочные площадки, согласно выданному разрешению.

При доступе по морю, маломерные водные суда должны приставать к одному из следующих объектов: восточное побережье полуострова пляж Эль Мундо, где глубокий канал обеспечивает достаточно легкий доступ; северная оконечность пляжа Хаф-Мун на восточном берегу полуострова; северная оконечность пляжа Ямана на западном берегу (доступ возможен только во время прилива); или южная оконечность северного пляжа острова Сан-Телмо. Доступ на маломерных водных судах на других участках побережья разрешается при условии, что это является целесообразным и соответствует целям, указанным в выданном разрешении. Посетители не должны по возможности высаживаться на берег в местах обитания колоний представителей дикой природы. В окрестностях района были определены две якорные стоянки: в 1600 м к северо-востоку от основных лагерных сооружений, и приблизительно в 800 м к северу от острова Сан-Телмо. Морские стоянки обычно находятся от побережья на расстоянии, где глубина достигает от 1 до 4 м, или вдоль береговой линии мыса Ширефф (Warren *et al.* 2006, 2007).

Когда состояние морского льда позволяет, на территорию района можно попасть пешком или на наземном транспортном средстве. На территории района наземные транспортные средства можно использовать для того, чтобы доехать до берега по морскому льду. Однако использование наземных транспортных средств на суше возможно только в прибрежной зоне между пляжем Модуло и чилийским/американским лагерем. Лица, прибывшие на территорию района, не могут заходить далее области посадочной площадки, за исключением случаев, оговоренных в выданном разрешении.

6(iii) Зоны ограниченного доступа и особого управления на территории района

Территория к северу и западу от границ района определена как Зона ограниченного доступа из-за большого сосредоточения ресурсов дикой природы. Ограничения касаются исключительно доступа по воздуху и запрета на беспосадочный перелет на высоте ниже, чем 2000 футов (~610 м), кроме случаев, специально оговоренных в разрешении. Зона ограниченного доступа расположена к северу от 62°28' ю.ш. (карта 2), или к северу от 62°29' ю.ш. и западу от 60°48' з.д.

Зона доступа вертолетного транспорта (карта 2) определена для использования воздушными судами, входящими на территорию района, и направляющимися к определенным посадочным площадкам. Зона доступа вертолетного транспорта простирается от края постоянной ледниковой шапки острова Ливингстон к северу вдоль основной линии полуострова на 200 м (~ 0,65 мор. миль) в направлении холма Селкнам. Зона доступа для вертолетов затем простирается на восток до 300 м (~ 0,15 мор. миль) к перевалу Анчо, где находится площадка для посадки вертолетов В, и далее на 400 метров (~ 0,23 мор. миль) на восток к вершине холма Кондор (высота -= 50 м или ~ 150 м), недалеко от площадки для посадки вертолетов А. Южная граница Зоны доступа для вертолетов совпадает с южной границей района.

6(iv) Сооружения на территории и в окрестностях района

На восточном берегу мыса Ширефф был обустроен полупостоянный летний научный лагерь, который расположен у подножья холма Кондор (62°28'12" ю.ш., 60°46'17" з.д.) (карта 3). Здания на территории лагеря остаются на своих местах в течение всего года. В 2010 году полевой лагерь, известный под названием «полевая станция на мысе Ширефф» (США), состоял из четырех небольших зданий и уборной. Лагерь «Д-р Гильермо Манн-Фишер (Чили)» находится на расстоянии 50 м от американской стоянки и в 2010 году состоял из главной хижины, лаборатории, склада, стекловолоконного домика, флигеля и ветряного генератора в 2010 году (Goebel личная переписка 2010, D. Torres, A. Aquayo and J. Acevedo, личная переписка 2010). Чилийский стекловолоконный домик был первоначально установлен в 1990-1991 гг., а американский лагерь был создан в 1996-1997 гг. Также имеются складские помещения, и, по мере необходимости, поблизости устанавливаются сезонные палатки. Во время сезона 2009-10 гг. для техники высокой проходимости в лагере США было установлено укрытие со вторичной защитной оболочкой для использования летом и для хранения вездеходов зимой. Это место было выбрано, чтобы оставаться в пределах существующих границ станции и во избежание помех для движения морских котиков. Укрытие Weatherport находится на мысе Ширефф в качестве дополнительного жилья для приглашенных ученых и возводится в пределах 10 м от южной стороны станции США в случае необходимости.

Две автоматические метеорологические станции установлены на внешней стороне существующих строений на мысе Ширефф. Для отслеживания передвижения морских котиков используется станция удаленного приема, которая хранится в ящике (90x60x100см), находящемся на небольшом хребте к юго-востоку от залива Манса.

Маркер границы расположен на пляже Модуло, недалеко от станций Чили и США. Маркер показывает, что осуществляется охрана района, и что доступ запрещен. В сезоне 2009-10 гг. маркер пострадал от непогоды, но выглядел разборчиво (Goebel, личная переписка 2010). Границы охраняемой территории не имеют иных опознавательных знаков.

Рядом с чилийским и американским лагерями находятся остатки (предположительно, российского) лагеря. В некоторых других местах полуострова можно увидеть немногочисленные следы лагерей охотников за тюленями, которые находились здесь в XIX в. (Smith and Simpson 1987; Torres 1993; Stehberg and Lucero 1996). На холме Гавиота, расположенном на северо-западном берегу, построена пирамида из камней (Исторический памятник № 59) в память о тех, кто погиб на корабле «Сан-Телмо» в 1819 г. (карта 3). В 1998-99 гг. ученые США установили на северных склонах холма Энрике выше пляжа Бамонд, недалеко от колоний пингвинов (62°27'41" ю.ш., 60°47'28" з.д.) хижину размером 5x7 м, которая предназначена для наблюдения за птицами и может быть также использована в чрезвычайных ситуациях (карта 3).

6(v) Наличие других охраняемых территорий в непосредственной близости от района

Ближайшими к мысу Ширефф охраняемыми территориями являются полуостров Байерс (ООРА № 126), расположенный примерно в 20 км к юго-западу; Порт-Фостер (о-в Десепшн) (ООРА №. 145) и другие участки на о-ве Десепшн (ООРА № 140), который находится приблизительно в 30 км к югу, а также залив Чили (залив Дискавери) (ООРА № 144), расположенный примерно в 30 км к востоку на о-ве Гринвич (карта 1).

7.   Условия выдачи разрешений

Доступ в район возможен только на основании разрешения, которое выдается соответствующим государственным органом. Разрешение на посещение района выдается на следующих условиях:

- Разрешение выдается только для проведения научных исследований, связанных с программой СЕМП, или для достижения неотложных научных, образовательных, археологических или исторических целей, которые не могут быть достигнуты ни в каком ином месте; или
- разрешение выдается для осуществления важных мер управления, соответствующих целям настоящего Плана, таким, как инспекция, техническое обслуживание или пересмотр Плана;
- разрешенная деятельность не поставит под угрозу экологические, научные, образовательные, археологические или исторические ценности района;
- все меры управления будут способствовать достижению целей Плана управления;
- разрешенные действия соответствуют Плану управления;
- во время пребывания на территории района необходимо иметь при себе оригинал или копию разрешения;
- отчет о посещении должен быть направлен в орган, указанный в разрешении;
- Разрешения выдаются на указанный срок.

7(i) Доступ и передвижение по территории района

Доступ на территорию района возможен на маломерном водном судне, на вертолете, пешком или на наземном транспортном средстве.

Доступ на водном судне

Маломерные водные суда могут входить на территорию района в одном из перечисленных далее мест (карта 2):

1. восточный берег полуострова в районе пляжа Эль-Мундо в 300 м к северу от лагерных сооружений, где довольно легко попасть на территорию района, благодаря наличию глубокого канала;
2. северная оконечность пляжа Хаф-Мун на восточном берегу полуострова;
3. северная оконечность пляжа Ямана на западном берегу (доступ возможен только во время прилива);
4. южная оконечность северного пляжа острова Сан-Телмо.

Доступ на маломерных водных судах на других участках побережья разрешается при условии, что это соответствует целям, указанным в выданном разрешении. В окрестностях района были определены две якорные стоянки: в 1600 м к северо-востоку от основных лагерных сооружений, и приблизительно в 800 м к северу от острова Сан-Телмо. По мере возможности, посетители не должны высаживаться на берег в тех местах, где находятся береговые или прибрежные колонии ластоногих или морских птиц.

Доступ на воздушном судне и беспосадочные полеты

Поскольку в течение сезона размножения (1 ноября – 31 марта) на мысе Ширефф повсюду находятся ластоногие и морские птицы мы настоятельно рекомендуем не посещать район в этот период на воздушном судне. По мере возможности, посещать район следует на маломерных водных судах. Все ограничения на посещение района на воздушных судах и беспосадочные полеты над его территорией действуют только в период с 1 ноября по 31 марта включительно, когда воздушные суда могут перемещаться и приземляться на территории района при строгом соблюдении следующих условий:

1) Воздушным судам рекомендуется сохранять горизонтальную и вертикальную дистанцию в 2000 футов (~ 610 м) от границы Особо охраняемого района Антарктики (Карта 2), кроме случаев специального доступа на определенные участки через зону доступа вертолетов или иным образом, согласно разрешению;

2) Запрещается беспосадочный перелет над Зоной ограниченного доступа, ниже чем на высоте 2000 футов(~610 м), за исключением случаев, когда на это имеется разрешение. Зоной ограниченного доступа является территория к северу от 62°28' ю.ш. или к северу от 62°29' ю.ш. и к западу от 60°48' з.д. (карта 2), и включает участки наибольшего сосредоточения ресурсов дикой природы;

3) Посадка вертолетов разрешается на двух специально выделенных площадках (карта 2). Описание площадок для посадки вертолетов и их координаты приведены ниже:

   (A) небольшая плоская площадка на расстоянии ~150 м к северо-западу от вершины холма Кондор (50 м или ~150 футов) (62°46'27" ю.ш., 60°28'17" з.д.). Это наиболее предпочтительная посадочная площадка в большинстве случаев; и

   (B) широкий плоский участок на перевале Анчо (25 м) между холмом Кондор и холмом Селкнам (62°46'48" ю.ш., 60°28'16" з.д.).

4) Воздушные суда, входящие на территорию района, должны максимально придерживаться границ зоны доступа вертолетов. Эта зона обеспечивает доступ с юга через постоянную ледниковую шапку острова Ливингстон и простирается вдоль основного хребта полуострова на 1200 м (~ 0.65 морских миль) в направлении холма Селкнам (высота = 50 м или около 150 футов). Зона доступа вертолетов затем простирается на восток до 300 м (~ 0,15 мор. миль) к перевалу Анчо, где находится площадка для посадки вертолетов B, и далее на 400 метров (~ 0,23 мор. миль) на восток к вершине холма Кондор (высота = 50 м или ~ 150 м), недалеко от площадки для посадки вертолетов A. Воздушные суда не должны пролетать над хижиной и участками пляжа, расположенными на восточной стороне холма Кондор.

5) Предпочтительные точки доступа вертолетным транспортом расположены с юга через ледниковый покров острова Ливингстон, с юго-запада со стороны залива Барклай и с юго-востока в направлении от залива Хироу (Карты 1 и 2).

6) На мысе Ширефф, особенно в окрестностях постоянной ледниковой шапки, нередко бывает низкая облачность, и в результате с высоты может быть трудно отличить снежную поверхность от ледниковой. Персонал, который находится на территории района и может информировать воздушные суда о местных условиях еще до того, они приблизятся к району, должен помнить о том, что для соблюдения требований доступа в район в зоне подхода к району над ледниковой шапкой острова Ливингстон высота основания облаков должна быть не менее 150 м (500 футов) над средним уровнем моря;

7) На территории района запрещается использование дымовых шашек за исключением случаев, когда это абсолютно необходимо для обеспечения безопасности. Все использованные шашки подлежат вывозу из района.

Доступ на наземных транспортных средствах и их использование

До границы района можно доехать на наземном транспортном средстве. На территории района наземные транспортные средства можно использовать для того, чтобы доехать до берега по морскому льду. Использование наземных транспортных средств на суше возможно только в прибрежной зоне между пляжем Модуло и чилийским/американским лагерем (карта 3). Использование наземных транспортных средств в других местах на территории района запрещено.

Пеший доступ и передвижение по территории района

За исключением описанного выше ограниченного использования наземных транспортных средств, передвигаться по территории района следует пешком. Лоцманам, экипажам воздушных и водных судов и наземных транспортных средств, а также пассажирам воздушных и водных судов или наземных транспортных средств запрещено выходить за пределы зоны, непосредственно прилегающей к месту высадки (посадки), а также за пределы хижин, если это специально не оговорено в разрешении. Посетители должны передвигаться осторожно, чтобы свести к минимуму воздействия на флору, фауну и почвы, и, по мере возможности, должны ходить по снегу или скалам, стараясь при этом не повредить лишайники. Движение пешеходов должно быть сведено к минимуму, необходимому для достижения целей любой разрешенной деятельности; при этом следует принимать все возможные меры для минимизации воздействий.

7(ii) Осуществляемая или разрешенная деятельность на территории района, включая ограничения по времени или пространству

- Научные исследования, не представляющие угрозу для ценностей района, особенно ценностей, связанных с СЕМП;
- Важнейшие меры управления, включая мониторинг;
- Деятельность в образовательных целях (например, создание документальной отчетности (фото-, аудио- или письменной) или производства образовательных ресурсов или услуг), которые не могут быть выполнены в другом месте;
- Деятельность с целью сохранения или защиты исторических ресурсов в рамках района;
- Археологические исследования, не представляющие угрозы ценностям района.

7(iii) Установка, модификация или снос сооружений

- Возведение сооружений на территории района допускается только на основании разрешения;
- Основные лагерные сооружения не должны выходить за пределы 200-метровой зоны вокруг существующих полевых лагерей Чили и США (карта 3). В целях содействия проведению научных исследований фауны возможно строительство небольших временных укрытий, навесов или защитных экранов;
- Установка на территории района любых сооружений, научного оборудования или указателей допускается на основании разрешения на определенный срок, и все они должны иметь четкую идентификацию с указанием страны, Ф.И.О. главного исследователя или организации и года

установки. Все установленные объекты должны быть выполнены из материалов, представляющих минимальную опасность с точки зрения ущерба для фауны или загрязнения района;

- Установка (включая выбор площадки), техническое обслуживание, модификация или снос сооружений должны осуществляться таким образом, чтобы свести к минимуму воздействие на флору и фауну. Желательно, чтобы эти работы не производились в сезон размножения (1 ноября – 31 марта);

- Вопрос о вывозе сооружений, оборудования, укрытий или указателей, срок разрешения на которые истек, лежит в сфере компетенции органа, выдавшего первоначальное разрешение, что является одним из положений разрешения;

7(iv) Расположение полевых лагерей

Разбивка лагерей разрешается в пределах 200-метровой зоны вокруг чилийского и американского полевых лагерей, расположенных на восточном берегу мыса Ширефф (карта 3). Размещение временного лагеря разрешено на северной оконечности пляжа Ямана для поддержки полевых работ на островках Сан-Телмо (Карта 3). Американская хижина, предназначенная для наблюдения за птицами и расположенная на северных склонах холма Энрике (62°27'41" ю.ш., 60°47'28" з.д.), может быть временно использована для ночевки в период проведения научных исследований, хотя ее нельзя использовать в качестве полупостоянного лагеря. Разбивка лагерей на острове Сан-Телмо допускается в тех случаях, когда это необходимо для выполнения задач, соответствующих целям Плана управления. Наиболее предпочтительным местом для разбивки таких лагерей является южная оконечность северного пляжа острова Сан-Телмо. Разбивка лагерей на остальной территории района запрещена.

7(v) Ограничения на ввоз материалов и организмов на территорию района

- Преднамеренный ввоз в район живых животных, растительных материалов, микроорганизмов или почв не допускается, а в целях предотвращения случайной интродукции необходимо соблюдать меры предосторожности, приведенные ниже;

- В целях сохранения экологических и научных ценностей мыса Ширефф и острова Сан-Телмо посетители должны принимать особые меры предосторожности во избежание интродукции. Особую опасность представляет интродукция болезнетворных организмов, микроорганизмов, беспозвоночных или растений из других районов Антарктики, включая станции, или регионы за пределами Антарктики. Посетители должны обеспечить чистоту оборудования для отбора проб и маркеров ввозимых на территорию района . Насколько это возможно, обувь и любое оборудование, используемое или доставляемое в район (включая рюкзаки, сумки и палатки) должно проходить тщательную очистку перед попаданием на территорию района;

- Перед отправкой в район потрошеная домашняя птица должна быть проверена на отсутствие болезней или инфекции; если домашняя птица ввозится на территорию района в пищевых целях, все ее части и отходы должны быть вывезены из района, сожжены или подвергнуты достаточно длительному кипячению для уничтожения возможных бактерий или вирусов, вызывающих инфекции;

- Ввоз в район гербицидов и пестицидов не допускается ;

- Все остальные химические вещества, включая радионуклиды или стабильные изотопы, которые могут ввозиться для научных исследований или в целях управления, оговоренных в разрешении, подлежат вывозу из района сразу после или до завершения деятельности, на которую выдано разрешение;

- Топливо, пищевые продукты и другие материалы нельзя складировать на территории района, за исключением случаев, когда это обусловлено важными причинами, связанными с осуществлением деятельности, на которую выдано разрешение;

- Все материалы ввозятся только на указанный срок, подлежат вывозу сразу по истечении или до истечения указанного срока, а порядок их хранения и эксплуатации должен гарантировать минимизацию риска их попадания в окружающую среду;

- В случае выброса или утечки, которые могут нанести ущерб ценностям района, их следует вывозить только в том случае, если нет большой вероятности того, что последствия вывоза превзойдут последствия пребывания материала на месте.

7(vi) Изъятие или вредное вмешательство в жизнь местной флоры и фауны

Изъятие или вредное вмешательство в жизнь местной флоры и фауны допускаются только на основании отдельного разрешения, выданного в соответствии со ст. 3 Приложения II соответствующим государственным органом, специально в указанных целях. Перед выдачей каких-либо дополнительных разрешений на изъятие или вредное вмешательство в жизнь животных необходимо проконсультироваться с действующими научными программами, которые осуществляются на территории района в рамках СЕМП.

7(vii) Сбор или вывоз объектов, которые не были ввезены в район держателем разрешения

- Сбор или вывоз объектов из района осуществляется только в соответствии с разрешением и ограничивается минимумом, необходимым для выполнения научных задач или достижения целей управления.

- Материалы антропогенного происхождения, которые могут нанести ущерб ценностям района и которые не были ввезены в район держателем разрешения, явно не несут никакой исторической ценности и не санкционированы иным образом, могут быть вывезены, за исключением ситуаций, когда существует вероятность того, что последствия вывоза превзойдут последствия пребывания материала на месте: в этом случае необходимо направить уведомление соответствующему компетентному органу.

- Обнаруженные материалы, которые, скорее всего, обладают важными археологическими, историческими или наследственными ценностями, не должны быть разрушены, повреждены, изъяты или уничтожены. Любые такие артефакты должны быть зафиксированы и переданы в соответствующий орган для принятия решения о сохранении или удалении. Перемещения или удаления артефактов в целях сохранения, защиты, или для восстановления исторической точности является допустимой основании разрешения;

- Соответствующий государственный орган должен быть уведомлен о любом объекте, вывезенном из района, который не был там размещен держателем разрешения.

7(viii) Удаление отходов

Все отходы подлежат вывозу из района, за исключением отходов жизнедеятельности человека и жидких бытовых отходов, которые могут быть либо вывезены из района, либо удалены в море.

7(ix) Меры, необходимые для обеспечения возможности дальнейшего выполнения целей и задач Плана управления

1) Разрешения на доступ в район могут выдаваться для проведения биологического мониторинга и осмотра территории, что может предусматривать отбор ограниченного числа образцов для проведения анализа или экспертизы, или осуществления охранных мер.

2) Все участки, специально предназначенные для проведения долгосрочного мониторинга, должны иметь соответствующие указатели.

3) Во избежание нарушения хода долгосрочных научных исследований и мониторинга или возможного дублирования работ, до начала любой предполагаемой деятельности лица, занимающиеся планированием новых проектов на территории района, должны проконсультироваться с действующими программами, которые осуществляются на мысе Ширефф, включая программы Чили и США.

4) Ввиду того, что отбор геологических образцов носит постоянный характер и оказывает кумулятивное воздействие, посетители, которые вывозят из района геологические образцы, должны составить отчет с указанием типа и количества отобранных образцов и места их отбора, и, как минимум, направить его в Национальный центр антарктических данных или антарктическую мастер-директорию.

7(x) Требования к отчетности

- Стороны должны принять меры к тому, чтобы основной держатель каждого выданного разрешения предоставил соответствующему компетентному органу отчет о предпринятой деятельности. Насколько это уместно, в состав такого отчета должна входить информация, указанная в Форме отчета о посещении, приведенной в Руководстве по подготовке Планов управления Особо охраняемыми районами Антарктики.

- Стороны должны вести учет такой деятельности и в рамках ежегодного обмена информацией предоставлять краткие описания мероприятий, проведенных лицами, которые находятся под их юрисдикцией, предоставляя достаточно подробные сведения, чтобы можно было провести оценку эффективности Плана управления. По мере возможности, Стороны должны сдавать оригиналы отчетов или их копии в открытый архив для ведения учета использования участка. Эти отчеты будут использоваться как при пересмотре Плана управления, так и в процессе организации использования района в научных целях.

- Компетентный орган должен быть уведомлен о любой осуществляемой деятельности или мерах, и / или любых не использующихся и не удаленных материалах, которые не были заявлены в разрешении.

Библиография

Acevedo, J., Vallejos, V., Vargas, R., Torres, J.P. & Torres, D. 2002. Informe científico. ECA XXXVIII (2001/2002). Proyecto INACH 018 "Estuios ecológicos sobre el lobo fino antásrtico, Arctocephalus gazella", cabo Shirreff, isla Livingston, Shetland del Sur, Antártica. Ministerio de Relaciones Exteriores, Instituto Antártico Chileno. N° Ingreso 642/710, 11.ABR.2002.

Acevedo, J., Aguayo-Lobo, A. & Torres, D. 2009a. Albino Weddell seal at Cape ShirreV, Livingston Island, Antarctica. *Polar Biology* **32** (8):1239–43.

Acevedo, J., Aguayo-Lobo, A. & Torres, D. 2009b. Rare piebald and partially leucistic Antarctic fur seals, Arctocephalus gazella, at Cape Shirreff, Livingston Island, Antarctica. *Polar Biology* **32** (1): 41–45.

Agnew, A.J. 1997. Review: the CCAMLR Ecosystem Monitoring Programme. *Antarctic Science* **9** (3): 235-242.

Aguayo, A. 1978. The present status of the Antarctic fur seal *Arctocephalus gazella* at the South Shetland Islands. *Polar Record* **19**: 167-176.

Aguayo, A. & Torres, D. 1966. A first census of Pinnipedia in the South Shetland Islands and other observations on marine mammals. In: SCAR / SCOR / IAPO / IUBS Symposium on Antarctic Oceanography, Santiago, Chile, 13-16 September 1966, Section 4: Coastal Waters: 166-168.

Aguayo, A. & Torres, D. 1967. Observaciones sobre mamiferos marinos durante la Vigésima Comisión Antártica Chilena. Primer censo de pinípedos en las Islas Shetland del Sur. Revta. Biol. Mar., **13**(1): 1-57.

Aguayo, A. & Torres, D. 1993. Análisis de los censos de *Arctocephalus gazella* efectuados en el Sitio de Especial Interés Científico No. 32, isla Livingston, Antártica. *Serie Científica Instituto Antártico Chileno* **43**: 87-91.

AMLR 2008. AMLR 2007-2008 field season report. Objectives, Accomplishments and Tentative Conclusions. Southwest Fisheries Science Center Antarctic Ecosystem Research Group. October 2008.

AMLR 2009. AMLR 2008-2009 field season report. Objectives, Accomplishments and Tentative Conclusions. Southwest Fisheries Science Center Antarctic Ecosystem Research Group. May 2009.

Antolos, M.,Miller, A.K. & Trivelpiece, W.Z. 2004. Seabird research at Cape Shirreff, Livingston Island, Antarctica 2003-2004. In Lipsky, J. (ed) AMLR (Antarctic Marine Living Resources) 2003-2004 Field Season Report, Ch. 7. Antarctic Ecosystem Research Division, Southwest Fisheries Science Center, La Jolla, California.

Bengston, J.L., Ferm, L.M., Härkönen, T.J. & Stewart, B.S. 1990. Abundance of Antarctic fur seals in the South Shetland Islands, Antarctica, during the 1986/87 austral summer. In: Kerry, K. and Hempel, G. (Eds). *Antarctic Ecosystems, Proceedings of the Fifth SCAR Symposium on Antarctic Biology.* Springer-Verlag, Berlin: 265-270.

Blank, O., Retamal, P., Torres D. & Abalos, P. 1999. First record of *Brucella* spp. antibodies in *Arctocephalus gazella* and *Leptonychotes weddelli* from Cape Shirreff, Livingston Island, Antarctica. (SC-CAMLR-XVIII/BG/17.) *CCAMLR Scientific Abstracts* 5.

Blank, O., Retamal, P., Abalos P. & Torres, D. 2001a. Additional data on anti-*Brucella* antibodies in *Arctocephalus gazella* from Cape Shirreff, Livingston Island, Antarctica. *CCAMLR Science* 8: 147-154.

Blank, O., Montt, J.M., Celedón M. & Torres, D. 2001b. Herpes virus antobodies in *Arctocephalus gazella* from Cape Shirreff, Livingston Island, Antarctica. WG-EMM- 01/59.

Bonner, W.N. & Smith, R.I.L. (Eds) 1985. *Conservation areas in the Antarctic.* SCAR, Cambridge: 59-63.

Carten, T.M., Taft, M., Trivelpiece W.Z. & Holt, R.S. 2001. Seabird research at Cape Shirreff, Livingston Island, Antarctica, 1999/2000. In Lipsky, J. (ed) AMLR (Antarctic Marine Living Resources) 1999-2000 Field Season Report, Ch. 7. Antarctic Ecosystem Research Division, Southwest Fisheries Science Center, La Jolla, California.

Cattan, P., Yánez, J., Torres, D., Gajardo, M. & Cárdenas, J. 1982. Censo, marcaje y estructura poblacional del lobo fino antártico *Arctocephalus gazella* (Peters, 1875) en las islas Shetland del Sur, Chile. *Serie Científica Instituto Antártico Chileno* 29: 31-38.

CCAMLR 1997. Management plan for the protection of Cape Shirreff and the San Telmo Islands, South Shetland Islands, as a site included in the CCAMLR Ecosystem Monitoring Program. In: *Schedule of Conservation Measures in Force 1996/97*: 51-64.

CCAMLR 2010. *CCAMLR Statistical Bulletin* 22 (2000–2009). CCAMLR, Hobart, Australia.

Chisholm, S.E., Pietrzak, K.W., Miller, A.K. & Trivelpiece, W.Z. 2008. Seabird research at Cape Shirreff, Livingston Island, Antarctica 2007-2008. In Van Cise, A.M. (ed) AMLR (Antarctic Marine Living Resources) 2007-2008 Field Season Report, Ch. 5. Antarctic Ecosystem Research Division, Southwest Fisheries Science Center, La Jolla, California.

Constantinescu, F. & Torres, D. 1995. Análisis bioantropológico de un cráneo humano hallado en cabo Shirreff, isla Livingston, Antártica. Ser. Cient. INACH 45: 89-99.

Cox, M.J., Demer, D.A., Warren, J.D., Cutter, G.R. & Brierley, A.S. 2009. Multibeam echosounder observations reveal interactions between Antarctic krill and air-breathing predators. *Marine Ecology Progress Series* 378: 199–209.

Croxall, J.P. & Kirkwood, E.D. 1979. *The distribution of penguins on the Antarctic Peninsula and the islands of the Scotia Sea.* British Antarctic Survey, Cambridge.

Everett, K.R. 1971. Observations on the glacial history of Livingston Island. *Arctic* 24 (1): 41-50.

Fildes, R. 1821. A journal of a voyage from Liverpool towards New South Shetland on a sealing and sea elephant adventure kept on board Brig Robert of Liverpool, Robert Fildes, 13 August - 26 December 1821. MS 101/1, Scott Polar Research Institute, Cambridge.

Goebel, M.E., Rutishauser, M., Parker, B., Banks, A., Costa, D.P., Gales, N. & Holt, R.S. 2001a. Pinniped research at Cape Shirreff, Livingston Island, Antarctica, 1999/2000. In Lipsky, J. (ed) AMLR (Antarctic Marine Living Resources) 1999-2000 Field Season Report, Ch. 8. Antarctic Ecosystem Research Division, Southwest Fisheries Science Center, La Jolla, California.

Goebel, M.E., Parker, B., Banks, A., Costa, D.P., Pister, B. & Holt, R.S. 2001b. Pinniped research at Cape Shirreff, Livingston Island, Antarctica, 2000/2001. In Lipsky, J. (ed) AMLR (Antarctic Marine Living Resources) 2000-01 Field Season Report, Ch. 8. Antarctic Ecosystem Research Division, Southwest Fisheries Science Center, La Jolla, California.

Goebel, M.E., McDonald, B.I., Freeman, S., Haner, R., Spear, N. & Sexton, S. 2008. Pinniped Research at Cape Shirreff, Livingston Island, 2008/09. In AMLR 2007-2008 field season report. Objectives, Accomplishments and Tentative Conclusions. Southwest Fisheries Science Center Antarctic Ecosystem Research Group. La Jolla, California.

Goebel, M.E., Krause, D., Freeman, S., Burner, R., Bonin, C., Vasquez del Mercado, R., Van Cise, A.M. & Gafney, J. 2009. Pinniped Research at Cape Shirreff, Livingston Island, Antarctica, 2008/09. In

AMLR 2008-2009 field season report. Objectives, Accomplishments and Tentative Conclusions. Southwest Fisheries Science Center Antarctic Ecosystem Research Group. La Jolla, California.

Garcia, M., Aguayo, A. & Torres, D. 1995. Aspectos conductuales de los machos de lobo fino antartico, *Arctocephalus gazella* en Cabo Shirreff, isla Livingston, Antártica, durante la fase de apareamiento. *Serie Científica Instituto Antártico Chileno* **45**: 101-112.

Harris, C.M. 2001. Revision of management plans for Antarctic protected areas originally proposed by the United States of America and the United Kingdom: Field visit report. Internal report for the National Science Foundation, US, and the Foreign and Commonwealth Office, UK. *Environmental Research & Assessment*, Cambridge.

Headland, R. 1989. *Chronological list of Antarctic expeditions and related historical events.* Cambridge University Press, Cambridge.

Heap, J. (ed) 1994. *Handbook of the Antarctic Treaty System.* 8th Edn. U.S. Department of State, Washington.

Hobbs, G.J. 1968. The geology of the South Shetland Islands. IV. The geology of Livingston Island. *British Antarctic Survey Scientific Reports* **47**.

Henadez, J., Prado, V., Torres, D., Waldenström, J., Haemig, P.D. & Olsen, B. 2007. Enteropathogenic *Escherichia coli* (EPEC) in Antarctic fur seals *Arctocephalus gazella*. *Polar Biology* **30** (10):1227–29.

Hewitt, R.P., Kim, S., Naganobu, M., Gutierrez, M., Kang, D., Taka, Y., Quinones, J., Lee Y.-H., Shin, H.-C., Kawaguchi, S., Emery, J.H., Demer, D.A. & Loeb, V.J. 2004. Variation in the biomass density and demography of Antarctic krill in the vicinity ofthe South Shetland Islands during the 1999/2000 austral summer. *Deep-Sea Research* II **51** 1411–1419.

Hinke, J.T., Salwicka, K., Trivelpiece, S.G., Watters, S.G., & Trivelpiece, W.Z. 2007. Divergent responses of *Pygoscelis* penguins reveal a common environmental driver. *Oecologia* **153**:845–855.

Hucke-Gaete, R., Acevedo, J., Osman, L., Vargas, R., Blank, O. & Torres, D. 2001. Informe científico. ECA XXXVII (2000/2001). Proyecto 018 "Estudios ecológicos sobre el lobo fino antártico, Arctocephalus gazella", cabo Shirreff, isla Livingston, Shetland del Sur, Antártica.

Hucke-Gaete, R., Torres, D., Aguayo, A. & Vallejos, V. 1998. Decline of Arctocephalus gazella population at SSSI No. 32, South Shetlands, Antarctica (1997/98 season): a discussion of possible causes. WG-EMM-98/17. August 1998. Kochin. 10: 16–19

Hucke-Gaete, R, Torres, D. & Vallejos, V. 1997a. Population size and distribution of *Pygoscelis antarctica* and *P. papua* at Cape Shirreff, Livingston Island, Antarctica (1996/97 Season). CCAMLR WG-EMM-97/62.

Hucke-Gaete, R, Torres, D., Vallejos, V. & Aguayo, A. 1997b. Population size and distribution of *Arctocephalus gazella* at SSSI No. 32, Livingston Island, Antarctica (1996/97 Season). CCAMLR WG-EMM-97/62.

Hucke-Gaete, R, Torres, D. & Vallejos, V. 1997c. Entanglement of Antarctic fur seals, *Arctocephalus gazella*, by marine debris at Cape Shirreff and San Telmo Islets, Livingston Island, Antarctica:1998-1997. *Serie Científica Instituto Antártico Chileno* **47**: 123-135.

Hucke-Gaete, R., Osman, L.P., Moreno, C.A. & Torres, D. 2004. Examining natural population growth from near extinction: the case of the Antarctic fur seal at the South Shetlands, Antarctica. *Polar Biology* **27** (5): 304–311

Huckstadt, L., Costa, D. P., McDonald, B. I., Tremblay, Y., Crocker, D. E., Goebel, M. E. & Fedak, M. E. 2006. Habitat Selection and Foraging Behavior of Southern Elephant Seals in the Western Antarctic Peninsula. American Geophysical Union, Fall Meeting 2006, abstract #OS33A-1684.

INACH (Instituto Antártico Chileno) 2010. Chilean Antarctic Program of Scientific Research 2009-2010. Chilean Antarctic Institute Research Projects Department. Santiago, Chile.

Kawaguchi, S., Nicol, S., Taki, K. & Naganobu, M. 2006. Fishing ground selection in the Antarctic krill fishery: Trends in patterns across years, seasons and nations. *CCAMLR Science*, **13** : 117–141.

Leppe, M., Fernandoy, F., Palma-Heldt, S. & Moisan, P 2004. Flora mesozoica en los depósitos morrénicos de Cabo Shirreff, Isla Livingston, Shetland del Sur, Península Antártica, in Actas del 10° Congreso Geológico Chileno. CD-ROM. Resumen Expandido, 4pp. Universidad de Concepción. Concepción. Chile.

Leung, E.S.W., Orben, R.A. & Trivelpiece, W.Z. 2006. Seabird research at Cape Shirreff, Livingston Island, Antarctica 2005-2006. In Lipsky, J. (ed) AMLR (Antarctic Marine Living Resources) 2005-2006 Field Season Report, Ch. 9. Antarctic Ecosystem Research Division, Southwest Fisheries Science Center, La Jolla, California.

Miller, A.K., Leung, E.S.W. & Trivelpiece, W.Z. 2005. Seabird research at Cape Shirreff, Livingston Island, Antarctica 2004-2005. In Lipsky, J. (ed) AMLR (Antarctic Marine Living Resources) 2004-2005 Field Season Report, Ch. 7. Antarctic Ecosystem Research Division, Southwest Fisheries Science Center, La Jolla, California.

Miller, A.K. & Trivelpiece, W.Z. 2007. Cycles of *Euphausia superba* recruitment evident in the diet of Pygoscelid penguins and net trawls in the South Shetland Islands, Antarctica. *Polar Biology* **30** (12):1615–1623.

Miller, A.K. & Trivelpiece, W.Z. 2008. Chinstrap penguins alter foraging and diving behavior in response to the size of their principle prey, Antarctic krill. *Marine Biology* **154**: 201-208.

Miller, A.K., Karnovsky, N.J. & Trivelpiece, W.Z. 2008. Flexible foraging strategies of gentoo penguins *Pygoscelis papua* over 5 years in the South Shetland Islands, Antarctica. *Marine Biology* **156**: 2527-2537.

O'Gorman, F.A. 1961. Fur seals breeding in the Falkland Islands Dependencies. *Nature* **192**: 914-16.

O'Gorman, F.A. 1963. The return of the Antarctic fur seal. *New Scientist* **20**: 374-76.

Olavarría, C., Coria, N., Schlatter, R., Hucke-Gaete, R., Vallejos, V., Godoy, C., Torres D. & Aguayo, A. 1999. Cisnes de cuello negro, *Cygnus melanocoripha* (Molina, 1782) en el área de las islas Shetland del Sur y península Antártica. *Serie Científica Instituto Antártico Chileno* **49**: 79-87.

Oliva, D., Durán, R, Gajardo, M. & Torres, D. 1987. Numerical changes in the population of the Antarctic fur seal *Arctocephalus gazella* at two localities of the South Shetland Islands. *Serie Científica Instituto Antártico Chileno* **36**: 135-144.

Oliva, D., Durán, R, Gajardo, M. & Torres, D. 1988. Population structure and harem size groups of the Antarctic fur seal *Arctocephalus gazella* Cape Shirreff, Livingston Island, South Shetland Islands. Meeting of the SCAR Group of Specialists on Seals, Hobart, Tasmania, Australia. *Biomass Report Series* **59**: 39.

Orben, R.A., Chisholm, S.E., Miller, S.K. & Trivelpiece, W.Z. 2007. Seabird research at Cape Shirreff, Livingston Island, Antarctica 2006-2007. In Lipsky, J. (ed) AMLR (Antarctic Marine Living Resources) 2006-2007 Field Season Report, Ch. 7. Antarctic Ecosystem Research Division, Southwest Fisheries Science Center, La Jolla, California.

Osman, L.P., Hucke-Gaete, R., Moreno, C.A., & Torress, D. 2004. Feeding ecology of Antarctic fur seals at Cape Shirreff, South Shetlands,Antarctica. *Polar Biology* **27**(2): 92–98.

Palma-Heldt, S., Fernandoy, F., Quezada, I. & Leppe, M 2004. Registro Palinológico de Cabo Shirreff, Isla Livingston, nueva localidad para el Mesozoico de Las Shetland del Sur, in V Simposio Argentino y I Latinoamericano sobre Investigaciones Antárticas CD-ROM. Resumen Expandido N° 104GP. Buenos Aires, Argentina.

Palma-Heldt, S., Fernandoy, F., Henríquez, G. & Leppe, M 2007. Palynoflora of Livingston Island, South Shetland Islands : Contribution to the understanding of the evolution of the southern Pacific Gondwana margin. U.S. Geological Survey and The National Academies; USGS OF-2007-1047, Extended Abstract 100.

Pietrzak, K.W., Breeden, J.H, Miller, A.K. & Trivelpiece, W.Z. 2009. Seabird research at Cape Shirreff, Livingston Island, Antarctica 2008-2009. In Van Cise, A.M. (ed) AMLR (Antarctic Marine Living Resources) 2008-2008 Field Season Report, Ch. 6. Antarctic Ecosystem Research Division, Southwest Fisheries Science Center, La Jolla, California.

Pinochet de la Barra, O. 1991. El misterio del "San Telmo". ¿Náufragos españoles pisaron por primera vez la Antártida? *Revista Historia* (Madrid), **16** (18): 31-36.

Reid, K., Jessop, M.J., Barrett, M.S., Kawagucji, S., Siegel, V. & Goebel, M.E. 2004. Widening the net: spatio-temporal variability in the krill population structure across the Scotia Sea. *Deep-Sea Research* II **51**: 1275–1287

Reiss, C. S., Cossio, A. M., Loeb, V. & Demer, D. A. 2008. Variations in the biomass of Antarctic krill (Euphausia superba) around the South Shetland Islands, 1996–2006. *ICES Journal of Marine Science* **65**: 497–508.

Sallaberry, M. & Schlatter, R. 1983. Estimacíon del número de pingüinos en el Archipiélago de las Shetland del Sur. *Serie Científica Instituto Antártico Chileno* **30**: 87-91.

Saxer, I.M., Scheffler, D.A. & Trivelpiece, W.Z. 2003. Seabird research at Cape Shirreff, Livingston Island, Antarctica 2001-2002. In Lipsky, J. (ed) AMLR (Antarctic Marine Living Resources) 2001-2002 Field Season Report, Ch. 6. Antarctic Ecosystem Research Division, Southwest Fisheries Science Center, La Jolla, California.

Shill, L.F., Antolos, M. & Trivelpiece, W.Z. 2003. Seabird research at Cape Shirreff, Livingston Island, Antarctica 2002-2003. In Lipsky, J. (ed) AMLR (Antarctic Marine Living Resources) 2002-2003 Field Season Report, Ch. 8. Antarctic Ecosystem Research Division, Southwest Fisheries Science Center, La Jolla, California.

Smellie, J.L., Pallàs, R.M., Sàbata, F. & Zheng, X. 1996. Age and correlation of volcanism in central Livingston Island, South Shetland Islands: K-Ar and geochemical constraints. *Jounral of South American Earth Sciences* **9** (3/4): 265-272.

Smith, R.I.L. & Simpson, H.W. 1987. Early Nineteeth Century sealers' refuges on Livingston Island, South Shetland Islands. *British Antarctic Survey Bulletin* **74**: 49-72.

Stehberg, R. & V. Lucero, 1996. Excavaciones arqueológicas en playa Yámana, cabo Shirreff, isla Livingston, Shetland del Sur, Antártica. *Serie Científica Instituto Antártico Chileno* 46: 59-81.

Taft, M.R., Saxer, I.M. & Trivelpiece W.Z 2001. Seabird research at Cape Shirreff, Livingston Island, Antarctica, 2000/2001. In Lipsky, J. (ed) AMLR (Antarctic Marine Living Resources) 2000-01 Field Season Report, Ch. 7. Antarctic Ecosystem Research Division, Southwest Fisheries Science Center, La Jolla, California.

Torres, D. 1984. Síntesis de actividades, resultados y proyecciones de las investigaciones chilenas sobre pinípedos antarcticos. *Boletín Antártico Chileno* 4(1): 33-34.

Torres, D. 1990. Collares plásticos en lobos finos antárticos: Otra evidencia de contaminación. *Boletín Antártico Chileno* **10** (1): 20-22 .

Torres, D. 1992. ¿Cráneo indígena en cabo Shirreff? Un estudio en desarrollo. *Boletín Antártico Chileno* **11** (2): 2-6.

Torres, D. 1994. Synthesis of CEMP activities carried out at Cape Shirreff. Report to CCAMLR WG-CEMP 94/28.

Torres, D. 1995. Antecedentes y proyecciones científicas de los estudios en el SEIC No. 32 y Sitio CEMP «Cabo Shirreff e islotes San Telmo», isla Livingston, Antártica. *Serie Científica Instituto Antártico Chileno* **45**: 143-169.

Torres, D. 1999. Observations on ca. 175-Year Old Human Remains from Antarctica (Cape Shirreff, Livingston Island, South Shetlands). *International Journal of Circumpolar Health* **58**: 72-83.

Torres, D. & Aguayo, A. 1993. Impacto antrópico en cabo Shirreff, isla Livingston, Antártica. *Serie Científica Instituto Antártico Chileno* **43**: 93-108.

Torres, D. & Gajardo, M. 1985. Información preliminar sobre desechos plásticos hallados en cabo Shirreff, isla Livingston, Shetland del Sur, Chile. *Boletín Antártico Chileno* **5**(2): 12-13.

Torres, D. & Jorquera, D. 1992. Analysis of Marine Debris found at Cape Shirreff, Livingston Island, South Shetlands, Antarctica. SC-CAMLR/BG/7, 12 pp. CCAMLR, Hobart, Australia.

Torres, D. & Jorquera, D. 1994. Marine Debris Collected at Cape Shirreff, Livinston Island, during the Antarctic Season 1993/94. CCMALR-XIII/BG/17, 10 pp. 18 October 1994. Hobart, Australia.

Torres, D. & Jorquera, D. 1995. Línea de base para el seguimiento de los desechos marinos en cabo Shirreff, isla Livingston, Antártica. *Serie Científica Instituto Antártico Chileno* **45**: 131-141.

Torres, D., Jaña, R., Encina, L. & Vicuña, P. 2001. Cartografía digital de cabo Shirreff, isla Livingston, Antártica: un avance importante. *Boletín Antártico Chileno* **20** (2): 4-6.

Torres, D.E. & Valdenegro V. 2004. Nuevos registros de mortalidad y necropsias de cachorros de lobo fino antártico, Arctocephalus gazella, en cabo Shirreff, sila Livingston, Antártica. *Boletín Antártico Chileno* **23** (1).

Torres, D., Vallejos, V., Acevedo, J., Hucke-Gaete, R. & Zarate, S. 1998. Registros biologicos atípico en cabo Shirreff, isla Livingston, Antártica. *Boletín Antártico Chileno* **17** (1): 17-19.

Torres, D., Vallejos, V., Acevedo, J., Blank, O., Hucke-Gaete, R. & Tirado, S. 1999. Actividades realizadas en cabo Shirreff, isla Livingston, en temporada 1998/99. *Boletín Antártico Chileno* **18** (1): 29-32.

Torres, T. 1993. Primer hallazgo de madera fósil en Cabo Shirreff, isla Livingston, Antártica. *Serie Científica Instituto Antártico Chileno* **43**: 31-39.

Tufft, R. 1958. Preliminary biology report Livingston Island summer survey. Unpublished British Antarctic Survey report, BAS Archives Ref. AD6/2D/1957/N2.

Vargas, R., Osman, L.P. & Torres, D. 2009. Inter-sexual diVerences in Antarctic fur seal pup growth rates: evidence of environmental regulation? Polar Biology **32** (8):1177–86

Vallejos, V., Acevedo, J., Blank, O., Osman, L. & Torres, D. 2000. Informe científico - logístico. ECA XXXVI (1999/2000). Proyecto 018 "Estudios ecológicos sobre el lobo fino antártico, Arctocephalus gazella", cabo Shirreff, archipiélago de las Shetland del Sur, Antártica. Ministerio de Relaciones Exteriores, Instituto Antártico Chileno. N° Ingreso 642/712, 19 ABR.2000.

Vallejos, V., Osman, L., Vargas, R., Vera, C. & Torres, D. 2003. Informe científico. ECA XXXIX (2002/2003). Proyecto INACH 018 "Estudios ecológicos sobre el lobo fino antártico, Arctocephalus gazella", cabo Shirreff, isla Livingston, Shetland del Sur, Antártica. Ministerio de Relaciones Exteriores, Instituto Antártico Chileno.

Vera, C., Vargas, R. & Torres, D. 2004. El impacto de la foca leopardo en la población de cachorros de lobo fino antártico en cabo Shirreff, Antártica, durante la temporada 2003/2004. *Boletín Antártico Chileno* **23** (1).

Warren, J., Sessions, S., Patterson, M. Jenkins, A., Needham, D. & Demer, D. 2005. Nearshore Survey. In AMLR 2004-2005 field season report. Objectives, Accomplishments and Tentative Conclusions. Southwest Fisheries Science Center Antarctic Ecosystem Research Group. La Jolla, California.

Warren, J., Cox, M., Sessions, S. Jenkins, A., Needham, D. & Demer, D. 2006. Nearshore acoustical survey near Cape Shirreff, Livingston Island. In AMLR 2005-2006 field season report. Objectives, Accomplishments and Tentative Conclusions. Southwest Fisheries Science Center Antarctic Ecosystem Research Group. La Jolla, California.

Warren, J., Cox, M., Sessions, S. Jenkins, A., Needham, D. & Demer, D. 2007. Nearshore acoustical survey near Cape Shirreff, Livingston Island. In AMLR 2006-2007 field season report. Objectives, Accomplishments and Tentative Conclusions. Southwest Fisheries Science Center Antarctic Ecosystem Research Group. La Jolla, California.

Woehler, E.J. (ed) 1993. *The distribution and abundance of Antarctic and sub-Antarctic penguins.* SCAR, Cambridge.

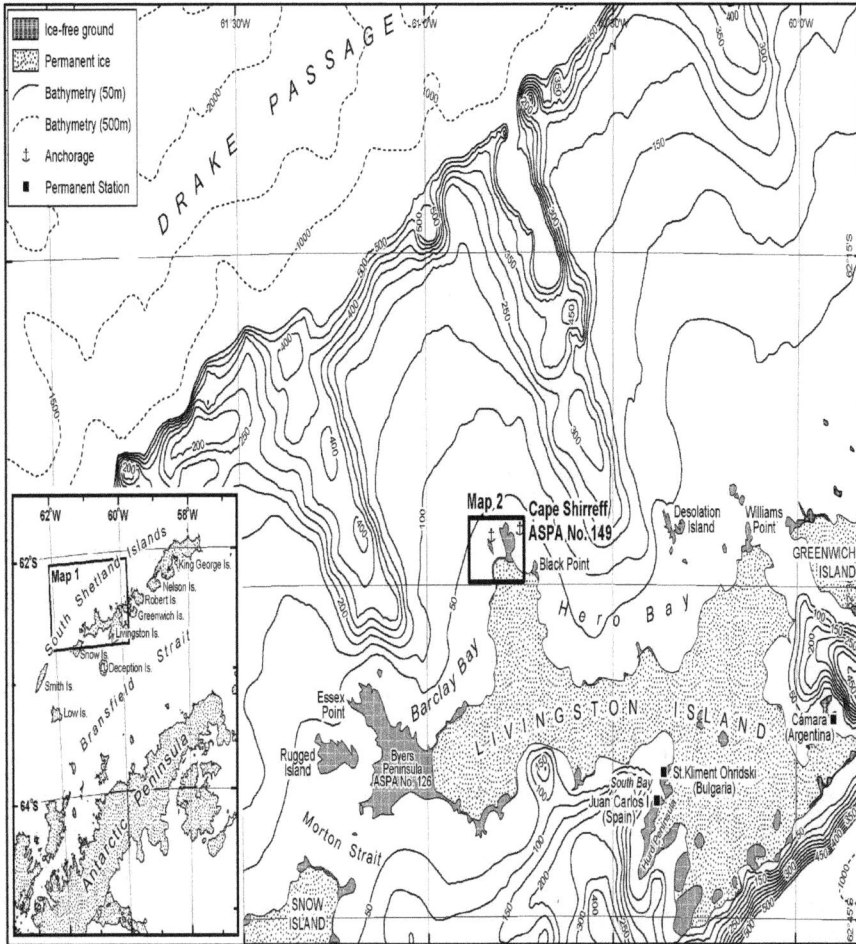

ASPA No. 149
Cape Shirreff & San Telmo Island
Map 1: Regional overview

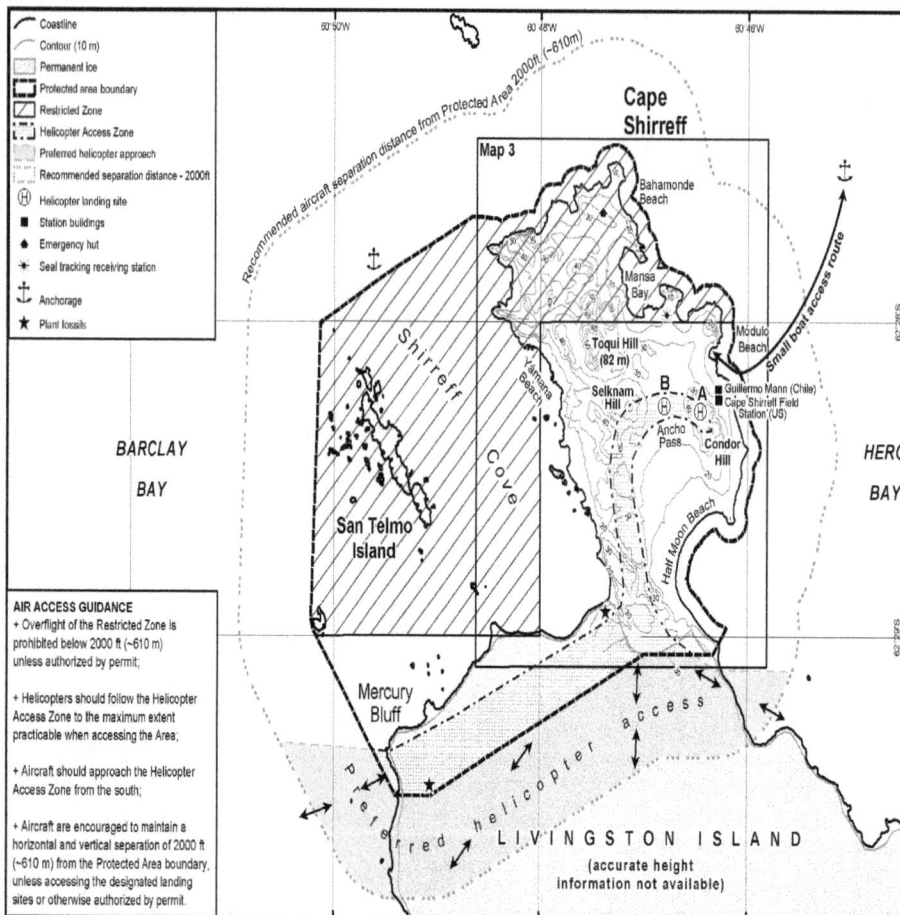

ASPA No. 149 Cape Shirreff & San Telmo Island
Map 2: Air access guidelines

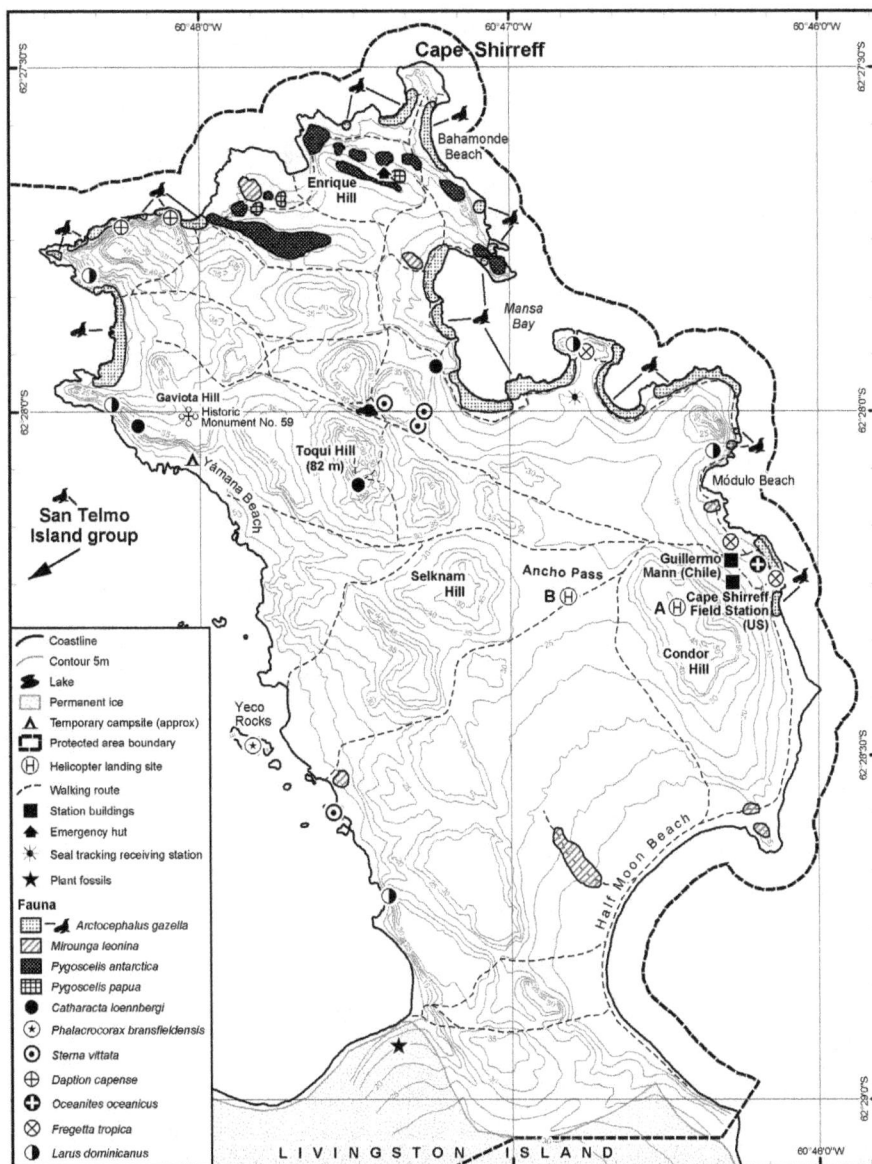

ASPA No. 149
Cape Shirreff & San Telmo Island
Map 3: Breeding colonies & human features

Projection: Lambert Conformal Conic
CM 60° 45'W; SP1 60° S. SP2 64° S; LO 62° S.
Spheroid: WGS84
Data sources: Seal tracking station: M. Goebel (2010);
All other data: Instituto Antártico Chileno (INACH)

0   100   200   300
Meters
13 January 2011
United States Antarctic Program / INACH
Environmental Research & Assessment

План управления
Особо охраняемым районом Антарктики № 165

«МЫС ЭДМОНСОН» (ЗАЛИВ ВУД, ЗЕМЛЯ ВИКТОРИИ, МОРЕ РОССА)

1.   Описание охраняемых ценностей

Мыс Эдмонсон (74°20' ю.ш., 165°08' в.д., 5,49 км^2), расположенный в заливе Вуд (Земля Виктории, море Росса), предложен для определения в качестве Особо охраняемого района Антарктики (ООРА) Италией на том основании, что здесь находятся исключительные экологические и научные ценности, которые необходимо защитить от возможного вмешательства, связанного с нерегулируемым доступом. В состав Района входит свободная от ледникового покрова территория, а также небольшой соседний участок моря у подножья восточных склонов горы Мельбурн (2732 м). Этот участок ограничен по площади и является местом проведения текущих и долгосрочных научных исследований.

Наземная и пресноводная экосистемы мыса Эдмонсон относятся к числу наиболее примечательных экосистем северной части Земли Виктории. Здесь отмечается исключительное разнообразие пресноводных сред обитания, находятся многочисленные водотоки, озера, водоемы и участки инфильтрации, которые по содержанию питательных веществ относятся к самым разным категориям – от евтрофной до олиготрофной. Такое разнообразие пресноводных сред обитания редко встречается на Земле Виктории. В свою очередь, эти среды обитания обеспечивают огромное видовое разнообразие водорослей и цианобактерий (на сегодняшний день зарегистрировано более 120 видов), а местная система водотоков является самой крупной и значительной на севере Земли Виктории. Вулканические породы и локально обогащенный (птицами) субстрат, в сочетании с локальным изобилием воды, являются средой обитания относительно крупных скоплений бриофитов. Растительные сообщества чрезвычайно чувствительны к изменениям гидрологического режима, а экологические градиенты обуславливают наличие четких границ между сообществами. Таким образом, растительность весьма разнообразна и включает сообщества эпилитических лишайников (некоторые из них зависят от интенсивного поступления азота, обусловленного присутствием птиц), сообщества, связанные с поздно тающими пятнами снега, а также сообщества с преобладанием мхов, предпочитающие постоянно влажную среду обитания. Этот район представляет собой один из лучших образцов сообществ последнего типа на всей территории Земли Виктории. Фауна беспозвоночных отличается необычайно большим разнообразием и широким распространением для этой части Антарктики.

Характер и разнообразие наземных и пресноводных сред обитания создают огромные возможности для науки, особенно для изучения биологических вариаций и процессов, обусловленных градиентами влажности и содержания питательных веществ. Эта территория считается одной из лучших в Антарктике для изучения экологии водорослей. Благодаря этим характеристикам, мыс Эдмонсон был выбран в качестве одного из основных районов проведения программы Научного комитета по антарктическим исследованиям «Биологические исследования наземных антарктических систем» (БИОТАС) в 1995-1996 гг. В рамках согласованной международной исследовательской программы, известной как «БИОТЕКС 1», были определены изучаемые территории и собраны большие коллекции образцов почвы, пород, воды, снега, гуано, бактерий, растительности (скоплений цианобактерий, грибов, водорослей, лишайников, бриофитов), а также наземных беспозвоночных.

Кроме того, мыс Эдмонсон представляет исключительную научную ценность с точки зрения изучения воздействий изменения климата на наземные экосистемы. То, что он находится примерно на середине линии, пересекающей Землю Виктории с севера на юг, делает его хорошим дополнением к другим районам, которые охраняются в связи с тем, что на их территории находятся наземные экологические ценности – например, «Мыс Халлетт» (ООРА № 106) и «Залив Ботани, Мыс Геология» (ООРА № 154), которые расположены приблизительно в 300 км к северу и югу соответственно. Такое географическое положение имеет большое значение в рамках системы экологических исследований антарктического континента (например, для программы РиСКК Научного комитета по антарктическим исследованиям). Кроме того, местные озера – одни из самых лучших на севере Земли Виктории для изучения биогеохимических процессов, характеризующихся краткосрочными и долгосрочными вариациями. Наряду с уникальными свойствами активного слоя вечной мерзлоты, который имеет здесь необычайно большую глубину, эти характеристики считаются особенно удобными как чувствительные индикаторы экологических изменений, вызванных колебаниями интенсивности ультрафиолетового излучения и изменениями климата.

Начиная с сезона 1994-1995 гг. предметом постоянного изучения является колония пингвинов Адели *(Pygoscelis adeliae)*, насчитывающая около 2000 пар, а также колония южнополярных поморников *(Catharacta maccormicki)*, насчитывающая около 120 пар. Колония пингвинов Адели на мысе Эдмонсон включена в сеть мониторинга экосистем Комиссии по сохранению морских живых ресурсов Антарктики (АНТКОМ). Этот район считается хорошим примером сообщества указанных видов, которое является репрезентативным для других сообществ этих птиц. Однако оно необычно тем, что южнополярные поморники гнездятся на самых разных территориях, а также очень высоким соотношением численности поморников и пингвинов (1:20). Благодаря географическому положению, размеру птичьих колоний, рельефу и природным особенностям этого района, наличию естественной защиты, которую обеспечивает летом размер припая, а также близости этого района к станции Марио Жучелли в заливе Терра Нова (который защищает колонию от нарушений, создаваемых станцией, но при этом позволяет предоставлять логистическую поддержку), мыс Эдмонсон особенно удобен для изучения указанных видов птиц. Здесь проводятся исследования в рамках Программы по мониторингу экосистем (СЕПМ), организованной Комиссией по сохранению морских живых ресурсов Антарктики (АНТКОМ). Главными целями этих исследований являются мониторинг популяций, изучение успеха размножения, изучение стратегии кормления и кормодобывания, миграции и поведения. Эти исследования имеют большое значение для общего изучения возможного влияния естественных и антропогенных изменений антарктической экосистемы на успех размножения пингвинов Адели, а также для понимания потенциальных последствий промысла антарктического криля *(Euphausia superba)*.

Прибрежная морская среда является хорошим и репрезентативным образцом морской ледовой среды обитания размножающихся тюленей Уэдделла, которые бывают здесь в начале летнего сезона в период рождения и молочного вскармливания детенышей. В регионе моря Росса только один участок был определен в качестве ООРА в целях охраны тюленей Уэдделла (ООРА № 137 «Северо-западная часть острова Уайт», пролив МакМердо), однако основанием для его определения в качестве ООРА является то, что расположенная там небольшая щенная залежка тюленей является крайне необычной. В отличие от этого, колония на мысе Эдмонсон является репрезентативной, похожей на другие щенные колонии тюленей Уэдделла на всей территории этого региона.

Помимо исключительных биологических ценностей здесь имеется целый ряд геоморфологических особенностей, включая серию морен с ледяными ядрами и вкраплениями морских отложений, поднятые пляжи, структурный грунт, обрывистый выступ и ископаемые колонии пингвинов. Такой обрывистый выступ, как на мысе Эдмонсон, редко встречается на Земле Виктории и представляет собой один из лучших образцов такого рода. Он необычен тем, что на нем не гнездятся пингвины (в отличие от мыса Халлетт и мыса Адэр). Морены с ледяными ядрами и вкраплениями морских отложений, включая кости тюленей и раковины двустворчатых моллюсков *Laternula elliptica* и *Adamussium colbecki*, представляют особую ценность с точки зрения датирования ледниковых флуктуаций в этом регионе. В осадочных секвенциях на северо-западе мыса Эдмонсон встречаются ископаемые остатки бывших колоний пингвинов. По ним удобно датировать устойчивость гнездования птиц на этой территории в рамках реконструкции ледниковых фаз голоцена и палеоклимата.

Разнообразие и качество различных природных особенностей на мысе Эдмонсон вызывает интерес у представителей самых разных дисциплин, поэтому научные исследования ведутся в этом районе уже более 20 лет. За это время была создана обширная база научных данных, что повышает значение мыса Эдмонсон как места проведения текущих и будущих исследований. Важно то, что нагрузка, связанная с деятельностью человека в этом Районе, регулируется, чтобы случайно не поставить под угрозу усилия, потраченные на составление длинного временного ряда данных. Все это также обуславливает исключительную научную ценность Района как места проведения исследований в самых разных областях.

С учетом продолжительности и разнообразия предшествующей деятельности мыс Эдмонсон нельзя считать первозданной территорией. Здесь заметны определенные воздействия на окружающую среду: например, в отдельных местах вытоптаны почвы и скопления мха; ветер разбросал части научного оборудования; строительство сооружений изменило среду обитания. В отличие от этого, свободный от ледникового покрова участок на холмах Ипполито (1,67 км^2), который находится примерно в 1,5 км к северо-западу, посещался довольно редко, и антропогенные нарушения на этой территории считаются минимальными. С учетом этого холмы Ипполито считаются особо ценными как потенциальный эталонный район для проведения сравнительных исследований с основной территорией мыса Эдмонсон, и важно, чтобы его потенциальное научное значение было сохранено. При том, что последствия научных исследований и присутствия человека на обоих участках точно неизвестны, поскольку подробное изучение антропогенных воздействий здесь еще не проводилось, уровень загрязнения местной морской экосистемы остается очень низким, а воздействия человека на всю экосистему (особенно на территории холмов Ипполито), в целом, считаются незначительными.

Биологические и научные ценности мыса Эдмонсон и холмов Ипполито чувствительны к антропогенным воздействиям. Вытаптывание, отбор проб и загрязнение быстро наносят ущерб растительности, насыщенным влагой почвам и пресноводной среде. Нарушение природных характеристик или повреждение установленного оборудования могут помешать проведению научных исследований. Регулировать деятельность человека нужно таким образом, чтобы свести к минимуму риски воздействий на исключительные ценности этого Района.

В состав Района общей площадью 5,49 км^2 входят не имеющий ледникового покрова участок на мысе Эдмонсон (1,79 км^2), меньший по размеру, но аналогичный безледниковый участок на холмах Ипполито (1,12 км^2), расположенный примерно в 1,5 км к северу от первого участка и определяемый как Зона ограниченного доступа, а также прилегающий участок моря (2,58 км^2) в пределах 200 м от берега мыса Эдмонсон и холмов Ипполито, охватывающий бухту Сьенна (карта 1).

2.   Цели и задачи

Управление на мысе Эдмонсон осуществляется в следующих целях:

* недопущение деградации или возникновения значительной угрозы для ценностей Района за счет предотвращения излишнего нарушения Района человеком;

* создание условий для проведения научных исследований наряду обеспечением защиты от взаимного вмешательства и/или излишнего отбора образцов;

- создание условий для проведения научных исследований, если это необходимо для достижения целей, которые не могут быть разумным образом достигнуты ни в каком ином месте;

- охрана от нарушения районов проведения долгосрочных научных исследований;

- сохранение части природной экосистемы как потенциальной эталонной территории для последующего проведения сравнительных исследований;

- минимизация вероятности интродукции в Район чужеродных растений, животных и микроорганизмов;

- организация посещений для целей управления в поддержку задач Плана управления.

3.   Меры управления

Для охраны ценностей Района будут приняты следующие меры управления:

- На станции Марио Жучелли (Италия) в заливе Терра Нова, на станции Гондвана (Германия) и на других постоянных станциях, расположенных в радиусе 100 км от Района, должны быть копии настоящего Плана управления, включая карты Района.

- Сооружения, указатели, знаки, изгороди или другое оборудование, установленное на территории Района для проведения научных исследований или в целях управления, должны быть надежно закреплены, поддерживаться в хорошем состоянии и вывозиться из Района; когда необходимость в них отпадает.

- Если в течение данного сезона на территории Района ожидаются посадки вертолетов, то рядом со специально выделенными вертолетными площадками следует установить износостойкие указатели направления ветра.

- Специально выделенные вертолетные площадки должны быть обозначены указателями, хорошо заметными с воздуха и не представляющими большой опасности для окружающей среды.

- Предпочтительные сухопутные пешеходные маршруты между колонией пингвинов Адели и специально выделенными вертолетными площадками следует обозначить указателями (например, прочными палками).

- Посещать Район следует по мере необходимости (но не реже одного раза в пять лет), чтобы установить, продолжает ли он служить тем целям, ради которых он был определен, и чтобы убедиться в достаточности принимаемых мер управления и содержания объектов.

- Национальные антарктические программы, осуществляющие деятельность в этом регионе, должны проводить совместные консультации, чтобы обеспечить соблюдение вышеизложенных требований.

4.   Срок определения в качестве ООРА

Определен на неограниченный период времени.

5.   Карты и фотографии

Карта 1: ООРА № 165 «Мыс Эдмонсон» (залив Вуд, Земля Виктории, море Росса). Характеристики карты: проекция: UTM Zone 58S; сфероид: WGS84; безледниковые зоны и линия берега изображены в соответствии с трансформированным снимком, сделанным со спутника «Quickbird» с пиксельным разрешением 70 см, получено Национальной антарктической научной программой Италии (ПНРА). Точность по горизонтали: приблизительно ±10 м; данные о высоте отсутствуют. Врезка 1: расположение залива Вуд в Антарктике. Врезка 2: местонахождение участка, изображенного на карте 1, по отношению к заливу Вуд и заливу Терра Нова. Показано местонахождение станции Марио Жучелли (Италия), станции Гондвана (Германия) и ближайших охраняемых районов.

Карта 2: ООРА № 165 «Мыс Эдмонсон». Физические / искусственные объекты и указания, касающиеся входа на территорию Района. Карта составлена по цифровой ортофотографии с пиксельным разрешением 25 см, полученной с помощью данных наземных GPS исследований и наблюдений и снимка, сделанного со спутника «Quickbird» (04/01/04).

Характеристики карты: проекция: равноугольная коническая проекция Ламберта; стандартные параллели: 1-я 72° 40' 00" ю.ш.; 2-я 75° 20' 00"ю.ш.; центральный меридиан: 165° 07' 00" в.д.; начало отсчета широты: 74° 20' 00" S; сфероид: WGS84; нуль поста: средний уровень моря. Расстояние между вертикалями: 10 м. Точность по горизонтали: ±1 м; ожидаемая точность по вертикали: лучше, чем ±1 м.

Карта 3: Зона ограниченного доступа «Холмы Ипполито». ООРА № 165 «Мыс Эдмонсон». Карта получена с помощью снимка, сделанного со спутника «Quickbird» (04/01/04). Характеристики карты такие же, как и у карты 2, за исключением точности по горизонтали, которая составляет примерно ±10 м, и данных о высоте (они отсутствуют). Уровень моря аппроксимирован по линии берега, которая видна на спутниковом снимке.

Карта 4: ООРА № 165 «Мыс Эдмонсон», топография, фауна и растительность. Характеристики карты аналогичны характеристикам карты 2, за исключением расстояния между вертикалями, которое составляет 2 м.

Данные и подготовка карт: ПНРА, Департамент наук об окружающей среде (Университет г. Сьенна), Управление исследований и оценки окружающей среды (Кембридж), «Гейтвэй Антарктика» (Крайстчерч).

6. Описание Района

6(i) Географические координаты, отметки на границах и природные особенности

ОБЩЕЕ ОПИСАНИЕ

Мыс Эдмонсон (74°20' ю.ш., 165°08' в.д.) – это прибрежный участок суши площадью 1,79 км^2, который не имеет ледникового покрова и расположен в заливе Вуд (Земля Виктории) в 50 км к северу от залива Терра Нова и 13 км к востоку от вершины и подножья горы Мельбурн (2732 м). Общая площадь Района составляет 5,49 км^2, включая всю территорию мыса Эдмонсон, не имеющую ледникового покрова (1,79 км^2), отдельный безледниковый участок в районе холмов Ипполито (1,12 км^2), расположенный примерно в 1,5 км к северо-западу от мыса Эдмонсон, а также прилегающий к суше участок моря и бухту Сьенна, разделяющую обе территории, не имеющие ледникового покрова (2,58 км^2), которые находятся к востоку и у подножья постоянного ледникового покрова, простирающегося от горы Мельбурн (карта 1). Часть ледника, стекающего с горы Мельбурн, разделяет два участка суши, не имеющих ледникового покрова. Широкий галечный пляж идет вдоль всей береговой линии мыса Эдмонсон, а над ним возвышаются скалы высотой до 128 м, протянувшиеся к южной границе Района. Район имеет неровный рельеф: здесь есть несколько холмов вулканического происхождения высотой до 134 м, а рядом с ледником расположены не имеющие ледникового покрова склоны высотой примерно до 300 м, хотя точная высота этих участков сейчас не известна. Волнообразные морены с ледяными ядрами, валунные поля и выходы пород разделены небольшими пепловыми равнинами и неглубокими долинами. Территория Района изрезана многочисленными долинами и талыми водотоками. Здесь есть несколько небольших озер, а также участки инфильтрации, разбросанные по всему Району. В центральной части мыса Эдмонсон на высоте около 25 м находятся несколько широких и неглубоких бассейнов, покрытых мелкозернистым вулканическим шлаком и крупным песком, которые перемежаются с обширными пятнами растительности и участками структурного грунта. Северный берег мыса Эдмонсон – это обрывистый выступ, где расположено несколько поднятых пляжей.

Природные характеристики холмов Ипполито аналогичны характеристикам мыса Эдмонсон. Здесь есть узкий валунный пляж, ограниченный грядой, идущей вдоль побережья. Небольшие талые водотоки бегут по неглубоким лощинам и, пересекая ровные участки, впадают в два озера, расположенные на севере, за прибрежной грядой. Гряды и конусы поднимаются до высоты около 200 м, после чего сливаются со снежниками и ледниками горы Мельбурн на юге.

ГРАНИЦЫ

В качестве границы Района на западе, севере и юге определена граница постоянного ледникового покрова, простирающегося от горы Мельбурн (карты 1-3). Восточная граница идет по морю и в южной половине Района отслеживает береговую линию в 200 м от берега между южной и северной оконечностями мыса Эдмонсон. После северной оконечности мыса Эдмонсон восточная граница на протяжении 2 км идет на северо-запад через небольшой залив до точки, расположенной в 200 м к востоку от берега северной оконечности холмов Ипполито. Таким образом, бухта Сьенна оказывается внутри Района. Указатели на границах не установлены, поскольку граница ледникового покрова и берег являются очевидными ориентирами.

КЛИМАТ

Для мыса Эдмонсон нет длинных временных рядов метеоданных, хотя ежегодные данные для станции «МакМердо», базы «Скотт» и мыса Халлетт говорят о том, что среднегодовая температура в окрестностях мыса Эдмонсон составляет около -16°C, а среднегодовая толщина снежного покрова – около 20-50 см, что эквивалентно 10-20 см жидких осадков (Bargagli *et al.*, 1997). Имеются краткосрочные данные за период с декабря 1995 г. по январь 1996 г., собранные в ходе экспедиции «БИОТЕКС 1». В течение этого периода температура колебалась от -7°C до 10°C, причем каждый день она переходила через 0°C. Относительная влажность оставалась низкой (15-40% днем, 50-80% ночью), иногда выпадали осадки в виде легкого снегопада, а скорость ветра была, в основном, небольшой. С конца января погодные условия ухудшились: дневная температура нередко опускалась ниже нуля, часто выпадал снег и дули сильные ветры. Данные, относящиеся к летним сезонам 1998-1999 гг. и 1999-2000 гг., которые были получены на метеостанции, расположенной рядом с колонией пингвинов, говорят о том, что летом на мысе Эдмонсон преобладают ветры с востока, юго-востока и юга. Среднесуточная скорость ветра, как правило, составляла порядка 3-6 узлов, суточные максимумы обычно доходили до 6-10 узлов, а иногда до 25-35 узлов. Среднесуточная температура воздуха колебалась от -15°C в октябре, -6°C в ноябре и -2,5°C в декабре до -1°C в январе и снова падала до -3,5°C в феврале (Olmastroni, pers. comm., 2000). Самый высокий суточный максимум, зарегистрированный за эти два летних сезона, составил 2,6°C 25 декабря 1998 г. Средняя летняя температура воздуха за эти два года составила около -4°C, а средняя скорость ветра – 4,5 узла. Среднесуточная относительная влажность, как правило, колебалась от 40 до 60%.

ГЕОЛОГИЯ И ПОЧВЫ

Геология мыса Эдмонсон определяется эруптивной деятельностью в эпоху кайнозоя горы Мельбурн (вулканическая провинция Мельбурн), которая является частью вулканической группы МакМердо (Kyle, 1990), а также ледниковыми отложениями, оставшимися от морского ледникового покрова, покрывавшего значительную часть побережья Земли Виктории в период последнего ледникового максимума (7500-25000 лет назад) (Baroni and Orombelli, 1994). Вулканический комплекс мыса Эдмонсон состоит из крупного субаэрального туфового кольца, конусов вулканического шлака, потоков лавы и субаквальных секвенций мега пиллоу-лавы (Wörner and Viereck, 1990). Породы, в основном, относятся к базальтовой и/или трахитовой группам и содержат различные дополнительные продукты вулканического происхождения, такие, как скопления туфов, пемзы и отложения дресвы (Simeoni et al., 1989; Bargagli et al., 1997). Поверхность суши состоит, главным образом, из сухих грубозернистых вулканических материалов с небольшой примесью ила и глины (Bargagli et al., 1997). Эти обнаженные поверхности, а также участки поверхности под камнями и валунами нередко покрыты белой коркой или «плесенью» растворимых солей. Большая часть поверхности имеет темный цвет с коричневатыми или желтоватыми пятнами вулканического шлака и туффита. На сухих и, в основном, голых склонах холмов нередко встречаются подвижные каменистые осыпи. Дно долин и бассейнов покрыто мелкозернистым вулканическим шлаком и крупным песком (Bargagli et al., 1999).

ГЕОМОРФОЛОГИЯ

На обрывистом северном выступе мыса Эдмонсон видны слои морских отложений. Расположенные на выступе поднятые пляжи с пологими склонами состоят из песка, гальки и валунов, сочетающихся в разных пропорциях и разбросанных поверх потоков лавы (Simeoni et al., 1989). Чуть выше самой высокой для этой местности точки прилива видны многочисленные небольшие кратерообразные углубления; во многих из них скопились талая вода или лед. Считается, что они образовались под воздействием экстремально высоких приливов и в результате таяния скоплений прибрежного льда. Южнее обрывистого выступа на значительной части территории, примерно до 800 м вглубь суши, нередко встречаются обнажения вулканических коренных пород, наиболее заметные на бросающихся в глаза холмах высотой около 120 м, которые находятся в центре северной части Района. К западу от этих обнажений расположен ряд позднеплейстоценовых морен и связанных с ними моренных отложений, а рядом с ледником, стекающим с горы Мельбурн, видны гряды голоценовых морен с ледяными ядрами, осыпи и склоны, покрытые дресвой (Baroni and Orombelli, 1994).

ВОДОТОКИ И ОЗЕРА

На мысе Эдмонсон находятся шесть озер длиной до 350 м и площадью примерно от 1600 м^2 до 15000 м^2 (карта 2). Еще два озера расположены за прибрежной грядой в районе холмов Ипполито, и более крупное из них имеет площадь около 12500 (карта 3). Кроме того, на мысе Эдмонсон есть около 22 мелких водоемов диаметром менее 30 м (Broady, 1987). Более крупные водоемы постоянно покрыты льдом, который тает по периметру летом, образуя водяную кайму. Подробное описание физико-химических характеристик и лимнологии озер мыса Эдмонсон приведено в работе Guilizzoni et al. (1991). По всей территории Района разбросаны многочисленные водотоки, причем некоторые из них питаются талой водой, поступающей из соседнего ледникового покрова, а другие питаются водой из озер, а также водой, образующейся при таянии снега и льда неледникового происхождения. Русла нескольких водотоков имеют пойменные террасы, состоящие из мелкозернистой почвы, покрытой пемзообразной галькой диаметром около 5-10 мм. Многие водотоки и водоемы носят непостоянный характер, пересыхая вскоре после того, как исчезают последние пятна снега в пределах их водосборов.

БИОЛОГИЯ РАСТЕНИЙ

По сравнению с некоторыми другими районами центральной части Земли Виктории мыс Эдмонсон не отличается особым разнообразием флоры, и здесь находятся всего лишь несколько крупных замкнутых сообществ. На территории Района были зарегистрированы шесть видов мха, один печеночник и, как минимум, 30 видов лишайников (Broady, 1987; Lewis Smith, 1996, 1999; Lewis Smith pers. comm., 2004, Castello, 2004). Как отметил Cavacini (pers. comm., 2003), в ходе проведения последнего анализа на мысе Эдмонсон были обнаружены не менее 120 видов водорослей и цианобактерий. Они встречаются в нескольких разных формах, включая подстилки из водорослей на поверхности почвы и эпифиты на мхах, а также в целом ряде сред обитания, в том числе, в озерах, водотоках, в снегу, а также на влажных орнитогенных и слаборазвитых минеральных почвах. В начале лета в результате таяния снега на дне долин обнажаются небольшие сообщества водорослей и мхов, хотя многие из них погребены под слоем нанесенных ветром и намытых талыми водами мелких минеральных частиц толщиной до 5 см. Эти сообщества могут быстро разрастаться в течение декабря, когда вокруг много влаги, а температура почвы относительно высока. Тогда верхушки побегов поднимаются до 1 см над поверхностью земли, поскольку поверхностные скопления песка смываются водой или уносятся ветром. Эти сообщества могут быстро исчезнуть под поверхностью в случае увеличения потока воды или усиления ветра, хотя свет, достаточный для их роста, может проникать на глубину 1-2 см (Bargagli *et al.,* 1999). Самые крупные сообщества мхов произрастают на более устойчивых субстратах, которые не скрываются под слоем песка – например, в защищенных от ветра ложбинах или по берегам водоемов и талых водотоков, а также на участках инфильтрации под поздно растаявшими пятнами снега, где влага остается в течение нескольких недель. Некоторые из этих сообществ относятся к числу крупнейших во всей континентальной Антарктике: их площадь может доходить до 3000 м^2. Самым крупным из них является сообщество *Bryum subrotundifolium* (= *B. argenteum*), расположенное в нескольких сотнях метров к западу от основной колонии пингвинов Адели (карта 4). Другие, не столь крупные, но заметные сообщества встречаются вблизи озера, расположенного по соседству с колонией пингвинов Адели (карта 4), а небольшие локализованные сообщества *Ceratodon purpureus* (с относительно толстым слоем отложений неживого органического вещества) можно увидеть в долине на севере мыса Эдмонсон, а также в верховьях главного водотока северного участка, не имеющего ледникового покрова. В работе Greenfield *et. a*l. (1985) было высказано предположение о том, что, за исключением мыса Халлетт, ни в одном другом районе региона моря Росса нет такого обилия растений, хотя в 1996 г. такой же большой участок, колонизированный практически только *Bryum subrotundifolium* (= *B. argenteu*m), был обнаружен на острове Бофорт (ООРА № 105), примерно в 280 км к югу от мыса Эдмонсон.

В состав сообществ с преобладанием мхов входят до семи видов бриофитов, несколько видов водорослей и цианобактерий, а также (в более сухой части градиента влажности) несколько видов лишайников, образующих корку на умирающем мохе (Lewis Smith, 1999; Bargagli *et al.,* 1999). Здесь встречаются смешанные сообщества или зоны *Bryum subrotundifolium* (= *B. argenteum*), *B. pseudotriquetrum* и *Ceratodon purpureu*s. В некоторых более влажных местах среди *C. purpureus* встречается печеночник *Cephaloziella varians*. В сухих, открытых сообществах мхов, нередко покрытых лишайниковой коркой, обычно произрастает *Hennediella heimii* – во многих случаях он встречается в ложбинах, где остаются небольшие пятна не успевшего растаять снега. *Sarconeurum glaciale* встречается на устойчивой каменистой осыпи, возвышающейся над крупным озером на юге Района (Lewis Smith, 1996). Верхние ряда колоний мха зачастую покрыты белой коркой растворимых солей (Bargagli *et al.,* 1999).

Сообщества лишайников довольно разнообразны: к настоящему моменту здесь идентифицированы 24 вида лишайников и еще не идентифицированы, как минимум, шесть видов корковых лишайников, хотя лишь немногие из них встречаются в изобилии (Castello, 2004; Lewis Smith, pers. comm. 2004). Эпилитические лишайники, как правило, встречаются редко и на ограниченных площадях – в основном, в виде корковых и микролистоватых лишайников, произрастающих, главным образом, на скалах, используемых поморниками как насест, и иногда на устойчивых валунах каменистой осыпи, во влажных лощинах и временных участках инфильтрации. Макролишайники немногочисленны: в нескольких местах встречаются *Umbilicaria aprina* и *Usnea sphacelata*. Первый из этих двух видов чаще встречается в полого спускающихся и периодических затопляемых зандровых каналах холмов Ипполито, где он произрастает вместе с видом *Physcia* и небольшими подушками

Bryum subrotundifolium (= *B. argenteum*) (Given, 1985, 1989), *B. pseudotriquetrum* и *Ceratodon purpureus* (Lewis Smith, pers comm. 2004). *Buellia frigida* является наиболее распространенным корковым лишайником из всех встречающихся на твердых лавах, а на скалах, используемых поморниками в качестве насеста, есть отдельное сообщество нитрофильных видов *(Caloplaca, Candelariella, Rhizoplaca, Xanthori*а). В углублениях гравия под поздними пятнами снега моховой дерн нередко колонизирован корковыми цианобактериями и орнитокопрофильными лишайниками *(Candelaria, Candelariella, Lecanora, Xanthori*а), а там, где нет влияния птиц – белым *Leproloma cacuminum* (Lewis Smith, 1996).

В одной из первых работ, посвященных изучению флоры водорослей на мысе Эдмонсон, 17 видов были идентифицированы как цианофиты, 10 как хризофиты и 15 как хлорофиты (Broady, 1987). В рамках более позднего исследования (Cavaci ni, pers. comm., 2003) были идентифицированы 120 видов водорослей и цианобактерий, что намного больше чем зафиксированное ранее число видов цианофитов (28), хлорофитов (27), бацилляриофитов (25) и ксантофитов (5) (Cavacini, 1997, 2001; Fumanti *et al.,* 1993, 1994a, 1994b; Alf inito *et al.,* 1998). Один из исследователей (Broady, 1987) заметил несколько участков водорослевой растительности на поверхности земли; самыми крупными были подстилки, образованные семейством *Oscillatoriaceae,* находившиеся во влажных углублениях песка на пляжах, которые до начала исследования, возможно, были временными талыми водоемами. Такие же подстилки были обнаружены рядом с участком мха, и здесь наиболее распространенным членом сообщества был вид *Gloeocapsa. Prasiococcus calcarius* встречалась в окрестностях колонии пингвинов Адели и в виде небольшого пятна толстой зеленой корки на почве, и в виде нароста на подушках умирающего мха. К числу других эпифитных водорослей относятся семейство *Oscillatoriaceae,* вид *Nostoc,* одноклеточные хлорофиты, включая *Pseudococcomyxa simple* и десмидиевую водоросль *Actinotaenium cucurbita.* Довольно многочисленные водоросли появлялись с водой: подстилки семейства *Oscillatoriaceae* в руслах водотоков; клубки зеленых нитей, прикрепленных к поверхности камней (в основном, *Binuclearia tectorum* и вид *Prasiola*); небольшие полоски *Prasiola calophylla* на нижних поверхностях камней; темно-коричневые эпилитические корки цианофитов (с преобладанием *Chamaesiphon subglobosus* и вида *Nostoc*), покрывавшие валуны. В водоемах на песчаном участке пляжа встречались виды *Chlamydomonas* и *Ulothrix,* а в водоемах, удобренных гуано пингвинов и поморников, наблюдались вид *Chlamydomonas* и черные бентические подстилки семейства *Oscillatoriaceae.* В других водоемах также встречались обширные бентические заросли семейства *Oscillatoriaceae,* нередко в сочетании с *Nostoc sphaericum.* Среди других часто встречавшихся водорослей можно отметить *Aphanothece castagnei, Binuclearia tectorum, Chamaesiphon subglobosus, Chroococcus minutus, C. turgidus*ё *Luticola muticopsis, Pinnularia cymatopleura, Prasiola crispa* (особенно в окрестностях колоний пингвинов и других местах, обогащенных азотом), *Stauroneis anceps,* различные одноклеточные хлорофиты и – в водоеме на песчаном пляже, где наблюдалась самая высокая проводимость – вид *Ulothrix.*

Водоросли и цианобактерии обильно произрастают на отдельных участках с влажными почвами; здесь были идентифицированы нитчатые и листоватые подстилки вида *Phormidium* (преобладающего на участках влажного грунта и на дне мелких озер), скопления *Nostoc commune* и популяция диатомей (Wynn-Williams, 1996; Lewis Smith pers. comm., 2004). Из мхов *Bryum pseudotriquetrum* (= *B. algens*) и *Ceratodon purpureus* был выделен гриб вида *Arthrobotrys ferox.* Этот гриб выделяет клейкую секрецию, с помощью которой, как показали наблюдения, он ловит ногохвосток вида *Gressittacantha terranova* (длиной около 1,2 мм) (Onofri and Tosi, 1992).

7.   Научные ценности

7(i)   Беспозвоночные

По сравнению с другими описанными территориями Земли Виктории влажные почвы мыса Эдмонсон отличаются значительным разнообразием почвенных нематод. На мысе Эдмонсон обнаружены такие нематоды, как *Eudorylaimus antarcticus,* вид *Monhysteridae,* вид *Panagrolaimus, Plectus antarcticus, P. Frigophilus* и *Scottnema lyndsayea* (Frati, 1997; Wall pers. comm., 2000). Последний из перечисленных видов, ранее встречавшийся только в Сухих долинах МакМердо, был обнаружен на мысе Эдмонсон в 1995-1996 гг. (Frati, 1997). Реже здесь встречаются ногохвостки, среди которых наиболее распространены *Gressittacantha terranova*, обнаруженные под скалами, а также на почвах и мхах в целом ряде влажных микросред обитания (Frati, 1997). Скопления красных клещей (которые, скорее всего, относятся к видам *Stereotydeus* или *Nanorchestes*, хотя они не идентифицированы) часто встречаются во влажных средах под камнями; здесь также обнаружены коллемболы, коловратки, тихоходки и целый ряд простейших (Frati *et al.,* 1996; Lewis Smith, 1996; Wall pers. comm., 2000; Convey pers. comm., 2003).

7(ii) Гнездящиеся птицы

Пингвины Адели *(Pygoscelis adelia*е) гнездятся рядом с берегом в центре и в самой восточной части мыса Эдмонсон в двух колониях, занимающих площадь около 9000 м^2 (карта 4). В таблице 1 приведена сводная информация о количестве гнездящихся пар, зарегистрированных в период с 1981 по 2005 гг. (в среднем, в течение этого периода было зарегистрировано 2080 пар). В 1994-1995 гг. большинство птиц прибыли в район примерно 30-31 октября, а большинство птенцов этого сезона оперились к 12 февраля, причем к 21 февраля процесс оперения полностью завершился (Franchi *et al.,* 1997). Приблизительно в 1 км к северо-западу от современной колонии, на коренных породах рядом с обрывистым выступом находится покинутое гнездовье, которое было занято около 2600-3000 лет назад (Baroni and Orombelli, 1994).

Таблица 1. Пингвины Адели (гнездящиеся пары) на мысе Эдмонсон в 1981-2005 гг. (по данным Woehler, 1993; Olmastroni, 2005, *pers. comm.*).

Год	Кол-во гнездящихся пар	Год	Кол-во гнездящихся пар
1981	1300	1995	1935
1984	1802	1996	1824
1987	2491	1997	1961
1989	1792	1999	2005
1991	1316	2001	1988
1994	1960	2003	2588
		2005	2385

Согласно процедурам СЕПМ в период между 2005 и 2010 гг. на мысе Эдмонсон насчитывалось три популяции, колония, состоящая из 2385, 2303 и 2112 заселенных гнезд в 2005 г., 2007 г. и 2010 г. соответственно.

Средняя численность с начала программы исследований составляет 2112. Таким образом, общая численность популяции кажется стабильной по отношению к среднему значению 2080 за 1994 – 2005 гг.

Как уже отмечалось Pezzo *et al*, (2001), соотношение численности поморников и пингвинов осталось высоким (1:20). Популяция поморников на мысе Эдмонсон наряду с колонией пингвинов Адели с течением времени осталась стабильной и летом 2010 г. насчитывалось приблизительно 130 гнездящихся пар. Также летом 2010 г. на севере и юге мыса Эдмонсон насчитывалось 55 и 61 гнездящаяся пара соответственно.

Гнездящаяся колония южнополярных поморников *(Catharacta maccormicki)*, которая находится на территории Района, – одна из самых крупных на территории Земли Виктории: она насчитывает более 120 пар, 36 из которых гнездятся на холмах Ипполито (CCAMLR, 1999; Pezzo *et a*l., 2001; Volpi pers. comm. 2005). Кроме того, на территории Района рядом с большими пресноводными водоемами находятся два «клубных участка», где в течение всего сезона гнездования обитают группы негнездящихся птиц – от 50 до 70 особей (Pezzo 2001; Volpi 2005 pers. comm.). Над Районом были замечены пролетавшие стаи малых снежных буревестников *(Pagodroma nivea)*, и регулярно наблюдались качурки Вильсона *(Oceanites oceanicus)*. Насколько известно, ни тот, ни другой вид не имеет гнездовий на территории Района.

7(iii)   Размножающиеся млекопитающие

В прибрежных водах на территории мыса Эдмонсон (на припайном льду) регулярно выводят потомство многочисленные (более 50 особей) тюлени Уэдделла *(Leptonychotes weddelli)*. Самки прибывают сюда, чтобы рожать и вскармливать детенышей на припайном льду вдоль всей береговой линии Района. В более поздние летние месяцы тюлени Уэдделла часто устраивают залежки на пляжах Района.

8.   Научные исследования

8(i)   Исследования в рамках Программы АНТКОМ по мониторингу экосистем (СЕМП)

1. То, что на мысе Эдмонсон находятся гнездящиеся колонии пингвинов, и отсутствие промыслов криля в пределах их кормовой территории превращает Район в важный участок для проведения сравнительных исследований и включения в сеть мониторинга экосистем, созданную для достижения целей АНТКОМ. Цель определения этого охраняемого района заключается в том, чтобы создать условия для проведения запланированных научных исследований и мониторинга, не допуская или в максимальной степени сокращая другие виды деятельности, которые могут помешать получению результатов или повлиять на получение результатов в рамках программы научных исследований и мониторинга, или изменить природные характеристики этой территории.

2. Пингвины Адели – это вид, представляющий особый интерес для регулярного мониторинга и целевых исследований, осуществляемых в рамках СЕМП на этой территории. В этой связи на мысе Эдмонсон с 1994-95 гг. выполняется Программа мониторинга пингвинов Адели (совместный научный проект итальянских и австралийских биологов). Исследования, как минимум, 500-600 гнезд в северном секторе колонии, проводятся на базе автоматической системы мониторинга пингвинов (АСМП) и полевых наблюдений, которые осуществляют исследователи в рамках СЕМП (CCAMLR, 1999; Olmastroni *et al.*, 2000). Для того чтобы направлять пингвинов на мостик, где регистрируется их вес, опознавательные характеристики и направление движения, когда они перемещаются между морем и гнездовьем, были установлены ограды.

3. К числу регулярно контролируемых параметров относятся размер популяции (A3), демографические характеристики (A4), продолжительность кормодобывающих путешествий (A5), успех размножения (A6), вес птенцов при оперении (A7), рацион птенцов (A8) и хронология размножения (A9).

4. Изучение пингвинов Адели предусматривает также мониторинг популяции и проведение экспериментов со спутниковыми передатчиками и датчиками температуры и глубины, которые установлены на пингвинах в целях изучения территории и продолжительности кормодобывания. В сочетании с промывкой желудка, которая позволяет зафиксировать рацион контролируемых пингвинов, эта программа обеспечивает проведение комплексных наблюдений в области экологии питания пингвинов Адели (Olmastroni, 2002). Информация о рационе (Olmastroni, *et al.*, 2004) подтвердила результаты исследований, в основу которых было положено изучение распределения криля в море Росса (Azzali and Kalinowski, 2000; Azzali *et al.,* 2000), и которые показали, что эта колония находится на границе распространения *E. Superba*, разделяющей северные и более южные колонии, где этот вид отсутствует или редко встречается в рационе пингвинов (Emison, 1968; Ainley, 2002). Эти исследования также подчеркнули значение рыбы в рационе пингвинов Адели, которая в отдельные годы составляла до 50% содержимого желудков.

Местные ледовые условия на море и метеоданные помогают лучше понять факторы, которые, вероятно, оказывают влияние на биологию гнездования этого вида (Olmastroni *et al*., 2004). Более того, частью этих исследований является изучение поведения птиц (Pilastro *et al.,* 2001).

Исследования колонии южнополярных поморников направлены, прежде всего, на изучение биологии гнездования (Pezzo *et al*., 2001), динамики популяций, биометрических параметров, репродуктивной биологии и особенностей миграции этого вида. С 1998/99 гг. Более 300 южнополярных поморников были окольцованы металлическими цветными кольцами, что помогает проводить полевые исследования, требующие опознавания отдельных птиц, и позволит идентифицировать перелетных птиц, улетевших из этого Района.

8(ii)   Научные исследования после 2005 г.

Экология морских птиц и исследования в рамках Программы АНТКОМ по мониторингу экосистем (СЕМП).

Исследования популяции пингвинов Адели включают демографические параметры, которые были рассчитаны по отношению к индивидуальным характеристикам (пол и возраст) и факторам окружающей среды общего значения (зимние аномалии распространения льда на море Росса и индекс колебаний Южного полушария) и местного значения (наличие пищи). Несмотря на то, что факторы окружающей среды общего значения влияют на выживание взрослых особей, успех размножения варьировался главным образом в зависимости от локальных факторов. Успех размножения был чрезвычайно низким, когда случайные события местного масштаба (шторма) происходили в периоды чувствительности цикла размножения (непосредственно после вылупливания) (Olmastroni et al. 2004; Pezzo et al, 2007; Ballerini et al., 2009). Также изменения в распространении прибрежного льда перед ареалом размножения повлияли на периоды переходов взрослых половозрелых особей между колонией и местами кормодобычи. Женские особи производили более длительные переходы в поисках пищи, ныряя более продолжительное время и выполнив больше ныряний, чем мужские особи. На параметры ныряния не повлияли ни пол, ни возраст, но они разняться стадиями размножения (Nesti et al, 2010). Ежегодная вероятность выживания взрослых особей на мысе Эдмонсон (0,85, диапазон 0,76– 0,94) аналогична рассчитанной по другим популяциям пингвинов Адели, в которых отдельные особи были помечены пассивными повторителями сигналов. Среднегодовой коэффициент выживания 0,85 кажется типичным для всех видов и свидетельствует об ожидаемой средней продолжительности жизни приблизительно 11 лет (6,6 лет после наступления зрелости) (Ballerini et al., 2009).

В течение пяти сезонов в стадии исследования находятся некоторые аспекты биологии размножения южнополярных поморников, являясь темой докторской диссертации, которая выполняется в Университете Сьенны (A. Franceschi, Aspetti della Biologia riproduttiva dello Stercorario di McCormick, *Stercorarius maccormicki*).

8(iii)   Прочая научная деятельность

Изучение экологии суши началось на мысе Эдмонсон в 1980-х годах, хотя в 1990-е годы масштаб этих и других видов научных исследований увеличился, особенно благодаря итальянским ученым. В декабре 1995 г. и январе 1996 г. на мысе Эдмонсон состоялась первая научная экспедиция, известная как «БИОТЕКС 1», которая была проведена в рамках программы СКАР «Биологические исследования наземных антарктических систем» (БИОТАС). Десять исследователей из трех стран приняли участие в самых разных научных проектах, включая таксономические, экологические, физиологические и биогеографические исследования цианобактерий, водорослей, бриофитов, лишайников (в том числе, хазмолитических и эндолитических сообществ), нематод, ногохвосток и клещей; исследования биохимии почвы и пресноводной среды; исследования метаболизма и колонизации микроорганизмов; исследования фотосинтетических реакций мхов, лишайников и растительных пигментов, которые могут выполнять функцию фотопротекции, на внешние и контролируемые условия (Bargagli, 1999). При том, что программа БИОТАС формально завершена, предполагается, что мысе Эдмонсон будут проводиться дальнейшие исследования этого типа.

9. Деятельность и воздействия человека

Вероятно, человек впервые побывал на мысе Эдмонсон 6 февраля 1900 г., когда Карстен Борхгревинк высадился на берег севернее горы Мельбурн «на мысе, где почти не было снега ....площадью около 100 акров» и вскарабкался вверх по склонам на высоту около 200 м (Borchgrevink, 1901: 261). В течение следующих 70 лет район залива Вуд упоминался и, возможно, посещался нечасто. Деятельность в этом районе активизировалась в 1980-х годах, когда сюда прибыли участники первых экспедиций ГАНОВЕКС (Германия). Ботанические исследования были проведены здесь в декабре 1984 г. (Given, 1985; Greenf ield *et. al.*, 1985; Broady, 1987) и январе 1989 г., когда и были внесены первые предложения о введении режима особой охраны этой территории (Given pers. comm. 2003). В 1986-1987 гг. Италия построила станцию рядом с заливом Терра Нова, что повлекло дальнейшее усиление научного интереса к этому району.

Современный период человеческой деятельности на мысе Эдмонсон в основном связан с наукой. Воздействия этой деятельности пока не описаны, но считается, что они незначительны и ограничиваются такими явлениями, как площадки для лагерей, следы человека, различные указатели, отходы жизнедеятельности человека, отбор научных образцов, работа с ограниченным числом птиц (например, установка приборов для слежения за птицами, промывание желудка, биометрические измерения и т.д.) и, возможно, отдельными воздействиями, связанными с работой вертолетов, а также строительством и функционированием лагерных и научных сооружений рядом с колонией пингвинов и на северном обрывистом выступе. Здесь был зарегистрирован, как минимум, один разлив топлива объемом около 500 мл и несколько более мелких разливов (1996 г.), причиной которых стала перезаправка генератора и пополнение запасов топлива рядом с колонией пингвинов (нарушенные участки обозначены на карте 4). Кроме того, на пляжи Района вместе с морской водой иногда попадает морской мусор. В Зоне ограниченного доступа в районе холмов Ипполито деятельность человека была не столь активной, как на мысе Эдмонсон, и можно предположить, что воздействия на этом участке пренебрежимо малы.

9(i) Зоны ограниченного доступа и особого управления на территории Района

Зона ограниченного доступа

Не имеющий ледникового покрова участок в районе холмов Ипполито (1,12 км^2), который находится приблизительно в 1,5 км к северо-западу от мыса Эдмонсон, определен в качестве Зоны ограниченного доступа с тем, чтобы сохранить часть Района в качестве эталонной территории для дальнейшего проведения сравнительных исследований. Остальная часть сухопутной территории Района (которая имеет аналогичную биологию, аналогичные особенности и аналогичный характер) может шире использоваться для проведения научных программ и отбора образцов. Северные, западные и южные границы Зоны ограниченного доступа определены как границы постоянного ледникового покрова, спускающегося с горы Мельбурн, и совпадают с границами Района (карты 1 и 3). Восточная граница Зоны ограниченного доступа проходит по линии малой воды вдоль берега этого участка, не имеющего ледникового покрова.

Посещение Зоны ограниченного доступа допускается только для проведения неотложных научных исследований или для достижения неотложных целей управления (например, для проведения инспекций или пересмотра Плана управления), которые не могут быть выполнены (достигнуты) на остальной территории Района.

9(ii) Сооружения на территории и в окрестностях Района

Участок СЕМП: В 1994/95 гг. ПНРА установила здесь оптоволоконную будку для проведения полевых наблюдений, в которой находятся приборы и панель АСМП, а также две нансеновские хижины на 4 человек, которые используются для целей СЕМП. Эти сооружения находятся на скалистом уступе на высоте 16 м в 80 м от берега и 40 м к югу от северной субколонии пингвинов (карты 2 и 4). В начале каждого сезона полевых работ примерно в 20 м от этого лагеря устраивается временное хранилище, где находятся генератор и нескольких бочек с топливом, которые вывозятся по окончании каждого сезона. Рядом с северной субколоний пингвинов установлена металлическая сетка (30-50 см) для того, чтобы направлять пингвинов на мостик АСМП для взвешивания.

Другие виды деятельности: В 1995-1996 гг. в 10 разных местах Района в рамках БИОТЕКС 1 были установлены приблизительно 50 пластмассовых колпаков (карты 2 и 4). Еще несколько колпаков были установлены в четырех местах в предыдущем году (Wynn-Williams, 1996). Сейчас точно неизвестно, сколько колпаков осталось на территории Района. В течение всего срока осуществления программы БИОТЕКС 1 на специально выделенной площадке для разбивки лагерей действовал временный и впоследствии демонтированный лагерь.

Ближайшими постоянными станциями являются станция Марио Жучелли в заливе Терра Нова (Италия) и станция Гондвана (Германия), которые находятся на расстоянии, соответственно, около 50 и 45 км к югу.

9(iii) Расположение других охраняемых районов на территории Района и в его окрестностях

Ближайшими к мысу Эдмонсон охраняемыми районами являются ООРА № 118 «Вершина горы Мельбурн», который находится в 13 км к западу, а также морской охраняемый район ООРА № 161 «Залив Терра Нова», который находится приблизительно в 52 км к югу (карта 1, врезка 2).

10.   Условия выдачи разрешений

Доступ в Район возможен только на основании Разрешения, выданного компетентным национальным органом. Разрешение на посещение Района выдается на следующих условиях:

- Разрешение выдается только для проведения научных исследований Района экосистемы или для достижения неотложных научных целей, которые не могут быть достигнуты ни в каком ином месте; или

- Разрешение выдается для осуществления важных мер управления, соответствующих целям настоящего плана, таким, как инспекция, содержание объектов или пересмотр Плана управления;

- доступ в Зону ограниченного доступа возможен только для выполнения неотложных научных задач или достижения целей управления (например, для проведения инспекций или пересмотра Плана управления), которые не могут быть выполнены или достигнуты ни в каком ином месте;

- разрешенная деятельность не поставит под угрозу экологические или научные ценности Района;

- все меры управления будут способствовать достижению целей Плана управления;

- разрешенные действия соответствуют Плану управления;

- во время пребывания на территории Района необходимо иметь при себе оригинал или заверенную копию Разрешения;

- отчет о посещении должен быть направлен в орган, указанный в Разрешении;

- Разрешение выдается на указанный срок;

• компетентный орган должен быть информирован о любых предпринятых действиях/мерах, которые не были указаны в официальном Разрешении.

10(i) Доступ в Район и передвижение по его территории

Доступ в Район допускается на маломерном судне, пешком или на вертолете. Передвигаться по сухопутной территории Района можно пешком или на вертолете. Доступ в Район на наземных транспортных средствах ограничен в соответствии с изложенными ниже условиями.

Доступ на маломерных судах

Высаживаться в той части Района, где находится мыс Эдмонсон, можно в любой точке, где на пляже или рядом с ним нет ластоногих. В случае посещения для целей, не связанных с научными исследованиями СЕМП, необходимо избегать нарушения покоя ластоногих и морских птиц (карты 1 и 2). Для высадки на берег с моря нет никаких особых ограничений, хотя посетители, высаживающиеся на основном участке мыса Эдмонсон, не имеющем ледникового покрова, должны выходить на берег со стороны северного обрывистого выступа, избегая высадки на территории гнездящихся колоний (карта 2).

Ограничения на въезд наземных транспортных средств

Использование наземных транспортных средств на территории Района запрещено, за исключением участка у южной границы Района, где их можно использовать для передвижения по морскому льду, чтобы добраться до берега, откуда посетители должны идти пешком. Таким образом, при пользовании наземными транспортными средствами следует избегать кормодобывающих маршрутов животных и территории, на которой расположена колония пингвинов Адели. При передвижении на наземных транспортных средствах по морскому льду следует принимать меры предосторожности, чтобы не приближаться к тюленям Уэдделла, которые могут находиться в этом районе: передвигаться следует на небольших скоростях и не подъезжать к тюленям ближе, чем на 50 м. Использовать наземные транспортные средства для доступа в Район со стороны суши можно только до границы Района. Движение наземных транспортных средств должно быть сведено к минимуму, необходимому для осуществления разрешенной деятельности.

Доступ на воздушных судах и беспосадочные полеты над территорией Района

Все оговоренные в настоящем Плане ограничения на доступ в Район на воздушных судах и беспосадочные полеты над его территорией действуют в период с 25 октября по 20 февраля, включительно. Воздушные суда могут работать в Районе и приземляться на его территории при условии строгого соблюдения следующих требований:

(i) Все беспосадочные полеты над территорией Района, осуществляемые в любых целях, за исключением доступа в Район, должны проводиться в соответствии с ограничениями по высоте, установленными в приведенной далее таблице:

Минимальная высота полета над территорией Района в зависимости от типа воздушного судна.

Тип воздушного судна	Кол-во двигателей	Минимальная высота над поверхностью	
		футы	метры
Вертолет	1	*2461*	750
Вертолет	2	*3281*	1000
Самолет	1 или 2	*1476*	450
Самолет	4	*3281*	1000

(ii) Посадка вертолетов, как правило, допускается только на трех специально выделенных площадках (карты 1-4). Эти посадочные площадки и их координаты описаны ниже:

(A) используется при выполнении большинства задач и расположена на северном обрывистом выступе мыса Эдмонсон (карта 2) (74°19'24"ю.ш., 165°07'12"в.д.);

(В) используется для целей Программы мониторинга пингвинов Адели, когда необходимо перевезти тяжелое оборудование (материалы) (карта 2) (74°19'43"ю.ш., 165°07'57"в.д.);

(С) используется для доступа в Зону ограниченного доступа и расположена на северном участке, не имеющем ледникового покрова (холмы Ипполито, карта 3) (74°18'50" ю.ш., 165°04'29" в.д.).

(iii) В исключительных обстоятельствах может быть выдано специальное разрешение на посадку вертолета в других местах на территории Района, если это нужно для выполнения научных задач или осуществления мер управления в соответствии с оговоренными в Разрешении условиями, касающимися мест(а) и сроков посадки. В любом случае следует избегать посадки вертолетов на участках, где находятся млекопитающие и морские птицы, и участках с богатым растительным покровом (карты 2-4).

(iv) Для подлета воздушных судов выделена трасса, расположенная к западу от территории Района, со стороны более низких восточных ледниковых склонов горы Мельбурн (карты 1-3). Воздушные суда должны приближаться к основной выделенной посадочной площадке (А), расположенной на обрывистом выступе, с северо-запада, следуя над или рядом с бухтой Сьенна. По возможности, воздушные суда должны следовать тем же маршрутом при подлете к посадочной площадке (В) и далее лететь еще 700 м на северо-восток. При отлете необходимо придерживаться того же маршрута в обратном порядке.

(v) По возможности, приближаться к посадочной площадке (С) следует со стороны более низких восточных ледниковых склонов горы Мельбурн и следовать напрямую к посадочной площадке с южной стороны над территорией суши или, когда это невозможно, над бухтой Сьенна, избегая гнездовья поморников, расположенного к северу от посадочной площадки.

(vi) Применение на территории Района дымовых шашек для обозначения направления ветра разрешено только в том случае, если это абсолютно необходимо для обеспечения безопасности, причем использованные шашки подлежат вывозу из Района.

Пеший доступ в Район и передвижение по его территории

Передвигаться по сухопутной территории Района следует пешком. Посетители должны передвигаться осторожно, чтобы как можно меньше тревожить гнездящихся птиц и свести к минимуму нарушение почвы, геоморфологических особенностей и участков поверхности, имеющих растительный покров. По возможности, они должны ходить по скалистым участкам или грядам во избежание повреждения чувствительных растений и нередко заболоченных почв. Движение пешеходов должно быть сведено к минимуму, необходимому для достижения целей любой разрешенной деятельности. При этом следует принимать все возможные меры для минимизации вытаптывания. Пешеходы, не участвующие в проведении научных исследований или осуществлении мер управления, связанных с пингвинами, не должны входить на территорию колоний и приближаться к гнездящимся птицам ближе, чем на 15 м. Необходимо соблюдать меры предосторожности, чтобы не повредить оборудование для проведения мониторинга, изгороди и другие научные установки.

Пешеходы, передвигающиеся между вертолетными площадками (А) или (В) или направляющиеся к колонии пингвинов Адели, должны придерживаться наиболее предпочтительных пеших маршрутов, обозначенных на картах 2 и 4, или идти вдоль пляжа.

10(ii) Разрешенная деятельность на территории Района, включая ограничения по времени и месту

- Научно-исследовательская программа, связанная с СЕМП (АНТКОМ).

- Научные исследования, не представляющие угрозы для экосистемы Района.

- Важнейшие меры управления, включая мониторинг.

10(iii) Установка, модификация или снос сооружений

Возведение сооружений на территории Района допускается только на основании Разрешения. Любое научное оборудование, установленное на территории Района, должно быть оговорено в Разрешении и иметь четкую идентификацию с указанием страны, Ф.И.О. главного исследователя и года установки. Все установленное оборудование должно быть выполнено из материалов, представляющих минимальную опасность с точки зрения загрязнения Района. Одним из требований Разрешения должен быть вывоз из Района конкретного оборудования, у которого истек срок действия Разрешения. Возведение постоянных сооружений не допускается.

10(iv) Расположение полевых лагерей

Обустройство полупостоянных и временных лагерей на территории Района допускается на главной специально выделенной площадке, расположенной на обрывистом выступе мыса Эдмонсон (карта 2). Организация лагеря на территории научного лагеря СЕМП (карты 2 и 4) допускается только для проведения Программы мониторинга пингвинов Адели. При необходимости, временный лагерь может быть разбит в Зоне ограниченного доступа на специально выделенной площадке (С) (74°18'51" ю.ш, 165°04'16" в.д.) примерно в 100 м к западу от вертолетной площадки (карта 3).

10(v) Ограничения на ввоз материалов и организмов в Район

Преднамеренный ввоз в Район живых животных, растительных материалов или микроорганизмов не допускается, а в целях предотвращения случайной интродукции необходимо соблюдать меры предосторожности, перечисленные в Разделе 7(ix) ниже. С учетом того, что на мысе Эдмонсон находятся колонии гнездящихся птиц, на территории Района нельзя выбрасывать продукты из домашней птицы, включая продукты, содержащие сухой яичный порошок, не прошедший тепловую обработку, и отходы таких продуктов. Ввоз в Район гербицидов и пестицидов не допускается. Все остальные химические вещества, включая радионуклиды и стабильные изотопы, которые могут ввозиться для научных исследований или в целях управления, оговоренных в Разрешении, подлежат вывозу из Района сразу после или до завершения деятельности, на которую выдано Разрешение. Складирование топлива на территории Района допускается только, если это специально оговорено в Разрешении и необходимо для проведения конкретных научных исследований или в целях управления. В местах регулярной работы с топливом должно быть оборудование для ликвидации разливов топлива. Все материалы ввозятся только на указанный срок, подлежат вывозу сразу по истечении или до истечения указанного срока, а порядок их хранения и эксплуатации должен гарантировать минимизацию риска их попадания в окружающую среду. В случае выброса (сброса), который может нанести ущерб ценностям Района, удаление следует производить только в том случае, если его вероятные последствия не должны превзойти последствия пребывания материала на месте. В компетентный орган необходимо направлять уведомления о любых материалах, попавших в окружающую среду, но не удаленных из нее, если это не было предусмотрено в официальном Разрешении.

10(vi) Изъятие или вредное вмешательство в жизнь местной флоры и фауны

Изъятие или вредное вмешательство в жизнь местной флоры и фауны допускаются только на основании Разрешения, выданного в соответствии с Приложением II к Протоколу по охране окружающей среды к Договору об Антарктике. В случае изъятия или вредного вмешательства в жизнь животных следует соблюдать разработанный СКАР Кодекс поведения при использовании животных в научных целях в Антарктике, который является минимальным стандартом.

10(vii) Сбор и вывоз объектов, которые не были ввезены в Район держателем Разрешения

Сбор или вывоз объектов, которые не были ввезены в Район держателем Разрешения, допускается только в соответствии с Разрешением и ограничивается минимумом, необходимым для выполнения научных задач или целей управления. Разрешения не должны выдаваться в тех случаях, когда есть основания для опасений, что предполагается изъятие, вывоз или повреждение такого объема породы, почвы, местной флоры или фауны, что это может оказать серьезное влияние на их распространение на мысе Эдмонсон. Материалы антропогенного происхождения, которые могут нанести ущерб ценностям Района и которые не были ввезены в Район держателем разрешения или санкционированы иным образом, могут быть вывезены, за исключением ситуаций, когда существует вероятность того, что последствия вывоза превзойдут последствия пребывания материала на месте. В этом случае необходимо направить уведомление в компетентный орган.

10(viii) Удаление отходов

Все отходы, за исключением отходов жизнедеятельности человека подлежат вывозу из Района. Отходы жизнедеятельности человека либо вывозятся из Района, либо сжигаются по специальной технологии (например, в туалете с пропановой печью для сжигания), либо – в случае жидких отходов – могут быть сброшены в море.

10(ix) Меры, необходимые для обеспечения возможности дальнейшего выполнения целей и задач Плана управления

1. Разрешения на доступ в Район могут выдаваться для проведения мониторинга и инспекций, что может предусматривать отбор небольших образцов для проведения анализа или для пересмотра Плана управления, или для осуществления охранных мер.

2. Все участки, специально предназначенные для проведения долгосрочного мониторинга, должны иметь соответствующие указатели.

3. В целях содействия сохранению экологических и научных ценностей на мысе Эдмонсон необходимо принимать специальные меры предосторожности во избежание интродукции. Опасность представляет интродукция микроорганизмов, беспозвоночных или растений из других районов Антарктики (в том числе, станций), или из других регионов за пределами Антарктики. Необходимо тщательно очищать все пробоотборное оборудование или указатели, которые ввозятся в Район. Насколько это возможно, перед входом в Район следует тщательно очистить обувь и прочее оборудование, которые используются в Районе или ввозятся на его территорию (включая рюкзаки, сумки и палатки).

10(x) Требования к отчетности

Стороны должны принять меры к тому, чтобы основной держатель каждого выданного Разрешения представил соответствующему органу власти отчет о предпринятой деятельности. Насколько это уместно, в состав такого отчета должна входить информация, указанная в Форме отчета о посещении, приведенной в Руководстве по подготовке Планов управления Особо охраняемыми районами Антарктики. Стороны должны вести учет такой деятельности и в рамках ежегодного обмена информацией предоставлять краткие описания мероприятий, проведенных лицами, которые находятся под их юрисдикцией. Эти описания должны содержать достаточно подробные сведения, чтобы можно было провести оценку эффективности Плана управления. По мере возможности, Стороны должны сдавать оригиналы отчетов или их копии в открытый архив для ведения учета использования участка. Эти отчеты будут использоваться как при пересмотре Плана управления, так и в процессе организации использования Района в научных целях.

Библиография

Ainley, D.G. 2002. *The Adélie Penguin. Bellwether of climate change*. Columbia University Press, New York.

Alfinito, S., Fumanti, B. and Cavacini, P. 1998. Epiphytic algae on mosses from northern Victoria Land (Antarctica). *Nova Hedwigia* **66** (3-4): 473-80.

Ancora, S., Volpi, V., Olmastroni, S., Leonzio, C. and Focardi, S. 2002. Assumption and elimination of trace elements in Adélie penguins from Antarctica: a preliminary study. *Marine Environmental Research* **54**: 341-44.

Azzali M. and J. Kalinowski. 2000. Spatial and temporal distribution of krill *Euphausia superba* biomass in the Ross Sea. In: Ianora A. (ed). *Ross Sea Ecology*. Springer, Berlin, 433-455.

Azzali M., J. Kalinowski, G. Lanciani and G. Cosimi. 2000. Characteristic Properties and dynamic aspects of krill swarms from the Ross Sea. In: Faranda F. G.L., Ianora A. (Ed). *Ross Sea Ecology*. Springer, Berlin, 413-431.

Bargagli, R., Martella, L. and Sanchez-Hernandez, J.C. 1997. The environment and biota at EdmonsonPoint (BIOTEX 1): preliminary results on environmental biogeochemistry. In di Prisco, G., Focardi, S. and Luporini, P. (eds) *Proceed. Third Meet. Antarctic Biology,* Santa Margherita Ligure, 13-15 December 1996. Camerino University Press: 261-71.

Bargagli, R. 1999. Report on Italian activities. *BIOTAS Newsletter* No. 13. Austral Summer 1998/99. A.H.L. Huiskes (ed) Netherlands Institute of Ecology: 16-17.

Bargagli, R., Sanchez-Hernandez, J.C., Martella, L. and Monaci, F. 1998. Mercury, cadmium and lead accumulation in Antarctic mosses growing along nutrient and moisture gradients. *Polar Biology* 19: 316-322.

Bargagli, R., Smith, R.I.L., Martella, L., Monaci, F., Sanchez-Hernandez, J.C. and Ugolini, F.C. 1999. Solution geochemistry and behaviour of major and trace elements during summer in a moss community at Edmonson Point, Victoria Land, Antarctica. *Antarctic Science* 11(1): 3-12.

Bargagli, R., Wynn-Williams, D., Bersan, F., Cavacini, P., Ertz, S., Freckman, D. Lewis Smith, R., Russell, N. and Smith, A. 1997. Field Report – BIOTEX 1: First BIOTAS Expedition (Edmonson Point – Baia Terra Nova, Dec 10 1995 – Feb 6 1996). *Newsletter of the Italian Biological Research in Antarctica* 1 (Austral summer 1995-96): 42-58.

Baroni, C. and Orombelli, G. 1994. Holocene glacier variations in the Terra Nova Bay area (Victoria Land, Antarctica). *Antarctic Science* 6(4):497-505.

Broady, P.A. 1987. A floristic survey of algae at four locations in northern Victoria Land. *New Zealand Antarctic Record* 7(3): 8-19.

Borchgrevink, C. 1901. *First on the Antarctic Continent: Being an Account of the British Antarctic Expedition 1898-1900*. G. Newnes. Ltd, London.

Cannone, N. and Guglielmin, M. 2003. Vegetation and permafrost: sensitive systems for the development of a monitoring program of climate change along an Antarctic transect. In: Huiskes, A.H.L., Gieskes, W.W.C., Rozema, J., Schorno, R.M.L., Van der Vies, S.M., Wolff, W.J. (Editors) *Antarctic biology in a global context*. Backhuys, Leiden: 31-36

Cannone, N., Guglielmin, M., Ellis Evans J.C., and Strachan R. in prep. Interactions between climate, vegetation and active layer in Maritime Antarctica. (submitted to *Journal of Applied Ecology*)

Cannone, N., Guglielmin, M., Gerdol, R., and Dramis, F. 2001. La vegetazione delle aree con permafrost per il monitoraggio del Global Change nelle regioni polari ed alpine. Abstract and Oral Presentation, 96à Congresso della Societa Botanica Italiana, Varese, 26-28 Settembre 2001.Castello, M. 2004. Lichens of the Terra Nova Bay area, northern Victoria Land (continental Antarctica). *Studia Geobotanica* **22**: 3-54.

Cavacini, P. 1997. La microflora algale non marina della northern Victoria Land (Antartide). Ph.D. Thesis. Università "La Sapienza" di Roma. 234 pp.

Cavacini, P. 2001. Soil algae from northern Victoria Land (Antarctica). *Polar Bioscience* **14**: 46-61.

CCAMLR. 1999. Report of member's activities in the Convention Area 1998/99: Italy. CCAMLR-XVIII/MA/14.

Clarke, J., Manly, B., Kerry, K., Gardner, H., Franchi, E. and Focardi, S. 1998. Sex differences in Adélie penguin foraging strategies. *Polar Biology* **20**: 248-58.

Corsolini, S. and Trémont, R. 1997. Australia-Italy cooperation in Antarctica: Adélie Penguin monitoring program, Edmonson Point, Ross Sea Region. *Newsletter of the Italian Biological Research in Antarctica* 1 (Austral summer 1995-96): 59-64.

Corsolini, S., Ademollo, N., Romeo, T., Olmastroni, S. and Focardi, S. 2003. Persistent organic pollutants in some species of a Ross Sea pelagic trophic web. *Antarctic Science* **15**(1): 95-104.

Corsolini, S., Kannan, K., Imagawa, T., Focardi, S. and Giesy J.P. 2002. Polychloronaphthalenes and other dioxin-like compounds in Arctic and Antarctic marine food webs. *Environmental Science and Technolology* **36**: 3490-96.

Corsolini, S., Olmastroni, S., Ademollo, N. and Focardi, S. 1999. Concentration and toxic evaluation of polychlorobiphenyls (PCBs) in Adélie Penguin (*Pygoscelis adeliae*) from Edmonson Point (Ross Sea, Antarctica). Tokyo 2-3 December 1999.

Emison, W. B. 1968. Feeding preferences of the Adélie penguin at Cape Crozier, Ross Island. Antarctic Research Series 12: 191-212.

Ertz, S. 1996. BIOTEX field report: December 1995 – February 1996. Strategies of Antarctic terrestrial organisms to protect against ultra-violet radiation. Unpublished field report in BAS Archives AD6/2/1995/NT3.

Fenice M., Selbmann L., Zucconi L. and Onofri S. 1997. Production of extracellular enzymes by Antarctic fungal strains. *Polar Biology* 17:275-280.

Franchi, E., Corsolini, S., Clarke, J.C., Lawless R. and Tremont, R. 1996. The three dimensional foraging patterns of Adélie penguins at Edmonson Point, Antarctica. Third International Penguin Conference, Cape Town, South Africa, 2-6 September 1996.

Franchi, E., Corsolini, S., Focardi, S., Clarke, J.C., Trémont, R. and Kerry, K.K. 1997. Biological research on Adélie penguin (*Pygoscelis adeliae*) associated with the CCAMLR Ecosystem Monitoring Program (CEMP). In di Prisco, G., Focardi, S. and Luporini, P. (eds) *Proceed. Third Meet. Antarctic Biology,* Santa Margherita Ligure, 13-15 December 1996. Camerino University Press: 209-19.

Frati, F. 1997. Collembola of the north Victoria Land: distribution, population structure and preliminary data for the reconstruction of a molecular phylogeny of Antarctic collembola. *Newsletter of the Italian Biological Research in Antarctica* 1 (Austral summer 1995-96): 30-38.

Frati F. 1999. Distribution and ecophysiology of terrestrial microarthropods in the Victoria Land. *Newsletter of the Italian Biological Research in Antarctica* 3: 13-19.

Frati F., Fanciulli P.P., Carapelli A. and Dallai R. 1997. The Collembola of northern Victoria Land (Antarctica): distribution and ecological remarks. *Pedobiologia* 41: 50-55.

Frati F., Fanciulli P.P., Carapelli A., De Carlo L. and Dallai R. 1996. Collembola of northern Victoria Land: distribution, population structure and preliminary molecular data to study origin and evolution of Antarctic Collembola. Proceedings of the 3rd Meeting on Antarctic Biology, G. di Prisco, S. Focardi and P. Luporini eds., Camerino Univ. Press: 321-330.

Fumanti, B., Alfinito, S. and Cavacini, P. 1993. Freshwater algae of Northern Victoria Land (Antarctica). *Giorn. Bot. Ital.,* **127** (3): 497.

Fumanti, B., Alfinito, S. and Cavacini, P. 1994a. Freshwater diatoms of Northern Victoria Land (Antarctica). 13th International Diatom Symposium, 1-7 September 1994, Acquafredda di Maratea (PZ), Italy, Abstract book: 226.

Fumanti, B., Alfinito, S. and Cavacini, P. 1994b. Floristic survey of the freshwater algae of Northern Victoria Land (Antarctica). Proceedings of the 2nd meeting on Antarctic Biology, Padova, 26-28 Feb. 1992. Edizioni Universitarie Patavine: 47-53.

Guilizzoni P., Libera V., Tartagli G., Mosello R., Ruggiu D., Manca M., Nocentini A, Contesini M., Panzani P., Beltrami M. 1991. Indagine per una caratterizzazione limnologica di ambienti lacustri antartici. Atti del 1° Convegno di Biologia Antartica. Roma CNR, 22-23 giu. 1989. Ed. Univ. Patavine: 377-408.Given, D.R. 1985. Fieldwork in Antarctica, November – December 1984. Report 511b. Botany Division, DSIR, New Zealand.

Given, D.R. 1989. A proposal for SSSI status for Edmonson Point, north Victoria Land. Unpublished paper held in PNRA Archives.

Greenfield, L.G., Broady, P.A., Given, D.R., Codley, E.G. and Thompson, K. 1985. Immediate science report of NZARP Expedition K053 to RDRC. Botanical and biological studies in Victoria Land and Ross Island, during 1984–85.

Harris, C.M. and Grant, S.M. 2003. Science and management at Edmonson Point, Wood Bay, Victoria Land, Ross Sea: Report of the Workshop held in Siena, 8 June 2003. Includes Science Reviews by R. Bargagli, N. Cannone & M. Guglielmin, and S. Focardi. Cambridge, *Environmental Research and Assessment.*

Keys, J.R., Dingwall, P.R. and Freegard, J. (eds) 1988. *Improving the Protected Area system in the Ross Sea region, Antarctica*: Central Office Technical Report Series No. 2. Wellington, NZ Department of Conservation.

Kyle, P.R. 1990. A.II. Melbourne Volcanic Province. In LeMasurier, W.E. and Thomson, J.W. (eds) Volcanoes of the Antarctic Plate and Southern Oceans. *Antarctic Research Series* 48: 48-52.

La Rocca N., Moro I. and Andreoli, C. 1996. Survey on a microalga collected from an Edmonson Point pond (Victoria Land, Antarctica). *Giornale Botanico Italiano*, 130:960-962.

Lewis Smith, R.I. 1996. BIOTEX 1 field report: December 1995 – January 1996: plant ecology, colonisation and diversity at Edmonson Point and in the surrounding region of Victoria Land, Antarctica. Unpublished field report in BAS Archives AD6/2/1995/NT1.

Lewis Smith, R.I. 1999. Biological and environmental characteristics of three cosmopolitan mosses dominant in continental Antarctica. *Journal of Vegetation Science* 10: 231-242.

Melick D.R. and Seppelt R.D. 1997. Vegetation patterns in relation to climatic and endogenous changes in Wilkes Land, continetal Antarctica. *Journal of Ecology* **85**: 43-56.

Meurk, C.D., Given, D.R. and Foggo, M. N. 1989. Botanical investigations at Terra Nova Bay and Wood Bay, north Victoria Land. 1988–89 NZARP Event K271 science report.

Olmastroni S, Pezzo F, Bisogno I., Focardi S, 2004b. Interannual variation in the summer diet of Adélie penguin *Pygoscelis adeliae* at Edmonson Point . WG-EMM04/ 38.

Olmastroni S, Pezzo F, Volpi V, Corsolini S, Focardi S, Kerry K. 2001b. Foraging ecology of chick rearing of Adélie penguins in two colonies of the Ross Sea; 27/8-1/9 2001; Amsterdam, The Netherlands. SCAR.

Olmastroni, S. 2002. Factors affecting the foraging strategies of Adélie penguin (*Pygoscelis adeliae*) at Edmonson Point, Ross Sea, Antarctica. PhD Thesis, Università di Siena.

Olmastroni, S., Corsolini, S., Franchi, E., Focardi, S., Clarke, J., Kerry, K., Lawless, R. and Tremont, R. 1998. Adélie penguin colony at Edmonson Point (Ross Sea, Antarctica): a long term monitoring study. 31 August-September 1998; Christchurch, New Zealand. SCAR. p 143.

Olmastroni, S., Corsolini, S., Pezzo, F., Focardi, S. and Kerry, K. 2000. The first five years of the Italian-Australian Joint Programme on the Adélie Penguin: an overview. *Italian Journal of Zoology Supplement* **1**: 141-45.

Onofri, S. and Tofi, S. 1992. *Arthrobotrys ferox* sp. nov., a springtail-capturing hyphomycete from continental Antarctica. *Mycotaxon* 44(2):445-451.Orombelli, G. 1988. Le spiagge emerse oloceniche di Baia Terra Nova (Terra Vittoria, Antartide). Rend. Acc. Naz. Lincei.

Pezzo, F., Olmastroni, S., Corsolini, S., and Focardi, S. 2001. Factors affecting the breeding success of the south polar skua *Catharacta maccormicki* at Edmonson Point, Victoria Land, Antarctica. *Polar Biology* **24**:389-93.

Pilastro, A., Pezzo, F., Olmastroni, S., Callegarin, C., Corsolini, S. and Focardi, S. 2001. Extrapair paternity in the Adélie penguin *Pygoscelis adeliae*. *Ibis* **143**: 681-84.

Ricelli A., Fabbri A.A., Fumanti B., Cavacini P., Fanelli C. 1997. Analyses of effects of ultraviolet radiation on fatty acids and α-tocopherol composition of some microalgae isolated from Antarctica. In di Prisco, G., Focardi, S., and Luporini P. (eds.), Proceedings of the 3rd meeting on "Antarctic Biology", S. Margherita Ligure, December 13-15, 1996. Camerino University Press: 239-247.

Simeoni, U., Baroni, C., Meccheri, M., Taviani, M. and Zanon, G. 1989. Coastal studies in northern Victoria Land (Antarctica): Holocene beaches of Inexpressible Island, Tethys Bay and Edmonson Point. *Bollettino di Oceanologia Teorica ed Applicata* 7(1-2): 5-17.

Taylor, R.H., Wilson, P.R. and Thomas, B.W. 1990. Status and trends of Adélie Penguin populations in the Ross Sea region. *Polar Record* 26:293-304.

Woehler, E.J. (ed) 1993. *The distribution and abundance of Antarctic and sub-Antarctic penguins.* SCAR, Cambridge.

Wörner, G. and Viereck, L. 1990. A.I0. Mount Melbourne. In Le Masurier, W.E. and Thomson, J.W. (eds) Volcanoes of the Antarctic Plate and Southern Oceans. *Antarctic Research Series* 48: 72-78.

Wynn-Williams, D.D. 1996. BIOTEX 1, first BIOTAS expedition: field report: Taylor Valley LTER Dec 1995, Terra Nova Bay Dec 1995 – Jan 1996: microbial colonisation, propagule banks and survival processes. Unpublished field report in BAS Archives AD6/2/1995/NT2.

Zucconi L., Pagano S., Fenice M., Selbmann L., Tosi S., and Onofri S. 1996. Growth temperature preference of fungal strains from Victoria Land. *Polar Biology* **16**: 53-61.

Приложение 1

Обновленная библиография и иные интересующие публикации для проведения исследовательской деятельности на мысе Эдмонсон (море Росса)

D. Ainley, V. Toniolo, G. Ballard, K. Barton, J. Eastman, B. Karl, S. Focardi, G. Kooyman, P. Lyver, S. Olmastroni, B.S. Stewart, J. W. Testa, P. Wilson, 2006. Managing ecosystem uncertainty: critical habitat and dietary overlap of top-predators in the Ross Sea. WG-EMM 06/29

Tosca Ballerini, Giacomo Tavecchia, Silvia Olmastroni, Francesco Pezzo, Silvano Focardi 2009. Nonlinear effects of winter sea ice on the survival probabilities of Adélie penguins. *Oecologia* 161:253–265.

F. Borghini, A. Colacevich, S. Olmastroni 2010. Studi di ecologia e paleolimnologia nell'area protetta di Edmonson Point (Terra Vittoria, Antartide). *Etruria Natura* Anno VII: 77-86.

Cincinelli A., Martellini T. and Corsolini S., 2011. Hexachlorocyclohexanes in Arctic and Antarctic Marine Ecosystems, Pesticides - Formulations, Effects, Fate, Edited by: Margarita Stoytcheva, ISBN: 978-953-307-532-7, Publisher: InTech, Publishing, Janeza Trdine 9, 51000 Rijeka, Croatia, January 2011,453-476, available at http://www.intechopen.com/articles/show/title/hexachlorocyclohexanes-in-arctic-and-antarctic-marine-ecosystems.

Corsolini S., 2011. Contamination Profile and Temporal Trend of POPs in Antarctic Biota. In Global contamination trends of persistent organic chemicals. Ed. B. Loganathan, P.K.S. Lam, Taylor & Francis, Boca Raton, FL, USA, in press.

Corsolini S., 2011. Antarctic: Persistent Organic Pollutants and Environmental Health in the Region. In: Nriagu JO (ed.) *Encyclopedia of Environmental Health*, volume 1, pp. 83–96 Burlington: Elsevier, NVRN/978-0-444-52273-3.

Corsolini S., Ademollo N., Mariottini M., Focardi S., 2004. Poly-brominated diphenyl-ethers (PBDEs) and other Persistent Organic Pollutants in blood of penguins from the Ross Sea (Antarctica). *Organohalogen Compd.*, 66: 1695-1701.

Corsolini S, Covaci A, Ademollo N, Focardi S, Schepens P., 2005. Occurrence of organochlorine pesticides (OCPs) and their enantiomeric signatures, and concentrations of polybrominated diphenyl ethers (PBDEs) in the Adelie penguin food web, Antarctica. *Environ Pollut.*, 140(2): 371-382.

Corsolini S., Olmastroni S., Ademollo N., Minucci G., Focardi S., 2003. Persistent organic pollutants in stomach contents of Adélie penguins from Edmonson Point (Victoria Land, Antarctica). In: Antarctic Biology in a global context, Ed. A.H.L. Huiskes, W.W.C. Gieskes, J. Rozema, R.M.L. Schorno, S.M. van der Vies, W.J. Wolff. Backhuys Publishers, Leiden, The Netherlands. pp. 296-300

Fuoco, R.; Bengtson Nash, S. M.; Corsolini, S.; Gambaro, A.; Cincinelli, A. *POPs in Antarctica; A Report to the Antarctic Treaty in Kiev 2-13 June, 2008*; Environmental Contamination in Antarctica (ECA) Pisa, 2008.

Sandra Lorenzini, Silvia Olmastroni, Francesco Pezzo, Maria Cristina Salvatore, Carlo Baroni 2009. Holocene Adélie penguin diet in Victoria Land, Antarctica. *Polar Biology* 32:1077–1086.

Irene Nesti, Yan Ropert-Coudert, Akiko Kato, Michael Beaulieu, Silvano Focardi, Silvia Olmastroni 2010. Diving behaviour of chick-rearing Adélie Penguins at Edmonson Point, Ross Sea. *Polar Biology* 33:969–978.

S. Olmastroni, F. Pezzo, V. Volpi, S. Focardi 2004a. Effects of weather and sea ice on Adélie penguin reproductive performance. *CCAMLR Science* 11:99-109

F. Pezzo, **S.** Olmastroni, V. Volpi, S. Focardi 2007. Annual variation in reproductive parameters of Adélie penguins at Edmonson Point, Victoria Land, Antarctica. *Polar Biology* **31**:39-45.

Приложение 2   Выданные разрешения

В течение 2006-2011 гг. Итальянская антарктическая кампания получила разрешения на Вмешательство или отбор следующих живых организмов в ООРА № 165 «Мыс Эдмонсон»:

Кампания 2006-2007 гг.

Название организма	Кол-во или кг	Система отбора
Pygoscelis adeliae	2000	визуальный учет численности
" " "	10	мечение
" " "	10	взятие образцов перьев
Stercorarius maccormicki	200	визуальный учет численности

Был проведен отбор проб воды из озер. Было выдано разрешение на вход в ООРА № 165 сроком на 40 дней в полевом лагере.

Кампания 2007-2008 гг.

Название организма	Кол-во или кг	Система отбора

Были выданы разрешения на вход ООРА № 165 только для контроля метеостанции на 2 раза, 3 часа за раз.

Кампания 2008-2009 гг.

Название организма	Кол-во или кг	Система отбора

Во время кампании 2007-2008 гг. в ООРА № 165 «Мыс Эдмонсон» не была проведена никакая деятельность.

Кампания 2009-2010 гг.

Название организма	Кол-во или кг	Система отбора
Pygoscelis adeliae	2000	визуальный учет численности
" " "	18	взятие образцов перьев и крови
Stercorarius maccormicki	120	визуальный учет численности
" " "	10	взятие образцов перьев и крови
Мхи	200 г	ручной отбор проб
Водоросли	200 г	ручной отбор проб

Был произведен отбор проб воды, мхов и водорослей из озер. Было выдано разрешение на вход в ООРА № 165 сроком на 31 день в полевом лагере и на 3 часа для других отборов проб.

Кампания 2010-2011 гг.

Название организма	Кол-во или кг	Система отбора

Мхи	600 г	ручной отбор проб
Водоросли	400 г	ручной отбор проб
Лишайники на скалах и почве	600 г	ручной отбор проб
Заселенные микроорганизмами и лишайниками горные породы и почвы	2 кг	ручной отбор проб

Деятельность по отбору проб и исследованию в районе ООРА была проведена в 12 разных временных периодов, составляя в общей сложности 28 часов работ.

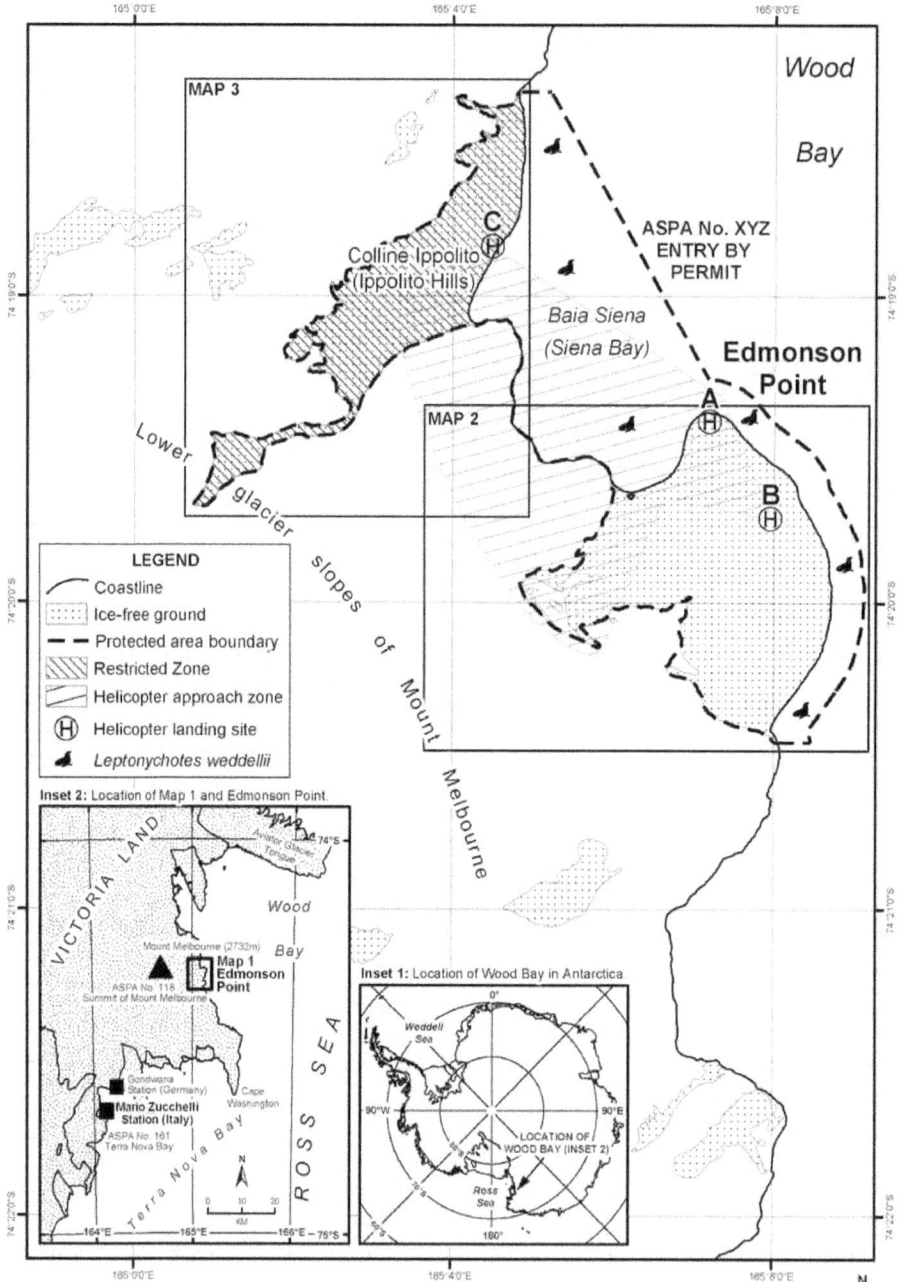

Map 1: Edmonson Point, ASPA No. 165

Wood Bay, Victoria Land, Ross Sea

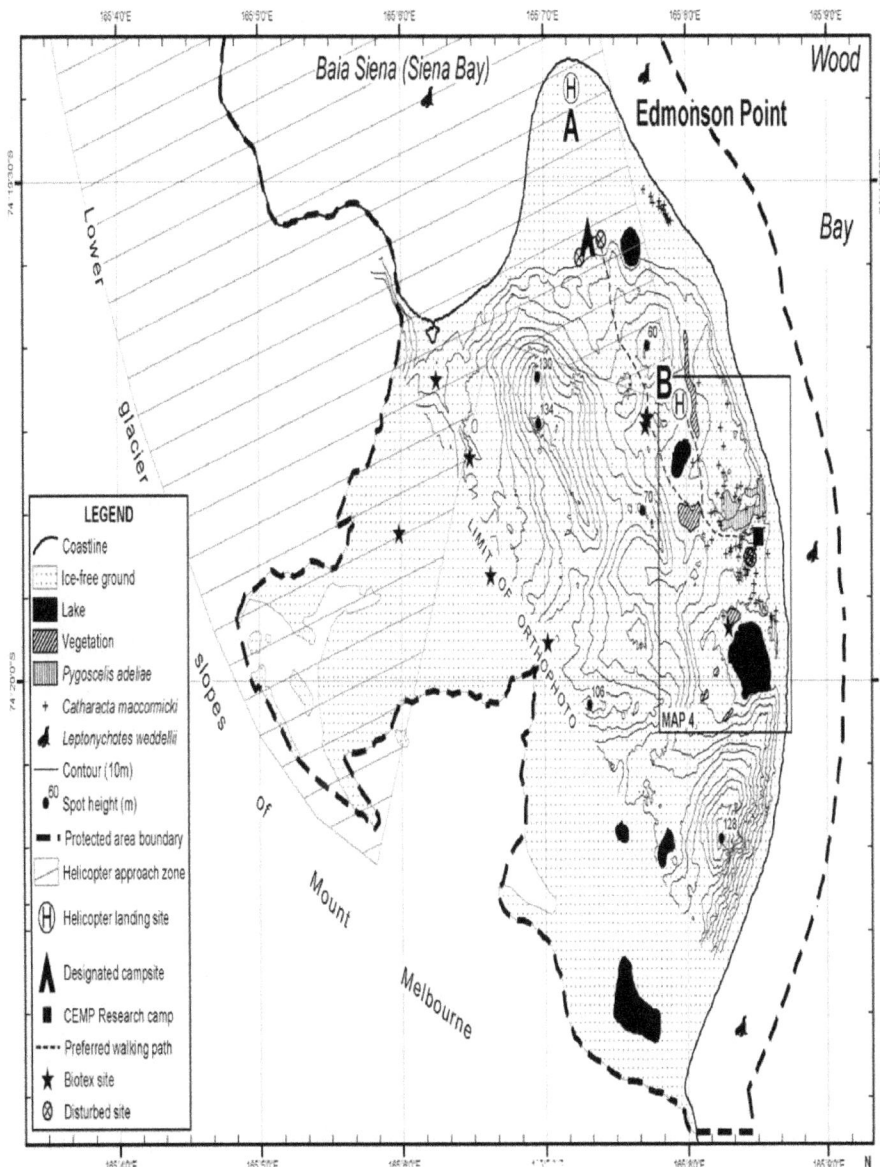

Map 2: Edmonson Point, ASPA No. 165

Physical / human features and access guidelines

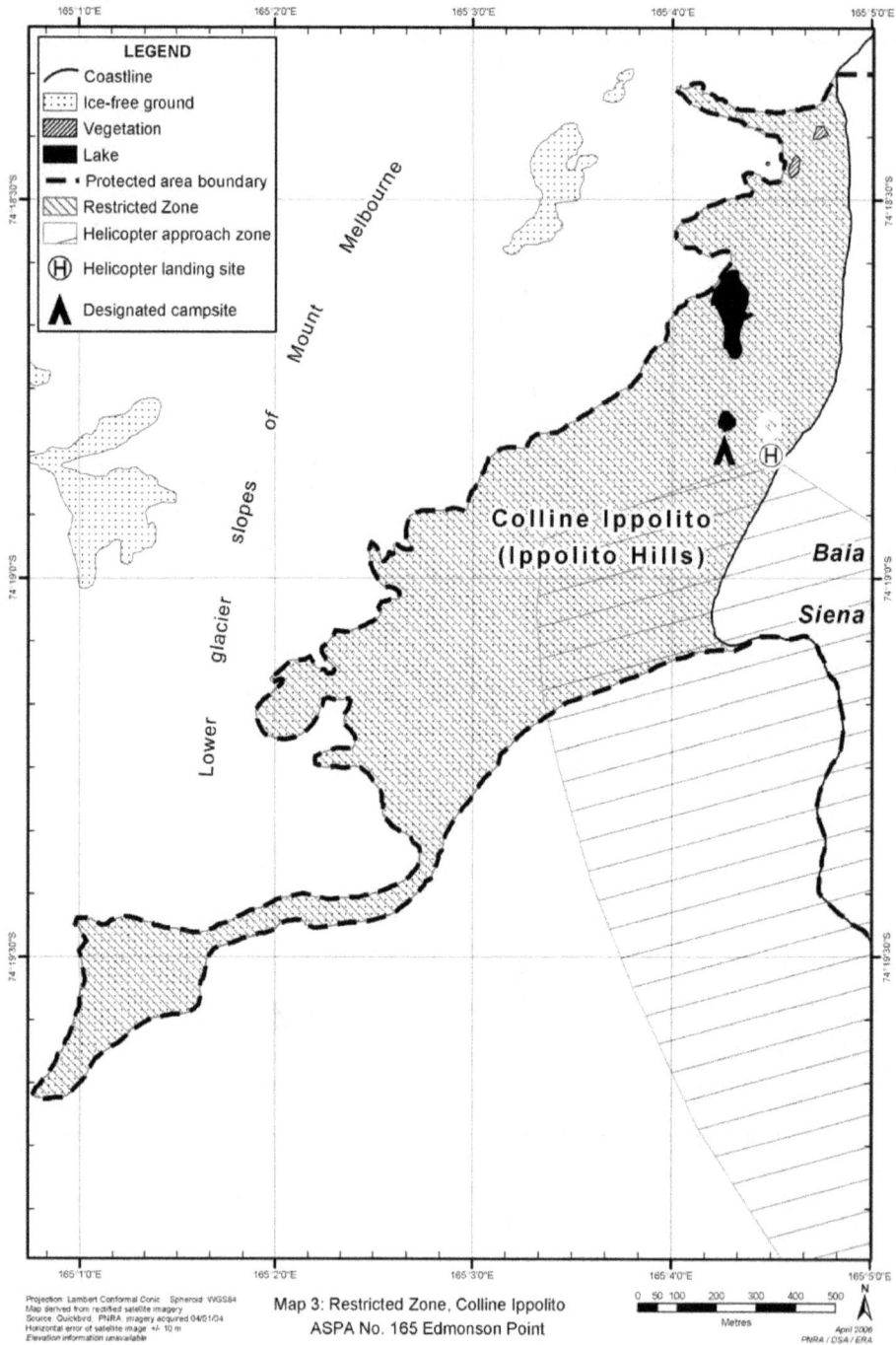

LEGEND
- Coastline
- Ice-free ground
- Vegetation
- Lake
- Protected area boundary
- Restricted Zone
- Helicopter approach zone
- (H) Helicopter landing site
- Designated campsite

Colline Ippolito
(Ippolito Hills)

Baia

Siena

slopes of Mount Melbourne

Lower glacier

Projection: Lambert Conformal Conic   Spheroid: WGS84
Map derived from rectified satellite imagery
Source Quickbird PNRA imagery acquired 04/01/04
Horizontal error of satellite image +/- 10 m
Elevation information unavailable

Map 3: Restricted Zone, Colline Ippolito
ASPA No. 165 Edmonson Point

0 50 100   200   300   400   500
Metres

April 2006
PNRA / DSA / ERA

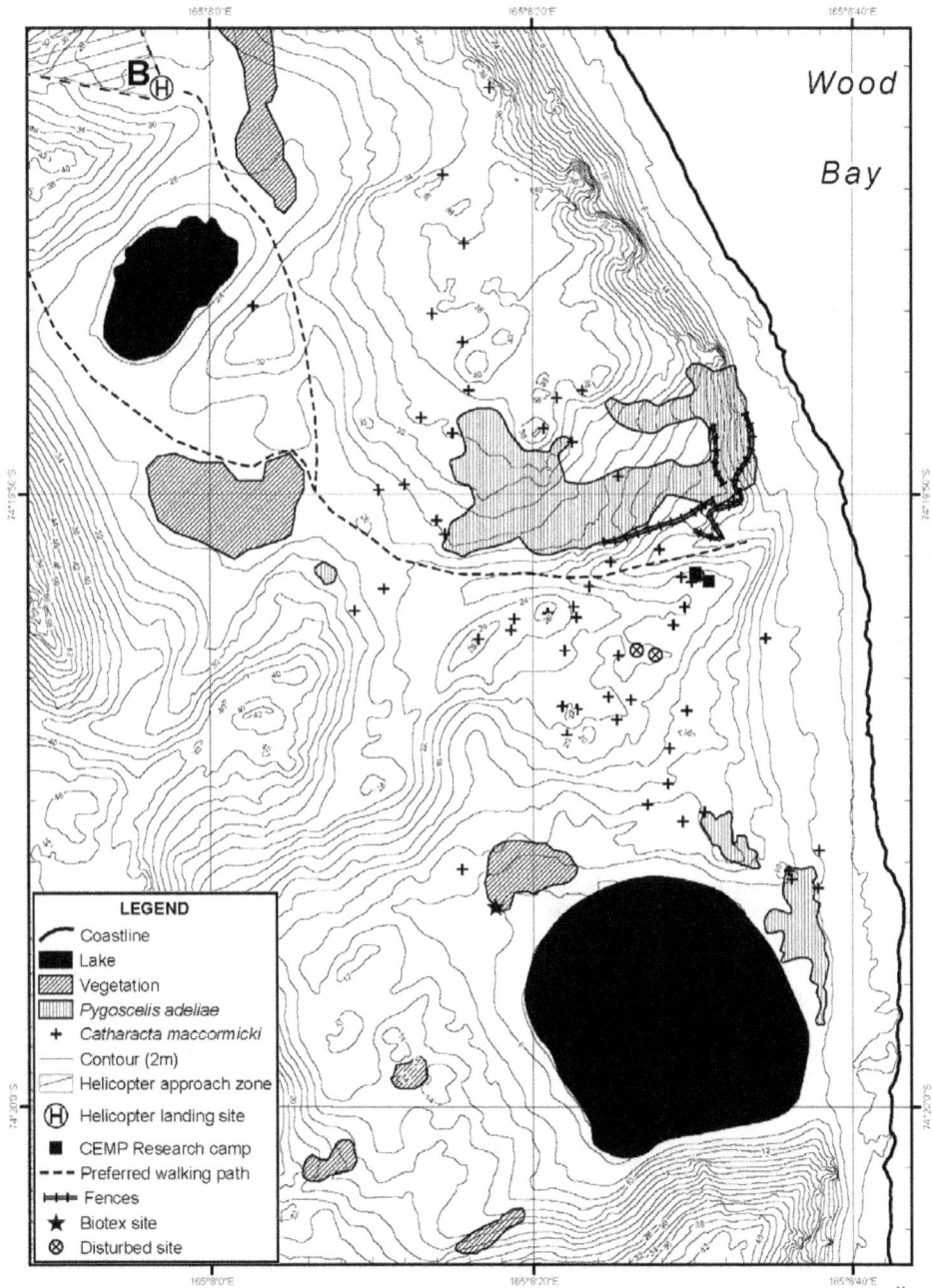

Map 4: Edmonson Point, ASPA No. 165
Topography, wildlife & vegetation

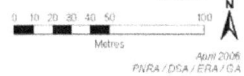

План управления

Особо охраняемым районом Антарктики № 167

Остров Хоукер, Земля Принцессы Елизаветы

Введение

Остров Хоукер (68°38'ю.ш., 77°51'в.д. - карта А) находится в 7 км к юго-западу от австралийской станции Дэвис (холмы Вестфолд, Берег Ингрид Кристенсен, Земля принцессы Елизаветы, Восточная Антарктида). Остров был определен в качестве Особо охраняемого района Антарктики (ООРА) № 167 согласно Мере 1 (2006 г.) вслед за предложением Австралии, направленным в основном на защиту самой южной гнездящейся колонии южных гигантских буревестников (*Macronectes giganteus*) (карта В). Район является одним из четырех известных гнездовий южных гигантских буревестников на побережье Восточной Антарктиды, все из которых были определены в качестве Особо охраняемых районов Антарктики (ООРА): ООРА № 102 «Острова Рукери», залив Холм, Земля МакРобертсона (67°36' ю.ш., 62°53' в.д.) – вблизи станции Моусон; ООРА № 160 «Острова Фразье», Земля Уилкса, Восточная Антарктида (66°13' ю.ш. 110°11' в.д.) – вблизи станции Кейси; и ООРА № 120 «Мыс геологии», Земля Адели (66°40' ю.ш., 140°01' в.д.) – вблизи станции Дюмон д'Юрвиль. На острове Хоукер также находятся колонии пингвина Адели (*Pygocelis adeliae*), южнополярных поморников (*Catharacta maccormicki*), капских буревестников (*Daption capense*) и периодически тюленей Уэдделла (*Leptonychotes weddellii*).

1. Описание ценностей, нуждающихся в охране

Южные гигантские буревестники, гнездящиеся в Восточной Антарктиде, составляют менее 1 % глобальной гнездящейся популяции этого вида. В настоящее время их численность в Восточной Антарктиде составляет примерно 300 пар, в том числе 45 пар на острове Хоукер (2010 г.), 2 – 4 пары на острове Гигантеус (часть группы островов Рукери) (2007 г.), приблизительно 250 пар на островах Фразье (2001 г.) и 8 – 9 пар на мысе Геологии (2005 г.). *Южные гигантские буревестники также* гнездятся на других островах в южной части Индийского и Атлантического Океанов и у Антарктического полуострова.

Колония южных гигантских буревестников была обнаружена на острове Хоукер в декабре 1963 г.; в это время в ней насчитывалось 40-50 гнезд, «некоторые с кладками яиц», но неясно, сколько гнезд было занято. В период между 1963 и 2007 гг. проводился периодический учет взрослых особей, яиц и птенцов на различных этапах цикла воспроизводства. Из-за непостоянства времени проведения учета и отсутствия единых единиц учета невозможно установить долгосрочную тенденцию для данной популяции. Ранее в данной колонии отмечалось низкое количество птенцов, поскольку учитывались только те птенцы, которые были окольцованы в определенный год, а не общее количество птенцов. В Районе также расположена гнездящаяся колония пингвина Адели, небольшое количество летающих птиц и лежки южных морских слонов.

Южные гигантские буревестники, гнездящиеся на территории Восточной Антарктиды, особенно чувствительны к нарушениям у гнезд. Ограничения на виды деятельности, разрешенные в районах гнездовий около австралийских станций, включая запрет на кольцевание, были введены в середине 1980-х гг.

Возможно, наблюдавшееся сокращение популяций было также обусловлено случайным отловом южных гигантских буревестников у Южных Шетландских островов и Южных Оркнейских островов в процессе дрифтерного промысла рыбы в Южном океане. Подобных наблюдений в Восточной Антарктиде не проводилось. До недавнего времени южный гигантский буревестник был отнесен к категории «уязвимые» согласно критериям Международного Союза Охраны Природы и Природных Ресурсов (МСОП). Тем не менее, повторный анализ всех имеющихся в наличии данных по глобальной популяции указывает на то, что лучшим вариантом развития событий за последние три поколения или 64 года является увеличение всей популяции на 17 %, а худшим – уменьшение на

7,2 %. Данные цифры ниже порогового значения МСОП для категории «уязвимые».
Природоохранный статус южного гигантского буревестника постепенно был снижен с категории
«Находящиеся в состоянии, близком к угрожаемому» до категории «Вызывающие наименьшие
опасения». На острове Хоукер также находятся колонии пингвина Адели (*Pygocelis adeliae*),
южнополярных поморников (*Catharacta maccormicki*), капских буревестников (*Daption capense*) и
периодически тюленей Уэдделла (*Leptonychotes weddellii*).

2. Цели и задачи

Управление ООРА «Остров Хоукер» осуществляется в следующих целях:

- защита гнездящейся колонии южного гигантского буревестника и других колоний животного
  мира;

- предупреждение нарушения человеком экологического баланса или других отрицательных
  воздействий на ценности Района, при этом разрешая научно-исследовательскую и другую
  деятельность в соответствии с Планом;

- сохранение ценности острова Хоукер в качестве эталонного района для будущих сравнительных
  исследований других популяций южного гигантского буревестника; и

- минимизация возможности интродукции чужеродных растений, животных или микроорганизмов
  на территорию острова Хоукер.

3. Меры управления

Для охраны ценностей Района осуществляются следующие меры управления:

- необходимо разрешить посещения с целью оценки уровней популяции и тенденций в колонии
  южного гигантского буревестника и/или колониях животного мира. По возможности необходимо
  отдавать предпочтение тем мерам и методикам, которые минимизируют антропогенные
  нарушения гнездовых колоний (например, использование автоматических фотоаппаратов);

- по возможности посещение Района должно осуществляться вне периода размножения южного
  гигантского буревестника (т.е. в период с середины апреля по середину сентября) для оценки его
  соответствия целям, для которых он был определен, и обеспечения требуемых мер управления;

- данные о расположении ООРА «Остров Хоукер» (с указанием применяемых ограничений)
  должны быть подготовлены, а копии данного Плана управления должны быть в наличии на
  ближайших станциях. Информационные материалы и План управления следует выдавать судам,
  посещающим окрестные территории; и

- План управления следует пересматривать, как минимум, раз в пять лет и
  обновлять/корректировать по мере необходимости.

4. Срок определения в качестве ООРА

Определен на неограниченный срок.

5. Карты

Карта А: Особо охраняемый район Антарктики «Остров Хоукер», Холмы Вестфолд, Берег Ингрид
Кристенсен, Земля принцессы Елизаветы, Восточная Антарктида.

Карта В: Особо охраняемый район Антарктики «Остров Хоукер», Холмы Вестфолд, Берег Ингрид
Кристенсен, Земля принцессы Елизаветы, Восточная Антарктида, флора и фауна, топографические и
физико-географические особенности.

Технические данные карт:

> Проекция: UTM Zone 49
> Линия приведения: WGS84

6. Описание Района

6(i) Географические координаты, знаки границ и природные особенности

Остров Хоукер расположен на 68°38' ю.ш., 77°51' в.д. приблизительно в 300 м от побережья холмов Вестфолд. Холмы Вестфолд представляют собой свободную от ледникового покрова территорию примерно треугольной формы площадью около 512 км², представленную горными породами, ледниковыми наносами, озерами и водоемами. С востока холмы Вестфолд ограничиваются ледниковым плато, с юга – ледником Сурсдал и с запада – заливом Прюдс. Холмы Вестфолд состоят из низких холмов (максимальная высота в районе холма Боулдер 158 м) и долин и изрезаны глубокими фьордами и озерами. Побережье холмов Вестфолд окаймляют многочисленные острова, и остров Хоукер расположен на юго-западе между островом Мьюл и полуостровом Мьюл.

Остров Хоукер представляет собой остров неправильной формы с небольшой высотой над уровнем моря (максимальная высота около 40 м) с двумя параллельными грядами холмов, которые простираются с севера на юг и в южной части заканчиваются двумя небольшими полуостровами. Третий полуостров расположен строго на западе и заканчивается 40-метровым холмом с крутыми скалами, уходящими в море с западной и южной сторон. В северной части острова между грядами холмов расположено несколько небольших пресноводных озер, еще несколько небольших озер находится на более плоской поверхности восточной части острова. Максимальная протяженность острова составляет 2 км с севера на юг и 1,7 км с востока на запад.

ООРА «Остров Хоукер» включает всю территорию острова Хоукер, морская граница которого проходит по низшей отметке уровня воды (карта В). Общая площадь ООРА «Остров Хоукер» составляет около 1,9 км². Знаки границ отсутствуют.

Анализ экологических доменов Антарктического континента

Основываясь на Анализе экологических доменов Антарктического континента (Резолюция 3 (2008 г.)), остров Хоукер расположен во Внутриконтинентальной геологической среде Т.

История человеческой деятельности

Холмы Вестфолд впервые увидел Дуглас Моусон во время экспедиции к берегу Банзарэ на судне «Дискавери» 9 февраля 1931 г. Четыре года спустя 20 февраля 1935 г. капитан танкера «Торсхавн» компании «Ларс Кристенсен» Клариус Миккельсен увидел этот район и высадился здесь на сушу. Он назвал многие объекты и сам район холмами Вестфолд в честь своей родной провинции в Норвегии. Миккельсен вновь посетил холмы Вестфолд в начале 1937 г. при проведении аэросъемки побережья.

Следующее документально подтвержденное посещение холмов Вестфолд совершили в январе 1939 г. американский исследователь Линкольн Эллсуорт и его австралийский консультант сэр Хуберт Уилкинс на теплоходе «Вайатт Эрп»; Эллсуорт пролетел на самолете около 400 км над материковой территорией суши. В начале 1947 г. военный корабль США «Карритак» посетил Берег Ингрид Кристенсен в ходе операции «Хайджамп», когда проводилась фотосъемка береговой линии.

Первая Австралийская национальная антарктическая научно-исследовательская экспедиция (АНАРЕ) под руководством д-ра Филлипа Лоу на судне «*Киста Дан*» достигла холмов Вестфолд 1 марта 1954 г. В январе 1956 г. члены советской антарктической экспедиции высадились на Берегу Ингрид Кристенсен, в рамках подготовки к МГГ и организации станции «Мирный» в 595 км к востоку от этого района. В 1957 г. Австралия открыла в районе холмов Вестфолд станцию Дэвис. Остров Хоукер был назван в честь А.К. Хоукера, радиоинженера станции Дэвис, в 1957 г.

Климат

Практически единственным источником метеоданных для этого Района являются наблюдения на станции Дэвис, расположенной в 7 км к северо-западу от острова Хоукер. Климат в районе холмов Вестфолд полярный морской, для которого характерны низкие температуры, низкая влажность и сильные ветры. Летние дни, как правило, солнечные; температура в середине дня колеблется от -1°C до +2,9°C (летний максимум составляет +5°C), однако, в течение большей части года температура не достигает 0°C, а зимой падает до -40,7°C. Максимальная температура, зарегистрированная на станции Дэвис в период с 1957 по 2001 гг., равна +13°C. В течение года наблюдаются длительные периоды относительно спокойной ясной погоды. Ветры обычно слабые. Среднегодовая скорость ветра составляет около 20 км/ч. При небольшом потеплении могут начаться сильные ветры и бураны, при этом отмечались порывы ветра свыше 200 км/ч. Количество выпавшего снега в среднем составляет 78 мм/год, большая часть годового накопления снежных осадков наносится ветрами. За исключением нескольких постоянных ледниковых полей холмы Вестфолд практически свободны от снега летом и лишь слегка покрыты снегом зимой. Данные наблюдений соответствуют сезонным колебаниям климата высоких широт, однако, в среднем, район станции Дэвис теплее районов расположения других антарктических станций, которые находятся на тех же широтах. Это объясняется наличием «скалистого оазиса», обусловленного низким альбедо скалистой поверхности по сравнению со льдом, что означает поглощение большего количества солнечной энергии, которая повторно излучается в виде тепла.

Геология

Холмы Вестфолд состоят из архейского гнейса, поверх которого во впадинах залегают тонкие и часто содержащие окаменелости плиоценовые и четвертичные отложения. Самым старым из известных кайнозойских слоев в районе холмов Вестфолд является среднеплиоценовая формация Сурсдал, содержащая разнообразные ископаемые остатки флоры и фауны. Другие, более молодые кайнозойские слои свидетельствуют о неоднократно повторявшихся оледенениях и нескольких морских трансгрессиях и регрессиях. Три основные литологические структуры холмов Вестфолд – это (в возрастном порядке) парагнейс Челнок, гнейс Моссел и гнейс озера Крукт. Эти структурные единицы повторяются в направлении с востока-северо-востока на запад-юго-запад. В их составе встречаются группы мафических даек, приблизительно ориентированные с севера на юг. Эти дайки являются одной из основных особенностей холмов Вестфолд. Остров Хоукер представляет собой продолжение гнейса озера Крукт, составляющего северную часть полуострова Мьюл выше озера Латернула. Подобно архейским гнейсам холмов Вестфолд, гнейс озера Крукт на острове Хоукер изрезан глубокими долеритовыми дайками, относящимися к среднему и раннему периодам протерозойской эры.

Южные гигантские буревестники

Колония южных гигантских буревестников на острове Хоукер расположена на высоте около 20 м над уровнем моря (карта B). Один и тот же район используется в качестве гнездовья с тех пор, как в 1963/64 гг. были зарегистрированы первые данные о колонии. Восточная сторона гнездовья образует небольшой гребень с отвесным склоном, обеспечивая хорошую площадку для взлета при преобладающих северо-восточных ветрах.

Сезон размножения южных гигантских буревестников на острове Хоукер начинается в конце сентября/начале октября, а яйца откладываются во второй половине октября. После инкубационного периода продолжительностью около 60 дней во второй половине декабря начинается вылупление птенцов. Вылупление продолжается в течение трех-четырех недель до середины января. Примерно через 14 – 16 недель после вылупления оперившиеся птенцы покидают колонию с конца марта до начала мая. На основании анализа данных с автоматических фотоаппаратов, работающих круглый год, и посещений, осуществленных в зимние месяцы в последние годы, стало известно, что небольшое количество особей присутствует в данном месте и вне сезона размножения. В связи с этим требование о посещении Района в любое время года должно реализовываться с учетом обеспечения минимального антропогенного нарушения.

В середине 1980-х годов для всех трех гнездовий, расположенных в окрестностях австралийских станций, была принята стратегия управления, направленная на минимизацию антропогенного нарушения гнездовых колоний южного гигантского буревестника. Ранее Австралийская антарктическая служба ограничивала число разрешенных посещений колоний до одного раза в три-пять лет и вела жесткий административный контроль за всеми остальными посещениями. В то время считалось, что такая частота посещений обеспечивает приемлемый компромисс между опасностью нарушения колоний и необходимостью получения значимой информации о популяции. При этом такой режим управления изменил частоту посещений, необходимых для учета численности популяции (и тенденций), но не привел к значимому росту колонии южного гигантского буревестника. С развитием новых технологий (таких как автоматические фотоаппараты) теперь можно получить более подробные данные с небольшим присутствием человека или вообще без него во время сезона размножения.

В марте 2011 г. в Районе было зафиксировано 23 птенца и 64 взрослых особи. Из них 4 особи были окольцованы, включая две особи, окольцованные в районе станции Кейси (1985 г.), и две особи, окольцованные на острове Хоукер (1986 г.). Две особи, окольцованные в районе станции Кейси, оставались возле одних и тех же птенцов и, похоже, размножались.

Другие виды птиц

Пингвины Адели гнездятся вдоль береговой линии холмов Вестфолд и, по крайней мере, на 17 близлежащих островах, включая остров Хоукер. Общая численность пингвинов Адели в районе холмов Вестфолд составляет примерно 130000 пар. Колония на острове Хоукер располагается вблизи небольшого холма на середине западной стороны острова, и ее численность составляет от 2500 до 7500 пар. Имеются данные о том, что колония или некоторые группы гнездящихся пар периодически меняют местоположение. На покинутых участках часто встречаются глубокие отложения гуано, замерзших яиц и высохших скелетов птенцов. Первые пингвины Адели обычно появляются в районе к середине октября и откладывают яйца примерно четыре недели спустя. Интервал между откладыванием первого и второго яиц составляет от 2½ до 4½ дней, а инкубационный период продолжается от 32 до 35 дней. Последние взрослые особи, у которых закончилась линька, покидают остров Хоукер к концу марта.

На острове Хоукер была зарегистрирована небольшая колония капских буревестников, расположенная на южном конце юго-западного полуострова. Капские буревестники не зимуют на острове. Они возвращаются в места гнездований в течение октября, откладывают яйца в период с конца ноября по начало декабря, оперение птенцов происходит в конце февраля и начале марта.

Тюлени

Тюлени Уэдделла (*Leptonychotes weddellii*) размножаются на холмах Вестфолд и иногда в юго-восточной части острова Хоукер. Тюлени появляются на берегу в конце сентября и начале октября, рождение детенышей продолжается с середины октября до конца ноября. В течение лета тюлени Уэдделла во время линьки часто встречаются на твердом морском льду и выходят на сушу. Большая часть местной популяции остается на холмах Вестфолд в течение всего лета. Не выводящие потомство группы южных морских слонов (*Mirounga leonina*) в течение летних месяцев устраивают лежбища на острове Хоукер вблизи юго-западного полуострова. Места их линьки содержат остатки шерсти и экскрементов, накопившиеся в течение нескольких тысяч лет, и могут считаться уникальными и уязвимыми районами.

Растительность

Флора холмов Вестфолд представлена не менее чем 82 видами наземных водорослей, шестью видами мхов и, как минимум, 23 видами лишайников. Мхи и лишайники в основном произрастают в восточной или материковой части района, и характер их распространения зависит от наличия снежных наносов, периода времени после выхода субстрата на поверхность ледникового плато и последнего оледенения, высоты над уровнем моря и близости соленых вод. Мхи и лишайники крайне редко встречаются в засоленной прибрежной полосе, включая остров Хоукер, низкий рельеф которого плотно покрыт обширными песчаными отложениями и моренами.

Наземные водоросли широко распространены на холмах Вестфолд и являются основными первичными продуцентами для этого района. На острове Хоукер отмечены сублитические (или гиполитические) водоросли, обитающие на подземных поверхностях прозрачных кварцевых камней, частично погруженных в почву. Доминирующим видом являются цианобактерии, особенно осцилаторные виды *Chroococidiopsis sp.* и *Aphanothece sp.*, которые с большой частотой встречаются вместе с хлорофитами *Desmococcus sp.*А и *Prasiococcus calcarius*. Эдафическая водоросль *Prasiola crispa*, образуя неровные зеленые полосы, произрастает в талых водотоках, где обычно присутствуют диатомовая водоросль *Navicula muticopsis* и осцилаторные водоросли. Есть данные, что на острове Хоукер в местах, связанных с гнездовьями морских птиц, встречается орнитофильный лишайник *Candelariella flava*.

Беспозвоночные

В 1981 г. в районе холмов Вестфолд было проведено большое исследование наземных тихоходок, во время которого были обнаружены четыре рода и четыре вида тихоходок. Несмотря на то, что тихоходки не были обнаружены в образцах, собранных с острова Хоукер, предполагается, что, поскольку два вида тихоходок, *Hypsibius allisonii* и *Macrobiotus fuciger*, были обнаружены в районе «Уокэбаут Рокс», они могут встречаться и в других прибрежных районах с аналогичной экологией вместе с водорослью *Prasiola crispa*. Клещ *Tydeus erebus* встречается на острове вблизи гнездовий пингвинов Адели.

6(ii) Доступ в Район

В зависимости от состояния морского льда подход к Району может быть обеспечен наземным транспортным средством, маломерным морским судном или воздушным судном. Причем все из них должны оставаться вне Района. Установленные посадочные площадки отсутствуют.

6(iii) Места расположения сооружений в пределах и вблизи Района

На территории и в окрестностях Района нет постоянных сооружений. Во время подготовки данного документа вблизи колонии южного гигантского буревестника было временно установлено несколько автоматических фотоаппаратов с целью осуществления наблюдения за постоянной популяцией.

6(iv) Местонахождение других близлежащих охраняемых районов

Вблизи острова Хоукер расположены следующие Охраняемые районы:

Особо охраняемый район Антарктики № 143 «Равнина Марин» (68°36' ю.ш., 78°07' в.д.).

6(v) Особые зоны на территории Района

Какие-либо особые зоны в Районе отсутствуют.

7. Условия выдачи Разрешений

7(i)   Общие условия выдачи Разрешений

Посещение ООРА «Острова Хоукер» возможно только на основании Разрешения, выданного соответствующим государственным органом. Разрешения на посещение Района могут быть выданы только для проведения неотложных научных исследований, которые не могут быть проведены ни в каком ином месте, или для осуществления важных мер управления, соответствующих целям и положениям настоящего Плана управления. Разрешения на проведение исследований выдаются только в том случае, если они не ставят под угрозу экологические или научные ценности Района и не мешают текущим научным исследованиям.

Одно из условий, указанных в Разрешении, должно заключаться в том, что во время пребывания на территории Района всегда необходимо иметь при себе оригинал или копию Разрешения. Орган, который выдает Разрешения, может включать в него дополнительные условия, соответствующие целям и требованиям настоящего Плана управления. Основной держатель каждого выданного Разрешения должен представить государственному органу, выдавшему Разрешение, отчет о посещении с подробным описанием всех видов деятельности, предпринятой на территории Района, и изложением всех данных учета численности, полученных во время пребывания в Районе.

Рекомендуется сотрудничать с другими национальными программами во избежание дублирования исследований и минимизации антропогенного нарушения колоний южного гигантского буревестника. Национальным антарктическим программам, планирующим проведение исследований в данном Районе, рекомендуется связываться с Австралийской антарктической службой, которая занимается контролем численности популяции на острове, чтобы убедиться в возможности реализации других проектов в течение того же периода.

7(ii) Доступ в Район и передвижение в пределах и над Районом

- Использование наземных транспортных средств на территории Района запрещено.

- Доступ к ООРА «Остров Хоукер» возможен только на водных судах или наземных транспортных средствах в зависимости от сезона. Маломерные суда, используемые для поездки на острова, следует оставлять у кромки воды, а передвигаться по территории Района можно только пешком. Место высадки/парковки могут покидать только те сотрудники, которые должны проводить научные исследования или осуществлять меры управления на территории Района. Квадроциклы или любые другие наземные транспортные средства, которые используются для посещения Района, не должны заезжать на территорию Района. Наземные транспортные средства должны оставаться на морском льду не менее чем в 150 м (квадроцикл) или в 250 м (прочие транспортные средства) от края колонии южного гигантского буревестника (смотри таблицу 1);

- В таблице 1 указаны минимальные (самые близкие) расстояния, на которые можно приближаться к диким животным. Если какая-либо деятельность нарушает жизнь диких животных, то безопасное расстояние должно быть увеличено, либо необходимо изменить вид деятельности до тех пор, пока нарушение не будет устранено, за исключением случаев, когда более близкое расстояние оговорено в Разрешении;

- Лица, которым разрешено приближаться к южным гигантским буревестникам для учета их численности или получения биологических данных, должны держаться от них на максимально возможном отдалении;

- В целях сокращения воздействий на диких животных, уровень шума, включая человеческую речь, должен быть минимальным. В период размножения южных гигантских буревестников (с середины сентября по середину апреля) на территории Района запрещается применение инструментов с электродвигателем и осуществление любых других видов деятельности, которые могут создать шум и тем самым потревожить гнездящихся южных гигантских буревестников и других гнездящихся птиц;

- Пролет воздушных судов над островом в период размножения запрещен за исключением тех случаев, когда это осуществляется в научных целях или в целях управления с указанием в Разрешении. Такие полеты должны осуществляться на высоте не менее 930 м (3050 футов) для одномоторных вертолетов и самолетов с крылом неизменяемой геометрии, и на высоте не менее 1500 м (5000 футов) для двухмоторных вертолетов; и

- Посадка воздушных судов на расстоянии менее 930 м от скоплений диких животных для одномоторных вертолетов и самолетов с крылом неизменяемой геометрии и на расстоянии не менее 1500 м (5000 футов) для двухмоторных вертолетов запрещена в любое время за исключением чрезвычайных ситуаций.

Таблица 1. Минимальное расстояние, на которое можно приближаться к диким животным на территории острова Хоукер.

Вид	Расстояние (м)			
	Люди пешком/ на лыжах (за исключением случаев, когда это оговорено в Разрешении)	Квадроци кл/ Мотосани	Вездеход, и т.д.	Маломерное водное судно
Южные гигантские буревестники	100 м	На территори и Района запрещено. Парковка должна осуществл	На территории Района запрещено. Парковка должна осуществлят	Место высадки судов не должно быть ближе 50 м от колоний диких животных, в частности от колонии пингвинов Адели на восточном побережье. В
Пингвины Адели в	30 м			

		яться на морском льду не менее чем в 150 м от колоний диких животных.	ься на морском льду не менее чем в 250 м от колоний диких животных.	непосредственной близости от острова следует соблюдать осторожность.
колониях Пингвины во время линьки Тюлени с детенышами Детеныши тюленей без взрослых Южнополярные поморники на гнезде				
Пингвины на морском льду Взрослые тюлени, не выводящие потомство	5 м			

7(iii) Осуществляемая или разрешенная деятельность на территории Района, включая ограничения по времени или пространству

В период с 15 апреля по 15 сентября (вне сезона размножения южного гигантского буревестника) на территории Района допускаются следующие виды деятельности, если они оговорены в Разрешении:

- научные исследования, которые не могут проводиться в ином месте или в другой период, соответствующие настоящему Плану управления и не представляющие угрозы для экосистем Района или для ценностей, ради которых Район определен в качестве ООРА;

- неотложные меры управления, включая мониторинг; и

- сбор проб, объем которых следует ограничить минимумом, для проведения утвержденных научных программ;

Деятельность, осуществляемая в период размножения южного гигантского буревестника, должна разрешаться только, если эта деятельность не приводит к вторжению в жизнь птиц и если она не может по обоснованным причинам проводиться вне периода размножения.

7(iv) Возведение, реконструкция и снос сооружений

- Возведение постоянных сооружений или конструкций на территории Района запрещено.

- Временные сооружения либо оборудование, включая фотокамеры, должны возводиться только в тех местах на территории Района, где это оговорено в Разрешении.

- Небольшие временные убежища, укрытия, засидки или завесы могут возводиться с целью проведения научных исследований.

- Работы по возведению (включая выбор площадки), сносу, реконструкции или техническому обслуживанию сооружений или оборудования должны выполняться с учетом обеспечения минимального воздействия на размножающихся птиц и окружающую среду.

- На всем научном оборудовании и знаках, установленных на территории Района, должно быть нанесено четкое обозначение с указанием страны, имени главного исследователя и года установки.

- Указатели, знаки или иные сооружения, возведенные на территории Района в научных целях или в целях управления, должны быть надежно закреплены, должны поддерживаться в хорошем состоянии, и должны быть снесены согласно Разрешению, как только в них отпадет необходимость. Все такие элементы должны быть выполнены из материалов, которые несут минимальную угрозу вреда диким животным или загрязнения окружающей среды Района.

7(v) Расположение полевых лагерей

- Организация лагерей на территории Района запрещена за исключением чрезвычайных ситуаций. По мере возможности аварийный лагерь должен располагаться в стороне от скоплений диких животных.

7(vi) Ограничения на ввоз материалов и организмов в Район

- Складирование топлива на территории Района запрещено. Дозаправка маломерных водных судов разрешается в местах высадки на берег. Допускается доставка небольшого количества топлива на территорию Района для заправки обогревателя в чрезвычайной ситуации.

- Ввоз на территорию Района продуктов из домашней птицы, включая пищевые концентраты, содержащие яичный порошок, не допускается.

- Ввоз гербицидов и пестицидов на территорию Района не допускается.

- Все химические вещества, которые могут ввозиться на территорию Района для проведения неотложных научных исследований в соответствии с Разрешением, подлежат вывозу из Района сразу после или до завершения деятельности, на которую выдано Разрешение. Применение радионуклидов и стабильных изотопов запрещено.

- Преднамеренный ввоз в Район живых животных, растительных материалов или микроорганизмов не допускается, а в целях предотвращения непреднамеренного ввоза необходимо соблюдать меры предосторожности. Перед тем, как войти на территорию Района, необходимо тщательно очистить все оборудование и одежду (особенно обувь).

- Все материалы, ввозимые на указанный период времени, подлежат вывозу из Района сразу после или до истечения указанного периода, а способы хранения и обращения с этими веществами должны обеспечивать сведение к минимуму риска их попадания в окружающую среду.

7(vii) Изъятие местной флоры и фауны или вредное воздействие на них

- Изъятие местной флоры и фауны и вредное воздействие на них запрещается, за исключением случаев, оговоренных в Разрешении, выданном в соответствии со Статьей 3 Приложения II к Протоколу об охране окружающей среды к Договору об Антарктике. Любое такое разрешение должно четко оговаривать рамки и условия такой деятельности, которая за исключением случаев чрезвычайных ситуаций должна осуществляться только после получения одобрения соответствующего комитета по этике ухода за животными.

- Орнитологические исследования должны ограничиваться лишь той деятельностью, которая не приводит к вторжению либо нарушению процесса размножения морских птиц на территории Района.

- Всегда следует принимать меры к тому, чтобы не тревожить южных гигантских буревестников или других диких животных.

7(viii) Сбор и вывоз объектов, которые не были ввезены в Район держателем Разрешения

- Сбор и вывоз материалов из Района допускается только в соответствии с Разрешением и ограничивается минимумом, необходимым для выполнения научных задач или мер управления.

- Материалы антропогенного происхождения, которые могут нанести ущерб ценностям Района, и которые не были ввезены на территорию Района держателем Разрешения или санкционированы иным образом, могут быть вывезены из любой части Района, за исключением ситуаций, когда существует вероятность того, что последствия вывоза превзойдут последствия пребывания материала на месте. При обнаружении таких материалов об этом необходимо сообщить соответствующему государственному органу.

7(ix) Удаление отходов

- Все отходы, включая отходы жизнедеятельности человека, подлежат удалению из Района.

7(x) Меры по поддержанию реализации целей и задач Плана управления

- Для участков, специально выделенных для проведения долгосрочного мониторинга, следует получить новые данные GPS и включить их в Систему директорий антарктических данных через соответствующие государственные органы.

- Разрешения могут выдаваться для входа на территорию Района с целью проведения биологического мониторинга и обеспечения мер управления, что может включать в себя сбор проб для анализа и изучения, возведение или техническое обслуживание временно размещенного научного оборудования, сооружений и указательных знаков или проведение защитных мероприятий. Все специальные участки долгосрочного мониторинга должны быть надлежащим образом обозначены на местности с получением данных GPS для включения в Систему каталогов антарктических данных через соответствующий государственный орган.

- Для сохранения экологических и научных ценностей, лица, посещающие Район, должны принимать особые меры предосторожности для предотвращения внедрения чужеродных организмов. Особое внимание следует уделять предотвращению внедрения патогенной, микробиальной или растительной среды с грунта, флоры и фауны из других участков Антарктики, включая исследовательские станции и регионы за пределами Антарктики. С целью минимизации риска внедрений перед входом на территорию Района посетители должны тщательно очищать обувь и любое оборудование, особенно оборудование для отбора проб и знаки, которые должны быть использованы на территории Района.

7(xi) Требования к отчетам

Стороны должны принять меры к тому, чтобы основной держатель каждого выданного Разрешения представил соответствующему государственному органу отчет о предпринятой деятельности. Насколько это уместно, в состав такого отчета должна входить информация, указанная в Форме отчета о посещении, приведенной в Руководстве по подготовке Планов управления Особо охраняемыми районами Антарктики.

Стороны должны вести учет такой деятельности и в рамках ежегодного обмена информацией предоставлять краткие описания мероприятий, проведенных лицами, которые находятся под их юрисдикцией. Эти описания должны содержать достаточно подробные сведения, чтобы можно было провести оценку эффективности Плана управления.

По возможности Стороны должны сдавать оригиналы отчетов или их копии в открытый архив для ведения учета использования участка. Эти отчеты будут использоваться как при пересмотре Плана управления, так и в процессе организации использования Района в научных целях.

В целях содействия управлению Районом и мониторингу популяций птиц и других диких животных копию такого отчета следует направлять государственному органу, отвечающему за разработку Плана управления. Кроме того, в отчетах о посещении должны быть приведены подробные сведения об учете численности птиц, местонахождении каких-либо новых, не зарегистрированных ранее колоний или гнезд, краткое описание результатов исследований и копии сделанных снимков Района.

7(xii) Положения о чрезвычайных ситуациях

Исключениями из ограничений, приведенных в Плане управления, являются чрезвычайные ситуации, указанные в Статье 11 Приложения V к Протоколу об охране окружающей среды к Договору об Антарктике (Мадридский Протокол). Отчет о таких ситуациях должен предоставляться в соответствующий государственный орган.

8. Подтверждающая документация

Некоторые данные, использованные в настоящем документе, были получены в австралийском Центре антарктических данных (IDN Node AMD/AU), который является подразделением Австралийской антарктической службы (Австралийский союз).

Adamson, D.A. and Pickard, J. (1986), Cainozoic history of the Vestfold Hills, In Pickard, J., ed. *Antarctic Oasis, Terrestrial environments and history of the Vestfold Hills*. Sydney, Academic Press, 63–97.

Adamson, D.A. and Pickard, J. (1986), Physiology and geomorphology of the Vestfold Hills, In Pickard, J., ed. *Antarctic oasis: terrestrial environments and history of the Vestfold Hills*. Sydney, Academic Press, 99–139.

Agreement on the Conservation of Albatrosses and Petrels (ACAP) (2010), ACAP Species assessment Southern Giant Petrels *Macronectes giganteus*.

ANARE (1968), Unpublished data.

Australian Antarctic Division (2010), Environmental Code of Conduct for Australian Field Activities, Territories, Environment and Treaties Section, Australian Antarctic Division.

Birdlife International (2000), *Threatened birds of the world*. Barcelona and Cambridge U. K, Lynx Edicions and Birdlife International.

BirdLife International (2011), *Macronectes giganteus*, In: IUCN 2011, 2011 IUCN Red List of Threatened Species, <http://www.iucnredlist.org/>, Downloaded on 17 January2011.

BirdLife International (2011), Species fact sheet: *Macronectes giganteus*, <http://www.birdlife.org/> Downloaded on 17 January 2011.

Cooper, J., Woehler, E., Belbin, L. (2000), Guest editorial, Selecting Antarctic Specially Protected Areas: Important Bird Areas can help, *Antarctic Science* 12: 129.

Environment Australia (2001), *Recovery Plan for Albatrosses and Giant Petrels*, Canberra.

Department of Sustainability, Environment, Water, Population and Communities (2011), *Draft National recovery plan for threatened albatrosses and giant petrels 2011-2016*, Commonwealth of Australia, Hobart.

Department of Sustainability, Environment, Water, Population and Communities (2011), *Background Paper, Population Status and Threats to Albatrosses and Giant Petrels Listed as Threatened under the Environment Protection and Biodiversity Conservation Act 1999*, Commonwealth of Australia, Hobart.

Fabel, D., Stone, J., Fifield, L.K. and Cresswell, R.G. (1997), Deglaciation of the Vestfold Hills, East Antarctica; preliminary evidence from exposure dating of three subglacial erratics. In RICCI, C.A., ed. *The Antarctic region: geological evolution and processe*s, Siena: Museo Nazionale dell'Antartide, 829–834.

Garnett, S.T., Crowley, G.M. (2000), *The Action Plan for Australian Birds 2000*. Commonwealth of Australia, Environment Australia, Canberra

Gore, D.B. (1997), Last glaciation of Vestfold Hills; extension of the East Antarctic ice sheet or lateral expansion of Sørsdal Glacier. *Polar Record*, 33: 5–12.

Hirvas, H., Nenonen, K. and Quilty, P. (1993), Till stratigraphy and glacial history of the Vestfold Hills area, East Antarctica, *Quaternary International*, 18: 81–95.

IUCN (2001), *IUCN Red List Categories: Version 3.1*, IUCN Species Survival Commission, IUCN, Gland, Switzerland and Cambridge, UK.

Jouventin, P., Weimerskirch, H. (1991), Changes in the population size and demography of southern seabirds: management implications, in: Perrins, C.M., Lebreton, J.D. and Hirons, G.J.M. *Bird population studies: Relevance to conservation and management.* Oxford University Press: 297-314.

Johnstone, Gavin W.; Lugg, Desmond J., and Brown, D.A. (1973), The biology of the Vestfold Hills, Antarctica. Melbourne, Department of Science, Antarctic Division, *ANARE Scientific Reports*, Series B(1) Zoology, Publication No. 123.

Law P. (1958), Australian Coastal Exploration in Antarctica, *The Geographical Journal CXXIV*, 151-162.

Leishman, M.R. and Wild, C. (2001), Vegetation abundance and diversity in relation to soil nutrients and soil water content in Vestfold Hills, East, *Antarctic Science*, 13(2): 126-134

Micol, T., Jouventin, P. (2001), Long-term population trends in seven Antarctic seabirds at Point Géologie (Terre Adélie), Human impact compared with environmental change, *Polar Biology* 24: 175-185.

Miller, J.D. et al. (1984), A survey of the terrestrial Tardigrada of the Vestfold Hills, Antarctica, In Pickard, J., ed. *Antarctic Oasis, Terrestrial environments and history of the Vestfold Hills.* Sydney, Academic Press, 197-208.

Orton, M.N. (1963), Movements of young Giant Petrels bred in Antarctica, *Emu* 63: 260.

Patterson D.L., Woehler, E.J., Croxall, J.P., Cooper, J., Poncet, S., Fraser, W.R. (2008), Breeding distribution and population status of the Northern Giant Petrel *Macronectes halli* and the southern giant petrel *M. Giganteus, Marine Ornithology* 36: 115-124.

Pickard, J. ed., 1986, *Antarctic oasis: terrestrial environments and history of the Vestfold Hills.* Sydney, Academic Press.

Puddicombe, R.A.; and Johnstone, G.W. (1988), Breeding season diet of Adélie penguins at Vestfold Hills, East Antarctica, In *Biology of the Vestfold Hills*, Antarctica, edited by J.M. Ferris, H.R. Burton, G.W. Johnstone, and I.A.E. Bayly.

Rounsevell, D.E., and Horne, P.A. (1986), Terrestrial, parasitic and introduced invertebrates of the Vestfold Hills. *Antarctic oasis; terrestrial environments and history of the Vestfold Hills*, Sydney: Academic Press, 309-331.

Stattersfield, A.J., Capper, D.R. (2000), Threatened Birds of the World. *Birdlife International*, Lynx Publications.

Wienecke, B., Leaper, R., Hay, I., van den Hoff, J. (2009), Retrofitting historical data in population studies: southern giant petrels in the Australian Antarctic Territory, *Endangered Species Research* Vol. 8: 157-164.

Woehler, E.J., Cooper, J., Croxall, J.P., Fraser, W.R., Kooyman, G.L., Miller, G.D., Nel, D.C., Patterson, D.L., Peter, H-U, Ribic, C.A., Salwicka, K., Trivelpiece, W.Z., Wiemerskirch, H. (2001), *A Statistical Assessment of the Status and Trends of Antarctic and Subantarctic Seabirds*, SCAR/CCAMLR/NSF, 43 pp.

Woehler, E. (2001), Breeding populations of Southern Giant Petrels at Heard Island, the McDonald Islands and within the AAT, Australian Antarctic Data Centre, SnoWhite Metadata <http://aadc-maps.aad.gov.au/aadc/metadata/metadata_redirect.cfm?md=AMD/AU/SOE_seabird_candidate_sp_SGP>, Загружено 17 января 2011 г.

Map A: Antarctic Specially Protected Area No 167, Hawker Island Vestfold Hills, Ingrid Christensen Coast, East Antarctica

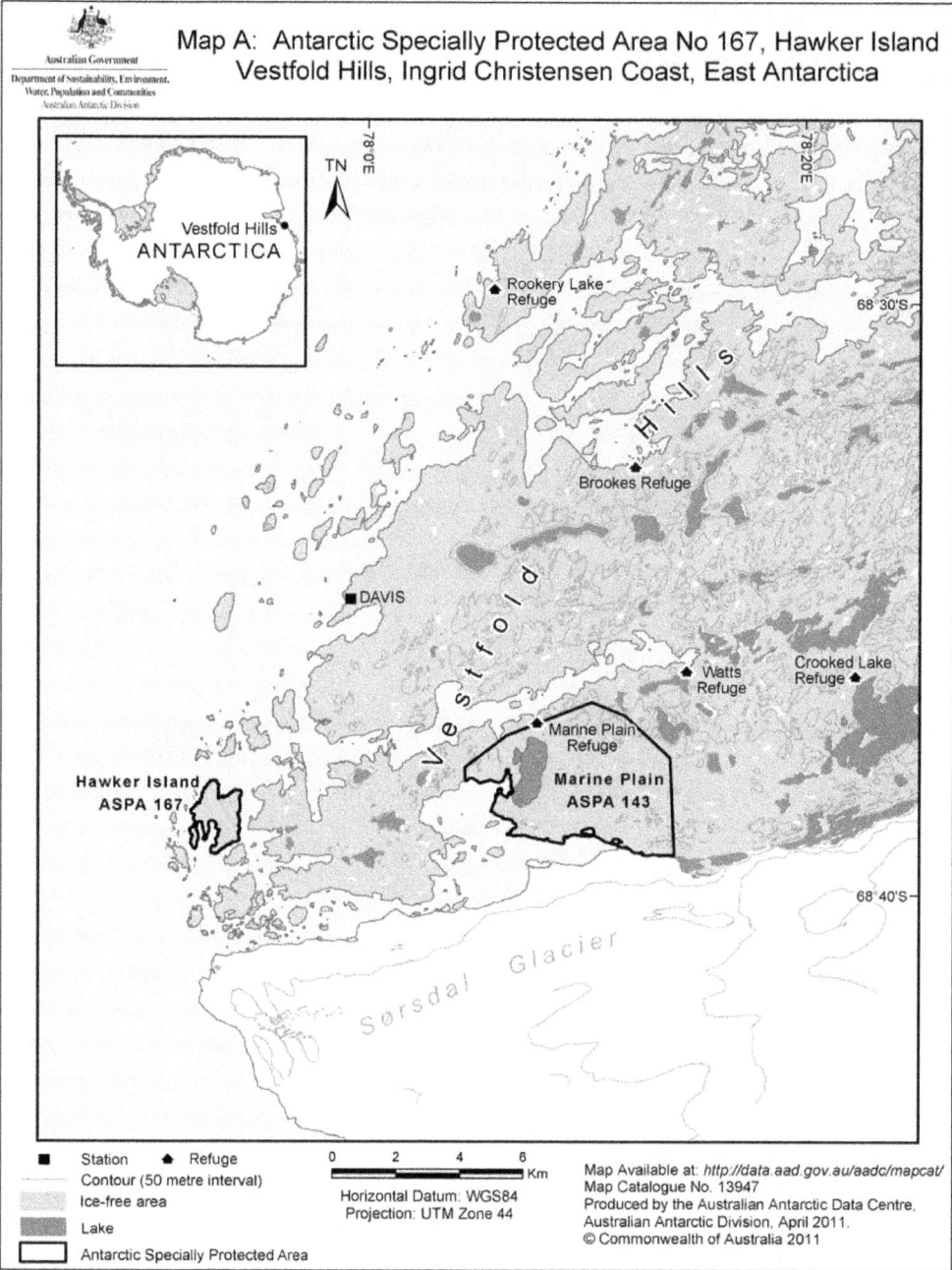

Australian Government
Department of Sustainability, Environment.
Water, Population and Communities
Australian Antarctic Division

TN

78°0'E

78°20'E

ANTARCTICA
Vestfold Hills

Rookery Lake Refuge

68°30'S

Brookes Refuge

Hills

DAVIS

Vestfold

Watts Refuge

Crooked Lake Refuge

Marine Plain Refuge

Hawker Island
ASPA 167

Marine Plain
ASPA 143

68°40'S

Sørsdal Glacier

■ Station   ◆ Refuge
---- Contour (50 metre interval)
Ice-free area
Lake
Antarctic Specially Protected Area

0   2   4   6
Km

Horizontal Datum: WGS84
Projection: UTM Zone 44

Map Available at: *http://data.aad.gov.au/aadc/mapcat/*
Map Catalogue No. 13947
Produced by the Australian Antarctic Data Centre,
Australian Antarctic Division, April 2011.
© Commonwealth of Australia 2011

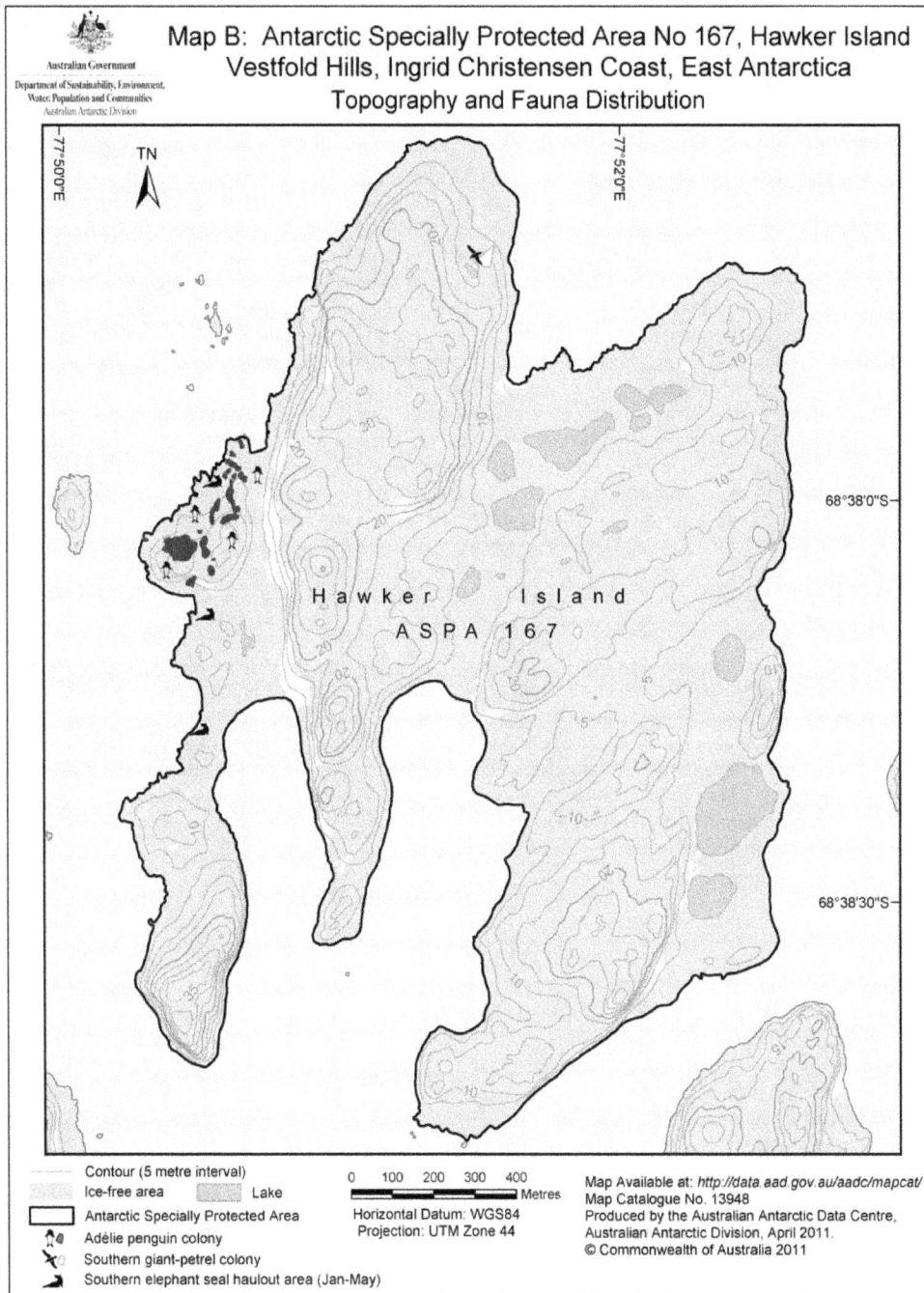

Map B: Antarctic Specially Protected Area No 167, Hawker Island Vestfold Hills, Ingrid Christensen Coast, East Antarctica Topography and Fauna Distribution

План управления

Особо управляемым районом Антарктики № 2

СУХИЕ ДОЛИНЫ МАКМЕРДО, ЮЖНАЯ ЧАСТЬ ЗЕМЛИ ВИКТОРИЯ

Введение

Сухие Долины МакМердо – крупнейший относительно свободный ото льда регион в Антарктике: приблизительно тридцать процентов поверхности земли преимущественно свободны от снега и льда. Регион включает экосистему холодной пустыни, климат которой характеризуется не только холодными и чрезвычайно засушливыми условиями (в долине Райт среднегодовая температура составляет –19,8 °C, а среднегодовой объем осадков составляет менее 100 мм в водном эквиваленте), но и сильными ветрами. Ландшафт Района составлен горными хребтами, выступающими над ледниковой поверхностью образованиями горных пород – «нунатаками», ледниками, свободными ото льда долинами, береговой линией, покрытыми льдом озерами, водоемами, талыми ручьями, сухими изрезанными почвами и вечной мерзлотой, песчаными дюнами и взаимосвязанными водосборными системами. Эти водосборы оказывают региональное влияние на морскую экосистему пролива МакМердо. Расположение Района, обусловливающее крупномасштабные сезонные изменения в водной фазе, имеет большое значение для исследования изменений климата. В результате длительных изменений водно-ледового баланса, приводивших к сокращению и расширению гидрологических объектов и скоплениям следов газов в древних снегах, ландшафт Сухих Долин МакМердо также содержит свидетельства изменений климата в прошлом. Экстремальные климатические условия региона являются важным аналогом климата древней Земли и современного климата на Марсе, где такие климатические условия могли играть доминирующую роль в эволюции ландшафта и биоты.

Данный Район был совместно предложен Соединенными Штатами Америки и Новой Зеландией и одобрен в Мере 1 (2004 г.). Настоящий План управления направлен на обеспечение долгосрочной защиты данной уникальной среды и сохранности ее ценностей для поведения научных исследований, образовательных программ и более общих форм ее анализа и наблюдения. Данный План управления устанавливает ценности, задачи и общие правила поведения внутри района, а также включает в себя несколько карт и приложений, которые содержат более конкретные указания относительно конкретных видов деятельности и зон, выделенных внутри Района. План имеет следующую структуру:

Содержание

ПРИЛОЖЕНИЕ А. Общее руководство по охране окружающей среды для Сухих Долин МакМердо

ПРИЛОЖЕНИЕ В. Руководство по охране окружающей среды для научных исследований

ПРИЛОЖЕНИЕ С. Перечень Зон сооружений

ПРИЛОЖЕНИЕ D. Руководство по охране окружающей среды для Зон научных исследований

ПРИЛОЖЕНИЕ Е. Руководство по охране окружающей среды для Зон ограниченного доступа

ПРИЛОЖЕНИЕ F. Руководство по охране окружающей среды для Зон для посетителей

1. Охраняемые ценности и виды деятельности, подлежащие управлению

Район Сухих Долин МакМердо характеризуется наличием уникальных экосистем с низким общим уровнем макробиотического биоразнообразия и упрощенной пищевой цепью, хотя последние исследования выявили свидетельства наличия сильно различающихся микробиальных сообществ на территории относительно малоразмерных зон, а также между долинами. Кроме того, будучи крупнейшей в Антарктике свободной ото льда областью, Сухие Долины МакМердо также включают относительно разнообразные среды обитания по сравнению с другими свободными ото льда районами. В Районе имеются необычные микросреды обитания и биологические сообщества (например, системы эндолитов и криоконитов), а также редкие гляциологические и геологические объекты (например, подледниковое озеро насыщенного соляно-рапного состава, самосадочные открытые озера, уникальные морские отложения и нетронутые панцирные образования пустынных почв). Эти гляциологические и геологические объекты представляют ценность, поскольку они содержат свидетельства чрезвычайно длительной истории природных явлений. В Сухих Долинах МакМердо имеются признаки прошлых и настоящих региональных климатических изменений, а также факторы, которые могут оказывать определенное влияние на изменения местного климата. В 1993 г. в Долине Тейлора был создан Полигон Долгосрочных экологических исследований (LTER site), и уже почти двадцать лет каждый сезон в рамках программы проводятся важные исследования не только в самой Долине Тейлора, но и на всей территории Сухих Долин МакМердо. Массивы данных долгосрочных экологических наблюдений, полученные в ходе реализации этой программы и ряда других научно-исследовательских инициатив в Сухих Долинах МакМердо, охватывают один из самых длительных периодов, изучавшихся в Антарктике. Эти научные ценности имеют как глобальное, так и региональное значение.

Район является одним из важных источников данных для понимания ландшафтных процессов и стабильности антарктических ледовых покровов. В Сухих Долинах МакМердо имеются уникальные поверхностные отложения, в том числе осадочные пласты, образованные и видоизмененные под влиянием ледников, песчаные дюны, панцирные образования пустынных почв, ледниково-озерные отложения и отложения морских фьордов, содержащие ценные свидетельства изменений планетарного масштаба. Почвы, горные породы, водная и ледовая среда и связанная с ними биота имеют научную ценность как модели экосистем, позволяющие глубже понять природные процессы, протекающие в биосфере. Наконец, виды, обитающие в Сухих Долинах МакМердо, представляют собой биологический ресурс для понимания процессов адаптации к экстремальным условиям окружающей среды и являются истинными конечными членами экологических континуумов.

Изоляция Сухих Долин МакМердо и экстремальные условия окружающей среды в целом защитили их от занесения человеком видов извне Антарктики. Многие части Района посещаются весьма редко, а одна из них (охраняемые зоны Долин Барвик и Бэлем) были выделены в качестве эталонной зоны, доступ в которую строго контролируется в течение почти 40 лет, а пролеты над ней запрещены. Относительно первозданные условия Сухих Долин МакМердо, а также относительное отсутствие привнесенных видов, установленное внутри Района, редко наблюдаются где-либо еще в мире и имеют как высокое научное, так и экологическое значение, особенно для сравнительных исследований.

Также отмечены места, имеющие историческую ценность, которые связаны с ранним периодом исследований Района, такие как «Гранитный дом» в заливе Ботани и Гранитная бухта, построенная членами Британской Антарктической Экспедиции 1910–1913 гг., которой присвоен статус Исторического места № 67.

Сухие Долины МакМердо также имеют высокую ценность в силу своих эстетических и природных характеристик. Они представляют собой относительно первозданную среду, в основном нетронутую и не загрязненную человеческой деятельностью. Яркий пейзаж, сформированный крутыми горами, высокими горными хребтами и обширными долинами, образующими перемежающиеся слоистые геологических формации из темных долеритов на фоне светлых песчаников, и контрасты свободных ото льда и покрытых ледниками участков местности создает уникальные виды большой эстетической ценности.

Деятельность, проводимая в Районе, включает в себя разнообразные научные исследования, мероприятия в поддержку пребывания представителей науки, средств массовой информации, искусства, образования и других официальных посетителей в рамках национальных программ, а также в поддержку туризма.

Район нуждается в особом режиме управления для обеспечения защиты его научных, экологических, эстетических и первозданных природных ценностей, в том числе сохранения высокой ценности данных, собранных в Районе в течение последних 100 лет. Рост масштабов человеческой деятельности и возможность возникновения конфликта интересов обусловили необходимость повышения эффективности управления и координации действий на территории Района.

2. Цели и задачи

Цель данного Плана управления заключается в сохранении и защите уникальной и неповторимой среды Сухих Долин МакМердо путем управления и координации деятельности человека на территории Района, с тем чтобы сохранить и поддерживать в течение длительного времени ценности Сухих Долин МакМердо, особенно ценности обширных собранных научных данных.

Конкретные задачи управления Районом включают в себя следующее:

- содействие проведению научных исследований при сохранении разумного контроля состояния окружающей среды;
- содействие в планировании и координации всех видов человеческой деятельности в Сухих Долинах МакМердо в целях урегулирования существующих и возможных противоречий между различными ценностями (включая ценности, изучаемые в рамках разных направлений научных исследований), видами деятельности и операторами;
- обеспечение долгосрочной защиты научных, экологических, эстетических и других природных ценностей Района за счет минимизации воздействия или предупреждения ухудшения состояния этих ценностей, включая воздействие на природные особенности, фауну и флору, а также минимизации совокупного воздействия на окружающую среду в результате человеческой деятельности;
- предотвращение непреднамеренного внедрения в Район неаборигенных растений, животных и микроорганизмов, а также по мере возможности минимизация непреднамеренного переноса аборигенных биологических видов в пределах Района;
- минимизация следов всех объектов и научных экспериментов на территории Района, включая рост числа и размеров полевых лагерей;

- минимизация какого бы то ни было физического воздействия, загрязнения и количества отходов, образующихся внутри Района, а также принятие всех практических мер для их ограничения, утилизации, очистки, удаления или восстановления как в случае образования в ходе осуществления обычной деятельности, так и непреднамеренно;

- стимулирование использования в Районе энергетических систем и способов передвижения, оказывающих наименьшее воздействие на окружающую среду, а также по мере возможности минимизация использования ископаемых видов топлива для осуществления деятельности на территории Района;

- углубление понимания результатов природных процессов и деятельности человека на территории Района, в том числе путем проведения программ мониторинга; а также

- содействие обмену информацией и сотрудничеству всех сторон, осуществляющих деятельность в Районе, в частности, путем распространения информации, касающейся данного Района, и применимых нормативных положений.

3. Деятельность по управлению

Для достижения целей и выполнения задач настоящего Плана управления должны быть предприняты следующие меры управления:

- В рамках действия на территории Района Национальных программ следует собирать по необходимости – по меньшей мере ежегодно – Координационную группу по вопросам управления Сухими Долинами МакМердо (в дальнейшем именуемую «Координационную группа») для осуществления надзора за координацией деятельности на территории Района, включая следующие задачи:
    - обеспечение эффективной коммуникации между сторонами, действующими в Районе или посещающими его;
    - организация форума для разрешения любых существующих или потенциальных конфликтов при осуществлении деятельности;
    - минимизация дублирования деятельности;
    - ведение учета видов **деятельности и, по мере возможности, воздействий на среду Района**;
    - разработка стратегий **выявления и управления совокупными** воздействиями;
    - распространение в Районе информации, в частности, о проводимой деятельности и мерах управления, применяемым на территории Района, включая предоставление данной информации в электронном виде на сайте http://www.mcmurdodryvalleys.aq/;
    - рассмотрение прошлой, текущей и будущей деятельности с оценкой эффективности мер управления; а также
    - выработка рекомендаций по осуществлению настоящего Плана управления.
- Национальные программы, действующие на территории Района, должны обеспечить наличие экземпляров настоящего Плана управления и вспомогательной документации на соответствующих станциях и исследовательских объектах, а также предоставление их в распоряжение всех лиц, находящихся на территории Района, в том числе и в электронном виде на сайте http://www.mcmurdodryvalleys.aq/.
- В рамках выполнения на территории Района Национальных программ и посещений, организуемых туроператорами, должны быть предусмотрены инструктажи для их персонала (включая сотрудников, членов экипажа, пассажиров, ученых и любых других посетителей) и ознакомление персонала с требованиями данного Плана управления, и в частности с *Общим руководством по охране окружающей среды* (Приложение А) применительно к данному Району.
- Туроператоры и любая другая группа либо лицо, ответственные за планирование и/или проведение неправительственной деятельности на территории Района, обязаны заблаговременно координировать свою деятельность с Национальными Программами, действующими на территории Района, для обеспечения отсутствия опасности для ценностей Района и соответствия требованиям Плана управления.
- В рамках выполнения на территории Района Национальных программ следует стремиться к разработке передовых методов для достижения целей настоящего Плана управления и к свободному обмену такими знаниями и информацией.
- Там, где это необходимо и целесообразно, следует устанавливать знаки, и/или указатели, обозначающие расположение или границы зон, мест проведения исследований, взлета/посадки или мест размещения лагерей на территории Района. Знаки и указатели должны быть установлены надежно, содержаться в хорошем состоянии и должны быть убраны при отсутствии дальнейшей необходимости в них.
- Посещать Район следует по мере необходимости (не реже одного раза в пять лет), чтобы оценить эффективность выполнения Плана управления и убедиться в достаточности и правильности принимаемых мер управления. План управления, Кодекс поведения и Руководящие документы пересматриваются и корректируются по необходимости.

- В рамках национальных программ, действующих на территории Района, должны быть предприняты необходимые и разумные меры по обеспечению соблюдения требований Плана управления.

4. Период предоставления статуса

Предоставлен на неограниченный срок.

5. Карты и фотографии

Таблица 1. Перечень карт, включенных в План управления

Карта		Наименование	Исходный масштаб	Расчетная погрешность (+/- м)
Общие				
Карта 1		Общая - ОУРА № 2 Сухие Долины МакМердо: границы и зоны	1:900 000	200
Карта 2		Общая - Сухие Долины, центральная часть	1:400 000	200
Зоны сооружений				
Карта 3		Пещера Эксплорерс, Нью-Харбор	1:25 000	2
	Врезка:	Зона сооружений лагеря Нью-Харбор	1:3 000	2
Карта 4		Озеро Фрикселл – ледник Содружества	1:25 000	2
	Врезка:	Зона сооружений лагеря F-6	1:3 000	2
Карта 5		Озеро Фрикселл – ледник Канада	1:25 000	2
		Зона сооружений лагеря в районе озера		2
	Врезка:	Фрикселл	1:3 000	
Карта 6		Озеро Хор, ледник Канада	1:25 000	2
Карта 7		Зона сооружений лагеря в районе озера Хор	1:3 000	2
Карта 8		Озеро Бонни, долина Тейлора	1:25 000	2
	Врезка:	Зона сооружений лагеря в районе озера Бонни	1:3 000	2
Карта 9		Гора Ньюолл, гряда Асгарда	1:25 000	50
		Зона сооружений радиоретрансляционной		2
	Врезка:	станции в районе горы Ньюолл	1:3 000	
Карта 10		Мыс Марбл, пролив МакМердо	1:35 000	5
	Врезка:	Зона сооружений заправочной станции на мысе Марбл	1:5 000	2
Карта 11		Низовья долины Райт	1:25 000	50
		Зона сооружений Хижины в низовьях долины		2
	Врезка:	Райт	1:3 000	
Карта 12		Озеро Ванда, долина Райт	1:25 000	50
	Врезка 1:	Зона сооружений Хижины на озере Ванда	1:3 000	2
	Врезка 2:	Зона сооружений Хижины в ущелье Булл	1:3 000	2
Карта 13		Мыс Робертс, Гранитная бухта	1:10 000	10
	Врезка:	Зона сооружений Хижины на мысе Робертс	1:3 000	10
Зоны научных исследований				
		Зона научных исследований, пещера		2
Карта 14		Эксплорерс	1:3 000	
Карта 15		Панцирные почвы Боулдер, долина Райт	1:30 000	50
		Зона научных исследований, панцирные почвы		50
	Врезка:	Боулдер	1:10 000	
Зоны ограниченного доступа				
		Зона ограниченного доступа, перемычка на		10
Карта 16		озере Троф	1:70 000	
Карта 17		Гора Физер – долина Бикон	1:130 000	50
	Врезка:	Зона ограниченного доступа отложения Сириус на горе Физер	1:25 000	50
Карта 18		Пруд Дон Хуан, долина Райт	1:50 000	50

Карта		Наименование	Исходный масштаб	Расчетная погрешность (+/- м)
	Врезка:	Зона ограниченного доступа пруд Дон Хуан	1:12 500	50
Карта 19		Лощина Арго, долина Райт	1:30 000	50
	Врезка:	Зона ограниченного доступа лощина Арго	1:3 000	15
Карта 20		Площадка Меса, долина Райт	1:30 000	50
	Врезка:	Зона ограниченного доступа площадка Меса	1:5 000	50
Карта 21		Ледник Харта, долина Райт	1:25 000	50
	Врезка:	Зона ограниченного доступа зольные отложения Харта	1:3 000	50
Карта 22		Зона ограниченного доступа Песчаные дюны в долине Виктории	1:50 000	50
Карта 23		Зона ограниченного доступа мыс Бэттлшип	1:50 000	50

Зоны для посетителей				
Карта 24		Долина Тейлора, озеро Фрикселл	1:25 000	2
	Врезка:	Долина Тейлора, зона для посетителей	1:5 000	2

6. Описание Района

Сухие Долины МакМердо расположены в южной части Земли Виктории вдоль западного берега пролива МакМердо, южная часть моря Росса, с приблизительными координатами 77°30' южной широты, 162°00' восточной долготы. Район площадью приблизительно 17 500 км^2 определен в качестве Особо управляемого района Антарктики (далее «Район») в целях управления человеческой деятельностью человека в регионе и охраны научных, экологических, эстетических, исторических и природных ценностей.

По результатам Анализа экологических доменов антарктического континента (Резолюция 3(2008)), Сухие Долины МакМердо расположены на территории Среды S – МакМердо – геологические структуры в южной части Земли Виктории.

6(i) Географические координаты, указатели границ и природные особенности

Все географические координаты в данном Плане управления приведены в градусах и децимальных минутах в формате (dd mm.mm – град мин, мин).

Границы Района определены преимущественно на основании гидрологических водосбросов в Сухих Долинах МакМердо, включая всю территорию, свободную ото льдов, и прилегающие к ним области на территории этих водосборных бассейнов, вся гряда Конвой на севере, и ограничены ледником Кетлиц на юге (Карта 1). Прибрежные острова, за исключением острова Трипп на севере и острова Хилд на юге, не включены в состав района. В направлении по часовой стрелке с северо-востока граница Зоны определена следующим образом:

От северо-восточной оконечности острова Трипп (76°38,09' ю.ш., 162°42,90' в.д.) граница проходит на юг по береговой линии по среднему уровню малой воды до мыса ДеМастер (расположенного к востоку от долины Маршалла с координатами 78°04,20' ю.ш., 164°25,43' в.д.) на расстояние приблизительно 170 км. Затем граница проходит по северо-западной кромке ледника Кетлиц в юго-западном направлении приблизительно на 25 км к заливу Уолкотта и озеру Троф, включая в территорию Района все водотоки и озера вдоль кромки ледника (Карта 16). Затем граница проходит приблизительно по южной линии налегания кромки ледника Кетлиц в заливе Уолкотта на восток в направлении Булварк и захватывая все озеро Троф. Затем граница продолжается на восток по ручью Булварк приблизительно на 1,5 км к северной оконечности Булварк. Затем граница проходит по прямой линии 3 км на северо-восток к северо-западной береговой линии Острова Хилд, следуя по северной береговой линии к восточной крайности острова с координатами 78° 15,00' ю.ш., 163° 57,80' в.д.

Граница проходит от острова Хилд приблизительно 14,8 км на юго-запад к вершине Пирамиды (854 м) (78° 20,64' ю.ш., 163° 29,95' в.д.). Затем граница продолжается к юго-западу приблизительно на 13,3 км по направлению к подножью гребня Хайвей (78° 23,97' ю.ш.,

162° 58,57' в.д.), откуда поднимается по линии хребта в северо-западном направлении приблизительно на 3,8 км к вершине Акульего плавника (2242 м, 78° 22,11' ю.ш., 162° 54,66' в.д.). От Акульего плавника граница проходит приблизительно 6,7 км к вершине горы Кемпа (3004 м) (78° 19,35' ю.ш., 162° 29,18' в.д.). Затем граница продолжается на северо-запад по прямой линии от вершины горы Кемпа приблизительно 83 км к вершине горы Виснески (2320 м) (77° 57,65' ю.ш., 159° 33,73' в.д.), которая является самым южным пиком гор Лэшли.

От горы Виснески граница проходит к северу приблизительно на 8,7 км к горе Крин (2550 м, 77° 53,00' ю.ш., 159° 30,66' в.д.), которая является самым высоким пиком гор Лэшли. Затем граница продолжается на 5,6 км к северу до вершины горы Когер (2450 м, 77° 50,05' ю.ш., 159° 33,09' в.д.), является самым северным пиком гор Лэшли.

Затем граница проходит на северо-восток приблизительно 15,3 км к нунатаку Депот (1980 м, 77° 44,88' ю.ш., 160° 03,19' в.д.), а затем на северо-запад приблизительно 19,6 км к западной оконечности свободной ото льдов территории у горы Хорсшу (77° 34,52' ю.ш., 159° 53,72' в.д.). Граница продолжается к северу приблизительно на 40 км к вершине горы ДеВитта (2190 м, 77° 13,05' ю.ш., 159° 50,30' в.д.), затем проходит на северо-запад приблизительно 38,4 км к вершине нунатака Карапейс (2321 м, 76° 53,31' ю.ш., 159° 23,76' в.д.) и продолжается еще на 39 км на север к вершине нунатака Бэтлментс (2128 м, 76° 32,27' ю.ш., 159° 21,41' в.д.).

Затем граница проходит на восток от нунатака Бэтлментс приблизительно на 51 км к вершине горы Дугласа (1750 м, 76° 31,25' ю.ш., 161° 18,64' в.д.), а затем приблизительно на 18 км в юго-восточном направлении к вершине горы Эндевор (1870 м, 76° 32,49' ю.ш., 161° 59,97' в.д.). Затем граница проходит на юго-восток от горы Эндевор приблизительно на 21,3 км к северо-восточной оконечности острова Трипп.

Принципиальной топографической основой для указанных выше координат является топографическая карта на цифровой основе Службы геологической съёмки США (USGS)/LINZ 1:50 000, которая подготовлена для Сухих Долин МакМердо и имеет максимальную расчетную ошибку +/-50 м. Поскольку данная карта не покрывает западную границу, координаты в этих зонах приняты с карты Службы геологической съёмки США 1:250 000, имеющей максимальную расчетную ошибку +/-200 м. Точное картографирование с максимальной ошибкой +/- 2 м имеется для ограниченного количества мест на территории Района (см. Таблицу 1), преимущественно в долине Тейлора, и точные координаты GPS имеются для определения только части границ. Масштабная шкала 1:50 000 была выбрана как базовая основа карты для координат границ для их предоставления в системе координат по единому стандарту для большей части территории Района. По этим соображениям координаты GPS для границ могут отличаться от координат, приведенных выше, на величину до 50 м, а в западной части на величину до ~200 м.

6(ii) Зоны ограниченного доступа и особого управления на территории Района

Данный План управления устанавливает четыре типа зон внутри Района: зоны сооружений, зоны научных исследований, зоны ограниченного доступа и зона для посетителей. Целевые функции управления различными типами зон приведены в Таблице 2. На Картах 1 и 2 показано расположение различных типов зон, а на Картах 3-24 (приведенных в соответствующих приложениях) показаны все зоны с их привязкой к географии окружающего ландшафта и подробными характеристиками объектов или инфраструктуры, имеющейся на каждом участке (обычно показанными на врезке). Новая зона или тип зоны могут быть рассмотрены Координационной группой по мере возникновения необходимости, а зоны, необходимость в которых далее отсутствует, могут быть исключены. Изменениям зонирования должно быть уделено особое внимание во время пересмотров Плана управления.

Таблица 2. Зоны управления, выделенные на территории Района, и их целевые функции

Зоны управления	Целевые функции зоны	Приложение к Плану
Зона сооружений	Обеспечение размещения и управления объектами и оборудованием для научных исследований и связанной с ними человеческой деятельностью в пределах	С

Зоны управления	Целевые функции зоны	Приложение к Плану
	выделенных зон Района.	
Зона научных исследований	Обеспечение информацией тех, кто выполняет планирование научной деятельности или логистики на территории Района, и всех лиц, посещающих Район, об участках, где проводятся текущие или долгосрочные научные исследования, которые могут быть чувствительны к возмущениям или иметь установленное чувствительное научное оборудование, для того чтобы их можно было учесть при планировании и проведении деятельности на территории Района.	D
Зона ограниченного доступа	Ограничение доступа в определенную часть Района и/или деятельности в этой его части по ряду аспектов управления или научных причин, например ввиду особой научной или экологической ценности, уязвимости природы, наличия опасных факторов, или же для ограничения выбросов или строительства сооружений на конкретном участке. Доступ в зоны ограниченного доступа, как правило, осуществляется в случае крайней необходимости при невозможности ее удовлетворения в любом другом месте Района.	E
Зоны для посетителей	Обеспечение управления деятельностью посетителей, включая персонал, работающий в рамках программам, и/или туристов, с целью ограничения их воздействия на среду и, при необходимости, контроля и управления таким воздействием.	F

Общие принципы, действующие внутри этих зон, представлены в разделах ниже, а руководящие принципы для конкретных зон по осуществлению деятельности в каждой зоне приведены в Приложениях D–F.

Зоны сооружений

Зоны сооружений установлены для размещения временных и полустационарных объектов в границах заблаговременно выделенных зон и тем самым для контроля их распределения и последствий деятельности. Зоны сооружений могут быть зонами, в которых предполагается полупостоянное присутствие человека или присутствие на определенный период времени, в течение которого производится существенная деятельность. Они могут также представлять собой зоны, в которых предполагается регулярное присутствие человека и/или периодическая деятельность, такая как полевые лагеря. Устройство новых зон сооружений должно обеспечивать минимизацию последствий деятельности объектов и сопутствующих материалов.

Для зон сооружений должно быть обеспечено следующее:

• Объекты постоянного и периодического использования, места для размещения полевых лагерей, вертолетные площадки, объекты хранения материалов/комплектующих должны быть расположены внутри границ зон сооружений.

• Там, где это целесообразно, следует повторно использовать существующую инфраструктуру, места размещения лагерей и хранения материальных ценностей в зонах сооружений.

• Условия хранения и обращения с топливом в зонах сооружений не должны противоречить требованиям, изложенным в *Общем руководстве по охране окружающей среды для Сухих Долин МакМердо* (Приложение А), путем обеспечения вторичной герметизации, соответствующего оборудования для заправки, слива или обслуживания, безопасного хранения и соответствующей ликвидации разливов ГСМ.

- Альтернативные источники энергии и эффективность ее использования должны рассматриваться при планировании и проведении деятельности в зонах сооружений.

- Минимизация количества отходов и правильное обращение с ними должны рассматриваться при планировании и проведении деятельности в зонах сооружений; все отходы должны храниться надежно, а затем вывозиться.

- Планы действий в чрезвычайных ситуациях должны быть разработаны надлежащим образом с учетом особенностей зон сооружений.

Зоны сооружений запрещено располагать внутри зон ограниченного доступа или Особо охраняемых районов Антарктики (ООРА) либо в местах, которые могут иным образом подвергнуть опасности ценности Района.

Зоны сооружений перечислены в Приложении С с картами и указанием мест расположения, границ и описания инфраструктуры, выделенных посадочных площадок.

Зоны научных исследований

Зоны научных исследований, перечисленные в Приложении D, установлены для обеспечения информацией лиц, посещающих Район, о площадках, где проводятся текущие или планируемые научные исследования, чтобы обеспечить отсутствие помех для важных научных ценностей или экспериментов. На доступ в зоны научных исследований нет общеобязательных ограничений, но их посетители перед посещением или планированием работ в этих зонах должны ознакомиться с положениями Приложения D.

Зоны ограниченного доступа

Зоны ограниченного доступа установлены в местах высокой научной ценности, особо уязвимых к нарушениям человеком экологического баланса. Зоны ограниченного доступа указаны в Приложении Е с кратким описанием границ, характеристик, воздействий и всех конкретных руководящих принципов для доступа и деятельности. Доступ в Зоны ограниченного доступа осуществляется в случае крайней необходимости при невозможности ее удовлетворения в любом другом месте Района, и все дополнительные меры обеспечения их защиты, указанные в Приложении Е, обязательны для строго соблюдения при посещениях.

Зоны для посетителей

Зона для посетителей «Долина Тейлора» (Taylor Valley) установлена для контроля посещений туристов или неправительственных экспедиций в Район в пределах определенной зоны, в которой могут наблюдаться исключительные исторические и природные ценности Сухих Долин МакМердо с одновременным обеспечением минимизации потенциального воздействия посещений туристов на другие ценности, расположенные на территории Района, в частности, научные и экологические ценности.

Зона для посетителей «Долина Тейлора» расположена в долине Тейлора вблизи конца языка ледника Канада (Карта 24) в месте, где может быть обеспечен разумный, безопасный и относительно легкий доступ и перемещение с минимальным ущербом для научной деятельности или окружающей среды. Данная площадка была выбрана после консультаций между руководством Национальных Программ, действующих в Районе, туроператорами и Международной ассоциацией антарктических туристических операторов (МААТО). Конкретные руководящие указания для проведения деятельности в Зоне для посетителей включены в Приложение F как Руководство для посетителей в рамках Договора об Антарктике: долина Тейлора, южная часть Земли Виктории, море Росса.

6(iii) Сооружения на территории и в окрестностях Района

Основные сооружения на территории Района расположены в Зонах сооружений, установленных в центральной части Сухих Долин МакМердо (Карты 2 и 13). В долине Тейлора расположены пять полустационарных полевых лагерей (Карты 3-8), и три полустационарных полевых лагеря расположены в долине Райт (Карты 11 и 12). Наиболее значительные сооружения располагаются на заправочной станции на мысе Марбл (Карта 10), а здания также расположены у горы Ньюолл (Карта 9) и у мыса Робертса (Карта 13).

Имеется большое количество площадок для научной и рабочей аппаратуры, расположенных по всей территории Района вне Зон сооружений, наиболее значительные из которых приведены в Таблице 3. Другие сооружения, не указанные в них, включают в себя несколько автоматических метеорологических станций (АМС), радиоретрансляторов (гора Серверас, гора Джей-Джей-Томпсон), станций водосливов и контроля баланса массы ледников.

Таблица 3. Сооружения на территории Района вне Зон сооружений

Наименование	СС[1]	Место-положение[2]	Описание местоположения	Сооружения
Радио-ретранслятор Маунт-Коутс	США	77° 47,16' ю.ш. 161° 58,23' в.д.	У вершины Маунт-Коутс (1894 м), Кукри-Хиллз. ~14 км от Зоны сооружений на озере Бонни, долина Тейлора.	Радиоретранслятор и вспомогательное оборудование в двух оранжевых пластиковых корпусах. Одна антенна на площадке.
Радио-ретранслятор Юрт-Хилл	США	77° 30,97' ю.ш. 163° 37,22' в.д.	У вершины Юрт-Хилл (790 м) ~ 6 км от мыса Берначчи, к северо-востоку от пещеры Эксплорерс и долины Тейлора.	Радиоретранслятор и вспомогательное оборудование в небольшом укрытии (2,4 м х 2,6 м). Антенна установлена на укрытии.

1. Сторона, ответственная за содержание
2. Координаты приблизительные

Кроме того, в Сухих Долинах МакМердо имеется несколько площадок полустационарных лагерей, которые были выведены из эксплуатации и снесены (Таблица 4).

Таблица 4. Известные площадки выведенных из эксплуатации полустационарных лагерей.

Выведенная из эксплуатации площадка	ОС[1]	Географические координаты[2]
Хижина Асгарда	Н.Зел.	77° 35' ю.ш., 161° 36 в.д.
Хижина Браунуорта	Н.Зел.	77° 27' ю.ш., 162° 53' в.д.
Хижина в ущелье Булл (Сооружения США на площадке Зоны сооружений «Хижина в ущелье Булл» сохранились)	Н.Зел.	77° 31,01' ю.ш., 161° 51,08' в.д.
Лагерь на леднике Мезерв	США	77° 30,8' ю.ш., 162° 17' в.д.
Хижина в долине Миерс	Н.Зел.	78° 08' ю.ш., 163° 50' в.д.
Старая хижина на озере Бонни	США	77° 42,2' ю.ш., 162° 30,6' в.д.
Хижина на озере Фрикселл	Н.Зел.	77° 37' ю.ш., 163° 03' в.д.
Станция на озере Ванда (некоторые сооружения перенесены в Зону сооружений «Хижина на озере Ванда»)	Н.Зел.	77° 31,6' ю.ш., 161° 40,1' в.д.
Лагерь на леднике Содружества	Н.Зел.	77° 34,94' ю.ш., 161° 81' в.д.
Лагерь «Старая хижина в Нью-Харбор»	США	77° 34,5' ю.ш., 163° 29,9' в.д.
Лагерь на леднике Оделла	США	76° 40,86' ю.ш.,

Выведенная из эксплуатации площадка	ОС[1]	Географические координаты[2]
		159° 54,8′ в.д.

1. Ответственная сторона
2. Координаты приблизительные

На восьми участках на территории Района проводилось бурение,. в рамках Проекта бурения в Сухих Долинах МакМердо (DVDP), осуществлявшегося в период с 1971 по 1975 год. На некоторых из них было пробурено несколько скважин. Бурение в рамках проекта осуществлялось на следующих участках: озеро Ванда (DVDP 4, на глубину 85,8 м от поверхности льда), пруд Дон Хуан (DVDP 5, на глубину 3,4 м; DVDP 13, 75 м), бассейн Норт-Форк долина Райт (DVDP 14, 78 м), озеро Вида (DVDP 6, 305,8 м; постоянно заглушены и запечатаны по Программе США в 2006–2007 гг. и теперь на несколько метров ниже поверхности озера), озеро Фрикселл (DVDP 7, 11,1 м), Нью-Харбор (DVDP 8, 157,5 м; DVDP 9, 38,3 м; DVDP 10, 187 м), ледник Содружества (DVDP 11, 328 м) и озеро Хор (DVDP 12, 185 м).

6(iv) Местонахождение других охраняемых зон на территории Района

Доступ на территорию Особо охраняемых районов Антарктики (ООРА) осуществляется только на основании разрешения, выдаваемого национальными органами. На территории Района расположено четыре ООРА (Карты 1 и 2):

ООРА № 123: долины Барвик и Бэлем, южная часть земли Виктории (Карты 1, 2);

ООРА № 131: ледник Канада, озеро Фрикселл, долина Тейлора, Земля Виктории (Карты 2, 5, 24);

ООРА № 138: терраса Линнея, гряда Асгарда, Земля Виктории (Карты 2, 18);

ООРА № 154: залив Ботани, мыс Геологии, Земля Виктории (Карта 1);

7. Кодекс поведения

Кодекс поведения, приведенный в этом разделе, является главным инструментом регулирования деятельности, осуществляемой на территории Района. В нем изложены общие принципы управления и выполнения работ на территории Района.

Кроме того, дополнительные руководящие принципы представлены в *Общем руководстве по охране окружающей среды для Сухих Долин МакМердо* (Приложение А), *Руководстве по охране окружающей среды для научных исследований* (Приложение В), а также в Перечне Зон сооружений (Приложение С), Зон научных исследований (Приложение D), Зон ограниченного доступа (Приложение Е) и Зон для посетителей (Приложение F). Все посетители Сухих Долин МакМердо должны быть ознакомлены как минимум с *Общим руководством по охране окружающей среды,* изложенным в Приложении А, до въезда на территорию Района.

7(i) Доступ в Район и передвижение по его территории

Район имеет большую площадь с многочисленными точками возможного доступа. Обычно доступ на территорию Района осуществляется на вертолете с острова Росс или по льду через Нью-Харбор или мыс Марбл. Для приземления вертолетов должны использоваться специально отведенные вертолетные площадки: они перечислены и показаны на картах в Приложениях C–F, описывающих зоны управления. Выделенные посадочные площадки в ООРА определены и показаны на картах в соответствующих Планах управления. Там, где выделенные посадочные площадки отсутствуют, по возможности следует использовать посадочные площадки, использовавшиеся ранее. В местах, где вертолеты предположительно будут использоваться многократно для обеспечения доступа в определенный район, следует предусмотреть организацию специальной посадочной площадки. Такие предложения должны направляться на рассмотрение Координационной группы по вопросам управления. Ограничения на пролеты над территорией установлены для ООРА № 123 в долинах Барвик и Бэлем, ООРА № 131 в районе ледника Канада, ООРА № 154 в районе залива Ботани, а также над Зонами ограниченного доступа в районе пруда Дон Хуан и Песчаными дюнами в долине Виктории.

Весь пешеходные пути доступа и передвижение пешим порядком на территории Района должно осуществляться таким образом, чтобы свести к минимуму воздействие на почву и покрытые растительностью поверхности. В Районе предусмотрено несколько пешеходных маршрутов. В долине Тейлора это маршруты между лагерем F-6 и лагерем на озере Фрикселл, лагерем F-6 и лагерем на озере Хор, лагерем на озере Хор и лагерем на озере Фрикселл, а также между лагерем на озере Хор и лагерем на озере Бонни. Имеется маршрут от кромки озера Фрикселл до перемычки водослива на ручье Канада. Кроме того, предусмотрены маршруты, пролегающие за пределами ближайших окрестностей лагерей F-6, на озерах Фрикселл, Бонни и Хор. Предусмотрен также маршрут для передвижения пешим порядком в Зоне для посетителей «Долина Тейлора» (Приложение F). В долине Райт предусмотрен маршрут между перемычкой водослива и хижинами на озере Ванда. Существует условно определенный маршрут вдоль реки Оникс между озерами Ванда и Браунуорт, а местами сохранились следы колеи, оставленной наземными транспортными средствами, использовавшими этот маршрут в 1970-е годы.

В некоторых местах, где проводилась постоянная деятельность, в рыхлых моренных почвах были протоптаны тропы, образующие отчетливо выраженные маршруты, такие как в окрестностях Зон сооружений и на полевых площадках, например по северной кромке нижней части ледника Тейлора. В таких случаях пешеходы должны отдавать предпочтение существующим маршрутам, если не становится очевидным, что это небезопасно или приводит к большему воздействию на среду, чем альтернативный маршрут.

Использование наземных транспортных средств на территории Района должно ограничиваться участками озерного или морского льда, за исключением случаев, когда специально разрешена деятельность на суше в районах мыса Марбл (Карта 11), Нью-Харбор (Карты 3 и 14) и мыса Робертс (Карта 13), где наземные транспортные средства должны передвигаться по существующей колее.

Следует избегать входа в зоны ограниченного доступа, за исключением случаев крайней необходимости. Это следует согласовывать с руководством Национальных Программ, действующих в Районе.

Доступ туристов и неправительственных экспедиций должен осуществляться только в Зону для посетителей «Долина Тейлора» в соответствии с указаниями, изложенными в Приложении F, и заблаговременно согласовываться с руководством Национальных Программ, действующих в Районе.

7(ii) Разрешенная деятельность в Районе

К числу видов деятельности, разрешенных на территории Района, относятся научные исследования, деятельность в поддержку науки; визиты представителей СМИ, искусства, образования и других официальных представителей национальных программ; меры управления, включая техническое обслуживание или снос сооружений, а также посещения туристами Зоны для посетителей, где эта деятельность не наносит ущерба ценностям Района.

Все виды деятельности в Сухих Долинах МакМердо должны осуществляться таким образом, чтобы свести к минимуму воздействие на окружающую среду. В целях минимизации использования ископаемых видов топлива следует в максимально возможной степени использовать альтернативные источники энергии (например, солнечную и ветровую энергию, топливные элементы). Специальные указания по осуществлению деятельности в Районе изложены в Приложениях А–Е.

Туристическая деятельность и неправительственные экспедиции должны обеспечивать по возможности минимальное воздействие на научную деятельность на территории Района и на экосистему Района, а также выполняться в соответствии с Руководством для посетителей в рамках Договора об Антарктике: долина Тейлора (Приложение F).

7(iii) Возведение, реконструкция и снос сооружений

При выборе мест для сооружений и их установке необходимо проявлять осторожность с тем, чтобы свести к минимуму воздействие на окружающую среду. Следует предусматривать максимальное использование существующих объектов или их совместное использование с другими программами до сооружения новых объектов, а последствия установки всех объектов должны быть ограничены целесообразным минимумом. Места расположения сооружений в максимально возможной степени использоваться повторно. Как правило, установка стационарных и полустационарных сооружений запрещена за пределами Зон материально-технического обеспечения, за исключением случаев, когда они имеют малые размеры и не представляют никакой значительной угрозы ценностям на территории Района (например, автоматические метеорологические станции (АМС) или малогабаритный радиоретранслятор с электропитанием от солнечных и аккумуляторных батарей и с минимальной инфраструктурой).

Все сооружения должны поддерживаться в рабочем состоянии на срок выполнения работ и демонтироваться при отсутствии дальнейшей необходимости в них. Сооружения должны быть зарегистрированы с указанием ответственной национальной программы, фамилии руководителя обследования и года установки. Типы сооружений и их координаты должны быть зарегистрированы с предоставлением информации в адрес руководства ответственной национальной программы с последующим совместным использованием Координационной группой по вопросам управления.

Ответственные органы национальных программ должны через Координационную группу по вопросам управления обмениваться информацией по предложениям относительно установки новых сооружений до их установки с целью координации деятельности и минимизации потребности в новых сооружениях, потенциально вызывающих нарушение экологического равновесия или дублирующих друг друга.

7(iv) Полевые лагеря

В Сухих Долинах МакМердо полевым лагерем считается небольшой временный лагерь, организуемый для проведения исследований в течение полевого сезона. Как правило, он может содержать несколько палаток и временные укрытия для лабораторных работ или приготовления пищи. Как правило, полевые лагеря должны разбиваться только тогда, когда для выполнения работ, для обеспечения которых они предназначены, нецелесообразно осуществлять доступ из одной из Зон сооружений.

При выборе мест для полевых лагерей и во время их разбивки необходимо проявлять осторожность, с тем чтобы свести к минимуму воздействие на окружающую среду. Следует предусматривать максимальное использование старых или существующих площадок полевых лагерей или их совместное использование с другими программами до сооружения новых полевых лагерей, а последствия установки всех полевых лагерей должны быть ограничены целесообразным минимумом.

Все полевые лагеря должны поддерживаться в рабочем состоянии на срок выполнения работ и демонтироваться при отсутствии дальнейшей необходимости в них. Особое внимание следует уделять закреплению оборудования лагеря, чтобы его не разбросал ветер.

Координаты полевых лагерей должны быть зарегистрированы с предоставлением информации в адрес руководства ответственной национальной программы с последующим совместным использованием Координационной группой по вопросам управления.

Выделенные площадки полевых лагерей за пределами Зон сооружений или других зон на территории Района приведены в Таблице 5.

Таблица 5. Выделенные площадки полевых лагерей за пределами Зон сооружений или других зон на территории Района

Наимено-вание	СС[1]	Место-положение	Описание места	Описание полевого лагеря
Площадка полевого лагеря в районе водопадов Блад-Фоллз	США	77° 43,24' ю.ш. 162° 16,29' в.д. 1 вертолетная посадочная площадка выше лагеря	Северо-западный берег озера Бонни, ~100 м от конца языка ледника Тейлора и водопадов Блад-Фоллз.	Уклоны ~100 м выше по склону от береговой линии озера и ~200 м на северо-восток от ручья Лоусона к постоянному геодезическому знаку (ТР02) в ~20 м от берега озера. Места для палаток обозначены каменными кольцами. Выделенная вертолетная посадочная площадка расположена вблизи группы мест для палаток в юго-западной части площадки полевого лагеря.

1. Сторона, ответственная за содержание

7(v) Изъятие или вредное вмешательство в жизнь местной флоры и фауны

Изъятие или вредное вмешательство в жизнь местной флоры и фауны допускается только на основании разрешения, выданного в соответствии с положениями Статьи 3 Приложения II к Протоколу компетентным национальным органом специально для этой цели. Если данная деятельность включает себя изъятие или вредное вмешательство в жизнь животных, в качестве минимального применяемого стандарта следует руководствоваться Кодексом поведения при использовании животных в научных целях в Антарктике, разработанным Научным комитетом по антарктическим исследованиям (СКАР).

Для обеспечения сохранения экологических и научных ценностей на территории Района, лица, посещающие Район, должны принимать особые меры предосторожности по предотвращению внедрения неаборигенных видов. Особое внимание следует уделять предотвращению их внедрения из других территорий Антарктики, включая станции, или регионов за пределами Антарктики. Лица, посещающие Район, обязаны обеспечивать чистоту оборудования для отбора проб, знаков и указателей, ввозимых на территорию Района. Лица, посещающие Район, обязаны производить полную тщательную чистку всего оборудования (включая рюкзаки, вещевые мешки, и палатки), обуви и одежды, прежде чем зайти на территорию Района. Посетители также должны быть предупреждены об опасности переноса биологических видов из одной части Сухих Долин в другую, что может также повлиять на ценности Района. В частности, посетители должны стремиться минимизировать перемещение почв с одного места в другое на территории Района, тщательно очищая свое оборудование (например, оборудование для разбивки лагеря и отбора проб, транспортные средства, обувь) перед перемещением на другую площадку.

7(vi) Сбор и вывоз материальных объектов, обнаруженных на территории Района

Материальные объекты, не подпадающие под пункт 7(v) выше, могут собираться в Районе или вывозиться из него только в научных и связанных с ними образовательных целях или в важнейших целях управления, причем эта деятельность должна ограничиваться минимумом, необходимым для достижения указанных целей. Любые метеориты необходимо собирать и хранить в соответствии с принятыми научными стандартами, и они должны быть доступны для научно-исследовательских целей. Материалы антропогенного происхождения, которые могут нанести ущерб ценностям Района, должны быть вывезены из Района, за исключением ситуаций, когда существует вероятность того, что последствия вывоза превзойдут последствия оставления материала на месте. В этом случае необходимо направить уведомление соответствующему компетентному органу.

7(vii) Обращение с отходами

Все материалы, ввезенные в Район, должны в максимально возможной степени быть собраны и вывезены с территории Района, когда в них отпадет необходимость. Вода, используемая для любых нужд человека, в том числе в научных целях, должна вывозиться и/или обрабатываться в испарителе для «серых» бытовых сточных вод (а осадок должен вывозиться). Все отходы человеческой деятельности подлежат вывозу из Района, включая остатки, образующиеся при сжигании.

Согласно Статье 4 Приложения III к Протоколу отходы не должны утилизироваться на участках, свободных ото льда, сбрасываться в пресноводные системы, на участки снега или в ледовые ямы с выходом в свободные ото льда зоны, или в зонах, характеризующихся высокой степенью опасности разрушения.

7(viii) Требования к отчетности

Координационная группа по вопросам управления в максимально возможной степени должна вести отчетную документацию по деятельности, осуществляемой в Районе, и предоставлять ее в распоряжение всех Сторон.

В соответствии со Статьей 10 Приложения V к Протоколу необходимо принять меры для сбора и обмена отчетами о посещениях с целью инспекции, а также о любых существенных изменениях или нанесении ущерба на территории Района.

Туроператоры должны вести учет посещений Района, включая данные о количестве и датах посещений и происшествиях на территории Района, и представлять эти данные в соответствии с процедурами для отчетности об экспедициях, принятыми Сторонами-участниками Договора об Антарктике и МААТО.

8. Положения, касающиеся обмена информацией до начала предлагаемой деятельности

Помимо обычного обмена информацией в рамках ежегодных национальных отчетов перед Сторонами-участниками Договора об Антарктике, а также СКАР и Советом управляющих национальных антарктических программ (КОМНАП), Стороны, осуществляющие деятельность на территории Района, обязаны обмениваться информацией через Координационную группу по вопросам управления.

9. Вспомогательная документация

Информация в электронном виде

В рамках выполнения на территории Района Национальных программ был создан веб-сайт для предоставления дополнительной информации и вспомогательной документации по тематике Сухих Долин МакМердо, включая новейшие руководящие документы, планы управления охраняемым Районом, карты, описания и правила осуществления деятельности. Данная информация доступна по адресу http://www.mcmurdodryvalleys.aq.

Планы управления

План управления Особо охраняемым районом Антарктики № 123: долины Барвик и Бэлем, южная часть Земли Виктории.

План управления особо охраняемым районом Антарктики № 131: ледник Канада, долина Тейлора, Земля Виктории.

План управления особо охраняемым районом Антарктики № 138: терраса Линнея, гряда Асгарда, Земля Виктории.

План управления особо охраняемым районом Антарктики № 154: залив Ботани, мыс Джеолоджи, Земля Виктории.

ПРИЛОЖЕНИЕ А:

Экологический кодекс поведения на территории Сухих долин МакМердо (McMurdo Dry Valleys)

Почему Сухие долины МакМердо считаются таким важным объектом? Экосистема Сухих долин МакМердо обладает геологическими и биологическими особенностями, возраст которых насчитывает от тысяч до миллионов лет. Человеческая деятельность легко может нанести необратимый ущерб многим из этих древних образований. Уникальность Сухим долинам МакМердо придают и другие особенности: необычные сообщества микроскопических форм жизни, низкий уровень биоразнообразия, простые пищевые цепочки с ограниченной трофической конкуренцией, сильный температурный стресс, засушливость и ограниченный объем питательных веществ. Этот древний пустынный ландшафт и его биологические сообщества имеют очень ограниченные возможности для естественного восстановления после внешнего вмешательства. Исследования в таких системах должны обеспечивать минимальное вмешательство с целью защиты окружающей среды для будущих поколений.

Перед тем, как отправиться в данный Район:

- Убедитесь, что запланированная деятельность соответствует требованиям изложенного в Плане управления Кодекса поведения, Экологическому кодексу поведения в Приложениях А и В и любым специальным указаниям, применяемым в зонах особого режима природопользования (Приложения C-F).

- Планируйте любые виды деятельности, например передвижение, разбивку лагеря, работы с топливом, обеспечение вторичной защитной оболочки и управление отходами (а также их минимизацию) с целью максимального сокращения воздействия на окружающую среду. Для обеспечения безопасности на территории Района отдельные посетители или группы должны в достаточном количестве приносить с собой оборудование аварийно-спасательного или иного назначения.

- Для предотвращения непреднамеренного внедрения неместных видов в Сухие долины МакМердо, тщательно очищайте оборудование (в т. ч. рюкзаки, сумки для переноски снаряжения и палатки), одежду и обувь перед посещением Района.

Передвижение и деятельность на территории Района:

- Для снижения риска переноса видов из одной части Сухих долин в другую очищайте оборудование, транспортные средства, одежду и обувь перед отправлением на другой участок.

- Помните о рекомендациях для конкретного района, изложенных в Приложениях C-F, и избегайте Зон ограниченного доступа, за исключением случаев крайней необходимости посещения таких зон при невозможности ее удовлетворения в любом другом месте Района.

- Не следует пересекать водотоки; если же это необходимо, по возможности, пересекайте водотоки в специально отведенных местах.

- Избегайте плавать или нырять в озерах, за исключением случаев, когда это разрешено Национальной программой для научных целей.

- Избегайте нарушать мумифицированные тела тюленей или птиц.

- Запрещается сооружение в Районе пирамид из камней без разрешения Национальной программы.

- Не оставляйте на территории Района никакого походного оборудования (например, ледобуры, крюки).

Пешеходное передвижение:

- Некоторые биологические сообщества и геологические образования особенно уязвимы, даже если они скрыты снежным покровом; старайтесь избегать таких объектов при передвижении по Району. Например, избегайте передвигаться по покрытым растительностью зонам, в водотоках или по берегам водотоков, по дюнам, через места, где на протяжении длительного срока проводились пробы грунтов, по возвышенным поверхностям речных дельт, хрупким горным пластам или через экологически чувствительные образования.

- По мере возможности придерживайтесь установленных или назначенных маршрутов. Для получения дополнительных указаний обращайтесь к рекомендациям для конкретных Зон (Приложения C-F).

Использование транспортных средств:

- Передвижение транспортных средств ограничивается ледовыми поверхностями, за исключением случаев, когда имеется особое разрешение на использование других путей или при передвижении у мыса Марбл, мыса Робертс и бухты Нью-Харбор.

- Транспортные средства должны передвигаться по установленным маршрутам в любых местах, где таковые имеются.

- Транспортные средства всегда должны ставиться на стоянку с вторичной защитной оболочкой или поддонами/маслосборниками.

- Транспортные средства следует использовать на льду озера только при необходимости; в период летнего таяния парковку следует производить на постоянном, а не береговом льду (с канавками и углублениями с водой).

Использование вертолетов:

- Для посадки вертолетов должны использоваться (по возможности) специально отведенные вертолетные площадки. В противном случае при возможности следует использовать ранее известные посадочные площадки. Отведенные вертолетные площадки перечислены в Приложениях C-F и показаны на Картах 3-24.

- Отведенные вертолетные площадки должны иметь легко заметные с воздуха, долговечные и прочно закрепленные указатели.

- По мере возможности следует избегать посадки вертолетов на озера.

- При проведении вертолетных операций запрещается использование дымовых шашек, за исключением случаев, когда это требуется для обеспечения безопасности.

- Требуется обеспечить надлежащее крепление подвешиваемых под вертолетом грузов. Эти операции должны проводиться под контролем обученного персонала.

Полевые лагеря: расположение и разбивка

- До введения новых лагерных стоянок, используйте назначенные бывшие или существующие лагерные стоянки или в максимально возможной степени совместно используйте стоянки, выделенные для других программ.

- Сведите к минимуму экологический след на всех лагерных стоянках.

- Лагерные стоянки по мере практической возможности должны располагаться как можно дальше от берегов озер, русл водотоков и мест, где на протяжении длительного срока проводятся пробы грунтов, во избежание повреждения или загрязнения окружающей среды. Запрещается устраивать лагерные стоянки в руслах водотоков, даже если они высушены.

- Камни, передвинутые с целью расчистки площадок под новые лагеря или для других операций в нетронутых ранее районах по окончании работ должны по возможности быть приведены в первоначальное состояние и, как минимум, уложены солевыми отложениями вниз. Если стояночное место предназначено для многолетней деятельности, требуется получить дополнительные указания от соответствующей Национальной программы.

- Местоположение полевых лагерей должно быть зарегистрировано и представлено на рассмотрение соответствующей Национальной программе.

- Необходимо обеспечить постоянное надежное крепление оборудования и вспомогательных материалов/запасов во избежание их уноса сильным ветром.

Использование энергии:

- По мере возможности, используйте такие энергосистемы и способы передвижения в Районе, которые оказывают минимальное экологическое воздействие, а также сведите к минимуму использование ископаемого топлива.

Использование материалов:

- Все ввозимые в Район материалы должны быть вывезены из него и возвращены на соответствующую станцию Национальной программы для надлежащей обработки.

- Требуется избегать деятельности, которая может привести к рассеиванию инородных материалов (например, использования аэрозольной краски для нанесения знаков на горных породах), либо такие работы должны проводиться внутри хижины или палатки (например, все виды резания, пиления, распаковка грузов).

- На территории Района запрещается использование взрывчатых веществ за исключением случаев, когда это разрешено Национальной программой для реализации важных научных или управленческих целей.

- По возможности следует принимать меры к тому, чтобы не оставлять вмерзших в ледник, снег или лед озера веществ, которые могут разрушиться под воздействием воды и впоследствии вызвать загрязнение.

Топливо и химические вещества:

- Избегайте, по мере возможности, пролития любых видов топлива и химических продуктов.

- Требуется принимать меры для предотвращения случайной утечки химических веществ, в т. ч. лабораторных реагентов и изотопов (стабильных или радиоактивных). При обращении со всеми видами химических веществ должны использоваться поддоны для капель или другие формы локализации. При использовании радиоизотопов необходимо строго соблюдать правила безопасности и инструкции по обращению с ними.

- При использовании химических веществ или топлива необходимо обеспечить наличие комплектов средств для устранения проливов и устройств вторичной локализации/вторичной защитной оболочки. Лица, работающие с топливом и химическими продуктами, должны знать правила их использования и процедуры устранения проливов.

- Контейнеры для химических продуктов и топлива должны быть надежно закреплены и снабжены крышками, особенно при нахождении на озерном льду.

- Все бочки для хранения топлива должны быть снабжены устройствами для вторичной локализации.

- При дозаправке генераторов должны использоваться канистры с носиком.

- Дозаправка генераторов и транспортных средств должна осуществляться с использованием поддонов для капель с абсорбирующими ковриками.

- Замена автомасел производится только с использованием поддона для капель.

Отходы и продукты утечки:

- Вода, используемая для ЛЮБЫХ нужд человека, подлежит вывозу и/или обработке в испарителе для «серой воды» (осадок должен вывозиться).

- Все отходы человеческой жизнедеятельности подлежат сбору и вывозу из Района.

- Отдельные лица или группы посетителей всегда должны носить с собой соответствующие контейнеры для отходов человеческой жизнедеятельности и «серой воды» с тем, чтобы обеспечить их надлежащую и безопасную транспортировку и удаление.

- Максимально тщательно очищайте любые пролитые и/или рассыпанные вещества и сообщайте их местоположение (местоположения) и координаты соответствующей Национальной программе.

ПРИЛОЖЕНИЕ В:

Экологический кодекс поведения при проведении научных исследований

Научная деятельность в Сухих долинах МакМердо включает исследования климата, ледников, водотоков, озер, почв и местной геологии и морфологии. Нижеприведенные рекомендации по охране окружающей среды при проведении научных исследований направлены на уменьшение воздействия научной деятельности применительно к конкретным средам на территории Района. Руководство составлено на основе доклада «Озера Сухих долин МакМердо: последствия исследовательской деятельности», Уортон Р. А. и Доран П. Т., 1998 г. (McMerdo Dry Valley Lakes: Impacts of Research Activities, Wharton, R.A. and Doran, P.T., 1998), подготовленного по итогам международного семинара ученых, осуществляющих исследования на территории Района.

Общие требования

- Перемещение или сбор образцов любого вида, включая ископаемые объекты, разрешается только при наличии разрешения на проведение работ в научных и связанных с ними образовательных целях.

- Местоположение участков отбора проб (в т.ч. биологических трансектов), бурения и изъятия грунта, а также любого оборудования (например, конструкций и приборов для контроля водотоков) должно быть зарегистрировано, а их координаты переданы соответствующей Национальной программе.

- Сооружения и оборудование должны представлять минимальную опасность с точки зрения опасных выбросов в окружающую среду (например, следует использовать гелевые элементы или другие непротекающие батареи).

- Необходимо обеспечить надежное хранение всех сооружений, оборудования и материалов в период, когда они не используются. В том случае, когда исчезает необходимость их дальнейшего использования, они должны быть вывезены из Района.

- Любые установленные указатели должны быть долговечными и надежно закрепленными.

- Отчеты с собранными метаданными представляются на рассмотрение соответствующей Национальной программе и включаются в состав Антарктического генерального каталога.

Участки отбора проб и проведения экспериментов

- Все научное оборудование, в частности оборудование, используемое для отбора проб и бурения, должно быть очищено перед ввозом в Район и перед перевозкой на другие участки для повторного использования на территории Района.

- Требуется надежно закреплять все пробоотборное оборудование в тех местах, где существует обоснованный риск его безвозвратной потери.

- При отборе проб биомассы и небиологических материалов следует ограничивать их объем минимумом, необходимым для проведения запланированных анализов и архивирования.

- Участки отбора проб (например, во льду озера, на ледниках или в почве) должны поддерживаться в чистом состоянии.

- Сведите к минимуму и по возможности старайтесь избегать использования буровых растворов.

- Участки экспериментальных исследований или мониторинга, которые планируется использовать несколько сезонов, должны иметь четкое опознавательное обозначение с указанием страны, главного исследователя и года установки оборудования.

Научные сооружения

Заключительный отчет XXXIV КСДА

Правила, касающиеся научных сооружений, включая метеорологические станции, географические памятники, коммуникационные ретрансляторы, системы озерного мониторинга и измерители уровня:

- Сооружения должны быть рационально размещены, иметь легкосъемную конструкцию и всегда надежно закреплены для того, чтобы их не унесло сильными ветрами.

- Все сооружения на территории Района должны иметь четкую идентификацию с указанием страны, главного исследователя и года установки.

- Сооружения должны быть максимально энергоэффективными и по возможности использовать возобновляемые источники энергии.

- Сооружения должны представлять минимальную опасность с точки зрения опасных выбросов в окружающую среду (например, следует использовать гелевые элементы или другие непротекающие батареи).

- Требуется периодически проводить оценку сооружений и оборудования на предмет степени их загрязнения, пригодности и необходимости вывоза. Такая оценка проводится с периодичностью, зависящей от характеристик сооружений и объекта, хотя в общем случае она проводится минимум один раз в 3-5 лет.

- Конструкция сооружений должна предусматривать возможность их вывода из эксплуатации и вывоза в конце использования.

Научное оборудование, топливо и материалы

- Следует свести к минимуму использование оборудования, работающего на ископаемом топливе, по возможности используя ручные устройства и приборы, работающие на солнечной энергии.

- В целях минимизации выбросов генераторы должны быть надлежащим образом отлажены и использоваться только в случае необходимости. Генераторы и канистры с топливом всегда должны помещаться на поддонах для капель.

- Необходимо проявлять осторожность при обращении с топливом, гликолем, химическими отходами и всеми прочими жидкими веществами во избежание их пролива.

- При дозаправке всегда необходимо использовать поддоны для капель.

- Требуется обеспечить постоянное наличие комплектов средств для устранения проливов на участке, где имеется жидкое топливо или жидкие отходы (в т. ч. химические вещества и вода, извлекаемая из озер).

- Следует избегать использования материалов, подверженных разрушению при низких температурах, например, многих пластмасс на основе полиэтилена. Аналогичным образом, следует избегать использования в полупостоянных сооружениях компонентов из дерева и ткани, поскольку они подвержены воздействию ветровой эрозии и случайным повреждениям.

Водотоки

- Следует использовать наклонные желоба вместо запруд.

- Для постройки конструкций для замера и контроля воды используйте в максимально возможной степени местные материалы.

- Следует ограничить масштабы экспериментов с трассерами и манипуляций. Для применения экспериментальных результатов к другим водотокам и озерным бассейнам следует, по возможности, использовать методы моделирования.

- Следует использовать только природные трассеры и документировать их использование.

- При планировании экспериментов с использованием трассеров необходимо ограничить их движение в озерах. Дополнительный поток растворенного вещества, возникающий в результате эксперимента, должен быть пропорционально меньше суммарного среднегодового потока этого вещества, поступающего из водотоков. Для проведения экспериментов следует выбирать достаточно протяженные участки с тем, чтобы подобные реакции заканчивались в пределах участка.

- Для отбора проб биомассы необходимо выбирать конкретные участки и документировать их географическое расположение, масштабы и частоту пробоотбора.

- Следует разрабатывать и применять такие методы (например, спектральный анализ), которые не опираются на отбор проб для количественной оценки изменений биомассы в водотоках.

Озера

- Следует минимизировать размеры сооружений, располагаемых на льду, и продолжительность их пребывания на льду. При размещении сооружений на льду вблизи берега их следует располагать на многолетнем, а не береговом льду (который весьма подвержен быстрому таянию). Необходимо документировать географическое расположение сооружений на льду.

- Оборудование (например, двигатели, инструменты) должно быть отделено ото льда (например, поддонами для капель) с тем, чтобы свести к минимуму возможное проникновение углеводородов в лед, а также физическое таяние поверхности льда.

- Необходимо документировать район и площадь, на которой производится извлечение льда, с указанием географических координат. Районы, которые использовались для отбора проб или оценки состояния озера, должны по возможности использоваться повторно.

- Следует свести к минимуму использование моторизованных наземных транспортных средств. Предпочтительно использовать внедорожные транспортные средства с четырехтактным двигателем вместо снегоходов с двухтактным двигателем (менее эффективное сгорание топлива в двухтактных двигателях приводит к повышенным выбросам углеводородов и частиц).

- При управлении моторизованными транспортными средствами необходимо проявлять чрезвычайную осторожность с тем, чтобы транспортное средство не скользило по льду и не провалилось под него.

- Удаляйте материалы, извлеченные из-подо льда. Запрещается сбрасывать или оставлять на озерном льду пробы воды и донных отложений.

- Необходимо сократить количество пролетов вертолетов над ледовой поверхностью после начала таяния и свести к минимуму посадки на озера.

- Следует избегать хранения материалов на ледовой поверхности озера.

- Во избежание перекрестного загрязнения для каждого озера по возможности должны использоваться отдельные пробоотборные устройства (например, коллекторы для воды, сети для планктона) и приборы. Устройства и приборы, использующиеся для отбора проб на нескольких озерах, должны быть тщательно очищены (если возможно, простерилизованы) перед повторным использованием на другом озере.

- Необходимо проявлять осторожность при обращении с «серой водой» извлекаемой из озер во избежание проливов.

- В целях сохранения будущей целостности биологических и химических свойств озер следует рассматривать возможность проведения в лабораторных условиях экспериментов с использованием радиоизотопов, стабильных изотопов или других трассеров как альтернативы проведению таких экспериментов на месте. Потенциальное воздействие экспериментов с использованием изотопов должно быть подтверждено предварительными расчетами. Необходимо документировать любое введение трассеров.

- В целях минимизации загрязнения озер металлами в протоколы пробоотбора следует включить использование не содержащих металл буксировочных канатов и пробоотборных контейнеров, например, батометров «go-flow».

- Необходимо способствовать применению экологически благоприятных заменителей гликоля для использования в тающих пробоотборных отверстиях (например, антифриза, поддающегося биохимическому разложению).

- Следует минимизировать количество «серых» сточных вод за счет использования воды и отложений в минимальном объеме, необходимом для научных целей.

- Лица, выполняющие работы на озерном льду, должны быть обучены мерам по уменьшению потерь оборудования в отверстиях во льду.

Заключительный отчет XXXIV КСДА

- Необходимо обеспечить соответствующее обучение исследователей-водолазов и вспомогательного персонала с тем, чтобы свести к минимуму их воздействие на окружающую среду озер.
- Перед проведением водолазных работ или использованием дистанционно управляемых подводных манипуляторов (ROV) на каком-либо озере необходимо изучить данные о водолазных работах, ранее проводившихся на предлагаемом участке, расстояние до других представляющих интерес районов и чувствительность водной толщи и бентоса к нарушениям. Такой же подход необходимо применять по отношению к другим видам деятельности в области отбора проб и измерений.
- Необходимо вести учет данных о проведении водолазных работ и исследований с использованием дистанционно управляемых подводных манипуляторов, включая сроки, интенсивность и продолжительность их осуществления.
- Необходимо использовать технологические разработки (например, изолирующие дыхательные аппараты, толкающе-буксирные системы), способствующие уменьшению воздействия водолазных работ на окружающую среду.

Почвы

- Необходимо минимизировать нарушение почвенной и подпочвенной экосистем в максимально возможной степени.
- После завершения работ необходимо максимально восстановить нарушенные поверхности до их естественного состояния. При осуществлении землеройных работ больших масштабов (на площади свыше 1 м^2) необходимо фотографировать поверхности до их нарушения с тем, чтобы иметь основу для последующего восстановления. Расположение восстановленного участка должно регистрироваться.
- Во время отбора проб извлеченную почву необходимо помещать на маты или подстилки.
- Все ямы должны быть вновь заполнены почвой с приблизительным восстановлением первоначального профиля поверхности и, по возможности, пустынного покрова. Пустынный покров может быть снят с поверхности до начала земляных работ и отложен в сторону для последующего восстановления.
- При проведении экспериментов, предполагающих экзогенные изменения, необходимо проводить тщательную оценку воздействия предполагаемой деятельности на окружающую среду.
- Следует ограничить использование механического оборудования (например, буров Cobra, почвенных буров).

Ледники

- Необходимо свести к минимуму использование жидкой воды (например, в бурах, использующих горячую воду).
- Следует избегать использования на льду химических веществ и растворов.
- Если на ледник устанавливаются столбы или указатели, следует использовать минимальное количество столбов, необходимое для исследований; по возможности на них следует указывать номер исследования и продолжительность проекта.
- При крупных распилочных работах по возможности следует использовать электрические цепные пилы, работающие от четырехтактных генераторов (они приводят к меньшему загрязнению, чем пилы, работающих на двухтактных двигателях). При распиливании холодного льда не следует использовать смазочные вещества для полотна цепных пил.
- После завершения исследовательского проекта в целях минимизации загрязнения необходимо вывезти все заделанные в лед материалы (дерево, металл, датчики).

ПРИЛОЖЕНИЕ C.

Руководство по осуществлению деятельности в Зонах сооружений

Зоны сооружений включают в себя специально отведенные районы вокруг следующих сооружений, эксплуатируемых Национальными программами на территории Района:

- лагерь в Нью-Харбор, долина Тейлор;
- лагерь F-6, долина Тейлор;
- лагерь на озере Фрикселл, долина Тейлор;
- лагерь на озере Хор, долина Тейлор;
- лагерь на озере Бонни, долина Тейлор;
- ретрансляционная станция на горе Ньюолл, пик хребта Асгард;
- заправочная станция на мысе Марбл, мыс Марбл;
- лагерь в низовье долины Райт, долина Райт;
- хижина на озере Ванда, долина Райт;
- хижина в ущелье Булл, долина Райт;
- лагерь на мысе Робертс, бухта Гранит.

Координаты, границы, посадочные вертолетные площадки и инфраструктура в Зонах сооружений, а также наименование Обслуживающей стороны перечислены в Таблице C-1, после которой приводятся карты Зон сооружений и их географическое положение (Карты 3-13).

Заключительный отчет XXXIV КСДА

Таблица С-1: Описание Зон сооружений на территории Сухих долин МакМердо.

Зона сооружений	№ карты	Описание границ	Координаты границ	Координаты вертолетных посадочных площадок	ОС[1]	Сооружения в зоне
Лагерь в Нью-Харбор	3	Граница проходит от точки к северо-западу от помещения для генератора (на краю отмели), на юго-запад за участком для погрузки подвесных грузов на вертолеты, на восток до точки южнее вертолетной площадки, на северо-восток до точки восточное основных каркасных арктических палаток (КАП) Jamesway, на северо-запад до точки севернее здания лаборатории, на юго-запад до точки северное старого бурового отверстия, затем на юго-запад вдоль края отмели назад до помещения для генератора.	77° 34.66'ю.ш., 163° 31.05'в.д. 77° 34.71'ю.ш., 163° 30.98'в.д. 77° 34.70'ю.ш., 163° 31.19'в.д. 77° 34.67'ю.ш., 163° 31.34'в.д. 77° 34.63'ю.ш., 163° 31.19'в.д. 77° 34.64'ю.ш., 163° 31.11'в.д.	77° 34,692'ю.ш., 163° 31,165'в.д. 1 вертолетная посадочная площадка и участок для погрузки подвесных грузов на вертолеты	США	Основное здание включает две КАП Jamesway, соединенные деревянным коридором, площадью 42 кв. м (448 кв. фт.) и 30 кв. м (320 кв. фт). Рядом с основным зданием расположены склад площадью 3 кв. м (32 кв. фт.) и бытовая постройка площадью 1,5 кв. м (16 кв. фт.). В лагере также имеется КАП Jamesway площадью 21 кв. м (224 кв. фт.), используемая как лаборатория, помещение для генератора площадью 8,9 кв. м (96 кв. фт.) и отсек для хранения водолазного оборудования площадью 1,5 кв. м (16 кв. фт.). Один бокс неприкосновенных запасов и один ветровой генератор башенного типа.
Лагерь F-6	4	Граница проходит от мыса к юго-западу от вертолетной площадки на северо-восток до точки непосредственно к востоку от склада неприкосновенных запасов, на север вокруг самой крайней на северо-востоке палаточной площадки, на запад до точки северо-западнее палаточных площадок (у озера), на юг вокруг запруды на ручье и на юго-восток к первоначальной точки у вертолетной площадки.	77° 36.53'ю.ш., 163° 15.32'в.д. 77° 36.50'ю.ш., 163° 15.43'в.д. 77° 36.46'ю.ш., 163° 15.46'в.д. 77° 36.46'ю.ш., 163° 15.40'в.д. 77° 36.46'ю.ш., 163° 15.21'в.д. 77° 36.50'ю.ш., 163° 15.19'в.д.	77° 6,514'ю.ш., 163° 15,343'в.д. 1 посадочная вертолетная площадка	США	Основное здание площадью 42 кв. м (448 кв. фт.) с примыкающей бытовой постройкой. Склад неприкосновенных запасов.
Лагерь на озере	5	Граница повторяет линию юго-восточного края озера до точки юго-	77° 36.38'ю.ш., 163° 07.60'в.д.	77° 36.383'ю.ш., 163° 07.430'в.д.	США	КАП Jamesway площадью 62,7 кв. м. (675 кв. фт) (основное

ОУРА № 2 - Сухие долины МакМердо

Таблица С-1: Описание Зон сооружений на территории Сухих долин МакМердо.

Зона сооружений	№ карты	Описание границ	Координаты границ	Координаты вертолетных посадочных площадок	ОС[1]	Сооружения в зоне
Фрикселл		западное вертолетной площадки, затем вверх до небольшого плато у подножия холма, за самой дальней палаточной площадкой в северо-западном углу, на восток к ручью, на юго-восток вдоль берега ручья к самой восточной палатке и назад на юг к первоначальной точке у озера.	77° 36.40'ю.ш., 163° 07.37'в.д. 77° 36.34'ю.ш., 163° 07.31'в.д. 77° 36.34'ю.ш., 163° 07.26'в.д. 77° 36.29'ю.ш., 163° 07.27'в.д. 77° 36.29'ю.ш., 163° 07.51'в.д. 77° 36.31'ю.ш., 163° 07.59'в.д. 77° 36.38'ю.ш., 163° 07.60'в.д.	2 вертолетные посадочные площадки и участок для погрузки подвесных грузов на вертолеты Вспомогательная площадка находится в 32 м к северо-западу от главной площадки.		здание), четыре лаборатории площадью 13,9 кв. м (150 кв. фт.) и одно помещение для генератора площадью 13,9 кв. м (150 кв. фт.). Ветровой генератор башенного типа, панель солнечных батарей и бытовая постройка. Склад неприкосновенных запасов.
Лагерь на озере Хор	6 и 7	Граница идет от каменистого участка к юго-востоку от вертолетных площадок, на север вокруг склада неприкосновенных запасов, на северо-восток до скалы северо-западнее самой западной палаточной площадки, на северо-восток до точки севернее еще одной палаточной площадки, вновь на северо-восток к крайней на северо-востоке палаточной площадке, на юг вдоль ручья/ледника до точки к востоку от старых сооружений на озере Хор (душевая и склад водолазного оборудования), на юго-запад до конца отмели, на северо-запад до пляжа ниже основного здания и на северо-запад до первоначальной точки у вертолетных площадок.	77° 37,40'ю.ш., 162° 53,87'в.д. 77° 37,39'ю.ш., 162° 53,86'в.д. 77° 37,35'ю.ш., 162° 53,87'в.д. 77° 37,31'ю.ш., 162° 53,96'в.д. 77° 37,26'ю.ш., 162° 54,28'в.д. 77° 37,26'ю.ш., 162° 54,35'в.д. 77° 37,39'ю.ш., 162° 54,40'в.д. 77° 37,47'ю.ш., 162° 54,34'в.д.	77° 373,72'ю.ш., 162° 53,989'в.д. 2 вертолетные посадочные площадки и участок для погрузки подвесных грузов на вертолеты Вспомогательная площадка находится в 46 м к юго-западу от главной площадки.	США	Основное здание площадью55,7 кв. м (600 кв. фт.), три лаборатории площадью 13,9 кв. м (150 кв. фт.), помещение для генератора (96 кв. фт.), помещение для инструментов (96 кв. фт.) и три бытовых постройки: две площадью 2,2 кв. м (24 кв. фт.) и одна площадью 1,7 кв. м (18 кв. фт.). Ниже действующего лагеря расположены здания старого лагеря на озере Хор, которые все еще используются. Они включают КАП Jamesway площадью 37 кв. м (400 кв. фт.), в основном используемую как хранилище, помещение для генератора площадью 6 кв. м (64 кв. фт.) и старую лабораторию

Заключительный отчет XXXIV КСДА
Таблица С-1: Описание Зон сооружений на территории Сухих долин МакМердо.

Зона сооружений	№ карты	Описание границ	Координаты границ	Координаты вертолетных посадочных площадок	ОС[1]	Сооружения в зоне
			77° 37,41'ю.ш., 162° 54,05'в.д.			площадью 7,5 кв. м (81 кв. фт.), используемую в качестве душевой. Склад неприкосновенных запасов.
Лагерь на озере Бонни	8	Граница идет от точки западнее помещения для генератора у озера, на юго-восток до валуна за палаточной площадкой, на северо-восток до холма над палаточной площадкой, на северо-восток до точки к северо-востоку от самой крайней на востоке палаточной площадки, на запад до береговой линии, на юго-запад вдоль береговой линии в северную сторону от вертолетной площадки, продолжается на юго-запад вдоль берега озера до точки к северо-западу от метеостанции и возвращается к первоначальной точке за помещением для генератора.	77° 42,96'ю.ш., 162° 27,37'в.д. 77° 42,99'ю.ш., 162° 27,56'в.д. 77° 42,97'ю.ш., 162° 27,79'в.д. 77° 42,95'ю.ш., 162° 27,93'в.д. 77° 42,90'ю.ш., 162° 27,73'в.д. 77° 42,92'ю.ш., 162° 27,61'в.д.	77° 42,95'ю.ш., 162° 27,65'в.д. 1 посадочная вертолетная площадка	США	КАП Jamesway площадью 55,7 кв. м (600 кв. фт.), примыкающая бытовая постройка площадью 2,2 кв. м (24 кв. фт.), помещение для генератора площадью 8,9 кв. м (96 кв. фт.) и три лаборатории площадью 8,9 кв. м (96 кв. фт.). Склад неприкосновенных запасов. На 2010 г. предусмотрены две бытовые постройки (5,6 м²).
Ретрансляционные станции на горе Ньюолл	9	Граница идет от крайней северо-восточной точки к северо-востоку от зеленого хранилища оборудования, на юго-запад вдоль юго-восточной стороны хребта вокруг зеленого хранилища оборудования, новозеландской ретрансляционной станции, ветровой турбины, хижины с AFTEC, антенны, хижины к неприкосновенными запасами, склада неприкосновенных запасов, вокруг вертолетной площадки, на северо-восток вдоль северо-западной стороны хребта вокруг лагерной хижины, антенны, хижины AFTEC, ветровой турбины, новозеландской ретрансляционной станции и зеленого хранилища оборудования, а затем назад	77° 30,23'ю.ш., 162° 37,60'в.д. 77° 30,25'ю.ш., 162° 37,60'в.д. 77° 30,26'ю.ш., 162° 37,55'в.д. 77° 30,27'ю.ш., 162° 37,52'в.д. 77° 30,27'ю.ш., 162° 37,52'в.д. 77° 30,29'ю.ш., 162° 37,46'в.д. 77° 30,31'ю.ш., 162° 37,33'в.д. 77° 30,29'ю.ш., 162°	77° 30,295'ю.ш., 162° 37,340'в.д. 1 посадочная вертолетная площадка	США / Новая Зеландия	На участке расположены радиоретрансляционные станции США и Новой Зеландии. Три хижины на горе Ньюолл, включая аварийную хижину площадью 8,9 кв. м (96 кв. фт.), помещение площадью 22,3 кв. м (240 кв. фт.), в котором расположена гибридная система электроснабжения (всё США), и зеленое хранилище оборудования площадью 2,2 кв. м (24 кв. фт.), в котором расположен ретранслятор Новой Зеландии. Ретранслятор США хранится в двух оранжевых пластмассовых кожухах. На участке имеется две антенны (одна США, другая Новой Зеландии) и ветровая

ОУРА № 2 - Сухие долины МакМердо

Таблица C-1: Описание Зон сооружений на территории Сухих долин МакМердо.

Зона сооружений	№ карты	Описание границ	Координаты границ	Координаты вертолетных посадочных площадок	ОС[1]	Сооружения в зоне
		до первоначальной точки.	37,28'в.д. 77° 30,28'ю.ш., 162° 37,40'в.д. 77° 30,26'ю.ш., 162° 37,49'в.д. 77° 30,23'ю.ш., 162° 37,56'в.д.			турбина (США).
Заправочная станция на мысе Марбл	10	Граница проходит от самой восточной точки (к востоку от земляных ям), на северо-запад вокруг основных сооружений, на северо-запад вокруг цистерн для хранения топлива и трубопровода, на северо-запад вдоль дороги, на юго-запад вокруг конца дороги, на юго-восток вдоль дороги и вокруг вертолетных площадок, на юго-восток вокруг пруда и назад на северо-восток до точки восточнее земляных ям.	77° 24,86'ю.ш., 163° 41,41'в.д. 77° 24,82'ю.ш., 163° 41,22'в.д. 77° 24,81'ю.ш., 163° 41,02'в.д. 77° 24,80'ю.ш., 163° 40,81'в.д. 77° 24,71'ю.ш., 163° 40,25'в.д. 77° 24,74'ю.ш., 163° 40,15'в.д. 77° 24,86'ю.ш., 163° 40,74'в.д. 77° 24,89'ю.ш., 163° 41,27'в.д.	77° 24,82'ю.ш., 163° 40,76'в.д. 4 посадочные вертолетные площадки. Четыре площадки находятся в непосредственной близости (ок. 25-30 м друг от друга). Координаты даны для центральной площадки (второй от основных топливных баков).	США	Основное здание площадью 69,7 кв. м (750 кв. фт.), спальное помещение площадью 41,8 кв. м (450 кв. фт.), спальное помещение площадью 55,7 кв. м (600 кв. фт.), помещение для хранения топлива площадью 7,4 кв. м (80 кв. фт.), 6 контейнеров для хранения топлива (по 25 000 галлонов каждый), бытовая постройка и мусоросжигательная установка для твердых отходов площадью 2,2 кв. м (24 кв. фт.), хранилище площадью 1,9 кв. м (20 кв. фт.), помещение для генератора площадью 21 кв. м (224 кв. фт.), мастерская и склад площадью 27 кв. м (288 кв. фт.), метеорологическая станция автоматизированной системы наземного наблюдения площадью 7 кв. м (76 кв. фт.). Топливный склад и бытовая постройка около заправочной станции.
Хижина в низовьях	11	Зона включает хижину, размещенную вертолетную площадку и склад неприкосновенных запасов. Границы	77° 26,56'ю.ш., 162° 39,04'в.д.	77° 26,537'ю.ш., 161° 39,070'в.д.	Новая Зелан	Одна небольшая хижина, рассчитанная на 2 человек площадью 6 кв. м (65 кв. фт.).

Заключительный отчет XXXIV КСДА

Таблица С-1: Описание Зон сооружений на территории Сухих долин МакМёрдо.

Зона сооружений	№ карты	Описание границ	Координаты границ	Координаты вертолетных посадочных площадок	ОС[1]	Сооружения в зоне
долины Райт		образованы возвышающимися склонами долины с западной и восточной сторон, большой трещиной на поверхности у южного края и каменистыми участками с северного края. Метеорологический экран и запруда расположены за границами зоны в пределах пешей досягаемости.	77° 26,53'ю.ш., 162° 39,02'в.д. 77° 26,53'ю.ш., 162° 39,13'в.д. 77° 26,55'ю.ш., 162° 39,15'в.д.	1 посадочная вертолетная площадка	дия	Склад неприкосновенных запасов.
Хижины на озере Ванда	12 Вкладка 1	Граница идет вдоль края плоской площадки, на которой расположены хижины, автоматическая метеорологическая станция (АМС), размещенная вертолетная площадка и палаточные площадки.	77° 31,42'ю.ш., 161° 41,15'в.д. 77° 31,40'ю.ш., 161° 41,17'в.д. 77° 31,34'ю.ш., 161° 41,45'в.д. 77° 31,34'ю.ш., 161° 41,51'в.д. 77° 31,36'ю.ш., 161° 41,51'в.д. 77° 31,41'ю.ш., 161° 41,25'в.д.	77° 31,361'ю.ш., 161° 41,442'в.д.

1 посадочная вертолетная площадка | Новая Зеландия | Три соединенных между собой хижины общей площадью 30 кв. м (323 кв. фт.). Автоматическая метеорологическая станция (АМС). |
| Хижина в ущелье Булл | 12 Вкладка 2 | Зона представляет собой плоский, покрытый галькой участок, на котором расположены хижины и палаточные площадки, с севера ограниченный большим валуном, с востока и запада – небольшими горными хребтами и линией между краями хребтов – с юга. На значительном удалении к западу от границы зоны расположена АМС. | 77° 31,09'ю.ш., 161° 51,23'в.д. 77° 31,07'ю.ш., 161° 50,96'в.д. 77° 30,98'ю.ш., 161° 51,11'в.д. 77° 31,00'ю.ш., 161° 51,35'в.д. | 77° 31,056'ю.ш., 161° 51,048'в.д.

1 посадочная вертолетная площадка | США | На этом участке расположено два убежища, одно для оборудования, а другое экологического назначения площадью около 28,7 кв. м (290 кв. фт.), в котором размещена гибридная электростанция. |
| Лагерь на мысе Робертс | 13 | Зона включает весь плоский участок между северным и южным пляжами на мысе Робертс с расположенными на нем двумя хижинами и стеллажом для | 77° 2,08'ю.ш., 163° 10,73'в.д. 77° 2,08'ю.ш., 163° | Вертолетные посадочные площадки отсутствуют. | Новая Зеландия | Две хижины на свободном ото льда участке на мысе Робертс, рассчитанных на четверых человек (около 10 кв. м), а также |

ОУРА № 2 - Сухие долины МакМердо

Таблица С-1: Описание Зон сооружений на территории Сухих долин МакМердо.

Зона сооружений	№ карты	Описание границ	Координаты границ	Координаты вертолетных посадочных площадок	ОС[1]	Сооружения в зоне
		хранения топлива. Юго-восточный угол Зоны расположен у стеллажа для хранения топлива, граница продолжается на север вдоль края каменистого склона, на запад – вдоль края скалистого участка, а на юг проходит за хижинами вдоль края еще одного горного склона. С юга границы Зоны повторяют береговую линию небольшой бухты.	10,79'в.д. 77° 2,09'ю.ш., 163° 10,84'в.д. 77° 2,16'ю.ш., 163° 10,79'в.д.			жилая хижина площадью 19 кв. м (205 кв. фт.). На этом участке также расположен стеллаж для хранения топлива в бочках.

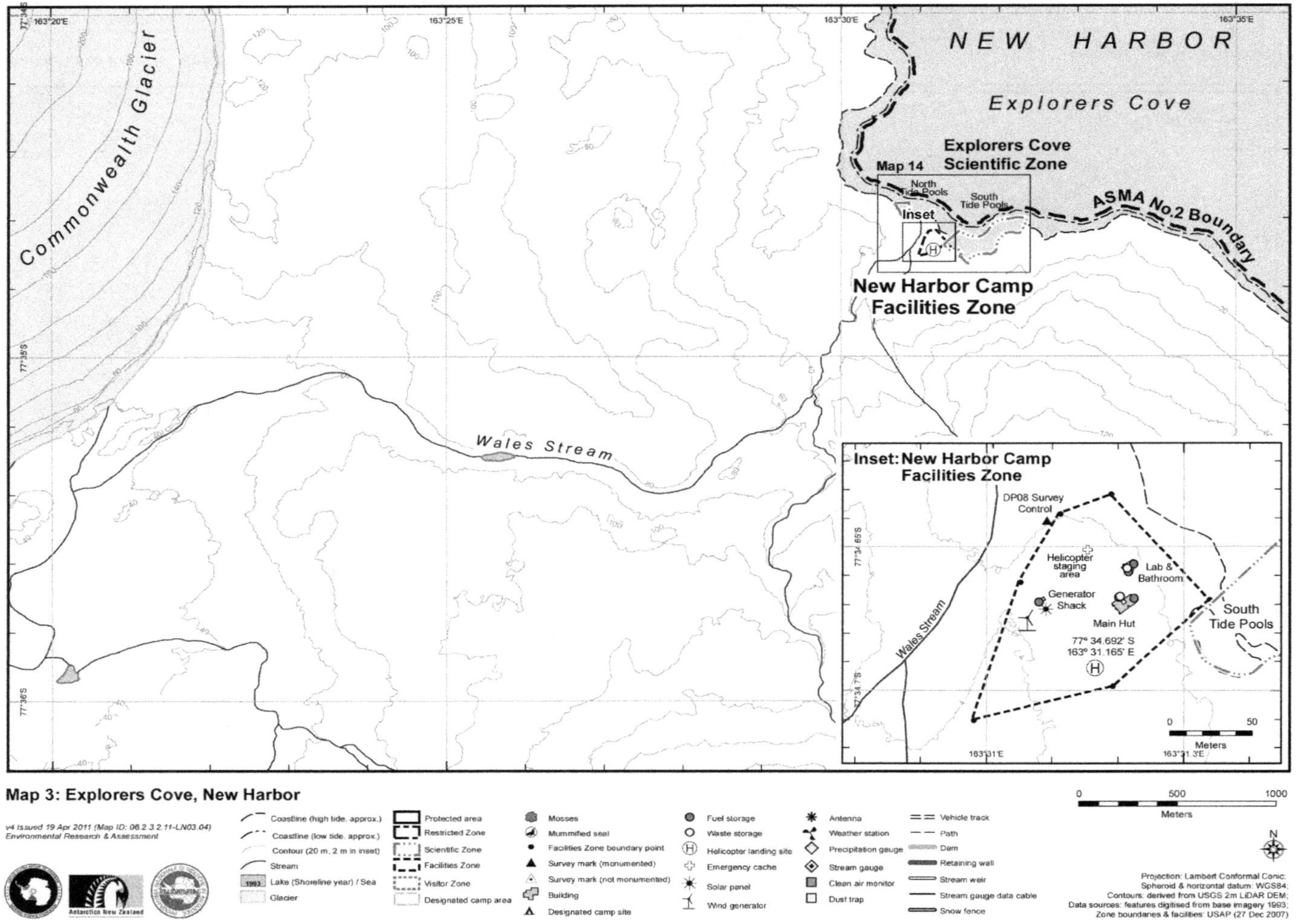

Заключительный отчет XXXIV КСДА

Map 3: Explorers Cove, New Harbor

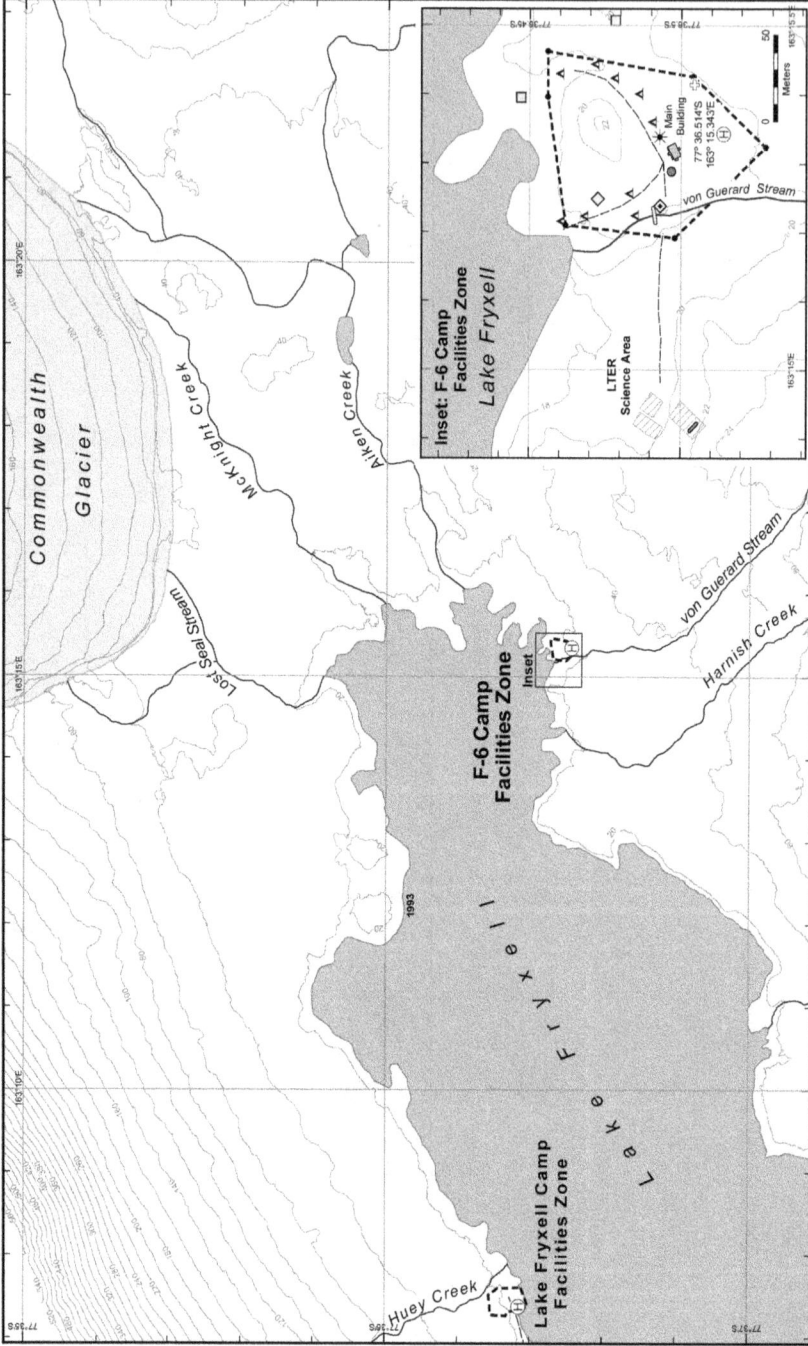

Inset: F-6 Camp Facilities Zone

Lake Fryxell

LTER Science Area

von Guerard Stream

77° 36.514'S
163° 15.343'E
Main Building

Meters
0   50

Map 4: Lake Fryxell - Commonwealth Glacier

v4 issued 19 Apr 2011 (Map ID: 06.2.3.2 06-LN04-04)
Environmental Research & Assessment

Coastline (high tide, approx.)	Protected area
Coastline (low tide, approx.)	Restricted Zone
Contour (20 m, 2 m in inset)	Scientific Zone
Stream	Facilities Zone
1993 Lake (Shoreline year)	Visitor Zone
Glacier	Designated camp area

Moss seep	Fuel storage
Mummified seal	Waste storage
Facilities Zone boundary point	Helicopter landing site
Survey mark (monumented)	Emergency cache
Survey mark (not monumented)	Solar panel
Building	Wind generator
Designated camp site	

Antenna	Vehicle track
Weather station	Path
Precipitation gauge	Dam
Stream gauge	Retaining wall
Stream weir	Stream gauge data cable
Clean air monitor	Snow fence
Dust trap	

N

0   500   1000
Meters

Projection: Lambert Conformal Conic
Spheroid & horizontal datum: WGS84
Contours: derived from USGS 2m LIDAR DEM
Data sources: features digitised from base imagery 1993;
Zone boundaries & facilities: USAP (28 Jan 2003)

Commonwealth Glacier

Lost Seal Stream

McKnight Creek

Aiken Creek

von Guerard Stream

Harnish Creek

Lake Fryxell

F-6 Camp Facilities Zone

Lake Fryxell Camp Facilities Zone

Huey Creek

Inset

1993

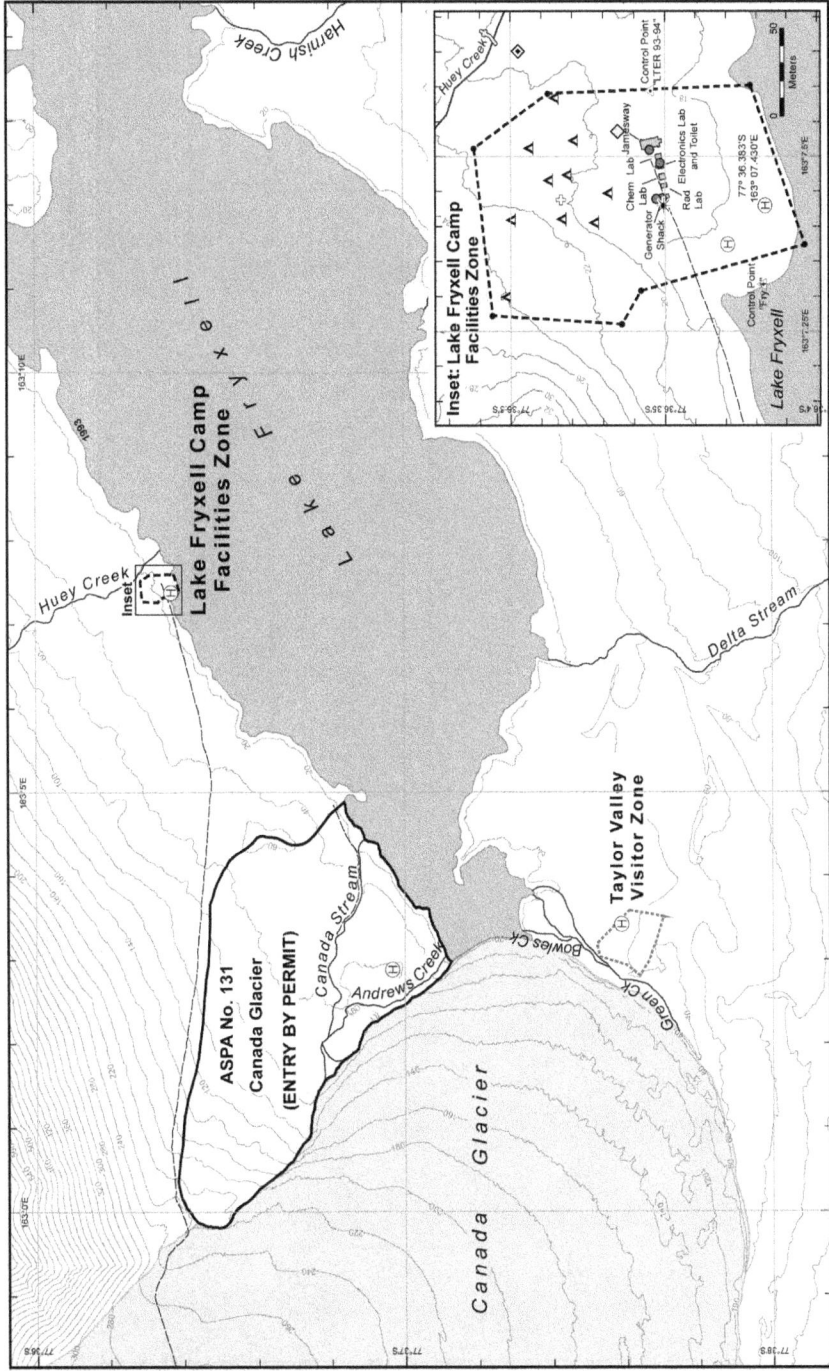

Map 5: Lake Fryxell - Canada Glacier

v4 Issued 19 Apr 2011 (Map ID 06.2.3.2 06-LN05.04)
Environmental Research & Assessment

Projection: Lambert Conformal Conic
Spheroid & horizontal datum: WGS84
Contours derived from USGS 2m LiDAR DEM
Contours digitised from base imagery 1993.
Delta sources: features digitised from base imagery 1993.
Zone boundaries & facilities: USAP (28 Jan 2003)

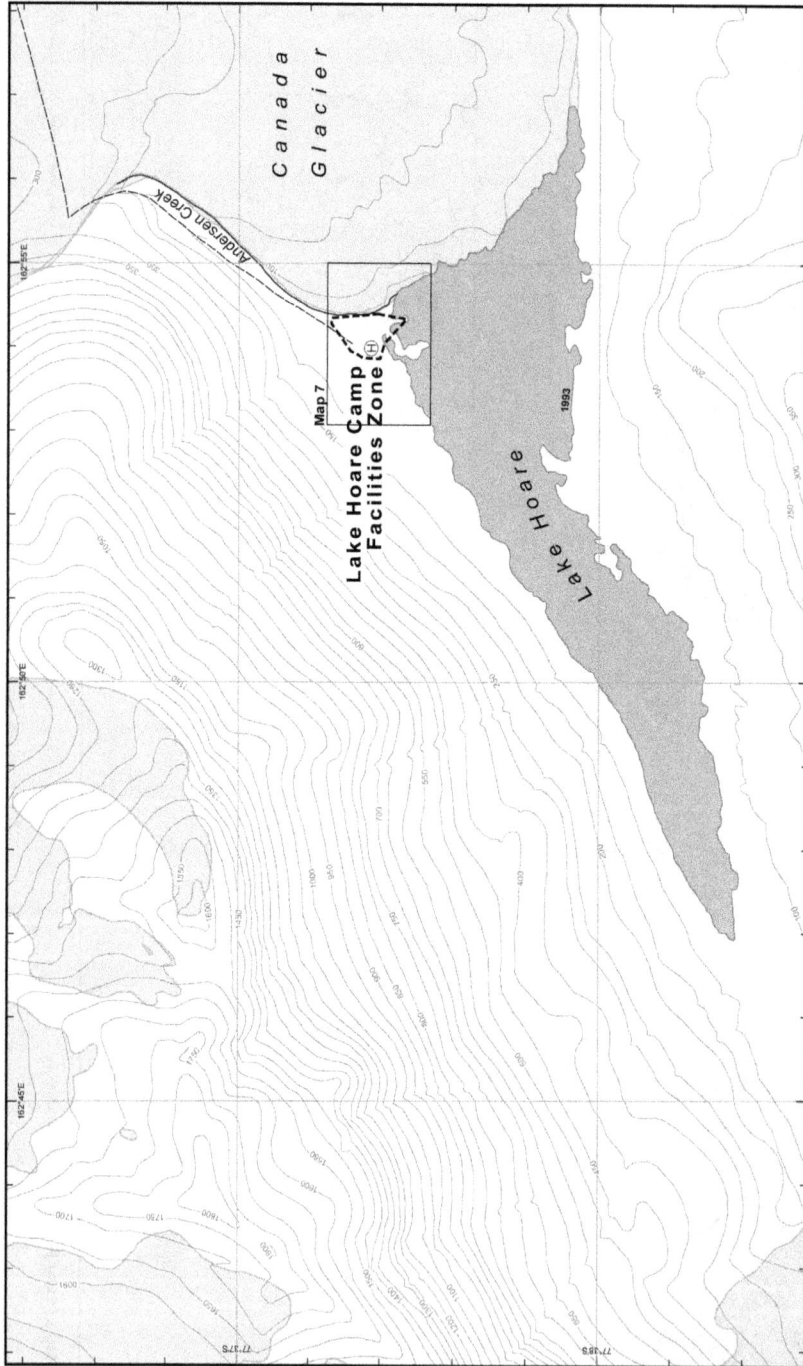

Map 6: Lake Hoare, Canada Glacier

Заключительный отчет XXXIV КСДА

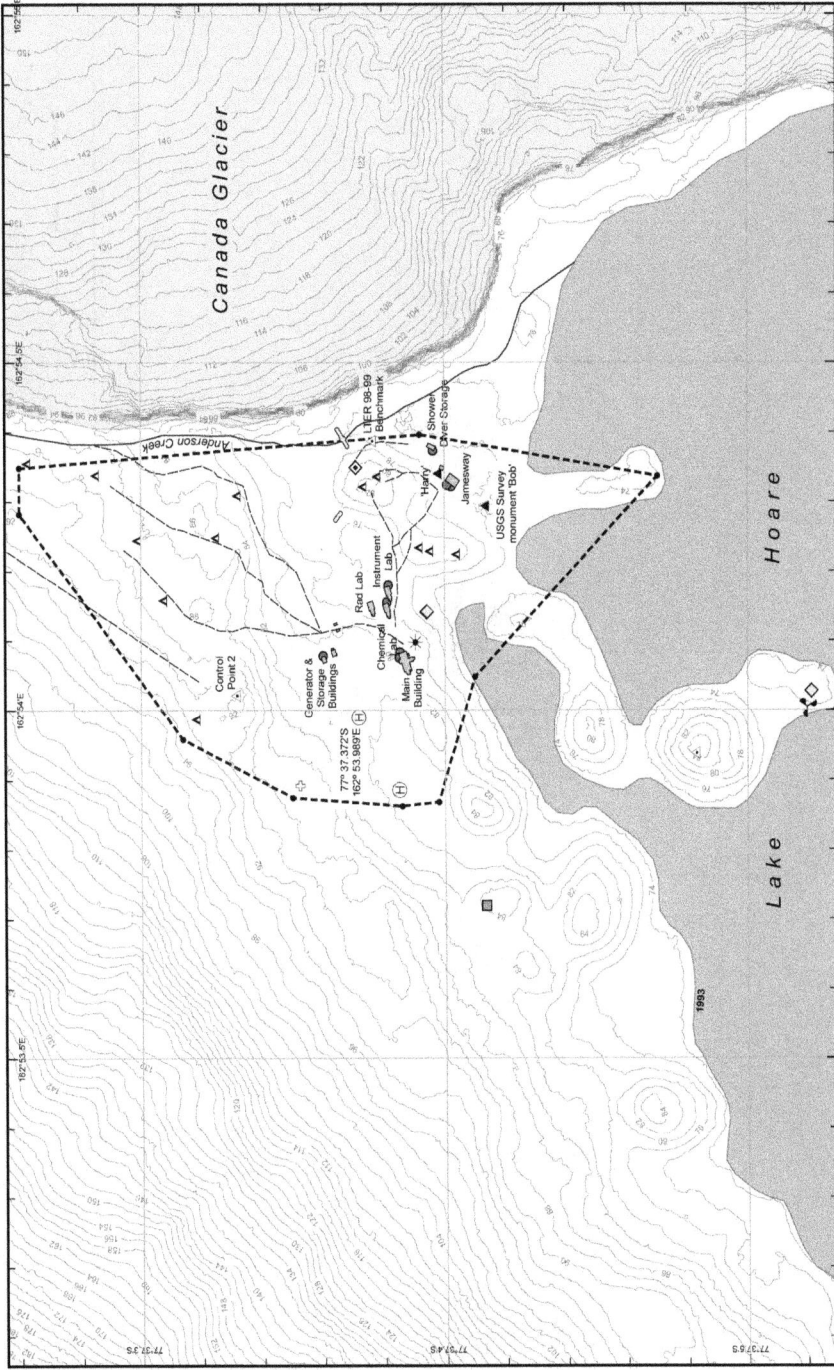

Map 7: Lake Hoare Camp Facilities Zone

v3 issued 19 Apr 2011 (Map ID: 06.2.3.2.07-LH07.03)
Environmental Research & Assessment

Projection: Lambert Conformal Conic.
Spheroid & horizontal datum: WGS84.
Contours: derived from USGS 2m LiDAR DEM.
Data sources: features digitised from base imagery 1993;
Zone boundaries & facilities. USAP (28 Jan 2003)

0   50   100
Meters

N

Map legend:

- Coastline (high tide, approx.)
- Coastline (low tide, approx.)
- Contour (2 m)
- Stream
- Lake (Shoreline year) 1993
- Glacier

- Protected area
- Restricted Zone
- Scientific Zone
- Facilities Zone
- Visitor Zone
- Designated camp area

- Mosses
- Mummified seal
- Facilities Zone boundary point
- Survey mark (monumented)
- Survey mark (not monumented)
- Building
- Designated camp site

- Fuel storage
- Waste storage
- Helicopter landing site
- Emergency cache
- Solar panel
- Wind generator

- Antenna
- Weather station
- Precipitation gauge
- Stream gauge
- Clean air monitor
- Dust trap

- Vehicle track
- Path
- Dam
- Retaining wall
- Stream weir
- Stream gauge data cable
- Snow fence

Map labels:
Canada Glacier
Anderson Creek
LTER 99-99 Benchmark
Shower
River Storage
'Harry'
Jamesway
USGS Survey monument 'Bob'
Rad Lab
Instrument Lab
Chemical Lab
Control Point 2
Generator & Storage Buildings
Main Building
77° 37.372'S
162° 53.989'E
Lake Hoare
1993

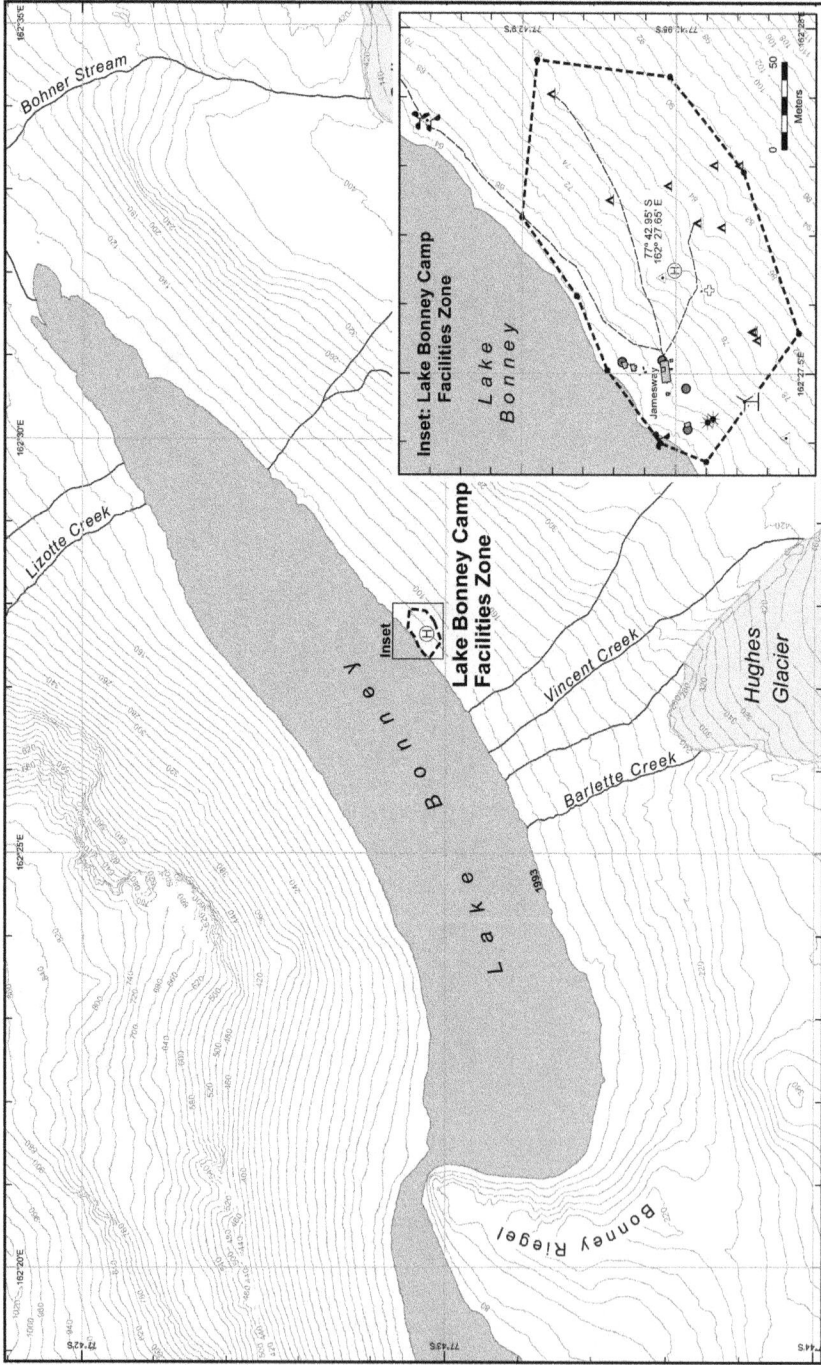

ОУРА № 2 - Сухие долины МакМердо

Map 8: Lake Bonney, Taylor Valley

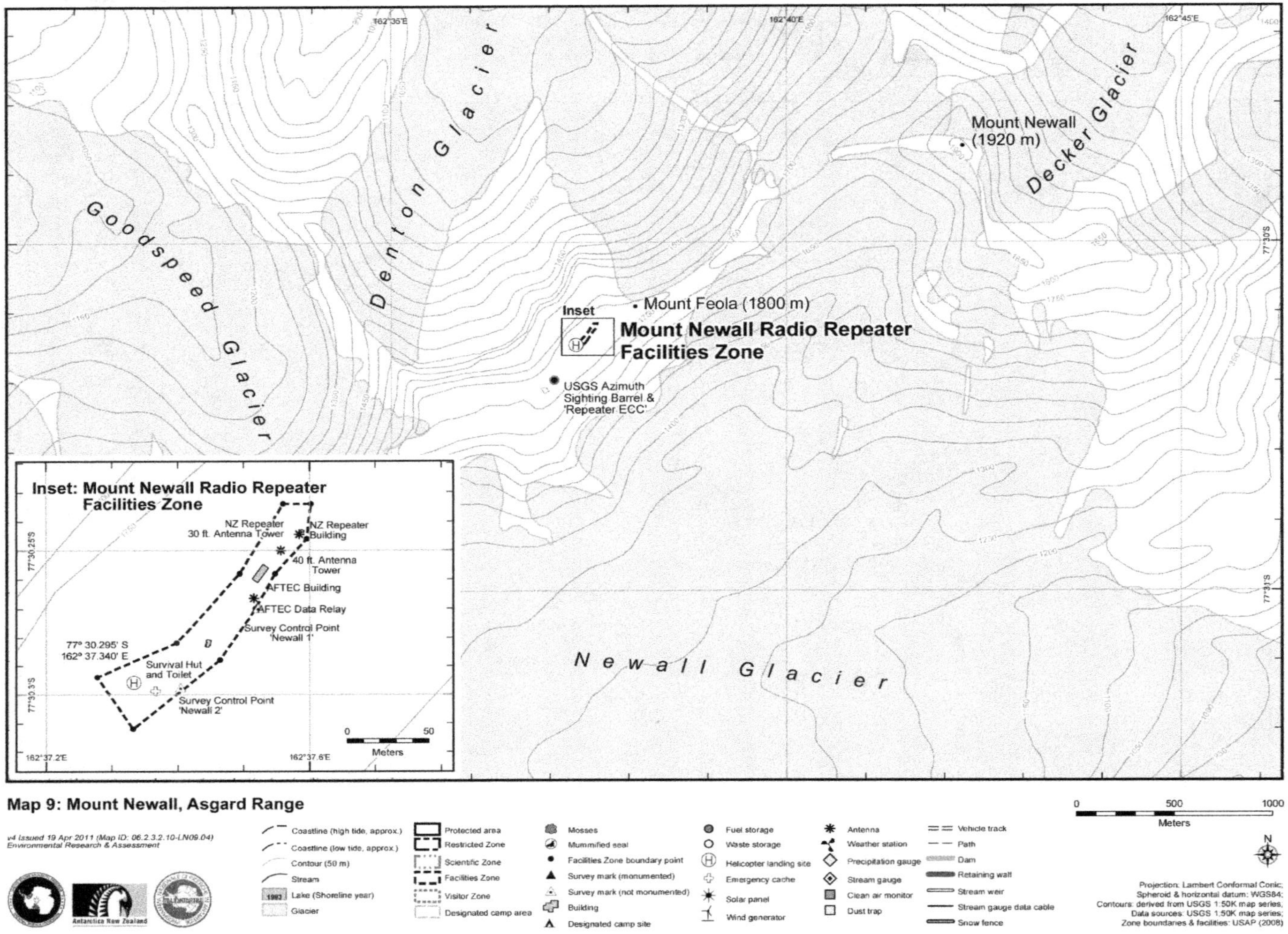

Decker Glacier

Mount Newall
(1920 m)

Mount Feola (1800 m)

Mount Newall Radio Repeater Facilities Zone

Inset

USGS Azimuth Sighting Barrel & 'Repeater ECC'

Goodspeed Glacier

Denton Glacier

Newall Glacier

162°45'E
162°40'E
162°35'E

77°30'S
77°31'S

Inset: Mount Newall Radio Repeater Facilities Zone

NZ Repeater Building
NZ Repeater
30 ft. Antenna Tower
40 ft. Antenna Tower
AFTEC Building
AFTEC Data Relay
Survey Control Point 'Newall 1'
Survival Hut and Toilet
Survey Control Point 'Newall 2'

77° 30.295 S
162° 37.340 E

162°37.2'E
162°37.6'E
77°30.25'S
77°30.3'S

0   50
Meters

Map 9: Mount Newall, Asgard Range

Coastline (high tide, approx.)
Coastline (low tide, approx.)
Contour (50 m)
Stream
Lake (Shoreline year)
Glacier

Protected area
Restricted Zone
Scientific Zone
Facilities Zone
Visitor Zone
Designated camp area

Mosses
Mummified seal
Facilities Zone boundary point
Survey mark (monumented)
Survey mark (not monumented)
Building
Designated camp site

Fuel storage
Waste storage
Helicopter landing site
Emergency cache
Solar panel
Wind generator

Antenna
Weather station
Precipitation gauge
Stream gauge
Clean-air monitor
Dust trap

Vehicle track
Path
Dam
Retaining wall
Stream weir
Stream gauge data cable
Snow fence

Projection: Lambert Conformal Conic.
Spheroid & horizontal datum: WGS84.
Contours derived from USGS 1:50K map series.
Data sources: USGS 1:50K map series.
Zone boundaries & facilities: USAP (2008)

N

0   500   1000
Meters

Issued 19 Apr 2011 (Map ID: 06.2.3.2.10-J.N09.04)
Environmental Research & Assessment

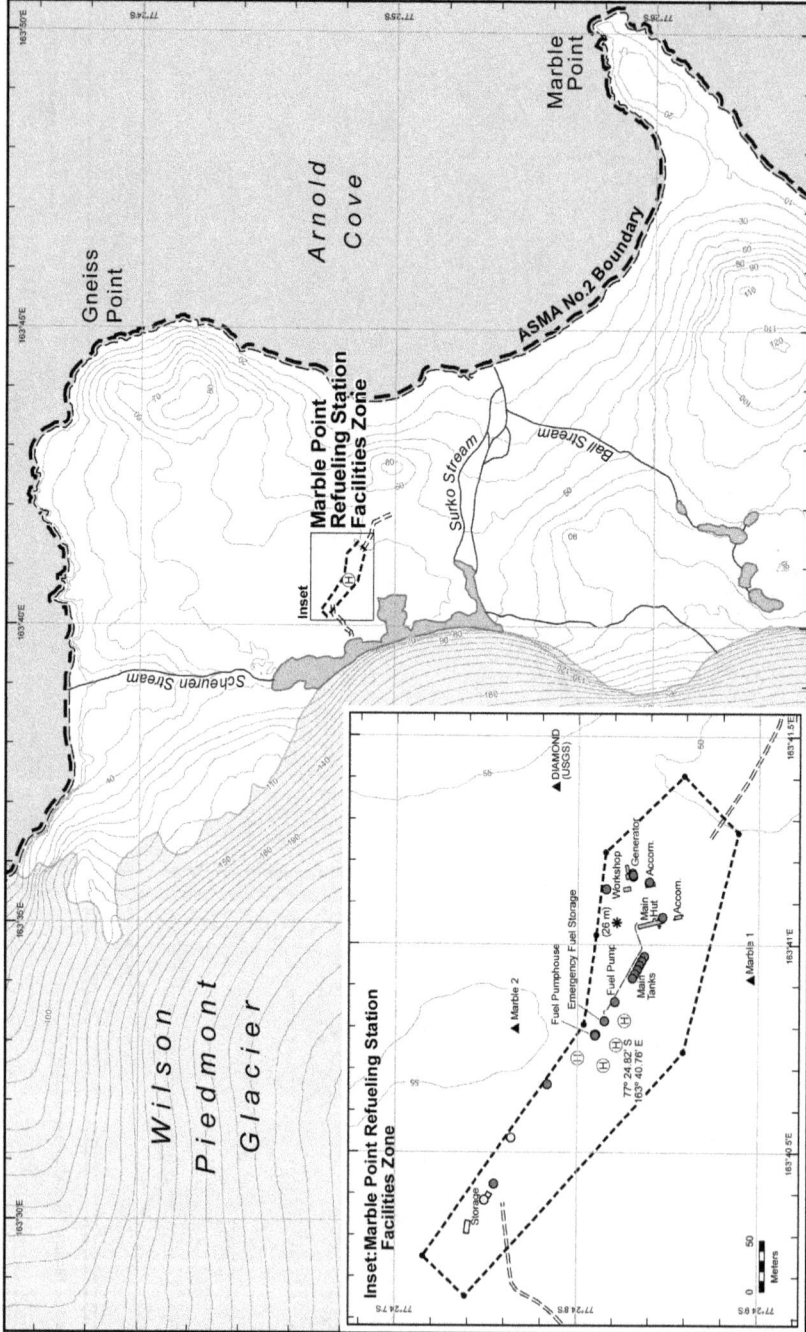

Wilson
Piedmont
Glacier

Gneiss Point

Arnold Cove

Marble Point

ASMA No.2 Boundary

Marble Point Refueling Station Facilities Zone

Inset

Scheuer Stream

Surko Stream

Bull Stream

Map 10: Marble Point, McMurdo Sound

v3 Issued 19 Apr 2011 (Map ID: 06.2.3.2.09–LN10.03)
Environmental Research & Assessment

Inset: Marble Point Refueling Station Facilities Zone

DIAMOND (USGS)

Marble 2

Marble 1

Fuel Pumphouse
Emergency Fuel Storage

Workshop
Generator
Accom
Main Hut
(26 m)
Fuel Pump
Main Tanks

Storage

77° 24.82'S
163° 40.76'E

Meters
0   50

Projection: Lambert Conformal Conic;
Spheroid & horizontal datum: WGS84;
Contours: derived from WorldView imagery.
Data sources:
Zone boundaries & facilities: USAP (27 Dec 2007);
Features digitised from WorldView imagery 2010;
(Imagery © 2010 DigitalGlobe;
NGA Commercial Imagery Program)

Meters
0   500   1000

Legend:
- Antenna
- Weather station
- Precipitation gauge
- Stream gauge
- Clean air monitor
- Dust trap

- Fuel storage
- Waste storage
- Helicopter landing site
- Emergency cache
- Solar panel
- Wind generator

- Mosses
- Mummified seal
- Facilities Zone boundary point
- Survey mark (monumented)
- Survey mark (not monumented)
- Designated camp site

- Vehicle track
- Path
- Dam
- Retaining wall
- Stream weir
- Stream gauge data cable
- Snow fence

- Protected area
- Restricted Zone
- Scientific Zone
- Facilities Zone
- Visitor Zone
- Designated camp area

- Coastline (high tide, approx.)
- Coastline (low tide, approx.)
- Contour (10 m, 5 m in inset)
- Stream
- Lake (Shoreline year) / Sea
- Glacier

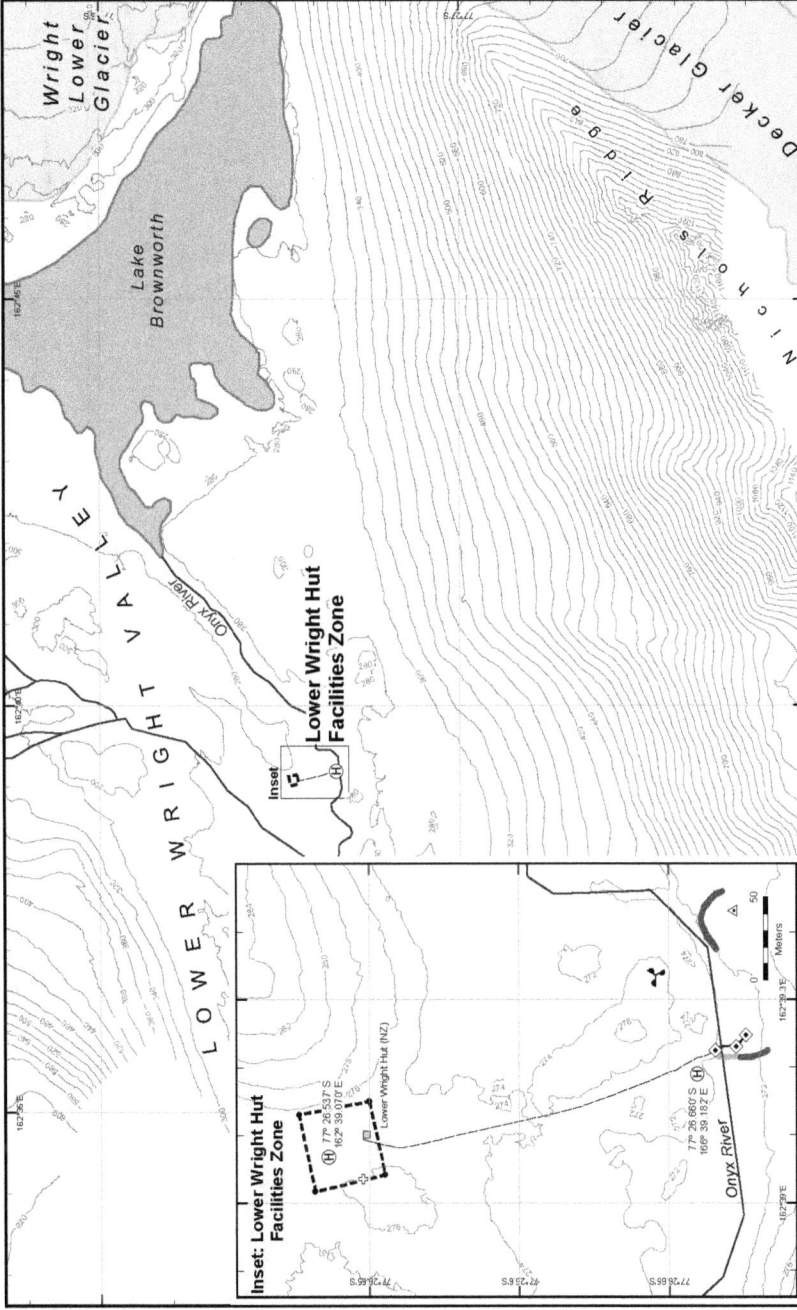

Map 11: Lower Wright Valley

v4 Issued 20 Apr 2011 (Map ID: 06.2.3.2.06-LN11.04)
Environmental Research & Assessment

Inset: Lower Wright Hut Facilities Zone

Lower Wright Hut
Facilities Zone

Lower Wright Hut (NZ)

77° 26.537'S
162° 39.070'E

77° 26.660'S
162° 39.182'E

Onyx River

Lower Wright Hut Facilities Zone

Onyx River

Decker Glacier

Wright Lower Glacier

Lake Brownworth

LOWER WRIGHT VALLEY

Nichols Ridge

Legend:

Coastline (high tide, approx.)
Coastline (low tide, approx.)
Contour (20 m, 2 m in inset)
Stream
Lake (Shoreline year)
Glacier

Protected area
Restricted Zone
Scientific Zone
Facilities Zone
Visitor Zone
Designated camp area

Moraines
Mummified seal
Facilities Zone boundary point
Survey mark (monumented)
Survey mark (not monumented)
Designated camp site

Fuel storage
Waste storage
Helicopter landing site
Emergency cache
Solar panel
Wind generator

Antenna
Weather station
Precipitation gauge
Stream gauge
Clean air monitor
Dust trap

Vehicle track
Path
Dam
Retaining wall
Stream weir
Stream gauge data cable
Snow fence

Projection: Lambert Conformal Conic;
Spheroid & horizontal datum: WGS84;
Contours derive from USGS 2m LiDAR DEM;
Data source: USGS 1:50K map series;
Zone boundaries & facilities: USAP (2008)

0   500   1000

Meters

N

Bull Pass Hut Facilities Zone

Inset 2: Bull Pass Hut Facilities Zone

AFTEC Building (US)

Cook Shack

77° 31.056' S
161° 51.048' E

161°51.3'E

161°51'E

77° 31.0'S

77° 31.05'S

0   500   1000
Meters

0   50
Meters

Projection: Lambert Conformal Conic;
Spheroid & horizontal datum: WGS84.
Main map contours: USGS 1:50K map series
inchons: OSU / NASA 2m LIDAR DEM;
Inset contours: USGS 1:50K map series;
Zone boundaries & Features: USAF / Antarctica NZ

G o n z a l e z   S p u r

W R I G H T   V A L L E Y

O n y x   R i v e r

Boulder Pavement Scientific Zone

Lake Bull

Argo Gully Restricted Zone

Lake Vanda Hut Facilities Zone

Lake Vanda

Inset 1: Lake Vanda Hut Facilities Zone

77° 31.361' S
161° 41.442' E

Vanda Hut (NZ)

Onyx River

77° 31.35'S

77° 31.4'S

161°41.1'E

161°41.4'E

0   50
Meters

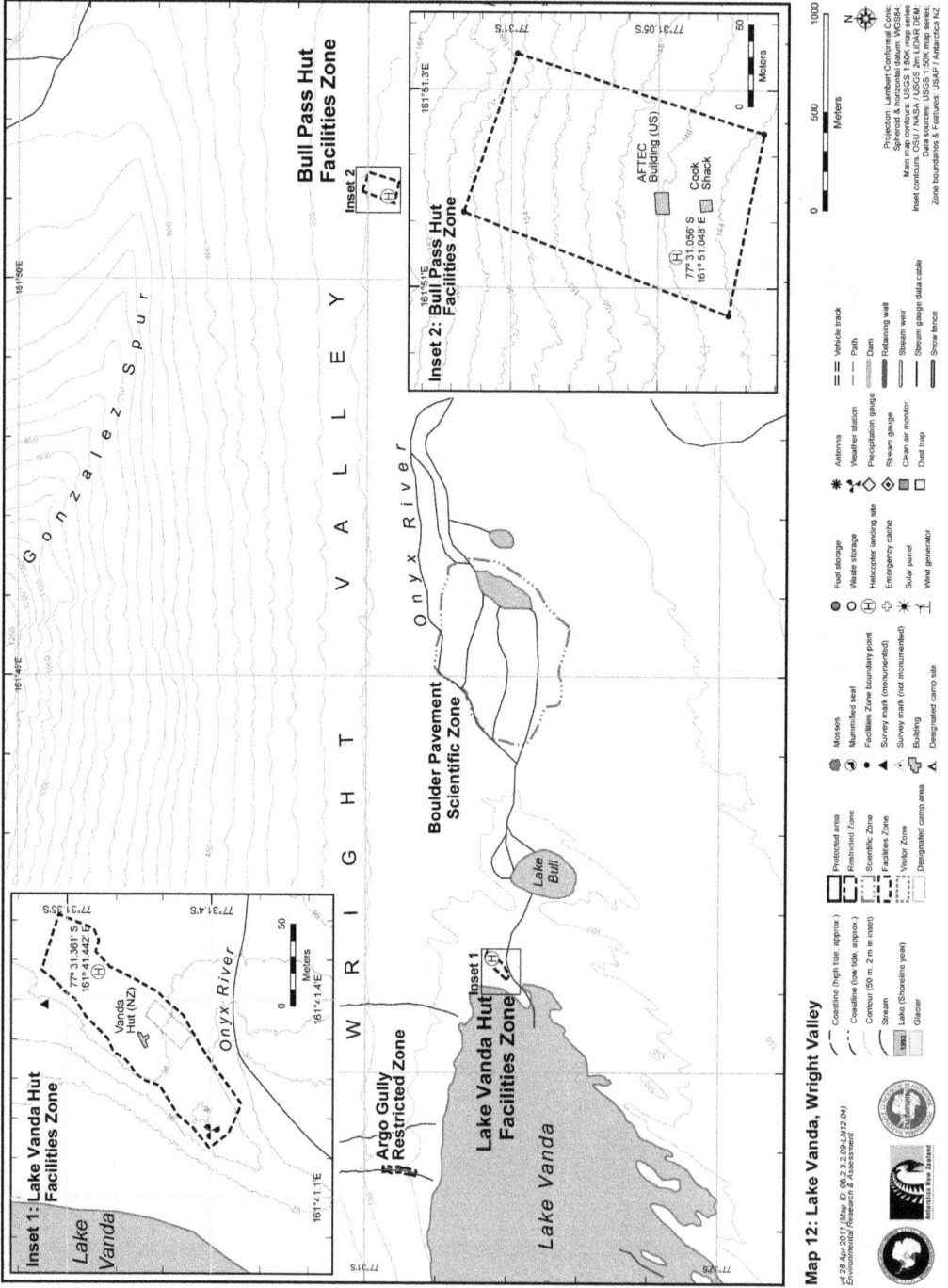

Map 12: Lake Vanda, Wright Valley

v4 28 Apr 2011 (Map ID: 06.2.3.2.09-JN12.04)
Environmental Research & Assessment

Legend:

Coastline (high tide, approx.)
Coastline (low tide, approx.)
Contour (50 m; 2 m in inset)
Stream
Lake (Shoreline year)
Glacier

Protected area
Restricted Zone
Scientific Zone
Facilities Zone
Visitor Zone
Designated camp area

Mosses
Mummified seal
Facilities Zone boundary point
Survey mark (monumented)
Survey mark (not monumented)
Building
Designated camp site

Fuel storage
Waste storage
Helicopter landing site
Emergency cache
Solar panel
Wind generator

Antenna
Weather station
Precipitation gauge
Stream gauge
Clean air monitor
Dust trap

Vehicle track
Path
Dam
Retaining wall
Stream weir
Stream gauge data cable
Snow fence

Antarctica New Zealand

N

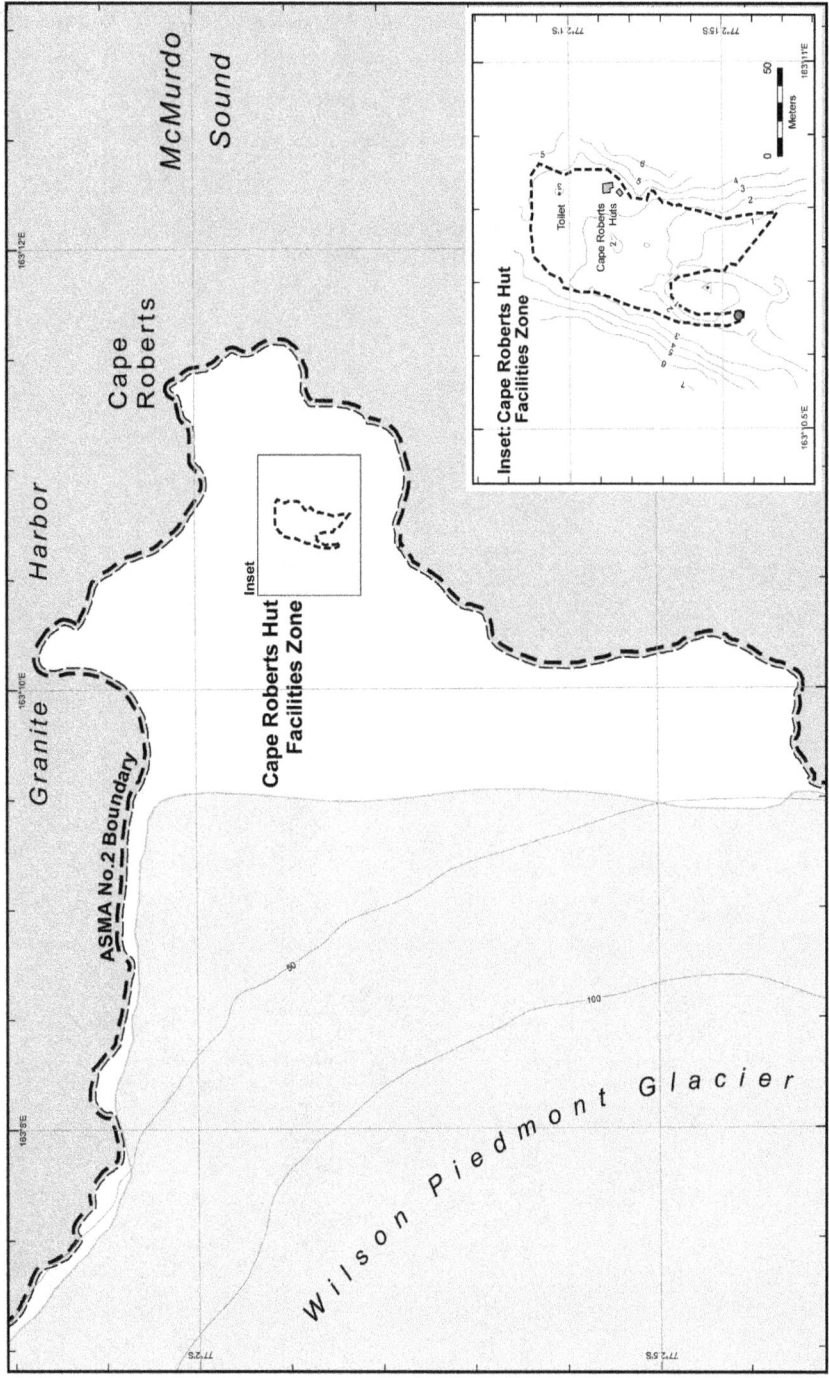

Map 13: Cape Roberts, Granite Harbor

ПРИЛОЖЕНИЕ D:

Руководство по осуществлению деятельности в Зонах научных исследований

На территории Района выделены следующие Зоны научных исследований:

- Пещера Эксплорерс в Нью-Харбор, долина Тейлор;
- «Валунная мостовая», долина Райт.

К документу прилагаются краткие описания, правила проведения научных работ в каждой Зоне научных исследований и Карты 14 и 15, на которых показаны границы зон.

Зона научных исследований

Пещера Эксплорерс

Местоположение: **Нью-Харбор, долина Тейлор**

Включает два компонента:
Северные приливные водоемы (490 м^2):
77° 34,57'ю.ш., 163° 30,79'в.д.; и
Южные приливные водоемы (4360 м^2):
77° 34,66'ю.ш., 163° 31,82'в.д.

Цель

Предотвращение нарушения местной

морской экосреды, которая является

предметом долгосрочных научных

исследований.

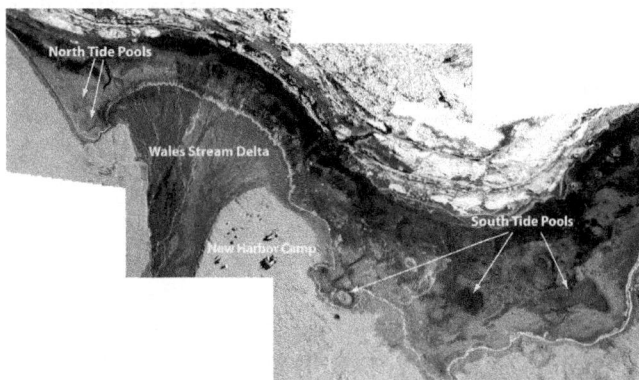

Описание	**Площадь Зоны:** 4850 м^2	*Фотомонтаж:. С. Боузер (S. Bowser), Антарктическая программа США (28 января 2005 г.)*

Даная Зона научных исследований включает две системы заполняемых приливом водоемов на побережье пещеры Эксплорерс. Оба водоема расположены вблизи Зоны сооружений лагеря в Нью-Харбор и простираются приблизительно на 75-100 м от берега в море (Карта 14). Южный компонент лежит непосредственно к востоку от лагеря в Нью-Харбор, простираясь вдоль берега приблизительно на 500 м. Небольшой северный компонент лежит приблизительно в 200 м к северо-западу от лагеря в Нью-Харбор, непосредственно к западу от дельты водотока Уэльс, и простирается вдоль побережья приблизительно на 100 м. Эти затопляемые приливами песчаные отмели имеют приливные водоемы, содержащие бентические сообщества диатомей и цианобактерий – важный источник питательных веществ для прибрежной морской экосистемы пещеры Эксплорер.

Границы

Береговая граница обоих приливных водоемов проходит по отметке среднего уровня полной воды, а морская граница тянется параллельно берегу, следуя вдоль линии торосов (при их наличии) на расстоянии приблизительно 75-100 м от берега (см. Карту 14).

Южные приливные водоемы: Западная граница тянется на 100 м на северо-восток от побережья северо-восточного угла Зоны сооружений лагеря в Нью-Харбор. Восточной пограничной точкой Зоны научных исследований служит небольшая пирамида из камней на берегу небольшого мыса, лежащего на расстоянии приблизительно 500 м к востоку от Зоны сооружений. От этой пирамиды восточная граница тянется прямо на север в море на расстояние приблизительно 30 м.

Северные приливные водоемы: Западная граница тянется на 100 м вдоль береговой линии от небольшой бухты к западу от дельты водотока Уэльс. Оттуда северная граница простирается от побережья приблизительно на 80 м прямо на восток, а восточная граница – на 70 м прямо на север от побережья на краю дельты водотока Уэльс.

Воздействие

ИЗВЕСТНЫЕ ВОЗДЕЙСТВИЯ	Отсутствуют.
ВОЗМОЖНЫЕ ВОЗДЕЙСТВИЯ	Прибрежные морские отложения имеют мягкую структуру и легко повреждаются в незамерзшем состоянии.

Требования к доступу

ДОСТУП ДЛЯ ВЕРТОЛЕТОВ		Требуется использовать выделенную посадочную вертолетную площадку в Зоне сооружений в Нью-Харбор: 77° 34,692' ю.ш., 163° 31,165' в.д.;
НАЗЕМНЫЙ ДОСТУП		**Маршрут к Зоне сооружений в Нью-Харбор может проходить по морскому льду через южный компонент Зоны научных исследований.**

Специальные указания для Зоны

- Следует избегать передвижения по Зоне (особенно по талому льду) за исключением случаев, когда в ней проводятся научные исследования.

- Стерилизуйте все пробоотборное оборудование перед отбором проб на участке, чтобы предотвратить интродукцию неместных видов.

Основная справочная литература

Gooday, A.J., Bowser, S.S. & Bernhard, J.M. 1996. Benthic foraminiferal assemblages in Explorers Cove, Antarctica: A shallow-water site with deep-sea characteristics. *Progress in Oceanography* **37**: 117-66.

Карта Зоны – **Карта 14.**

Заключительный отчет XXXIV КСДА

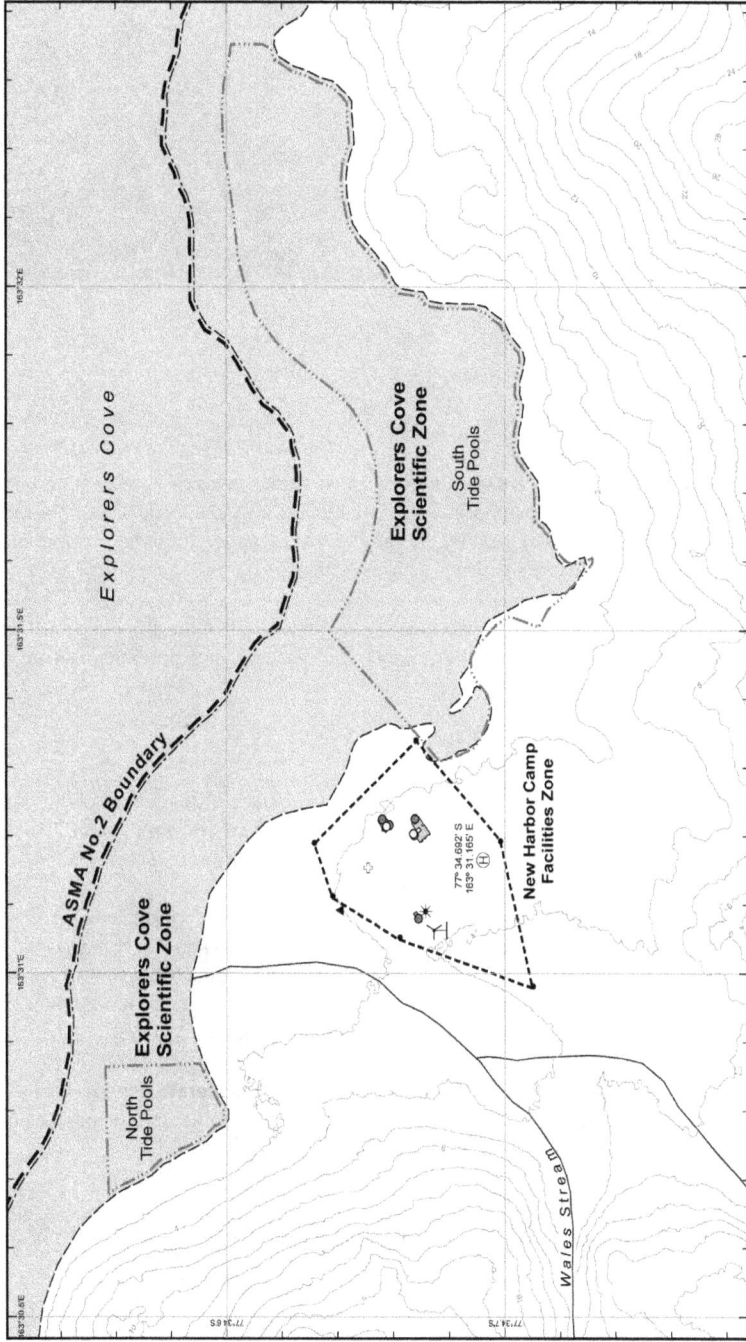

Map 14: Explorers Cove
Scientific Zone

v4 issued 20 Apr 2011 (Map ID: 06 2.3.4 01-LN14 04)
Environmental Research & Assessment

Projection: Lambert Conformal Conic.
Spheroid & horizontal datum: WGS84.
Contours: derived from USGS 2m LiDAR DEM.
Data sources: features digitised from base imagery 1993.
Special feature extent: digitised from base imagery 1993

Зона научных исследований

«Валунная мостовая»

Местоположение: на реке Оникс, центр долины Райт, 4 км к востоку вверх по течению от озера Ванда:

77° 31.33' ю.ш.; 161° 54.58' в.д.

Цель
Предотвращение нарушения обширных

микробиальных матов и экологии,

являющихся предметом долгосрочных

научных исследований.

«Валунная мостовая»: Н. Билетникофф (N. Biletnikoff),
Антарктическая программа США (29 января 2009 г.)

Описание	Площадь Зоны: 0,47 ккм^2

Зона научных исследований включает часть реки Оникс, которая разветвляется и медленно течет через обширную и относительно плоскую, покрытую валунами равнину с условиями, благоприятными для развития планктонных водорослей и цианобактерий, образуя наиболее многочисленные микробиальные маты в долине Райт и служа биологическим фильтром для озера Ванда.

Границы

Границы Зоны научных исследований проходят по периметру обширной, плоской, покрытой валунами территории, обычно затопляемой рекой Оникс. Размеры Зоны составляют приблизительно 0,8 км в ширину и 1,5 км в длину (Карта 15).

Воздействие

ИЗВЕСТНЫЕ ВОЗДЕЙСТВИЯ	Отсутствуют.
ВОЗМОЖНЫЕ ВОЗДЕЙСТВИЯ	В результате вытаптывания могут пострадать микробиальные маты. На замерзшем участке идентификация матов может быть затруднена. Деятельность на территории Зоны повышает риск интродукции неместных видов.

Требования к доступу

ДОСТУП ДЛЯ ВЕРТОЛЕТОВ	Следует избегать посадок вертолетов на территории данной Зоны научных исследований. По мере возможности посетители должны использовать выделенные вертолетные посадочные площадки Зоны сооружений у хижины на озере Ванда (77° 31.361' ю.ш.; 161° 41.442' в.д.) или Зоны сооружений у хижины в ущелье Булл (77° 31.056' ю.ш., 161° 51.048' в.д.) (Карты 12 и 15).
НАЗЕМНЫЙ ДОСТУП	**Для Зоны предусмотрен пеший доступ. Следует избегать передвижения в данном районе, за исключением случаев, когда это необходимо в научных или управленческих целях.**

Специальные указания для Зоны

- Избегайте пересечения Зоны научных исследований за исключением тех случаев, когда это необходимо в научных целях, например для отбора образцов.
- Следует передвигаться только по скалам, избегая наступать на микробиальные маты.
- Избегайте интродукции неместных видов, стерилизуя все пробоотборное оборудование перед его использованием в Зоне.

Основная справочная литература

Howard-Williams, C., Vincent, C.L., Broady, P.A. & Vincent, W.F. 1986. Antarctic stream ecosystems: variability in environmental properties and algal community structure. *International Revue der gesamten Hydrobiologie und Hydrographie* **71**(4): 511-44.

Howard-Williams, C., Hawes, I., Schwarz, A.M. & Hall, J.A. 1997. Sources and sinks of nutrients in a polar desert stream, the Onyx River, Antarctica. In: Lyons, W.B., Howard-Williams, C. & Hawes, I. (Eds) *Ecosystem processes in Antarctic ice-free landscapes.* Proceedings of an International Workshop on Polar Desert Ecosystems, Christchurch, New Zealand: 155-70.

Green, W.J., Stage, B.R., Preston, A., Wagers, S., Shacat, J. & Newell, S. 2005. Geochemical processes in the Onyx River, Wright Valley, Antarctica: major ions, nutrients, trace metals. *Geochimica et Cosmochimica Acta* **69**(4): 839-50.

Карта Зоны – **Карта 15.**

ОУРА № 2 - Сухие долины МакМердо

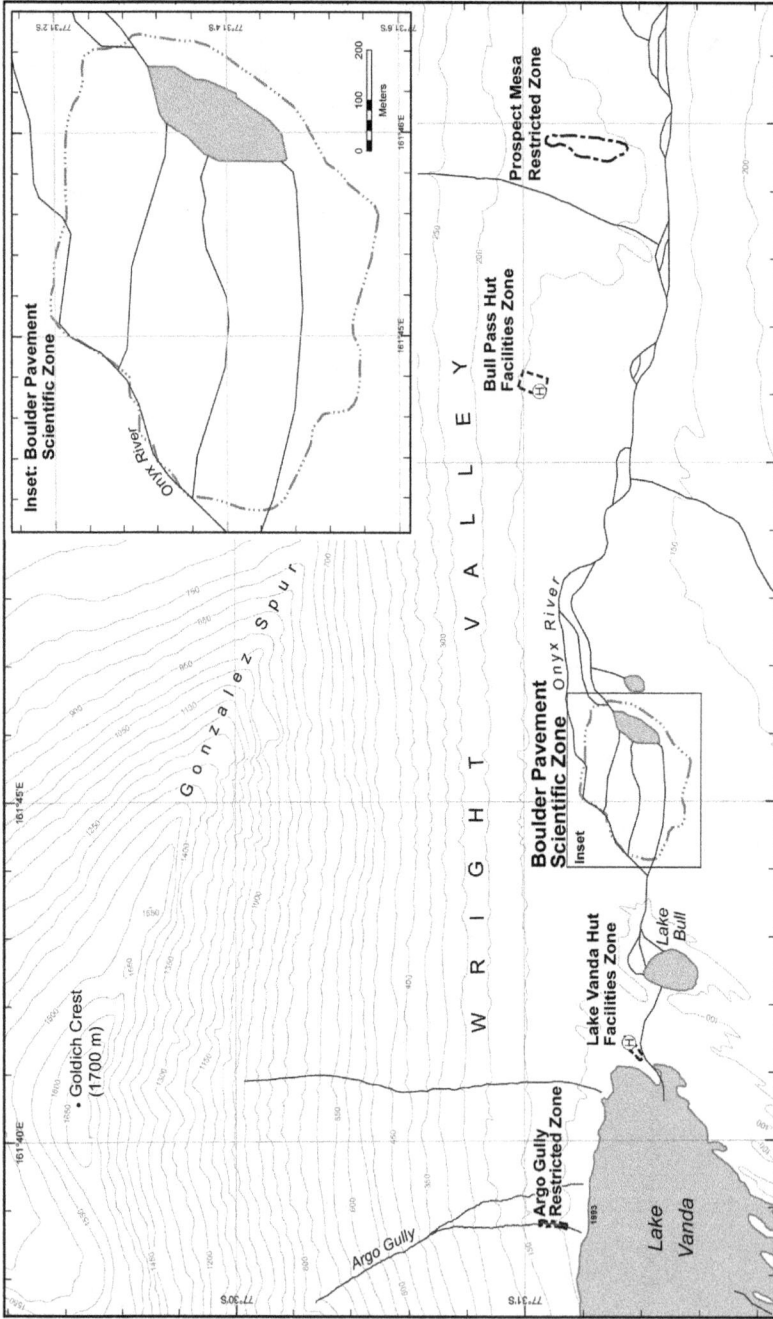

Map 15: Boulder Pavement, Wright Valley

v2 Issued 19 Apr 2011 (Map ID: 06.2,3,4 02-LN15 v2)
Environmental Research & Assessment

Projection: Lambert Conformal Conic.
Spheroid & horizontal datum: WGS84.
Contours: derived from USGS 1:50 000 map series.
Data source: USGS 1:50 000 map series.
Special feature extent: digitised from base imagery 2004

ПРИЛОЖЕНИЕ Е:

Руководство по осуществлению деятельности в Зонах ограниченного доступа

Следующие участки в пределах Района признаны Зонами ограниченного доступа:

- Водосбор озера Троф, Пирамида Троф, хребет Королевского географического сообщества (хребет Ройял-Сосайети);
- Отложения Сириус на горе Фезер, гора Фезер;
- Пруд Дон Хуан, Саус Форк, долина Райт;
- Лощина Арго, озеро Ванга, долина Райт;
- Столовая гора Проспект, долина Райт;
- Отложения золы, долина Райт;
- Песчаные дюны долины Виктория, долина Виктория;
- Мыс Бэттлшип, долина Алатна, гряда Конвой.

В приложении дано краткое описание участков, рекомендации по осуществлению деятельности в каждой Зоне ограниченного доступа и карты границ зон (Карты 16-23).

Зона ограниченного доступа

Водосбор озера Троф

Месторасположение

Водосбор озера Троф, хребет Королевского географического сообщества, находится в нескольких километрах к северо-западу от ледника Кетлиц и юго-западу от залива Уолкотт: 78° 18.17' ю. ш., 163° 20.57' в. д.

Цель

Свести к минимуму вмешательство в первозданный гидрологический комплекс и его экологию, сохранить эстетические ценности и нетронутость территории.

Описание   **Площадь:** 79,8 км²

Пирамида Троф: К. Харрис, ERA/Американская антарктическая программа (USAP) (09 декабря 2009 г.)

Водосбор озера Троф окружен горой Дромедари (2485 м), Пирамидой (854 м), Балварк (~ 600 м) и Сихорс (1008 м), и включает сеть четырех основных дренажных систем, снабжающих водой озеро Троф (Карта 16). В русле долины Пирамиды Троф находятся имеющие важное значение заболоченные земли, которые включают множество запруженных и потоковых мест обитания в ограниченной зоне, содержащей ряд богатых биологических сообществ - представителей данного региона. Присутствуют редкие сообщества мхов и лишайников. У этого водосбора есть и другие особенности – наиболее значительным является наличие групп сине-зеленых водорослей, которые редко встречаются в других заболоченных местностях региона. Кроме обычных сине-зеленых водорослей рода Осциллатория, микробные маты в запруженных и потоковых местах содержат Dichothrix и Schizothrix, а также ряд кокковидных таксонов. По сравнению с другими местами в Сухих долинах, водосбор озера Троф посещается нечасто, и экосистема находится практически в первозданном виде.

Границы

Граница Зоны ограниченного доступа определяется водосбором озера Троф. По часовой стрелке от Пирамиды граница пересекает маленький язык Ледника Кетлиц, простирающегося вглубь водосбора, оттуда она идет вдоль горного хребта Бэкдроп к безымянному пику (1 618 м) на вершине горного хребта Вест Айзел, затем на северо-запад вдоль гряды до горы Дромедари, откуда она идет вдоль гряды на северо-восток до Сихорс. Затем граница идет вдоль горного хребта на восток и спускается к заливу Уолкотт. Далее граница тянется прямо на восток ~800 м от береговой линии залива Уолкотт до приблизительной наземной линии ледника Кетлиц, откуда идет вдоль границы ОУРА до реки Балварк, к подножью северо-восточной гряды Балварк. После этого граница тянется на юг вдоль гребня гряды Балварк, пересекает верховье реки Альфа и идет вдоль границы ледника Кетлиц, затем спускается к северо-восточной гряде Пирамиды.

Воздействие

ИЗВЕСТНОЕ ВОЗДЕЙСТВИЕ	Передвинуты камни на месте разбивки лагеря, где в точке с координатами 78° 17.17' ю.ш., 163° 27.83' в.д. (18 м) установлен железный геодезический знак. В ряде озер водосбора были взяты пробы.
ПОТЕНЦИАЛЬНОЕ ВОЗДЕЙСТВИЕ	Вмешательство в водные массы, экологию земных организмов и чувствительные почвы по причине отбора проб или вытаптывания. Интродукция чужеродных видов.

Требования к доступу

ВЕРТОЛЕТНАЯ ПЛОЩАДКА	Место приземления вертолетов: 78° 17.16' ю. ш., 163° 27.84' в. д. (11 м).
НАЗЕМНЫЙ ДОСТУП	Передвижение по территории зоны, как правило, должно осуществляться пешком. При необходимости перемещения к участкам, куда невозможно добраться пешком из лагеря, можно использовать вертолеты.

Особые рекомендации по участку

- Посещение данного водосбора должно быть сведено к минимуму, не разрешается устанавливать полупостоянные сооружения на территории зоны.
- Избегать занесения чужеродных видов, для чего необходимо стерилизовать оборудование для отбора проб перед посещением данной местности.

- Лагерная стоянка в Зоне ограниченного доступа должна находиться на ранее использованном месте (рядом с указанным местом посадки вертолета): 78° 17.15' ю. ш., 163° 27.79' в. д. (11 м).

Основные источники

Chinn, T.J.H. 1993. Physical hydrology of Dry Valleys lakes. *Antarctic Research Series* **59**: 1 –51.

Hendy, C.H. & Hall, B.L. 2006. The radiocarbon reservoir effect in proglacial lakes: examples from Antarctica. *Earth and Planetary Science Letters* **241**: 413-21.

Hawes, I., Webster-Brown, J., Wood, S. & Jungblut, A. 2010. A brief survey of aquatic habitats in the Pyramid Trough region, Antarctica. Unpublished report prepared for USAP on the aquatic ecology of the Trough Lake catchment.

Карта участка – Карта 16

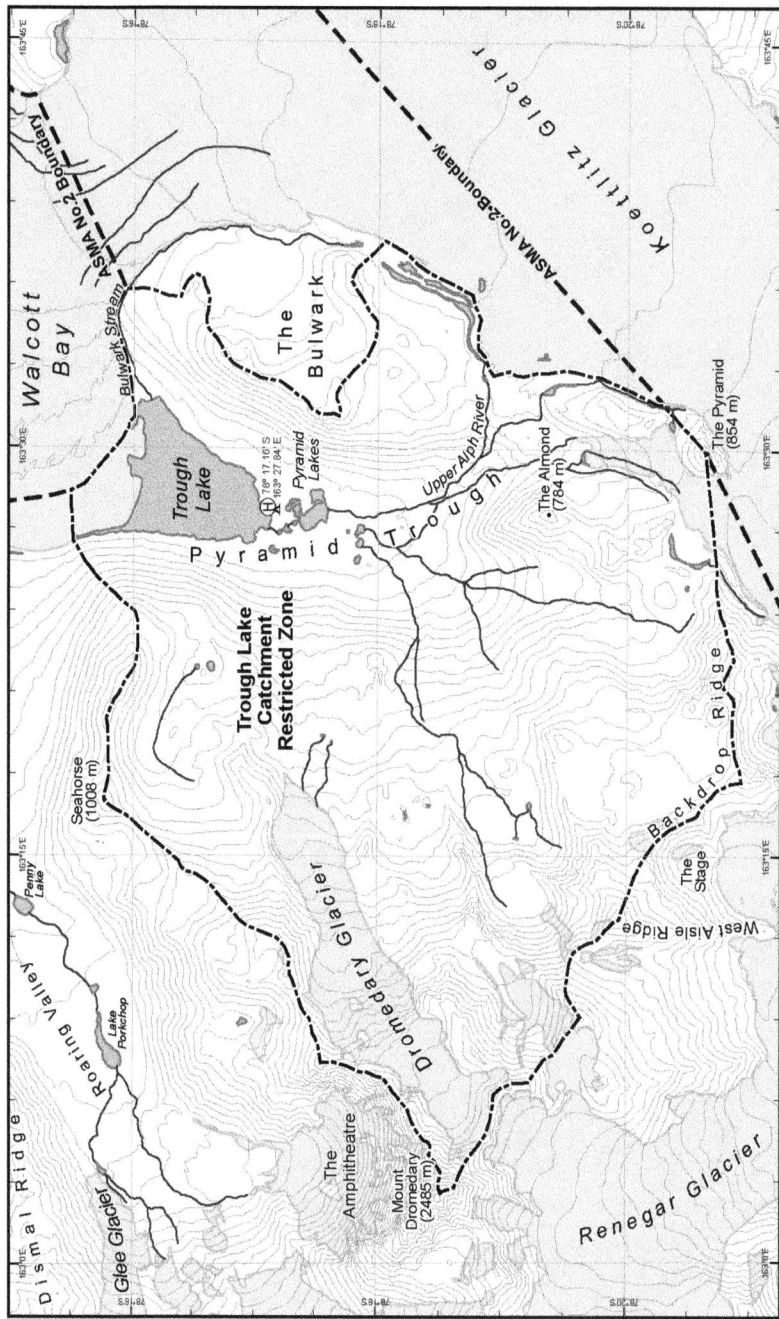

Map 16: Trough Lake Catchment
Restricted Zone

v4 Issued 28 Apr 2011 (Map ID: 06.2.3.01-LN16.04)
Environmental Research & Assessment

Зона ограниченного доступа

Отложения Сириус на горе Фезер
Месторасположение

Северо-восточная сторона горы Фезер (3 011 м) между ледником Лэшли и верхней частью ледника Феррар:
77° 56.05' ю.ш., 160° 26.30' в.д.

Гора Фезер: К.Харрис, ERA/Американская антарктическая программа (USAP) (11 декабря 2009 г.)

Цель

Не допустить вмешательства или повреждения участка отложений Сириус, представляющих большую научную ценность.

Описание　　　　　　**Площадь:** 0,57 км²

Отложения на горе Фезер представляют собой участок с полуокаменевшими покрытыми льдом отложениями, входящими в группу Сириус на верхней части ледника Феррар, ~3 км СВ горы Фезер (3 011 км) (Карта 17). Отложения залегают на возвышении между ~2 400-2 650 м, простираясь по земле относительно небольшого уклона возле горного хребта и выходя на поверхность на крутых восточных скалах массива горы Фезер над долиной Фридманн и ледником Феррар. Поверхность отложений имеет четкие стоки талой воды недалеко от ее периметра и на крутых склонах. Отложения, площадью ~1,5 км x 1 км, содержат микроокаменелости и другие находки, представляющие высокую научную ценность, поскольку позволяют получить информацию об истории ледникового неогенового периода в Сухих долинах и во всем ледниковом покрове восточной Антарктиды.

Границы

Граница Зоны ограниченного доступа (Карта 17) определена на основании протяженности отложений на горе Фезер, как отображено на карте Уилсоном и др. (2002: Рис.1). Из-за пределов погрешности карт этого региона, граница является приблизительной, оценочная погрешность, как минимум, +/- 100 м.

Воздействие

ИЗВЕСТНОЕ ВОЗДЕЙСТВИЕ	Были взяты пробы скал. С участка получены, по меньшей мере, четыре образца породы на небольшой глубине (глубина 3,2 м или менее), растворы для бурения не применялись.
ПОТЕНЦИАЛЬНОЕ ВОЗДЕЙСТВИЕ	Бурильные работы, особенно работы с использование жидкостей для бурения. Отбор проб и вмешательство в процесс отложения осадков.

Требования к доступу

ВЕРТОЛЕТНАЯ ПЛОЩАДКА	Использование вертолетов на данном участке затруднительно вследствие высоты и ветров, место посадки вертолетов еще не определено.
НАЗЕМНЫЙ ДОСТУП	Передвижение по территории Зоны ограниченного доступа должно осуществляться пешком.

Особые рекомендации по участку

- Запрещается перемещать отложения, камни и валуны, кроме случаев, когда это необходимо для научных целей, также следует избегать нарушения или изменения процесса отложения осадков и стоков талой воды.
- Лагерная стоянка должна находиться на ранее использованном месте на прилегающих снежных покровах: 77° 55.93' ю. ш., 160° 25.66' в. д.

Основные источники

Wilson, G.S., Barron, J.A., Ashworth, A.C., Askin, R.A., Carter, J.A., Curren, M.G., Dalhuisen, D.H., Friedmann, E.I., Fyodorov-Davidov, D.G., Gilichinsky, D.A., Harper, M.A., Harwood, D.M., Hiemstra, J.F., Janecek, T.R, Licht, K.J., Ostroumov, V.E., Powell, R.D., Rivkina, E.M., Rose, S.A., Stroeven, A.P., Stroeven, P., van der Meer, J.J.M., and Wizevich M.C. 2002. The Mount Feather Diamicton of the Sirius Group: an accumulation of indicators of Neogene Antarctic glacial and climatic history. *Palaeogeography, Palaeoclimatology, Palaeoecology* **182**: 117-31.

Карта участка – Карта 17

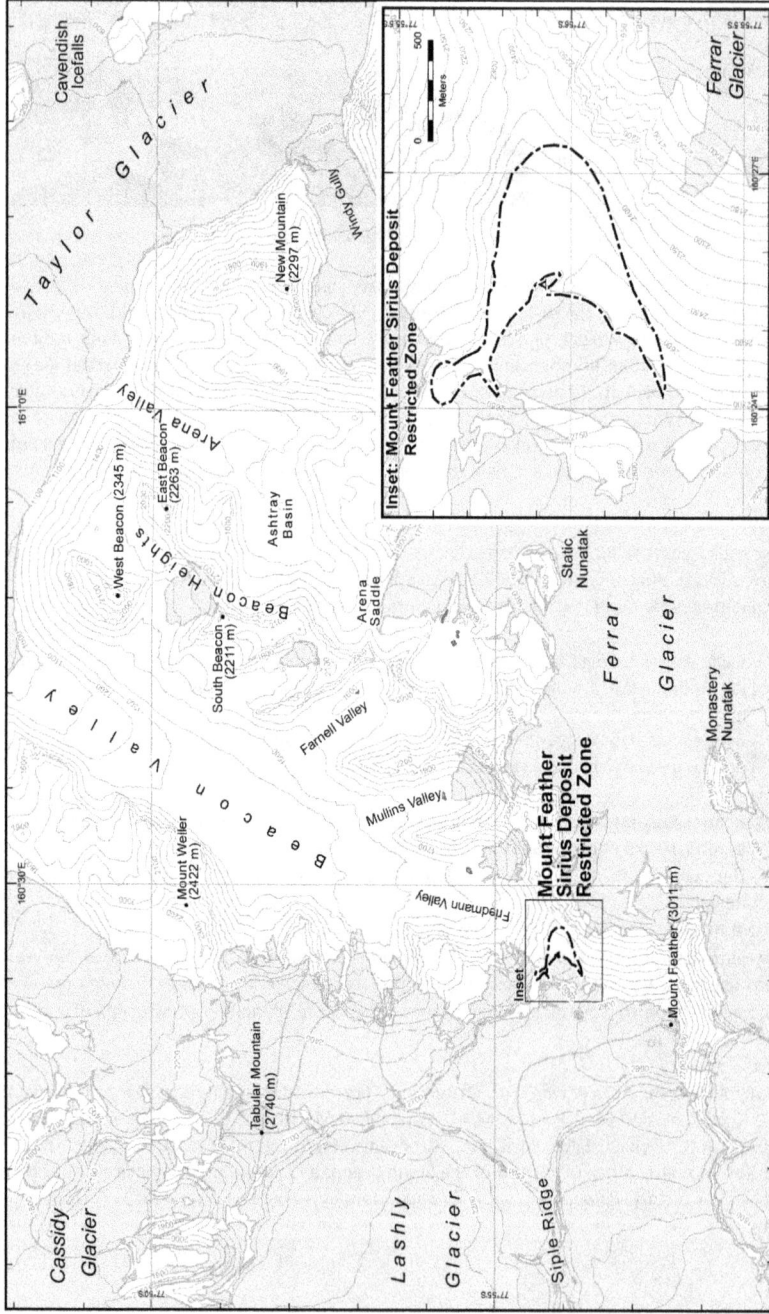

Map 17: Mount Feather - Beacon Valley

v5 issued 28 Apr 2011 (Map ID: 06.2.3.0-1.4/17.06)
Environmental Research 6.4-assessment

Projection: Lambert Conformal Conic;
Spheroid & horizontal datum: WGS84;
Contours: USGS 1:50K map series.
Data sources: USGS 1:50K map series;
Restricted Zone extent digitised from Watson et al. 2002.

Зона ограниченного доступа

Пруд Дон Хуан

Месторасположение

У подножья каменного потока в Саут Форк, долина Райт, в закрытом бассейне на возвышении в 118 м под платформой Деис, ~ 7,5 км от озера Ванда:
77° 33.77' ю. ш., 161° 11.32' в. д.

Цель

Не допустить нарушения и повреждения редкой и чувствительной гипергалинной системы, обладающей высокой научной ценностью.

Описание   **Площадь:** 20 га

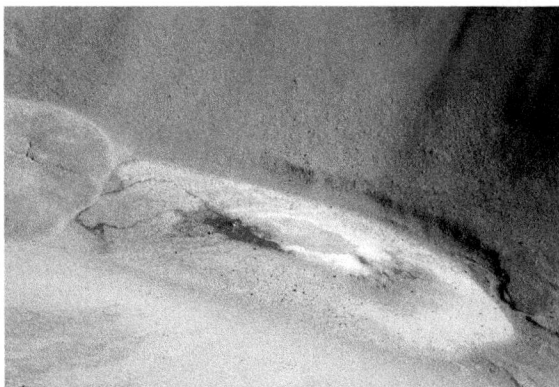

Пруд Дон Хуан: К. Харрис, ERA/Американская антарктическая программа (USAP) (14 декабря 2009 г.)

Пруд Дон Хуан – небольшое гиперсоленое озеро, размер которого в настоящий момент составляет ~400 x 150 м, содержит соленую воду, обогащенную хлористым кальцием, со степенью солености ~40%, что делает его природным источником с самой соленой водой на земле. Уровень воды менялся в течение времени, в последнее время глубина пруда составляла ~10 см. С изменением уровня воды Зона ограниченного доступа увеличивается до края соляных отложений на дне пруда (Карта 18). В пруду была обнаружена микробная жизнь, включая многочисленные гетеротрофные бактерии и дрожжи. По краям пруда, там, где уменьшается концентрация хлористого кальция, обнаружен слой из минеральной воды и детрита, скрепленный органическим материалом, так называемые, Солевые отложения пруда Дон Хуан. Пруд Дон Хуан - это место, где впервые было найдено природное месторождение гигроскопического бесцветного минерала антрактицита (CaCl$_2$ 6H2O).

Границы

Граница Зоны ограниченного доступа определяется внешней кромкой Соляных отложений пруда Дон Хуан, которая идет до края ложа пруда, занимая площадь ~720 x 300 м (Карта 18).

Воздействие

ИЗВЕСТНОЕ ВОЗДЕЙСТВИЕ	Во время осуществления проекта бурения в Сухих долинах было сделано два буровых отверстия на дне Пруда Дон Хуан: DVDP 5 (глубина 3,5 м) and DVDP 13 (глубина 75 м), расположенных в зоне соляных отложений ~60 м и ~110 м, соответственно, на восток от каменного потока. DVDP 13 остается в наличии как железная труба (с заглушкой), выступающая на ~ 1 м над высохшим ложем пруда (Карта 18). В декабре 2009 года на землях ~50-100 м на юг и восток от Зоны ограниченного доступа было обнаружено небольшое количество мусора (например, ржавые банки), вероятнее всего, они остались от прошлых лагерей, расположенных недалеко от участка.
ПОТЕНЦИАЛЬНОЕ ВОЗДЕЙСТВИЕ	Вмешательство в водные массы, солевые отложения и чувствительные земли по причине отбора проб или вытаптывания.

Требования к доступу

ВЕРТОЛЕТНАЯ ПЛОЩАДКА	Рекомендуется избегать посадки вертолетов в Зоне ограниченного доступа и избегать перелета на высоте ниже 50 м над уровнем земли. Место посадки вертолетов находится ~250 м на восток от Пруда Дон Хуан: 77° 33.784' ю. ш., 161° 12.948' в. д.
НАЗЕМНЫЙ ДОСТУП	Доступ и передвижение по территории Зоны ограниченного доступа должны осуществляться пешком.

Особые рекомендации по участку

- Избегать хождения в ложе пруда и по окружающим его солевым отложениям кроме случаев, когда это необходимо для научных или управленческих целей.
- Ходить аккуратно для сведения к минимуму нарушения солевых отложений и окружающего мягкого грунта и чувствительных склонов.
- Не передвигать валуны.
- Запрещается разбивать лагерь на территории Зоны ограниченного доступа.

Основные источники

Harris, H.J.H. & Cartwright, K. 1981. Hydrology of the Don Juan Basin, Wright Valley, Antarctica. *Antarctic Research Series* **33**: 161-84.

Chinn, T.J. 1993. Physical hydrology of the Dry Valley lakes. *Antarctic Research Series* **59**: 1-51.

Samarkin, V.A., Madigan, M.T., Bowles, M.W., Casciotti, K.L., Priscu, J.C., McKay, C.P. & Joye, S.B. 2010. Abiotic nitrous oxide emission from the hypersaline Don Juan Pond in Antarctica. *Nature Geoscience* Online: 25 April 2010. DOI: 10.1038/NGEO847.

Карта участка – Карта 18

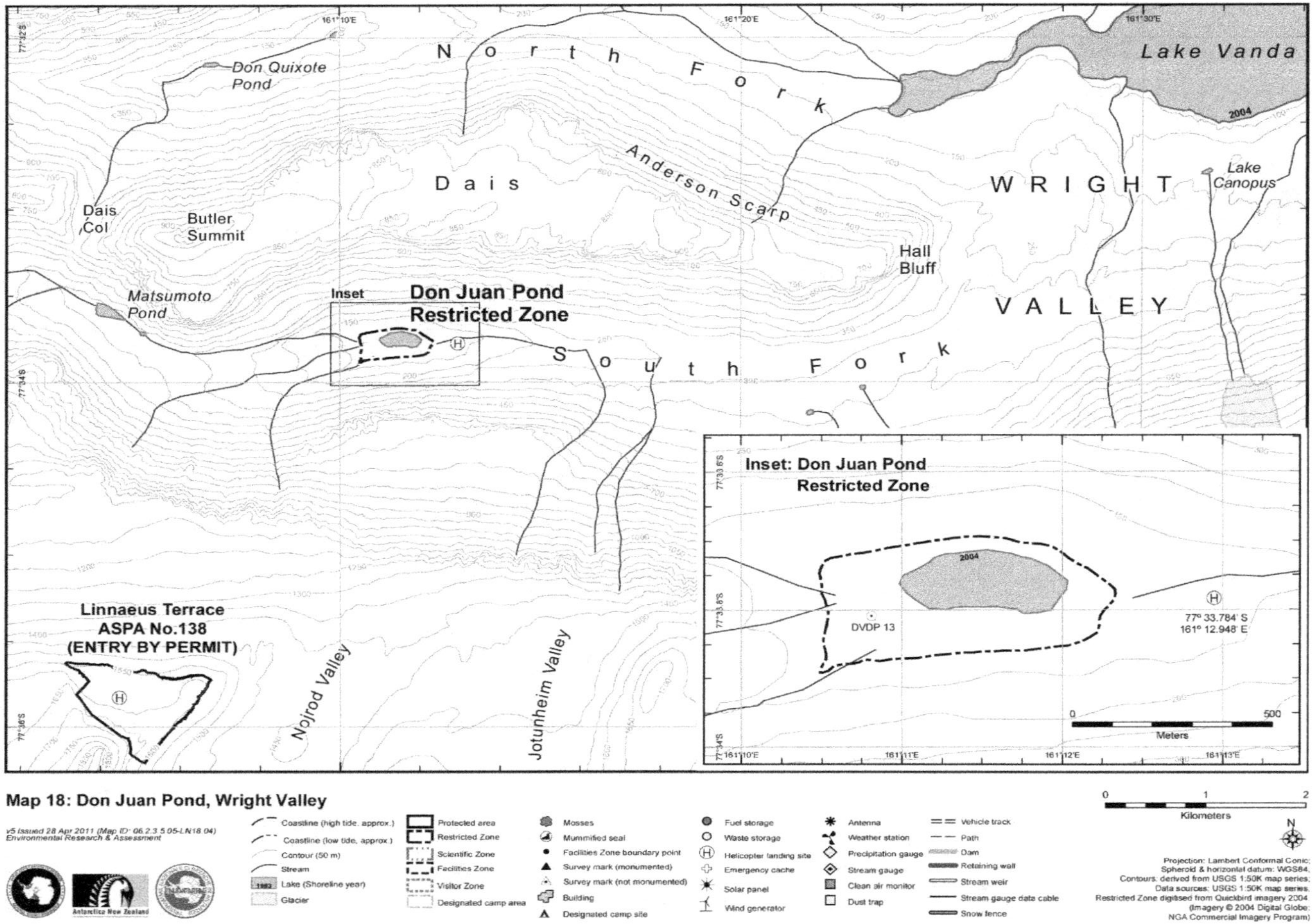

Map 18: Don Juan Pond, Wright Valley

v5 Issued 28 Apr 2011 (Map ID: 06.2.3.5 05-LN18.04)
Environmental Research & Assessment

Projection: Lambert Conformal Conic;
Spheroid & horizontal datum: WGS84;
Contours: derived from USGS 1:50K map series;
Data sources: USGS 1:50K map series.
Restricted Zone digitised from Quickbird imagery 2004
(Imagery © 2004 Digital Globe;
NGA Commercial Imagery Program)

Зона ограниченного доступа

Лощина Арго

Месторасположение

Северо-восточный берег озера Ванда, долина Райт, ниже горы Ясон, на возвышении между 104 м и 235 м:

77° 31.09' ю. ш., 161° 38.77' в. д.

Цель

Не допустить повреждения открытых слоистых отложений в водостоке, содержащих морские окаменелости, представляющих большую научную ценность.

Описание   **Площадь:** 4 800 м^2

Лощина Арго: К. Петтвэй, Американская антарктическая программа (USAP) (31 января 2011 г.)

Часть нижнего течения хорошо заметного русла реки в лощине Арго, ниже горы Ясон (1 920 м), горный хребет Олимп (Карта 19), содержит выдающиеся слои (до 2,8 м толщиной) массивных ледяных алевролитов с большим содержанием морских диатомовых водорослей и вышележащих отложений диктиохофициевых водорослей. По имеющимся данным, в верхних двух сантиметрах отложений были найдены фрагменты раковин морских гребешков. Отслоение залежей идет горизонтально, что контрастирует с лежащими ниже отложениями. Над твердыми отложениями располагаются дельтовые пески, ил и гравий, занесенные потоком в лощину Арго. Отложения указывают на то, что долина Райт была ранее мелководным морским фиордом и датируется эпохой среднего миоцена. Весь размер отложений под залегающим осадком неизвестен, периодическое его вскрытие вдоль канала меняется со временем в результате природной эрозии.

Границы

Зона ограниченного доступа простирается от первой хорошо заметной намывной полосы (возвышение 104 м) и ~140 метров от берега озера Ванда, 175 метров вверх по руслу реки до возвышения ~135 м. Зона простирается на 25 метров в обе стороны от русла реки (Карта 19).

Воздействие

ИЗВЕСТНОЕ ВОЗДЕЙСТВИЕ	Отсутствует.
ПОТЕНЦИАЛЬНОЕ ВОЗДЕЙСТВИЕ	Отложения находятся в состоянии вечной мерзлоты, но поверхность постепенно оседает по причине таяния многолетнемёрзлых пород. При прикосновении поверхность отложения рассыпается.

Требования к доступу

ВЕРТОЛЕТНАЯ ПЛОЩАДКА	Место приземления вертолетов находится в Зоне сооружений у хижины возле озера Ванга ~1,2 км на восток: 77° 31.361' ю. ш., 161° 41.442' в. д.
НАЗЕМНЫЙ ДОСТУП	Доступ и передвижение по территории Зоны ограниченного доступа должны осуществляться пешком.

Особые рекомендации по участку

- Избегать хождения по краю лощины или по находящимся выше пластам, выходящим на поверхность.
- Свести к минимуму воздействие на седименты, окружающие отложения.
- Избегать прикосновения к выходящим на поверхность пластам, кроме случаев проведения научных исследований.

Основные источники

Brady, H.T. 1980. Palaeoenvironmental and biostratigraphic studies in the McMurdo and Ross Sea regions, Antarctica. Unpublished PhD thesis, Macquarie University, Australia.

Brady, H.T. 1979. A diatom report on DVDP cores 3, 4a, 12, 14, 15 and other related surface sections. In: Nagatta, T. (Ed) *Proceedings of the Seminar III on Dry Valley Drilling Project, 1978.* Memoirs of National Institute of Polar Research, Special Issue 13: 165-75.

Карта участка – Карта 19.

Заключительный отчет XXXIV КСДА

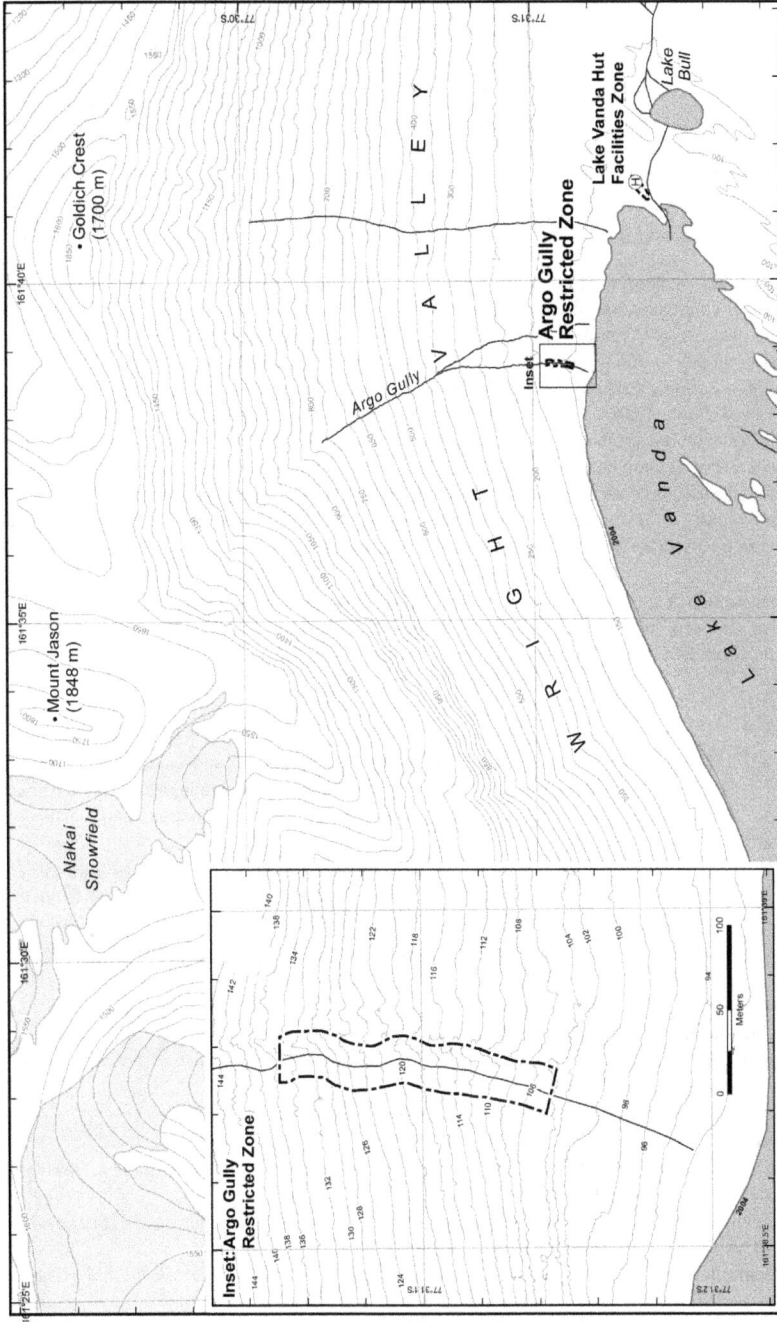

Map 19: Argo Gully, Wright Valley

Зона ограниченного доступа

Столовая гора Проспект

Месторасположение

Ниже прохода Булла ~250 м на север от реки Оникс, долина Райт:

77° 31.33' ю. ш.; 161° 54.58' в. д.

Цель

Не допустить повреждения хрупкого отложения окаменелых раковин вымерших морских гребешков одного вида.

Столовая гора Проспект: К. Харрис, ERA/Американская антарктическая программа (USAP) (15 декабря 2009 г.)

Описание   **Площадь:** 4,76 га

Столовая гора Проспект является отложением содержащего окаменелости гравия, лежащего поверх отложения, все еще содержащего большое количество хорошо сохранившихся окаменелых раковин вымерших морских гребешков одного вида *Chlamys (Zygochlamys) tuftsensi*, семейство Гребешки. Это единственное известное место обнаружения данного вида. Слоистый пласт песка и гравия, лежащего поверх отложений, заносится в лощину потоком, протекающим из прохода Булла в нескольких сотнях метров от места его соединения с рекой Оникс (Карта 20). Точный возраст отложения неизвестен, хотя наличие сочлененных раковин, большого количества целых раковин, отсутствие абразии, аналогичность внутренней и внешней матрицы, отсутствие значительной сегрегации и, в общем, очень слабая отборка обломков породы говорит о том, что окаменелости находятся на том месте, где были оставлены, в морском фиорде. Также встречаются иглы губок, радиолярий и несколько фрагментов остракод, но наиболее часто встречающейся и разнообразной группой микроокаменелостей является фораминифера.

Границы

Граница Зоны ограниченного доступа проходит вокруг двух граничащих столовых гор, меньшая из которых тянется на ~100 м к северу от основного массива. Граница идет вдоль хорошо заметного СВ берега реки, спускающейся из прохода Булла на ЮЗ зоны, а затем проходит вокруг основания склонов, очерчивающих две горы (Карта 20).

Воздействие

ИЗВЕСТНОЕ ВОЗДЕЙСТВИЕ	На юго-западном склоне столовой горы (см. фото) видны следы от проведения раскопок предыдущими экспедициями, место у подножия отмечено шестом.
ПОТЕНЦИАЛЬНОЕ ВОЗДЕЙСТВИЕ	Очень сложно извлечь целые фрагменты морских гребешков. Вмешательство или повреждение осадочных отложений может привести к повреждению окаменелостей.

Требования к доступу

ВЕРТОЛЕТНАЯ ПЛОЩАДКА	Запрещается посадка вертолетов на территории Зоны с ограниченным доступом. Для посадки вертолета следует использовать участок в Зоне сооружений у хижины возле прохода Булла: 77° 31.056' ю.ш., 161° 51.048' в. д.
НАЗЕМНЫЙ ДОСТУП	Доступ и передвижение по территории Зоны ограниченного доступа должны осуществляться пешком.

Особые рекомендации по участку

- Избегать хождения по верху столовой горы.
- Передвижение должно осуществляться аккуратно для сведения к минимуму повреждения хрупких осадочных пород, отложений и склонов.
- Запрещено разбивать лагерь на территории Зоны ограниченного доступа.

Основные источники

Turner, R.D. 1967. A new species of fossil Chlamys from Wright Valley, McMurdo Sound, Antarctica. *New Zealand Journal of Geology and Geophysics* **10**: 446-55.

Vucetich, C.G. & Topping, W.W. 1972. A fjord origin for the pecten deposits, Wright Valley, Antarctica. *New Zealand Journal of Geology and Geophysics* **15**(4): 660-73.

Webb, P.N. 1972. Wright fjord, Pliocene marine invasion of an Antarctic Dry Valley. *Antarctic Journal of the United States* **7**: 227-34.

Prentice, M.L., Bockheim, J.G., Wilson, S.C., Burckle, L.H., Jodell, D.A., Schluchter, C. & Kellogg, D.E. 1993. Late Neogene Antarctic glacial history: evidence from central Wright Valley. *Antarctic Research Series* **60**: 207-50.

Карта участка – Карта 20

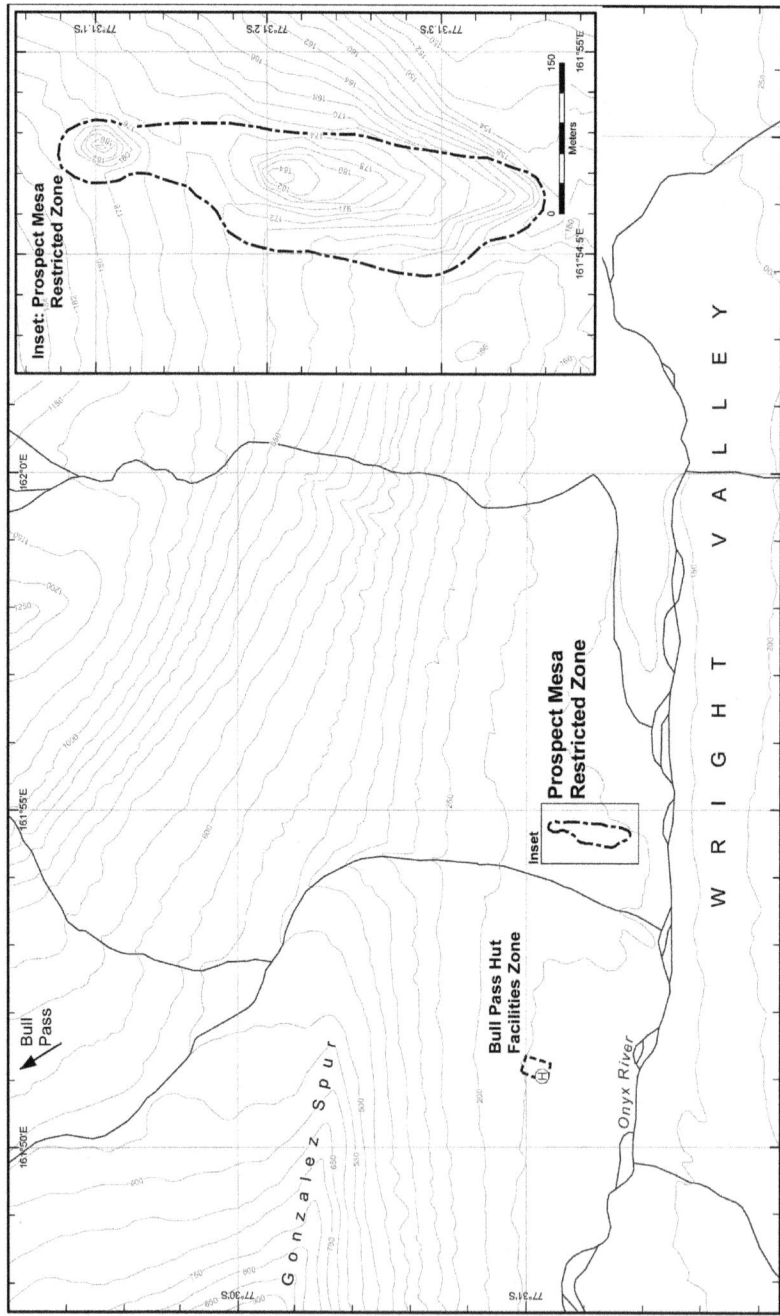

Map 20: Prospect Mesa, Wright Valley

Зона ограниченного доступа

Отложение золы

Месторасположение

На относительно ровном склоне между ледниками Гудспид и Харт, долина Райт, на возвышении ~400 м:

77° 29.76' ю.ш., 162° 22.35' в. д.

Цель

Не допустить повреждения отложения в естественном залегании вулканической золы тефра, представляющей большую научную ценность.

Отложение золы: Дж. Айслаби
НЗ коллекция видов Антарктики (2005 г)

Описание   **Площадь:** 1,8 га

Отложение золы представляет собой сохранившееся в естественном залегании отложение вулканической золы тефра, защищенное слоем гравия. Поверхность гравия, защищающая слой золы, имеет большую пространственную протяжённость и зола не видна без снятия слоя гравия, это усложняет идентификацию в полевых условиях. Полная протяженность отложения золы неизвестна, ее максимальный оценочный размер составляет ~100 x 100 м (Карта 21). Отложение золы, датирующееся 3,9 ± 0,3 миллиона лет назад, представляет большую научную ценность для определения палеоклимата Сухих долин Мак-Мёрдо.

Границы

По причине недостатка хорошо заметных наземных ориентиров, граница Зоны ограниченного доступа определяется как зона 150 м x 120 м по широте и долготе (Карта 21) от координат:

Верхняя левая точка: 77°29.72' ю.ш., 162°22.2' в. д.

Нижняя правая точка: 77 29.8' ю.ш., 162 22.5' в. д.

Воздействие

ИЗВЕСТНОЕ ВОЗДЕЙСТВИЕ	Отсутствует.
ПОТЕНЦИАЛЬНОЕ ВОЗДЕЙСТВИЕ	Отложение покрыто тонким слоем пустынной корки гравия, который легко повредить при ходьбе. В случае повреждения пустынной корки быстро произойдет ветровая эрозия отложений золы.

Требования к доступу

ВЕРТОЛЕТНАЯ ПЛОЩАДКА	Рекомендуется избегать посадки вертолетов в Зоне ограниченного доступа и избегать перелета на высоте ниже 50 м над уровнем земли. Место посадки вертолетов должно находиться, как минимум, в 100 м от границы.
НАЗЕМНЫЙ ДОСТУП	Доступ и передвижение по территории Зоны ограниченного доступа должны осуществляться пешком.

Особые рекомендации по участку

- Избегать хождения по пустынной корке, покрывающей отложения золы, кроме случаев, когда это необходимо для научных или управленческих целей, в таком случае нужно ходить аккуратно для сведения повреждений к минимуму.
- В случае необходимости удаления пустынной корки для соответствующих научных целей, обеспечьте ее возвращение на место для защиты объекта.
- Запрещено разбивать лагерь на территории Зоны ограниченного доступа.

Основные источники

Hall, B.L., Denton, G.H., Lux, D.R. & Bockheim, J. 1993. Late tertiary Antarctic paleoclimate and ice-sheet dynamics inferred from surficial deposits in Wright Valley. *Geografiska Annaler* **75A**(4): 239-67.

Morgan, D.J., Putkonen, J., Balco, G. & Stone, J. 2008. Colluvium erosion rates in the McMurdo Dry Valleys, Antarctica. Proceedings of the American Geophysical Union, Fall Meeting, 2008.

Schiller, M., Dickinson, W., Ditchburn, R.G., Graham, I.J. & Zondervan, A. 2009. Atmospheric 10Be in an Antarctic soil: implications for climate change. *Journal of Geophysical Research* **114**, FO1033.

Карта участка – Карта 21

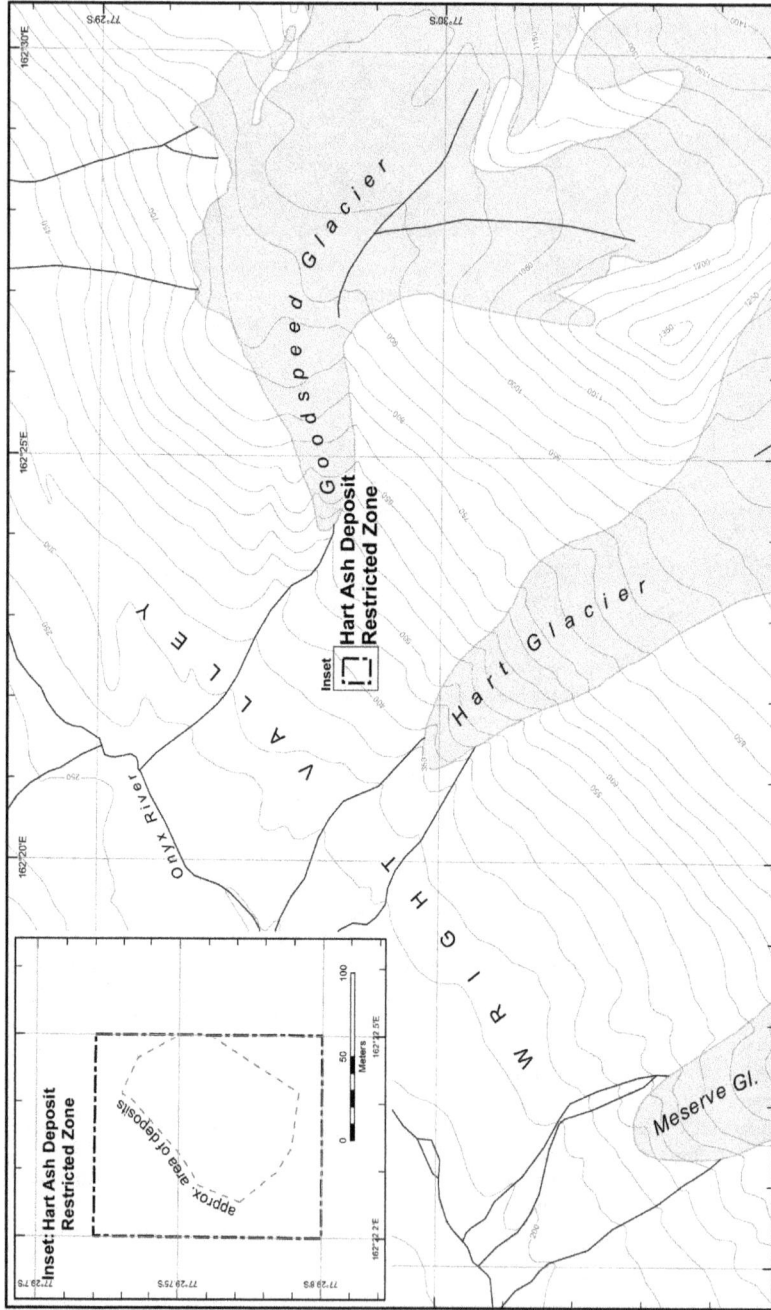

Goodspeed Glacier

Hart Glacier

Onyx River

HART VALLEY

WRIGHT VALLEY

Meserve Gl.

Inset
**Hart Ash Deposit
Restricted Zone**

162°20E

162°25E

162°30E

77°29.5S

77°30.0S

**Inset: Hart Ash Deposit
Restricted Zone**

approx. area of deposits

162°21.2E

162°21.5E

77°29.7S

77°29.75S

77°29.8S

0   50   100
Meters

Map 21: Hart Glacier, Wright Valley

v2 Issued 27 Apr 2011 (Map ID: 05.2.3.6.04-LN21.03)
Environmental Research & Assessment

Protected area
Restricted Zone
Scientific Zone
Facilities Zone
Visitor Zone
Designated camp area

Coastline (high tide, approx.)
Coastline (low tide, approx.)
Contour (50 m)
Stream
Lake (Silvan/lee year)
Glacier

Mosses
Mummified seal
Facilities Zone boundary point
Survey mark (monumented)
Survey mark (not monumented)
Building
Designated camp site

Fuel storage
Waste storage
Helicopter landing site
Emergency cache
Solar panel
Wind generator

Antenna
Weather station
Precipitation gauge
Stream gauge
Clean air monitor
Dust trap

Vehicle track
Path
Dam
Retaining wall
Stream weir
Stream gauge static cable
Snow fence

Projection: Lambert Conformal Conic
Spheroid & horizontal datum: WGS84
Contours: USGS 1:50,000 map series;
Data sources: USGS 1:50,000 map series
Hart Ash deposit extent: M. Schäfer pers. comm. 2011

N

0   500   1,000
Meters

Зона ограниченного доступа

Песчаные дюны долины Виктория

Месторасположение

Две основные группы между озером Вида и нижним ледником Виктория, ~ 1 км на юг от конца ледника Пакард, долина Виктория:

77° 22.19' ю. ш., 162° 12.45' в.д.

Цель

Не допустить повреждения хрупкой системы песчаных дюн, представляющей большую научную ценность.

Описание   Площадь: 3,16 км²

Песчаные дюны долины Виктория (восточная группа ниже ледника Пакард)

Х. МакГован, НЗ коллекция видов Антарктики (декабрь 2004 г.).

Обширная система песчаных дюн долины Виктория включает две характерные зоны, состоящие из полукруглых, поперечных и горбатых дюн и многочисленных песчаных холмов (Карта 22). Самая большая группа дюн - на западе, она простирается более чем на ~6 км и достигает в ширину от 200 до 800 метров, общая площадь ~1,9 км². Самая маленькая группа дюн - на востоке, она разделяется течением Пакард и ограничивается на юге рекой Кайт, простирается более чем на ~3 км и достигает в ширину от 300 до 600 м, общая площадь ~1,3 км². Источником отложений является поверхность и границы нижней части ледника Виктория, а также морённый покров, переносимый на запад к реке Вида преобладающим восточным ветром и потоками талой воды. Это единственное место в Антарктике с литологическими осадками песка, отложенными под действием ветра. Дюны отличаются от обычных пустынных и прибрежных формирований, поскольку песок в этих дюнах перемешан с утрамбованным снегом и многолетнемёрзлыми породами.

Границы

Граница Зоны ограниченного доступа определяется внешним краем основной системы песчаных дюн в долине Виктория, которая тянется двумя группами на расстояние ~9 км, ширина варьируется от 200 до 800 м (Карта 22).

Воздействие

ИЗВЕСТНОЕ ВОЗДЕЙСТВИЕ	Отсутствует.
ПОТЕНЦИАЛЬНОЕ ВОЗДЕЙСТВИЕ	Тонкий поверхностный слой песчаных дюн подвижен и динамичен. Повреждение или разрушение многолетнемёрзлых пород, содержащихся в дюнах, может повлиять на целостность структуры песчаных дюн.

Требования к доступу

ВЕРТОЛЕТНАЯ ПЛОЩАДКА	Рекомендуется избегать посадки вертолетов в Зоне ограниченного доступа и избегать перелета на высоте ниже 50 м над уровнем земли.
НАЗЕМНЫЙ ДОСТУП	Доступ и передвижение по территории Зоны ограниченного доступа должны осуществляться пешком.

Особые рекомендации по участку

- Избегать хождения по дюнам, кроме случаев, когда это необходимо для научных или управленческих целей.
- Передвижение должно осуществляться аккуратно для сведения к минимуму повреждения уязвимых поверхностей и склонов дюн. Избегать повреждения многолетнемёрзлых пород и структуры песчаных дюн.
- Запрещено разбивать лагерь на территории Зоны ограниченного доступа.

Основные источники

Lindsay, J.F. 1973. Reversing barchans dunes in Lower Victoria Valley, Antarctica. *Geological Society of America Bulletin* **84**: 1799-1806.

Calkin, P.E. & Rutford, R.H. 1974. The sand dunes of Victoria Valley, Antarctica. *The Geographical Review* **64**(2): 189-216.

Selby, M.J., Rains, R.B. & Palmer, R.W.P. 1974. Eolian deposits of the ice-free Victoria Valley, Southern Victoria Land, Antarctica. *New Zealand Journal of Geology and Geophysics* **17**(3): 543-62.

Speirs, H.C., McGowan, J.A. & Neil, D.T. 2008. Meteorological controls on sand transport and dune morphology in a polar-desert: Victoria Valley, Antarctica. *Earth Surface Processes and Landforms* **33**: 1875-91.

Карта участка – Карта 22

Заключительный отчет XXXIV КСДА

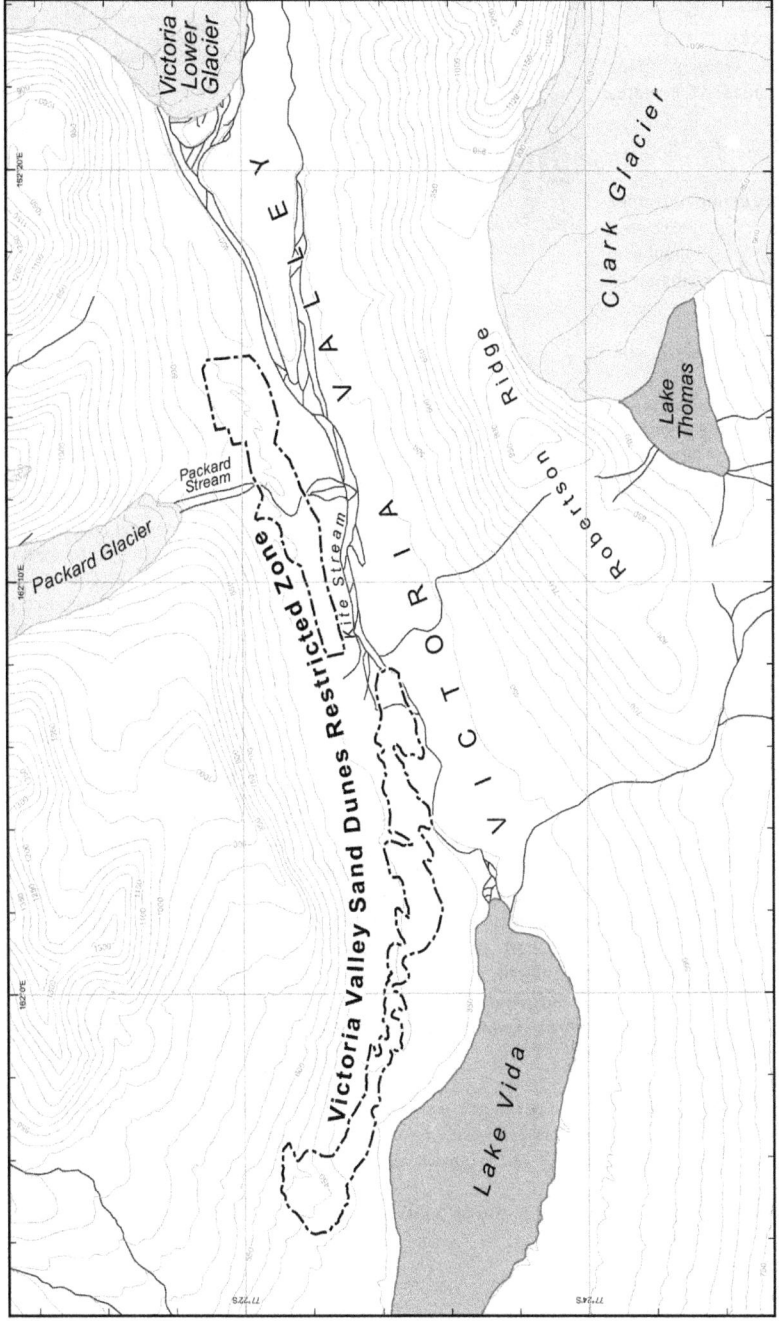

Map 22: Victoria Valley Sand Dunes Restricted Zone

v5 (issued 28 Apr 2011 (Map ID: 06 2.3.6/7-LN2) 05)
Environmental Research & Assessment

Зона ограниченного доступа

Мыс Бэттлшип

Месторасположение

Юго-запад долина Алатна, гряда Конвой, ~1 км на запад от ледника Бенсон:
76° 55.17' ю. ш., 161° 02.77' в. д.

Цель

Не допустить повреждения хрупких формирований песчаника, содержащего микробные сообщества, обеспечить сохранение вида и нетронутости участка.

а) Вид с воздуха на долину Алатна. b) Вид с пруда Карго.
К. Харрис ERA/Американская антарктическая программа (USAP) (16 декабря 2009 г.)

Описание   Площадь: 4,31 км²

Мыс Бэттлшип – район колоссальных выходов пластов песчаника, возвышающихся над юго-западным руслом долины Алатна, возле пруда Карго (Карта 23). Длина скалы ~5 км, ширина составляет 0,4 – 1,2 км. Высота мыса – примерно 300 м на возвышении ~900-1200 м на западе и ~1050-1350 м на востоке. Выступающие пласты красно-коричневого и белого песчаника сильно выветрились и превратились в удивительные остроконечные верхушки, выступы и эродированные вымоины со скоплениями темных валунов и отложений лежащего выше крупнокристаллического базальта в результате его выветривания сверху. Окружающая среда содержит богатые микробные сообщества, включающие лишайники, сине-зелёные водоросли, нефотосинтезирующие бактерии и грибки; это самое большое биологическое разнообразие микробов, обнаруженное в Сухих долинах. Криптоэндолитические микробные сообщества обитают в пористых пустотах песчаника, лишайники и сине-зеленые водоросли врастают на глубину до 10 мм под поверхностью. Это чрезвычайно медленно растущие сообщества, а скалы, на которых они живут, подвержены разрушению.

Границы

Границы Зоны ограниченного доступа включают основной участок обнажения пород песчаника у мыса Бэттлшип, простираются от нескольких небольших озер, включая их, у подножья формирования до его максимального верхнего предела (Карта 23).

Воздействие

ИЗВЕСТНОЕ ВОЗДЕЙСТВИЕ	Ранее в скалах был установлены небольшие устройства для измерений на месте, а также было взято небольшое количество образцов породы. Место посадки вертолета помечено тканевыми флажками, закрепленными в скалах, некоторые из которых были выбраны для того, чтобы предотвратить их использование учеными в будущем, поскольку они подверглись изменению в результате ранее проведенного эксперимента (И. Фридманн, лич. сооб. 1994 г.). Использование дымовых шашек для обеспечения безопасности воздушного движения на участке привело к засорению, поэтому эта практика была прекращена в 1990х гг.
ПОТЕНЦИАЛЬНОЕ ВОЗДЕЙСТВИЕ	Повреждение хрупких скалистых формирований, чрезмерный отбор проб, интродукция чужеродных видов.

Требования к доступу

ВЕРТОЛЕТНАЯ ПЛОЩАДКА	Место для посадки вертолетов на участке: 76° 55.35' ю .ш., 161° 04.80' в .д. (1296 м). В случае необходимости высадки у подножья скалы или в частях зоны, куда невозможно добраться пешком, необходимо избегать посадки вертолета на песчаник и озера/пруды.
НАЗЕМНЫЙ ДОСТУП	Передвижение по территории Зоны ограниченного доступа должно осуществляться пешком.

Особые рекомендации по участку

Заключительный отчет XXXIV КСДА

- Передвижение должно осуществляться аккуратно для сведения повреждений к минимуму, запрещается передвигать камни и валуны, ломать хрупкие формирования песчаника.
- Лагерная стоянка в Зоне ограниченного доступа должна находиться на ранее использованном месте, рядом с указанной территорией посадки вертолета: 76° 55.31' ю. ш., 161° 04.80' в .д. (1294 м).

Основные источники

Friedmann, E.I., Hua, M.S., Ocampo-Friedmann, R. 1988. Cryptoendolithic lichen and cyanobacterial communities of the Ross Desert, Antarctica. *Polarforschung* **58**: 251-59.

Johnston, C.G. & Vestal, J.R. 1991. Photosynthetic carbon incorporation and turnover in Antarctic cryptoendolithic microbial communities: are they the slowest-growing communities on Earth? *Applied & Environmental Microbiology* **57**(8): 2308-11.

Карта участка – Карта 23

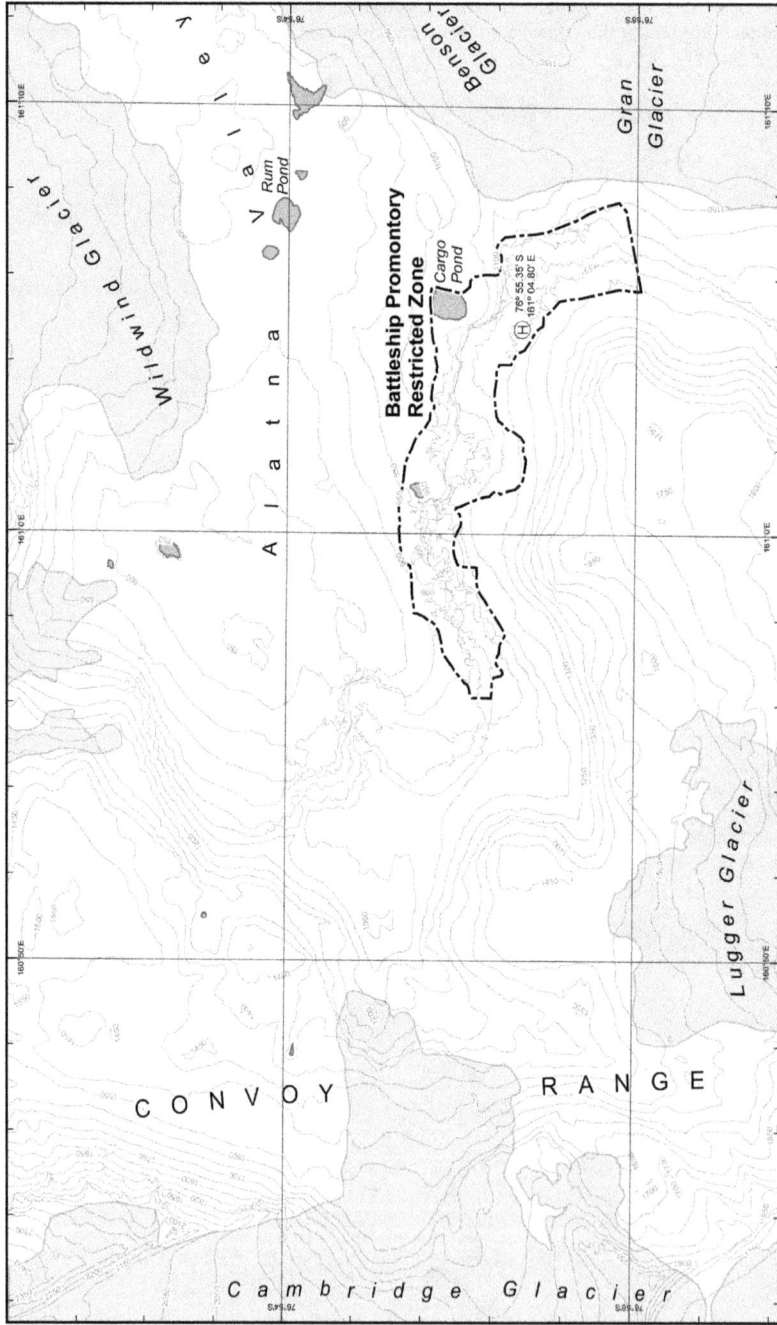

Battleship Promontory
Restricted Zone

Alatna Valley

Rum Pond

Cargo Pond

76° 55.35' S
161° 04.60' E

Wildwind Glacier

Benson Glacier

Gran Glacier

CONVOY RANGE

Cambridge Glacier

Lugger Glacier

Map 23: Battleship Promontory, Restricted Zone

v4 Issued 28 Apr 2011 (Map ID: 08.2.3.5.08-LN23.04)
Environmental Fieldwork & Assessment

Protected area		Coastline (high tide, approx.)
Restricted Zone		Coastline (low tide, approx.)
Scientific Zone		Contour (50 m)
Facilities Zone		Stream
Visitor Zone	1991	Lake (Shoreline year)
Designated camp area		Glacier

Mosses		Antenna
Mummified seal		Weather station
Facilities Zone boundary point		Precipitation gauge
Survey mark (monumented)		Stream gauge
Survey mark (not monumented)		Clean air monitor
Building		Dust trap
Designated camp site		

Fuel storage		Vehicle track
Waste storage		Path
Helicopter landing site		Retaining wall
Emergency cache		Dam
Solar panel		Stream weir
Wind generator		Stream gauge data cable
		Snow fence

Projection: Lambert Conformal Conic.
Spheroid & horizontal datum: WGS84.
Contours: USGS 1:50K map series.
Data sources: USGS 1:50K map series.
Imagery: QuickBird imagery 2009
Restricted Zone digitised from QuickBird imagery 2009
(imagery © 2009 Digital Globe
NGA Commercial Imagery Program)

0   1   2
Kilometers

N

ПРИЛОЖЕНИЕ F:

Руководство для Зон туризма

На территории Района выделена следующая Зона туризма:

- Долина Тейлор

Зона туризма расположена в низовьях долины Тейлор вблизи ледника Канада. Местоположение, границы, вертолетная посадочная площадка и характеристики Зоны туризма показаны на Карте 24.

Граница Зоны туризма проходит следующим образом: двигаясь по часовой стрелке, граница идет от самой северной точки Зоны на небольшой возвышенности с координатами 77° 37.523' ю.ш., 163° 03.189' в.д., далее – 225 м на юго-восток, мимо назначенной вертолетной посадочной площадки до точки на моренных почвах с координатами 77° 37.609' ю.ш., 163° 03.585' в.д., затем тянется 175 м к югу, поднимаясь на вершину небольшого холма (высотой 60 м) с координатами 77° 37.702' ю.ш., 163° 03.512' в.д. С этого небольшого холма граница тянется 305 м на северо-запад ко второму небольшому холму, проходя через него на другую сторону (с вершиной на высоте 56 м, отмеченной лежащей поблизости пирамидой из камней и старым геодезическим знаком), проходя по линии приблизительно в 30 м к югу от главного хребта, соединяющего два холма, прямо к точке (77° 37.637' ю.ш., 163° 02.808' в.д.) на западном хребте этого второго небольшого холма. С этого хребта граница тянется 80 м на северо-восток прямо к западной поверхности выступающего валуна, расположенного в точке с координатами 77° 37.603' ю.ш., 163° 02.933' в.д., к северо-западу от пирамиды из камней на холме на расстоянии приблизительно 70 м. Затем граница тянется 130 м к северо-востоку, спускаясь параллельно обозначенному пешеходному маршруту (повторяющему линию низкой моренной гряды), к точке около ручья Боулз (77° 37.531' ю.ш., 163° 03.031' в.д.). Здесь, рядом с небольшим покрытым мхами участком, находится мумифицированный (усохший) тюлень. Затем граница тянется 65 м к востоку и возвращается к самой северной точке Зоны с координатами 77° 37.523' ю.ш., 163° 03.189' в.д.

Особые правила для осуществления деятельности в Зоне туризма:

- Туроператоры должны принять меры с тем, чтобы все посетители Зоны туризма, за которых они несут ответственность, обеспечили себе чистую обувь и оборудование перед посещением Зоны;
- Посадка и высадка туристических экспедиций должна производиться на выделенной посадочной площадке с координатами 77° 37.588' ю.ш., 163° 03.419' в.д. (на высоте 34 м.);
- Туроператоры должны принять меры, направленные на то, чтобы пешеходные маршруты на территории Зоны туризма были четко обозначены и чтобы посетители использовали только эти маршруты. Указатели для разметки туристических маршрутов и достопримечательностей должны безопасно устанавливаться и убираться перед окончанием каждого посещения;
- Палатки можно разбивать только на специально отведенной палаточной площадке в целях защиты здоровья и обеспечения безопасности; туристические группы могут устраивать лагеря в Зоне туризма только по соображениям безопасности;
- Туристы должны передвигаться по территории Зоны туризма небольшими организованными группами с проводником;
- Не следует ходить по руслам водотоков и прудов;
- Деятельность, планируемая и осуществляемая в Зоне туризма, должна соответствовать положениям Рекомендации XVIII-1 КСДА.

Дополнительные указания, регулирующие деятельность на территории данной Зоны туризма, приводятся в приложении «Руководство для Зон туризма, предусмотренных Договором об Антарктике»: Долина Тейлор, юг Земли Виктории, море Росс (представлено как документ WPXX XXXIV КСДА).

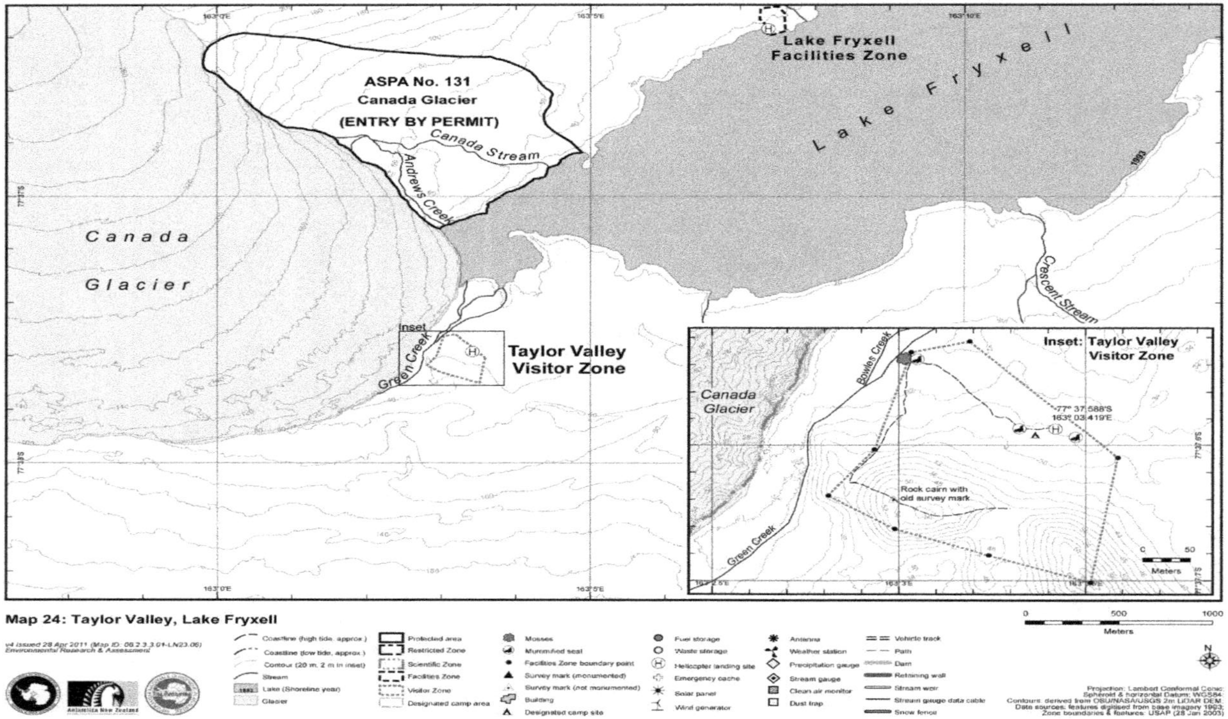

ОУРА № 2 - Сухие долины МакМердо

Map 24: Taylor Valley, Lake Fryxell

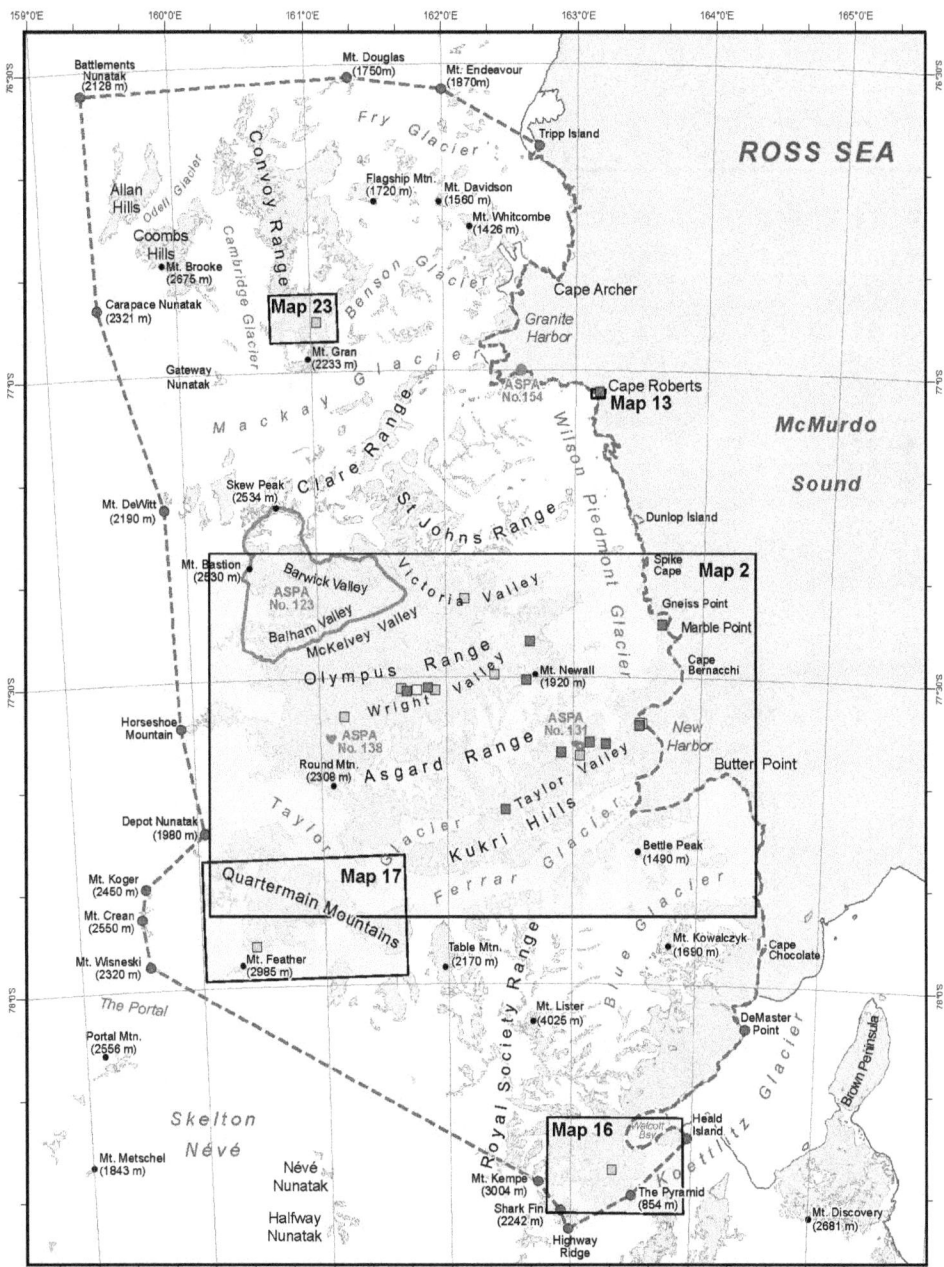

Map 1: Overview
ASMA No. 2 McMurdo Dry Valleys: boundary & zones

ОУРА № 2 - Сухие долины МакМердо

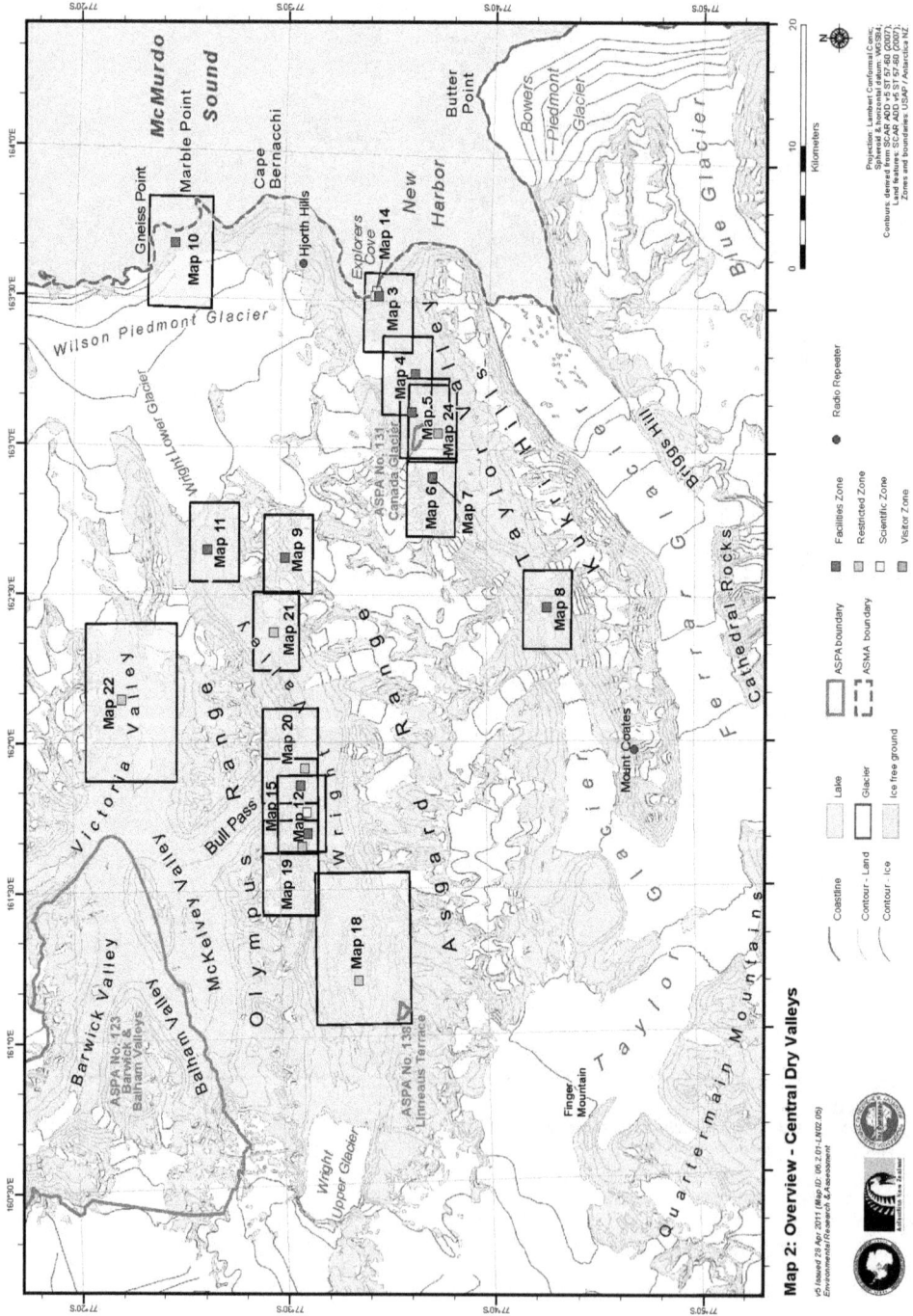

Map 2: Overview - Central Dry Valleys

v5 Issued 29 Apr 2011 (Map ID: 06.2.01-LM02.05)
Environmental Research & Assessment

ЧАСТЬ III

ВЫСТУПЛЕНИЯ НА ОТКРЫТИИ И ЗАКРЫТИИ, ОТЧЕТЫ И ДОКЛАДЫ

1. Выступления на заседании в честь празднования 50-й годовщины вступления в силу Договора об Антарктике

Выступление Гектора Тимермана, министра иностранных дел, международной торговли и культа Аргентины

Уважаемые министры иностранных дел Республики Чили и Восточной Республики Уругвай, специальные представители и делегаты XXXIV Консультативного совещания по Договору об Антарктике:

Аргентина принимала на своей территории Консультативное совещание по Договору об Антарктике в 1962 и 1981 годах. Сегодня, в третий раз со дня вступления Договора в силу 23 июня 1961 г., мы вновь имеем эту большую привилегию.

Аргентина является одной из 12 Стран, изначально подписавших Договор об Антарктике, в котором сегодня состоят 48 Стран-участниц. С помощью творческого подхода и изобретательности этот документ позволил создать нормативно-правовую базу, используемую для развития научно-исследовательской работы и охраны обширного Антарктического континента на фоне мира и международного сотрудничества.

Это сотрудничество до сегодняшнего дня всегда опиралось на чувство глубокого уважения принципа достижения консенсуса, используемого в качестве механизма принятия решений, руководящего Консультативными совещаниями.

Для меня представляется честью быть на этом важном событии вместе со всеми вами и отмечать 50 летнюю годовщину со дня вступления в силу Договора об Антарктике. Неизменность и эффективность этого международного правового акта требует от нас специального признания всем тем, кто участвовал в его составлении, и тем, кто работал с ним на протяжении последних пятидесяти лет для консолидации его успеха.

В соответствии со своими принципами и целями Договор об Антарктике обеспечил возможность превращения всего континента в регион мира, науки и сотрудничества и в характерный пример того, как Государства могут, будучи соединёнными единой целью, объединять свои усилия и сотрудничать для развития науки и охраны окружающей среды на континенте, сохранение которого жизненно необходимо для жизни каждого жителя этой планеты.

Позвольте мне ещё раз подтвердить, что Аргентинская Республика намерена всесторонне распространять эти принципы и цели.

Продвигая изучение и развитие научных знаний в Антарктике, Аргентина намерена охранять континент, будучи уверенной в том, что лучшим способом охраны Антарктики является обеспечение полной осведомлённости об уникальных условиях и особенностях этого региона.

На протяжении последних 107 лет наша страна имела непрекращающееся преимущество располагать старейшей в Антарктике научно-исследовательской станцией - базой Оркадас. Построенная в 1904 г., эта станция на протяжении десятилетий была единственной капитальной станцией на антарктической земле. На протяжении всего этого времени она предоставляла метеорологические данные, которые послужили значительным вкладом в большую часть работы, выполняемой в настоящее время в связи с климатическими изменениями и глобальным потеплением.

Аналогичным образом Аргентинский антарктический институт, основанный 17 апреля 1951 г., стал первым в мире учреждением, целиком и полностью посвящённым научным исследованиям в Антарктике. За всё это время он проводил научно-исследовательские работы при участии как собственного высококвалифицированного персонала, так и в сотрудничестве с самыми знаменитыми национальными и международными научными и академическими учреждениями, придерживаясь первостепенных целей получения знаний об Антарктике и охраны континента и его ресурсов во благо всего человечества.

Аргентинская Республика всегда была последовательной в своём историческом видении, так как наука всегда играла ключевую роль в нашей деятельности в Антарктике, а также в наших усилиях сохранить окружающую среду и ресурсы на этом континенте.

За последние годы национальное правительство одобрило эти концепции путём материальных вложений, таких как существенное увеличение количества учёных и технического персонала, работающих по Антарктике, модернизация существующего и приобретение нового оборудования для расширения антарктической инфраструктуры, реализация альтернативных источников энергии для сокращения использования ископаемых видов топлива и обеспечение строгого соответствия мерам охраны окружающей среды.

Национальная политика предусматривает непрекращающуюся модернизацию баз и усовершенствования в сфере логистики, а также улучшение международного сотрудничества в научно-исследовательской деятельности, технологиях и творческих проектах. В этом отношении во время последней антарктической кампании проекты с активным вовлечением иностранных исследователей насчитывают примерно 60 % рабочих обязательств, а имеющиеся на сегодняшний день аргентинские научно-исследовательские станции послужили отличной платформой для работы, которую мы надеемся ещё более улучшить в будущем.

Реконструкция и модернизация ледокола «Альмиранте Иризар» на национальных судоверфях предоставит современную платформу, подходящую для научных исследований в таких областях знаний, как океанография, биология, морская геология и др., кроме того в дальнейшем будут усовершенствованы меры по сохранению окружающей среды Антарктики.

Дух мира и международного сотрудничества был изначально положен в основу создания и принятия Договора об Антарктике, а также последующей разработки правовых актов, из которых состоит вся система. И по сей день он остаётся основой эффективного действия Договора. Первые 50 лет однозначно продемонстрировали непреложную ценность этих правовых актов, которые появились в определённые моменты истории благодаря достижению консенсуса во благо международного сообщества и будущих поколений.

Антарктика требует от нас всестороннего уважения к себе. Мы должны сохранить её окружающую среду, её флору и фауну, приобрести более глубокие знания об этом континенте, информируя общественность о её эстетических ценностях. За первые пятьдесят лет действия Договора Стороны предоставили достаточно доказательств важности достижения этих целей. Сегодня празднование этой годовщины в атмосфере мира и международного сотрудничества является лучшей отправной точкой для расширения научно-исследовательских работ и охраны окружающей среды Антарктики, а также рассмотрения проблем, ожидаемых в ближайшие десятилетия, и совместного их решения, как мы это делали до сегодняшнего дня.

Спасибо за внимание.

Выступление Альфредо Морено Чарме, министра иностранных дел Чили

Речь обращена к:

- Министрам иностранных дел Аргентины и Уругвая

- Господину Ариэлю Манци, Председателю совещания

- Господину Манфреду Райнке, Исполнительному секретарю Секретариата Договора об Антарктике

- Делегатам и участникам данного совещания

Для меня большая честь иметь возможность присутствовать на 34-м Консультативном совещании по Договору об Антарктике. Сегодня мы собрались здесь не только на ежегодное совещание 48 стран-участниц для обсуждения стоящих на повестке дня вопросов, касающихся Антарктики, но также и для того, чтобы отметить 50-летие вступления в силу Договора об Антарктике. 23 июня 1961 года Аргентина, Австралия и Чили совместно подали свои ратификационные документы, которые, в дополнение к ратификациям, представленным Великобританией, ЮАР, Бельгией, Японией, Соединенными Штатами, Норвегией, Францией, Новой Зеландией и Россией, позволили этому правовому инструменту вступить в силу.

Подписанию договора в Вашингтоне предшествовала стадия переговоров, на протяжении которой дискуссии продолжались более сорока пяти дней. Это была сложная задача, ибо предстояло согласовать явно противоположные политические интересы. Тем не менее, каждая из двенадцати стран, подписавших Договор об Антарктике, смогла пойти на компромисс, тем самым поспособствовав созданию тонкого и непростого политико-правового баланса. Подписание Договора об Антарктике стало примером того, как вопреки неблагоприятному международному контексту в разгар Холодной войны можно было браться за решение сложных проблем и совместными усилиями их преодолевать.

Будучи одной из двенадцати стран-учредителей, Чили сыграла важную роль в разработке этого соглашения, а также в обсуждении и последующем составлении проекта Договора. При этом выдающуюся роль сыграл посол Оскар Пиночет де ла Барра, которому сейчас один год и который присутствовал при подписании этого Договора. Он и до сих пор делится своими воспоминаниями и опытом относительно принципов и целей, приведших к соглашениям, достигнутым в рамках этого международного правового инструмента.

Вступление в силу Договора об Антарктике повлекло за собой изменения в тогдашних системах понятий и подходах. На смену климату соперничества, царившему в течение первой половины двадцатого века, пришла атмосфера, благоприятствующая сотрудничеству между участниками. На сегодняшний день Антарктида является континентом, который используется исключительно в мирных целях. Она – единственный в мире регион, свободный от ядерного оружия.

Настоящий Договор стал, без сомнения, исторически важным соглашением во многих аспектах. Его правовая система позволила странам-участницам коллективно управлять вышеупомянутой территорией, не прибегая при этом к международному арбитражу, но и не закрывая глаза на существующие разногласия; консенсус всегда являлся основополагающим принципом принятия всех решений. Эта концепция является ключевой во всей Системе, и даже если она не всегда позволяет нам продвигаться достаточно быстро в решении проблем, она придает особую легитимность всем рекомендациям, мерам и решениям, исходящим от Системы Договора.

В течение этих пяти десятилетий Система Договора об Антарктике развивалась на основе общности национальных и международных интересов. Это позволило объединить такие ценности, как научное сотрудничество и мир, с национальными интересами. Стабильность этой Системы демонстрируется тем фактом, что во время ее применения ни одно государство ни разу не заняло позицию, которая могла бы поставить под угрозу режим Договора об Антарктике. Однако это не означает гарантию постоянной стабильности. В 80-х годах оживленные дебаты вызвал вопрос эксплуатации минеральных ресурсов в Антарктике, как среди стран-участниц Системы, так и среди других государств. Этот вопрос был разрешен запретом разведки и эксплуатации минеральных ресурсов в Антарктике. Принятие Протокола по охране окружающей среды к Договору об Антарктике стало существенным дипломатическим успехом Чили ввиду той важной роли, которую она сыграла как участник переговоров на Одиннадцатом Специальном Консультативном совещании в Винья-дель-Маре, и ее ведущей роли на переговорах в Мадриде.

В мире сложной взаимозависимости и скудеющих ресурсов сохранение Антарктики как природного заповедника, предназначенного для мира и науки, где все страны-участницы разделяют общие ценности и интересы, должно укреплять приверженность каждой страны-участницы Системе Договора, должно способствовать общему интересу, ставя его выше интересов каждого отдельного государства.

Через полвека после подписания Договора об Антарктике можно с уверенностью сказать, что развитие Системы, реализованной благодаря этому правовому инструменту, заслуживает наивысшей похвалы. Принципы и цели, вдохновлявшие дипломатов, принимавших участие в переговорном процессе по Договору об Антарктике, до сих пор не утратили своего важного значения.

Они позволили гарантировать то, что в настоящие дни Антарктида является континентом, предназначенным для мира и науки, причем эта гарантия была достигнута без ущемления чьих-либо суверенных прав.

Как явствует из нашего недавно одобренного Стратегического плана по Антарктике на 2011-2014 годы, Чили считает, что Договор об Антарктике и его правовую Систему необходимо расширять и укреплять. Перед лицом глобального загрязнения и климатических изменений Антарктику следует оберегать и сохранять как наш дар будущим поколениям.

Научные исследования были, есть и должны оставаться основным видом деятельности в Антарктике. На протяжении последних десятилетий мы стали свидетелями существенного возрастания количества исследовательских проектов, способствующих еще более тесному сотрудничеству на международном уровне и обеспечивающих прогресс в таких сферах как биотехнологии. Наша страна следует этой тенденции. Проекты, проводимые Чилийским антарктическим институтом, возрастают качественно и количественно, и их реализация требует совместной работы большого числа стран. В настоящее время Чили, благодаря своим возможностям в Антарктике, способна предоставлять транспортно-техническую помощь другим членам Договора об Антарктике, особенно тем, которые реализуют проекты в районе Антарктического полуострова.

В завершение позвольте мне воспользоваться возможностью выразить свою искреннюю благодарность за то, что участники этого совещания отдали дань памяти недавно скончавшемуся послу Хорхе Бергуньо, которого многие из вас хорошо знают и будут помнить с большой любовью и признательностью. Господин Хорхе сыграл выдающуюся роль в организации Системы Договора об Антарктике не только как человек, многие годы возглавлявший чилийскую делегацию, но и как неустанный участник разработки проектов нескольких правовых инструментов Системы Договора об Антарктике, в особенности Протокола по охране окружающей среды. Его смерть – утрата не только для Чили, но для всех тех, кто часть своей жизни посвятил Антарктике.

Благодарю за внимание.

Выступление Луиса Альмагро Лемеса, министра иностранных дел Уругвая

Спасибо, господин председатель.

- Председатель тридцать четвертого Консультативного совещания по Договору об Антарктике, посол АРИЭЛЬ МАНЦИ,

- Министр иностранных дел, международной торговли и культов Аргентинской Республики, г-н ГЕКТОР ТИМЕРМАН,

- Министр иностранных дел Республики Чили, г-н ЛУИС МОРЕНО,

- Исполнительный секретарь Секретариата Договора об Антарктике, г-н МАНФРЕД РАЙНКЕ,

- Высокопоставленный чиновник страны-организатора, министр ХОРХЕ РОБАЛЛО,

- Полномочные представители, делегаты, представители международных организаций!

Вначале позвольте мне поблагодарить аргентинское правительство и выразить ему признательность за организацию этого совещания, на которое каждый год собирается особая группа стран, взявших на себя обязательство охранять и сберегать Антарктику, используя ее в мирных целях. В текущем же году наше совещание исполнено особой значимости.

Позвольте мне также поприветствовать Исполнительный секретариат Договора, который хотя и располагался в Буэнос-Айресе на протяжении нескольких лет, однако свой официальный статус обрел лишь на нынешнем совещании в результате длительного переговорного процесса, завершившегося в прошлом году по случаю тридцать третьего Консультативного совещания, которое моя страна имела честь организовывать.

Уважаемые министры, делегаты!

Сегодняшнее тридцать четвертое Консультативное совещание по Договору об Антарктике проводится, как я уже сказал, в особых обстоятельствах, по поводу которых мне хотелось бы сделать несколько замечаний и которые некоторым образом являются вехами в истории Антарктики.

Первым обстоятельством, которое мне хотелось бы упомянуть, является то, что сегодня исполняется 50-я годовщина вступления в силу Договора об Антарктике. Начавшись с двенадцати стран-подписантов, которые породили этот удивительно благородный документ, направленный на сотрудничество и понимание между людьми в атмосфере недоверия и конфронтации, царившей в тогдашнем мире, количество участников Договора сегодня взросло почти до пятидесяти – и все они привержены сохранению антарктического континента для осуществления научных исследований, свободных от всякой военной деятельности. Моя страна полностью солидарна с такой направленностью, запечатленной в основополагающих принципах Хартии Объединенных наций, и выражает свою приверженность защите международного мира и безопасности.

Сегодняшний мир изменился настолько, что его было бы трудно представить таким пять десятилетий тому назад; перед нами возникли новые опасности, однако у нас появились и новые союзники, которые нас поддерживают. Перед лицом пугающих последствий влияния климатических изменений, разрежения озонового слоя и глобального потепления современные разработки постоянно демонстрируют нам потенциал научных исследований с их сложной структурой. Широкие границы возможностей биотехнологии, океанографии, а также наук об атмосфере – вместе с необыкновенным техническим прогрессом, который за последние годы произвел переворот в научном мире – дают надежду на то, что осуществляемые в Антарктике исследования внесут ценный вклад в защиту и сохранение нашей планеты для будущих поколений.

Вторым обстоятельством, на котором мне хотелось бы остановиться, является тот факт, что мы также отмечаем двадцатую годовщину открытия к подписанию Мадридского Протокола по охране окружающей среды к Договору об Антарктике. Этот протокол проявил себя эффективным инструментом консолидации направлений природоохранной деятельности в рамках Договора об Антарктике, облегчив установление пределов потенциальных негативных последствий деятельности, осуществляемой в природной среде Антарктики и в зависимых от нее и связанных с ней экосистемах.

Заключительный отчет XXXIV КСДА

Моя страна – твердый сторонник экологических мер по защите Антарктики, и в этом контексте она призывает все страны-члены Договора, которые еще не ратифицировали этот протокол, решительно взять на себя это обязательство, являющееся основополагающим для воплощения в жизнь целей Договора.

За последние десятилетия мы много узнали о пагубном влиянии человеческой деятельности на окружающую среду. Если в Антарктике мы будем действовать ответственно и с пониманием взятых на себя обязательств, то будем иметь возможность смягчить эти последствия, а в будущем – избежать их, сознавая при этом, что наши сегодняшние действия завтра окажут влияние на всю экосистему, которую мы обязались охранять.

Уважаемые министры, делегаты!

Это совещание проходит также и в контексте особых событий, которые являются историческими вехами для моей страны. Вот уже двадцать пять лет Уругвай ассоциируется с историей Договора как один из его Консультативных членов; эта годовщина совпала в прошлом году с проведением тридцать третьего Консультативного совещания.

Далеко немаловажно, что представляемая мною страна прошла такой долгий путь. Именно это обстоятельство и обязывает ее критически изучить недавнюю историю и сделать прогноз на грядущие годы.

Сегодня перед Уругваем стоит проблема укрепления и расширения своего участия в антарктической деятельности, исходя из двух основополагающих принципов научных исследований, а также необходимости сохранять и сберегать природную среду Антарктики.

В этом отношении моя страна привержена процессу адаптации своих национальных учреждений, направленному на усиление исполнительного органа реализации национальной политики в этой сфере – Уругвайского института Антарктики – людскими и материальными ресурсами, необходимыми для более эффективного осуществления той исследовательской деятельности, которую он призван выполнять.

В этом контексте Уругвай считает, что твердая приверженность стран-членов Договора углублению двустороннего и многостороннего сотрудничества в различных отраслях антарктических исследований, а также обмен информацией по охране антарктической природной среды имеют основополагающее значение; наша страна и в дальнейшем будет содействовать сотрудничеству с другими странами-членами в полном соответствии с буквой и духом Договора.

Должен также мимоходом остановиться еще на одном моменте, характеризующем приверженность Уругвая Антарктике и относящемся к солидарности и мужеству его граждан. В этом месяце исполняется девяносто пятая годовщина первого вхождения уругвайского судна в антарктические воды. 9 июня 1916 года небольшое судно с металлическим корпусом под командованием лейтенанта Руперто Эличирибегети отправилось на поиски и спасение моряков британского судна «Эндьюранс», застрявшего во льдах у острова Элефант Айленд. И они в конце концов были спасены их капитаном Эрнестом Шеклтоном после трех неудачных попыток. Несмотря на то, что экспедиция не выполнила своей задачи, спасение моряков стало решительным толчком к тому, что уругвайское судно впервые добралось до 60 градусов южной широты.

Уважаемые министры, делегаты!

Проблемы, которые возникнут перед Договором об Антарктике в предстоящие пятьдесят лет, отличны от тех, которые стали причиной его создания. Но неизменными остались те атмосфера и способ, с которыми мы приступаем к их решению. Давайте же всегда будем руководствоваться наказом Истории и беречь антарктический континент от всяческих конфликтов; неизменно использовать его в мирных целях, основываясь на сотрудничестве и свободных научных исследованиях; охранять и сохранять его экосистемы.
Благодарю за внимание!

Выступление посла Луиса Альберто Фигуэйредо Мачадо, заместителя министра по экологии, энергетике, науке и технике, министерство иностранных дел Бразилии

Уважаемые Министр иностранных дел Гектор Тимерман,

Министры,

Председатель XXXIV Консультативного совещания по Договору об Антарктике,

Делегаты!

Мне доставляет огромное удовольствие здесь, в прекрасном городе Буэнос-Айресе, принимать участие от имени министра иностранных дел, посла Антонио Патриоты, в этой церемонии празднования 50-летия вступления в силу Договора об Антарктике.

Я выражаю признательность правительству Аргентины, нашей соседки, а также товарища, партнера и союзника по созданию южноамериканского общего рынка MERCOSUR, и Секретариату Договора об Антарктике за всю проведенную ими нелегкую работу по обеспечению успеха этого совещания.

Дамы и господа!

Бразилия подписала Договор об Антарктике в 1975 году. Ее первая экспедиция в Антарктику состоялась в 1982 году. Успех этого предприятия привел к тому, что в 1983 году Бразилия присоединилась к Договору об Антарктике в качестве Консультативной стороны. С тех пор Бразилия в полном объеме принимает участие в процессе выработки и принятия решений в рамках Договора, а также в развитии правового режима человеческой деятельности в этом регионе.

Решение принять участие в научно-исследовательской деятельности в Антарктике стало для нашей страны делом важным и ответственным. Когда в октябре этого года начнется экспедиция «Антарктида XXX», Бразилия будет отмечать тридцатилетие своего непрерывного присутствия в Антарктике, и это является четким свидетельством дальнейшего укрепления и развития Бразильской антарктической программы. Празднование 50-й годовщины вступления в силу Договора и 30-летия присутствия Бразилии в Антарктике укрепляет наше чувство ответственности и нашу приверженность принципам Системы Договора об Антарктике.

Была усовершенствована материально-техническая база для осуществления в Антарктике научно-исследовательской деятельности. Недавно Бразилия приобрела антарктическое судно «Альмиранте Максимиано», оснащенное современным научным оборудованием, и продолжает эксплуатировать вспомогательное океанографическое судно «Ари Ронгель». Наша страна переоборудовала и расширила антарктическую станцию «Команданте Феррас», на которой она устанавливает современную систему экологического контроля, созданную в соответствии с Мадридским Протоколом, предназначенную для минимизации влияния человеческой деятельности.

Антарктический регион – важная составляющая мировой климатически-экологической системы. Он оказывает глубокое влияние на глобальный климат, и, следовательно, на экосистемы и жизнь на земле. Западная часть антарктического континента, где расположена бразильская база, является районом Антарктики, который быстрее других испытывает на себе отрицательное влияние климатических изменений. Происходящие там атмосферные, океанические и криосферные процессы оказывают непосредственное воздействие на климат Южной Америки. Цель бразильской научно-исследовательской деятельности в Антарктике заключается в том, чтобы понять эти процессы и их взаимодействие с явлениями, происходящими в Бразилии, одновременно сосредоточив внимание на изучении антарктической природной среды, которая является для нашей планеты уникальной.

За последние годы правительство Бразилии увеличило финансирование научных исследований, что позволило существенно расширить научную деятельность Бразилии в

Антарктике. Это наглядно проявилось во время проведения IV Международного полярного года при широком участии бразильских ученых.

Дамы и господа!

Отмечая сегодня 50-ю годовщину вступления в силу Договора об Антарктике, следует отметить масштабы дискуссий и трудностей, которыми отличались переговоры, приведшие к подписанию этого Договора. Принятие этого правового режима стало возможным лишь благодаря демилитаризации континента и умелому решению территориальных проблем, воплощенных в Статье IV Договора.

Была обеспечена возможность превратить соглашение, мотивированное, главным образом, вопросами стратегии и безопасности, в разветвленную систему международных норм и договоров, касающихся сохранения и использования природных ресурсов. В дальнейшем стало возможным с помощью Мадридского Протокола создать широкий правовой режим охраны окружающей среды, в соответствии с которым Антарктика объявляется «природным заповедником, предназначенным для мира и науки».

Бразилия поддерживает одобренную сегодня нами Декларацию об антарктическом сотрудничестве во всех ее аспектах. В этой декларации приветствуются те важные достижения, которые были достигнуты в течение пятидесяти лет, прошедших после вступления в силу Договора об Антарктике.

И в завершение мне хотелось бы сказать, что наибольшим достоинством Договора, хорошо отражающим его историческую значимость, является то, что Договор создал пространство для мира и сотрудничества в сфере научных исследований и стал, таким образом, уникальным примером межгосударственного взаимодействия.
Благодарю за внимание.

Выступление Мишеля Рокара, специального представителя Франции

Подписание Договора об Антарктике не казалось в свое время событием большой важности и представляло интерес лишь для немногих. Однако с течением лет значимость того, что было тогда создано, проявлялась со все большей очевидностью.

Не без гордости отмечая 50-летие вступления этого Договора в силу, мы должны оглядеться и посмотреть на окружающий мир. В XXI веке, иными словами – за прошедшие 11 лет, все важные международные переговоры закончились неудачей, и это касается также тех переговоров, которые начались еще в XX веке: мирные переговоры в Осло, раунд переговоров в Дохе о Программе развития и переговоры о климатических изменениях.

На фоне всего этого Договор об Антарктике отличается своей прочностью и стабильностью. В настоящее время проводится 34-е Консультативное совещание по Договору об Антарктике (XXXIV КСДА), на которое собрались двадцать восемь Консультативных сторон Договора. В доброжелательной атмосфере и в уже знакомых рабочих рамках мы будем обсуждать целый ряд резолюций и голосовать за них. Управление единственным общим достоянием человечества осуществляется мирно и стабильно, и в то время, когда все остальные усилия терпят крах, когда страны безуспешно бьются над урегулированием проблемы банков и финансов или изо всех сил стараются сдержать парниковый эффект, стиль совместного управления Антарктикой представляется все более образцово-показательным.

Этот Договор реально растет и расширяется. Сейчас перед всем миром стоят большие экологические проблемы. Угроза нависла над биологическим разнообразием, загрязнение удушает природную среду и разрушает многие из наших мест обитания.

В Антарктике же этот Договор позволил странам согласованно выработать важные профилактически-предохранительные меры намного проще, чем в других регионах. В 1972 году мы стали свидетелями подписания договора об охране тюленей, после которого последовало соглашение 1980 года об охране морской флоры и фауны. Я не уверен, что эти соглашения можно было бы подписать в тех рамках, которые предусматривал Договор в 1959 году.

Но в результате Антарктика стала теперь объектом мирного взаимодействия. Однако, к сожалению, образ мышления меняется медленно, и недоверие ослабевает лишь только со временем. Предусмотренная Договором демилитаризация Антарктики изменила ментальность тех стран, которых это касалось, однако процесс этот был длительным. Тринадцать лет прошло между подписанием Договора и подписанием первого Протокола, который касается только лишь тюленей и поэтому отнюдь не является стратегическим достижением. Еще восемь лет ушло на заключение второго Протокола, который касался лишь морской флоры и фауны. Опять же – не такое уж и достижение. Прежде, чем удалось приступить к решению более важных вопросов, прошел – ни много, ни мало – двадцать один год.

Целью Веллингтонской конвенции являлось упорядочение эксплуатации минеральных ресурсов – железа, газа, нефти и других ресурсов. Но как можно согласовать охрану окружающей среды с эксплуатацией этих ресурсов? Тем не менее, в 1988 году был выработан и подписан удачный документ.

Однако мир изменился. Широкое распространение получили политико-экологические движения, и вместе с ними выросли требования к охране окружающей среды. Два премьер-министра, связанных личной дружбой, – Роберт Хоук из Австралии и я – заявили, что не представят эту конвенцию к ратификации в парламентах своих стран и призвали к началу значительно более серьезных переговоров. Их примеру последовали Италия и Бельгия, затем Норвегия. А Сенат Соединенных Штатов оказал давление на американского президента.

И – подумать только! – в октябре 1991 года в Мадриде был подписан третий Протокол к Договору. Этот Протокол провозглашал Антарктику «посвященной миру и науке» «в интересах всего человечества» и определял ее в качестве природного заповедника, в котором всяческая деятельность, относящаяся к минеральным ресурсам, должна быть запрещена. На многочисленных страницах этого Протокола устанавливается кодекс поведения относительно природной среды и упрочивается контроль над Договором со стороны Комитета по охране окружающей среды, который собирается на свои заседания одновременно с Советом Договора. Вы только что избрали его председателя – моего друга Ива Френо.

Это – совершенно новый инструмент. Весь мир объединился ради контроля и сохранения природной среды значительной части своей сухопутной поверхности. И этот инструмент работает. Туроператоры, объединившиеся под эгидой МААТО (Международной ассоциации антарктических туристических операторов), стали неусыпными стражами Протокола.

Зарождение этой растущей всемирной правовой системы, являющейся блестящим примером теперь, когда ей исполнилось 50 лет, и когда все усилия в остальном мире заканчиваются провалом, стало крупной исторической вехой. Этой системе действительно суждено расти и шириться.

Приведу вам первый пример: незначительный инцидент с потенциально тяжелыми последствиями. Двое моряков (к сожалению, французов) высадились на берег, стали отмечать это событие и довольно сильно напились. А потом разбили и повредили хижину, известную под названием Дом Уорди, и обозначенную как «антарктическое наследие». После этого инцидента делались попытки нахождения способа привлечь нарушителей к уголовной ответственности.

Теперь приведу вам второй пример, более серьезный. Через несколько лет государственные и муниципальные компании доставят на землю образцы минералов с Луны или Марса. Чьими они будут? Кто будет владеть ими, а значит – нести правовую ответственность все происшествия, ущерб или загрязнение, которые эти образцы потенциально способны вызвать? Создание космического права – дело безотлагательное. И над ним уже работают правоведы. И за что же они взялись в первую очередь? За подробное изучение Антарктической правовой системы!

Дамы и господа, сегодняшняя годовщина не просто празднование. Мы отмечаем создание правового инструмента, который будет играть критически важную роль в жизни человечества в грядущие годы.

И последний вопрос: как же этого удалось достичь? Те, кто знаком с историей международных отношений, знают, что эта изумительная Антарктическая система стала, несомненно, результатом двух чудес.

Первое чудо – это сам Договор. Давайте возвратимся в 1959 г., еще до Кубинского ракетного кризиса. Никто не сомневался, что холодная война превратится в войну горячую. Это были дни, когда гражданские и военные центры управления, особенно в Соединенных Штатах и России бомбардировали своих начальников предупреждениями о том, что им никому не следует доверять, что они должны решительно выдвигать высокие стратегические требования к своим противникам и оказывать на них давление, чтобы заставить пойти у себя на поводу.

Тем не менее, Эйзенхауэр и Хрущев согласились на демилитаризацию Антарктики и запрет всех видов вооружений в этом регионе. Это удивительный факт, и, по моему мнению, история этого Договора в ее общепринятом варианте является неполной. Что произошло в головах этих двух великих лидеров? Какой разговор вынудил их выбросить в мусорную корзину все исполненные недоверия и вражды сообщения, приходившие от их генералов и дипломатов, и подписать отказ от военных притязаний, подкрепленный мирной декларацией и соглашением?

Третий Протокол – тоже чудо. Наш мир алчет неограниченного рыболовства, отчаянно нуждается в газе и нефти, однако при полном осознании того, что эти ресурсы оскудеют, подписывается соглашение, ограничивающее всю связанную с ними деятельность в Антарктике с целью защиты этих самых ресурсов!

Друзья мои! Мы, как делегаты, не должны окутывать управление реализацией Договора и его Протоколов скучным покрывалом неброской рутины и неловкого молчания. Антарктика – это место, где мир подал себе великий пример коллективной ответственности, которого он пока не может достичь больше нигде.

Давайте же скажем громко и от всего сердца: С днем рожденья, Антарктика!

Выступление Инго Винкерманна, Германия

Господин Председатель, ваши превосходительства, уважаемые делегаты и коллеги!

На нынешнем 34-м Консультативном совещании мы имеем все основания торжественно отметить 50-летие вхождения в силу Договора об Антарктике. Мы благодарны принимающей стороне – правительству Аргентинской республики – за подготовку этого выдающегося события, значимость которого подчеркивается сегодняшним празднованием, а также торжественной Декларацией, согласованной странами-участницами данного Договора.

Договор об Антарктике, подписанный в 1959 году, проложил путь к эффективным действиям в рамках международного сотрудничества. И через пятьдесят лет после своего вступления в силу Договор, дополненный Протоколом по охране окружающей среды от 1991 г., продолжает гарантировать функционирование уникальной модели эффективного межгосударственного управления. Место нашей встречи, столица Аргентины – Буэнос-Айрес, стало местом постоянного пребывания Секретариата Договора.

Резкое изменение климатических условий, происходящее на Северном полюсе, привлекло пристальное внимание к Антарктике и в Германии, и во всем мире. Научные исследования климата, осуществляющиеся на шестом континенте, сейчас более важны, чем когда-либо. Изменения полярного климата влияют на климат во всем мире. Полярные научные исследования вносят жизненно важный вклад в наше понимание произошедших климатических изменений, а результаты этих исследований дают нам возможность более точно прогнозировать грядущие изменения климата. Кроме того, последствия вмешательства человека в еще почти ненарушенную среду Антарктики носят необратимый характер. Следовательно, их необходимо свести к минимуму.

В этом году Германия обладает тридцатилетним опытом выполнения обязательств в рамках системы Договора об Антарктике, имея в рамках Договора постоянное место и право голоса. Лишь два года назад, в 2009 году, Германия открыла в Антарктике новую научно-исследовательскую станцию. Эта новая станция, «Ноймайер-III», оснащена по последнему слову техники и была построена с использованием экологически щадящих методов. Она открыта для научных работников и проектов со всех стран мира.

И в наши дни, и в будущем, Германия будет неукоснительно соблюдать свои обязательства по Договору и по охране антарктической природной среды.

Выступление Ричарда Роу, Австралия

Господин Председатель, министры, уважаемые коллеги!

Сменявшие друг друга правительства Австралии последовательно выражали свою твердую приверженность Договору об Антарктике. И нынешнее правительство делает сегодня то же самое.

Австралия очень гордится своей ролью в делах Антарктики – как в антарктических льдах, так и на Консультативных совещаниях по Договору об Антарктике. Австралийская делегация весьма рада присутствовать в Буэнос-Айресе, местопребывании Секретариата Договора, и совместно со своими партнерами по Договору принимать участие в праздновании 50-й годовщины вхождения в силу Договора об Антарктике.

Как нация, проживающая в Южном полушарии, австралийцы четко ощущают свою близость к Антарктике. Зимой холодный воздух из антарктического региона проносится над южными штатами, напоминая нам, что по ту сторону океана находится огромный континент, резко отличающийся от нашей обычно жаркой, сухой земли. Эта связь с Антарктикой сказывается на нашем климате через динамику атмосферы и Южного океана, миграцию дикой флоры и фауны и геологическую преемственность праматерика Гондваны.

Наша связь с Антарктикой проявилась также в ранний период после ее открытия. Первым австралийцем, перезимовавшим в Антарктике, был ученый-тасманиец, живший в девятнадцатом веке. А в 2011 году мы стали свидетелями празднования столетия Австрало-азиатской антарктической экспедиции Дугласа Моусона 1911-1914 годов, ставшей хрестоматийным примером научной экспедиции той героической эпохи. Роль Австралии в Антарктике усилилась еще больше после возвращения Моусона в Антарктику в 1929-31 годах. После принятия в 1947 году долговременной австралийской антарктической программы, в 1954 году мы заложили постоянно действующую станцию южнее Антарктического полярного круга, названную в честь Моусона, и являющуюся старейшей из ныне существующих. На австралийской антарктической территории у нас есть теперь три постоянно действующих станции, многочисленные вахтовые поселения и соответствующие мощности, необходимые для стабильного и непрерывного исследования Южного океана.

По мере увеличения наших возможностей увеличивалась и глубина наших знаний. Все чаще наши ученые выявляют информацию первостепенной важности о прошлом и нынешнем климате Антарктики, а также о его влиянии на Австралию и на весь мир. Такие важные исследования предпринимаются в природной среде, которая зачастую настроена недоброжелательно к посетителям в человеческом обличье. Однако, как и в предыдущие сто лет, мы продолжаем отправляться в Антарктику, потому что она обеспечивает уникальную возможность заглянуть вглубь мира природы. Эта научно-исследовательская деятельность поможет нам предсказать климат будущего. В течение пятидесяти лет Договор об Антарктике обеспечивал нам свободу осуществления таких исследований везде, где в этом возникала необходимость, и содействовал сотрудничеству между странами, занимающимися наукой в Антарктике. Без уверенности и стабильности, обеспечиваемой этим Договором, деятельность австралийцев в Антарктике была бы, несомненно, сопряжена с неизмеримо большими трудностями.

Наше участие в делах Антарктики не ограничивается рамками науки. Австралия с большим энтузиазмом принимала участие в переговорах, которые завершились в 1959 году подписанием Договора об Антарктике. Будучи одной из первых стран-подписантов, Австралия гордится своей ролью в разработке этого Договора, а также системы, постепенно образовавшейся вокруг него. В центре ее находится Договор – простой, элегантный по своему языку и богатый своим содержанием. Принципы этого Договора выдержали испытание временем, и теперь Австралия чествует свободу научных исследований и приверженность мирному использованию антарктического региона. Договор об Антарктике представляет собой блестящий пример таких международных отношений, где сотрудничество и консенсус являются ключевыми составляющими успеха. Мы, австралийцы, считаем большой честью сотрудничать с нашими партнерами по Договору именно в таком контексте.

Сегодняшнее событие – повод к размышлениям о той значительной роли, которую сыграл этот Договор за прошедшие полстолетия, и отпраздновать наши коллективные достижения за этот период – не только в плане увеличения количества стран-участниц Договора об Антарктике, но также в смысле тщательной разработки и усовершенствования Системы Договора. Теперь у нас есть сообщество стран, слаженно сотрудничающих в рамках системы, обеспечивающей мирное использование этого региона. Австралия гордится своим участием в разработке инструментов Системы Договора, а также той ролью, которую мы сыграли в ее реализации. Следует также отметить, что в 2011 году исполняется двадцатая годовщина принятия Протокола по охране окружающей среды к Договору об Антарктике. Этот Протокол стал исторической вехой на пути эволюционного развития Системы Договора, и именно он требует наибольшего внимания во время наших совещаний. Природные ценности региона, охваченного действием Договора об Антарктике, его место в центре глобальных атмосферных и океанографических процессов, а также его вклад в научное понимание нашей планеты подчеркивают сегодняшнюю важность обусловленного Договором обязательства работать «в интересах всего человечества».

Пятьдесят лет назад, в 1961 году, Австралия имела удовольствие быть страной-организатором первого Консультативного совещания по Договору об Антарктике в Канберре. На открытии того совещания глава австралийской делегации заявил:

«Сейчас мы отправляемся в исследовательскую экспедицию, в смелое путешествие незнакомыми водами международного сотрудничества. Уверен, что во время этой экспедиции будет царить тот же дух товарищества, что и в самой Антарктике. Если на нашем пути разверзнутся расщелины процедурного или сущностного характера, то мы сможем наладить через них мосты, а если же мы скатимся глубоко вниз, то сумеем выбраться из них без особого ущерба».

Считаю, что могу с уверенностью заявить: в течение пяти десятилетий расщелин процедурного характера было немного, а любые разногласия по сути растаяли в теплой атмосфере товарищеских отношений. С первых маленьких шагов мы сообща разработали в крайне эффективную систему управления Антарктикой, и достигли мы этого благодаря консенсусу. Мы утвердили на удивление успешный способ взаимного сотрудничества, который, несомненно, выдержит испытание временем, когда мы откроем следующие полвека тесного сотрудничества под эгидой Договора об Антарктике.

Мы с особым нетерпением стремимся продолжить сотрудничество со всеми странами-участницами Договора в следующем году на 35-м Консультативном совещании по Договору об Антарктике, которое Австралия будет организовывать в Хобарте.

Благодарю Вас, Господин Председатель.

Заявление Бельгии

Бельгия, являясь страной-учредительницей Договора об Антарктике и участником его Протокола об охране окружающей среды, хотела бы подтвердить свою приверженность антарктическому сотрудничеству и защите природной среды.

С 1961 года нормативно-правовое регулирование Антарктики выросло в так называемую Систему Договора об Антарктике, которая, в частности, включает в себя Конвенцию о сохранении морских живых ресурсов Антарктики (CCAMLR), вошедшую в силу в 1982 году и дополненную в 1998 году Протоколом об охране окружающей среды к Договору об Антарктике.

С тех пор морской компонент антарктической экосистемы был и остается предметом возрастающего числа научных исследований и интереса со стороны целого ряда промышленных отраслей. Криль, являющийся важным элементом морской экосистемы Антарктики, а также морские биологические ресурсы вызывают все больший интерес благодаря своему экономическому и коммерческому потенциалу. На саммите в Йоханнесбурге было решено учредить к 2012 году репрезентативную глобальную систему охраняемых морских районов.

С одной стороны, перед природным режимом в Антарктике возникла угроза вследствие деятельности по разведке морских биологических ресурсов, а сообщества хищников испытывают все большее негативное воздействие со стороны структур, занимающихся коммерческой ловлей криля. С другой же стороны, в 2005 году начался процесс учреждения в Южном океане охраняемых морских районов, первый из которых был создан в 2010 году. В 2009 году с целью развития репрезентативной системы охраняемых морских районов было положено начало сотрудничеству между Комитетом по охране окружающей среды Договора об Антарктике и Комиссией по сохранению морских живых ресурсов Антарктики.

Бельгия энергично выступает за необходимость тщательного мониторинга основных показателей природных изменений, происходящих в Южном Океане и за создание механизмов, направленных на сбережение репрезентативных особенностей наибольшего океана земли.

Выступление профессора Христо Пимпирева, Болгария

Республика Болгария подтверждает свою неизменную приверженность Системе Договора об Антарктике. Этот Договор определил Антарктику как регион, предназначенный исключительно для мирных целей, свободы научных исследований, обмена информацией и международного сотрудничества. Договор об Антарктике «служит всему миру примером того, как страны могут успешно сотрудничать с целью сохранения крупного региона нашей планеты ради блага всего человечества».

Болгария начала свою полярную деятельность в Антарктике летом (южного полушария) 1987-1988 годов, когда шесть болгарских ученых приняли участие в совместных проектах Антарктического управления Великобритании и Российского Арктического и Антарктического научно-исследовательского института. За период 1993-2011 годов мы организовали девятнадцать успешных антарктических экспедиций, а на острове Ливингстона (Южные Шетландские острова) организовали летнюю базу под названием «Святой Климент Охридский».

Болгария присоединилась к Договору об Антарктике в 1978 году, а в 1998 году ратифицировала Мадридский протокол по охране окружающей среды и стала Консультативным членом этого Договора.

Большинство проблем Антарктики носят глобальный характер, и поэтому болгарские исследователи тесно сотрудничают с учеными со всех стран мира с целью защиты природной среды Антарктики и ее сопутствующих экосистем в связи с глобальными климатическими изменениями, особенно на Антарктическом полуострове.

За прошедшие 50 лет Договор об Антарктике развился в систему защиты окружающей среды. Мадридский Протокол, принятый в 1991 году, является ключевым аспектом поддержания в Антарктике международной гармонии и определяет шестой континент как природный заповедник, посвященный миру и науке. Двадцатая годовщина принятия этого протокола предоставляет возможность пригласить все страны-участницы Договора об Антарктике, которые не являются участницами этого Протокола, к его скорейшему подписанию.

Текущий год важен для Республики Болгария, поскольку именно в этом году состоится уже двадцатая Болгарская антарктическая экспедиция, а также исполнится 80 лет со времени установления дипломатических отношений между Аргентиной и Болгарией. Нам хотелось бы искренне поблагодарить правительство Аргентины и Секретариат Договора об Антарктике за прекрасную организацию этого Совещания, а особенно за зрелищную церемонию празднования 50-й годовщины вступления в силу Договора об Антарктике.

Выступление посла Китая, Его Превосходительства Инь Хэнминя

Ваши превосходительства,

Дамы и господа!

В этом году исполняется 50-я годовщина вступления в силу Договора об Антарктике. Я считаю большой честью для себя присутствовать здесь, со старыми и новыми друзьями, обращая мысленный взор на историю и вперед, в будущее. Сначала мне хотелось бы выразить свои теплые поздравления нашему торжественному собранию и сердечную благодарность правительству Аргентины и Секретариату Договора об Антарктике за хорошо продуманную организацию этого мероприятия.

За прошедшие 50 лет Договор об Антарктике вырос в систему, охватывающую охрану окружающей среды, морских биологических ресурсов и других относящихся к ним аспектов. Научно-исследовательская деятельность в Антарктике переживает невиданный подъем. Использование биологических ресурсов Антарктики осуществляется в хорошо организованном порядке. Система Договора об Антарктике достигла огромного успеха. Мы считаем сотрудничество и консультации важнейшим элементом, определяющим успех Системы Договора об Антарктике. Договор об Антарктике был выработан в духе сотрудничества и консультаций, при этом благодаря гибкому подходу удалось избежать споров, порождаемых территориальными претензиями, разрядить напряженность в Антарктике и учредить основные принципы, а именно: Антарктику можно использовать лишь в мирных целях; государства имеют право свободно заниматься в Антарктике научно-исследовательской деятельностью; консультативные стороны должны принимать решения путем достижения консенсуса и т. д. Все это проложило путь к дальнейшему сотрудничеству в Антарктике. Этот дух воплотился в создании Системы Договора об Антарктике, в увеличении количества стран-участниц и в углублении взаимопонимания между странами-участницами этого Договора и другими государствами. Договор об Антарктике внес весомый вклад в мир, стабильность и защиту природной среды Антарктического региона, став, таким образом, примером успешного международного сотрудничества.

В настоящее время Антарктический регион продолжает сталкиваться с серьезными вызовами. Климатические изменения и другие глобальные проблемы природной среды оказывают на этот регион все более сильное влияние. Антарктический туризм и защита окружающей среды стали для консультативных сторон Договора об Антарктике новым испытанием на мудрость. Большинство проблем Антарктики носят глобальный характер. Ни одно государство не в состоянии справиться с ними в одиночку. Все заинтересованные страны должны совместными усилиями повышать основополагающую роль научных исследований и совершенствовать сотрудничество между учеными, укрепляя взаимодействие между представителями науки и политическими деятелями. Сотрудничество должно укрепляться в рамках Системы Договора об Антарктике, Конвенции ООН по морскому праву, международных морских конвенций, и т. д. Ради общих интересов следует проявлять политическую мудрость и идти на необходимые компромиссы. Как и ранее, Китай и в дальнейшем будет сотрудничать с учеными и политиками со всех стран мира, способствуя тем самым миру, стабильности и устойчивому развитию Антарктического региона.

Заявление Эквадора

На этом XXXIV Консультативном совещании в Буэнос-Айресе, посвященном важному событию, 50-й годовщине Договора об Антарктике, делегация Эквадора выражает свои самые теплые и искренние поздравления всем тем странам, которые посредством норм, введенных в силу Системой Договора об Антарктике, взяли на себя обязательство охранять этот прекрасный ледяной регион и осуществлять в нем научные исследования.

,Будучи страной, наделенной большим биоразнообразием и расположенной в срединной точке планеты, Эквадор владеет Галапагосскими островами – одним из природных чудес мира, которое мы оберегаем и лелеем благодаря ответственной политике государства. Этот опыт дал нам возможность увидеть Антарктику чрезвычайно чувствительным регионом, требующим сохранения и охраны ее хрупких экосистем. Следуя такой политике, Эквадор проявляет интерес к обеспечению того, чтобы проводимая в Антарктике деятельность всегда соответствовала Оценкам воздействия на окружающую среду, которые гарантируют не только охрану и сбережение этих экосистем, но и минимизацию вредного влияния, оказываемого всеми видами деятельности на белом континенте.

Соблюдая свои обязательства перед Антарктикой, Эквадор произвел Оценку воздействия на окружающую среду станции «Педро Висенте Мальдонадо», исходя из жестких норм, заложенных в нашем законодательстве. Без сомнения, после полной реализации выводов, полученных в результате этой оценки, деятельность, связанная с материально-техническим обеспечением, а также научно-исследовательская деятельность проводимая Эквадором, будет соответствовать требованиям ответственной политики по охране и сбережению антарктической природной среды.

Все пятьдесят лет после вхождения в силу Договора об Антарктике мы вносили свою лепту в работу стран-участниц по заботливой охране и сбережению этого уголка планеты, работу, которую наша страна, как приверженец жизни и природы, поддерживает всеми своими возможностями, чтобы сохранить Антарктику как место, отведенное научным исследованиям, миру и сохранению природной среды.

Заявление Российской Федерации

Уважаемый г-н Министр,

Уважаемые дамы и господа,

Сегодня в одном из красивейших городов Южной Америки, столице Аргентины, мы отмечаем 50-летие вступления в силу Договора об Антарктике, подписанного 1 декабря 1959 г. в Вашингтоне.

Этот Договор был разработан и принят в разгар Холодной войны на фоне недоверия и настороженного отношения государств друг к другу. В этих сложных условиях тем не менее был создан уникальный международно-правовой документ, позволивший найти решение одного из наиболее сложных и важных для дальнейшего развития человечества вопросов.

За 50 лет Договор благодаря усилиям антарктического сообщества превратился в стройную и разветвленную правовую и организационную систему, направленную на реализацию разнообразных практических аспектов деятельности государств в южном полярном регионе.

Залогом жизнеспособности системы Договора явилась незыблемость его принципов и одновременно возможность ее чуткой адаптации к новым вызовам и угрозам международному сообществу: изменчивости климата, росту числа природных катастроф, проблемам глобализации. Подтверждением вышесказанного и несомненно важным критерием эффективности Договора является то, что к нему продолжают присоединяться новые члены, общее количество которых уже в 4 раза превысило число первоначальных участников. Антарктическими вопросами заняты практически все ведущие в политическом, экономическом, научном и техническом планах государства, представляющие все континенты земного шара и более 65% мирового населения, объединившие свои усилия в работе, научных исследованиях и мирном сотрудничестве на шестом континенте.

Ярким примером этому послужили мероприятия Международного полярного года 2007-08 гг., когда для решения общих целей и задач национальные антарктические экспедиции Консультативных сторон объединили свои усилия, научно-технический, логистический и финансовый потенциал. Российская Федерация принимала активное участие в данных мероприятиях и продолжает тесным образом сотрудничать со многими государствами-участниками Договора об Антарктике, поддерживая базовый принцип международного сотрудничества, заложенный в Договоре об Антарктике.

Являясь одним из инициаторов разработки Договора об Антарктике, наше государство выступает за сохранение и всемерное укрепление его режима, неуклонное осуществление основных целей и принципов, поддержание мира и стабильности в регионе, и сохранения Антарктики в качестве природного заповедника, предназначенного для научных исследований. Это было, есть и остается приоритетами российской политики в южном полярном регионе.

Именно такие подходы закреплены в принятой в конце 2010 г. российским Правительством Стратегии развития деятельности Российской Федерации в Антарктике на период до 2020 г. и на более отдаленную перспективу. Этот документ закрепляет политическую линию нашего государства в отношении Договора об Антарктике и связанных с ним иных международно-правовых актов. Принятие Стратегии и ее осуществление позволит более целенаправленно развивать российские научные исследования Антарктики, создаст более благоприятные условия для ведения деятельности в этом регионе, обеспечит более рациональное использование имеющихся материальных ресурсов. И, конечно же, данный документ создает прочную основу для развития многообразного и взаимовыгодного сотрудничества Российской Федерации в Антарктике со всеми заинтересованными в этом партнерами.

Мы убеждены, что несмотря на новые проблемы, стоящие перед мировым сообществом, Договор об Антарктике и в дальнейшем будет оставаться прекрасным и убедительным примером возможности обеспечения объективных решений в гармонизации разнонаправленных национальных интересов, целей и задач, их реализации. За эти 50 лет мы все убедились, что принципы и подходы, заложенные в различных структурах Договора об Антарктике, используемые в духе сотрудничества, позволяют находить новые и одновременно взаимовыгодные решения самых проблемных ситуаций.
Поздравляем всех участников Договора об Антарктике с прекрасной юбилейной датой!

Заявление Индии

Сегодня страны мира отмечают 50-ю годовщину вступления в силу правового режима Договора об Антарктике. Это событие произошло ровно пятьдесят лет назад, и Индия, как страна, являющаяся одной из консультативных сторон Договора об Антарктике, присоединяется к мировому сообществу, чтобы выразить свою высокую оценку той дальновидности, с которой в этом Договоре был предусмотрен вклад ледяного континента и его сопутствующих экосистем в поддержание гармонии между народами и содействие мирному сотрудничеству в сфере науки с целью сохранения, рационального использования и поддержания первозданной среды и сопутствующих экосистем этого региона. Договор об Антарктике прошел испытание временем, с каждым годом становясь все более веским и незыблемым.

Индия вновь подтверждает свое обязательство придерживаться принципов Договора об Антарктике и сопутствующих Протоколов, таких как Протокол по охране окружающей среды к Договору об Антарктике и Дополнения к нему, и т. д.

Заявление посла Италии, Гвидо Вальтер ла Телла

Г-н Франко Фраттини, министр иностранных дел Италии, который не смог прийти сегодня из-за принятых на себя ранее обязательств, передает свой привет.

Сегодня Италия принимает участие в праздновании 50-й годовщины вступления в силу Договора об Антарктике с гордостью за выполненную ею работу в интересах человечества, чтобы оставить достойное наследие грядущим поколениям.

Этот договор и созданная на его основе правовая система свидетельствуют о несомненном успехе в мирном использовании Антарктики, особенно в областях научных исследований и охраны окружающей среды.

На протяжении многих лет дух сотрудничества, воплощенный в Договоре об Антарктике, помогал признавать приоритет общих интересов над национальными интересами каждого отдельного государства.

Руководствуясь этими принципами, Италия установила сотрудничество, вначале в научной сфере, а затем и в политической, с государствами-членами Договора, а впоследствии в 1987 г. стала Консультативной стороной.

В сфере научного сотрудничества Италия выделяется не только гостеприимством и материально-технической поддержкой иностранным исследователям на своей станции "Марио Зуччелли" в заливе Терра Нова, но и своим вкладом совместно с Францией в создание в 1995 г. первой базы, управляемой совместно двумя государствами, – базы "Конкордия (купол С)". В этом плане особого внимания также заслуживает Европейский проект бурения кернов льда в Антарктике (EPICA), завершенный в 2003 г.

В 1989 г. Италия также стала членом Комиссии по сохранению морских живых ресурсов Антарктики. Сегодня Италия еще раз подтверждает свои обязательства продолжать обеспечивать тот же уровень охраны окружающей среды Антарктики, а также ресурсов антарктического континента и антарктических вод, признавая уникальность антарктического региона в целом.

В перспективе сотрудничества в политической сфере Италия обязуется обеспечивать особую охрану окружающей среды Антарктики. Для этого она, совместно с другими государствами, способствовала принятию Мадридского протокола, по которому Антарктика определена "природным заповедником, предназначенным для мира и науки".

В этом году мы также отмечаем 20-ю годовщину подписания Протокола. Благодаря фундаментальным принципам, на которых он основан, Протокол стал существенно важным правовым актом, которым остается и на сегодняшний день. Поэтому Италия убеждена, что государства-члены должны участвовать в нем по максимуму, и работает над этим в настоящее время.

В части формального развития Системы Договора об Антарктике, Италия внесла свою лепту в частности в создание Секретариата Договора об Антарктике, в течение двух лет возглавляя рабочую группу, ответственную за разработку проекта Устава Секретариата. За семь лет своей работы Секретариат, находящийся здесь, в Буэнос-Айресе, заслужил признание международного сообщества и благодарность всех Консультативных сторон. Мы высоко оцениваем его ключевую роль в организации Совещаний, обеспечении обмена информацией между сторонами и, превыше всего, обеспечении правовых документов, утвержденных на совещаниях. Благодаря Секретариату Система Договора об Антарктике достигла того уровня прозрачности, о котором международное сообщество говорило на протяжении десятилетий, что также позволило придать нынешней международной системе большую авторитетность и эффективность перед государствами третьих сторон.

В этом духе сотрудничества и с намерением защищать общие интересы превыше любых конкретных потребностей любого отдельного государства Италия готова взяться за любые новые политические и правовые задачи, с которыми может столкнуться Система Договора об Антарктике. К предстоящим сложным задачам относятся реализация повышенной дисциплины в туристической деятельности и введение эффективной системы регулирования биопиратства в Антарктике, что, как мы надеемся, будет проведено в самое ближайшее время.

Баланс, сложившийся за эти 50 лет, очень положителен, и мы уверены, что сегодняшние научные и дипломатические достижения Системы Договора об Антарктике будут подтверждены и найдут дальнейшее развитие на протяжении следующих десятилетий.

Посол Гвидо Вальтер ла Телла

Посол Италии в Буэнос-Айресе

Выступление главы японской делегации

1. Вступительная часть

Я очень рад возможности принять участие в праздновании 50-летия вступления в силу Договора об Антарктике здесь, в Буэнос-Айресе, где находится Секретариат Договора об Антарктике. Хотелось бы высказать искреннюю признательность Правительству Аргентины и Секретариату за их неустанную деятельность. Позвольте мне также воспользоваться представившейся возможностью и от имени японского народа высказать сердечную благодарность за горячую поддержку и слова сочувствия, приходящие из всех стран мира после катастрофического землетрясения, обрушившегося на восточную часть моей страны в марте.

2. Научные наблюдения в Антарктике и использование Антарктики в мирных целях

Будучи неизученным континентом, Антарктида уже почти два столетия привлекает многочисленных исследователей, среди которых был и японский лейтенант Нобу Сирасэ. Кроме того, Антарктика была и есть средоточием целого ряда научных наблюдений, являя собой природную лабораторию с незначительным влиянием человека.

В 1961 году Япония приступила к наблюдению за общим содержанием озона в атмосфере. В результате длительных регулярных наблюдений представителем Японской экспедиции по исследованию Антарктики (JARE) в 1982 году было выявлено разрежение озона в стратосфере, которое позже стали называть «озоновой дырой». Мы до сих пор занимаемся наблюдением за содержанием озона, и результаты этих наблюдений внесли весомый вклад в международную деятельность в рамках Монреальского протокола по веществам, разрушающим озоновый слой.

На станции «Купол Фудзи» ученые собирают данные об изменениях температуры и парниковых газов, произошедших за последние 720 тысяч лет. Не подлежит сомнению, что эти данные помогут прояснить историю окружающей среды во всем мире и, предположительно, будут использованы при решении проблем, связанных с климатическими изменениями.

Эти достижения Японии стали возможны благодаря утверждению основополагающих принципов Договора об Антарктике, таких как «использование в мирных целях» и «свобода научных исследований и международного сотрудничества». Япония, будучи одной из стран, подписавших настоящий договор в 1959 году, действовала и действует со всей ответственностью в качестве консультативной стороны. Япония исполнена решимости и далее способствовать укреплению основополагающих принципов настоящего Договора и принимать активное участие в обсуждениях вопросов, касающихся Антарктики.

3. Инспекторские проверки

С целью выполнения своих обязательств в качестве консультативной стороны, Япония, в соответствии с положениями Договора об Антарктике и Протокола по охране окружающей среды к Договору об Антарктике, осуществила свою первую в истории инспекторскую проверку. Эта проверка, проводившаяся в январе 2010 года, продолжалась две недели и охватила шесть станций. Почти два года ушло у нас на подготовку к этой проверке, а соответствующие министерства и эксперты постоянно обсуждали ее сущность и вероятные итоги.

По завершению этих инспекционных проверок мы пришли к выводу, что все подвергшиеся проверке станции соответствуют принципам использования Антарктики в мирных целях; в условиях физических и финансовых ограничений они стремятся содействовать научным исследованиям и международному сотрудничеству, стараясь при этом уменьшить негативное влияние на окружающую среду Антарктиды. Кроме того, эти проверки предоставили Японии прекрасную возможность познакомиться с работой других станций, в том числе и тех, которые используют возобновляемую энергию посредством сложных технологий.

Важность такого комплекса инспекторских проверок будет возрастать по мере возрастания деятельности человека в Антарктике. Япония выражает надежду, что этот комплекс проверок еще больше укрепит соблюдение Договора об Антарктике и Протокола по охране окружающей среды, а также международное сотрудничество в Антарктике.

4. Антарктический туризм

Обсуждая способы уменьшения роста негативного влияния человеческой деятельности на окружающую среду Антарктики, мы должны думать о том, как следует заниматься туризмом в Антарктике. В наши дни Антарктику ежегодно посещают более 30 тысяч человек, часто – на больших туристических судах. Хотя сам по себе антарктический туризм может быть прекрасным родом занятий, обеспечивающим возможность повышения уровня информированности и знаний о защите окружающей среды, туристической деятельностью необходимо заниматься ответственным образом, дабы не нарушить ценность Антарктики как района для научных исследований и не оказать негативного влияния на антарктическую окружающую среду.

Япония содействовала сбережению природной среды Антарктики, введя «Закон по Защите окружающей среды в Антарктике» с целью полного соблюдения нашей страной положений Протокола. Руководствуясь наилучшими намерениями, Япония и далее будет принимать участие в обсуждениях целесообразных действий относительно антарктического туризма.

5. Заключительная часть

Антарктика находится далеко от мест нашего обитания. И эта уникальность Антарктики предоставляет нам возможность непосредственно и при незначительном влиянии извне осуществлять наблюдения за воздействием человеческой деятельности на окружающую среду. Антарктика – словно зеркало, отражающее состояние здоровья нашей планеты.

Все мы здесь присутствующие несем особую ответственность по защите этого неповторимого места. И по случаю 50-летия вступления в силу Договора об Антарктике Япония хотела бы еще раз подтвердить свое неуклонное намерение и далее способствовать исследованиям, наблюдениям и защите окружающей среды Антарктики, исходя из принципов этого исторического Договора.

Большое спасибо.

Заявление Перу

Господин председатель!

Делегация Перу на XXXIV Консультативном совещании по Договору об Антарктике выражает свое огромное удовлетворение по поводу своего участия в мероприятиях, проводящихся в ознаменование вступления в силу Договора об Антарктике, которое состоялось в сегодняшний день ровно пятьдесят лет назад.

Господин председатель!

Делегация Перу считает, что эти мероприятия предоставляют нам, как странам, являющимся консультативными сторонами, возможность еще раз подтвердить свою приверженность целям и задачам Договора об Антарктике. Эта возможность поощряет нас также приложить все усилия к тому, чтобы Консультативное совещание достигло намеченных целей, обозначив дальнейший прогресс в укреплении системы, созданной Договором об Антарктике. Перу привержена Антарктике полностью и бесповоротно. Часть побережья Перу непосредственно выходит на Антарктику. Перу подвержена влиянию южной полярной системы, и эта взаимосвязь проявляется в таких критически важных факторах, как, помимо прочего, климатические условия, океанские течения, в особенности течение Гумбольдта, и морские организмы, на которых зиждется рыболовецкая промышленность нашей страны. Эти микроорганизмы являются звеньями биологической цепочки, берущей начало в южных океанах. Данные факты подчеркивают особое значение и важность Антарктического региона для всей планеты в целом и в особенности – для стран южного полушария. Поэтому нынешнее празднование вступления в силу Договора об Антарктике пятьдесят лет тому назад дает нам хорошую возможность поразмыслить над тем, чего мы уже смогли достичь на сегодняшний день и каким образом намереваемся использовать в будущем свое присутствие в этом важном регионе планеты. Договор об Антарктике возложил на плечи стран, являющихся консультативными сторонами, бремя важной и деликатной задачи регулирования и международного управления Антарктическим регионом. Поэтому наш долг, как стран, являющихся консультативными сторонами, заключается в том, чтобы чтить это обязательство.

Перу считает, что ключевым аспектом нашего понимания Антарктического региона и нашего отношения к нему является непрерывная охрана и сбережение Антарктики как региона международного мира и гармонии, в котором международное сотрудничество всегда будет предпочтительным инструментом придания перспективного направления нашей совместной деятельности в этой части земного шара. В наши дни, как никогда ранее, сотрудничество – особенно в деле сохранения природной среды Антарктики – является одной из главных целей наших действий в качестве стран-членов Антарктической правовой системы. Сохранение Антарктики обеспечит более безопасную, более стабильную и пригодную для обитания планету для будущих поколений, для всего человечества. Планета Земля – наш общий дом, другим человеческая цивилизация не располагает. Сохранение Антарктики – это сохранение будущего нашей планеты и существования человека во вселенной.

Господин председатель!

Делегация Перу с гордостью пользуется своей привилегией наряду со всеми делегациями, принимающими участие в этом совещании в Буэнос-Айресе, созерцать это празднество и быть свидетелем чествования исторического акта, свершившегося пятьдесят лет назад, – вступления в силу Договора об Антарктике. Этот Договор стал идеальным международным инструментом, являющийся ныне гарантией того, что Антарктический регион всегда будет использоваться исключительно в мирных целях и не станет ареной или объектом международных разногласий. По этому благоприятному поводу делегация Перу еще раз подтверждает свою приверженность целям и задачам Договора об Антарктике.

Большое спасибо!

Выступление Анджея Мишталя, Польша

Господин председатель,

Дамы и господа!

Сначала позвольте мне с радостью выразить свое личное удовлетворение возможностью представлять министра иностранных дел Республики Польша на этом особенном и эпохальном событии. Поскольку господин министр Сикорский не смог принять участие в этом совещании, то позвольте мне зачитать его личное послание представителю принимающей стороны, его превосходительству министру Гектору Тимерману:

Уважаемый господин министр!

Имею удовольствие письменно поблагодарить вас за присланное 9 февраля 2011 года приглашение принять участие в мероприятиях, посвященных 50-летию вступления в силу Договора об Антарктике, подписанного в Вашингтоне 1 декабря 1959 года, которые состоятся в рамках Консультативного совещания стран-членов Договора. К сожалению, из-за дел, связанных с ранее согласованным графиком, я не смогу принять личное участие в этом значимом событии.

Важное место Договора об Антарктике в международном праве не вызывает сомнений даже относительно современной истории. После его вступления в силу постепенно сформировалась развитая система правовых инструментов, превратившаяся в единую региональную систему – непрерывно развивающуюся и обогащающуюся Систему Договора об Антарктике.

Важность Договора об Антарктике для Польши наглядно демонстрирует тот факт, что в 1977 году мы стали первой страной-участницей Консультативного совещания, не будучи при этом страной-подписантом Договора. Польша особенно важна для мирного использования Антарктики, запрещения испытаний любого оружия и для свободы проведения научных исследований на ее территории. На протяжение более 30 лет работает в Западной Антарктиде постоянная польская научно-исследовательская станция «Генрих Арктовский», расположенная на острове Кинг-Джордж.

Убежден, что праздничные мероприятия 23 июня 2011 года и принятие декларации странами-участницами этого нынешнего совещания сыграют важную роль в процессе глобального диалога по Антарктике и станут продолжением Международного полярного года (IPY).

Пользуясь этой возможностью, сообщаю Вам, что во время визита польской делегации будут проходить первые в истории аргентинского-польских дипломатических отношений юридические консультации между нашими министерствами.

Я также пользуюсь этой возможностью, чтобы вновь выразить Вам уверение в моем самом высоком почтении.

Спасибо за внимание.

Выступление посла Великобритании

Уважаемые министры иностранных дел, послы, уважаемые коллеги и главы делегаций!

Великобритания хотела бы присоединиться к тем, кто выразил свою благодарность правительству Аргентины за организацию и проведение празднования годовщины этого события. Сам Бог велел нам и далее находить возможности чествовать все то, что дал нам за прошедшие полстолетия Договор об Антарктике, дабы повышать в глазах широкой общественности роль и значимость работы, выполненной благодаря Системе Договора об Антарктике.

Великобритания тоже безоговорочно подтверждает свою неизменную приверженность Системе Договора об Антарктике. Мы и далее будем надеяться, что рамки, обеспеченные этим Договором, будут способствовать укреплению сотрудничества между правительствами всех стран в деле решения всех проблем, которые возникают перед Антарктикой сейчас и будут неизбежно возникать в будущем.

Есть основания утверждать, что Договор об Антарктике является одним из наиболее важных международных правовых инструментов прошедшего столетия и блестящим примером тех результатов, которые способно обеспечить международное сотрудничество. Кроме того, в этом году исполняется двадцатая годовщина подписания Протокола по охране окружающей среды к Договору об Антарктике. Обеспечиваемая этими правовыми инструментами постоянная защита одной из наиболее уникальных и хрупких природных систем на земле становится все более важной перед лицом быстрых изменений окружающей среды, которые уже происходят во многих частях континента и в окружающем его Южном океане. Мы должны обеспечить продолжение наших коллективных усилий, чтобы сохранить и усилить эту всеобъемлющую и надежную защиту.

Договор об Антарктике обеспечивает надежную структуру для международного научного сотрудничества и мы, по мере дальнейшего проявления результатов Международного полярного года 2007-08, сможем судить об Антарктике на основании полученных углубленных знаний о ней, в то же самое время с благоговейным трепетом размышляя о том, сколько же открытий нам еще предстоит сделать. Как подтверждено в Эдинбургской Декларации 2006 года, мы надеемся, что наследие Международного полярного года обеспечит в предстоящие десятилетия еще более тесное научное сотрудничество.

Текущий год имеет особенно важное значение для Великобритании, поскольку в этом году исполняется сто лет с тех пор, как капитан Роберт Фалкон Скотт и его норвежский коллега Роальд Амундсен впервые отправились в экспедицию к Южному полюсу. Первопроходцы-исследователи из экспедиции капитана Скотта оставили научное наследие, которое до сих пор продолжает воодушевлять британских ученых. Тот факт, что Договор об Антарктике продолжает оберегать континент для мира и науки, является свидетельством большого значения наследия этих первых исследователей, которые продемонстрировали значимость Антарктики не только как уникальной лаборатории самой по себе, но и ее несомненную важность для будущего климата и изменений природной среды в остальном мире. Со времен этих первопроходцев-исследователей и до открытия озоновой дыры, а также предстоящего изучения подледникового озера Эллсуорт наши ученые считали и считают Антарктику всемирной лабораторией, которая обладает огромным потенциалом, способным помочь нам раскрыть тайны нашей планеты.

Однако климатические изменения, особенно на Антарктическом полуострове, потенциально подвергают природную среду Антарктики новым опасностям, идущим как от естественной миграции флоры и фауны из нижних широт, так и от возрастающего человеческого присутствия. Страны-участницы Договора об Антарктике должны продолжать сотрудничество для того, чтобы те, кому посчастливилось посетить этот регион в каком угодно качестве, делали это безопасным и экологически ответственным образом. Мы должны умножить наши усилия для обеспечения того, чтобы регуляторные и управленческие рамки по всем видам деятельности, осуществляемой в Антарктике, сводили к минимуму всякое излишнее дополнительное негативное влияние человека на и без того хрупкую и подвергающуюся изменениям природную среду.

От имени Великобритании позвольте мне еще раз поблагодарить правительство Аргентины за организацию и проведение нынешнего Консультативного совещания по Договору об Антарктике. Эта новая возможность поразмышлять о научных и дипломатических усилиях всех тех, кто внес вклад в Систему Договора об Антарктике за последние пятьдесят лет, еще раз напоминает нам о том, как много уже было достигнуто, а также о всемирной значимости продолжения этой исключительно важной работы.

Выступление посла Южно-Африканской Республики, г-на Тони Леона

Уважаемые господа министры, председатель, делегаты и уважаемые гости.

Позвольте мне, от имени правительства Южно-Африканской Республики и южноафриканской делегации, присутствующей здесь, на этом важном заседании, выразить вместе со всеми свою благодарность правительству Аргентины за то, что оно выступило инициатором и организатором празднования 50-летия вступления в силу Договора об Антарктике, подписанного в 1959 году. Он имеет для нас исключительно большое значение, поскольку Южная Африка была одной из двенадцати стран-учредителей, заложивших основы этого эпохального соглашения.

Договор об Антарктике стал по-своему знаменательным событием. Если вспомнить о всех тех неудачах и бедах, с которыми сталкивался весь мир в целом и двенадцать стран-учредителей Договора (не исключая и нашей страны – Южной Африки) в частности, то этот Договор, с его эффективностью, гибкостью, долговечностью и проницательной дальновидностью, стал одним из крупных успехов, достигнутых в то время международным сообществом или, по крайней мере, двенадцатью странами-участницами соглашения: Антарктику удалось уберечь от глобальной гонки вооружений и избавить ее от конфликтных территориальных притязаний – таковы были два первоначальных достижения. А в 1991 году этот Договор, после добавления к нему Мадридского Протокола по охране окружающей среды, стал своего рода индикатором, определяющим центральное место первозданной Антарктической экосистемы в системе мирового климата. Заложенная в этом Протоколе твердая решимость осуществлять эффективное управление и контроль над седьмым континентом может оказаться судьбоносным определяющим моментом в предстоящей борьбе с противником, которого можно условно назвать «климатические изменения».

Договор об Антарктике – уникальный инструмент международного сотрудничества, общей целью которого является научная деятельность. Но этот Договор позволил также уберечь седьмой, единственный незаселенный континент земного шара, от хищных посягательств шести остальных. Более того, благодаря положениям Договора, Антарктика стала общим рабочим местом для народов всего мира различной расовой, культурной и национальной принадлежности, где они имеют возможность объединиться и гармонично сотрудничать с целью преодоления и смягчения последствий климатических изменений.

Будучи одной из стран, которые первыми подписали Договор, и имея похвальный опыт непрерывного участия в делах Антарктики и ответственного контроля над ней, Южная Африка выражает свое стремление продолжать международное сотрудничество со странами-участницами Договора и делиться научными знаниями и данными во благо теперешнего поколения и во имя будущего сохранения всего человечества.

Южная Африка продолжает оставаться единственной африканской страной-участницей Договора об Антарктике. Однако мы знаем, что глобальные изменения погоды и климата могут, по иронии судьбы, оказать на Африку непропорциональное большее влияние, чем на любой другой континент. Поэтому представляется весьма уместным, что в году, когда отмечается 50-летие начала действия этого Договора, моя страна будет проводить в ноябре и декабре этого года 17-ю Конференцию ООН по климатическим изменениям в Дурбане. Южноафриканский министр по международным отношениям и сотрудничеству выражает свое искренне пожелание, чтобы на предстоящей конференции страны мира объединились для решения проблем глобальных климатических изменений, проявляя при этом такие же мудрость и мужество, какие проявили пятьдесят два года назад страны-учредители Договора об Антарктике.

Позвольте также выразить нашу признательность правительству Аргентины за безукоризненную организацию и проведение XXXIV КСДА. Наша делегация выражает стремление к продуктивному обмену мнениями и положительному решению проблем в предстоящие две недели.

Выступление посла Швеции, Ее Превосходительства Шарлотты Врангберг

Господин председатель, уважаемые делегаты!

Для меня большая честь представлять министра иностранных дел нашей страны, господина Карла Бильдта, на этом важном XXXIV совещании КСДА по случаю празднования 50-летия вступления в силу Договора об Антарктике.

Договор об Антарктике и другие элементы Системы Договора об Антарктике совместно образуют уникальную правовую и институциональную структуру для управления человеческой деятельностью на Антарктическом континенте и в Южном океане.

Швеция горда тем, что является одной из двадцати восьми Консультативных сторон Договора об Антарктике. Как коллективно, так и индивидуально, Консультативные стороны несут ответственность за дальнейшее обеспечение прочности и стабильности Системы Договора об Антарктике. Нам необходимо непрерывно укреплять ее и адаптировать в соответствии с новыми проблемами такими, как, например, биологические поисково-разведочные работы.

Мы должны также обеспечить полную и эффективную реализацию всех элементов Системы Договора об Антарктике посредством принятия адекватных национальных нормативов.

Протокол по охране окружающей среды обеспечивает непрерывную и долговременную защиту природной среды Антарктики. Неотъемлемой частью Договора об Антарктике является Конвенция о сохранении морских живых ресурсов Антарктики. Необходимо лучше координировать работу Комитета по охране окружающей среды и Комиссии по сохранению морских живых ресурсов Антарктики с целью обеспечения эффективной охраны морской природной среды Антарктики и ее сопутствующих и зависимых экосистем.

Шведские ученые осуществляют перспективные научные исследования и наблюдения в тесном сотрудничестве с учеными других стран. «Международный полярный год 2007-2008» придал значительное ускорение международному научному сотрудничеству в деле решения полярных проблем. Результаты, достигнутые благодаря проведению этого мероприятия, уже способствуют дальнейшему прогрессу в науке и инновационных форматах антарктического сотрудничества. В частности, «Международный полярный год» высветил необходимость совместных скоординированных усилий с целью дальнейшего обеспечения долговременных наблюдений и мониторинга во всем регионе, на который распространяется действие Договора об Антарктике.

К данным научных исследований и мониторинга будет обеспечен свободный и легкий доступ. Электронная информационная система КСДА представляет собой полезный инструмент, который можно еще больше расширить с целью облегчения распространения данных и другой сопутствующей информации.

Глобальные климатические изменения порождают новые проблемы как для Антарктики, так и для человеческой деятельности в ней. Последствия климатических изменений потенциально влияют на все антарктические живые организмы. Наиболее подверженными риску представляются морские экосистемы. До сих пор еще мало известно о воздействии, которое оказывают подкисление океана и потепление вод в Южном океане.

Необходимо свести к минимуму совокупное влияние всех видов человеческой деятельности в Антарктике – научных исследований, туризма и рыбной ловли.

Аспекты деятельности в Антарктике, касающиеся охраны и безопасности, следует также рассматривать в свете климатических изменений.

Во всех наших управленческих решениях нам следует руководствоваться подходом, основанным на принципе предосторожности. Особенно важное и даже критическое значение это имеет для рыбной ловли и связанных с нею видов деятельности.
Благодарю за внимание.

Выступление посла Украины Александра Тараненко

Уважаемый господин председатель,

Уважаемые главы делегаций,

Дамы и господа.

Мне хотелось бы от имени Украины выразить признательность аргентинскому правительству за теплый прием и безупречную организацию XXXIV Консультативного совещания по Договору об Антарктике, которое проводится в том же месте, что и тридцать лет назад, по поводу 50-летия вступления в силу Договора об Антарктике.

Впрочем, подобное символическое совпадение произошло не только в современной истории Аргентины, но и в современной истории Украины, которая в этом году собирается отмечать двадцатилетие своей независимости. Именно благодаря независимости 15 лет назад моя страна обрела возможность поднять над Антарктикой свой флаг и принимать активное участие в деятельности международного сообщества, направленной на обеспечение использования Антарктики исключительно в мирных целях, а также внести свой собственный вклад в научные знания посредством международного сотрудничества в научно-исследовательской деятельности в Антарктике. Проведение XXXI Консультативного совещания по Договору об Антарктике в столице Украины в 2008 году (через 4 года после получения ею статуса Консультативной стороны) стало доказательством активного участия Украины в Системе Договора об Антарктике.

Не могу не вспомнить еще одно важное для нас обстоятельство. первым украинцем, побывавшим в Антарктике был участник экспедиции Роберта Скотта на Южный полюс в 1911-1912 гг. Через небольшое время всё Антарктическое сообщество будет отмечать 100-летнюю годовщину этого знаменательного события в контексте исследования Антарктики. Длительно время Украина принимала активное участие в крупномасштабных разносторонних исследованиях в составе Советских антарктических экспедиций. Благодаря отечественным буксировочным снегоходам, вновь и вновь трансконтинентальные сани тянули экспедиции вглубь Антарктики, в том числе к Южному полюсу и к Полюсу недоступности, которые были успешно проведены в 1957-1967 гг.

В 1992 г. Украина присоединилась к Договору об Антарктике, а в 1995 г. на британской исследовательской станции «Фарадей» начала свою работу первая Украинская антарктическая экспедиция. В результате успешных переговоров между правительствами Великобритании и Украины исследовательская станция «Фарадей» была передана Украине и переименована в честь академика Владимира Вернадского, первого президента Академии наук Украины, исследователя био- и ноосферы земли.

Исследовательская станция «Академик Вернадский» представляет собой уникальную геофизическую обсерваторию, на которой непрерывно собираются метеорологические данные по Антарктическому полуострову. Именно на этой исследовательской базе в 1980-х годах была обнаружена озоновая дыра и начато ее исследование. Вокруг базы находится испытательная площадка, с которой получаются данные по изменениям в окружающей среде. Поэтому ценная нучная история базы определяет ее исключительные перспективы.

В настоящее время почти ни единую научную проблему всемирного масштаба и значимости нельзя решить без использования знаний о явлениях или процессах, происходящих в таком огромном регионе Земли как Антарктика. Наблюдаемые климатические изменения и сопутствующие им опасности, а также быстрое увеличение числа непредсказуемых катастроф являются теми проблемами, которые можно решить лишь в рамках всеобъемлющих научно-исследовательских проектов. Такое многоотраслевое исследование Южного полярного региона требует также непрерывного сотрудничества между национальными антарктическими программами и соответствующими местными властями.

В ноябре 2010 года правительство Украины приняло государственную программу исследований Антарктики на период 2010-2020 годов. Основными целями этой Программы является дальнейшее обеспечение фундаментальных и прикладных исследований в Антарктике, проведение научно обоснованной оценки биологического и минерального потенциала этого региона, эффективное использование станции «Академик Вернадский», где сейчас продолжает свою работу 16-я украинская антарктическая экспедиция, а также соблюдение международных обязательств в соответствии с Договором об Антарктике. Именно так Украина определила свои приоритеты в этом регионе на предстоящее десятилетие.

Одной из тем нынешнего Консультативного совещания является реализация Приложения VI к Протоколу по охране окружающей среды к Договору об Антарктике. Поэтому мне хотелось бы отметить, что Украина твердо намеревается ратифицировать этот документ совместно с принятием Закона Украины «Об антарктической деятельности», который в настоящее время проходит процесс рассмотрения в законодательном органе страны.

Кроме того, по случаю двадцатой годовщины открытия к подписанию Протокола по охране окружающей среды к Договору об Антарктике (известному также как Мадридский протокол) позвольте мне обратить внимание на то, что Украина поддерживает предложение, представленное совместно правительствами Австралии, Франции и Испании, которое поощряет присоединение к Протоколу тех сторон, которые этого еще не сделали. По нашему мнению, это поспособствует эффективности многосторонней дипломатии, которая традиционно обеспечивала возможности развития международного сотрудничества с целью осуществления научных исследований и защиты природной среды как средств и инструментов укрепления мира.

И последнее, но не менее важное. Украинская делегация поддерживает Декларацию о сотрудничестве в Антарктике, поскольку стремится выполнять обязательства, вытекающие из Договора об Антарктике, который развивался и совершенствовался со времени вступления в силу.

В заключение я хотел бы еще раз поблагодарить принимающую страну, Секретариат этого Консультативного совещания и выразить надежды на плодотворное и взаимовыгодное сотрудничество.

Спасибо за внимание!

2. Заключительное слово председателя XXXIV КСДА

Заключительное слово полпреда Ариэля Манси, председателя XXXIV КСДА

Уважаемые делегаты: мы приблизились к закрытию XXXIV Консультативного совещания Договора об Антарктике, на котором мне выпала честь председательствовать. На этом Совещании мы достигли прогресса в принятии положений, направленных на совершенствование управления Антарктикой и ее охраны. Среди наиболее важных достижений мне хотелось бы отметить Буэнос-айресскую Декларацию Антарктического Сотрудничества по случаю 50-й годовщины вступления в силу Договора об Антарктике, принятую в четверг 23 июня. Не могу не упомянуть о том, что в первоначальные проекты, которые послужили основой переговоров о тексте этой Декларации, свой ценный вклад внес полпред Хуан Карлос Бельтрамино, который присутствовал здесь на открытии нашего совещания и который был также делегатом на Вашингтонской конференции, где в 1959 году был подписан Договор об Антарктике. Однако нам пришлось с сожалением констатировать отсутствие – из-за личных обстоятельств – нашего многоуважаемого коллеги и известного знатока Антарктики д-ра Роберто Пусейро Риполла из Уругвая, председательствовавшего на Консультативном совещании, которое состоялось в прошлом году в Пунта дель Эсте.

Как и ожидалось, особенно плодотворной оказалась деятельность Комитета по охране окружающей среды, и мне хотелось бы поблагодарить д-ра Ива Френо за его эффективную работу в качестве председателя и за достигнутые результаты. Значительная часть принятых на нашем совещании рекомендаций явилась результатом работы этого комитета. Среди прочих важных тем, КООС рассмотрел Всестороннюю экологическую экспертизу исследовательских работ на подледниковом озере Эллсуорт, а также экспертизу строительства новой корейской станции «Ян Бого». Были пересмотрены десять планов управления для Особо охраняемых районов Антарктики, и принято решение о новом историческом памятнике. В отношении некоторых объектов были приняты новые инструкции для посетителей, а другие подверглись пересмотру. Кроме того, КООС продолжает успешную работу по минимизации интродукции в Антарктику неаборигенных видов.

Я также выражаю признательность и благодарность д-ру Хосе Ретамалесу, председателю Рабочей группы по операционным вопросам, полпреду Дону Маккею, председателю Рабочей группы по туризму и неправительственной деятельности, а также полпреду Ричарду Роуи за председательствование в Рабочей группе по правовым и институциональным вопросам.

По вопросу инспекций отмечу, что инспекционные проверки, осуществленные Японией и Австралией, засвидетельствовали усилия, прилагаемые Сторонами, с целью полного соблюдения требований Договора и Протокола. Мы также приступили к рассмотрению прогнозирования опасности цунами – проблемы, которая высветила серьезную угрозу для станций, расположенных в прибрежных районах Антарктики, и относительно которой меня обязали обратиться с просьбой к Международной гидрографической организации представить на следующем КСДА информацию по глубоководному картографированию с целью прогнозирования цунами.

В области туризма и неправительственной деятельности рассматривались три основные темы: состоялся предметный обмен мнениями по вопросам стратегии антарктического туризма; кроме того, обсуждались вопросы механизмов надзора за туристической деятельностью; обсуждались также аспекты, касающиеся деятельности в Антарктике прогулочных судов и яхт. Мы рассмотрели также способы предотвращения несанкционированных проникновений в Антарктику, имея в виду проблемы, связанные с идентификацией посетителей, проникающих в регион без соответствующих разрешений, а также аспекты судебного преследования в случае обнаружения нелегальной деятельности. Кроме того, было решено предпринять пересмотр существующих нормативных актов по регулированию туристической деятельности с тем, чтобы в 2012 году проанализировать необходимость принятия дополнительных мер. Было также указано, что с целью дальнейшей оптимизации управления необходимо улучшить сотрудничество путем более активного обмена информацией и технологиями.

Мы завершили пересмотр статуса рекомендаций КСДА относительно посещаемых объектов и памятников, охраняемых районов, а также экологических вопросов, не касающихся охраны районов и управления; в результате было принято Решение, в котором указывается, какие Меры уже не являются действительными, и которое обязывает Секретариат выполнить надлежащую работу касательно Рекомендаций по операционным вопросам. Мы также приняли пересмотренный вариант Правил процедуры КСДА и КООС, а также процедуры представления, перевода и распространения документов, внеся в эти правила положения, касающиеся рассмотрения информационных запросов относительно деятельности КСДА, поданных международными организациями. С целью повышения эффективности Мадридского протокола прозвучал также призыв к Сторонам Договора об Антарктике, которые не являются сторонами Протокола, присоединиться к этому Протоколу, а Австралию, Испанию и Францию призвали в этой связи скоординировать свои действия с другими Консультативными сторонами и предпринять соответствующие шаги.

Совещание приняло предложение Секретариата по бюджету на период 2011-2012 гг. Мы начали обсуждать пути повышения эффективности нашей деятельности, и эта дискуссия привела к обмену мнениями по многоуровневому стратегическому планированию и сокращению продолжительности будущих совещаний, не нанося при этом ущерба ни одному из ключевых моментов, необходимых для обеспечения результативной работы. В связи с этим для предстоящего Совещания в Хобарте был принят восьмидневный распорядок работы.

Хочу поблагодарить Председателя СКАР за его вклад в нашу работу и за организованную им в прошлую среду прекрасную конференцию для делегатов, а также поблагодарить КОМНАП и АНТКОМ за их важный вклад.

От имени всех присутствующих мне хотелось бы поблагодарить д-ра Манфреда Райнке и его коллектив в Секретариате Договора об Антарктике за доказанную на деле эффективность их работы, а также репортеров и переводчиков – устных и письменных. Хочется также выразить благодарность всем членам Секретариата страны-организатора, без чьего неустанного напряженного труда, продолжавшегося несколько месяцев, упорядоченная работа нашего Совещания была бы невозможной.

И, наконец, выражаю свою признательность всем делегатам за их конструктивный настрой, позволивший нам достичь удовлетворительных результатов и провести мероприятия нашего Совещание в атмосфере искренности и сотрудничества.

В следующем году наступит очередь Австралии принимать XXXV КСДА, и организаторам предстоящего Совещания мы желаем всего наилучшего. Фактически идя по стопам норвежской экспедиции Амундсена, отправившейся из Буэнос-Айреса, чтобы выйти к предельным широтам и достичь в декабре 1911 года Южного Полюса, Консультативные Совещания функционируют на основе сотрудничества, которое проявляется в каждом аспекте деятельности в Антарктике, а также во время наших заседаний.

Не имея больше открытых вопросов и надеясь снова встретить вас в Хобарте в июне 2012 года, я полагаю, что мы можем теперь завершить и закрыть текущее XXXIV Консультативное совещание Договора об Антарктике.

Решение принимается.

Я желаю всем вам благополучного возвращения в свои страны.

3. Доклады Депозитариев и Наблюдателей

Доклад Правительства-депозитария Договора об Антарктике и Протокола к Договору в соответствии с Рекомендацией XIII-2

Информационный документ представлен Соединенными Штатами Америки

Настоящий доклад касается событий, относящихся к Договору об Антарктике и Протоколу по охране окружающей среды.

За прошедший год ни одно новое государство не присоединилось к Договору об Антарктике или к Протоколу по охране окружающей среды. Сторонами Договора являются сорок восемь (48) государств, а Сторонами Протокола – тридцать четыре государства.

Уведомления о назначении указанных лиц арбитрами в соответствии со Статьей 2(1) Дополнения к Протоколу по охране окружающей среды направили следующие страны:

Болгария	г-жа Генка Белева	30 июля 2004 г.
Чили	посол Мария Тереса Инфанте	июнь 2005 г.
	посол Хорхе Бергуньо	июнь 2005 г.
	д-р Франсиско Оррего	июнь 2005 г.
Финляндия	посол Холгер Бертил Роткирх	14 июня 2006 г.
Индия	проф. Упендра Бакси	6 октября 2004 г.
	г-н Аджай Саксена	6 октября 2004 г.
	д-р Н. Хари	6 октября 2004 г.
Япония	судья Сундзи Янаи	18 июля 2008 г.
Респ. Корея	проф. Парк Ки Габ	21 октября 2008 г.
США	проф. Дэниэл Бодански	1 мая 2008 г.
	г-н. Дэвид Колсон	1 мая 2008 г.

Списки Сторон Договора и Протокола, и перечень Рекомендаций/Мер с указанием статуса их одобрения прилагаются.

Дата последнего действия: 29 января 2010 г.

Договор об Антарктике

Подписан:	1 декабря 1959 г. в Вашингтоне
Вступил в силу:	23 июня 1961 г.

В соответствии со Статьей XIII Договор подлежит ратификации подписавшими его государствами и открыт для присоединения к нему любого государства, являющегося членом Организации Объединенных Наций, или любого другого государства, которое может быть приглашено присоединиться к Договору с согласия всех Договаривающихся Сторон, представители которых имеют право участвовать в совещаниях, предусмотренных статьей IX настоящего Договора. Ратификационные грамоты и акты о присоединении сдаются на хранение Правительству Соединенных Штатов Америки. После сдачи на хранение ратификационных грамот всеми подписавшими Договор государствами Договор вступил в силу для этих государств и для государств, которые сдали на хранение акты о присоединении. В дальнейшем Договор вступает в силу для любого присоединившегося государства после сдачи им на хранение акта о присоединении.

Условные обозначения: (без отметки) = ратификация; a = присоединение; d = правопреемство; w = прекращение участия или приравненное к нему действие

Участник	Дата подписания	Дата согласия на обязательность Договора		Прочие действия	Приме-чания
Аргентина	1 декабря 1959 г.	23 июня 1961 г.			
Австралия	1 декабря 1959 г.	23 июня 1961 г.			
Австрия		25 августа 1987 г.	a		
Беларусь		27 декабря 2006 г.	a		
Бельгия	1 декабря 1959 г.	26 июля 1960 г.			
Бразилия		16 мая 1975 г.	a		
Болгария		11 сентября 1978 г.	a		
Канада		4 мая 1988 г.	a		
Чили	1 декабря 1959 г.	23 июня 1961 г.			
Китай		8 июня 1983 г.	a		
Колумбия		31 января 1989 г.	a		
Куба		16 августа 1984 г.	a		
Чешская Республика		1 января 1993 г.	d		i
Дания		20 мая 1965 г.	a		
Эквадор		15 сентября 1987 г.	a		
Эстония		17 мая 2001 г.	a		
Финляндия		15 мая 1984 г.	a		
Франция	1 декабря 1959 г.	16 сентября 1960 г.			
Германия		5 февраля 1979 г.	a		ii
Греция		8 января 1987 г.	a		
Гватемала		31 июля 1991 г.	a		
Венгрия		27 января 1984 г.	a		
Индия		19 августа 1983 г.	a		
Италия		18 марта 1981 г.	a		
Япония	1 декабря 1959 г.	4 августа 1960 г.			
Корея (КНДР)		21 января 1987 г.	a		

Корея (РК)		28 ноября 1986 г.	a	
Монако		31 мая 2008 г.	a	
Нидерланды		30 марта 1967 г.	a	iii
Новая Зеландия	1 декабря 1959 г.	1 ноября 1960 г.		
Норвегия	1 декабря 1959 г.	24 августа 1960 г.		
Папуа-Новая Гвинея		16 марта 1981 г.	d	iv
Перу		10 апреля 1981 г.	a	
Польша		8 июня 1961 г.	a	
Португалия		29 января 2010 г.	a	
Румыния		15 сентября 1971 г.	a	v
Российская Федерация	1 декабря 1959 г.	2 ноября 1960 г.		vi
Словацкая Республика		1января 1993 г.	d	vii
ЮАР	1 декабря 1959 г.	21 июня 1960 г.		
Испания		31 марта 1982 г.	a	
Швеция		24 апреля 1984 г.	a	
Швейцария		15 ноября 1990 г.	a	
Турция		24 января 1996 г.	a	
Украина		28 октября 1992 г.	a	
Велико-британия	1 декабря 1959 г.	31 мая 1960 г.		
США	1 декабря 1959 г.	18 августа 1960 г.		
Уругвай		11 января 1980 г.	a	viii
Венесуэла		24 марта 1999 г.	a	

---

[i] Фактическая дата правопреемства Словацкой Республики. Чехословакия сдала на хранение акт о присоединении к Договору 14 июня 1962 года. В полночь 31 декабря 1992 года Чехословакия прекратила существование, и ее правопреемниками стали два самостоятельных и независимых государства, Чешская Республика и Словацкая Республика.

[ii] 2 октября 1990 года Посольство Федеративной Республики Германия в Вашингтоне направило в Государственный департамент дипломатическую ноту следующего содержания:

«Посольство Федеративной Республики Германии настоящим свидетельствует свое почтение Государственному департаменту и имеет честь сообщить Правительству Соединенных Штатов Америки как правительству-депозитарию Договора об Антарктике, что в связи с присоединением Германской Демократической Республики к Федеративной Республики Германии, которое наступает 3 октября 1990 года, два германских государства объединятся и образуют единое суверенное государство, которое в качестве договаривающейся стороны Договора об Антарктике продолжит соблюдение положений Договора и будет подчиняться рекомендациям, принятым на 15 консультативных совещаниях и одобренным Федеративной Республикой Германией. Начиная со дня германского единства, Федеративная Республика Германия будет фигурировать в системе Договора под именем «Германия».
Посольство будет признательно Правительству Соединенных Штатов Америки, если оно проинформирует все договаривающиеся стороны Договора об Антарктике о содержании настоящей ноты.
Пользуясь этой возможностью, Посольство Федеративной Республики Германии еще раз выражает Государственному департаменту заверения в своем глубочайшем почтении».

До объединения Германская Демократическая Республика сдала на хранение акт о присоединении к Договору и сопроводительную декларацию 19 ноября 1974 г., а Федеративная Республика Германия сдала на хранение акт о присоединении к Договору и сопроводительное заявление 5 февраля 1979 года.

[iii] В акте о присоединении к Договору Нидерландов указано, что он распространяется на Королевство в Европе, Суринам и Антильские острова. Аруба стала независимым субъектом 1 января 1986 года.

[iv] Дата сдачи на хранение уведомления о правопреемстве государством Папуа - Новая Гвинея; уведомление вступило в силу в день получения независимости – 16 сентября 1975 г.

[v] Акт о присоединении к Договору Румынии сопровождался нотой Посла Социалистической Республики Румынии от 15 сентября 1971 года, содержащей следующее заявление:
«Уважаемый г-н Секретарь!

Направляя акт о присоединении Социалистической Республики Румынии к Договору об Антарктике, подписанному 1 декабря 1959 г. в Вашингтоне, я имею честь сообщить Вам следующее:

«Государственный совет Социалистической Республики Румынии заявляет, что положения первого пункта Статьи XIII Договора об Антарктике не соответствуют принципу, согласно которому многосторонние договоры, объект и цели которых затрагивают международное сообщество в целом, должны быть открыты для всеобщего участия».

Прошу Вас, г-н Секретарь, направить всем заинтересованным сторонам текст румынского акта о присоединении к Договору об Антарктике, а также текст настоящего письма, содержащего вышеизложенное заявление Правительства Румынии.

Пользуясь этой возможностью, хочу еще раз выразить Вам, г-н Секретарь, заверения в своем глубочайшем почтении».

Копии письма Посла и акт о присоединении Румынии к Договору были направлены сторонам Договора об Антарктике циркулярной нотой Государственного Секретаря от 1 октября 1971 г.

vi Договор был подписан и ратифицирован бывшим Союзом Советских Социалистических Республик. Нотой от 13 января 1992 г. Российская Федерация сообщила Правительству Соединенных Штатов о том, что «она продолжает осуществлять права и исполнять обязанности, вытекающие из международных соглашений, подписанных Союзом Советских Социалистических Республик».

vii Фактическая дата правопреемства Словацкой Республики. Чехословакия сдала на хранение акт о присоединении к Договору 14 июня 1962 года. В полночь 31 декабря 1992 года Чехословакия прекратила существование, и ее правопреемниками стали два самостоятельных и независимых государства, Чешская Республика и Словацкая Республика.

viii Акт о присоединении к Договору Уругвая сопровождался декларацией следующего содержания (в переводе с англоязычной версии, составленном Государственным департаментом):

«Правительство Восточной Республики Уругвай считает, что, присоединяясь к Договору об Антарктике, подписанному 1 декабря 1959 г. в Вашингтоне (Соединенные Штаты Америки), оно способствует утверждению сформулированных в этом Договоре принципов использования Антарктики исключительно в мирных целях, запрещения ядерных взрывов и утилизации радиоактивных отходов в этом районе, свободы научных исследований в Антарктике в интересах человечества и международного сотрудничества, направленного на достижение этих целей.

С учетом этих принципов Уругвай предлагает использовать процедуру, основанную на принципе равноправия, и принять общий и окончательный законодательный акт об Антарктике, в котором, исходя из признания прав Государств, подтвержденных международным законодательством, будут справедливо учитываться интересы всех заинтересованных Государств и международного сообщества в целом.

Решение уругвайского Правительства о присоединении к Договору об Антарктике основано не только на тех интересах, которые Уругвай, как и все члены международного сообщества, имеет в Антарктике, но и на особом, прямом и значительном интересе, который обусловлен его географическим положением, тем фактом, что его атлантическое побережье обращено к антарктическому континенту, связанным с этим влиянием на его климат, экологию и биологию моря, историческими связями, относящимися к первым экспедициям, которые отважились исследовать сам континент и окружающие его воды, а также обязательствами, принятыми в соответствии с Межамериканским договором о взаимопомощи, согласно которому часть антарктической территории входит в состав зоны, описанной в Статье 4, на основании которого Уругвай разделяет ответственность за защиту этого региона.

Сообщая о своем решении присоединиться к Договору об Антарктике, Правительство Восточной Республики Уругвай заявляет о том, что оно сохраняет свои права в Антарктике в соответствии с международным правом».

ПРОТОКОЛ ПО ОХРАНЕ ОКРУЖАЮЩЕЙ СРЕДЫ К ДОГОВОРУ ОБ АНТАРКТИКЕ
Подписан в Мадриде 4 октября 1991 г. г.*

Государство	Дата подписания	Дата передачи ратификационной грамоты, принятия (A) или одобрения (AA)	Дата депонирования грамоты документа о присоединении (AA)	Дата вступления в силу	Дата принятия ПРИЛОЖЕНИЯ V**	Дата вступления в силу Приложения V
КОНСУЛЬТАТИВНЫЕ СТОРОНЫ						
Аргентина	4 окт. 1991 г.	28 окт. 1993 г.[3]		14 янв. 1998 г.	8 сент. 2000 г.(A)	24 мая 2002 г.
Австралия	4 окт. 1991 г.	6 апр. 1994 г.		14 янв. 1998 г.	4 авг. 1995 г. (B)	24 мая 2002 г.
					6.апр. 1994 г. (A)	
Бельгия	4 окт. 1991 г.	26 апр. 1996 г.		14 янв. 1998 г.	7 июня 1995 г. (B)	24 мая 2002 г.
					26 апр. 1996 г.(A)	
					23 окт. 2000 г. (B)	
Бразилия	4 окт. 1991 г.	15 авг. 1995 г.		14 янв. 1998 г.	20 мая 1998 г. (B)	24 мая 2002 г.
Болгария			21 апр. 1998 г.	May 21, 1998	5 мая 1999 г. (AB)	24 мая 2002 г.
Чили	4 окт. 1991 г.	11 янв. 1995 г.		14 янв. 1998 г.	25 марта 1998 г. (B)	24 мая 2002 г.
Китай	4 окт. 1991 г.	2 авг. 1994 г.		14 янв. 1998 г.	26 янв. 1995 г. (AB)	24 мая 2002 г.
Эквадор	4 окт. 1991 г.	4 окт. 1993 г.		14 янв. 1998 г.	11 мая 2001 г. (A)	24 мая 2002 г.
					15 ноябр. 2001 г. (B)	
Финляндия	4 окт. 1991 г.	1 ноябр. 1996 г. (A)		14 янв. 1998 г.	1 ноябр. 1996 г. (A)	24 мая 2002 г.
					2 апр. 1997 г. (B)	
Франция	4 окт. 1991 г.	5 февр. 1993 г. (AA)		14 янв. 1998 г.	26 апр. 1995 г. (B)	24 мая 2002 г.
					18 ноябр. 1998 г. (A)	
Германия	4 окт. 1991 г.	25 ноябр. 1994 г.		14 янв. 1998 г.	25 ноябр. 1994 г. (A)	24 мая 2002 г.
					1 сент. 1998 г. (B)	
Индия	2 июля 1992 г.	26 апр. 1996 г.		14 янв. 1998 г.	24 мая 2002 г. (B)	24 мая 2002 г.
Италия	4 окт. 1991 г.	31 мар. 1995 г.		14 янв. 1998 г.	31 мая 1995 г. (A)	24 мая 2002 г.
					11 февр. 1998 г. (B)	
Япония	29 сент. 1992 г.	15 дек. 1997 г. (A)		14 янв. 1998 г.	15 дек. 1997 г. (AB)	24 мая 2002 г.
Корея, Республика	2 июля 1992 г.	2 янв. 1996 г.		14 янв. 1998 г.	5 июня 1996 г. (B)	24 мая 2002 г.
Нидерланды	4 окт. 1991 г.	14 апр. 1994 г. (A)[6]		14 янв. 1998 г.	18 марта 1998 г. (B)	24 мая 2002 г.
Новая Зеландия	4 окт. 1991 г.	22 дек. 1994 г.		14 янв. 1998 г.	21 окт. 1992 г. (B)	24 мая 2002 г.
Норвегия	4 окт. 1991 г.	16 июня 1993 г.		14 янв. 1998 г.	13 окт. 1993 г. (B)	24 мая 2002 г.
Перу	4 окт. 1991 г.	8 марта 1993 г.		14 янв. 1998 г.	8 марта 1993 г. (A)	24 мая 2002 г.
					17 марта 1999 г. (B)	
Польша	4 окт. 1991 г.	1 ноябр. 1995 г.		14 янв. 1998 г.	20 сент. 1995 г. (B)	24 мая 2002 г.
Российская Федерация	4 окт. 1991 г.	6 авг. 1997 г.		14 янв. 1998 г.	19 июня 2001 г. (B)	24 мая 2002 г.
ЮАР	4 окт. 1991 г.	3 авг. 1995 г.		14 янв. 1998 г.	14 июня 1995 г. (B)	24 мая 2002 г.
Испания	4 окт. 1991 г.	1 июля 1992 г.		14 янв. 1998 г.	8 дек. 1993 г. (A)	24 мая 2002 г.
					18 февр. 2000 г. (B)	
Швеция	4 окт. 1991 г.	30 марта 1994 г.		14 янв. 1998 г.	30 марта 1994 г. (A)	24 мая 2002 г.
					7 апр. 1994 г. (B)	
Украина			25 мая 2001 г.	June 24, 2001	25 мая 2001 г. (B)	24 мая 2002 г.
Великобритания	4 окт. 1991 г.	25 апр. 1995 г.[5]		14 янв. 1998 г.	21 мая 1996 г. (B)	24 мая 2002 г.
США	4 окт. 1991 г.	17 апр. 1997 г.		14 янв. 1998 г.	17 апр. 1997 г. (A)	24 мая 2002 г.
					6 мая 1998 г. (B)	
Уругвай	4 окт. 1991 г.	11 янв. 1995 г.		14 янв. 1998 г.	15 мая 1995 г. (B)	24 мая 2002 г.

** Указанные далее символы означают дату, относящуюся либо к принятию Приложения V, либо к одобрению Рекомендации XVI-10: (A) принятие Приложения V   (B) одобрение Рекомендации XVI-10.

Государство	Дата подписания	Дата ратификации, принятия или одобрения	Дата депонирования документа о присоединении	Дата вступления в силу	Дата принятия ПРИЛОЖЕНИЯ V**	Дата вступления в силу ПРИЛОЖЕНИЯ V
НЕКОНСУЛЬТАТИВНЫЕ СТОРОНЫ						
Австрия	4 окт. 1991 г.		16 июля 2008 г.	15 авг. 2008 г.		
Беларусь	4 окт. 1991 г.					
Канада	4 окт. 1991 г.	13 нояб. 2003 г.		13 дек. 2003 г.		
Колумбия	4 окт. 1991 г.					
Куба						
Чешская Республика[1,2]	1 янв. 1993 г.	25 авг. 2004 г.[4]		24 сент. 2004 г.		
Дания	2 июля 1992 г.					
Эстония						
Греция	4 окт. 1991 г.	23 мая 1995 г.		14 янв. 1998 г.		
Гватемала						
Венгрия	4 окт. 1991 г.					
Корея, Народно-Демократич. Республика						
Монако			1 июля 2009 г.	31 июля 2009 г.		
Папуа-Новая Гвинея						
Румыния	4 окт. 1991 г.					
Словацкая Республика[1,2]	1 янв. 1993 г.	3 февр. 2003 г.		5 марта 2003 г.	3 февр. 2003 г.	5 марта 2003 г.
Швейцария	4 окт. 1991 г.					
Турция						
Венесуэла						

- Подписан 4 октября 1991 г. в Мадриде, после этого был открыт для подписания в Вашингтоне до 3 октября 1992 г.

Протокол вступает в силу на тридцатый день после сдачи на хранение ратификационных грамот, актов о принятии, одобрении или присоединении всеми государствами, являющимися Консультативными сторонами Договора об Антарктике на дату одобрения настоящего Протокола (Статья 23).

**Принят в Бонне 17 октября 1991 г. на XVI Консультативном совещании по Антарктике.

1. Подписан от имени Чехословацкой Федеративной Республики 2 октября 1992 года, в соответствии пунктом 1 Статьи 19 Чехословакии признает юрисдикцию Международного суда ООН и Арбитражного трибунала в отношении разрешения споров. В полночь 31 декабря 1992 года Чехословакия прекратила существование, и ее правопреемниками стали два самостоятельных и независимых государства, Чешская Республика и Словацкая Республика.

2. Фактическая дата правопреемства в отношении подписания Чехословакией Протокола, подлежащего ратификации Чешской Республикой и Словацкой Республикой.

3. Сопровождалось заявлением с неофициальным переводом, предоставленным посольством Аргентины, где был текст следующего содержания: «Аргентинская Республика заявляет о том, что, поскольку Протокол по охране окружающей среды к Договору об Антарктике является дополнительным соглашением к Договору об Антарктике и его текст соответствует тому, что было заявлено в пункте A раздела 1 Статьи IV указанного Договора, ни одно из его положений не следует интерпретировать или применять как положение, затрагивающее ее права, которые основаны на правовых титулах, действиях в осуществление владения, принципе сопредельности и геологической целостности в регионе южнее 60-й параллели южной широты, где она объявила и сохраняет свой суверенитет.»

4. Сопровождалось заявлением с неофициальным переводом посольства Чешской Республики, где был текст следующего содержания: «Чешская Республика принимает юрисдикцию Международного суда ООН и Арбитражного трибунала в соответствии с пунктом 1 Статьи 19 Протокола по охране окружающей среды к Договору об Антарктике, подписанного 4 октября 1991 г. в Мадриде.»

5. Ратификация от имени Соединенного Королевства Великобритании и Северной Ирландии, бейлифа Джерси, бейлифа Гернси, острова Мэн, Ангильи, Бермуд, Британской антарктической территории, Каймановых островов, Фолклендских островов, Монтсеррата, острова Св. Елены и Зависимых территорий, Южной Георгии и Южных Сандвичевых островов, островов Теркс и Кайкос и Британских Виргинских островов.

6. Принятие от имени Королевства в Европе. Принимая Протокол, Королевство Нидерландов заявило о том, что оно выбирает оба способа урегулирования споров, указанных в пункте 1 Статьи 19 Протокола (т. е. Международный суд ООН и Арбитражный трибунал). Декларация Королевства Нидерландов о принятии Протокола от имени Антильских островов была депонирована 27 октября 2004 года вместе с заявлением, подтверждающим, что оно выбирает оба способа урегулирования споров, указанных в пункте 1 Статьи 19 Протокола.

Государственный департамент,
Вашингтон, 9 мая 2011 г.

Заключительный отчет XXXIV КСДА

ПРОТОКОЛ ПО ОХРАНЕ ОКРУЖАЮЩЕЙ СРЕДЫ К ДОГОВОРУ ОБ АНТАРКТИКЕ

Государство	Дата подписания	Дата передачи ратификационной грамоты, принятия (A) или одобрения (AA)	Дата депонирования документа о присоединении	Дата вступления в силу	Дата принятия ПРИЛОЖЕНИЯ V**	Дата вступления в силу Приложения V
КОНСУЛЬТАТИВНЫЕ СТОРОНЫ						
Аргентина	4 окт. 1991 г.	28 окт. 1993 г. [3]			8 сент. 2000 г.(A) / 4 авг. 1995 г. (B)	24 мая 2002 г.
Австралия	4 окт. 1991 г.	6 апр. 1994 г.		14 янв. 1998 г.	6 апр. 1994 г. (A) / 7 июня 1995 г. (B)	24 мая 2002 г.
Бельгия	4 окт. 1991 г.	26 апр. 1996 г.		14 янв. 1998 г.	26 апр. 1996 г.(A) / 23 окт. 2000 г. (B)	24 мая 2002 г.
Бразилия	4 окт. 1991 г.	15 авг. 1995 г.		14 янв. 1998 г.	20 мая 1998 г. (B)	24 мая 2002 г.
Болгария			21 апр. 1998 г.	May 21, 1998	5 мая 1999 г. (AB)	24 мая 2002 г.
Чили	4 окт. 1991 г.	11 янв. 1995 г.		14 янв. 1998 г.	25 марта 1998 г. (B)	24 мая 2002 г.
Китай	4 окт. 1991 г.	2 авг. 1994 г.		14 янв. 1998 г.	26 янв. 1995 г. (AB)	24 мая 2002 г.
Эквадор	4 окт. 1991 г.	4 янв. 1993 г.		14 янв. 1998 г.	11 мая 2001 г. (A) / 15 ноябр. 2001 г. (B)	24 мая 2002 г.
Финляндия	4 окт. 1991 г.	1 ноябр. 1996 г. (A)		14 янв. 1998 г.	1 ноябр. 1996 г. (A) / 2 апр. 1997 г. (B)	24 мая 2002 г.
Франция	4 окт. 1991 г.	5 февр. 1993 г. (AA)		14 янв. 1998 г.	26 апр. 1995 г. (B)	24 мая 2002 г.
Германия	4 окт. 1991 г.	25 ноябр. 1994 г.		14 янв. 1998 г.	18 ноябр. 1998 г. (A) / 25 ноябр. 1994 г. (A) / 1 сент. 1998 г. (B)	24 мая 2002 г.
Индия	2 июля 1992 г.	26 апр. 1996 г.		14 янв. 1998 г.	24 мая 2002 г. (B)	24 мая 2002 г.
Италия	4 окт. 1991 г.	31 мар. 1995 г.		14 янв. 1998 г.	31 мая 1995 г. (A) / 11 февр. 1998 г. (B)	24 мая 2002 г.
Япония	29 сент. 1992 г.	15 дек. 1997 г. (A)		14 янв. 1998 г.	15 дек. 1997 г. (AB)	24 мая 2002 г.
Корея, Республика	2 июля 1992 г.	2 янв. 1996 г.		14 янв. 1998 г.	5 июля 1996 г. (B)	24 мая 2002 г.
Нидерланды	4 окт. 1991 г.	14 апр. 1994 г. (A) [6]		14 янв. 1998 г.	18 марта 1998 г. (B)	24 мая 2002 г.
Нова Зеландия	4 окт. 1991 г.	22 дек. 1994 г.		14 янв. 1998 г.	21 окт. 1992 г. (B)	24 мая 2002 г.
Норвегия	4 окт. 1991 г.	16 июня 1993 г.		14 янв. 1998 г.	13 окт. 1993 г. (B)	24 мая 2002 г.
Перу	4 окт. 1991 г.	8 марта 1993 г.		14 янв. 1998 г.	8 марта 1993 г. (A) / 17 марта 1999 г. (B)	24 мая 2002 г.
Польша	4 окт. 1991 г.	1 ноябр. 1995 г.		14 янв. 1998 г.	20 сент. 1995 г. (B)	24 мая 2002 г.
Российская Федерация	4 окт. 1991 г.	6 авг. 1997 г.		14 янв. 1998 г.	19 июня 2001 г. (B)	24 мая 2002 г.
ЮАР	4 окт. 1991 г.	3 авг. 1995 г.		14 янв. 1998 г.	14 июня 1995 г. (B)	24 мая 2002 г.
Испания	4 окт. 1991 г.	1 июля 1992 г.		14 янв. 1998 г.	8 дек. 1993 г. (A) / 18 февр. 2000 г. (B)	24 мая 2002 г.
Швеция	4 окт. 1991 г.	30 марта 1994 г.		14 янв. 1998 г.	30 марта 1994 г. (A) / 7 апр. 1994 г. (B)	24 мая 2002 г.
Украина		25 апр. 1995 г. [5]	25 мая 2001 г.	June 24, 2001	25 мая 2001 г. (A)	24 мая 2002 г.
Великобритания	4 окт. 1991 г.	17 апр. 1997 г.		14 янв. 1998 г.	21 мая 1996 г. (B)	24 мая 2002 г.
США	4 окт. 1991 г.			14 янв. 1998 г.	17 апр. 1997 г. (A) / 6 мая 1998 г. (B)	24 мая 2002 г.
Уругвай	4 окт. 1991 г.	11 янв. 1995 г.		14 янв. 1998 г.	15 мая 1995 г. (B)	24 мая 2002 г.

** Указанные далее символы означают дату, относящуюся либо к принятию Приложения V, либо к одобрению Рекомендации XVI-10:
(A) принятие Приложения V   (B) одобрение Рекомендации XVI-10.

3. Доклады Депозитариев и Наблюдателей

-2-

Государство	Дата подписания	Дата ратификации, принятия или одобрения	Дата депонирования документа о присоединении	Дата вступления в силу	Дата принятия ПРИЛОЖЕНИЯ V**	Дата вступления в силу ПРИЛОЖЕНИЯ V
НЕКОНСУЛЬТАТИВНЫЕ СТОРОНЫ						
Австрия	4 окт. 1991 г.					
Беларусь						
Канада	4 окт. 1991 г.	13 нояб. 2003 г.	16 июля 2008 г.	15 авг. 2008 г.		
Колумбия	4 окт. 1991 г.			13 дек. 2003 г.		
Куба						
Чешская Республика[1,2]	1 янв. 1993 г.	25 авг. 2004 г.[4]		24 сент. 2004 г.		
Дания	2 июля 1992 г.					
Эстония						
Греция	4 окт. 1991 г.	23 мая 1995 г.		14 янв. 1998 г.		
Гватемала						
Венгрия	4 окт. 1991 г.					
Корея, Народно-Демократич. Республика	4 окт. 1991 г.					
Монаку			1 июля 2009 г.	31 июля 2009 г.		
Папуа-Новая Гвинея						
Румыния	4 окт. 1991 г.	3 февр. 2003 г.		5 марта 2003 г.	3 февр. 2003 г.	5 марта 2003 г.
Словацкая Республика[1,2]	1 янв. 1993 г.					
Швейцария	4 окт. 1991 г.					
Турция						
Венесуэла						

• Подписан 4 октября 1991 г. в Мадриде, после этого был открыт для подписания в Вашингтоне до 3 октября 1992 г.

Протокол вступает в силу на тридцатый день после сдачи на хранение ратификационных грамот, актов о принятии, одобрении или присоединении всеми государствами, являющимися Консультативными сторонами Договора об Антарктике на дату одобрения настоящего Протокола (Статья 23).

**Принят в Бонне 17 октября 1991 г. на XVI Консультативном совещании по Антарктике.

1. Подписан от имени Чехословацкой Федеративной Республики 2 октября 1992 года; в соответствии с пунктом 1 Статьи 19 Чехословакии признает юрисдикцию Международного суда ООН и Арбитражного трибунала в отношении разрешения споров. В полночь 31 декабря 1992 года Чехословакия прекратила существование, и ее правопреемниками стали два самостоятельных и независимых государства, Чешская Республика и Словацкая Республика.

2. Фактическая дата правопреемства в отношении подписания Чехословакией Протокола, подлежащего ратификации Чешской Республикой и Словацкой Республикой.

3. Сопровождалось заявлением с неофициальным переводом, предоставленным посольством Аргентины, где был текст следующего содержания: «Аргентина заявляет о том, что, поскольку Протокол по охране окружающей среды к Договору об Антарктике является дополнительным соглашением к Договору об Антарктике и его Статья 4 полностью соответствует тому, что было заявлено в пункте А раздела 1 Статьи IV указанного Договора, ни одно из его положений не следует интерпретировать или применять как положение, затрагивающее ее права, которые основаны на правовых титулах, действиях в осуществление владения, принципе сопредельности и геологической целостности в регионе южнее 60-й параллели южной широты, где она объявила и сохраняет свой суверенитет.»

4. Сопровождалось заявлением с неофициальным переводом заявлением, предоставленным посольством Чешской Республики, где был текст следующего содержания: «Чешская Республика принимает юрисдикцию Международного суда ООН и Арбитражного трибунала в соответствии с пунктом 1 Статьи 19 Протокола по охране окружающей среды к Договору об Антарктике, подписанного 4 октября 1991 г. в Мадриде.»

5. Ратификация от имени Соединенного Королевства Великобритании и Северной Ирландии, бейлифа Джерси, бейлифа Гернси, острова Мэн, Ангильи, Бермуд, Британской антарктической территории, Каймановых островов, Фолклендских островов, Монтсеррата, острова Св. Елены и Зависимых территорий, Южной Георгии и Южных Сандвичевых островов, островов Терке и Кайкос и Британских Виргинских островов.

6. Принятие от имени Королевства в Европе. Принимая Протокол, Королевства Нидерландов заявило о том, что оно выбирает оба способа урегулирования споров, указанных в пункте 1 Статьи 19 Протокола (т. е. Международный суд ООН и Арбитражный трибунал). Декларация Королевства Нидерландов о принятии Протокола от имени Антильских островов была депонирована 27 октября 2004 года вместе с заявлением, подтверждающим, что оно выбирает оба способа урегулирования споров, указанных в пункте 1 Статьи 19 Протокола.

Государственный департамент,
Вашингтон, 9 мая 2011 г.

Заключительный отчет XXXIV КСДА

Одобрение мер в поддержку принципов и целей Договора об Антарктике
согласно уведомлениям, полученным Правительством Соединенных Штатов Америки

	16 Рекомендаций, принятых на I Совещании (Канберра, 1961 г.) Одобрены	10 Рекомендаций, принятых на II Совещании (Буэнос-Айрес, 1962 г.) Одобрены	11 Рекомендаций, принятых на III Совещании (Брюссель, 1964 г.) Одобрены	28 Рекомендаций, принятых на IV Совещании (Сантьяго, 1966 г.) Одобрены	9 Рекомендаций, принятых на V Совещании (Париж, 1968 г.) Одобрены	15 Рекомендаций, принятых на VI Совещании (Токио, 1970 г.) Одобрены
Аргентина	ВСЕ (кроме 11 и 15)	ВСЕ (кроме 3, 5, 8 и 10)	ВСЕ	ВСЕ	ВСЕ	ВСЕ
Австралия	ВСЕ	ВСЕ	ВСЕ	ВСЕ	ВСЕ	ВСЕ
Бельгия	ВСЕ	ВСЕ	ВСЕ	ВСЕ	ВСЕ	ВСЕ
Бразилия (1983)+	ВСЕ	ВСЕ	ВСЕ	ВСЕ	ВСЕ	ВСЕ (кроме 10)
Болгария (1998)+						
Чили	ВСЕ	ВСЕ	ВСЕ	ВСЕ	ВСЕ	ВСЕ
Китай (1985)+	ВСЕ	ВСЕ	ВСЕ	ВСЕ	ВСЕ	ВСЕ (кроме 10)
Эквадор (1990)+						
Финляндия (1989)+						
Франция	ВСЕ	ВСЕ	ВСЕ	ВСЕ	ВСЕ	ВСЕ
Германия (1981)+	ВСЕ	ВСЕ	ВСЕ (кроме 8)	ВСЕ (кроме 16-19)	ВСЕ (кроме 6)	ВСЕ (кроме 9)
Индия (1983)+	ВСЕ	ВСЕ	ВСЕ (кроме 8***)	ВСЕ (кроме 18)	ВСЕ	ВСЕ (кроме 9 и 10)
Италия (1987)+	ВСЕ	ВСЕ	ВСЕ	ВСЕ	ВСЕ	ВСЕ
Япония	ВСЕ	ВСЕ	ВСЕ	ВСЕ	ВСЕ	ВСЕ
Корея, Республика (1989)+	ВСЕ	ВСЕ	ВСЕ	ВСЕ	ВСЕ	ВСЕ
Нидерланды (1990)+	ВСЕ	ВСЕ (кроме 3, 5, 8 и 10)	ВСЕ (кроме 3, 4, 6 и 9)	ВСЕ (кроме 20, 25, 26 и 28)	ВСЕ (кроме 1, 8 и 9)	ВСЕ (кроме 15)
Новая Зеландия	ВСЕ	ВСЕ	ВСЕ	ВСЕ	ВСЕ	ВСЕ
Норвегия	ВСЕ	ВСЕ	ВСЕ	ВСЕ	ВСЕ	ВСЕ
Перу (1989)+	ВСЕ	ВСЕ	ВСЕ	ВСЕ	ВСЕ	ВСЕ
Польша (1977)+	ВСЕ	ВСЕ	ВСЕ	ВСЕ	ВСЕ	ВСЕ
Россия	ВСЕ	ВСЕ	ВСЕ	ВСЕ	ВСЕ	ВСЕ
ЮАР	ВСЕ	ВСЕ	ВСЕ	ВСЕ	ВСЕ	ВСЕ
Испания (1988)+	ВСЕ	ВСЕ	ВСЕ	ВСЕ	ВСЕ	ВСЕ
Швеция (1988)+						
Великобритания	ВСЕ	ВСЕ	ВСЕ	ВСЕ	ВСЕ	ВСЕ
Уругвай (1985)+	ВСЕ	ВСЕ	ВСЕ	ВСЕ	ВСЕ	ВСЕ
США	ВСЕ	ВСЕ	ВСЕ	ВСЕ	ВСЕ	ВСЕ

* Действие резолюций IV-6, IV-10, IV-12 и V-5 прекращено резолюцией VIII-2.

*** Принята в качестве временной директивы.

+ Год получения статуса Консультативной стороны. Начиная с этого года, для вступления в силу Рекомендаций и Мер требуется их принятие этим государством.

Одобрение мер в поддержку принципов и целей Договора об Антарктике
согласно уведомлениям, полученным Правительством Соединенных Штатов Америки

	9 Рекомендаций, принятых на VII Совещании (Веллингтон, 1972 г.) Одобрены	14 Рекомендаций, принятых на VIII Совещании (Осло, 1975 г.) Одобрены	6 Рекомендаций, принятых на IX Совещании (Лондон, 1977 г.) Одобрены	9 Рекомендаций, принятых на X Совещании (Вашингтон, 1979 г.) Одобрены	3 Рекомендации, принятые на XI Совещании (Буэнос-Айрес, 1981 г.) Одобрены	8 Рекомендаций, принятых на XII Совещании (Канберра, 1983 г.) Одобрены
Аргентина	ВСЕ	ВСЕ	ВСЕ	ВСЕ	ВСЕ	ВСЕ
Австралия	ВСЕ	ВСЕ	ВСЕ	ВСЕ	ВСЕ	ВСЕ
Бельгия	ВСЕ	ВСЕ	ВСЕ	ВСЕ	ВСЕ	ВСЕ
Бразилия (1983)+	ВСЕ (кроме 5)	ВСЕ	ВСЕ	ВСЕ	ВСЕ	ВСЕ
Болгария (1998)+						
Чили	ВСЕ	ВСЕ	ВСЕ	ВСЕ	ВСЕ	ВСЕ
Китай (1985)+	ВСЕ (кроме 5)	ВСЕ	ВСЕ	ВСЕ	ВСЕ	ВСЕ
Эквадор (1990)+						
Финляндия (1989)+						
Франция	ВСЕ	ВСЕ	ВСЕ	ВСЕ	ВСЕ	ВСЕ
Германия (1981)+	ВСЕ (кроме 5)	ВСЕ (кроме 2 и 5)	ВСЕ	ВСЕ	ВСЕ	ВСЕ
Индия (1983)+	ВСЕ	ВСЕ	ВСЕ	ВСЕ (кроме 1 и 9)	ВСЕ	ВСЕ
Италия (1987)+	ВСЕ (кроме 5)	ВСЕ	ВСЕ	ВСЕ (кроме 1 и 9)	ВСЕ	
Япония	ВСЕ	ВСЕ	ВСЕ	ВСЕ	ВСЕ	ВСЕ
Корея, Республика (1989)+			ВСЕ	ВСЕ	ВСЕ	ВСЕ
Нидерланды (1990)+	ВСЕ	ВСЕ	ВСЕ (кроме 3)	ВСЕ (кроме 9)	ВСЕ (кроме 2)	ВСЕ
Новая Зеландия	ВСЕ	ВСЕ	ВСЕ	ВСЕ	ВСЕ	ВСЕ
Норвегия	ВСЕ	ВСЕ	ВСЕ	ВСЕ	ВСЕ	ВСЕ
Перу (1989)+	ВСЕ	ВСЕ	ВСЕ	ВСЕ	ВСЕ	ВСЕ
Польша (1977)+	ВСЕ	ВСЕ	ВСЕ	ВСЕ	ВСЕ	ВСЕ
Россия	ВСЕ	ВСЕ	ВСЕ	ВСЕ	ВСЕ	ВСЕ
ЮАР	ВСЕ	ВСЕ	ВСЕ	ВСЕ	ВСЕ	ВСЕ
Испания (1988)+	ВСЕ	ВСЕ	ВСЕ	ВСЕ (кроме 1 и 9)	ВСЕ (кроме 1)	ВСЕ
Швеция (1988)+	ВСЕ	ВСЕ	ВСЕ	ВСЕ	ВСЕ	ВСЕ
Великобритания	ВСЕ	ВСЕ	ВСЕ	ВСЕ	ВСЕ	ВСЕ
Уругвай (1985)+	ВСЕ	ВСЕ	ВСЕ	ВСЕ	ВСЕ	ВСЕ
США	ВСЕ	ВСЕ	ВСЕ	ВСЕ	ВСЕ	ВСЕ

* Действие резолюций IV-6, IV-10, IV-12 и V-5 прекращено резолюцией VIII-2.

*** Принята в качестве временной директивы.

+ Год получения статуса Консультативной стороны. Начиная с этого года, для вступления в силу Рекомендаций и Мер требуется их принятие этим государством.

Заключительный отчет XXXIV КСДА

Одобрение мер в поддержку принципов и целей Договора об Антарктике
согласно уведомлениям, полученным Правительством Соединенных Штатов Америки

	16 Рекомендаций, принятых на XIII Совещании (Брюссель, 1985 г.) Одобрены	10 Рекомендаций, принятых на XIV Совещании (Рио-де-Жанейро, 1987 г.) Одобрены	22 Рекомендации, принятые на XV Совещании (Париж, 1989 г.) Одобрены	13 Рекомендаций, принятых на XVI Совещании (Бонн, 1991 г.) Одобрены	4 Рекомендации, принятые на XVII Совещании (Венеция, 1992 г.) Одобрены	1 Рекомендация, принятая на XVIII Совещании (Киото, 1994 г.) Одобрены
Аргентина	ВСЕ	ВСЕ	ВСЕ	ВСЕ	ВСЕ	ВСЕ
Австралия	ВСЕ	ВСЕ	ВСЕ	ВСЕ	ВСЕ	ВСЕ
Бельгия	ВСЕ	ВСЕ	ВСЕ	ВСЕ	ВСЕ	ВСЕ
Бразилия (1983)+	ВСЕ	ВСЕ	ВСЕ	ВСЕ	ВСЕ	ВСЕ
Болгария (1998)+						ВСЕ
Чили	ВСЕ	ВСЕ	ВСЕ	XVI-10	ВСЕ	ВСЕ
Китай (1985)+	ВСЕ	ВСЕ	ВСЕ	ВСЕ	ВСЕ	ВСЕ
Эквадор (1990)+				XVI-10	ВСЕ	ВСЕ
Финляндия (1989)+		ВСЕ	ВСЕ	ВСЕ	ВСЕ	ВСЕ
Франция	ВСЕ	ВСЕ	ВСЕ	ВСЕ	ВСЕ	ВСЕ
Германия (1981)+	ВСЕ	ВСЕ	ВСЕ (кроме 3, 8, 10, 11 и 22)	ВСЕ	ВСЕ	ВСЕ
Индия (1983)+	ВСЕ	ВСЕ	ВСЕ	ВСЕ	ВСЕ	ВСЕ
Италия (1987)+	ВСЕ	ВСЕ	ВСЕ	ВСЕ	ВСЕ	ВСЕ
Япония	ВСЕ	ВСЕ	ВСЕ	XVI-10	ВСЕ	ВСЕ
Корея, Республика (1989)+	ВСЕ	ВСЕ	ВСЕ (кроме 1-11, 16, 18, 19)	ВСЕ	ВСЕ	ВСЕ
Нидерланды (1990)+	ВСЕ	ВСЕ (кроме 9)	ВСЕ (кроме 22)	ВСЕ (кроме 12)	ВСЕ (кроме 1)	ВСЕ
Новая Зеландия	ВСЕ	ВСЕ	ВСЕ	ВСЕ	ВСЕ	ВСЕ
Норвегия	ВСЕ	ВСЕ	ВСЕ	ВСЕ	ВСЕ	ВСЕ
Перу (1989)+	ВСЕ	ВСЕ	ВСЕ (кроме 22)	ВСЕ (кроме 13)	ВСЕ	ВСЕ
Польша (1977)+	ВСЕ	ВСЕ	ВСЕ	ВСЕ	ВСЕ	ВСЕ
Россия	ВСЕ	ВСЕ	ВСЕ	ВСЕ	ВСЕ	ВСЕ
ЮАР	ВСЕ	ВСЕ	ВСЕ	ВСЕ	ВСЕ	ВСЕ
Испания (1988)+	ВСЕ	ВСЕ	ВСЕ	ВСЕ	ВСЕ	ВСЕ
Швеция (1988)+	ВСЕ	ВСЕ	ВСЕ	ВСЕ	ВСЕ	ВСЕ
Великобритания	ВСЕ	ВСЕ (кроме 2)	ВСЕ (кроме 3, 4, 8, 10, 11)	ВСЕ (кроме 4, 6, 8 и 9)	ВСЕ	ВСЕ
Уругвай (1985)+	ВСЕ	ВСЕ	ВСЕ	ВСЕ	ВСЕ	ВСЕ
США	ВСЕ	ВСЕ	ВСЕ (кроме 1-4, 10, 11)	ВСЕ	ВСЕ	ВСЕ

* Действие резолюций IV-6, IV-10, IV-12 и V-5 прекращено резолюцией VIII-2.

*** Принята в качестве временной директивы.

+ Год получения статуса Консультативной стороны. Начиная с этого года, для вступления в силу Рекомендаций и Мер требуется их принятие этим государством.

Одобрение мер в поддержку принципов и целей Договора об Антарктике
согласно уведомлениям, полученным Правительством Соединенных Штатов Америки

	5 Мер, принятых на XIX Совещании (Сеул, 1995 г.)	2 Меры, принятые на XX Совещании (Утрехт, 1996 г.)	5 Мер, принятых на XXI Совещании (Крайстчерч, 1997 г.)	2 Меры, принятые на XXII Совещании (Тромсё, 1998 г.)	1 Мера, принятая на XXIII Совещании (Лима, 1999 г.)
	Одобрены	Одобрены	Одобрены	Одобрены	Одобрены
Аргентина	ВСЕ	ВСЕ	ВСЕ	ВСЕ	ВСЕ
Австралия	ВСЕ	ВСЕ	ВСЕ	ВСЕ	ВСЕ
Бельгия	ВСЕ	ВСЕ	ВСЕ	ВСЕ	ВСЕ
Бразилия (1983)+	ВСЕ	ВСЕ	ВСЕ	ВСЕ	ВСЕ
Болгария (1998)+					
Чили	ВСЕ	ВСЕ	ВСЕ	ВСЕ	ВСЕ
Китай (1985)+	ВСЕ	ВСЕ	ВСЕ	ВСЕ	ВСЕ
Эквадор (1990)+					
Финляндия (1989)+	ВСЕ	ВСЕ	ВСЕ	ВСЕ	ВСЕ
Франция	ВСЕ	ВСЕ	ВСЕ	ВСЕ	ВСЕ
Германия (1981)+	ВСЕ	ВСЕ	ВСЕ	ВСЕ	ВСЕ
Индия (1983)+	ВСЕ	ВСЕ	ВСЕ	ВСЕ	ВСЕ
Италия (1987)+	ВСЕ	ВСЕ	ВСЕ		
Япония					
Корея, Республика (1989)+	ВСЕ	ВСЕ	ВСЕ	ВСЕ	ВСЕ
Нидерланды (1990)+	ВСЕ	ВСЕ	ВСЕ	ВСЕ	ВСЕ
Новая Зеландия	ВСЕ	ВСЕ	ВСЕ	ВСЕ	ВСЕ
Норвегия	ВСЕ	ВСЕ	ВСЕ		
Перу (1989)+	ВСЕ	ВСЕ	ВСЕ	ВСЕ	ВСЕ
Польша (1977)+	ВСЕ	ВСЕ	ВСЕ	ВСЕ	ВСЕ
Россия	ВСЕ	ВСЕ	ВСЕ	ВСЕ	ВСЕ
ЮАР	ВСЕ	ВСЕ	ВСЕ	ВСЕ	ВСЕ
Испания (1988)+	ВСЕ	ВСЕ	ВСЕ	ВСЕ	ВСЕ
Швеция (1988)+	ВСЕ	ВСЕ	ВСЕ	ВСЕ	ВСЕ
Великобритания	ВСЕ	ВСЕ	ВСЕ	ВСЕ	ВСЕ
Уругвай (1985)+	ВСЕ (кроме 2, 3, 4 и 5)	ВСЕ (кроме 2)	ВСЕ (кроме 3, 4 и 5)	ВСЕ (кроме 2)	ВСЕ
США	ВСЕ	ВСЕ	ВСЕ	ВСЕ	ВСЕ

+ Год получения статуса Консультативной стороны. Начиная с этого года, для вступления в силу Рекомендаций и Мер требуется их принятие этим государством.

Заключительный отчет XXXIV КСДА

<u>Одобрение мер в поддержку принципов и целей Договора об Антарктике</u>
согласно уведомлениям, полученным Правительством Соединенных Штатов Америки

	2 Меры, принятые на XII Специальном Совещании (Гаага, 2000 г.) <u>Одобрены</u>	3 Меры, принятые на XXIV Совещании (Санкт-Петербург, 2001 г.) <u>Одобрены</u>	1 Мера, принятая на XXV Совещании (Варшава, 2002 г.) <u>Одобрены</u>	3 Меры, принятые на XXVI Совещании (Мадрид, 2003 г.) <u>Одобрены</u>	4 Меры, принятые на XXVII Совещании (Кейптаун, 2004 г.) <u>Одобрены</u>
Аргентина	ВСЕ	ВСЕ	*	XXVI-1, XXVI-2 *, XXVI-3 **	XXVII-1 *, XXVII-2 *, XXVII-3 **
Австралия	ВСЕ	ВСЕ	ВСЕ	XXVI-1, XXVI-2 *, XXVI-3 **	XXVII-1 *, XXVII-2 *, XXVII-3 **
Бельгия	ВСЕ	ВСЕ	ВСЕ	ВСЕ	ВСЕ
Бразилия (1983)+				ВСЕ	XXVII-1, XXVII-2, XXVII-3
Болгария (1998)+			*	ВСЕ	XXVII-1, XXVII-2, XXVII-3 **
Чили	ВСЕ	ВСЕ	ВСЕ	ВСЕ	XXVII-1 *, XXVII-2 *, XXVII-3 **
Китай (1985)+	ВСЕ	ВСЕ	*	ВСЕ	ВСЕ
Эквадор (1990)+				ВСЕ	XXVII-1 *, XXVII-2 *, XXVII-3 **
Финляндия (1989)+	ВСЕ	ВСЕ	*	XXVI-1, XXVI-2 *, XXVI-3 **	XXVII-1 *, XXVII-2 *, XXVII-3 **
Франция	ВСЕ (кроме СКСДА XII-2)	ВСЕ	*	XXVI-1, XXVI-2 *, XXVI-3 **	XXVII-1, XXVII-2 *, XXVII-3 **, XXVII-4
Германия (1981)+	ВСЕ	ВСЕ	ВСЕ	XXVI-1, XXVI-2 *, XXVI-3 **	XXVII-1, XXVII-2 *, XXVII-3 **
Индия (1983)+	ВСЕ	ВСЕ	ВСЕ	ВСЕ	XXVII-1 *, XXVII-2 *, XXVII-3 **
Италия (1987)+				ВСЕ	XXVII-1 *, XXVII-2 *, XXVII-3 **
Япония			*	XXVI-1, XXVI-2 *, XXVI-3 **	XXVII-1 *, XXVII-2 *, XXVII-3 **, XXVII-4
Корея, Республика (1989)+	ВСЕ	ВСЕ	*	XXVI-1, XXVI-2 *, XXVI-3 **	XXVII-1 *, XXVII-2 *, XXVII-3 **
Нидерланды (1990)+	ВСЕ	ВСЕ	ВСЕ	ВСЕ	ВСЕ
Новая Зеландия	ВСЕ	ВСЕ	ВСЕ	ВСЕ	XXVII-1 *, XXVII-2 *, XXVII-3 **, XXVII-4
Норвегия		ВСЕ	*	XXVI-1, XXVI-2 *, XXVI-3 **	XXVII-1 *, XXVII-2 *, XXVII-3 **
Перу (1989)+	ВСЕ	ВСЕ	ВСЕ	XXVI-1, XXVI-2 *, XXVI-3 **	XXVII-1 *, XXVII-2 *, XXVII-3 **
Польша (1977)+		ВСЕ	ВСЕ	ВСЕ	ВСЕ
Россия	ВСЕ	ВСЕ	ВСЕ	XXVI-1, XXVI-2, XXVI-3 **	XXVII-1 *, XXVII-2 *, XXVII-3 **
ЮАР	ВСЕ	ВСЕ	*	ВСЕ	ВСЕ
Испания (1988)+			ВСЕ	XXVI-1, XXVI-2 *, XXVI-3 **	XXVII-1 *, XXVII-2 *, XXVII-3 **
Швеция (1988)+	ВСЕ	ВСЕ			XXVII-1 *, XXVII-2 *, XXVII-3 **
Украина (2004)+					XXVII-1 *, XXVII-2 *, XXVII-3 **
Великобритания	ВСЕ (кроме СКСДА XII-2)	ВСЕ (кроме XXIV-3) ВСЕ (кроме XXIV-1 и XXIV-2)	ВСЕ	ВСЕ	XXVII-1 *, XXVII-2 *, XXVII-3 **, XXVII-4
Уругвай (1985)+	ВСЕ	ВСЕ	*	XXVI-1, XXVI-2 *, XXVI-3	XXVII-1 *, XXVII-2 *, XXVII-3 **
США	ВСЕ	ВСЕ	*	XXVI-1, XXVI-2 *, XXVI-3 **	XXVII-1 *, XXVII-2 *, XXVII-3 **

+ Год получения статуса Консультативной стороны. Начиная с этого года, для вступления в силу Рекомендаций и Мер требуется их принятие этим государством.

* Планы управления, прилагавшиеся к данной Мере, считались одобренными в соответствии со Статьей 6(1) Приложения V к Протоколу по охране окружающей среды к Договору об Антарктиде в связи с тем, что в самой Мере не был оговорен иной способ одобрения.

** Пересмотренный и уточненный Перечень исторических мест и памятников, прилагавшийся к данной Мере, считался одобренным в соответствии со Статьей 8(2) Приложения V к Протоколу по охране окружающей среды к Договору об Антарктике в связи с тем, что в самой Мере не был оговорен иной способ одобрения.

3. Доклады Депозитариев и Наблюдателей

Одобрение мер в поддержку принципов и целей Договора об Антарктике
согласно уведомлениям, полученным Правительством Соединенных Штатов Америки

	5 Мер, принятых на XXVIII Совещании (Стокгольм, 2005 г.) Одобрены	4 Меры, принятые на XXIXСовещании (Эдинбург, 2006 г.) Одобрены	3 Меры, принятые на XXX Совещании (Нью-Дели, 2007 г.) Одобрены	14 Мер, принятых на XXXI Совещании (Киев, 2008 г.) Одобрены	16 Мер, принятых на XXXII Совещании (Балтимор, 2009 г.) Одобрены
Аргентина	XXVIII-2*, XXVIII-3**, XXVIII-4*, XXVIII-5**	XXIX-1*, XXIX-2*, XXIX-3**, XXIX-4***	XXX-1*, XXX-2*, XXX-3**	XXXI-1*, XXXI-2*, ... XXXI-14*	XXXII-1*, XXXII-2*, ... XXXII-14**
Австралия	XXVIII-4*, XXVIII-5**, XXIX-4***	XXIX-1*, XXIX-2*, XXIX-3**, XXIX-4***	XXX-1*, XXX-2*, XXX-3**	XXXI-1*, XXXI-2*, ... XXXI-14*	XXXII-1*, XXXII-2*, ... XXXII-14**
Бельгия	ВСЕ, кроме Меры 1	ВСЕ	ВСЕ	XXXI-1*, XXXI-2*, ... XXXI-14*	XXXII-1*, XXXII-2*, ... XXXII-14**
Бразилия (1983)+	ВСЕ, кроме Меры 1	XXIX-1*, XXIX-2*, XXIX-4***	XXX-1*, XXX-2*, XXX-3**	XXXI-1*, XXXI-2*, ... XXXI-14*	XXXII-1*, XXXII-2*, ... XXXII-14**
Болгария (1998)+	XXVIII-2*, XXVIII-3**, XXVIII-4*, XXVIII-5**	XXIX-1*, XXIX-2*, XXIX-4***	XXX-1*, XXX-2*, XXX-3**	XXXI-1*, XXXI-2*, ... XXXI-14*	XXXII-1*, XXXII-2*, ... XXXII-14**
Чили	ВСЕ, кроме Меры 1	XXIX-1*, XXIX-2*, XXIX-4***	XXX-1*, XXX-2*, XXX-3**	XXXI-1*, XXXI-2*, ... XXXI-14*	XXXII-1*, XXXII-2*, ... XXXII-14**
Китай (1985)+	XXVIII-4*, XXVIII-5**	XXIX-1*, XXIX-2*, XXIX-4***	XXX-1*, XXX-2*, XXX-3**	XXXI-1*, XXXI-2*, ... XXXI-14*	XXXII-1*, XXXII-2*, ... XXXII-14**
Эквадор (1990)+	XXVIII-2*, XXVIII-3**, XXVIII-4*, XXVIII-5**	XXIX-1*, XXIX-2*, XXIX-4***	XXX-1*, XXX-2*, XXX-3**	XXXI-1*, XXXI-2*, ... XXXI-14*	XXXII-1*, XXXII-2*, ... XXXII-14**
Финляндия (1989)+	XXVIII-1, XXVIII-2*, XXVIII-3*, XXVIII-4*, XXVIII-5**	XXIX-1*, XXIX-2*, XXIX-4***	XXX-1*, XXX-2*, XXX-3**	XXXI-1*, XXXI-2*, ... XXXI-14*	XXXII-1*, XXXII-2*, ... XXXII-14**, XXXII-16
Франция	XXVIII-2*, XXVIII-4*, XXVIII-5**	XXIX-1*, XXIX-2*, XXIX-4***	XXX-1*, XXX-2*, XXX-3**	XXXI-1*, XXXI-2*, ... XXXI-14*	XXXII-1*, XXXII-2*, ... XXXII-14**, XXXII-15
Германия (1981)+	XXVIII-4*, XXVIII-5**	XXIX-1*, XXIX-2*, XXIX-4***	XXX-1*, XXX-2*, XXX-3**	XXXI-1*, XXXI-2*, ... XXXI-14*	XXXII-1*, XXXII-2*, ... XXXII-14**
Индия (1983)+	XXVIII-2*, XXVIII-4*, XXVIII-5**	XXIX-1*, XXIX-2*, XXIX-4***	XXX-1*, XXX-2*, XXX-3**	XXXI-1*, XXXI-2*, ... XXXI-14*	XXXII-1*, XXXII-2*, ... XXXII-14**
Италия (1987)+	XXVIII-2*, XXVIII-4*, XXVIII-5**	XXIX-1*, XXIX-2*, XXIX-4***	XXX-1*, XXX-2*, XXX-3**	XXXI-1*, XXXI-2*, ... XXXI-14*	XXXII-1*, XXXII-2*, ... XXXII-14**
Япония	XXVIII-4*, XXVIII-5**	XXIX-1*, XXIX-2*, XXIX-4***	XXX-1*, XXX-2*, XXX-3**	XXXI-1*, XXXI-2*, ... XXXI-14*	XXXII-1*, XXXII-2*, ... XXXII-14**, XXXII-15
Корея, Республика (1989)+	XXVIII-2*, XXVIII-3**, XXVIII-4*, XXVIII-5**	XXIX-1*, XXIX-2*, XXIX-4***	XXX-1*, XXX-2*, XXX-3**	XXXI-1*, XXXI-2*, ... XXXI-14*	XXXII-1*, XXXII-2*, ... XXXII-14**
Нидерланды (1990)+	ВСЕ, кроме Меры 1	ВСЕ	ВСЕ	ВСЕ	XXXII-1, XXXII-2*, ... XXXII-14
Новая Зеландия	XXVIII-2*, XXVIII-3**, XXVIII-4*, XXVIII-5**	XXIX-1*, XXIX-2*, XXIX-4***	XXX-1*, XXX-2*, XXX-3**	XXXI-1*, XXXI-2*, ... XXXI-14*	XXXII-1*, XXXII-2*, ... XXXII-14**
Норвегия	XXVIII-4*, XXVIII-5**	XXIX-1*, XXIX-2*, XXIX-4***	XXX-1*, XXX-2*, XXX-3**	XXXI-1*, XXXI-2*, ... XXXI-14*	XXXII-1*, XXXII-2*, ... XXXII-14**
Перу (1989)+	XXVIII-1, XXVIII-2*, XXVIII-4*, XXVIII-5**	XXIX-1*, XXIX-2*, XXIX-4***	XXX-1*, XXX-2*, XXX-3**	XXXI-1*, XXXI-2*, ... XXXI-14*	XXXII-1*, XXXII-2*, ... XXXII-14**
Польша (1977)+	ВСЕ	ВСЕ	ВСЕ	XXXI-1*, XXXI-2*, ... XXXI-14*	XXXII-1*, XXXII-2*, ... XXXII-14**
Россия	XXVIII-2*, XXVIII-3**, XXVIII-4*, XXVIII-5**	XXIX-1*, XXIX-2*, XXIX-4***	XXX-1*, XXX-2*, XXX-3**	XXXI-1*, XXXI-2*, ... XXXI-14*	XXXII-1*, XXXII-2*, ... XXXII-14**

Заключительный отчет XXXIV КСДА

		ВСЕ			
ЮАР	XXVIII-2*, XXVIII-3*, XXVIII-4*, XXVIII-5**	XXIX-1*, XXIX-2*, XXIX-3**, XXIX-4***	XXX-1*, XXX-2*, XXX-3**	XXXI-1*, XXXI-2*,... XXXI-14*	XXXII-1*, XXXII-2*,... XXXII-14***
Испания (1988)+	XXVIII-1, XXVIII-2*, XXVIII-3*, XXVIII-4*, XXVIII-5**	XXIX-1*, XXIX-2*, XXIX-3**, XXIX-4***	XXX-1*, XXX-2*, XXX-3**	XXXI-1*, XXXI-2*,... XXXI-14*	XXXII-1*, XXXII-2*,... XXXII-14***
Швеция (1988)+	XXVIII-1, XXVIII-2*, XXVIII-3*, XXVIII-4*, XXVIII-5**	XXIX-1*, XXIX-2*, XXIX-3**, XXIX-4***	XXX-1*, XXX-2*, XXX-3**	XXXI-1*, XXXI-2*,... XXXI-14*	XXXII-1*, XXXII-2*,... XXXII-14***
Украина (2004)+	XXVIII-2*, XXVIII-3*, XXVIII-4*, XXVIII-5**	XXIX-1*, XXIX-2*, XXIX-3**, XXIX-4***	XXX-1*, XXX-2*, XXX-3**	XXXI-1*, XXXI-2*,... XXXI-14*	XXXII-1*, XXXII-2*,... XXXII-14***
Великобритания	XXVIII-2*, XXVIII-3*, XXVIII-4*, XXVIII-5**	XXIX-1*, XXIX-2*, XXIX-3**, XXIX-4***	XXX-1*, XXX-2*, XXX-3**	XXXI-1*, XXXI-2*,... XXXI-14*	XXXII-1*, XXXII-2*,... XXXII-14***
Уругвай (1985)+	XXVIII-2*, XXVIII-4*, XXVIII-5**	XXIX-1*, XXIX-2*, XXIX-3**, XXIX-4***	XXX-1*, XXX-2*, XXX-3**	XXXI-1*, XXXI-2*,... XXXI-14*	XXXII-1*, XXXII-2*,... XXXII-14***
США	XXVIII-2*, XXVIII-3*, XXVIII-4*, XXVIII-5**	XXIX-1*, XXIX-2*, XXIX-3**, XXIX-4***	XXX-1*, XXX-2*, XXX-3**	XXXI-1*, XXXI-2*,... XXXI-14*	XXXII-1*, XXXII-2*,... XXXII-14***

+ Год получения статуса Консультативной стороны. Начиная с этого года, для вступления в силу Рекомендаций и Мер требуется их принятие этим государством.

* Планы управления, прилагавшиеся к данной Мере, считались одобренными в соответствии со Статьей 6(1) Приложения V к Протоколу по охране окружающей среды к Договору об Антарктиде в связи с тем, что в самой Мере не был оговорен иной способ одобрения.

** Пересмотренный и уточненный Перечень исторических мест и памятников, прилагавшийся к данной Мере, считался одобренным в соответствии со Статьей 8(2) Приложения V к Протоколу по охране окружающей среды к Договору об Антарктике в связи с тем, что в самой Мере не был оговорен иной способ одобрения.

*** Измененное Дополнение А к Приложению II к Протоколу по охране окружающей среды к Договору об Антарктике считалось одобренным в соответствии со Статьей 9(1) Приложения II к Протоколу по охране окружающей среды к Договору об Антарктике в связи с тем, что в самой Мере не был оговорен иной способ одобрения.

Одобрение мер в поддержку принципов и целей Договора об Антарктике
согласно уведомлениям, полученным Правительством Соединенных Штатов Америки

**15 Мер,
принятых на
XXXIII Совещании
(Пунта-дель-Эсте, 2010 г.)**

Одобрены

Аргентина	XXXIII-1 - XXXIII-14* и XXXIII-15**
Австралия	XXXIII-1 - XXXIII-14* и XXXIII-15**
Бельгия	XXXIII-1 - XXXIII-14* и XXXIII-15**
Бразилия (1983)+	XXXIII-1 - XXXIII-14* и XXXIII-15**
Болгария (1998)+	XXXIII-1 - XXXIII-14* и XXXIII-15**
Чили	XXXIII-1 - XXXIII-14* и XXXIII-15**
Китай (1985)+	XXXIII-1 - XXXIII-14* и XXXIII-15**
Эквадор (1990)+	XXXIII-1 - XXXIII-14* и XXXIII-15**
Финляндия (1989)+	XXXIII-1 - XXXIII-14* и XXXIII-15**
Франция	XXXIII-1 - XXXIII-14* и XXXIII-15**
Германия (1981)+	XXXIII-1 - XXXIII-14* и XXXIII-15**
Индия (1983)+	XXXIII-1 - XXXIII-14* и XXXIII-15**
Италия (1987)+	XXXIII-1 - XXXIII-14* и XXXIII-15**
Япония	XXXIII-1 - XXXIII-14* и XXXIII-15**
Корея, Республика (1989)+	XXXIII-1 - XXXIII-14* и XXXIII-15**
Нидерланды (1990)+	ВСЕ
Новая Зеландия	XXXIII-1 - XXXIII-14* и XXXIII-15**
Норвегия	XXXIII-1 - XXXIII-14* и XXXIII-15**
Перу (1989)+	XXXIII-1 - XXXIII-14* и XXXIII-15**
Польша (1977)+	XXXIII-1 - XXXIII-14* и XXXIII-15**
Россия	XXXIII-1 - XXXIII-14* и XXXIII-15**
ЮАР	XXXIII-1 - XXXIII-14* и XXXIII-15**
Испания (1988)+	XXXIII-1 - XXXIII-14* и XXXIII-15**
Швеция (1988)+	XXXIII-1 - XXXIII-14* и XXXIII-15**
Украина (2004)+	XXXIII-1 - XXXIII-14* и XXXIII-15**
Великобритания	XXXIII-1 - XXXIII-14* и XXXIII-15**
Уругвай (1985)+	XXXIII-1 - XXXIII-14* и XXXIII-15**
США	XXXIII-1 - XXXIII-14* и XXXIII-15**

+ Год получения статуса Консультативной стороны. Начиная с этого года, для вступления в силу Рекомендаций и Мер требуется их принятие этим государством.

* Планы управления, прилагавшиеся к данной Мере, считались одобренными в соответствии со Статьей 6(1) Приложения V к Протоколу по охране окружающей среды к Договору об Антарктиде в связи с тем, что в самой Мере не был оговорен иной способ одобрения.

** Пересмотренный и уточненный Перечень исторических мест и памятников, прилагавшийся к данной Мере, считался одобренным в соответствии со Статьей 8(2) Приложения V к Протоколу по охране окружающей среды к Договору об Антарктике в связи с тем, что в самой Мере не был оговорен иной способ одобрения.

Аппарат заместителя Юридического советника по делам договоров
Государственный департамент
Вашингтон, 9 мая 2011 г.

Доклад, представленный на XXXIV Консультативном совещании по Договору об Антарктике Правительством-депозитарием Конвенции о сохранении тюленей Антарктики в соответствии с пунктом 2 (d) Рекомендации XIII-2

Представлено Великобританией

Настоящий доклад охватывает события, касающиеся Конвенции о сохранении тюленей Антарктики (КОАТ), имевшие место в течение отчетного года с 1 марта 2009 г. по 28 февраля 2010 г.

В Приложении А перечислены все случаи отлова и умерщвления антарктических тюленей Договаривающимися сторонами КОАТ в течение отчетного периода. Доклад о событиях, имевших место в сезоне 2010–2011 года, будет представлен на XXXV КСДА по истечении срока, установленного для обмена информацией, который заканчивается в июне 2011 г.

Великобритания хотела бы напомнить Договаривающимся сторонам КОАТ, что отчетный период для обмена информацией начинается 1 марта и заканчивается в конце февраля каждого года. Эти скорректированные сроки начала и окончания отчетного периода были установлены на сентябрьском (1988 г.) Совещании по рассмотрению действия Конвенции, что отражено в пункте 19(a) Отчета указанного Совещания.

Подлежащая обмену информация, упомянутая в пункте 6(a) Приложения к Конвенции, должна быть предоставлена другим Договаривающимся сторонам и СКАР не позднее **30 июня** каждого года, включая нулевые показатели. Великобритания хотела бы поблагодарить все Договаривающиеся стороны КОАТ за своевременное предоставление этой информации, что позволило Великобритании представить полный отчет на XXXIV КСДА. Однако Великобритания по-прежнему призывает все Договаривающиеся стороны КОАТ направлять свои отчеты в срок до 30 июня, чтобы обеспечить предоставление всей необходимой информации.

С момента завершения XXIII КСДА ни одно новое государство не присоединилось к КОАТ. К настоящему докладу прилагается список стран, первоначально подписавших Конвенцию, а также государств, присоединившихся к ней позднее (Приложение B).

март 2011 г.

ПРИЛОЖЕНИЕ A

КОНВЕНЦИЯ О СОХРАНЕНИИ ТЮЛЕНЕЙ АНТАРКТИКИ (КОАТ)

Сводка отчетов, представленных в соответствии со Статьей 5 и Приложением к Конвенции: отлов и умерщвление тюленей в период с 1 марта 2009 года по 28 февраля 2010 года.

Договаривающаяся сторона	Число выловленных антарктических тюленей	Число умерщвленных антарктических тюленей
Австралия	0	0
Аргентина	34[a]	0
Бельгия	0	0
Бразилия	103[b]	0
Великобритания	0	0
Германия	0	0
Италия	0	0
Канада	0	0
Норвегия	0	0
Польша	0	0
Россия	0	0
Соединенные Штаты Америки	1210[d]	1[e]
Франция	150[c]	0
Чили	0	0
Южная Африка	0	0
Япония	0	0

[a] 34 морских слонов и
[b] 103 южных морских слона
[c] 150 тюленей Уэдделла
[d] 630 антарктических морских котиков, 460 тюленей Уэдделла, 50 южных морских слонов, 30 морских леопардов, 35 тюленей-крабоедов, 5 тюленей Росса

[e] 1 тюлень Уэдделла

Согласно отчетам все тюлени были выловлены для проведения научных исследований.

ПРИЛОЖЕНИЕ В

КОНВЕНЦИЯ О СОХРАНЕНИИ ТЮЛЕНЕЙ АНТАРКТИКИ (КОАТ)

Лондон, 1 июня – 31 декабря 1972 г.

(Конвенция вступила в силу 11 марта 1978 года)

Государство	**Дата подписания**	**Дата сдачи на хранение (ратификационной грамоты или акта о принятии)**
Австралия	5 октября 1972 г.	1 июля 1987
Аргентина[1]	9 июня 1972 г.	7 марта 1978 г.
Бельгия	9 июня 1972 г.	9 февраля 1978 г.
Великобритания[2]	9 июня 1972 г.	10 сентября 1974 г.[3]
Норвегия	9 июня 1972 г.	10 декабря 1973 г.
Россия[1,2,4]	9 июня 1972 г.	8 февраля 1978 г.
Соединенные Штаты Америки[2]	28 июня 1972 г.	19 января 1977 г.
Франция[2]	19 декабря 1972 г.	19 февраля 1975 г.
Чили[1]	28 декабря 1972 г.	7 февраля 1980 г.
Южная Африка	9 июня 1972 г.	15 августа 1972 г.
Япония	28 декабря 1972 г.	28 августа 1980 г.

ПРИСОЕДИНЕНИЯ

Государство	**Дата сдачи на хранение акта о присоединении**
Бразилия	11 февраля 1991 г.
Канада	4 октября 1990 г.
Германия, Федеративная Республика	30 сентября 1987 г.
Италия	2 апреля 1992 г.
Польша	15 августа 1980 г.

[1] Заявление или оговорка

[2] Возражение

[3] Ратификационная грамота включала Нормандские острова и остров Мэн

[4] Бывший СССР

Отчет правительства-депозитария Конвенции о сохранении морских живых ресурсов Антарктики (АНТКОМ)

Резюме

Доклад о статусе Конвенции о сохранении морских живых ресурсов Антарктики 1980 года представлен Австралией как депозитарием Конвенции.

Отчет депозитария

Австралия как депозитарий Конвенции о сохранении морских живых ресурсов Антарктики 1980 года (Конвенция) с удовлетворением представляет вниманию тридцать четвертого Консультативного Совещания по Договору об Антарктике отчет о статусе Конвенции.

Австралия сообщает Сторонам Договора об Антарктике, что в период после проведения тридцать третьего Консультативного совещания по Договору об Антарктике более ни одно государство не присоединились к Конвенции.

Копия статус-списка Конвенции доступна через Интернет в базе данных Соглашений Австралии по следующему адресу: http://www.austlii.edu.au/au/other/dfat/treaty_list/depository/CCAMLR.html

Статус-список также доступен по запросу в адрес Секретариата по Соглашениям Министерства иностранных дел и внешней торговли Австралии. Запросы могут быть переданы через Австралийские дипломатические миссии.

Отчет правительства-депозитария по Соглашению о сохранении альбатросов и буревестников (ССАБ)

Резюме

Отчет о статусе Соглашения представлен Австралией как депозитарием Соглашения о сохранении альбатросов и буревестников 2001 года.

Отчет депозитария

Австралия как депозитарий Соглашения о сохранении альбатросов и буревестников 2001 (Соглашение) с удовлетворением представляет вниманию тридцать четвертого Консультативного Совещания по Договору об Антарктике отчет о статусе Соглашения.

Австралия сообщает Сторонам Договора об Антарктике, что в период после проведения тридцать третьего Консультативного совещания по Договору об Антарктике более ни одно государство не присоединилось к Соглашению.

Копия статус-списка Соглашения доступна через Интернет в базе данных Соглашений Австралии по следующему адресу:

http://www.austlii.edu.au/au/other/dfat/treaty_list/depository/consalbnpet.html

Статус-список также доступен по запросу в адрес Секретариата по Соглашениям Министерства иностранных дел и внешней торговли Австралии. Запросы могут быть переданы через Австралийские дипломатические миссии.

Отчет наблюдателя АНТКОМ на Тридцать четвертом Консультативном совещании Договора об Антарктике

Введение

1.   Двадцать девятое ежегодное совещание Комиссии по сохранению морских живых ресурсов Антарктики проводилось в Хобарте, Тасмания (Австралия), с 25 октября по 5 ноября 2010 г. под председательством посла Д. Маккея (Новая Зеландия).

2.   Были представлены все 25 стран-членов Комиссии.

Постоянный комитет по административным и финансовым вопросам

3.   Комиссия получила рекомендацию СКАФ относительно предложения Исполнительного секретаря о проведении пересмотра Стратегического плана 2002 г. и представлении результатов этого пересмотра на АНТКОМ-XXX.

4.   Кроме того, Комиссия приняла рекомендации СКАФ о том, чтобы неформальная группа открытого состава, помимо прочего, рассмотрела вопрос о всестороннем обзоре Финансовых правил АНТКОМ и, если потребуется, разработке проекта поправок к Финансовым правилам, в т. ч. проекта инвестиционных принципов.

Научный комитет

Промысловые виды

Ресурсы криля

5.   В 2009/10 г. шесть стран-членов вели промысел криля в подрайонах 48.1, 48.2 и 48.3, и большинство уловов было получено в Подрайоне 48.1. На 24 октября 2010 г. зарегистрированный вылов составил 211 180 т[1].

6.   Промысел криля в Подрайоне 48.1 был закрыт, когда вылов достиг 99% порогового уровня для этого подрайона (155 000 т). Вылов в Подрайоне 48.1 был самым высоким из когда-либо зарегистрированных в этом подрайоне, и это был первый случай, когда подрайон был закрыт потому, что уловы достигли одного из выделенных пороговых уровней, введенных в 2009 г. (Мера по сохранению (МС) 51-07).

7.   Уведомления о промысле криля в 2010/11 г. были получены от семи стран-членов и включали 15 судов с заявленным общим прогнозируемым выловом 410 000 т; уведомлений о поисковых промыслах криля не было.

8.   Комиссия утвердила рекомендацию Научного комитета о расчете оценок B_0 криля. Пересмотренная оценка B_0 для подрайонов 48.1, 48.2, 48.3 и 48.4 составляет 60.3 млн т при CV выборки 12.8%, что является наилучшей оценкой биомассы криля, полученной по съемке АНТКОМ-2000.

9.   Комиссия утвердила пересмотренное Научным комитетом предохранительное ограничение на вылов криля в размере 5.61 млн т в подрайонах 48.1–48.4 и решила, что эта величина является подходящей для пересмотра МС 51-01. Комиссия отметила, что существующий пороговый уровень не связан с оценкой B_0 и останется на уровне 620 000 т для подрайонов 48.1–48.4.

---

[1]   Общий зарегистрированный вылов криля в зоне действия Конвенции в 2009/10 г. составил 211 974 т (Китай – 1 946 т; Республика Корея – 45 648 т; Норвегия – 119 401 т; Польша – 6 995 т; Россия – 8 065 т и Япония – 29 919 т). (*Статистический бюллетень АНТКОМ*, том 23, 2011 г.).

10.   Комиссия также указала на необходимость изучения потенциального воздействия климатических изменений на изменчивость пополнения и решила, что следует провести полный обзор вопроса о влиянии изменчивости пополнения на расчеты устойчивого вылова.

Запасы клыкача

11.   В 2009/10 г. 11 стран-членов вели промысел клыкача в подрайонах 48.3, 48.4, 48.6, 58.6, 58.7, 88.1 и 88.2 и на участках 58.4.1, 58.4.2, 58.4.3b, 58.5.1 и 58.5.2; Япония также вела исследовательский промысел на участках 58.4.4a и 58.4.4b. На 24 сентября 2010 г. общий зарегистрированный вылов составил 11 860 т[2].

Запасы ледяной рыбы

12.   В 2009/10 г. три страны-члена вели промысел ледяной рыбы в Подрайоне 48.3 и на Участке 58.5.2, и зарегистрированный на 24 сентября 2010 г. общий вылов составил 378 т [3].

Изменение климата

13.   Комиссия приняла к сведению выводы доклада СКАР "Изменение климата и окружающая среда в Антарктике" (ACCE) и рекомендации Научного комитета о возможных откликах АНТКОМ в плане охраны участков и видов, которые могут быть особо уязвимы к изменению климата.

14.   Председатель Научного комитета отметил, что хотя на данном совещании не было предметных рекомендаций по вопросу изменения климата, этот вопрос остается важной частью повестки дня этого комитета.

Деятельность Научного комитета

15.   Комиссия отметила проведенные в Научном комитете важные дискуссии относительно его работы на следующие два-три года и одобрила три приоритетных области: (i) управление с обратной связью при промысле криля, (ii) оценка промыслов клыкача (особенно при поисковых промыслах) и (iii) МОР, а также распределение задач между его рабочими группами.

16.   Комиссия одобрила условия выплаты научной стипендии АНТКОМ. Несмотря на то, что эта система должна финансироваться из Специального фонда общего научного потенциала, существование этой системы в долгосрочном плане зависит от дополнительного финансирования Комиссией и странами-членами.

Донный промысел

17.   Комиссия приняла к сведению дискуссии и рекомендации относительно донного промысла и УМЭ, которые были предоставлены Научным комитетом и включали:

>   (i)   разработку словаря терминов и концептуальной диаграммы;

>   (ii)   рассмотрение двух альтернативных подходов к определению термина "Уязвимая морская экосистема";

>   (iii)   оценку кумулятивного воздействия донного ярусного промысла на бентические сообщества и таксоны УМЭ;

>   (iv)   рассмотрение предварительных оценок воздействия, представленных странами-членами, которые уведомили о своем намерении участвовать в поисковых промыслах в 2010/11 г.;

---

[2]   Общий зарегистрированный вылов клыкача в зоне действия Конвенции в 2009/10 г. составил 14 518 т (*Статистический бюллетень АНТКОМ*, том 23, 2011 г.).

[3]   Общий зарегистрированный вылов ледяной рыбы в зоне действия Конвенции в 2009/10 г. составил 364 т (*Статистический бюллетень АНТКОМ*, том 23, 2011 г.).

(v)   рассмотрение УМЭ, о которых поступили уведомления в соответствии с МС 22-06, и возможных случаев обнаружения УМЭ, о которых поступили уведомления в соответствии с МС 22-07;

(vi)   разработку WG-FSA Отчета о донных промыслах и уязвимых морских экосистемах.

18.   Комиссия одобрила следующие аспекты работы Научного комитета:

(i)   разработку словаря терминов и концептуальной диаграммы, имеющих отношение к изучению УМЭ и управлению ими в зоне действия Конвенции;

(ii)   разработку рекомендации о предохранительных действиях по управлению, которые могут быть предприняты для смягчения непосредственного риска для УМЭ в отсутствие определения УМЭ;

(iii)   пересмотр МС 22-06, Приложение А, в целях содействия работе по оценке пространственной зоны воздействия и потенциального воздействия заявленной на предстоящие промысловые сезоны промысловой деятельности;

(iv)   включение в Реестр УМЭ двух новых участков, которые были обнаружены в ходе не зависящей от промысла траловой съемки в Подрайоне 48.2.

19.   Комиссия приняла к сведению план работы Научного комитета по УМЭ и связанным с этим вопросам, бо́льшая часть которой запланирована на 2012 и 2013 гг., и решила пересмотреть МС 22-07 в 2012 г.

Побочная смертность морских птиц и млекопитающих в ходе промысловых операций

20.   Комиссия отметила, что хотя Рабочая группа по побочной смертности, связанной с промыслом (WG-IMAF), в этом году не собиралась, важно продолжать рассматривать информацию, связанную с IMAF.

Морские охраняемые районы

21.   Комиссия утвердила задачи и потенциальные результаты Семинара по МОР, который будет проводиться в августе 2011 г. во Франции. Предлагается, чтобы этот семинар рассмотрел ход работы, послужил обмену опытом по различным подходам к отбору возможных участков для охраны, рассмотрел проекты предложений по МОР в зоне действия Конвенции и определил программу работы по идентификации МОР в максимально возможном числе приоритетных регионов.

22.   Комиссия утвердила пересмотренный план управления для ООРА № 149, мыс Ширрефф и о-ва Сан-Тельмо.

23.   Комиссия утвердила рекомендацию о том, чтобы процесс определения МОР включал разработку программы исследований и мониторинга, которая должна будет проводиться по установленному графику (напр., 3–5 лет), и что разработка процесса определения и плана мониторинга может осуществляться постепенно, или оба процесса могут проходить одновременно.

ННН промысел в зоне действия Конвенции

24.   По сообщениям, семь судов вели ННН промысел в зоне действия Конвенции в 2009/10 г., и считается, что все они использовали жаберные сети.

Новые и поисковые промыслы

25.   Комиссия отметила, что WG-FSA и Научный комитет рассмотрели ход работ по оценке поисковых промыслов видов *Dissostichus*. Многие из этих промыслов считаются "поисковыми промыслами с недостаточным объемом данных", например, в подрайонах 48.6 и 58.4, потому что в

настоящее время имеется недостаточно данных для проведения оценки запаса, в некоторых случаях – несмотря на многолетние структурные исследования и программу мечения.

Меры по сохранению

26.   Принятые на АНТКОМ-XXIX меры по сохранению и резолюции опубликованы в *Списке действующих мер по сохранению на 2010/11 г.* (www.ccamlr.org/pu/r/pubs/cm/drt.htm).

Сотрудничество с другими элементами Системы Договора об Антарктике

Сотрудничество с Консультативными Сторонами Договора об Антарктике

27.   Комиссия отметила проходившие в КСДА дискуссии о разработке Руководства ИМО для судов, работающих в полярных акваториях, и призвала страны-члены полностью включиться в этот процесс, а также в работу Гидрографической комиссии по Антарктике (ГКА) при Международной гидрографической организации (МГО), учитывая, что многие районы зоны действия Конвенции АНТКОМ еще не были обследованы в соответствии с новейшими стандартами.

28.   В результате КСДА XXXIII и КООС XIII не было вынесено резолюций и решений, требующих принятия решений на АНТКОМ-XXIX, хотя Комиссия отметила принятую Резолюцию 5 (2010 г.) "Координация действий Сторон Договора об Антарктике в связи с рассмотрением предложений, касающихся Антарктики, в ИМО" и Решение 1 "Сборник основных документов Системы Договора об Антарктике".

Сотрудничество со СКАР

29.   Комиссия утвердила сферу компетенции Совместной инициативной группы АНТКОМ–СКАР по совершенствованию стратегического союза этих двух организаций, отметив, что это послужит выполнению целей как Комиссии, так и Научного комитета.

Осуществление целей Конвенции

Оценка работы

30.   Комиссия постановила, что Оценка работы должна оставаться вопросом, требующим первостепенного внимания на будущих совещаниях Комиссии. О состоянии дел с рассмотрением Комиссией рекомендаций, полученных в результате Оценки, можно узнать на www.ccamlr.org/pu/r/revpanrep.htm.

Выборы Председателя

31.   Комиссия выбрала Норвегию Председателем Комиссии начиная с окончания совещания 2010 г. и до завершения совещания 2012 г.

Время и место проведения следующего совещания

32.   Комиссия решила, что ее Тридцатое совещание будет проводиться с 24 октября по 4 ноября 2011 г. в Хобарте (Австралия).

30-я годовщина Конвенции АНТКОМ

33.   7 апреля 2012 г. будет отмечаться 30-я годовщина вступления в силу Конвенции о сохранении морских живых ресурсов Антарктики.

3. Доклады Депозитариев и Наблюдателей

Ссылки на темы и решения в отчете CCAMLR-XXIX

Отчет CCAMLR-XXIX можно загрузить с веб-сайта:
www.ccamlr.org/pu/r/pubs/cr/drt.htm

Темы и решения	Пункты в CCAMLR-XXIX
1. Финансы и администрация	3.1–3.33
1. Общие вопросы промысла	
1.1 Промысловые уловы в 2009/10 г.	4.5–4.58
1.2 Меры по регулированию промысла	12.1–12.78
1.3 Донный промысел + УМЭ	5.1–5.7, 12.12–12.13
1.4 Смягчающие меры	6.1, 6.3–6.7
1.5 Система международного научного наблюдения	4.75, 10.1–10.6
1.6 Изменение климата	4.31, 4.59–4.61, 13.8
1.7 Новые и поисковые промыслы	11.1–11.27
2. ННН промысел в зоне действия Конвенции	
2.1 Существующие уровни	9.1–9.9
2.2 Списки ННН судов	9.16–9.35
3. Общие вопросы соблюдения	
3.1 Соблюдение мер по сохранению	8.2–8.8
3.2 Рыночные меры.	8.1–8.22
3.3 Процедура оценки соблюдения	8.9–8.10
4. Экосистемный подход к управлению промыслами	
4.1 Экосистемное управление запасами криля	4.7–4.32
4.2 Побочная смертность морских птиц/ млекопитающих	6.3–6.7
4.3 Морские отбросы	6.2
5. Морские охраняемые районы	
5.1 Охраняемые районы	7.1–7.20
6. Сотрудничество в рамках Системы Договора об Антарктике	
6.1 КСДА	13.1–13.6
6.2 СКАР	13.7–13.8
7. Сотрудничество с другими международными организациями	
7.1 АСАР	14.1
7.2 Другие	14.2–14.5
8. Оценка работы АНТКОМ	
7.1 Общие вопросы	15.1–15.9

Краткое изложение ежегодного отчета Научного комитета по антарктическим исследованиям (СКАР) за 2010 год

1. Справочная информация

Научный комитет по антарктическим исследованиям (СКАР) является неправительственной междисциплинарной научной организацией-членом Международного Совета по науке (ICSU) и наблюдателем Договора об Антарктике и Рамочной конвенция ООН об изменении климата.

СКАР призван быть ведущей, независимой, неправительственной организацией, способствующей, координирующей и поддерживающей высокий уровень научно-исследовательской деятельности в Антарктике и Южном океане. Кроме того, задачей СКАР является предоставление беспристрастных, рациональных и научно обоснованных рекомендаций Системе Договора об Антарктике и другим директивным органам, включая научный анализ проявляющихся тенденций и привлечение внимания директивных органов к этим вопросам.

2. Введение

Научно-исследовательская деятельность СКАР вносит дополнительный вклад в национальную деятельность стран путем обеспечения возможности участия исследователей этих стран в крупномасштабных научных программах для достижения целей, трудно реализуемых собственными силами какой-либо отдельной страны. В настоящее время членами СКАР являются академии наук 36 государств и 9 научных союзов ICSU.

СКАР, с участием Сторон Договора об Антарктике и других организаций, как, например, КООС, АНТКОМ, КОМНАП и АКАП, предоставляет беспристрастные научные рекомендации, направленные на принятие разумных мер по управлению состоянием окружающей среды.

Успех в работе СКАР зависит от качества и своевременности результатов его научной деятельности, которые в большинстве случаев подвергаются внешней экспертной оценке независимых экспертов. С описанием программ научно-исследовательских работ и результатами научных исследований можно ознакомиться на сайте www.scar.org, а краткая информация о них представлена в настоящем документе.

СКАР выпускает ежеквартальный электронный информационный бюллетень, освещающий научные и иные вопросы деятельности СКАР. (http://www.scar.org/news/newsletters/issues2011/SCARnewsletter26_Mar2011.pdf). Для включения себя в список постоянных адресатов просим отправить сообщение на адрес электронной почты info@scar.org.

3. Выполненные и намеченные мероприятия СКАР

(i) Выполненные мероприятия СКАР за 2010 год:

1. СКАР опубликовал свой новый Стратегический план деятельности на 2011-2016 гг. (http://www.scar.org/strategicplan2011/) «Рекомендации по научным исследованиям и выработке политики в отношении Антарктики в изменяющемся мире». Стратегический план СКАР на 2011-2016 гг. призван способствовать развитию целеустремленности и выполнению обязательств членами СКАР и сообщества, в интересах которого он осуществляет свою деятельность, для обеспечения реализации замысла, целей и задач организации. Руководящим принципом Стратегического плана является коллективное принятие решений в вопросах определения приоритетов и распределения ресурсов.

2. В августе 2010 г. в Буэнос-Айресе, Аргентина, СКАР провел Рабочие совещания, Открытую научную конференцию и Собрание делегатов. Число участников Открытой научной

конференции превысило 800 человек и, что особенно приятно, среди них было большое количество студентов и молодых научных работников.

3. На Собрании делегатов в Буэнос-Айресе было официально одобрено создание ряда новых исследовательских групп СКАР, в том числе, группы по координации Научно-исследовательской программы в области астрономии и астрофизики в Антарктике (ААА), групп действия по закислению среды Южного океана, многолучевому сбору данных и антарктическим облакам и аэрозолям. Были также созданы новые экспертные группы по усовершенствованию экологически рациональных технологических и природоохранных мероприятий, касающихся подледных исследований в Антарктике (ATHENA) и эксплуатационной метеорологии в Антарктике (OPMet). Более подробная информация изложена в полном варианте отчета СКАР или на сайте www.scar.org.

4. С целью разработки научно-исследовательских программ следующего поколения СКАР со всей серьезностью подошел к созданию четырех новых групп планирования по следующим направлениям: Состояние антарктической экосистемы (AntEco), Антарктические экосистемы: приспособление, пороговые уровни и способность к восстановлению (AntETR), Предшествующие и будущие изменения антарктической окружающей среды (PACE) и Реакция и влияние твердой оболочки Земли на эволюцию криосферы (SERCE). Более подробная информация представлена в полном варианте отчета СКАР или на сайте www.scar.org.

5. Ряды СКАР пополнило Монако, заявка которого на ассоциативное членство в СКАР была удовлетворена в 2010 году.

6. Профессор Хелен Фрикер (Helen Fricker) стала лауреатом премии имени Марты Т. Мьюз (Martha T. Muse) в области науки и политики в Антарктике за 2010 год. Профессор Фрикер получила широкое признание за открытие действующих подледных озер. Она доказала, что эти озера образуют динамическую водную систему, в которой одно озеро может перетекать в другое за короткий период времени. Она также известна своими новаторскими исследованиями процессов изменения баланса масс шельфовых ледников Антарктики, таких как отрыв айсбергов и таяние и замерзание придонной части ледников.

7. В Австралии, при поддержке нового Института морских и антарктических исследований при Университете Тасмании в Хобарте, было открыто представительство по осуществлению международного проекта Системы наблюдений Южного океана (SOOS) (www.imas.utas.edu.au). Это является важным шагов в реализации SOOS.

8. СКАР вместе с Ассоциацией молодых полярных исследователей (APECS) и Международным арктическим научным комитетом (IASC) были удостоены финансирования проекта «Образовательная и просветительская деятельность, посвященная Международному полярному году» со стороны Международного Совета по науке (ICSU).

9. Баланс масс ледового щита и уровень моря: полностью доработан Научный план экспертной группы (ISMASS, http://www.scar.org/publications/reports/Report_38.pdf). В финансировании деятельности экспертной группы ISMASS в настоящее время также принимает участие Международный арктический научный комитет (IASC).

10. Учет численности морских живых ресурсов Антарктики (CAML, www.caml.aq), в результате которого было установлено более 1000 новых видов, официально завершился в 2010 году. Окончательные результаты CAML все еще изучаются и будут рассмотрены на семинаре, который состоится в 2011 году в г. Абердин, Шотландия.

11. Новым должностным лицом исполнительного органа СКАР назначена д-р Ренука Бадхи (Renuka Badhe). Г-жа Ренука Бадхи является уроженкой Индии и имеет двойное гражданство: Индии (OCI) и Великобритании. Она является специалистом по биологии моря (кандидат наук, звание присвоено Антарктическим управлением Великобритании) и имеет некоторый опыт в области природоохранной политики (магистр философии Кембриджского университета в области природоохранной политики) и опыт работы в Международном союзе охраны природы (IUCN).

12. В 2010 году было выпущено несколько значимых публикаций, в том числе, Сводный отчет по Международному полярному году (http://www.arcticportal.org/ipy-joint-committee); новая книга «История проведения Международных полярных годов» (http://www.springer.com/earth+sciences+and+geography/ oceanography/book/978-3-642-12401-3) и книга «Наука и дипломатия: Антарктика, наука и управление международным пространством» (http://www.scholarlypress.si.edu/index.cfm), которая была написана по результатам саммита, посвященного Договору об Антарктике (www.atsummit50.aq). Опубликованные материалы отчета «Изменение климата Антарктики и окружающая среда» доступны в электронной версии в Интернете. Для получения более подробной информации просим направлять запрос на адрес электронной почты info@scar.org.

Намеченные мероприятия СКАР

В следующем году СКАР примет участие в ряде крупных совещаний (http://www.scar.org/events/), включая:

- Семинар по охране окружающей среды Антарктики в 21 веке (с 31 мая по 2 июня 2011 г.), Нельспрюит, ЮАР. Г-н С. Чоун (S. Chown) представит неофициальный отчет для КООС с целью информирования Сторон о предварительных результатах семинара.

- 11-й Международный симпозиум по наукам о Земле в Антарктике (ISAES XI), 10-15 июля 2011 г., Эдинбург, Шотландия, Великобритания (http://www.isaes2011.org.uk/)

- Заседание Исполнительного комитета СКАР, 18-19 июля 2011 г., Эдинбург, Великобритания

- Симпозиум по насущным исследованиям полярных районов, 23-24 сентября 2011 г., Сиена, Италия (http://www.mna.it/english/News/ICSU_symposium/)

Следующая научная конференция СКАР на тему «Исследование Антарктики и рекомендации по выработке политики в условиях изменяющегося мира» состоится в г. Портленд, США (16-19 июля, 2012 г.). Она состоится вслед за Конференцией, посвященной Международному полярному году (МПГ), в Монреале, Канада (http://www.mna.it/english/News/ICSU_symposium/) (http://www.ipy2012montreal.ca/001_welcome_e.shtml).

Ряд семинаров находятся в стадии планирования, например, Семинар по балансу масс ледового щита и его влиянии на уровень моря и Семинар по системам наблюдений Антарктики и Южного океана.

Для получения более подробной информации просим обращаться к полному тексту отчета, на сайт www.scar.org и по адресу электронной почты info@scar.org.

Ежегодный отчет Совета управляющих национальных антарктических программ (КОМНАП) за 2010 год

КОМНАП – это организация национальных антарктических программ, которая, в частности, объединяет управляющих этих программ, т. е. государственных должностных лиц, отвечающих за планирование, осуществление и регулирование поддержки научной деятельности в Антарктике от имени своих правительств, всех Консультативных сторон в Договоре об Антарктике.

КОМНАП выросла в международную ассоциацию, членами которой являются Национальные антарктические программы 28 стран-участниц Договора об Антарктике, представляющих Африку (1), Северную и Южную Америку (7), Азию (4), Австралию (2) и Европу (14).

Конституция КОМНАП декларирует следующую цель: развивать и проводить в жизнь передовую практику в регулировании поддержки научных исследований в Антарктике. Как организация, КОМНАП осуществляет деятельность по повышению ценности усилий национальных антарктических программ, выступая в качестве площадки для развития подходов, которые повышают эффективность деятельности с учетом принципов экологической ответственности, поддерживая и стимулируя международное партнерство и предоставляя возможности и системы для обмена информацией.

КОМНАП также стремится предоставлять Системе Договора об Антарктике объективные практические, технические и неполитические рекомендации на основе обширного совокупного опыта Национальных антарктических программ и их достоверных знаний об Антарктике.

Перед наукой встают все более сложные вопросы, ответ на которые могут найти только междисциплинарные и часто международные научные группы. Эта сложность наряду с более жесткими экологическими мерами и, в некоторых случаях, сокращением финансирования создает дополнительное давление на Национальные антарктические программы и еще больше усиливает необходимость международного сотрудничества. КОМНАП действует в поддержку более тесного сотрудничества между Национальными антарктическими программами и признает необходимость крепких партнерских отношений с организациями, имеющими аналогичные цели. КОМНАП также принимает на себя все большую ответственность за создание целого ряда практических инструментов, связанных с безопасностью и обменом информацией.

Для получения более подробной информации о КОМНАП, пожалуйста, обратитесь к документу КСДА XXXII IP078 «*20 лет КОМНАП: новая конституция и новый способ работы во имя дальнейшей поддержки науки и Системы Договора об Антарктике*».

Основные события и достижения в 2010 г.

Инициативная группа КОМНАП/СКАР

Эта инициативная группа (ИГ) была сформирована на совместном заседании Исполнительного комитета в августе 2009 г. в городе Пунта-Аренас. ИГ официально собралась в марте 2010 г. и разработала перечень областей для совместной работы. Эти области включают образование, просветительскую работу и обмен информацией, устойчивое развитие, неаборигенные виды, проект «Остров Кинг Джордж» и многие другие.

Учреждение Исследовательской стипендии КОМНАП

Отмечая, что образование и повышение компетентности относятся к области взаимного интереса СКАР и КОМНАП, и признавая глубину и широту интеллектуального потенциала Национальных антарктических программ, КОМНАП совместно со СКАР учредил первую Исследовательскую стипендию КОМНАП. Исследовательская стипендия КОМНАП, введенная совместно с ежегодными научными стипендиями СКАР, развивается благодаря совместной поддержке, и заявления будут рассматриваться совместной отборочной комиссией. Учреждение этой стипендии стало возможным благодаря гранту, предоставленному КОМНАП организацией «Антарктика – Новая Зеландия». Срок подачи заявлений истек 15 мая 2011 г. Есть надежда, что КОМНАП сможет предоставлять Исследовательскую стипендию ежегодно.

Симпозиум КОМНАП

Симпозиум «Использование новых подходов в ответ на изменения» состоялся 11 августа в Буэнос-Айресе. В нем приняло участие более 120 человек, и Наблюдательный комитет Симпозиума отобрал 12 презентаций и 15 постеров. Материалы Симпозиума были опубликованы и разосланы всем участникам КОМНАП в ноябре 2010 г. (ISBN 978-0-473-17888-8). Дополнительные экземпляры были доставлены на это совещание КСДА и розданы всем желающим.

Семинар по неаборигенным видам и контрольные списки неаборигенных видов для менеджеров по организации поставок

В рамках Ежегодного общего совещания КОМНАП в 2010 г. (8 августа 2010 г., Буэнос- Айрес, Аргентина) д-р Ив Френо (Yves Frenot) провел Семинар по неаборигенным видам, организованный КОМНАП и СКАР с целью повышения уровня информированности о рисках внедрения неаборигенных видов, связанных с деятельностью человека. Были обсуждены предварительные результаты проекта «Чужие в Антарктике», осуществляемого в рамках Международного полярного года. КОМНАП со всей серьезностью отнесся к дискуссиям, состоявшимся во время семинара, и в особенности отметил необходимость создания простых и недорогих инструментов для повышения информированности, которыми могли бы пользоваться менеджеры по организации поставок Национальных антарктических программ (см. Рабочий документ КОМНАП КСДА XXXIV *«Повышение уровня информированности о проблеме внедрения неместных видов: результаты семинара и контрольные списки для менеджеров по организации поставок»*). Контрольные списки были предоставлены всем Национальным антарктическим программам в ноябре; для простоты использования они доступны в различных форматах на английском и испанском языках. Экземпляр контрольных списков можно получить на веб-сайте www.comnap.aq/nnsenvironment. Также все желающие могли получить бумажные копии на этом совещании. На Ежегодном общем совещании КОМНАП, состоявшемся в августе 2010 г. в Буэнос-Айресе, руководитель Экологической экспертной группы отметил, что сотрудничество с КООС в вопросе внедрения неаборигенных видов в Антарктику было самым значительным текущим вопросом в области экологии, а также отметил, что участие в рабочей программе КООС по неаборигенным видам было признано задачей первостепенной важности. КОМНАП посредством своей Экологической экспертной группы продолжает сосредотачивать внимание на просвещении в вопросах неаборигенных видов и обмене передовой практикой в отношении недопущения внедрения неаборигенных видов в регионе Антарктики.

Семинар по вопросам управления энергией

Принимая во внимание обсуждение, состоявшееся на совещании КСДА XXXIII, а также обсуждения и рекомендации Совещания экспертов Договора об Антарктике (СЭДА), было достигнуто соглашение о том, что Семинар вопросам управления энергией КОМНАП будет проведен 8 августа 2010 г. в Буэнос-Айресе. Семинар под руководством Дэвида Блейка (David Blake), руководителя Экспертной группы по энергии и технологии, и под наблюдением Вице-президента Исполнительного комитета КОМНАП Казуюки Шираиши (Kazuyuki Shiraishi), включал презентации, а также было предоставлено время для обсуждения в целях обмена передовым опытом в области управления энергией в Антарктике (см. документ КОМНАП КСДА XXXIV IP008 *«Семинар КОМНАП по вопросам управления энергией»*).

Информационно-разъяснительный семинар в рамках МПГ

Члены Экспертной группы по информационно-разъяснительной работе КОМНАП провели встречи в Тромсе и Осло в июне 2010 г. в рамках Научной конференции МПГ. Группа провела семинары и «мастер-классы» для коллег из Ассоциации начинающих полярных ученых (АПЕКС), а также в сотрудничестве с Пресс-центром МПГ была оказана поддержка научной и оперативной деятельности, проводимой организациями участников. Благодаря этой совместной деятельности у Экспертной группы было достаточно времени для обмена передовой практикой и обсуждения существующих примеров успешного информационного взаимодействия и просветительской деятельности, а также глубокого изучения возможностей продолжения успешной работы этой сети после завершения Международного полярного года.

Медицинская экспертная группа – семинар и реорганизация

Медицинская экспертная группа собралась в рамках Ежегодного общего собрания 8 августа в Буэнос-Айресе для обсуждения мер по контролированию пандемии в Антарктике. Экспертная группа по биологии человека и медицине, Постоянная научная группа по наукам о жизни СКАР и Медицинская экспертная группа КОМНАП предложили объединить две группы с целью повышения эффективности и сокращения дублирования работы. Сначала предложение было обсуждено совместным Исполнительным комитетом, и в ноябре 2010 г. Исполнительный комитет КОМНАП согласился с этим предложением. Объединенная группа будет иметь название **Совместная консультативная группа по антарктической науке о человеке и медицине. Она по-прежнему будет удовлетворять потребности и СКАР, и КОМНАП, но будет подотчетна только КОМНАП.**

Продукты и инструменты КОМНАП

Разработанная КОМНАП Система передачи сообщений о местонахождении судов (СПРС)

СПРС (www.comnap.aq/sprs) – это дополнительная добровольная система обмена информацией о деятельности судов Национальных антарктических программ. Ее основной задачей является содействие развитию сотрудничества между Национальными антарктическими программами, однако она также может внести полезный вклад в обеспечение безопасности благодаря тому, что вся информация СПРС предоставляется спасательно-координационным центрам (СКЦ), которые обслуживают регион Антарктики, в качестве еще одного источника информации, дополняющего все другие существующие национальные и международные системы.

Информационный справочник по авиационным полетам в Антарктике (АФИМ)

АФИМ – это справочник аэронавигационной информации, опубликованный КОМНАП в соответствии с Рекомендацией XV-20 КСДА *«Безопасность воздушного движения в Антарктике»*. Сейчас осуществляется радикальный пересмотр АФИМ. АФИМ продолжает обновляться за счет информации, получаемой от Национальных антарктических программ; пересмотренные издания ежегодно подготавливаются и предоставляются всем Национальным антарктическим программам и другим подписчикам.

Справочник антарктических операторов телесвязи (АТОМ)

АТОМ представляет собой результат эволюции Справочника по практической телесвязи, который упоминается в Рекомендации КСДА X-3 *«Совершенствование телесвязи в Антарктике. Сбор и распространение антарктических метеорологических данных»*. Члены КОМНАП и органы, ответственные за поисково-спасательные операции, могут получить доступ к последней версии (март 2011 г.) по адресу www.comnap.aq/membersonly/atom (требуется регистрационное имя пользователя).

Система предоставления сообщений об авариях, инцидентах и угрозе инцидентов, которые удалось предотвратить (АИУИ)

Сведения о проблемах, которые возникали в Антарктике, всегда поступали в систему обмена информацией. На самом первом КСДА была принята Рекомендация I-VII *«Обмен информацией о проблемах, связанных с логистикой»* (вступила в силу 30 апреля 1962 г.). Ежегодные общие совещания дают возможность членам КОМНАП обмениваться этой информацией; кроме того, в рамках одного из своих проектов КОМНАП сейчас ведет разработку новой, всеобъемлющей системы АИУИ. Главной задачей АИУИ является сбор общей информации о событиях, которые имели или могли иметь серьезные последствия, и/или которые демонстрируют уроки, которые необходимо извлечь, и/или о новых, очень необычных событиях. Это позволяет Национальным антарктическим программам обмениваться знаниями для уменьшения риска возникновения серьезных последствий в результате их деятельности.

————

Для получения дополнительной информации посетите веб-сайт КОМНАП по адресу www.comnap.aq или напишите нам по адресу электронной почты info@comnap.aq.

Appendix 1. COMNAP officers, projects and expert groups

Executive Committee (EXCOM)

The COMNAP Chair and Vice-Chairs are elected officers of COMNAP. The elected officers plus the Executive Secretary, compose the COMNAP Executive Committee as follows:

Position	Officer	Term expires
Chair	José Retamales (INACH) jretamales@inach.cl	Aug-2011
Vice-Chair	Kazuyuki Shiraishi (NPRI) kshiraishi@nipr.ac.jp	Aug-2011
	Maaike Vancauwenberghe (BELSPO) maaike.vancauwenberghe@belspo.be	AGM 2012
	Yuansheng Li (PRIC) lysh@pric.gov.cn	AGM 2013
	Mariano Memolli (DNA) drmemolli@gmail.com	AGM 2013
Executive Secretary	Michelle Rogan-Finnemore michelle.finnemore@comnap.aq	30 Sept 2015

Table 1 – COMNAP Executive Committee.

Projects

Project	Project Manager	EXCOM officer (oversight)
Antarctic glossary	Valerie Lukin	Mariano Memolli
AFIM – Consideration of the results of the review	Brian Stone & Giuseppe De Rossi	Maaike Vancauwenberghe
AINMR Reporting System & implementation	Robert Culshaw	Kazuyuki Shiraishi
King George Island project (APASI)	Michelle Rogan-Finnemore	Jose Retamales
Energy standard terminology development	David Blake	Kazuyuki Shiraishi
Review of equipment available at Antarctic stations for oil spill response	To be determined	Mariano Memolli

Table 2 – COMNAP Projects currently in progress.

Expert Groups

Expert Group (topic)	Expert Group leader	EXCOM officer (oversight)
Science	Heinz Miller	Jose Retamales
Outreach	Linda Capper	Michelle Rogan-Finnemore
Air	Giuseppe De Rossi	Maaike Vancauwenberghe
Environment	Sandra Potter	Maaike Vancauwenberghe
Training	Veronica Vlasich	Mariano Memolli
Medical	Iain Grant	Mariano Memolli
Shipping	Juan Jose Danobeitia	Jose Retamales
Safety	Robert Culshaw	Kazuyuki Shiraishi
Energy & Technology	David Blake	Yuansheng Li
Data Management	Michelle Rogan-Finnemore	Jose Retamales
External Relationships	Michelle Rogan-Finnemore	EXCOM All
Strategic Framework	Michelle Rogan-Finnemore	Jose Retamales

Table 3 – COMNAP Expert Groups.

Appendix 2. Meetings

Previous 12 months

9 - 12 August, 2010, COMNAP Annual General Meeting (COMNAP XXII) & IX Symposium, Buenos Aires, Argentina hosted by the COMNAP member for Argentina, Direccion Nacional del Antartico (DNA).

17 – 19 November, 2010, COMNAP Executive Committee (EXCOM) Meeting, Shanghai, China hosted by COMNAP Vice Chair, Yuansheng Li of the Polar Research Institute of China (PRIC).

Upcoming 12 months

1 – 3 August, 2011, COMNAP Annual General Meeting (COMNAP XXIII), Stockholm, Sweden, hosted by the Swedish Polar Research Secretariat. In conjunction with COMNAP XXIV, two workshops will be held on the margins of the AGM. These are "The Management Implications of a Changing Antarctica" and "Inland Traversing".

2012 COMNAP Annual General Meeting (COMNAP XXIV), Portland, Oregon, USA (dates to be confirmed) in conjunction with the SCAR Open Science Conference and associated meetings.

4. Доклады экспертов

Доклад Коалиции по Антарктике и Южному океану (АСОК)

1. *Вступление*

АСОК рада присутствовать на ежегодном Консультативном совещании по Договору об Антарктике, проходящем в Аргентинской Республике. В данном докладе дано краткое описание работы АСОК за последний год, а также изложены основные вопросы для рассмотрения на этом КСДА.

Всемирная АСОК

Офис Секретариата АСОК находится в г. Вашингтон, округ Колумбия, США. На нашем веб-сайте (http://www.asoc.org) представлена подробная информация об организации и ее деятельности.

В состав АСОК входят 27 групп полноправных участников из одиннадцати стран. Кампании АСОК координируются экспертными группами из Аргентины, Австралии, Бразилии, Чили, Франции, Японии, Нидерландов, Новой Зеландии, Норвегии, ЮАР, Южной Кореи, Испании, России, Украины, Великобритании и США.

2. *Межсессионная деятельность АСОК после XXXIII КСДА*

После XXXIII КСДА АСОК принимала участие в межсессионных обсуждениях КСДА и заседаниях КООС, внесла большой вклад в обсуждение вопросов туризма, неаборигенных видов, в работу по пересмотру всесторонней оценки влияния на окружающую среду, деятельность вспомогательной группы по планам управления, в разработку обязательного кодекса полярного мореплавания ИМО, обсуждение вопросов, связанных с историческими местами и памятниками, а также подготовку к предстоящему совещанию по ОУРА.

Представители АСОК присутствовали на следующих совещаниях:

- 29-е совещание АНТКОМ в октябре-ноябре 2010 года, где были представлены документы, касающиеся сохранения антарктического криля, морских охраняемых районов, моря Росса, рыболовных судов, ННН рыболовства, а также влияния изменения климата.

- Совещания Международной морской организации (ИМО), включая 61 сессию Комитета по охране морской среды, 54 и 55 сессии подкомитета по конструкции и оборудованию судов по вопросу разработки обязательного кодекса полярного мореплавания для судов, работающих в полярных регионах.

- Антарктический криль в меняющемся океане – научный семинар, посвященный влиянию изменения окружающей среды на антарктический криль и последствиям для экосистемного управления, прошедший в апреле 2011 года в Текселе, Нидерланды.

- Семинар СКАР, посвященный сохранению Антарктики в 21 веке, прошедший в июне 2011 года в Национальном парке Крюгер, ЮАР.

3. *Информационные документы для XXXIV КСДА*

АСОК предоставила двенадцать информационных документов по ряду вопросов, которые, по мнению Коалиции, являются особенно важными для управления окружающей средой и ее охраны. В информационных документах содержатся рекомендации для КСДА и КООС, которые помогут в обеспечении более эффективной защиты Антарктики.

План коммуникации в случае изменения антарктического климата (IP 83) – СЭДА по последствиям изменения климата для управления Антарктикой рекомендовала рассмотреть на КСДА разработку плана коммуникации в случае изменения антарктического климата с целью привлечения внимания других лиц, ответственных за принятие решений, общественности и СМИ к результатам доклада СКАР об изменении антарктического климата и окружающей среды (Рекомендация 2). В данном документе АСОК предлагает проект плана коммуникации для содействия выполнению данной рекомендации.

Окисление океана и Южный океан (IP 88) – Данный документ содержит обзор усугубляющейся проблемы окисления океана, что представляет серьезную потенциальную угрозу для морской среды. Южный океан обладает уникальными особенностями, и самое значительное первоначальное воздействие окисление океана окажет на воды, окружающие Антарктику, в случае продолжения выброса в атмосферу текущих объемов газов, создающих парниковый эффект. Для получения отсутствующих данных по окислению Южного океана и его последствиям необходимо провести дополнительные исследования.

Море Росса: ценный контрольный участок для оценки влияния изменения климата (IP 92) – В данном документе обсуждаются прогнозы Международной комиссии по изменению климата, касающиеся того, что море Росса будет последней частью Южного океана, круглогодично занятой льдами. Море Росса представляет собой важную контрольную зону для измерения влияния на экосистему, вызванного изменениями климата, и отделения такого влияния от последствий воздействия человека в каком-либо ином регионе. Это, а также ряд других научных и биологических причин объясняют, почему море Росса должно быть включено в список основных составляющих сети морских заповедных зон Южного океана.

Повестка дня по МОР Южного океана – от слов и идей к действиям (IP 90) – Члены АНТКОМ и КСДА должны к 2012 году увеличить свои ресурсы, направленные на работу в отношении репрезентативной системы морских заповедных зон. АСОК настоятельно советует КСДА эффективно использовать предстоящее заседание по МОР, которое будет проходить в августе в г. Брест, Франция. Благодаря этому слова и идеи соглашений и конвенций, в результате которых был создан Секретариат Договора об Антарктике, а также последние обсуждения на КСДА будут соответствовать действиям. АСОК надеется, что все участники заседания тщательно подготовят обоснованные предложения по МОР.

Антарктический туризм – что дальше? Основные аспекты, требующие урегулирования (IP 84) – Данный документ содержит вопросы, требующие особого внимания регулятивных органов. Существующая тенденция говорит о том, что туризм продолжит расширяться и развиваться, используя новые возможности и продвигаясь вглубь материка Антарктики и вдоль его границ. Важно чтобы КСДА предприняли активные меры по установлению экологически рациональных рамок для туризма. Первым шагом станет лучшее использование существующих регуляторных механизмов.

Сухопутный туризм в Антарктике (IP 87) – В данном документе рассматривается связь сухопутного туризма и использования инфраструктур национальных программ, а также последние разработки в сфере сухопутного туризма. Улучшение наземных сооружений, таких как подъездные пути и лагеря, а также широкий спектр деятельности на земле, доступный сейчас туристам, свидетельствуют о росте сухопутного туризма. Если в скором времени не будут предприняты никакие действия, то сухопутный туризм может стать основным видом деятельности.

Система управления движением судов и информирования в Антарктике (IP 82) – В данном документе представлена информация о ценности систем управления движением судов и информирования для улучшения безопасности и защиты окружающей среды. В качестве примера приводится европейская система ИСУДС, разработанная в результате несчастных случаев в европейских водах. Она объединяет существующие средства и инициативы для отслеживания и управления судами, что может повысить безопасность и улучшить защиту окружающей среды в Антарктике. АСОК призывает принять на КСДА Постановление или Решение о разработке Системы управления движением судов и информирования в Антарктике.

Разработка обязательного кодекса полярного мореплавания – успехи и недочеты (IP 85) – В данном документе содержится информация о разработке обязательного кодекса полярного мореплавания и указаны вопросы, требующие дальнейшего рассмотрения, включая требование о том, чтобы в полярных водах с опасными льдами ходили только суда полярного класса, а также Раздел о защите окружающей среды. АСОК призывает принять на КСДА Постановление об осуществлении совместных мер по обеспечению при помощи обязательного кодекса полярного мореплавания надлежащих стандартов безопасности и защиты окружающей среды для всех судов в Антарктике.

Защита и маршрутирование судов – доступные возможности снижения риска и улучшения зашиты окружающей среды (IP 91) –Меры по маршрутированию судов и защите окружающей среды, разработанные для снижения риска и предупреждения загрязнения морской среды, используются не только в Антарктике. В данном документе содержится информация о ряде существующих мер ИМО. Необходимо рассмотреть возможности снижения рисков столкновения, посадки на мель, а также защиты наиболее уязвимых участков, используя меры ИМО. АСОК призывает принять на КСДА Постановление о рассмотрении мер по данным вопросам.

Протокол об охране окружающей среды Антарктики, 1991-2011 гг. (IP 89) – В данном документе содержится информация о защите окружающей среды Антарктики с момента подписания Протокола об охране окружающей среды. За это время произошли некоторые значительные достижения, отдельные вопросы остаются открытыми, определенные меры представляются невыполнимыми относительно первоначальных обязательств. В общем, регион Антарктики находится под защитой, но он также испытывает всевозрастающее внешнее давление. Задача КСДА – эффективно реагировать на внешнее давление и не позволить национальным интересам взять верх над международными обязательствами и всеобщей пользой от защиты Антарктики.

Обзор выполнения Мадридского Протокола: ежегодные отчеты Сторон (Статья 17) (IP 113) – Данный документ касается ежегодной отчетности, указанной в Статье 17 Протокола. Хотя с момента вступления Протокола в силу уровень соблюдения данного требования Сторонами имел положительную тенденцию к повышению, он все еще остается относительно низким. Предоставление информационных документов через КООС и электронную систему обмена информацией – наиболее эффективные способы, доступные Сторонам для выполнения требований о ежегодном обмене информацией.

Эволюция следа человеческой деятельности: пространственное и временное измерение (IP 86) – В данном документе рассматривается причина важности концепции следа человеческой деятельности при определении ее влияния в Антарктике. Данная концепция широко обсуждалась с момента первого совещания КООС и требует более строго рассмотрения сложных аспектов всевозрастающего присутствия человека в Антарктике. АСОК подготовила плакат, демонстрирующий след от человеческой деятельности в Антарктике.

4. *Другие важные вопросы для рассмотрения на XXXIV КСДА*

- Первоочередной задачей для всех КСДА должно быть наискорейшее введение в действие **Приложения VI об ответственности за чрезвычайные экологические ситуации**. АСОК настоятельно рекомендует всем Сторонам удвоить свои усилия в течение следующего года с целью разрешения остающихся вопросов, с тем чтобы чтобы Приложение VI можно было ратифицировать и ввести действие в 2012 году.

- **Биологические исследования** все еще недостаточно урегулированы. АСОК поддерживает стандарты управления такими исследованиями, включая более прозрачное совместное использование данных и информации Сторонами. Согласно Постановлению 9 (2009 г.), АСОК призывает все Стороны возобновить обсуждение вопроса биопиратства.

5. *Заключение*

Антарктика претерпевает большое давление вследствие глобального изменения климата и разнообразной деятельности. АСОК надеется, что КСДА предпримет в Буэнос-Айресе конкретные действия, которые позволят и далее обеспечивать защиту Антарктики.

Доклад Международной ассоциации антарктических туроператоров 2010-11 гг.

Согласно Ст. III (2) Договора об Антарктике

Введение

Международная ассоциация антарктических туристических операторов (МААТО) с удовольствием сообщает КСДА XXXIV об итогах своей деятельности в соответствии со статьей III (2) Договора об Антарктике.

В свой 20-летний юбилейный год работы МААТО продолжает концентрировать свою деятельность на поддержке своей миссии для обеспечения:

- эффективного ежедневного управления деятельностью членов организации;
- информационно-образовательной деятельности, в том числе сотрудничества по научным вопросам;
- развития и продвижения индустрии туризма в Антарктике.

Подробное описание МААТО, ее миссии, основных видов деятельности и недавних событий можно найти в Информационном бюллетене 2010-11 гг. и на веб-сайте МААТО: www.iaato.org.

Члены и деятельность МААТО в 2010-11 гг.

МААТО состоит из 108 Членов, Ассоциированных членов и Аффилированных членов. Офисы Членов Ассоциации расположены по всему миру, представляя 57% Консультативных Сторон Договора об Антарктике, и ежегодно осуществляя перевозки в Антарктику представителей практически от всех Сторон Договора.

В туристическом сезоне 2010-11 гг. в Антарктике общее число посетителей сократилось на 8,3% и составило 33824 человек, по сравнению с предыдущим сезоном (36 875 посетителей в 2009-10 гг.). Эти цифры отражают лишь количество лиц, путешествующих с компаниями-членами МААТО. Подробную информацию по туристической статистике можно найти в Информационном документе КСДА XXXIV IP106 *Обзор МААТО по антарктическому туризму: сезон 2010-11 гг. и предварительный прогноз на 2011-12 гг.* Каталог Членов Ассоциации и дополнительные статистические данные о деятельности МААТО находятся по адресу: *www.iaato.org*.

Ежегодное заседание МААТО и участие в других совещаниях в 2010-11 гг.

Сотрудники Секретариата МААТО и представители Членов Ассоциации приняли участие во внутренних и внешних совещаниях в сотрудничестве с Национальными антарктическими программами, государственными, научными, экологическими и промышленными организациями.

- На 22-м Ежегодном совещании МААТО (9-12 мая 2011 года, Хобарт, Тасмания, Австралия) присутствовали более 80 участников. В заседании приняли участие представители от Стороны Договора Австралии и Чили, а также представители АНТКОМ, КОМНАП МГО / ГКА и других заинтересованных сторон. Среди значительных итогов работы совещания:

  - Соглашение продолжать работу над расширенной Системой наблюдателей МААТО. Дополнительные сведения содержатся в Информационном документе КСДА XXXIV IP107 *Разработка расширенной Системы наблюдателей МААТО.*

  - Неизменная приверженность к просветительской деятельности, направленной на предоставление информации персоналу яхт, не входящих в состав членов МААТО, чья активность связана с Антарктическим регионом. Дополнительные сведения содержатся в Информационном документе КСДА XXXIV IP014 *Информационная кампания МААТО для персонала яхт.*

- Доклад о положительных результатах, достигнутых благодаря проведенной МААТО онлайн-оценке персонала полевых объектов. Более 70 руководителей экспедиций (РЭ) и помощников руководителей экспедиции (ПРЭ), сотрудничающих с компаниями-членами МААТО, к настоящему времени прошли тест, который предназначен для обеспечения дополнительной подготовки и углубления знаний полевого персонала по содержанию *Руководства МААТО по осуществлению деятельности на объекте (РДО)*. Почти все операторы судов - члены МААТО поддержали эту инициативу и приняли участие в тесте, а одна из компаний-членов Ассоциации требует прохождение теста в качестве условия принятия на работу РЭ и ПРЭ. В 2011-12 гг. область исследования будет расширена и охватит, кроме деятельности судов на полуострове, еще район моря Росса / Восточноантарктический регион. В настоящее время разрабатывается также версия оценки для операторов наземного туризма. Персонал на объектах теперь может пройти тестирование в режиме онлайн.

- Обновленная информация от Рабочей группы МААТО по проблемам изменения климата. Дополнительные сведения содержатся в Информационном документе КСДА XXXIV IP0103 *Рабочая группа МААТО по проблемам изменения климата: доклад о ведении деятельности.*

12 мая 2011 года в офисе Австралийского антарктического отделения (ААО) Департамента охраны природы в Кингстоне, Тасмания, Члены МААТО, представители ААО и других заинтересованных сторон приняли участие в неофициальном обсуждении за круглым столом по вопросам, касающимся антарктического туризма. Краткий доклад о ходе обсуждения будет подготовлен и доступен для Сторон Договора.

- Представитель МААТО присутствовал на заседании КОМНАП XXII в Буэнос-Айресе, Аргентина, а также на Семинаре по проблемам неместных видов. Деятельность членов МААТО по ликвидации интродукции неместных видов получила высокую оценку на семинаре, а также были выработаны и переданы операторам МААТО дополнительные профилактические рекомендации. На заседании по обсуждению Полярного кодекса ИМО МААТО представила доклад о своем подходе к оценке рисков и выразила заинтересованность в участии в работе по созданию базы данных по авариям, происшествиям и их предпосылкам для повышения безопасности и использования накопленного опыта. МААТО поддерживает дальнейшее сотрудничество и взаимодействие между своими членами и Национальными антарктическими программами.

- Четыре представителя МААТО приняли участие 10-м совещании Международной гидрографической организации / Гидрографической комиссии по Антарктике (МГО / ГКА) в Кембридже, Великобритания. Обсуждались такие функции судов МААТО как «попутное судно», которые способствуют сбору полезной гидрографической информации, в том числе, для создания карт загрязненных территорий и пояснительных диаграмм; использование программ регистрации простых данных; сбор и классификация данных с судов МААТО Гидрографическими службами (ГС); и работа исследовательских групп ГС. Один из представителей МААТО также согласился предоставить ГКА комментарии по текущему плану приоритетов исследования. МААТО будет по-прежнему рекомендовать к использованию суда МААТО в качестве попутных судов для сбора гидрографических данных.

- МААТО направила своего представителя на 54-е и 55-е заседания Подкомитета Международной морской организации (ИМО) по проектированию и оборудованию (ПиО) в Лондоне, в качестве советника Международной ассоциации круизных компаний (МАКК). Осознавая важность обязательной разработки Полярного кодекса, МААТО приняла участие в рабочих группах на обоих совещаниях и будет участвовать в работе межсессионной корреспондентской группы, которая осуществляется в настоящее время. МААТО продолжает сотрудничать с независимым консультантом по вопросам морской безопасности с целью проведения углубленного исследования и оценки рисков.

- Представитель МААТО принял участие в Семинаре по проблемам сохранения Антарктики в Южной Африке в мае 2011 года, организованном Научным комитетом по антарктическим исследованиям (СКАР). На семинаре были рассмотрены нынешние и перспективные задачи по сохранению ресурсов Антарктики и пути их решения.

- МААТО было предложено принять участие в Конференции по антарктическому туризму 6 ноября 2010 года в Пунта-Аренас, Чили. Основными событиями конференции стали выступления Президента Чили Себастьяна Пиньера и Президента Эквадора Рафаэля Корреа. МААТО с удовольствием представила доклад о своей роли и миссии в Антарктике.

- 23-е Ежегодное совещание МААТО планируется провести 1-3 мая 2012 года в Провиденсе, Род-Айленд, США. Заинтересованным Сторонам Договора, которые хотели бы присутствовать или выступить с докладом, предлагается связаться с МААТО по электронному адресу: iaato@iaato.org.

Мониторинг окружающей среды

МААТО продолжает предоставлять КСДА и КООС подробные сведения о деятельности Членов Ассоциации в Антарктике. Более подробную информацию можно найти в Информационном документе КСДА XXXIV IP106 *Обзор МААТО по антарктическому туризму: сезон 2010-11 гг. и предварительный прогноз на антарктический сезон 2011-12 гг.* и в Информационном документе КСДА XXXIV IP105 *Доклад по использованию операторами МААТО посадочных площадок Антарктического полуострова и Руководство КСДА по посещению объектов, сезоны 2009-10 гг. и 2010 -11 гг.* МААТО приветствует возможности для совместной работы с научными учреждениями по решению конкретных вопросов в области экологического мониторинга, такие как сотрудничество с фондом по проблемам живых ресурсов Антарктики Oceanites, использование Базы данных антарктических объектов и сотрудничество с Университетом Мэриленда и Университетом Стелленбоша, о которых идет речь в Информационном документе КСДА XXXIII IP112 *Доклад Международной ассоциации антарктических туристических операторов* и АТСМ XXXIII IP2 *Spatial Patterns of Tour Ship Traffic in the Antarctic Peninsula Region.*

Туристические происшествия 2010-11 гг.; Обновленные данные по туристическим происшествиям 2008-09 гг. и 2009-10 гг.

Происшествия сезона 2010-11 гг.:

- Компания Arctic Trucks, субподрядчик Станции Члена МААТО, не выполнила предписания руководящих принципов НПО по ОУРА № 5 Южнополярная станция Амундсен-Скотт, Южный полюс. МААТО обсуждала данный инцидент с ГНФ в феврале 2011 года, а также МААТО был поднят общий вопрос об осведомленности субподрядчиков о своих обязательствах.

- Возможное вредное вмешательство в жизнедеятельность морских слонов на Hannah Point. Дополнительные сведения приведены в Информационном документе КСДА XXXIV IP104 *Предлагаемая поправка к Правилам поведения на объектах Договора об Антарктике для Hannah Point.*

-

- На лайнере *Clelia II* произошло повреждение иллюминатора на средней палубе и нарушения работы электрических приборов / средств связи, когда в него ударила большая волна во время шторма в проливе Дрейка 7 декабря 2010 года. Судно благополучно вернулось в порт Ушуайя, о травмах пассажиров сведений не поступило, была информация о незначительной травме одного из членов экипажа.

- Лайнер *Polar Star* ударился о необозначенную скалу во время постановки на якорь на севере от острова Детай 31 января 2011 года. После проведения подводного обследования на станции Арктовски государство флага судна (Барбадос) рекомендовало пересадить пассажиров на другие суда для возвращения в порт Ушуайя. Это было сделано 3 февраля, и 6 февраля все пассажиры вернулись в порт Ушуайя на борту других судов МААТО *Marina Svetaeva*, *Expedition* и *Ushuaia*. Сообщений о травмах пассажиров или экипажа не поступало, а *Polar Star* также благополучно вернулся в порт Ушуайя.

Новые сообщения о происшествиях в предыдущем сезоне:

- Морской комитет МААТО рассмотрел проект доклада Панамы о посадке на мель лайнера *Ushuaia* в 2008 году и последующие действия по смягчению последствий, предпринятые оператором, отметив, что принятые меры являются хорошим примером полезного опыта.

- МААТО запросила и ожидает от Багамских островов заключительный отчет государства флага в отношении посадки на мель лайнера *Ocean Nova*, которая произошла 17 февраля 2009 года.

- МААТО была проинформирована Мальтой, что отчет государства флага не является обязательным, относительно повреждений винта и вала, которые произошли, когда судно *Clelia II* ударилось о скалу вблизи острова Петерманн 6 декабря 2009 года.

Обеспечение научной поддержки и содействие сохранению наследия региона

В сезоне 2010-11 гг. Членами МААТО было с оптимальными затратами доставлено на станции и обратно со станций, полевых объектов и перевалочных портов более 100 научных работников, технического персонала и специалистов по сохранению культурного наследия, а также оборудования и материалов, используемых этими сотрудниками.

Кроме того, члены МААТО и их пассажиры внесли 316500 долларов США в фонд научных и природоохранных организаций и проектов, действующих в Антарктике и субантарктическом регионе, такие как кампания по спасению альбатросов (Save the Albatross), Фонд исторического наследия Южной Георгии (South Georgia Heritage Trust), британский фонд по проблемам сохранения наследия Антарктики (UK Antarctic Heritage Trust), фонд Last Ocean, фонд «Хижины Моусона» (Mawson Huts Foundation), новозеландский фонд по проблемам сохранения наследия Антарктики (NZ Antarctic Heritage Trust), организация по проблемам живых ресурсов Антарктики Oceanites и Всемирный фонд дикой природы (the World Wildlife Fund).

С благодарностью - Сотрудничество с Национальными программами, Сторонами Договора об Антарктике и всеми заинтересованными лицами, занимающимися проблемами Антарктики

МААТО высоко ценит возможность работать совместно со Сторонами Договора об Антарктике, КОМНАП, СКАР, АНТКОМ, МГО / ГКА, АСОК и другими партнерами в целях обеспечения постоянной охраны ресурсов Антарктического региона.

Доклад Международной гидрографической организации (МГО) «О сотрудничестве в области гидрографического обследования и гидрографического картографирования вод Антарктики»

Введение

Международная гидрографическая организация (МГО), согласно Конвенции ООН по морскому праву, является компетентной международной организацией, которая на международном уровне координирует разработку стандартов для выработки гидрографических данных и предоставление гидрографических услуг с целью содействия безопасной навигации, а также охране и рациональному использованию морской среды. Миссия МГО заключается в создании глобальной среды, в которой государства предоставляют достаточные и актуальные гидрографические данные, продукты и услуги для самого широкого применения.

С целью концентрации своих усилий МГО имеет несколько Региональных гидрографических комиссий и создала Гидрографическую комиссию по Антарктике (ГКА), которая призвана способствовать техническому сотрудничеству в области гидрографической съемки, морской картографии и навигационной информации в регионе Антарктики. Данный доклад содержит краткий обзор основных координационных действий, предпринятых со времени прошлого КСДА.

МГО работает в тесном контакте с различными организациями, занимающимися антарктической проблематикой и имеющими интересы в Антарктике, в целях укрепления сотрудничества, направленного на повышение безопасности жизни на море, безопасности навигации, охрану морской среды и участие в морских научных исследованиях в Антарктике.

1.- Основные координационные действия (в хронологическом порядке)

1.1. Участие МГО/ГКА в XXI Совещании МААТО

На XXI Ежегодном совещании МААТО, которое состоялось 21–24 июня 2010 г. в Турине, Италия, ГКА и Председатель Рабочей группы по определению приоритетности гидрографических обследований ГКА представили ряд презентаций под названием «Важность гидрографической деятельности в Антарктике».

Цель этих презентаций заключалась в том, чтобы повысить осознание на оперативном уровне важности гидрографической деятельности в Антарктике; достичь лучшего понимания со стороны МААТО существующих факторов риска, связанных с сегодняшним состоянием картографирования в регионе, и действий, предпринимаемых МГО/ГКА для ликвидации имеющихся пробелов; и, наконец, совместно изучить вопрос о том, какой вклад может внести МААТО в усилия МГО и ГКА, направленные на улучшение ситуации.

Первая презентация освещала деятельность МГО и МГО/ГКА в Антарктике; роль, приоритеты и достижения МГО; Правило 9 Главы V Международной конвенции об охране жизни людей на море (СОЛАС) применительно к Антарктике, а также взаимоотношения МГО и МААТО. Вторая презентация содержала описание путей морского судоходства и подход к определению приоритетов для картографирования, а также описание проделанной работы и планы дальнейшей работы. Была предоставлена информация о некоторых исследованиях конкретных случаев, а также о том, как гидрографические знания снижают риски. Наконец, были рассмотрены некоторые предложения, которые организации МААТО могла бы реализовать на практике для повышения доступности надежных навигационных карт вод Антарктики. В частности, были разъяснены Правила сбора и предоставления гидрографических данных, полученных судами, выполняющими океанографические исследования в Антарктике.

Участники воспользовались возможностью подробно обсудить вопросы, касающиеся безопасности навигации, и свое потенциальное участие в деятельности по углублению гидрографических знаний о водах Антарктики. Особый интерес был проявлен к технологиям, которые планируется применять на круизных судах, поскольку, по мнению участников, собранные данные будут являться конкретным потенциальным вкладом МААТО в усилия МГО/ГКА, если эти данные будут получены с соблюдением соответствующих стандартов. МААТО подтвердила свою готовность продолжать сотрудничество и участвовать в совещаниях МГО/ГКА. В заключение было отмечено, что участие представителей МГО/ГКА в Ежегодном совещании МААТО открыло новые возможности для взаимного сотрудничества с целью повышения безопасности навигации и улучшения охраны морской среды в водах Антарктики.

1.2. X Совещание Гидрографической комиссии по Антарктике МГО

X Совещание Гидрографической комиссии по Антарктике (ГКА) состоялось 20–22 сентября 2010 г. в Кембридже, Великобритания, и было организовано Гидрографической службой Великобритании при поддержке Антарктической службы Великобритании.

Д-р Ник ОУЭНС (Nick OWENS), директор Антарктической службы Великобритании, приветствовал всех участников и подчеркнул важность деятельности ГКА. Председатель, капитан ГОРСИЛЬЯ (директор МГБ), поблагодарил его за теплые слова и также приветствовал присутствующих на совещании представителей 16 стран (Аргентина, Австралия, Бразилия, Чили, Эквадор, Франция, Германия, Индия, Республика Корея, Новая Зеландия, Норвегия, Перу, ЮАР, Испания, Великобритания и США) из 23 стран-членов МГО (см. **Приложение A**), а также представителей 5 международных организаций и проектов (КОМНАП, МААТО, МАМС, GEBCO, IBCSO). На совещании также присутствовал и активно участвовал в его работе представитель Министерства иностранных дел и по делам Содружества Великобритании.

Комиссия избрала коммодора Рода НЕЙРНА (Rod NAIRN), Австралия, Вице-президентом ГКА; изучила статус действий, согласованных на прошлом совещании, обсудила ход их выполнения и установила, что почти все действия были выполнены. Были сделаны комментарии к докладам, подготовленным МААТО, МАМС, GEBCO и IBCSO, а также к докладам, подготовленным странами-членами ГКА. Также рассматривались и обсуждались отчеты о ходе выполнения работ в соответствии с планом ИНТ-карт, о плане и составлении электронных навигационных карт (ЭНК); о статусе C-55 относительно Антарктики; а также о геоинформационной системе Антарктики, разрабатываемой в Международном гидрографическом бюро. Было определено несколько действий, необходимых для дальнейшего продвижения этой работы. Комиссия выразила сожаление в связи с отсутствием представителей и докладов от ИМО, МОК и Секретариата Договора об Антарктике.

Комиссия с удовлетворением отметила постоянную поддержку и вклад со стороны МААТО. На совещании присутствовала делегация МААТО в составе четырех представителей, что явно свидетельствует об интересе к работе ГКА. Комиссия подробно обсудила итоги семинара, проведенного ГКА на последнем Ежегодном совещании МААТО в июне 2010 г., а также посещения судов МААТО перед отбытием в Антарктику, инструктажи для капитанов относительно процедуры сбора и предоставления гидрографических данных, собираемых судами, выполняющими океанографические исследования. Что касается последней темы, МААТО предложила собрать и сделать доступными все имеющиеся старые батиметрические данные, собранные судами МААТО; участники договорились продолжить практику посещений судов, и была создана группа для изучения дополнительных действий, необходимых в будущем для выполнения существующей процедуры.

Особая дискуссия была проведена относительно наличия электронных навигационных карт, включающих воды Антарктики. Было достигнуто соглашение о том, чтобы включить в доклад МГО на следующем КСДА вопрос о статусе производства ЭНК и призыв обеспечить большую доступность ЭНК как механизма повышения безопасности судоходства и охраны морской среды региона. Также было достигнуто соглашение о подготовке и передаче в МГО документа, содержащего информацию о реальном покрытии ЭНК вод Антарктики к 2012 году в связи с недостатком батиметрических данных, несогласованностью данных и другими факторами. Международному гидрографическому бюро, которое является координатором ИНТ-карты Антарктики, было предложено разработать план составления крупномасштабной ЭНК и представить его на рассмотрение ГКА.

Рабочая группа по определению приоритетности гидрографических обследований продолжает анализировать существующие потребности, и ее работа будет улучшена благодаря результатам новой оценки путей морского судоходства и требованиям к топографической съемке, которые будут выработаны всеми членами ГКА. Ожидается, что в эти усилия внесет свой вклад и организация МААТО, которая согласилась изучить планы топографической съемки ГКА.

Приняв любезное приглашение Гидрографической службы Австралии, Комиссия решила провести XI Совещание ГКА 5–7 октября 2011 г. в Хобарт, штат Тасмания, Австралия.

1.3 Участие МГО/ГКА в Совещании по картографированию морского дна Арктики и Антарктики

Организаторами этого совещания, целью которого было объединение основных организаций, ведущих батиметрическое картографирование в водах Арктики и Антарктики, выступили профессор Стокгольмского университета Мартин Якобссон (Martin Jakobsson), Швеция (проект IBCAO), и д-р Ханс-Вернер Шенке (Hans-Werner Schenke) (проект IBCSO), специалист Института полярных и морских исследований Альфреда Вегенера, Германия. Мероприятие получило название «Совещание по картографированию морского дна Арктики и Антарктики – 2011» и было проведено 3–5 мая в Стокгольме, Швеция; в качестве принимающей стороны выступил факультет геологических наук Стокгольмского университета.

«Международная батиметрическая карта Северного Ледовитого океана» (IBCAO) и «Международная батиметрическая карта Южного океана» (IBCSO) – это два проекта, целью которых является составление самых актуальных батиметрических изображений этих двух регионов. Совещание было определено в качестве координирующего механизма для улучшения реализации проектов IBCAO и IBCSO, а также для обсуждения областей применения и технических требований к региональным батиметрическим картам.

Исполнительный секретарь МОК произнес вступительную речь на тему «Почему нам нужно больше знать об Антарктике и Южном океане?», а председатель МГО/ГКА выступил с докладом «О состоянии гидрографического обследования и навигационного картографирования в Антарктике». На совещании присутствовало около 50 представителей из 15 стран и было сделано 11 устных презентаций на тему «Картографирование морского дна Арктики» и 7 – на тему «Картографирование морского дна Антарктики». Кроме того, пять презентаций было посвящено новым методам компиляции данных и реализации проектов IBCAO и IBCSO, после чего состоялись отдельные заседания по секциям Арктики и Антарктики. Кроме того, было проведено заседание с представлением стендовых докладов.

Для обоих проектов по созданию международных батиметрических карт были выполнены организационные действия и определены члены соответствующих редакционных коллегий. Координирование этих двух проектов по созданию международных батиметрических карт и, соответственно, работы Региональной гидрографической комиссии и Гидрографической комиссии по Антарктике было признано крайне важным для улучшения ситуации с картографированием морского дна этих регионов. Также были определены технические детали и предоставляемые итоговые материалы и скоординировано их выполнение. Была выражена признательность головным организациям GEBCO, МОК и в особенности МГО за их усилия, направленные на содействие разработке этих проектов. Проект Японского фонда GEBCO был определен в качестве потенциальной опоры для разработки антарктического проекта с целью продолжения работы по компиляции батиметрических данных, проведенной IBCSO на сегодняшний день. Для дальнейшего наблюдения и придания импульса этой деятельности было решено провести следующее совместное координационное совещание в мае 2010 г., место проведения будет определено позднее.

1.4 Участие МГО/ГКА в XXII Ежегодном совещании МААТО

На XXII Ежегодном совещании МААТО, которое состоялось 10 мая 2011 года в г. Хобарт, Австралия, МГО/ГКА получила возможность предоставить участникам информацию о последующих действиях и результатах, достигнутых со времени прошлого совещания ГКА в Кембридже при участии МААТО. Вице-президент ГКА представлял МГО/ГКА на этом мероприятии.

Действие 10/1: Предложить МААТО сделать доступными прошлые батиметрические данные в целях совершенствования процесса принятия решений относительно установления приоритетов для гидрографических обследований. Данные могут быть предоставлены в МГБ или напрямую Председателю Рабочей группы по определению приоритетности гидрографических обследований.

Итог – участие МААТО началось и в МГБ были получены данные, позволяющие МГБ контактировать с государствами, работающими над созданием карт, и сообщать им о существовании такой информации, которая является полезной для серии ИНТ-карт. Это постоянный процесс. Фактически, данные были переданы в Гидрографическую службу Великобритании. Это положительный признак, который следует признать и поощрять для стимулирования дальнейшего предоставления данных.

Действие 10/2: Разрабатывать дальнейшие дополнительные действия на будущее для осуществления посещений судов и рекомендации относительно процедуры посещений судов МААТО. Поручить МГБ разослать эти процедуры соответствующим сторонам.

Результат – процедура находится в процессе разработки.

Действие 10/3: Скоординировать визит гидрографических геодезистов из Аргентины, Австралии, Бразилии, Чили, Новой Зеландии и Великобритании на корабле Британских ВМС «Скотт» для посещения судов МААТО при заходе корабля в порты по пути в Антарктику или в Антарктике с целью предоставления консультаций по вопросам сбора и предоставления гидрографических данных и представить отчет о посещениях на XI Совещании ГКА.

Результат – предложить МААТО рассмотреть возможность прямых контактов с соответствующими странами-членами ГКА во время всех возможных заходов в порт до и после экспедиции в Антарктику с целью обеспечить беспрепятственный обмен информацией, для того чтобы сбор гидрографических данных осуществлялся в соответствии с установленными протоколами и чтобы содействовать своевременной доставке собранных данных. Суда МААТО выполняют это действие совместно с соответствующими гидрографическими службами.

В презентации также было отмечено, что МААТО подняла вопрос о том, что некоторые международные карты не содержат исчерпывающей информации. Для преодоления такой ситуации были предприняты следующие меры:

a) странам-членам поручено предпринять конкретные действия для предоставления ими дополнительных данных гидрографических обследований стране, занимающейся составлением ИНТ-КАРТ;

b) составлен Каталог национальных карт Антарктики, который был опубликован на веб-сайте ГКА в феврале 2011 г.

Что касается наличия ЭНК, было указано, что Национальные гидрографические службы прилагают максимальные усилия к тому, чтобы завершить включение своих прибрежных вод и ИЭЗ в электронные навигационные карты в сроки, установленные МГО, до введения требования об обязательном наличии Электронной картографической навигационной информационной системы (ЭКНИС). Теперь, когда истек срок для предварительного включения информации в ЭНК и большинство прибрежных государств завершили включение своих ИЭЗ в электронные навигационные карты, можно ожидать, что ситуации с отображением Антарктики на таких картах начнет быстро улучшаться. Однако следует учесть, что ЭНК точна ровно настолько, насколько точны данные, на основе которых она составлена, – если существующая бумажная карта является неполной (содержит необследованные районы и т. п.), то и составленная на ее основе ЭНК также будет неполной.

Представитель МГО/ГКА стремится продолжать сотрудничество с МААТО, в частности, с целью:

(i)   призвать государства, реализующие антарктические программы, собирать как можно больше гидрографической информации и передавать эту информацию государству, которое ведет работу по созданию Международной карты, и/или МГБ;

(ii)   оказывать давление на национальные правительства и гидрографические службы для того, чтобы повысить приоритетность создания карты Антарктики;

(iii)   призвать все суда, плавающие в водах Антарктики, по пути осуществлять сбор гидрографической информации и предоставлять ее в МГО или органу по вопросам картографирования;

(iv)   искать методы и системы для автоматизации сбора данных и упрощения предоставления информации, при этом сохраняя необходимые метаданные, для того чтобы их можно было оценить и использовать.

2.- Состояние гидрографических обследований и создание навигационной карты

2.1 Гидрографические обследования

Из 13 национальных отчетов, представленных на последнем совещании ГКА, только в 6 отчетах было указано, что систематические гидрографические обследования были проведены в течение сезона 2009/2010 гг. Два из них соответствуют обследованиям, проведенным с помощью научных судов, участвующих в более масштабных проектах, во время которых были собраны батиметрические данные, которые, как мы полагаем, были переданы в национальные гидрографические службы для использования в целях улучшения навигационных карт. Что касается сезона 2010/2011 гг., то оценки пока нет.

Ожидается, что после сдачи в эксплуатацию новых исследовательских судов и установки современного оборудования на борту гидрографических судов, в ближайшем будущем улучшится способность проводить обследования в Антарктике.

Высоко оценен вклад судов МААТО и других судов, выполняющих океанографические исследования, и собранная ими информация полезна для организаций, занимающихся вопросами картографирования.

Рабочая группа по определению приоритетности гидрографических обследований ГКА, сотрудничая с КОМНАП и МААТО, продолжает выполнять свои обязанности и подготавливать графические изображения, отражающие результаты гидрографических обследований районов, входящих в список приоритетных, и соответствующие ИНТ-карты.

2.2 Создание навигационных карт

До начала 1990-х годов отображение Антарктики на навигационных картах ограничивалось картами, составленными гидрографическими службами ряда стран-членов МГО и отображающими интересующие их районы. Сведения на картах были непоследовательными и часто дублировались.

Для того чтобы привести в соответствие сведения, содержащиеся на картах, оптимизировать затраты на производство и лучше удовлетворять потребности мореплавателей, МГО приняла план составления международных (ИНТ) карт вод Антарктики, в основу которого легли следующие критерии:

- достаточное покрытие для международного судоходства;
- соответствие техническим требованиям МГО применительно к картам;
- количество карт должно быть минимальным;
- конкретные сведения о доступе к постоянным научным базам и в районы, наиболее часто посещаемые круизными судами;
- страны-члены ГКА несут добровольную ответственность за составление карт;
- принятие системы координат WGS-84 в качестве общих исходных геодезических данных.

Общим результатом является последовательный план составления ИНТ-карт, предусматривающий приблизительно 108 карт, из которых примерно половина охватывает Антарктический полуостров. План предусматривает непрерывную серию карт побережья в малом масштабе (1:10 000 000 и 1: 2 000 000), карты в среднем масштабе (от 1:150 000 до 1:500 000), отображающую местность на подходах к научным базам, и карты в крупном масштабе (от 1:10 000 до 1:50 000), отображающих местность вокруг баз и важные проходы.

В составлении этих ИНТ-карт принимают участие 17 стран-участниц МГО: Аргентина, Австралия, Бразилия, Чили, Франция, Германия, Индия, Италия, Япония, Новая Зеландия, Норвегия, Перу, Российская Федерация, ЮАР, Испания, Великобритания и США. По состоянию на март 2011 г. было опубликовано порядка 65 ИНТ-карт (см. **Приложение B**).

 Залогом продвижения работы по созданию ИНТ-карт является наличие высококачественных данных гидрографических обследований соответствующих районов. Для многих районов, еще не нанесенных на карту, данные либо отсутствуют, либо они устарели и их качество неудовлетворительно. Поэтому любое существенное продвижение к завершению составления карт, предусмотренных всем планом, будет зависеть от возможности проведения гидрографических обследований в соответствии с современными стандартами.

Отдаленность и враждебная окружающая среда этой зоны обусловливают высокую стоимость обследований. Это обстоятельство, а также то, что страны-члены ГКА отдают приоритет обследованию своих национальных вод – вот два фактора, сдерживающих ход работы по составлению карт Антарктики.

Прилагаются значительные усилия для подготовки электронных навигационных карт (ЭНК) Антарктики.

На сегодняшний день было определено, что гидрографические службы, добровольно принявшие на себя обязанность по составлению бумажных ИНТ-карт, перечисленных в Плане ИНТ-карт, также будут ответственны за составление соответствующих ЭНК, охватывающих этот район.

В МГО/ГКА уже достигнута договоренность относительно плана карт в мелком и среднем масштабе для ЭНК, охватывающих воды Антарктики, а также ведется работа по подготовке плана крупномасштабных карт на основе существующих бумажных карт и с учетом других требований.

Несколько гидрографических служб начали составление ЭНК, охватывающих воды Антарктики. На данный момент существует 48 ЭНК (см. **Приложение** C), и производственная программа на ближайшее будущее выглядит обнадеживающей. Тем не менее, что касается районов, которые из-за отсутствия достоверных данных не могут быть отображены на ИНТ-картах в бумажном виде, то такая же проблема, вероятно, возникнет и с версией ЭНК, поэтому не следует ожидать, что ЭНК заполнят существующие пробелы в ближайшей или среднесрочной перспективе, так как движение вперед будет возможно только после проведения новых гидрографических обследований.

3.- *Выводы*

13. МГО/ГКА по-прежнему выражает озабоченность в связи с крайне медленным продвижением вперед в области сбора батиметрических данных в 2009/2010 гг., что связано с малым количеством проводимых гидрографических обследований.

14. Несколько гидрографических служб ведут работу по составлению ЭНК, охватывающих воды Антарктики, в соответствии с планом ЭНК, согласованном участниками МГО/ГКА. Однако следует учитывать, что ЭНК точны настолько, насколько точны данные, на основе которых они составлены.

15. МГО/ГКА благодарит за сотрудничество и участие и выражает признательность некоторым международным организациям, в частности МААТО и исследовательским организациям, которые обеспечили доступность старых подборок важных батиметрических данных, а предоставили новые стандартизованные данные гидрографических обследований. Эти коллективные усилия непосредственно содействуют составлению ИНТ-карт и ЭНК, охватывающих воды Антарктики.

4.- *Рекомендации*

XXXIV Консультативному Совещанию по Договору об Антарктике рекомендуется:

1. Принять к сведению доклад МГО.

2. Призвать гидрографические службы стран, относящихся к Системе Договора об Антарктике, ускорить составление ЭНК на основе существующей информации и проводить гидрографические обследования участков приоритетных районов, определенных МГО/ГКА, данные о которые отсутствуют, для того чтобы обеспечить возможность составления ИНТ-карт и сделать карты доступными как можно быстрее.

Монако, май 2011 г.

ПРИЛОЖЕНИЯ (ТОЛЬКО НА АНГЛИЙСКОМ ЯЗЫКЕ):

A: Члены ГКА
B: Текущее состояние дел в связи с составлением ИНТ-карт (май 2011 г.)
C: Составление ЭНК (май 2011 г.)

Annex A

<u>HCA MEMBERSHIP</u>

(May 2011)

MEMBERS:
Argentina
Australia
Brazil
Chile
China
Ecuador
France
Germany
Greece
India
Italy
Japan
Korea, Republic of
New Zealand
Norway
Peru
Russian Federation
South Africa
Spain
United Kingdom
Uruguay
USA
Venezuela

OBSERVER ORGANIZATIONS:

Antarctic Treaty Secretariat (ATS)

Council of Managers of National Antarctic Programmes (COMNAP)

Standing Committee on Antarctic Logistics and Operations (SCALOP)

International Association of Antarctic Tour Operators (IAATO)

Scientific Committee on Antarctic Research (SCAR)

International Maritime Organization (IMO)

Intergovernmental Oceanographic Commission (IOC)

General Bathymetric Chart of the Oceans (GEBCO)

International Bathymetric Chart of the Southern Ocean (IBCSO)

IHO Data Center for Digital Bathymetry (DCDB)

Australian Antarctic Division

Antarctica New Zealand

Annex B

INT Chart Present Production Status (May 2011)

STATUS OF INTERNATIONAL CHART PRODUCTION IN ANTARCTICA
(1 of 2)

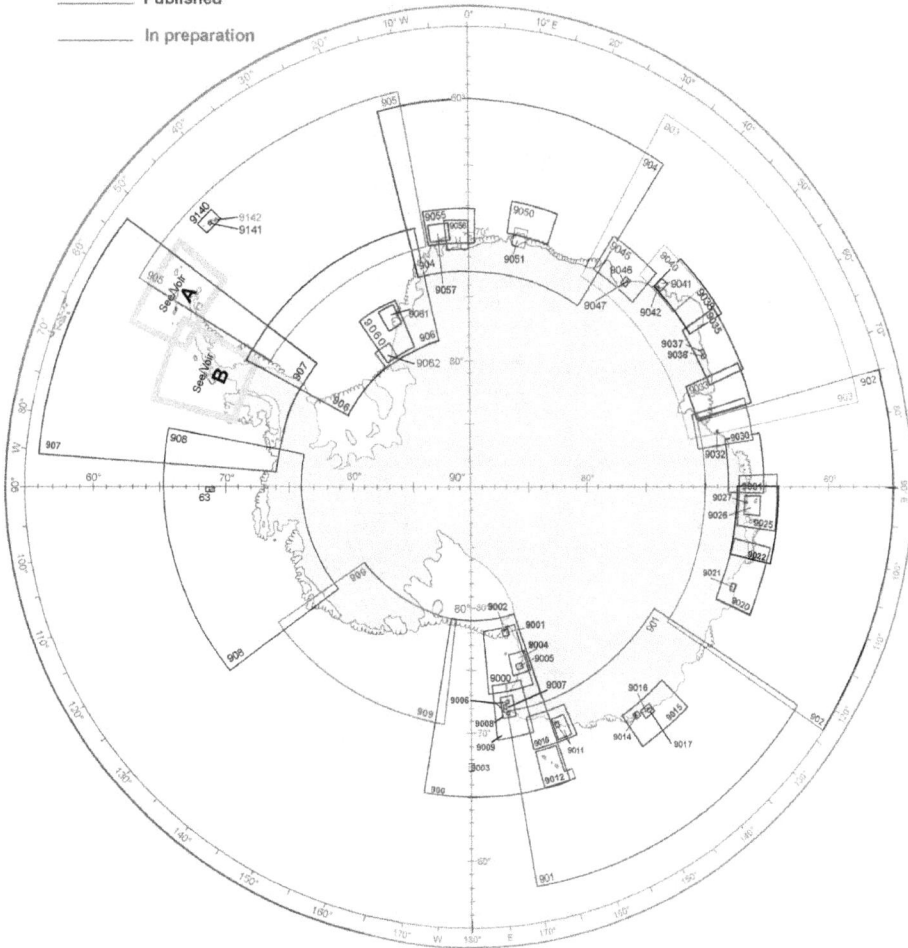

STATUS OF INTERNATIONAL CHART PRODUCTION IN ANTARCTICA
(2 of 2)

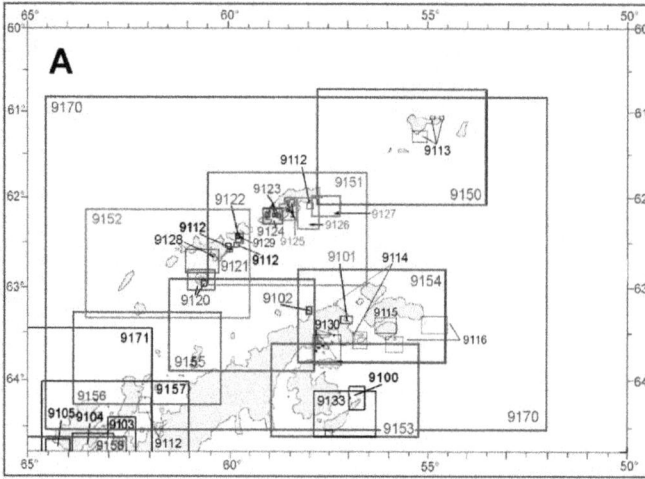

_____ **Not published**
_____ Published
_____ In preparation

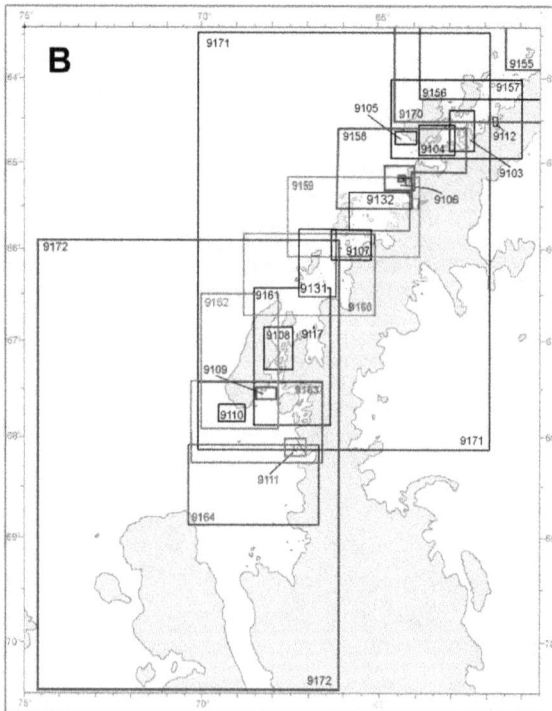

Annex C

ENC Production (May 2011)

STATUS OF ENC PRODUCTION IN ANTARCTICA (1 of 3)
SMALL-SCALE «OVERVIEW» ENCs
(based on the 1: 10M and 1: 2M INT Chart Series)

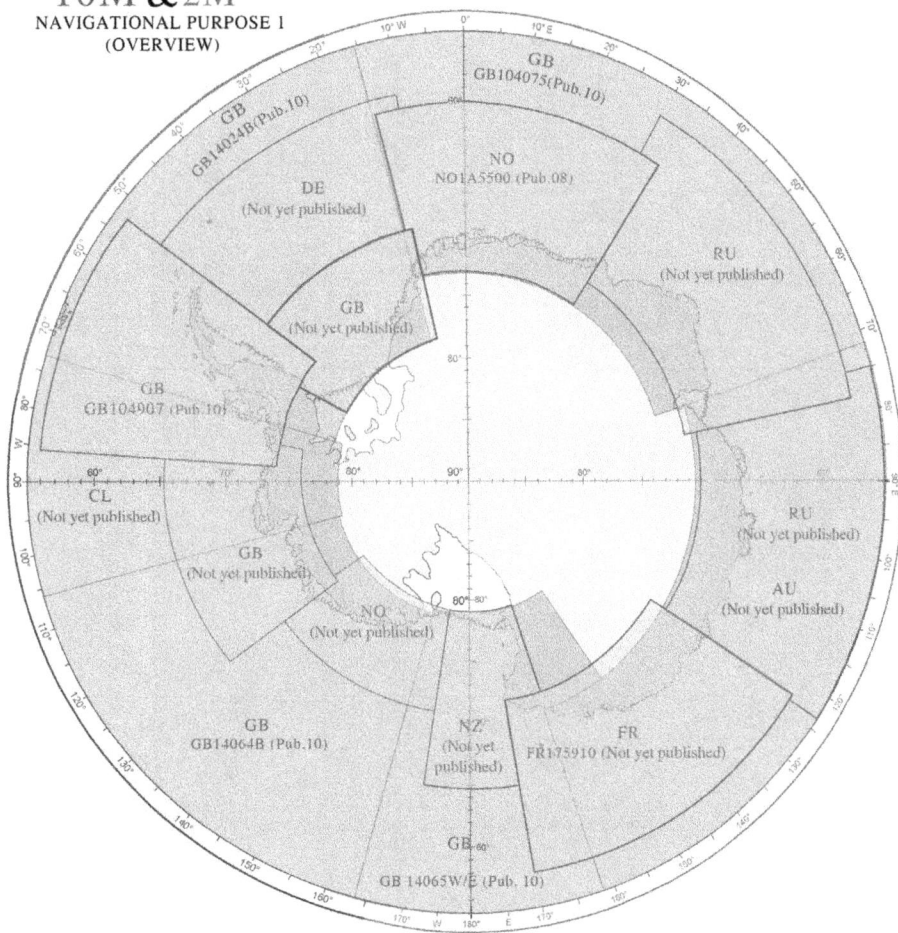

10M & 2M
NAVIGATIONAL PURPOSE 1
(OVERVIEW)

STATUS OF ENC PRODUCTION IN ANTARCTICA (2 of 3)
MEDIUM-SCALE « GENERAL» and «COASTAL» ENCs

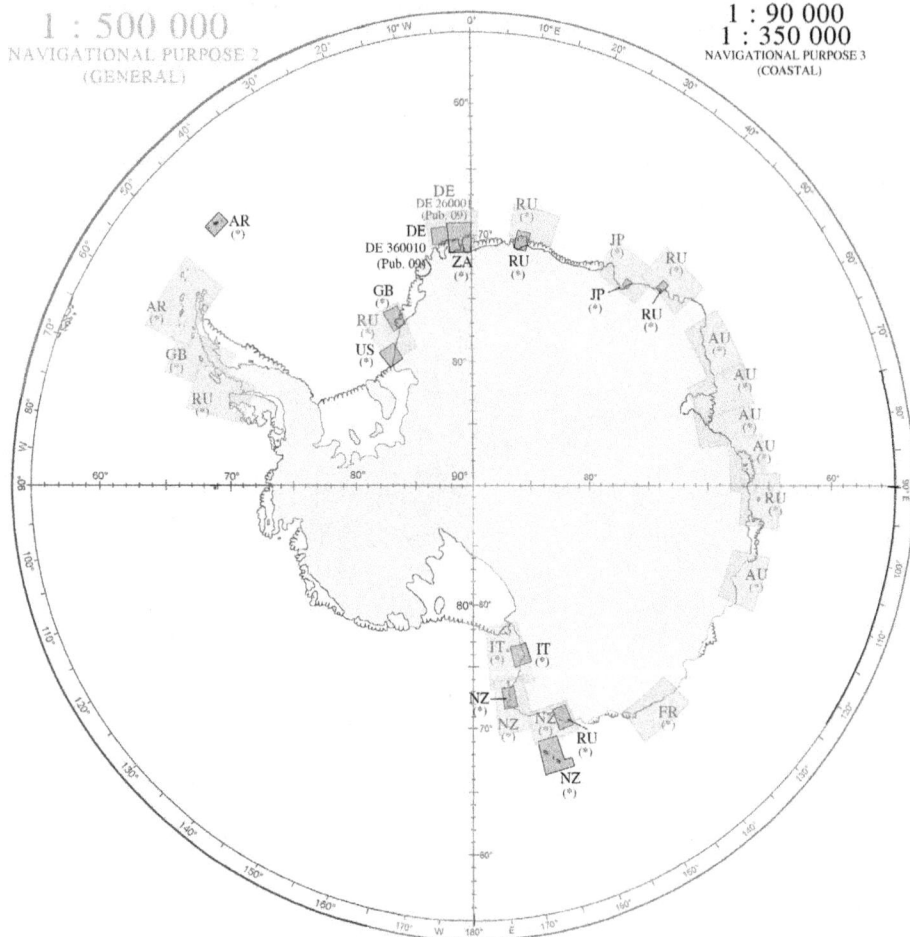

(*) Not yet published

STATUS OF ENC PRODUCTION IN ANTARCTICA (3 of 3)
MEDIUM-SCALE «COASTAL» ENCs
(based on the medium-scale INT Chart Series)

Antarctic Peninsula

1 : 90 000
1 : 350 000
NAVIGATIONAL PURPOSE 3
(COASTAL)

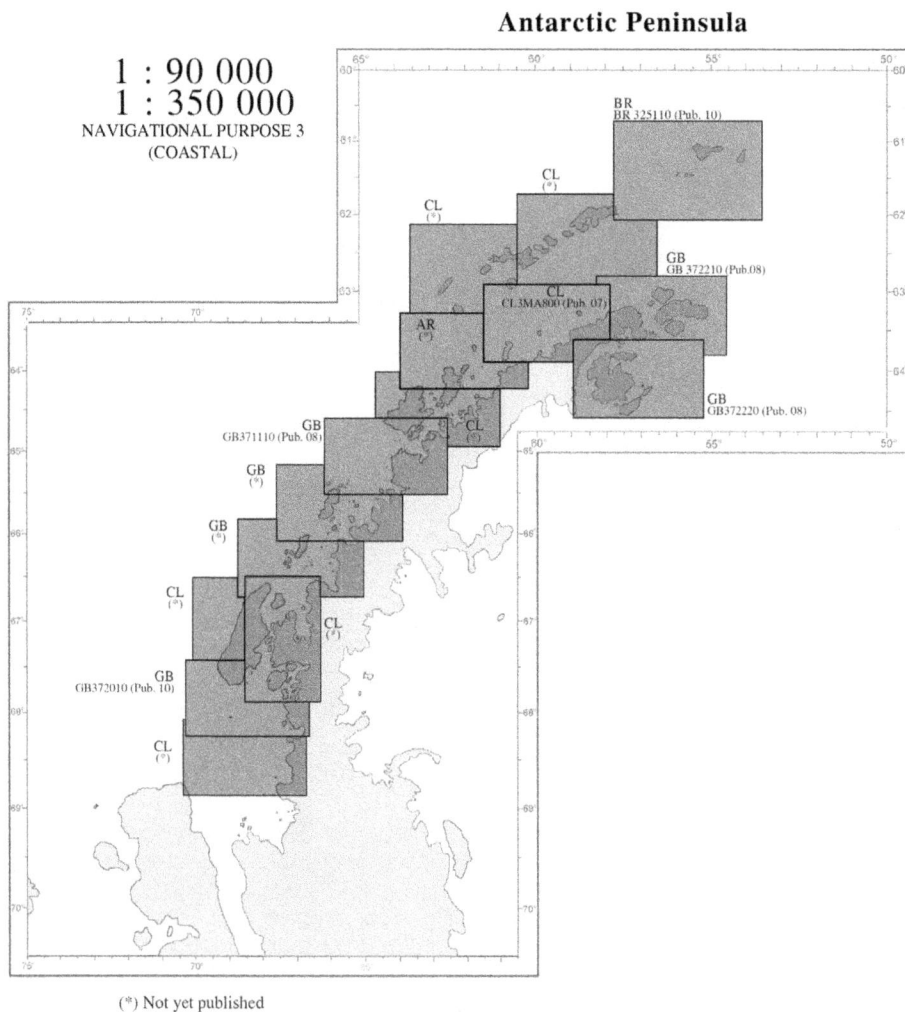

(*) Not yet published

Note: Additionally, 12 large-scale ENCs have been published by Brazil (2 ENCs), Chile (3 ENCs), France (2 ENCs), Italy (1 ENC) and United Kingdom (4 ENCs), including 9 ENCs in the Antarctic Peninsula.

ЧАСТЬ IV

ДОПОЛНИТЕЛЬНЫЕ ДОКУМЕНТЫ XXXIV КСДА

1. Дополнительные документы

Резюме лекции СКАР

«Выявление следов человеческой деятельности в Антарктике: рассмотрение конкретного случая»

представлена г-ном Малоном Кенникатом II

Лекция СКАР за 2011 г. «Выявление следов человеческой деятельности в Антарктике: рассмотрение конкретного случая» была представлена г-ном Малоном (Чаком) Кенникатом II, Президентом СКАР. Национальный научный фонд США осуществляет финансирование программы долгосрочного мониторинга воздействия на окружающую среду научных исследований и логистики на станции Мак-Мёрдо, крупнейшем исследовательском центре в Антарктике. Основой лекции являются два информационных документа (IP 1 и IP 2).

Первый из этих документов (IP1) посвящен анализу проб грунта, который показал, что самыми часто встречающимися загрязняющими веществами являются углеводороды, содержащиеся в топливе, и что уровень их концентрации настолько мал, что не может привести к сильному или хроническому биологическому воздействию. Аналогично этому, концентрация загрязняющих металлов, как правило, находится на фоновом или околофоновом уровне, что не предполагает вероятности сильного или хронического биологического воздействия. Благодаря мерам по ликвидации последствий, сильной взаимосвязи между известными местами разливов и уровнем загрязнения почвы не наблюдается. Вместе с тем, наибольшая концентрация углеводородов отмечена в местах хранения и заправки топливом, а также в зонах движения и в местах парковки автотранспорта.

Загрязнение морских отложений является результатом практики удаления отходов прошлых лет (до 1980 г.). Полихлордифенилы (ПХД), нефтяные углеводороды и металлы отмечены в близлежащих к станции отложениях, и их концентрации способны вызвать биологическую реакцию. Наибольшая концентрация ПХД отмечена в районе сброса сточных вод.

Углеводороды, как в пробах земной почвы, так и в пробах морских отложений, находятся в состоянии биологического разложения, что свидетельствует о наличии в районе станции Мак-Мёрдо аборигенных популяций бактерий, способных разлагать углеводороды. Состояние ПХД, однако, остается неизменным, что указывает на ограниченную способность местных микроорганизмов к разложению синтетических химических веществ.

В контексте задач управления эти данные способствуют:

- определению контрольных индикаторов и процедур, хорошо себя зарекомендовавших в условиях Антарктики;
- оценке элементов разрабатываемых программ;
- информационной поддержке программ контроля, реализуемых в других районах Антарктики.

Второй информационный документ (IP2) посвящен вопросу изучения учеными аэрофотоснимков, сделанных в период с 1956 по 2005 гг., с целью определения районов, в которых произошли видимые изменения земной поверхности, вызванные деятельностью человека (например, дороги, здания, исчезновение первоначального рисунка перигляциального микрорельефа полигонов). Анализ предшествующих и текущих аэрофотоснимков с использованием Географической информационной системы (ГИС) свидетельствует о том, что большинство физических нарушений поверхности суши (например, появление физического отпечатка станции) имело место в первые годы существования станции, и что границы этого отпечатка существенно не расширились с 1970 -х годов.

В контексте задач управления эти данные способствуют:

- созданию исторической ретроспективы наблюдаемых воздействий на окружающую среду;
- пониманию текущего состояния окружающей среды в районе станции Мак-Мёрдо;
- оценке конструктивных элементов станции;
- информационной поддержке программ контроля, реализуемых в других районах Антарктики.

Материалы лекции в формате pdf можно найти по ссылке
http://www.scar.org/communications/ATCM%202011%20SCAR%20Lecture/Kennicutt_ATCM.pdf

2. Перечень документов

2. Перечень документов

Рабочие документы								
N°	Пункты повестки дня	Название	Кем представлен	А	Ф	Р	И	Вложения
WP001	КСДА 11 КООС 10	Проверка, проведенная Японией в соответствии со Статьей VII Договора об Антарктике и Статьей XIV Протокола по охране окружающей среды	Япония	X	X	X	X	
WP002 rev.1	КСДА 9	Система раннего предупреждения для Антарктики о подходе волн, вызванных землетрясениями	Аргентина	X	X	X	X	
WP003	КООС 7a	Пересмотренный план управления ООРА № 120, Архипелаг Мыс Геологии, Земля Адели	Франция	X	X	X	X	ООРА 120 - Архипелаг Мыса Геологии
WP004	КООС 7a	План управления ООРА № 166, Порт-Мартен, Земля Адели. Предложение о продлении срока действия существующего плана	Франция	X	X	X	X	
WP005	КООС 7b	Предложение о включении здания № 1 в перечень исторических мест и памятников в память о китайской антарктической экспедиции на станции «Великая стена»	Китай	X	X	X	X	
WP006	КООС 7a	Пересмотренный План управления Особо охраняемым районом Антарктики № 149 Мыс Ширефф и остров Сан-Телмо, остров Ливингстон, Южные Шетландские острова	Соединенные Штаты Америки Чили	X	X	X	X	ASPA 149 Map 1 ASPA 149 Map 2 ASPA 149 Map 3 План управления (ООРА № 149
WP007	КООС 6a	Отчет межсессионной контактной группы открытого состава о рассмотрении проекта ВООС для плана «Строительство и эксплуатация станции "Чан Бо Го" в заливе Терра Нова, Антарктика»	Австралия	X	X	X	X	
WP008	КСДА 20 КООС 14	Предлагаемый график работы 35-го Консультативного Совещания Договора об Антарктике, Хобарт, 2012 г.	Австралия	X	X	X	X	
WP009	КООС 7a	Пересмотренный план управления Особо охраняемым районом Антарктики № 122 «Высоты Эррайвл», полуостров Хат-Пойнт, остров Росс	Соединенные Штаты Америки	X	X	X	X	ASPA 122 Map 1 ASPA 122 Map 2 ООРА № 122 Пересмотренный план управления
WP010	КООС 7a	Разработка плана особой защиты Ледника Тейлора	Соединенные Штаты	X	X	X	X	Appendix A – Protected Area Boundary Options

№	Пункты повестки дня	Название	Кем представлен	А	Ф	Р	И	Вложения
		и «Кровавого водопада», Долины Тейлора, Сухих Долин Мак-Мердо, Земли Виктории	Америки					
WP011	КСДА 10	Меры, принятые в связи с неразрешенным присутствием французских яхт в зоне действия Договора и ущерб, причиненный дому «Уорди Хаус» Замечания по последствиям происшествия	Франция	X	X	X	X	
WP012	КООС 8а	Повышение уровня информированности о проблеме внедрения неаборигенных видов: результаты семинара и контрольные списки для менеджеров по организации поставок	КОМНАП СКАР	X	X	X	X	COMNAP/SCAR Checklists for Supply Chain Managers COMNAP/SCAR NNS Workshop Report
WP013	КООС 7а	Вспомогательная группа по планам управления (ВГПУ) – Отчет по пунктам № 4 и № 5 Технического задания: совершенствование планов управления и процедуры их межсессионного рассмотрения	Австралия	X	X	X	X	Резолюция 2 (2011) - Приложение
WP014	КООС 6а	Отчет Межсессионной контактной группы открытого состава для рассмотрения проекта ВООС в отношении «Предлагаемого исследования подледного озера Эллсуорт, Антарктика»	Норвегия	X	X	X	X	
WP015 rev.1	КООС 9	Techniques de télédétection pour une surveillance améliorée de l'environnement et des changements climatiques en Antarctique	Великобритания	X	X	X	X	
WP016	КООС 6а	Проект всесторонней оценки окружающей среды (ВООС) в отношении предлагаемого исследования подледного озера Эллсуорт, Антаркика	Великобритания	X	X	X	X	Краткий обзор нетехнических вопросов
WP017	КООС 7с	Пересмотр Правил поведения для посетителей залива Уэйлерс, остров Десепшн, Южные Шетландские острова	Великобритания Аргентина Чили Норвегия Испания Соединенныя Штаты Америки	X	X	X	X	Правила поведения для посетителей
WP018	КООС 7а	Предлагаемая деятельность по мониторингу в Особо охраняемом районе	Великобритания	X	X	X	X	

		Рабочие документы						
№ᵒ	Пункты повестки дня	Название	Кем представлен	А	Ф	Р	И	Вложения
		Антарктики (ООРА) № 107 «Императорский остров, Дионовы острова, залив Маргерита, Антарктический полуостров»						
WP019	КСДА 10	Оценка наземных видов деятельности в Антарктике	Великобритания	X	X	X	X	
WP020	КСДА 10	Сбор данных и отчетность по яхтингу в Антарктике в 2010/11 гг.	Великобритания	X	X	X	X	
WP021	КСДА 10	Антарктический туризм: выработка стратегического и упреждающего подхода путем определения перечня вопросов, требующих решения	Нидерланды Великобритания	X	X	X	X	
WP022	КСДА 5	Дополнительная процедура относительно межсессионных консультаций между Консультативными Сторонами Договора об Антарктике	Нидерланды Германия	X	X	X	X	
WP023	КООС 7а	Пересмотренный план управления для Особо охраняемого района Антарктики (ООРА) № 140 Части острова Десепшен, Южные Шетладские острова	Великобритания	X	X	X	X	ООРА 140 Пересмотренный план управления
WP024	КСДА 5	Отчет Межсессионной контактной группы о ходе пересмотра Рекомендаций КСДА	Аргентина	X	X	X	X	
WP025	КСДА 5 КООС 4	Заблаговременное предоставление документов на КСДА	Германия Соединенные Штаты Америки	X	X	X	X	
WP026	КСДА 10	Пересмотр КСДА правил и положений по туризму	Соединенные Штаты Америки Франция Германия Нидерланды Новая Зеландия	X	X	X	X	
WP027	КООС 7b	Отчет о неофициальном обсуждении исторических мест и памятников	Аргентина	X	X	X	X	
WP028	КООС 12	Экологические вопросы, относящиеся к практичности ремонта или восстановления ущерба, нанесенного окружающей среде	Австралия	X	X	X	X	
WP029	КООС 7а	Пересмотренный План управления Особо охраняемым районом Антарктики № 167, Остров Хоукер, Земля Принцессы Елизаветы	Австралия	X	X	X	X	ASPA 167 Map A ASPA 167 Map B Пересмотренный план управления ООРА № 167

			Рабочие документы					
№	Пункты повестки дня	Название	Кем представлен	А	Ф	Р	И	Вложения
WP030	КООС 7c	Правила поведения для посетителей участка «Долина Тейлора», южная часть Земли Виктории	Новая Зеландия Соединенныя Штаты Америки	X	X	X	X	Site Guidelines Taylor Valley Image 1 Site Guidelines Taylor Valley Map 1 Site Guidelines Taylor Valley Map 2 Site Guidelines Taylor Valley Overview Правила поведения для посетителей участка «Долина Тейлора»
WP031	КООС 7a	Пересмотр Плана управления Особо охраняемым районом Антарктики № 116: «Долина Нью-Колледж», пляж Коли, мыс Бэрд, о-в Росс	Новая Зеландия	X	X	X	X	ASPA 116 Map A ASPA 116 Map B ООРА 116 Пересмотренный План управления
WP032	КООС 7f	Расширение базы данных охраняемых районов Антарктики для оценки и дальнейшего развития системы охраняемых районов	Австралия	X	X	X	X	
WP033	КООС 7a	Пересмотренная версия Плана управления Особо охраняемым районом Антарктики № 131 «Ледник Канада, озеро Фрикселл, долина Тейлор, Земля Виктории»	Новая Зеландия	X	X	X	X	ASPA 131 Map A ASPA 131 Map B Пересмотренная версия Плана управления ОУРА № 131
WP034	КООС 8a	Отчет Межсессионной контактной группы по неместным видам за 2010-2011 гг.	Новая Зеландия	X	X	X	X	Резолюция 6 (2011) - Приложение
WP035	КООС 7d	Соглашение о понятиях «Экологический след» и «Дикая природа», относящихся к защите окружающей среды Антарктики	Новая Зеландия	X	X	X	X	
WP036	КСДА 5 КООС 4	Предлагаемый новый подход к обработке Информационных документов	Австралия Франция Новая Зеландия	X	X	X	X	
WP037	КСДА 10	Руководство по навигации яхт в дополнение к стандартам безопасности судоходства вокруг Антарктики	Германия Австралия Норвегия Великобритания Соединенныя Штаты Америки	X	X	X	X	
WP038	КООС 8c	Антарктический дискуссионный форум компетентных органов власти (АДФКОВ) – Влияние подводного шума на антарктические воды –	Германия	X	X	X	X	
WP039	КООС 7a	Уточненный план управления Особо управляемым районом Антарктики №2 Сухие долины Мак Мёрдо, южная часть Земли	Новая Зеландия Соединенныя Штаты Америки	X	X	X	X	ASMA 2 Map 1 ASMA 2 Map 2 ОУРА № 2 ПРИЛОЖЕНИЕ B ОУРА № 2 ПРИЛОЖЕНИЕ C

			Рабочие документы					
N°	Пункты повестки дня	Название	Кем представлен	А	Ф	Р	И	Вложения
		Виктории						ОУРА № 2 ПРИЛОЖЕНИЕ D ОУРА № 2 ПРИЛОЖЕНИЕ E ОУРА № 2 ПРИЛОЖЕНИЕ F ОУРА № 2 ПРИЛОЖЕНИЕ A План управления Особо управляемым районом Антарктики № 2
WP040	КСДА 5	Усиление поддержки Мадридского Протокола	Франция Австралия Испания	X	X	X	X	Призыв к возобновлению процесса ратификации Мадридского протокола
WP041	КООС 7f	Четвертый доклад Международной рабочей группы о ходе обсуждения возможностей управления окружающей средой полуострова Файлдс и острова Ардли	Чили Германия	X	X	X	X	
WP042	КООС 6a	Проект Всесторонней оценки окружающей среды для строительства и работы антарктической исследовательской станции Джанг Бого, залив Терра Нова, Антарктика	Корея; республика	X	X	X	X	Annex A. Non-technical summary
WP043	КООС 5	Разработка простой методики классификации Особо охраняемых районов Антарктики в зависимости от их уязвимости к изменению климата	Великобритания Норвегия	X	X	X	X	
WP044	КСДА 13 КООС 5	Доклад о ходе переговоров на СЭДА по изменению климата	Великобритания Норвегия	X	X	X	X	
WP045	КООС 7c	Отчет Межсессионной контактной группы открытого состава по пересмотру экологических элементов Рекомендации XVIII-1	Австралия	X	X	X	X	Резолюция X (2011) Руководство для посетителей Антарктики
WP046	КСДА 10	Ограничение туристической и неправительственной деятельности посещением только тех участков, которые охватываются Руководством по посещению участков	Франция	X	X	X	X	
WP047	КООС 7a	Вспомогательная группа по планам управления – Отчет о круге ведения №№ 1-3: Пересмотр проектов планов управления	Австралия	X	X	X	X	Пересмотренный План управления ООРА 126
WP048	КСДА 10	Отчет Межсессионной контактной группы по осуществлению надзора за антарктическим туризмом	Аргентина	X	X	X	X	DRAFT MODULE OF QUESTIONS FOR VISITORS' IN-FIELD ACTIVITIES
WP049	КСДА 10 КООС 7c	Правила поведения в отношении северо-	Чили Аргентина	X	X	X	X	Visitor site guidelines Ardley Island

								Рабочие документы
№	Пункты повестки дня	Название	Кем представлен	А	Ф	Р	И	Вложения
		восточного пляжа полуострова Ардли (остров Ардли), остров Кинг-Джордж/25 Мая, Южные Шетландские острова						Правила поведения в отношении северо-восточного пляжа полуострова Ардли
WP050	КООС 7a	Пересмотренный План управления для Особо охраняемого района Антарктики (ООРА) № 165 «Мыс Эдмонсон, море Росса»	Италия	X	X	X	X	ASPA 165 Map 1 ASPA 165 Map 2 ASPA 165 Map 3 ASPA 165 Map 4 ООРА 165 Пересмотренный план управления
WP051	КСДА 11 КООС 10	Инспекции, проведенные Австралией в январе 2010 г. и январе 2011 г. в соответствии с Договором об Антарктике и Протоколом по охране окружающей среды	Австралия	X	X	X	X	
WP052 rev.1	КООС 7c	Правила поведения для посетителей Хижин Моусона и мыса Денисон, Восточная Антарктида	Австралия	X	X	X	X	
WP053	КООС 8a	Меры по сокращению риска привнесения неместных видов в Антарктический регион, связанного с использованием свежих продуктов	СКАР	X	X	X	X	
WP054	КООС 6b	Технология изучения водной толщи подледникового озера Восток	Российская Федерация	X	X	X	X	
WP055	КСДА 5	О Стратегии развития деятельности Российской Федерации в Антарктике на период до 2020 года и на более отдаленную перспективу	Российская Федерация	X	X	X	X	
WP056	КСДА 9	Обеспечение безопасности мореплавания в антарктических водах, принятое в Российской Федерации	Российская Федерация	X	X	X	X	
WP057	КООС 7f	О необходимости постоянного мониторинга ценностей Особо охраняемых и Особо управляемых районов Антарктики	Российская Федерация	X	X	X	X	
WP058	КООС 7a	Пересмотр Плана управления Особо охраняемым районом Антарктики № 127 «ОСТРОВ ХАСУЭЛЛ» (Остров Хасуэлл и прилегающий участок припайного льда с колонией императорских пингвинов)	Российская Федерация	X	X	X	X	План управления Особо охраняемым районом Антарктики № 127 «ОСТРОВ ХАСУЭЛЛ»
WP059	КООС 7b	Предложение о пересмотре	Чили	X	X	X	X	

		Рабочие документы						
N°	Пункты повестки дня	Название	Кем представлен	А	Ф	Р	И	Вложения
		Исторического памятника № 82. Установка мемориальных досок на монументе в честь Договора об Антарктике						
WP060	КСДА 18	Предложение по сокращению длительности Консультативных совещаний по Договору об Антарктике	Норвегия	X	X	X	X	
WP061 rev.1	КООС 7f	Отчет Рабочего совещания КООС по морским и континентальным Особо управляемым районам Антарктики. Монтевидео, Уругвай, 16-17 июня 2011 г.	Австралия Уругвай	X	X	X	X	

			Информационные документы					
№	Пункты повестки дня	Название	Кем представлен	А	Ф	Р	И	Вложения
IP001	КООС 7d	Temporal and spatial patterns of anthropogenic disturbance at McMurdo Station, Antarctica	Соединенныя Штаты Америки	X				Kennicutt et al. 2010 Temporal and spatial patterns of anthropogenic disturbance at McMurdo Station, Antarctica
IP002	КООС 7d	The historical development of McMurdo Station, Antarctica, An environmental perspective.	Соединенныя Штаты Америки	X				Klein et al. 2008 The historical development of McMurdo station, Antarctica, an environmental perspective.
IP003	КСДА 4	Доклад, представленный на XXXIV Консультативном совещании по Договору об Антарктике Правительством-депозитарием Конвенции о сохранении тюленей Антарктики в соответствии с пунктом 2 (d) Рекомендации XIII-2	Великобритания	X	X	X	X	
IP004	КСДА 11 КООС 10	Japanese Inspection Report 2010	Япония	X				
IP005	КСДА 12	60th Anniversary of the Argentine Antarctic Institute	Аргентина	X			X	
IP006	КСДА 9	Report on the Evacuation of an Altitude Sickness-suffered Expeditioner at the Kunlun Station in Dome A	Китай	X				
IP007	КСДА 12	Brief Introduction of the Fourth Chinese National Arctic Expedition	Китай	X				
IP008	КСДА 13 КООС 5	COMNAP Energy Management Workshop	КОМНАП	X				
IP009	КСДА 10 КООС 7c	Antarctic Site Inventory: 1994-2011	Соединенныя Штаты Америки	X				
IP010	КСДА 4 КООС 11	Ежегодный отчет Совета управляющих национальных антарктических программ (КОМНАП) за 2010 год	КОМНАП	X	X	X	X	
IP011	КСДА 13	Permafrost and climate change in the maritime Antarctic. 5 Years of permafrost research at the St Kliment Ohridski Station in Livingston Island	Болгария Португалия	X				
IP012	КООС 7c	Guidelines of environmental behavior of the expedition participants and visitors to the Bulgarian Base in Antarctica	Болгария	X				
IP013	КООС 6a	The Draft Comprehensive Environmental Evaluation (CEE) for the Proposed Exploration of Subglacial Lake Ellsworth, Antarctica	Великобритания	X				Draft CEE for the Proposed Exploration of Subglacial Lake Ellsworth
IP014	КСДА 10	IAATO Yacht Outreach Campaign	МААТО	X				Yacht Outreach Pamphlet Yacht Outreach Poster

		Информационные документы						
№	Пункты повестки дня	Название	Кем представлен	А	Ф	Р	И	Вложения
IP015	КСДА 10	Training Course for Yachts intending to visit Antarctica	Великобритания	X				
IP016	КСДА 17	Report on the recent bioprospecting activities carried out by Argentina during the period 2010-2011	Аргентина	X			X	
IP017	КСДА 12	Bioremediation of Antarctic soils contaminated with hydrocarbons. Rational design of bioremediation strategies	Аргентина	X			X	
IP018	КСДА 10 КСДА 9	Происшествие с яхтой «Берсерк», море Росса, февраль 2011 г.	Новая Зеландия Норвегия Соединенные Штаты Америки	X	X	X	X	
IP019	КСДА 14 КООС 6a	The Draft Comprehensive Environmental Evaluation for the construction and operation of the Jang Bogo Antarctic Research Station, Terra Nova Bay, Antarctica	Корея; республика	X				Full Draft CEE of Korean Jang Bogo Station in Antarctica
IP020	КСДА 10	Report on Antarctic tourist flows and cruise ships operating in Ushuaia during the 2010/2011 austral summer season	Аргентина	X			X	
IP021 rev.1	КСДА 10	Non-commercial pleasure and/or sport vessels which travelled to Antarctica through Ushuaia during the 2010/2011 season	Аргентина	X			X	
IP022	КСДА 4	Доклад Правительства-депозитария Договора об Антарктике и Протокола к Договору в соответствии с Рекомендацией XIII-2	Соединенные Штаты Америки	X	X	X	X	Перечень и статус одобрения Рекомендаций/Мер Таблица состояния Договора об Антарктике Таблица состояния Протокола по охране окружающей среды
IP023	КСДА 10 КООС 7c	Antarctic Peninsula Compendium, 3rd Edition	Соединенные Штаты Америки Великобритания	X				Appendix A - Antarctic Peninsula Compendium Maps and Tables
IP024	КООС 7f	Progress Report on the Research Project "Current Environmental Situation and Management Proposals for the Fildes Region (Antarctic)"	Германия	X				
IP025	КСДА 10	Notice on environmental impacts by small tourist groups within the overall frame of Antarctic tourism	Германия	X				
IP026	КООС 8a	Progress Report on the Research Project "The role of human activities in the introduction of non-native species into Antarctica and in the distribution of organisms within the Antarctic"	Германия	X				

			Информационные документы					
№	Пункты повестки дня	Название	Кем представлен	А	Ф	Р	И	Вложения
IP027	КООС 8c	Progress Report on the Research Project 'Whale Monitoring Antarctica'	Германия	X				
IP028	КСДА 10	Technical safety standards and international law affecting yachts with destination Antarctica	Германия	X				
IP029	КООС 8c	Potential of Technical Measures to Reduce the Acoustical Effects of Airguns	Германия	X				Evaluation of the Potential of Technical Measures to Reduce the Acoustical Effects of Airguns
IP030 rev.1	КСДА 10	Areas of tourist interest in the Antártica Peninsula (Antarctic Peninsula) and Orcadas del Sur Islands (South Orkney Islands) region. 2010/2011 austral summer season	Аргентина	X			X	
IP031	КООС 11	Доклад наблюдателя НК-АНТКОМ на Четырнадцатом совещании Комитета по охране окружающей среды	АНТКОМ	X	X	X	X	
IP032	КООС 8a	Report on IPY Oslo Science Conference Session on Non-Native Species	Франция	X				
IP033	КООС 8c	SCAR's code of conduct for the exploration and research of subglacial aquatic environments	СКАР	X				
IP034	КСДА 8	Implementation of Annex II and VI of the Protocol on Environmental Protection to the Antarctic Treaty and Measure 4(2004)	Финляндия	X				
IP035	КООС 9	Environmental Monitoring and Ecological Activities in Antarctica, 2010-2012	Румыния	X				
IP036	КСДА 12	ERICON AB Icebreaker FP7 Project. A new era in the polar research	Румыния	X				
IP037	КСДА 12	Law- Racovita Base. An example of cooperation in Antarctica	Румыния	X				
IP038	КСДА 19	Statement of the Romanian delegation at the celebration of the 50th anniversary of the entry into force of the Antarctic Treaty	Румыния	X				
IP039	КСДА 11 КООС 10	Australian Antarctic Treaty and Environmental Protocol inspections January 2010	Австралия	X				
IP040	КСДА 11 КООС 10	Australian Antarctic Treaty and Environmental Protocol inspections January 2011	Австралия	X				
IP041	КСДА 12	Japan's Antarctic research highlights in 2010–2011 including those related to	Япония	X				

		Информационные документы						
Nº	Пункты повестки дня	Название	Кем представлен	А	Ф	Р	И	Вложения
		climate change						
IP042	КСДА 12	Legacy of IPY 2007–2008 for Japan	Япония	X				
IP043	КООС 7d	Discovery of human activity remains, pre-1958 in the north coast of the King George Island / 25 de Mayo.	Уругвай	X			X	Caracterización de la zona y descripción de los hallazgos
IP044	КСДА 9	Exploration, search and rescue training activities in support of the scientific, technical and logistical operational tasks	Уругвай	X			X	
IP045	КСДА 15	Publication of the book "The Elephant Island. The Adventure of the Uruguayan Pioneers in Antarctica"	Уругвай	X			X	
IP046	КСДА 15	Publication of the book "Antarctic Verses" in occasion of the 25th anniversary of "Uruguay Consultative Member of the Antarctic Treaty"	Уругвай	X			X	
IP047	КСДА 15	Commemorative postage stamp issue: "25th anniversary of Uruguay consultative member of the Antarctic Treaty"	Уругвай	X			X	
IP048	КООС 12	Thala Valley Waste Removal	Австралия	X				
IP049	КСДА 14 КООС 12	Renewable Energy and Energy Efficiency Initiatives at Australia's Antarctic Stations	Австралия	X				
IP050	КООС 8a	Colonisation status of known non-native species in the Antarctic terrestrial environment (updated 2011)	Великобритания Уругвай	X				
IP051	КСДА 12 КООС 9	The Southern Ocean Observing System (SOOS): An update	СКАР Австралия	X				
IP052	КСДА 13 КООС 5	Antarctic Climate Change and the Environment – 2011 Update	СКАР	X				
IP053	КООС 8c	SCAR's Code of Conduct for the Use of Animals for Scientific Purposes in Antarctica	СКАР	X				
IP054	КСДА 18 КСДА 4 КООС 11 КООС 3	Summary of SCAR's Strategic Plan 2011-2016	СКАР	X				
IP055	КСДА 12	Summary Report on IPY 2007–2008 by the ICSU-WMO Joint Committee	СКАР	X				IPY Summary Contents Table IPY Summary Cover
IP056	КСДА 13 КООС 5 КООС 7e	Marine spatial protection and management under the Antarctic Treaty System: new opportunities for implementation and coordination	МСОП	X				

			Информационные документы					
N°	Пункты повестки дня	Название	Кем представлен	A	Ф	Р	И	Вложения
IP057	КООС 11	Отчет Наблюдателя от КООС по Рабочей группе НК-АНТКОМ по мониторингу и управлению экосистем (WG-EMM)	АНТКОМ	X	X	X	X	
IP058	КСДА 12	IPY Legacy Workshop	Норвегия	X				IPY Legacy Report
IP059	КСДА 9	The grounding of the Polar Star	Норвегия	X				
IP060	КСДА 9	Working group on the development of a mandatory code for ships operating in polar waters, IMO	Норвегия	X				IMO Report DE 55/WP.4
IP061	КСДА 12 КООС 12	The SCAR Antarctic Climate Evolution (ACE) Programme	СКАР	X				
IP062	КСДА 17	A case of Biological Prospecting	Нидерланды	X				
IP063	КСДА 14	Renovación del Parque de Tanques de combustible de la Base Científica Antártica Artigas (BCAA)	Уругвай				X	Fotografías del Parque de Tanques
IP064	КООС 6b	Final Comprehensive Environmental Evaluation (CEE) of New Indian Research Station at Larsemann Hills, Antarctica and Update on Construction Activity	Индия	X				
IP065	КООС 5	Frontiers in Understanding Climate Change and Polar Ecosystems Workshop Report	Соединенные Штаты Америки	X				Frontiers in Understanding Climate Change
IP066	КСДА 4	Отчет правительства-депозитария по Соглашению о сохранении альбатросов и буревестников (ССАБ)	Австралия	X	X	X	X	
IP067	КСДА 4	Отчет правительства-депозитария Конвенции о сохранении морских живых ресурсов Антарктики (АНТКОМ)	Австралия	X	X	X	X	
IP068	КООС 8a	Alien Species Database	Австралия СКАР	X				
IP069	КООС 7f	Summary of key features of Antarctic Specially Managed Areas	Австралия	X				
IP070	КСДА 12	The Dutch Science Facility at the UK's Rothera Research Station	Нидерланды Великобритания	X				
IP071	КООС 4	Annual Report pursuant to Article 17 of the Protocol on Environmental Protection to the Antarctic Treaty. 2009-2010	Италия	X				
IP072	КООС 6b	Methodology for clean access to the subglacial environment associated with the Whillans Ice Stream	Соединенные Штаты Америки	X				
IP073	КООС 7a	Amundsen-Scott South	Соединенные	X				ASMA 5 South Pole - Revised

№	Пункты повестки дня	Название	Кем представлен	А	Ф	Р	И	Вложения
		Pole Station, South Pole Antarctica Specially Managed Area (ASMA No. 5) 2011 Management Report	Штаты Америки					Map 3 ASMA 5 South Pole - Revised Map 4 Guideline for NGO Visitors to South Pole Station 2011 2012 Revised Appendix A Additional Guidelines for Non-Governmental Organizations at the South Pole
IP074	КСДА 13	Assessment of wind energy potential at the Norwegian research station Troll	Норвегия	X				
IP075	КСДА 10	The legal aspects of the Berserk Expedition	Норвегия	X				
IP076	КООС 6a	The Initial Responses to the Comments on the Draft CEE for Construction and Operation of the Jang Bogo Antarctic Research Station, Terra Nova Bay, Antarctica	Корея; республика	X				
IP077	КСДА 12	Scientific & Science-related Collaborations with Other Parties During 2010-2011	Корея; республика	X				
IP078	КСДА 14	The First Antarctic Expedition of Araon (2010/2011)	Корея; республика	X				
IP079	КООС 7a	Report of the Larsemann Hills Antarctic Specially Managed Area (ASMA) Management Group	Австралия Китай Индия Румыния Российская Федерация	X				
IP080	КСДА 4	Отчет наблюдателя АНТКОМ на Тридцать четвертом Консультативном совещании Договора об Антарктике	АНТКОМ	X	X	X	X	
IP081	КСДА 4	Краткое изложение ежегодного отчета Научного комитета по антарктическим исследованиям (СКАР) за 2010 год	СКАР	X	X	X	X	
IP082	КСДА 14	An Antarctic Vessel Traffic Monitoring and Information System	АСОК	X				
IP083	КСДА 13 КООС 5	An Antarctic Climate Change Communication Plan	АСОК	X				
IP084	КСДА 10 КООС 6b	Antarctic Tourism – What Next? Key Issues to Address with Binding Rules	АСОК	X				
IP085	КСДА 9	Developing a Mandatory Polar Code – Progress and Gaps	АСОК	X				
IP086	КООС 7d	Evolution of Footprint: Spatial and Temporal Dimensions of Human Activities	АСОК	X				

Информационные документы

		Информационные документы						
N°	Пункты повестки дня	Название	Кем представлен	А	Ф	Р	И	Вложения
IP087	КСДА 10 КООС 6b	Land-Based Tourism in Antarctica	АСОК	X				
IP088	КСДА 13 КООС 5	Ocean Acidification and the Southern Ocean	АСОК	X				
IP089 rev.1	КСДА 18 КСДА 5 КООС 3	The Antarctic Environmental Protocol, 1991-2011	АСОК	X				
IP090	КООС 7e	The Southern Ocean MPA Agenda – Matching words and spirit with action	АСОК	X				
IP091	КСДА 9	Vessel Protection and Routeing – Options Available to Reduce Risk and Provide Enhanced Environmental Protection	АСОК	X				
IP092	КСДА 13 КООС 7e	The Ross Sea: A Valuable Reference Area to Assess the Effects of Climate Change	АСОК	X				
IP093	КООС 4 КООС 7a	Annual Report Pursuant to Article 17 of the Protocol on Environmental Protection to the Antarctic Treaty	Украина	X				
IP094	КСДА 10 КООС 8c	Use of dogs in the context of a commemorative centennial expedition	Норвегия	X				
IP095	КСДА 5 КООС 12	Paying for Ecosystem Services of Antarctica?	Нидерланды	X				
IP096	КСДА 12	Scientific workshop on Antarctic krill in the Netherlands	Нидерланды	X				
IP097	КСДА 12	Современное состояние российского бурового проекта на станции Восток	Российская Федерация	X		X		
IP098	КСДА 13	Новый подход в изучении климатических изменений на основе мониторинга глобального альбедо	Российская Федерация	X		X		
IP099	КСДА 17	Микробиологический мониторинг прибрежных антарктических станций и баз, как фактор изучения антропогенного влияния на окружающую среду Антарктики и на состояние человеческого организма	Российская Федерация	X		X		
IP100	КСДА 12	Предварительные результаты российских научных исследований в Антарктике в 2010 году	Российская Федерация	X		X		
IP101 rev.1	КСДА 12	Российские предложения о проведении Международного полярного десятилетия	Российская Федерация	X		X		Nuuk Declaration
IP102	КООС 7f	Современные зоологические исследования в районе станции Мирный и ООРА № 127 «Остров	Российская Федерация	X		X		

			Информационные документы					
Nº	Пункты повестки дня	Название	Кем представлен	А	Ф	Р	И	Вложения
		Хасуэлл»						
IP103	КСДА 13 КООС 5	IAATO Climate Change Working Group: Report of Progress	МААТО	X				
IP104	КООС 7c	Proposed Amendment to Antarctic Treaty Site Guidelines for Hannah Point	МААТО	X				
IP105	КСДА 10 КООС 7c	Report on IAATO Operator use of Antarctic Peninsula Landing Sites and ATCM Visitor Site Guidelines, 2009-10 & 2010-11 Seasons	МААТО	X				
IP106 rev.1	КСДА 10	IAATO Overview of Antarctic Tourism: 2010-11 Season and Preliminary Estimates for 2011-12 Season	МААТО	X				
IP107	КСДА 10	Towards an IAATO Enhanced Observer Scheme	МААТО	X				Appendix 1 IAATO Member Internal Review Scheme Appendix 2 IAATO Member External Review Mechanism Appendix 3 IAATO Observer Report Form ship based w landings 2011 Appendix 4 IAATO Observer Report Form Cruise Only 2011 Appendix 5 IAATO Observer Report Form Land 2011
IP108	КСДА 4	Доклад Международной ассоциации антарктических туроператоров 2010-11 гг.	МААТО	X	X	X	X	
IP109	КООС 7f	Cooperation Management Activities at ASPAs in 25 de Mayo (King George) Island, South Shetland Islands	Корея; республика Аргентина	X			X	
IP110	КООС 7c	Правила, регулирующие посещение станции Академик Вернадский	Украина	X		X		Site Guidelines for Vernadsky Station (Russian)
IP111	КСДА 13	Установка нового метеорологического оборудования на станции Академик Вернадский	Украина	X		X		
IP112	КСДА 12	Исследования Украины в Антарктике: 2002-2011 гг.	Украина	X		X		
IP113	КСДА 16 КООС 4	Review of the Implementation of the Madrid Protocol: Annual report by Parties (Article 17)	UNEP АСОК	X				
IP114	КСДА 4	Доклад Международной гидрографической организации (МГО) «О сотрудничестве в области гидрографического обследования и гидрографического картографирования вод Антарктики»	МГО	X	X	X	X	Annexes A, B and C

			Информационные документы					
№	Пункты повестки дня	Название	Кем представлен	А	Ф	Р	И	Вложения
IP115	КООС 7a	Fauna Survey of the ASPA 171 Narębski Point, ASPA 150 Ardley Island and ASPA 132 Potter Peninsula in 2010-11	Корея; республика	X				
IP116	КСДА 19	Statement by the Head of Japanese Delegation on the occasion of the 50th Anniversary of the entry into force of the Antarctic Treaty	Япония	X				
IP117	КООС 7b	Inauguración de la instalación de Placas Conmemorativas en el Monumento al Tratado Antártico	Чили				X	
IP118	КСДА 12	Contribuciones chilenas al conocimiento científico de la Antártica: Expedición 2010/11	Чили				X	
IP119	КСДА 12	Programa Chileno de Ciencia Antártica PROCIEN: Un Programa Abierto Al Mundo	Чили				X	
IP120 rev.1	КСДА 9	Navegación Aérea Segura, hacia la Base Antártica Presidente Eduardo Frei, en la isla Rey Jorge	Чили				X	
IP121	КСДА 14	Medical evacuation reported by the Combined Antarctic Naval Patrol	Аргентина Чили	X	X		X	
IP122	КСДА 10	Perceptions of Antarctica from the modern travellers' perspective	Аргентина	X			X	
IP123	КООС 6b	Estudio de Impacto Ambiental Ex-post de la Estación Científica Ecuatoriana "Pedro Vicente Maldonado". Isla Greenwich-Shetland del Sur-Antártida, 2010-2011.	Эквадор				X	
IP124	КСДА 15	I Concurso Intercolegial sobre Temas Antárticos (CITA, 2010)	Эквадор				X	
IP125	КСДА 12	Cooperación en Investigación Científica entre Ecuador y Venezuela	Эквадор Венецуэла				X	
IP126	КСДА 10 КООС 7c	Manejo turístico para la isla Barrientos	Эквадор				X	
IP127	КООС 12	Возведение православной часовни на станции Академик Вернадский	Украина	X		X		
IP128	КСДА 15	The excitement "Antarctica" distance in itself invisible	Болгария	X				
IP129	КСДА 4	Доклад Коалиции по Антарктике и Южному океану (АСОК)	АСОК	X	X	X	X	
IP130	КООС 7b	Update on enhancement activities for HSM 38 "Snow Hill"	Аргентина	X			X	
IP131	КООС 7a	Deception Island Specially	Аргентина	X				

N°	Пункты повестки дня	Название	Кем представлен	А	Ф	Р	И	Вложения
		Managed Area (ASMA) Management Group Report	Чили Норвегия Испания Великобритания Соединенныя Штаты Америки					
IP132	КСДА 12	Report on the Research Activities: Czech Research Station J. G. Mendel, James Ross Island, and Antarctic Peninsula, Season 2010/11	Республика Чехии	X				
IP133	КСДА 12 КООС 7d	Report on all-terrain vehicles impact on deglaciated area of James Ross Island, Antarctica	Республика Чехии	X				
IP134	КСДА 9	Situación SAR en los últimos 5 años en el área de la Antártica de responsabilidad de Chile	Чили				X	
IP135	КСДА 9	Patrulla de rescate terrestre Argentina-Chilena PARACACH (Bases Antárticas "Esperanza" y "O'Higgins")	Аргентина Чили				X	
IP136	КООС 7f	Report of the CEP Workshop on Marine and Terrestrial Antarctic Specially Managed Areas Montevideo, Uruguay, 16-17 June 2011	Австралия Уругвай	X				
IP137	КСДА 19	Declaración del Perú en conmemoración del 50 Aniversario de la entrada en vigencia del Tratado Antártico	Перу				X	

Таблица «Информационные документы»

№	Пункты повестки дня	Название	Кем представлен	А	Ф	Р	И	Вложения
		Документы Секретариата						
SP001 rev.1	КСДА 1 КООС 1	XXXIV КСДА - КООС XIV Повестка дня и график работы	СДА	X	X	X	X	
SP002 rev.2	КСДА 6	Отчет Секретариата за 2010/11 гг.	СДА	X	X	X	X	Взносы, полученные Секретариатом Договора об Антарктике в 2010/11 гг. Письмо Йоханнеса Хубера по поводу Фонда расчетов с персоналом Проверенный финансовый отчет за 2009/10 гг. Решение 3 (2011) Приложение 1 Решение 3 (2011) Приложение 2
SP003	КСДА 6	Программа работы Секретариата на 2011/12 г.	СДА	X	X	X	X	Предв. отчет за 2010/11 г., Бюджет на 2011/12 г., Ориентировочный бюджет на 2012/13 г. Пятилетняя бюджетная оценка на 2011- 2016 гг. Шкала взносов на 2012/13 г. Шкала заработной платы
SP004 rev.1	КСДА 6	Взносы, полученные Секретариатом Договора об Антарктике в 2008-2012 гг.	СДА	X	X	X	X	
SP005 rev.1	КООС 6b	Ежегодный перечень Первоначальных оценок окружающей среды (ПООС) и Всесторонних оценок окружающей среды (ВООС), подготовленных в период с 1 апреля 2010 г. по 31 марта 2011г.	СДА	X	X	X	X	
SP006	КООС 7e	Резюме работы КООС по вопросу Морских охраняемых районов	СДА	X	X	X	X	
SP007	КООС 7a	Статус планов управления Особо охраняемыми и Особо управляемыми районами Антарктики	СДА	X	X	X	X	

3. Список участников

3. Список участников

Участники: Консультативные стороны				
Сторона	**Обращение**	**Ф.И.О.**	**Функция**	**Адрес электронной почты**
Австралия	Г-жа	Дэвидсон, Лиза Davidson, Lisa	Делегат	
Австралия	Г-н	Дэвис, Роберт (Боб) Davis, Robert (Bob)	Делегат	Bob.Davis@dfat.gov.au
Австралия	Г-н	Гунн, Джон Gunn, John	Делегат	john.gunn@aad.gov.au
Австралия	Г-н	Джексон, Эндрю Jackson, Andrew	Делегат	andrew.jackson@aad.gov.au
Австралия	Г-н	МакАйвор, Юэн McIvor, Ewan	Представитель в КООС	ewan.mcivor@aad.gov.au
Австралия	Г-н	Манди, Джейсон Mundy, Jason	Делегат	Jason.Mundy@dfat.gov.au
Австралия	Г-н	Николл, Роб Nicoll, Rob	Советник	RNicoll@wwf.org.au
Австралия	Г-жа	Ралстон, Ким Ralston, Kim	Делегат	Kim.Ralston@dfat.gov.au
Австралия	Ваше Превос- ходительство Г-н	Ричардсон, Джон Richardson, John	Помощник	John.Richardson@dfat.gov.au
Австралия	Д-р	Риддл, Мартин Riddle, Martin	Делегат	martin.riddle@aad.gov.au
Австралия	Г-н	Роу, Ричард Rowe, Richard	Глава делегации	Richard.Rowe@dfat.gov.au
Австралия	Д-р	Трейси, Филлип Tracey, Phillip	Делегат	phil.tracey@aad.gov.au
Австралия	Г-жа	Труселот, Крисси Trousselot, Chrissie	Советник	chrissie.trousselot@development.tas.gov.au
Аргентина	Г-жа	Бальсалобре, Сильвина Balsalobre, Silvina	Советник	
Аргентина	Секретарь	Баррето, Хуан Barreto, Juan	Делегат	bat@mrecic.gov.ar
Аргентина	Г-н	Бунге, Карлос Bunge, Carlos	Советник	carlosbunge73@yahoo.com.ar
Аргентина	Г-н	Касела, Хуго Casela, Hugo	Советник	
Аргентина	Д-р	Кориа Нестор Coria, Néstor	Советник	
Аргентина	Г-н	Корреа, Мануэль Correa, Manuel	Советник	
Аргентина	Г-жа	Даверио, Мария Елена Daverio, María Elena	Советник	medaverio@arnet.com.ar
Аргентина	Д-р	дель Валле, Родольфо del Valle, Rodolfo	Советник	
Аргентина	Г-жа	дель Валле, Вероника del Valle, Verónica	Советник	
Аргентина	Г-н	Ди винченцо, Андрес Di Vincenzo, Andrés	Советник	
Аргентина	Г-н	Фигуэроа, Виктор Уго Figueroa, Victor Hugo	Советник	
Аргентина	Советник	Гоуланд, Массимо Gowland, Máximo	Помощник	gme@mrecic.gov.ar
Аргентина	Г-н	Грациано, Пабло Graziano, Pablo	Делегат	zgp@mrecic.gov.ar
Аргентина	Г-жа	Гучиони, Паола Gucioni, Paola	Делегат	
Аргентина	Г-жа	Уркаде, Одиль Hourcade, Odile	Советник	
Аргентина	Г-н	Ируста, Адольфо Гийермо Irusta, Adolfo Guillermo	Советник	
Аргентина	Министр	Лопес Кросет, Фаусто López Crozet, Fausto	Глава делегации	flc@mrecic.gov.ar
Аргентина	Г-н	Луски, Хорхе Lusky, Jorge	Советник	
Аргентина	Д-р	МакКормак, Вальтер MacCormack, Walter	Делегат	

Участники: Консультативные стороны				
Сторона	Обращение	Ф.И.О.	Функция	Адрес электронной почты
Аргентина		Мальдонадо, Габриэль Maldonado, Gabriel	Советник	gfmaldo@live.com.ar
Аргентина	Посол	Манси, Ариэль Mansi, Ariel	Председатель КСДА	rpc@mrecic.gov.ar
Аргентина	Д-р	Маренси, Серхио Marenssi, Sergio	Делегат	smarenssi@dna.gov.ar
Аргентина	Д-р	Маршофф, Энрике Marschoff, Enrique	Делегат	marschoff@dna.gov.ar
Аргентина	Д-р	Мемолли, Мариано А. Memolli, Mariano A.	Представитель в КООС	mmemolli@dna.gov.ar
Аргентина		Молина Карранса, Мария Изабель Molina Carranza, Maria Isabel	Советник	mmcarr@minagri.gob.ar
Аргентина	Г-жа	Мотта, Лучиана Motta, Luciana	Советник	
Аргентина	Г-жа	Нувиала, Виктория Nuviala, Victoria	Советник	
Аргентина	Г-жа	Ортусар, Патрисия Ortúzar, Patricia	Советник	portuzar@dna.gov.ar
Аргентина	Г-н	Палет, Гийермо Palet, Guillermo	Советник	clamos41@yahoo.com.ar
Аргентина	Д-р	Перлини, Габриэль Perlini, Gabriel	Советник	
Аргентина	Д-р	Картино, Лилиана Quartino, Liliana	Советник	
Аргентина	Г-н	Сала, Хернан Sala, Hérnan	Советник	
Аргентина	Г-н	Санчес, Родольфо Sánchez, Rodolfo	Делегат	rsanchez@dna.gov.ar
Аргентина	Г-н	Сантияна, Серхио Santillana, Sergio	Советник	
Аргентина	Г-жа	Вереда, Марисол Vereda, Marisol	Советник	
Аргентина	Г-жа	Власич, Вероника Vlasich, Verónica	Делегат	veronicavlasich@hotmail.com
Бельгия	Г-н	де Лихтервельде, Александр de Lichtervelde, Alexandre	Представитель в КООС	alexandre.delichtervelde@health.fgov.be
Бельгия	Г-жа	Ванкаувенберге, Маайке Vancauwenberghe, Maaike	Делегат	maaike.vancauwenberghe@belspo.be
Бельгия	Г-н	Ван ден Билке, Кристиан Vanden Bilcke, Christian	Глава делегации	christian.vandenbilcke@diplobel.fed.be
Бельгия	Г-жа	Вильмот, Анник Wilmotte, Annick	Советник	awilmotte@ulg.ac.be
Болгария	Г-н	Ивчев Энчо Ivchev, Encho	Делегат	embular@uolsinectis.com.ar
Болгария	Проф.	Пимпирев, Кристо Pimpirev, Christo	Глава делегации	polar@gea.uni-sofia.bg
Бразилия	Контр-адмирал	де Карвальо Феррейра, Маркос Жозе de Carvalho Ferreira, Marcos José	Помощник	proantar@secirm.mar.mil.br
Бразилия	Командир	До Амарал Сильва, Марко Антонио do Amaral Silva, Marco Antonio	Делегат	amaral.silva@secirm.mar.mil.br
Бразилия	Г-жа	Леал Мадруга, Жакелин Leal Madruga, Jaqueline	Делегат	jaqueline.madruga@mma.gov.br
Бразилия	Командир	Лейте, Марсио Leite, Márcio	Делегат	marcio.leite@secirm.mar.mil.br
Бразилия	Г-н	Моэш, Рикардо Moesch, Ricardo	Советник	ricardo.moesch@turismo.gov
Бразилия	Г-н	Полеяк, Андрей Polejack, Andrei	Делегат	anД-pei.polejack@mct.gov.br
Бразилия	Г-н	Роза да Сильвейра, Карлос Rosa da Silveira, Carlos	Делегат	carlos.rosa@itamaraty.gov.br

Участники: Консультативные стороны				
Сторона	Обращение	Ф.И.О.	Функция	Адрес электронной почты
Бразилия	Г-жа	Соарес Лейте, Патриция Soares Leite, Patricia	Делегат	pleite@brasil.org.ar
Бразилия	Министр	Вас Питалуга, Фабио Vaz Pitaluga, Fábio	Глава делегации	dmae@itamaraty.gov.br
Великобритания	Г-н	Боуман, Роб Bowman, Rob	Представитель в КООС	rob.bowman@fco.gov.uk
Великобритания	Г-жа	Кларк, Рейчел Clarke, Rachel	Делегат	racl@bas.ac.uk
Великобритания	Г-н	Калшоу, Роберт Culshaw, Robert	Делегат	rocl@bas.ac.uk
Великобритания	Г-жа	Диксон, Сьюзан Dickson, Susan	Делегат	susan.dickson@fco.gov.uk
Великобритания	Г-н	Дауни, Род Downie, Rod	Делегат	rhd@bas.ac.uk
Великобритания	Г-жа	Дурхэм, Анна Durham, Anna	Делегат	anna.durham@fco.gov.uk
Великобритания	Д-р	Хьюс, Кевин Hughes, Kevin	Делегат	kehu@bas.ac.uk
Великобритания	HMA	Морган, Шан Morgan, Shan	Делегат	
Великобритания	Г-жа	Рамбл, Джейн Rumble, Jane	Глава делегации	Jane.Rumble@fco.gov.uk
Великобритания	Д-р	Шиэрз, Джон Shears, John	Делегат	jrs@bas.ac.uk
Великобритания	Г-н	Сигерт, Мартин Siegert, Martin	Делегат	M.J.Siegert@ed.ac.uk
Великобритания	Г-жа	Уайтхаус, Наташа Whitehouse, Natasha	Делегат	
Германия	Д-р	Гедлике, Кристоф Gaedicke, Christoph	Советник	
Германия	Д-р	Херата, Хайке Herata, Heike	Советник	heike.herata@uba.de
Германия	Д-р	Лойфер, Андреас Läufer, Andrpeas	Советник	andreas.laeufer@bgr.de
Германия		Леманн, Гарри Lehmann, Harry	Советник	
Германия		Либшнер, Александр Liebschner, Alexander	Советник	alexander.liebschner@bfn-vilm.de
Германия		Линдеманн, Кристиан Lindemann, Christian	Советник	christian.lindemann@bmu.bund.de
Германия	Проф. Д-р	Миллер, Генрих Miller, Heinrich	Советник	heinrich.miller@awi.de
Германия	Д-р	Ней, Мартин Ney, Martin	Глава делегации	
Германия	Д-р	Никсдорф, Уве Nixdorf, Uwe	Советник	Uwe.Nixdorf@awi.de
Германия	Д-р	Вёнеки, Силья Vöneky, Silja	Советник	svoeneky@mpil.de
Германия	Д-р	Винкельманн, Инго Winkelmann, Ingo	Помощник	504-RL@diplo.de
Индия	Д-р	Чатурведи, Санджай Chaturvedi, Sanjai	Делегат	
Индия	Д-р	Рангреджи, Лютер Rangreji, Luther	Делегат	rangreji@yahoo.com
Индия	Д-р	Равиндра, Расик Ravindra, Rasik	Глава делегации	rasik@ncaor.org
Индия	Д-р	Тивари, Анооп Tiwari, Anoop	Делегат	anooptiwari@ncaor.org
Испания	Посол	Мартинес-Каттането, Хуан Антонио Martinez-Cattaneo, Juan Antonio	Глава делегации	juan.mcattaneo@maec.es
Испания	Г-жа	Рамос, Соня Ramos, Sonia	Делегат	cpe@micinn.es
Италия	Посол	Форнара, Ардуино Fornara, Arduino	Глава делегации	arduino.fornara@esteri.it
Италия	Д-р	Мекоцци, Роберта Mecozzi, Roberta	Сотрудник	roberta.mecozzi@enea.it

Участники: Консультативные стороны				
Сторона	Обращение	Ф.И.О.	Функция	Адрес электронной почты
Италия	Г-н	Paparo, Gabriele	Делегат	scient.buenosaires@esteri.it
Италия	Д-р	Тамбурелли, Джанфранко Tamburelli, Gianfranco	Сотрудник	gtamburelli@pelagus.it
Италия	Г-жа	Томаселли, Мария Стефания Tomaselli, Maria Stefania	Сотрудник	tomaselli.stefania@minambiente.it
Италия	Д-р	Торчини, Сандро Torcini, Sandro	Сотрудник	sandro.torcini@casaccia.enea.it
Италия	Г-жа	Виньи, Патриция Vigni, Patrizia	Помощник	vigni@unisi.it
Китай	Г-жа	Фан, Лицзюнь Fang, Lijun	Советник	
Китай	Г-н	Лю, Шаоцин Liu, Shaoqing	Советник	
Китай	Г-н	Ван, Чен Wang, Chen	Делегат	wang_chen@mfa.gov.cn
Китай	Г-н	Вей, Лон Wei, Long	Представитель в КООС	chinare@263.net.cn
Китай	Г-н	Ву, Цзюнь WU, Jun	Делегат	
Китай	Г-н	Чжан, Циа Zhang, Xia	Советник	
Китай	Г-жа	Чжао, Вентин Zhao, Wenting	Советник	zhao_wenting@mfa.gov.cn
Китай	Г-н	Чжоу, Цзянь Zhou, Jian	Глава делегации	zhou_jian@mfa.gov.cn
Корея, Республика	Г-жа	Чо, Чи И Cho, Ji I	Делегат	jicho07@mofat.go.kr
Корея, Республика	Д-р	Чой, Чэён Choi, Jaeyong	Делегат	jaychoi@cnu.ac.kr
Корея, Республика	Г-н	Хван, Чун Гу Hwang, Jun Gu	Советник	hwangjg@kimsat.re.kr
Корея, Республика	Г-н	Кан, Мён-ил Kang, Myong-il	Помощник	mikang94@mofat.go.kr
Корея, Республика	Д-р	Ким, Чи Хи Kim, Ji Hee	Делегат	jhalgae@kopri.re.kr
Корея, Республика	Д-р	Ким, Едон Kim, Yeadong	Представитель в КООС	ydkim@kopri.re.kr
Корея, Республика	Д-р	Ли, Ю Кюн Lee, Yoo Kyung	Делегат	yklee@kopri.re.kr
Корея, Республика	Г-н	Ли, Кей Чол Lee, Key Cheol	Глава делегации	kclee85@mofat.go.kr
Корея, Республика	Г-н	Ли Юн-чун Lee, Young-joon	Советник	yjlee@kei.re.kr
Корея, Республика	Г-н	Лим, Юн Таэк Lim, Hyun Taek	Делегат	pado21@korea.kr
Корея, Республика	Д-р	Со, Юн кё Seo, Hyun kyo	Делегат	shkshk@kopri.re.kr
Корея, Республика	Г-н	Ян, Чэ-гук Yang, Jae-gook	Делегат	jgyang91@mofat.go.kr
Нидерланды	Проф. Д-р	Бастмайер, Кеес Bastmeijer, Kees	Советник	c.j.bastmeijer@uvt.nl
Нидерланды		Элстгеест, Марлинда Elstgeest, Marlynda	Советник	
Нидерланды	Г-н	Хернаус, Реджиналд Hernaus, Reginald	Представитель в КООС	Reggie.hernaus@minvrom.nl
Нидерланды	Г-н	Лефебер, Рене Дж.М. Lefeber, René J.M.	Помощник	rene.lefeber@minbuza.nl
Нидерланды	Д-р	Мартийн Пейс Martijn, Peijs	Советник	w.f.peijs@minlnv.nl
Нидерланды	Д-р	ван дер Крёф, Дик А. van der Kroef, Dick A.	Советник	d.vanderkroef@nwo.nl
Нидерланды	Г-н	ван Цайст, Винсент van Zeijst, Vincent	Глава делегации	vincent-van.zeijst@minbuza.nl
Нидерланды	Г-жа	Виллемс Герри Willems, Gerrie	Советник	gerrie.willems@minbuza.nl
Новая Зеландия	Г-н	Гастон, Дэвид	Советник	david.gaston@mfat.govt.nz

Участники: Консультативные стороны				
Сторона	Обращение	Ф.И.О.	Функция	Адрес электронной почты
		Gaston, David		
Новая Зеландия	Д-р	Киз, Гарри Keys, Harry	Советник	hkeys@doc.govt.nz
Новая Зеландия	Г-жа	Лесли, Никола Leslie, Nicola	Советник	nicola.leslie@mfat.govt.nz
Новая Зеландия	Г-н	Маккей, Дон MacKay, Don	Советник	don_maria_mackay@Г-жан.com
Новая Зеландия	Г-н	Мартин, Питер Martin, Peter	Советник	peter.martin@mfat.govt.nz
Новая Зеландия	Г-жа	Ньюмен, Яна Newman, Jana	Советник	j.newman@antarcticanz.govt.nz
Новая Зеландия	Г-н	Сансон, Лу Sanson, Lou	Советник	l.sanson@antarcticanz.govt.nz
Новая Зеландия	Г-жа	Швальгер, Каролин Schwalger, Carolyn	Глава делегации	carolyn.schwalger@mfat.govt.nz
Новая Зеландия	Д-р	Шарп, Бен Sharp, Ben	Советник	Ben.Sharp@fish.govt.nz
Норвегия	Г-жа	Аскхольт Кьерстин Askholt, Kjerstin	Помощник	kjerstin.askholt@jd.dep.no
Норвегия	Г-н	Халфурсен, Свейн Туре Halvorsen, Svein Tore	Делегат	sth@md.dep.no
Норвегия	Ваше Превосхо-дительство	Хаугствейт, Нильс Haugstveit, Nils	Делегат	nils.haugstveit@mfa.no
Норвегия	Г-жа	Холтен, Ингер Holten, Inger	Делегат	iho@mfa.no
Норвегия	Г-жа	Ингебригтсен, Ханне Маргрете Ingebrigtsen, Hanne Margrethe	Делегат	hanne.margrethe.ingebrigtsen@jd.dep.no
Норвегия	Г-н	Клепсвик, Карстен Klepsvik, Karsten	Глава делегации	karsten.klepsvik@mfa.no
Норвегия	Г-жа	Ньяастад, Биргит Njaastad, Birgit	Представитель в КООС	njaastad@npolar.no
Норвегия	Г-н	Петтерсен, Терье Хернес Pettersen, Terje Hernes	Делегат	terje-hernes.pettersn@nhd.dep.no
Норвегия	Г-н	Рогхауг, Магнус Х. Rognhaug, Magnus H.	Делегат	mar@md.dep.no
Норвегия	Г-н	Розенберг, Стейн Пауль Rosenberg, Stein Paul	Помощник	
Норвегия	Первый секре-тарь	Тапиа Евгения Tapia, Eugenia	Делегат	
Норвегия	Д-р	Винтер, Ян-Гуннар Winther, Jan-Gunnar	Делегат	
Перу		Фарье Орна, Альберто Алехандро Farje Orna, Alberto Alejandro	Советник	
Перу	Посол	Исаси-Кайо, Фортунато Isasi-Cayo, Fortunato	Делегат	fisasi@rree.gob.pe
Перу	Г-н	Сандига Кабрера, Луис Sandiga Cabrera, Luis	Глава делегации	lsandiga@rree.gob.pe
Польша	Г-н	Мишталь, Анджей Misztal, Andrzej	Глава делегации	
Польша	Посол	Вольски, Якуб Т. Wolski, Jakub T.	Глава делегации	jakub.wolski@msz.gov.pl
Российская Федерация	Г-жа	Быстрамович, Анна Bystramovich, Anna	Делегат	antarc@mcc.mecom.ru
Российская Федерация	Г-н	Геворгян, Кирилл Gevorgyan, Kirill	Глава делегации	dp@mid.ru
Российская Федерация	Г-н	Лукин, Валерий Lukin, Valery	Делегат	lukin@aari.nw.ru
Российская Федерация	Г-н	Макоедов, Анатолий Makoedov, Anatoly	Делегат	
Российская Федерация	Г-н	Масолов, Валерий Masolov, Valery	Делегат	
Российская Федерация	Г-н	Помелов, Виктор Pomelov, Victor	Делегат	pom@aari.nw.ru

Участники: Консультативные стороны				
Сторона	Обращение	Ф.И.О.	Функция	Адрес электронной почты
Российская Федерация	Г-н	Тиохин, Константин Timokhin, Konstantin	Делегат	dp@mid.ru
Российская Федерация	Г-н	Титушкин Василий Titushkin, Vassily	Помощник	tvj2000@mail.ru
Российская Федерация	Г-жа	Варигина Татьяна Varigina, Tatiana	Сотрудник	dp@mid.ru
США	Г-н	Блум, Эван Т. Bloom, Evan T.	Глава делегации	bloomet@state.gov
США	Г-жа	Коэн, Келли Cohun, Kelly	Делегат	cohunka@state.gov
США	Г-жа	Дауд-Фриц, Эдриан Dahood-Fritz, Adrian	Делегат	adahood@nsf.gov
США	Г-н	Эдвардз, Дэвид Edwards, David	Делегат	
США	Г-н	Фостер, Гарольд Д. Foster, Harold D.	Помощник	fosterhd@state.gov
США	Г-н	Гиланша, Биджан Gilanshah, Bijan	Делегат	bgilansh@nsf.gov
США	Г-жа	Хессерт Эйми Hessert, Aimee	Делегат	
США	Д-р	Каренц, Денеб Karentz, Deneb	Советник	karentzd@usfca.edu
США		ДаФратта, Сюзанна LaFratta, Susanne	Делегат	slafratt@nsf.gov
США	Г-н	МакДональд, Сэмюэл McDonald, Samuel	Делегат	
США	Г-н	Навин, Рон Naveen, Ron	Советник	
США	Д-р	Пенхейл, Поли А. Penhale, Polly A.	Представитель в КООС	ppenhale@nsf.gov
США	Г-жа	Перро, Мишель Perrault, Michele	Советник	
США	Г-н	Радолф, Лоуренс Rudolph, Lawrence	Делегат	lrudolph@nsf.gov
США	Г-н	Спэнглер, Брайсон Spangler, Bryson	Делегат	Bryson.T.Spangler@uscg.mil
США	Г-жа	Тосчик, Памела Toschik, Pamela	Делегат	
США	Г-н	Уоттерс, Джордж Watters, George	Делегат	George.Watters@noaa.gov
США	Г-жа	Уитли, Виктория Wheatley, Victoria	Советник	
Украина	Советник	Боецкий, Тарас Boietskyi, Taras	Помощник	embucra@embucra.com.ar
Украина	Г-н	Федчук, Андрей Fedchuk, Andrii	Делегат	andriyf@gmail.com
Украина	Посол	Тараненко, Александр Taranenko, Oleksandr	Глава делегации	embucra@embucra.com.ar
Уругвай	Г-н	Абдала, Хуан Abdala, Juan	Представитель в КООС	jabdala@iau.gub.uy
Уругвай	СА	Бургос, Мануэль Burgos, Manuel	Глава делегации	presidente@iau.gub.uy
Уругвай	Г-жа	Каула, Николь Caula, Nicole	Представитель в КООС	ambiente@iau.gub.uy
Уругвай	Г-н	Эскайола, Карлос Escayola, Carlos	Делегат	secretaria@atcm2010.gub.uy
Уругвай	Г-н	Фонтес, Вальдемар Fontes, Waldemar	Делегат	dirsecretaria@iau.gub.uy
Уругвай	Д-р	Грильо, Бартоломе Grillo, Bartolome	Советник	cakrill@redfacil.com.uy
Уругвай	Г-н	Льюберас, Альберт Lluberas, Albert	Советник	alexllub@iau.gub.uy
Уругвай	Г-н	Польяк, Рауль Pollack, Raúl	Делегат	urubaires@embajadadelУругвай.com.ar
Уругвай	Г-н	Шунк, Рикардо Schunk, Ricardo	Советник	rschunk@iau.gub.uy
Уругвай	Г-н	Сомма, Густаво Somma, Gustavo	Помощник	

Участники: Консультативные стороны				
Сторона	Обращение	Ф.И.О.	Функция	Адрес электронной почты
		Somma, Gustavo		
Уругвай	Г-н	Вигнали, Даниэль Vignali, Daniel	Советник	secretaria@atcm2010.gub.uy
Финляндия	Г-н	Калакоски, Мика Kalakoski, Mika	Делегат	mika.kalakoski@fimrfi
Финляндия	Г-жа	Мяхёнен, Оути Mähönen, Outi	Представитель в КООС	outi.mahonen@ely-keskus.fi
Финляндия	Посол	Мерес-Вуори, Ора Meres-Wuori, Ora	Глава делегации	ora.meres-wuori@formin.fi
Финляндия	Г-жа	Похьянпало, Мария Pohjanpalo, Maria	Помощник	maria.pohjanpalo@formin.fi
Франция	Посол	Асвазадуриан, Жан-Пьер Asvazadourian, Jean-Pierre	Советник	jean-pierre.asvazadourian@diplomatie.gouv.fr
Франция	Г-жа	Белна, Стефани Belna, Stéphanie	Представитель в КООС	stephanie.belna@developpement-durable.gouv.fr
Франция	Д-р	Шоке, Анн Choquet, Anne	Делегат	anne.choquet@univ-brest.fr
Франция		Далма, Доминик Dalmas, Dominique	Представитель в КООС	dominique.dalmas@interieur.gouv.fr
Франция	Д-р	Френо, Ив Frenot, Yves	Представитель в КООС	yves.frenot@ipev.fr
Франция	Г-н	Лебувье, Марк Lebouvier, Marc	Представитель в КООС	marc.lebouvier@univ-rennes1.fr
Франция	Г-н	Максим, Рейно Maxime, Reynaud	Делегат	maxime.reynaud@diplomatie.gouv.fr
Франция	Г-н	Майе, Лоран Mayet, Laurent	Советник	lmayet@lecerclepolaire.com
Франция	Г-н	Потье, Станислас Pottier, Stanislas	Советник	stanislas.pottier@dgtresor.gouv.fr
Франция	Г-н	Рюйлар, Эммануэль Reuillard, Emmanuel	Делегат	emmanuel.reuillard@taaf.fr
Франция	Посол	Рокар, Мишель Rocard, Michel	Глава делегации	stanislas.pottier@dgtresor.gouv.fr
Франция	Г-н	Сегура, Серж Segura, Serge	Глава делегации	serge.segura@diplomatie.gouv.fr
Чили	Г-н	Карисео Ютроник, Янко Езус Cariceo Yutronic, Yanko Jesús	Советник	ycariceo.12@mma.gob.cl
Чили	Г-жа	Карвальо, Мария Луиза Carvallo, María Luisa	Делегат	mlcarvallo@minrel.gov.cl
Чили	Полковник	Кастильо, Рафаэль Castillo, Rafael	Делегат	castillo.antartica@gmail.com
Чили	Второй секретарь	Конча, Андреа Concha, Andrea	Советник	aconcha@minrel.gov.cl
Чили	Капитан первого ранга	Лубашер, Пабло Lubascher, Pablo	Советник	
Чили	Полковник	Мадрид, Сантьяго Madriid, Santiago	Делегат	smadrid@fach.cl
Чили	Третий секретарь	Марин, Хуан Кристобаль Marin, Juan Cristobal	Делегат	jmarin@minrel.gov.cl
Чили	Г-н	Олгин, Кралос Olguin, Carlos	Советник	colguin@minrel.gov.cl
Чили	Д-р	Ретамалес, Хосе Retamales, José	Помощник	jretamales@inach.cl
Чили	Г-н	Рикельме, Эрнан Riquelme, Hernan	Делегат	hriquelme@emdn.cl
Чили	Советник	Сануэса, Камило Sanhueza, Camilo	Глава делегации	csanhueza@minrel.gov.cl
Чили	Г-жа	Сардинья, Химена Sardiña, Jimena	Делегат	jsardina@inach.cl
Чили	Капитан первого ранга	Сепульведа, Виктор Sepúlveda, Víctor	Делегат	vsepulveda@armada.cl
Чили	Г-жа	Тельес Рубина, Андреа Tellez Rubina, Andrea	Советник	cruiz@sernatur.cl
Чили	Г-жа	Вальехос, Вероника Vallejos, Verónica	Представитель в КООС	vvallejos@inach.cl
Чили	Капитан	Веласкес, Рикардо	Делегат	mcabrerad@directemar.cl

Участники: Консультативные стороны				
Сторона	Обращение	Ф.И.О.	Функция	Адрес электронной почты
	третьего ранга	Velásquez, Ricardo		
Чили	Г-жа	Вердуго, Манола Verdugo, Manola	Делегат	mverdugo@minrel.gov.cl
Швеция	Научно-исследо-вательский координатор	Йонселл, Ульф Jonsell, Ulf	Делегат	ulf.jonsell@polar.se
Швеция	Д-р	Меландер, Улле Melander, Olle	Помощник	olle.melander@polar.se
Швеция	Посол	Удмарк, Хелена Ödmark, Helena	Глава делегации	helena.odmark@foreign.ministry.se
Швеция	Работник по окружающей среде	Селберг, Сесилия Selberg, Cecilia	Представитель в КООС	cecilia.selberg@polar.se
Эквадор	DRA	БОРБОР, МЕРСИ BORBOR, MERCY	Глава делегации	mborbor@ambiente.gob.ec
Эквадор	MSC	КАХЬЯО, ДАНИЭЛА CAJIAO, DANIELA	Делегат	danicajiao@gmail.com
Эквадор	ECO.	МИЕЛЕС, ХОСЕ ЛУИС MIELES, JOSE LUIS	Глава делегации	jmieles@midena.gob.ec
Эквадор	Г-н	Ольмедо Моран, Хосе Olmedo Morán, José	Делегат	inae@gye.satnet.net
Эквадор	Адвокат	Проаньо, Пилар Proaño, Pilar	Делегат	
Эквадор	ПОСОЛ	СУАРЕЗ, АЛЕХАНДРО SUAREZ, ALEJANDRO	Делегат	cartografia@mmrree.gob.ec
ЮАР	Г-жа	Джейкобс, Кэрол Jacobs, Carol	Представитель в КООС	cjacobs@deat.gov.za
ЮАР	Д-р	Мфепья, Джонас Mphepya, Jonas	Делегат	jmphepya@environment.gov.za
ЮАР	Д-р	Сико, Джилберт Siko, Gilbert	Советник	Gilbert.Siko@dst.gov.za
ЮАР	Г-н	Смит, Дейни Smit, Danie	Представитель в КООС	dsmit@deat.gov.za
ЮАР	Советник	Стеммет, Андре Stemmet, Andre	Делегат	StemmetA@dirco.gov.za
ЮАР	Г-н	Валентайн, Генри Valentine, Henry	Глава делегации	hvalentine@environment.gov.za
Япония	Г-жа	Фуджимото, Масами Fujimoto, Masami	Делегат	masami.fujimoto@mofa.go.jp
Япония	Г-н	Хасегава, Шуичи Hasegawa, Shuichi	Делегат	SHUICHI_HASEGAWA@env.go.jp
Япония	Ваше Превосхо-дительство	Ишида, Хитохиро Ishida, Hitohiro	Глава делегации	masami.fujimoto@mofa.go.jp
Япония	Г-н	Кавашима, Тецуя Kawashima, Tetsuya	Делегат	tetsuya_kawashima@nm.maff.go.jp
Япония	Г-жа	Конагайя, Юки Konagaya, Yuki	Делегат	yuki.konagaya@mofa.go.jp
Япония	Д-р	Сугинака, Ацуши Suginaka, Atsushi	Глава делегации	atsushi.suginaka@mofa.go.jp
Япония	Г-н	Уно, Кенья Uno, Kenya	Делегат	kenya.uno@mofa.go.jp
Япония	Проф.	Ватанабе, Кентаро Watanabe, Kentaro	Делегат	
Япония	Проф.	Яманучи, Такаши Yamanouchi, Takashi	Делегат	

Участники: Неконсультативные стороны				
Сторона	Обращение	Ф.И.О.	Функция	Адрес электронной почты
Колумбия		Лозано Пинилья, Мэри Lozano Pinilla, Mery	Советник	mery.lozano@cancilleria.gov.co
Колумбия	Г-н	Рестепо Уртадо, Альваро Restrepo Hurtado, Alvaro	Советник	
Чешская Республика	Г-н	Бартак, Милош Bartak, Milos	Советник	mbartak@sci.muni.cz

Участники: Неконсультативные стороны

Сторона	Обращение	Ф.И.О.	Функция	Адрес электронной почты
Чешская Республика	Г-н	Венера, Зденек Venera, Zdenek	Представитель в КООС	zdenek.venera@geology.cz
Греция	Г-н	Константину, Константинос Konstantinou, Konstantinos	Глава делегации	grembsecr.bay@mfa.gr
Румыния		Ифтимеску, Даниэль Iftimescu, Daniel	Глава делегации	dvifti@yahoo.com
Румыния		Ифтимеску, Адриан Iftimescu, Adrian	Делегат	dvifti@yahoo.com
Швейцария	Г-жа	Гербер, Эвелин Gerber, Evelyne	Глава делегации	evelyne.gerber@eda.admin.ch
Венесуэла	Д-р	Альфонсо, Хуан А. Alfonso, Juan A.	Советник	jalfonso@ivic.gob.ve
Венесуэла	Капитан	Леон Фахардо, Рейнальдо Leon Fajardo, Reinaldo	Делегат	operacionesdhn@gmail.com
Венесуэла	Адмирал	Ортега Эрнандес, Еэус Ortega Hernandes, Jesus	Глава делегации	dihn@dhn.mil.ve
Венесуэла	Капитан	Перейра, Адольфо Pereira, Adolfo	Делегат	adolfojosepereira@hotmail.com
Венесуэла	Г-н	Кинтеро, Альберто Quintero, Alberto	Советник	ajquinte@ivic.gob.ve
Венесуэла	Капитан	Родригес, Гектор Rodriguez, Hector	Делегат	hrodriguezp63@yahoo.com

Участники: Наблюдатели

Сторона	Обращение	Ф.И.О.	Функция	Адрес электронной почты
АНТКОМ	Д-р	Эгню, Дэвид Agnew, David	Представитель в КООС	d.agnew@mrag.co.uk
АНТКОМ	Д-р	Рейд, Кит Reid, Keith	Советник	keith@ccamlr.org
АНТКОМ	Г-н	Райт, Эндрю Wright, Andrew	Глава делегации	andrew_wright@ccamlr.org
КОМНАП	Г-жа	Роган-Финнемор, Мишель Rogan-Finnemore, Michelle	Глава делегации	michelle.finnemore@comnap.aq
СКАР	Д-р	Бадхи, Ринука Badhe, Renuka	Делегат	rb302@cam.ac.uk
СКАР	Проф.	Кенникатт, Малон (Чак) Kennicutt, Mahlon (Chuck)	Делегат	m-kennicutt@tamu.edu
СКАР	Д-р	Спэрроу, Майк Sparrow, Mike	Глава делегации	mds68@cam.ac.uk

Участники: Эксперты

Сторона	Обращение	Ф.И.О.	Функция	Адрес электронной почты
АСОК	Г-н	Барнз, Джеймс Barnes, James	Глава делегации	jimbo0628@mac.com
АСОК	Г-жа	Бррэтт, Джилл Barrett, Jill	Советник	j.barrett@BIICL.ORG
АСОК	Г-жа	Кристиан, Клэр Christian, Claire	Советник	Claire.Christian@asoc.org
АСОК	Г-жа	Сирелли, Вероника Cirelli, Verónica	Советник	oceanosaustrales@vidasilvestre.org.ar
АСОК	Г-жа	Ди Панграсио, Ана Di Pangracio, Ana	Советник	adipangracio@farn.org.ar
АСОК	Г-н	Лейва, Сэм Leiva, Sam	Советник	
АСОК	Г-жа	Парк, Чи Юн Park, Jie-Hyun	Советник	sophile@gmail.com
АСОК	Г-жа	Прайор, Джудит Сайан Prior, Judith Sian	Советник	Karen.Sack@wdc.greenpeace.org
АСОК	Г-н	Роура, Рикардо Roura, Ricardo	Представитель в КООС	ricardo.roura@worldonline.nl
АСОК	Г-н	Веллер, Джон Weller, John	Советник	jweller@indra.com
АСОК	Г-н	Вернер Кинкелин, Родольфо	Советник	rodolfo.antarctica@gmail.com

		Werner Kinkelin, Rodolfo		
МААТО	Д-р	Кросби, Ким Crosbie, Kim	Представитель в КООС	kimcrosbie@iaato.org
МААТО	Г-жа	Он-Боуэн, Уте Hohn-Bowen, Ute	Делегат	ute@antarpply.com
МААТО	Г-жа	Мачадо-Д'Оливейра, Сюзана Machado-D'Oliveira, Suzana	Делегат	Oisuzana@yahoo.com
МААТО	Г-н	Рутес, Дэвид Rootes, David	Делегат	david.rootes@antarctic-logistics.com
МААТО	Г-жа	Шиллат, Моника Schillat, Monika	Делегат	Monika@antarpply.com
МААТО	Г-н	Веллмейер, Стив Wellmeier, Steve	Глава делегации	swellmeier@iaato.org
МГО	Капт.	Горсилья, Уго Gorziglia, Hugo	Глава делегации	hgorziglia@ihb.mc

Участники: Секретариаты				
Сторона	Обращение	Ф.И.О.	Функция	Адрес электронной почты
СДА	Г-н	Асеро, Хосе Мария Acero, José Maria	Помощник	tito.acero@ats.aq
СДА	Г-н	Аграс, Хосе Луис Agraz, José Luis	Сотрудник	pepe.agraz@ats.aq
СДА	Г-жа	Балок, Анна Balok, Anna	Сотрудник	annabalok@live.com
СДА	Г-н	Дэвис, Пол Davies, Paul	Сотрудник	littlewest2@googlemail.com
СДА	Г-н	Веннелл, Алан Fennell, Alan	Сотрудник	alan.fennell@ats.aq
СДА	Г-жа	Фонтан, Глория Fontan, Gloria	Сотрудник	gloria.fontan@ats.org.ar
СДА	Г-жа	Гурецкая Анастасия Guretskaya, Anastasia	Сотрудник	a.guretskaya@googlemail.com
СДА	Д-р	Райнке, Манфред Reinke, Manfred	Глава делегации	manfred.reinke@ats.aq
СДА	Д-р	Райнке, Фридерике Reinke, Friederike	Сотрудник	friederike.reinke@uni-bremen.de
СДА	Г-н	Вайншенкер, Пабло Wainschenker, Pablo	Сотрудник	pablo.wainschenker@ats.aq
СДА	Г-н	Уолтон, Дэвид У. Х. Walton, David W H	Сотрудник	dwhw@bas.ac.uk
СДА	Г-н	Уайдлер, Диего Wydler, Diego	Сотрудник	diego.wydler@ats.aq
Секретариат принимающей страны (СПС)	Г-н	Акоста, Адольф Acosta, Adolf	Советник	gringo19145@hotmail.com
СПС		Агирре, Альдана Росио Aguirre, Aldana Rocío	Сотрудник	
СПС	Г-жа	Альсина, Андреа Изабэль Alsina, Andrea Isabel	Сотрудник	andreaalsin@yahoo.com.ar
СПС		Альварес, Мигель Alvarez, Miguel	Советник	paisaje34@hotmail.com
СПС	Г-жа	Амери, Каролина Ameri, Carolina	Сотрудник СПС	info@atcm2011.gov.ar
СПС	Г-н	Арсани, Леандро Arzani, Leandro	Сотрудник СПС	info@atcm2011.gov.ar
СПС		Айяла, Николас Пабло Ayala, Nicolas Pablo	Сотрудник	ayalanp@gmail.com
СПС		Баррандегуй, Мартин Орасио Barrandeguy, Martin Horacio	Сотрудник	
СПС	Г-жа	Бастеррика Бенсон, Виктория Bazterrica Benson, Victoria	Сотрудник	vicky.bazte@hotmail.com
СПС	Г-н	Биззосеро, Андрес Bizzozero, Andres	Сотрудник СПС	info@atcm2011.gov.ar
СПС	Советник	Бовоне, Сильвана М. Bovone, Silvana M.	Сотрудник СПС	sbo@mrecic.gov.ar
СПС	Г-н	Брилони, Фернандо Рубен Briloni, Fernando Ruben	Сотрудник СПС	info@atcm2011.gov.ar
СПС		Кабрера, Уго Себастиан	Сотрудник	

Участники: Секретариаты				
Сторона	Обращение	Ф.И.О.	Функция	Адрес электронной почты
		Cabrera, Hugo Sebastián		
СПС	Г-н	Канио, Алехандро Canio, Alejandro	Сотрудник СПС	info@atcm2011.gov.ar
СПС	Г-жа	Касановас, Паула Casanovas, Paula	Сотрудник СПС	paulacasanovas@gmail.com
СПС	Г-жа	Кастеланелли, Адриана Castelanelli, Adriana	Сотрудник СПС	info@atcm2011.gov.ar
СПС	Г-жа	Кавилья, Лусила Caviglia, Lucila	Сотрудник СПС	lucaviglia@hotmail.com
СПС	Секретарь	Конде Гарридо, Родриго Conde Garrido, Rodrigo	Сотрудник СПС	xgr@mrecic.gov.ar
СПС	Г-н	Грильчук, Гуидо Crilchuk, Guido	Сотрудник СПС	info@atcm2011.gov.ar
СПС	Г-жа	Деймундо роура, Лусила Deimundo Roura, Lucila	Сотрудник СПС	info@atcm2011.gov.ar
СПС	Г-жа	Эрсег, Дайэн Erceg, Diane	Советник	
СПС	Г-н	Флесиа, Карлос Феликс Flesia, Carlos Felix	Сотрудник СПС	
СПС	Г-н	Гомес, Гонсало Gomez, Gonzalo	Сотрудник СПС	ggomez@cancilleria.gov.ar
СДА	Г-н	Асеро, Хосе Мария Acero, José Maria	Помощник	tito.acero@ats.aq
СДА	Г-н	Аграс, Хосе Луис Agraz, José Luis	Сотрудник	pepe.agraz@ats.aq
СДА	Г-жа	Балок, Анна Balok, Anna	Сотрудник	annabalok@live.com
СДА	Г-н	Дэвис, Пол Davies, Paul	Сотрудник	littlewest2@googlemail.com
СДА	Г-н	Веннелл, Алан Fennell, Alan	Сотрудник	alan.fennell@ats.aq
СДА	Г-жа	Фонтан, Глория Fontan, Gloria	Сотрудник	gloria.fontan@ats.org.ar
СДА	Г-жа	Гурецкая Анастасия Guretskaya, Anastasia	Сотрудник	a.guretskaya@googlemail.com
СДА	Д-р	Райнке, Манфред Reinke, Manfred	Глава делегации	manfred.reinke@ats.aq
СДА	Д-р	Райнке, Фридерике Reinke, Friederike	Сотрудник	friederike.reinke@uni-bremen.de
СДА	Г-н	Вайншенкер, Пабло Wainschenker, Pablo	Сотрудник	pablo.wainschenker@ats.aq
СДА	Г-н	Уолтон, Дэвид У. Х. Walton, David W H	Сотрудник	dwhw@bas.ac.uk
СДА	Г-н	Уайдлер, Диего Wydler, Diego	Сотрудник	diego.wydler@ats.aq
Секретариат принимающей страны (СПС)	Г-н	Акоста, Адольф Acosta, Adolf	Советник	gringo19145@hotmail.com
СПС		Агирре, Альдана Росио Aguirre, Aldana Rocío	Сотрудник	
СПС	Г-жа	Альсина, Андреа Изабэль Alsina, Andrea Isabel	Сотрудник	andreaalsin@yahoo.com.ar
СПС		Альварес, Мигель Alvarez, Miguel	Советник	paisaje34@hotmail.com
СПС	Г-жа	Амери, Каролина Ameri, Carolina	Сотрудник СПС	info@atcm2011.gov.ar
СПС	Г-н	Арсани, Леандро Arzani, Leandro	Сотрудник СПС	info@atcm2011.gov.ar
СПС		Айяла, Николас Пабло Ayala, Nicolas Pablo	Сотрудник	ayalanp@gmail.com
СПС		Баррандегуй, Мартин Орасио Barrandeguy, Martin Horacio	Сотрудник	
СПС	Г-жа	Бастеррика Бенсон, Виктория Bazterrica Benson, Victoria	Сотрудник	vicky.bazte@hotmail.com
СПС	Г-н	Биззосеро, Андрес Bizzozero, Andres	Сотрудник СПС	info@atcm2011.gov.ar

Заключительный отчет XXXIV КСДА

Участники: Секретариаты				
Сторона	Обращение	Ф.И.О.	Функция	Адрес электронной почты
СПС	Советник	Бовоне, Сильвана М. Bovone, Silvana M.	Сотрудник СПС	sbo@mrecic.gov.ar
СПС	Г-н	Брилони, Фернандо Рубен Briloni, Fernando Ruben	Сотрудник СПС	info@atcm2011.gov.ar
СПС		Кабрера, Уго Себастиан Cabrera, Hugo Sebastián	Сотрудник	
СПС	Г-н	Канио, Алехандро Canio, Alejandro	Сотрудник СПС	info@atcm2011.gov.ar
СПС	Г-жа	Касановас, Паула Casanovas, Paula	Сотрудник СПС	paulacasanovas@gmail.com
СПС	Г-жа	Кастеланелли, Адриана Castelanelli, Adriana	Сотрудник СПС	info@atcm2011.gov.ar
СПС	Г-жа	Кавилья, Лусила Caviglia, Lucila	Сотрудник СПС	lucaviglia@hotmail.com
СПС	Секретарь	Конде Гарридо, Родриго Conde Garrido, Rodrigo	Сотрудник СПС	xgr@mrecic.gov.ar
СПС	Г-н	Грильчук, Гуидо Crilchuk, Guido	Сотрудник СПС	info@atcm2011.gov.ar
СПС	Г-жа	Деймундо роура, Лусила Deimundo Roura, Lucila	Сотрудник СПС	info@atcm2011.gov.ar
СПС	Г-жа	Эрсег, Дайэн Erceg, Diane	Советник	
СПС	Г-н	Флесиа, Карлос Феликс Flesia, Carlos Felix	Сотрудник СПС	
СПС	Г-н	Гомес, Гонсало Gomez, Gonzalo	Сотрудник СПС	ggomez@cancilleria.gov.ar
СДА	Г-н	Асеро, Хосе Мария Acero, José Maria	Помощник	tito.acero@ats.aq
СДА	Г-н	Аграс, Хосе Луис Agraz, José Luis	Сотрудник	pepe.agraz@ats.aq
СДА	Г-жа	Балок, Анна Balok, Anna	Сотрудник	annabalok@live.com
СДА	Г-н	Дэвис, Пол Davies, Paul	Сотрудник	littlewest2@googlemail.com
СДА	Г-н	Веннелл, Алан Fennell, Alan	Сотрудник	alan.fennell@ats.aq
СДА	Г-жа	Фонтан, Глория Fontan, Gloria	Сотрудник	gloria.fontan@ats.org.ar
СДА	Г-жа	Гурецкая Анастасия Guretskaya, Anastasia	Сотрудник	a.guretskaya@googlemail.com
СДА	Д-р	Райнке, Манфред Reinke, Manfred	Глава делегации	manfred.reinke@ats.aq
СДА	Д-р	Райнке, Фридерике Reinke, Friederike	Сотрудник	friederike.reinke@uni-bremen.de
СДА	Г-н	Вайншенкер, Пабло Wainschenker, Pablo	Сотрудник	pablo.wainschenker@ats.aq
СДА	Г-н	Уолтон, Дэвид У. Х. Walton, David W H	Сотрудник	dwhw@bas.ac.uk
СДА	Г-н	Уайдлер, Диего Wydler, Diego	Сотрудник	diego.wydler@ats.aq
Секретариат принимающей страны (СПС)	Г-н	Акоста, Адольф Acosta, Adolf	Советник	gringo19145@hotmail.com
СПС		Агирре, Альдана Росио Aguirre, Aldana Rocío	Сотрудник	
СПС	Г-жа	Альсина, Андреа Изабэль Alsina, Andrea Isabel	Сотрудник	andreaalsin@yahoo.com.ar
СПС		Альварес, Мигель Alvarez, Miguel	Советник	paisaje34@hotmail.com
СПС	Г-жа	Амери, Каролина Ameri, Carolina	Сотрудник СПС	info@atcm2011.gov.ar
СПС	Г-н	Арсани, Леандро Arzani, Leandro	Сотрудник СПС	info@atcm2011.gov.ar

Участники: Приглашенные гости				
Сторона	Обращение	Ф.И.О.	Функция	Адрес электронной почты

Участники: Приглашенные гости				
Сторона	Обращение	Ф.И.О.	Функция	Адрес электронной почты
Малайзия	Г-н	Отман, Мод Хафиз Othman, Mohd Hafiz	Советник	hafizwp@kln.gov.my
Малайзия	Ваше Превосхо-дительство	Якоб, Дато'Зулкифли Yaacob, Dato´Zulkifli	Глава делегации	aizzaty@kln.gov.my

www.ingramcontent.com/pod-product-compliance
Lightning Source LLC
Chambersburg PA
CBHW081456200326
41518CB00015B/2276